KB105735

파이데이아

희랍적 인간의 조형

PAIDEIA

파이데이아

희랍적 인간의 조형

DIE FORMUNG DES GRIECHISCHEN MENSCHEN

희랍의 인간 교육,

호메로스부터 플라톤까지

베르너 예거 지음 | **김남우** 옮김

아카넷

옮긴이 일러두기

1. 이 글은 『파이데이아: 희랍적 인간의 조형』 제1권을 번역한 것이다.

2. 호메로스 등 대개의 고전문학 번역은 천병희와 강대진을 따랐다.

역자 서문

　"호메로스가 희랍 세계를 가르쳤다." 플라톤은 시가(詩歌)가 인생 경영과 교육에 미치는 영향력을 『국가』에서 이렇게 평가하였다. '탁월함ἀρετή'으로 집약되는 호메로스의 교육이념은 어떻게 형성되고, 변화되어 전승되며, 마침내 플라톤에서 어떤 모습을 띠게 되었는가? 니체, 빌라모비츠 등 독일 고전문헌학의 전통을 계승하는 서양 고전학자이며, 아리스토텔레스 『형이상학』의 편집자이기도 한 베르너 예거(1888~1961)는 1933년부터 1947년까지 무려 14년을 이 문제에 천착하였다. '문명 humanitas'은 공동체가 교육을 통해 실현하려는 궁극적 목표이기에, 교육을 이해하는 것이 바로 문명을, 나아가 인간을 이해하는 길이라는 생각이 예거의 출발점이었다.

　『파이데이아』는 호메로스로부터 플라톤에 이르는 희랍 문학전통을 교육사적 관점에서 재해석한다. 기원전 8세기에서 기원전 4세기까지의 희랍 문학 전통, 다시 말해 호메로스의 서사시로부터 희랍 서정시, 비극과 희극,

역사와 철학, 수사학에 이르는 희랍 교육이념의 정신적 발자취 모두가 『파이데이아』의 연구 대상이다. 전체 3권은 1권에 1책과 2책이 담겨 있고, 2권과 3권에 3책이 나뉘어 담겨 있다. 1권의 1책은 초기 희랍의 서사시와 서정시를, 1권의 2책은 고전기 이래의 희랍 비극과 희극, 역사서와 소피스트 등을 다룬다. 철학과 수사학의 갈등의 대결구도 속에서 희랍 교육철학의 본모습을 부각시키는 3책은 플라톤의 대화편, 특히 『국가』와 『법률』을 다룬다.

이 책의 번역은 한국연구재단의 명저번역사업 지원을 받았다. 하지만 2년이라는 지정 기한을 넘겼고, 결국 번역 과제는 예거의 관점에서 로마 문학을 해석한 연구 논문 「시인과 시민교육―호라티우스의 〈백년제 찬가〉」(『人文論叢』75, 2018)를 제출함으로써 갈무리되었다. 역자는 2011년에 명저번역과제였던 헤르만 프랭켈의 『초기 희랍의 문학과 철학』을, 2014년에 니체의 『비극의 탄생』을 출간하였다. 독일 서양 고전문헌학 연구사 전통을 우리말로 옮기고자 하는 역자의 연속 기획에 따라, 늦게라도 『파이데이아』 1권(1책과 2책)을 번역하여 출간하게 되었음을 기쁘게 생각한다.

이 책의 번역과 관련하여, 우선 명저번역사업을 지원해준 한국연구재단에 감사한다. 그리고 명저번역사업의 지원과 관련하여 제반 행정 처리를 맡아준 정암학당에 감사한다. 또한 서양 고전 저술 및 출판에 지원을 아끼지 않는 출판사 아카넷에 감사한다. 무엇보다 『파이데이아』 번역을 시작한 이래, 계속해서 조언과 도움을 주신 연세대학교 철학과 조대호 선생님께 감사 드린다.

김남우

2019. 5.

저자 서문

　나는 대중에게 역사연구의 결과물을 내놓는다. 이런 작업은 지금까지 누구도 시도하지 않았는바, 파이데이아, 희랍적 인간의 조형을 희랍문명의 새로운 총체적 관찰의 대상으로 삼는 과제를 제시하였다. 희랍인들에게서 국가와 사회, 문학과 종교 혹은 철학을 그 발전에 따라 기술하는 과제는 종종 시도되었지만, 희랍적 인간의 역사적 교육과정과 희랍인들이 품었던 이념적 인간상의 정신적 구축을 변화 발전에 따라 기술하는 이런 시도는 오늘날까지 없었던 것으로 보인다. 하지만 아직도 연구자를 고대하는 이런 과제와 조우했기 때문에, 내가 거기에 전념한 것이 아니다. 이런 위대한 정신적·역사적 문제를 통해, 희랍인들이 수천 년 동안 끼친 영원한 영향력을 뿜어내는 유일무이한 교육적 창조물을 좀 더 깊이 이해할 수 있음을 깨달았다고 믿기 때문이다.

　제1권은 영웅적 인간과 도시국가적 인간의 시대에, 다시 말해 희랍민족의 상고기와 고전기에 구축된 희랍교육의 토대, 그 건립과 위기를 포괄한다. 첫 권은 아티카 제국의 붕괴로 끝난다. 제2권은 플라톤의 세기에 있었던 정신적 복구를 다룰 것인바, 국가와 교육을 두고 벌어진 투쟁, 세계 지배자로서 희랍문명의 변화를 보여줄 것이다. 나는 로마와 기독교 문명이 희랍인들에게서 시작된 문명발전과 접촉한 형태는 다루지 않는다.

이 연구 제시는 전문가 세계만을 위한 것은 아니다. 우리 수천 년 문명의 존립이 걸린 우리 시대의 투쟁 가운데 오늘날 다시 희랍문명에 이르게 된 모든 이들을 위한 것이다. 전체의 역사적 개관을 향한 충동, 이 책이 다룬 모든 영역의 정밀한 개별 연구를 통해 다면적 소재를 깊이 새롭게 이해하려는 거부할 수 없는 요구, 이 둘의 균형을 유지하는 것은 종종 어려운 일이었다. 이 책이 취한 관점에서 고대세계를 고찰하면 온갖 새로운 문제들이 한가득 대두되는바, 이 문제들은 지난 10년 동안 내 강의와 연구의 중심이었다. 전체를 위해 나는 특별한 연구총서의 형태로 전체 연구결과를 덧붙이는 것을 포기했다. 그랬다가는 이 작품을 볼품없이 크게 만들어버렸을 것이다. 내 생각의 입증은 연구 제시의 본론에서 저절로 찾아낼 수 있는바, 연구 제시라는 것은 흔히 원전 해석에서 직접적으로 출발하여 사실관계를 설명할 맥락 가운데 사실관계를 보여주는 일이기 때문이다. 고대 작가들의 인용 위치는 본문 아래 언급하였고, 아주 긴요한 문헌도 무엇보다 교육사 문제와 직접적으로 관련된 경우 마찬가지로 그리하였다. 좀 더 폭넓은 논거가 필수불가결한 경우, 이런 논거도 물론 일반적 각주의 형태로 드물게만 언급되었다. 그리하여 나는 내 작업의 이런 부분은 부분적으로 미리 개별 연구들로 출판하였는바, 여기서는 다만 짧게 이를 언급할 뿐이며, 부분적으로 이후에 개별 연구들을 출판할 것이다. 개별 성과와 출판물은 학문적으로 전체를 구성하고 지속적으로 상호 호응한다.

나는 역사에서 희랍교육의 위치를 그 전형의 좀 더 일반적인 고찰에서 약술하려고 시도하였다. 이때, 선대의 인문주의에 대한 우리의 태도와 관련하여 인간교육의 희랍적 형식에 대한 우리의 숙고에서 얻어진 것들도 함께 짧게 언급되었다. 이 문제는 오늘날 그 어느 때보다 뜨거운 문제이며 특히 논쟁적인 부분이다. 오늘날 이 문제의 해결이 이 책에서 추구한 단순한 역사적 인식을 통해 자연스럽게 도출될 수는 없다. 그것은 희랍인들 때문이 아니라 우리 자신 때문이다. 하지만 희랍 교육현상의 본질 파악은 오늘날의 모든 교육지식과 교육의지와 관련해서도 불가결한 토대다. 이 문제를 다룬 나의 연구작업과 그 결과물로서 이 책은 이런 확신에 따른 것이다.

1933년 10월, 베를린 웨스트엔트, 베르너 예거

개정판 서문

벌써 1년 반 전에 『파이데이아』 제1권이 나왔고 이제 대두된 개정판의 필연성은 나에게 이 책이 빠르게 지지자들을 획득하였다는 징후로 읽힌다. 이 책이 출판된 이래 매우 짧은 시간이 이제 겨우 흘렀으므로 책의 대규모 개정은 생각조차 내게 불가능하였다. 하지만 이를 기회로 삼아 몇 가지 실수를 바로잡을 수는 있었다.

한편 이 책이 부르짖은 설명들의 상당 부분이 다양한 세계관들을 거울 삼아 생산된 다양한 반영물이라는 사실은 이 책의 본질적 부분이다. 더 나아가 역사적 인식의 목표와 방법에 관한 논쟁은—내가 여기서 이를 자세히 설명할 수는 없지만—이 사실과 깊은 연관을 갖는다. 나의 고찰방식이 가진 정당성과 독자성을 이론적으로 근거 짓는 작업도 그 자체로 하나의 과제다. 하지만 더욱 절실한 과제는 나의 고찰방식이 나로 하여금 이런 방식을 생각해내도록 이끌었던 대상물들 자체에서 입증되게 만드는 것이다. 말할 필요도 없겠는바, 이 책이 시작한 역사 고찰은 전통적 의미의 역사,

다시 말해 사건의 역사를 대체할 수도 없으며 대체할 의도도 없다. 하지만 인간의 역사적 존재를 인간정신의 창조적 산물들에 각인된 형태로부터 파악하는 연구도 못지않게 정당하고 필연적이다. 우리가 초기 희랍시대처럼 특정 세기에 대하여 거의 전적으로 이런 종류의 전승만을 만나게 된다는 사실과 무관하게, 이런 산물들은 이런 산물 이외의 증거들을 만날 수 있는 시대에 대해서도 우리에게 늘 과거의 내면적 삶으로 들어가는 가장 직접적인 통로였다. 희랍인들의 인간교육과 인간교육의 산물로서 희랍인들을 대상으로 하는 논의에서 과거의 내면적 삶이 다루어진다.

베를린, 1935년 7월, 베르너 예거

차례

제2권 아티카 정신문화 융성과 위기

인간교육의 역사에서 희랍인들의 위치

　모든 민족은 발전의 특정 단계에 이르러 본성적으로 교육 충동을 가진
다. 교육은 인간 공동체가 그 육체적·정신적 특질을 보존하고 확대하는
데 적용되는 원리다. 세계의 변화 속에 개인들은 소멸하지만, 특질은 동일
성을 유지하며 보존된다. 동물과 인간은 물질적 생명체인 한에서 충동적·
본능적 생식을 통해 특질을 계승한다. 하지만 사회적·정신적 인간존재 양
식을 만들고 이를 계승·보존할 수 있었던 것은 인간본성, 즉 의식적 의지
와 이성 덕분이었다. 이를 통해 인류 발전은—역사 이전 인류의 진화에 대
한 가설을 고려하지 않고 여기서는 다만 역사시대의 경험세계에 국한해 본
다고 할 때—여타의 생명체들이 가지지 못한 일정한 가능성을 확보했다.
인간의 신체적 본성과 특질은 의식적 훈련을 통해 변화되고 더욱 높은 역
량을 보여줄 수도 있다. 하지만 무한한 발전의 가능성을 가진 것은 인간정
신이다. 인간은 점진적으로 자기 내면을 들여다봄으로써 내면세계와 외부
세계의 인식 위에 인간존재의 최고 형식을 구축해왔다. 육체적·정신적 존

재로서 인간본성은 자기 특질 형태를 유지하고 물려주기 위한 특별한 조건을 창출하고 특별한 육체적·정신적 실행방식을 만들어냈는바 우리는 이를 교육이라는 말로 표현한다. 충동적으로 자기 형태를 확대·유지하려는 모든 생명체에서 작동하는 조형적·생산적 생명 의지가 동일하게 인간 교육에도 작동하지만, 교육 단계에서 인간의 생명 의지는 인간적 앎과 의식적 의지에 기초한 목표 지향성을 통해 가장 강력하게 작동한다.

이로부터 어느 정도 일반적 결론들이 도출된다. 우선, 교육은 개인의 문제가 아니라 본질적으로 공동체의 문제다. 공동체의 특성은 구성원 개인에게 각인되며, 여타 동물에서 찾아볼 수 없을 만큼 공동체적 동물(ζῷον πολιτικόν)인 인간에게 공동체는 그 행동과 행태의 근원이다. 구성원에 대한 공동체의 결정적 영향력이 무엇보다 강력하게 작용하는 지점은, 계속해서 새롭게 태어나는 개인들에게 교육을 통해 의식적으로 공동체 이념을 심어주려는 노력에서다. 모든 공동체의 성립은 공동체에 작동하는 성문(成文)과 불문(不文)의 법률과 규범에 기초하는바 이것들이 공동체와 그 구성원을 묶어준다. 따라서 교육은 전적으로―가족이 되었든, 직장 혹은 신분이 되었든, 민족과 국가 같은 넓은 집단이 되었든―인간 공동체에 작동하는 규범의식의 직접적 발로라 하겠다.

교육은 공동체의 탄생과 성장 및 변화과정은 물론 공동체의 외적 운명과 내적 개조 및 정신적 발전에 참여한다. 인간 삶에 유효한 가치들에 대한 일반적 의식도 발전하며, 따라서 교육역사는 본질적으로 공동체 가치관의 변화에 의해 제약된다. 현재 통용되는 규범들의 안정성은 민족의 교육 토대가 견실함을 의미한다. 규범들의 파괴와 해체는 교육이 더 이상 불가능할 정도의 교육 불안정과 동요를 초래하는데, 이런 사태는 폭력으로 전통이 파괴되거나 내적으로 몰락했을 때 발생한다. 하지만 견고성이 건강함의 확고한 지표는 아니다. 견고성은 완고한 경직성 속에도 나타나며 이는 문명의 말기적 현상이다. 예를 들어 공자의 가치관이 지배한 혁명 이전의 중국, 희랍·로마문명의 후기, 유대문화의 후기, 교회, 예술, 과학 학파의 어떤 시기에 그러했다. 천 년 단위로 기록해야 할 정도로 오랜 역사를 가진 고대 이집트의 거의 영원무궁할 것 같은 경직성은 소름이 끼칠 정도다. 로마인들에게도 당대 정치사회 체계의 확고부동함은 최고 가치였고 변화를 지향하는 모든 개혁이념 및 지향은 다만 제한적 정당성을 확보했다.

희랍문명은 특별한 위치를 가진다. 오늘날의 관점에서 보자면 희랍인들은 오리엔트의 역사상 위대한 민족들과 달리 근본적 '진보'를 이루었고, 인간 공동체의 삶 전반에 걸쳐 새로운 '전기'를 마련했다. 희랍인들은 공동체 삶을 완전히 새로운 토대 위에 구축했다. 고대민족들의 예술적·종교적·정치적 의미를 높게 평가할 수도 있겠지만, 실로 우리가 생각하는 의미에서 '문명'이라고 부를 수 있는 역사는 희랍인들과 함께 시작했다.

현대의 연구를 통해 지난 세기 우리의 역사 지평은 놀라울 만큼 확대되었다. '고전기' 희랍·로마인들의 생활세계—지난 2000년 동안 '전(全) 세계'를 의미했다 —는 공간적으로 우리에 이르러 사방으로 확대되었고 이때까지 미답이던 정신세계가 우리 눈에 들어왔다. 하지만 오늘날 이런 지평 확대에도 불구하고 변함없는 사실로 더욱 분명해지는 것은, 우리 역사를 민족 고유의 경계 너머로 확대하여 확대된 민족권의 일원으로 생각한다면 오늘날에도 여전히 우리 역사는—상대적으로 우리와 좀 더 깊은 상호 친연성을 갖는—희랍인들의 출현과 함께 시작한다는 것이다. 나는 이런 민족연합을 일찍이 희랍중심 민족권[1]으로 불렀는데, 여기서 시작($\dot{\alpha}\rho\chi\acute{\eta}$)

---

1) 『고대와 현대』(Leipzig, 1920)라는 나의 논문집 서문을 보라.

은 시간적 의미의 출발을 넘어, 각각 새로운 단계에 이르러 앞으로 나아갈 방향을 가늠하기 위해 되돌아가게 되는 정신적 뿌리를 가리킨다. 이는 역사의 흐름 가운데 우리가 되풀이하여 희랍문명과 정신적으로 만났던 이유였다. 하지만 여기서 명심해야 할 것이 있다. 즉 이런 귀환과 자발적 재수용의 의미는 우리 운명과 무관하게 우리 시대를 뛰어넘는 영원불멸의 정신적 위업에 확고부동하고 절대 불변하는 권위를 부여하려는 데 있지 않다는 것이다. 우리의 귀환 이유는—사람마다 필요 정도가 서로 다를 수 있겠지만—아무튼 우리 자신의 삶이 걸린 필요 때문이다. 우리 민족은 물론 희랍중심 민족권의 모든 민족은 희랍과 로마에 대해 당연히 근원적 타자성을 가진다. 부분적으로 혈통과 정서 때문이며, 혹은 지적 성향과 인식 구조 때문이며, 또한 역사적 상황 각개의 상이성 때문이다. 하지만 이런 타자성은, 우리가 인종적으로, 정신적으로 판이한 오리엔트 민족들에 대해 가지는 타자성과 크게 다르다. 오늘날 몇몇 작가들이 마치 서구를 중국과 인도 및 이집트와 구분할 때처럼 희랍·로마의 고대세계와 서구 민족들을 높은 장벽으로 분리하는데, 이는 분명 비역사적 관점의 오류일 것이다.

중요한 것은 인종적 친연성에 근거한 친근감만이 아니다. 물론 이런 요소가 다른 민족을 내적으로 이해하는 데 중요한 부분이긴 하다. 우리 역사가 본격적으로 희랍과 함께 시작한다고 주장할 때, 우리는 '역사' 개념에 부여한 특별한 의미를 이해해야 한다. '역사'는 신기하고 불가사의한 낯선 세계의 탐구라고 이해되기도 하는데, 헤로도토스는 그렇게 사용했다. 그는 인간 삶의 형태를 찾아 예리한 눈으로 아주 멀리 떨어진 여러 민족을 고찰하여 그들 고유의 정신세계를 이해하고자 시도했다. 하지만—이렇게 이름 붙일 수 있다면—이런 인류학적 역사와 달리 우리 안에 아직도 살아 작동하는 운명적·정신적 유대(한 민족 내에서든 아니면 긴밀히 연결된 민족권

내에서든)를 토대로 하는 역사적 고찰도 있다. 이런 유의 역사에서만 내적 이해, 진정한 창조적 자아와 타자의 만남이 가능하다. 오로지 이런 유의 역사에서 성숙한 사회적·정신적 형태들과 이념들의 결합이 가능하다. 얼마나 많은 단절과 변화가 민족권의 다른 인종들과 종족들 가운데 이어지고 교차하고 축출되고 소멸하고 부활했는지는 중요하지 않다. 이런 결합에서 서구문명 일반과 서구의 주요 문화민족들이 생겨났는바 고대세계에는 특히 그러했다. 우리가 역사를 근원적 유대라는 심오한 의미로 이해한다고 할 때, 이는 지구 전체를 대상으로 삼는 것은 아니며, 우리 역사의 지리적 지평도 그렇지만 시간적 한계도 우리 역사의 운명이 수천 년 이래로 정해놓았던 우리 역사의 한계를 넘어서지 않는다. 언젠가 미래에 모든 인류가 이와 흡사한 방식으로 통일될 수 있을지는 어떤 예측도 허락되지 않는 것이고 지금의 우리 연구와도 무관하다.

인간교육의 역사에서 희랍인들의 위치를 규정하는 혁명적이고 획기적인 것을 몇 마디 말로는 모두 설명할 수 없다. 이 책의 과제는 희랍의 인간교육(paideia)을 희랍 고유의 특질과 역사 전개 가운데 설명하는 것이다. 인간교육은 추상적 이념의 단순한 총합이 아니라 체험된 운명의 구체적 현실 가운데 발견되는 희랍역사 자체다. 희랍인이 불변의 형식을 창조해내지 않았다면 이런 체험된 역사는 사라져버리고 말았을 것이다. 하지만 희랍인은 불변의 형식을 만들어냈고, 그것은 그들이 운명을 이겨내며 지켜낸 최고 의지의 표현이었다. 희랍인은 최고 의지를 표현하는 개념을 그들 발전의 초기 단계엔 갖지 못했다. 하지만 앞을 내다보고 길을 걸어가면서 희랍인은 자신과 자신의 삶이 지향하는 목표를 점차 또렷이 의식하게 되었다. 그것은 바로 더욱 훌륭한 인간의 조형이었다. 희랍인에게 교육사상은 모든 인간적 분투를 대표하며, 교육은 인간 공동체와 개인의 궁극적 존립 정당성이었다. 교육발전의 절정에 이르러 희랍인들의 자의식은 이러했다. 따라서 이와 다른 어떤 심리적·역사적 혹은 사회적 통찰로도 희랍인들을 더 잘 이해할 수 없을 것으로 생각된다. 그들 상고기의 위대한 기념물들도 이런 시각에서 고찰되어야 비로소 완벽하게 이해될 것이다. 이것들은 하나의 정신에서 태어났다. 그리고 인간교육의 형식인 '문명'을 통해 희랍인들은 궁극적으로 그들의 정신적 산물 전체를 고대의 여타 민족들에게 유산으로 남겼다. 아우구스투스가 로마제국의 소명을 발견한 곳이 바로 희랍의 문명이념이었다. 희랍의 문명이념이 없었다면 역사적 단일체로서 고대세계는 물론 문명세계로서 서구세계도 존재하지 않았을 것이다.

물론 우리는 종종, 오늘날 우리에게 익숙한 잘못된 언어습관 때문에, 문명 개념이 오로지 '희랍 이후의 인간'에게만 귀속되는 이념임을 간파하지 못하고, 심지어 원시부족을 포함한 지구상의 모든 민족에게까지 일반화하여 매우 저속한 의미로 그 개념을 사용한다. 그리하여 민족의 특징적 생활상과 생활양식의 총합으로 문명을 이해한다.[2] 이로써 문명이란 단어는 단순히 무언가를 기술하는 인류학적 개념으로 추락해버렸고 이제는 더 이상 최고 가치, 의식된 이상(理想)을 의미하지 않게 되었다. 이런 막연하고 퇴색된 의미에 따라 단순히 유비적으로 중국문명, 인도문명, 바빌론문명, 유대문명 혹은 이집트문명이란 말들이 사용되지만, 이들 민족 가운데 어느 하나도 문명에 상응하는 단어 혹은 개념을 갖지 못했다. 물론 고도로 조직된 민족에게 교육체계가 없진 않았지만, 이스라엘 사람들의 율법과 예언, 중국인들의 공자 사상, 인도인들의 다르마 등은 본질과 전체적 이념 구조

---

2) 다음의 내 책을 보라. *Platos stellung im Aufbau der griechischen Bildung*(Berlin, 1928), 특히 일반론을 다루는 제1장 'Kulturidee und Griechentum', 7쪽 이하.(=*Die Antike*, Bd. 4., 1쪽)

에서 인간교육이라는 희랍적 이념과는 근본적으로 다른 것이었다. 마지막으로 '희랍 이전의 문명'이라는 말을 빈번히 사용하는 습관에 관해 말하자면, 이는 모든 이질적인 것을 유럽 고유의 개념에 끌어넣으려는 실증주의적 획일화에 지나지 않는다. 이질적인 것들을 상이한 본질의 우리 개념체계에 무리하게 끌어넣는 데서 역사 왜곡이 시작된다는 것을 깨닫지 못하고 있다. 모든 역사적 설명이 결코 빠져나올 수 없는 순환논법이 바로 여기서 시작된다. 이 순환논법을 완전히 뿌리 뽑는 것은 불가능한데, 왜냐하면 그러기 위해서 먼저 우리가 우리 살가죽을 벗겨내야 하기 때문이다. 하지만 역사적 세계 구분이라는 근본 물음에서, 희랍 이전 세계와 희랍인들과 함께 시작된 세계의—의식적 교육원리 일반으로서의 문명이념이 희랍세계에서 비로소 형성되었다—중요한 차이를 분명히 하는 것은 아무튼 가능할 것이다.

희랍인을 문명이념의 창조자라고 부를 때 그것은 어쩌면 대단치 않은 칭찬일지 모른다. 다양한 측면에서 문명에 염증을 느끼는 시대에 이런 친권은 오히려 부담일 수도 있다. 오늘날 우리 문명은 다만 일그러지고 위축된 결과, 시원(始原)의 마지막 변형, 인간교육(paideia)과 무관하면서 동시에 잡다하고 무질서한 외적 '생활장치(κατασκευὴ τοῦ βίου)'가 되어버렸다. 따라서 본디 문명의 의미를 다시 확인하기 위해서는 문명 원형에 가치를 부여할 수 있는 연구, 참된 원형적 문명의 철저한 이해가 필요해 보인다. 문명의 근원 현상에 대한 각성 자체는 희랍사유에 가까운 사유형식을 전제하는데, 이는 괴테의 자연철학에서—내가 보기에 직접적 역사적 연관은 없지만—다시 부활했다. 생동하는 인간이 경직된 세기말의 딱딱한 껍데기를 깨고 다시 일어서려는 역사적 순간, 극단적으로 낡은 기계적 문명이 인간의 영웅적 본성을 공격하는 때에, 상당한 역사적 필연성에 따라 자기 민족의 기원으로 돌아가자는 요구에 따라, 타오르는 활력으로 희랍민족을 닮은 정신이 오늘까지 전해진 문명형식의 창조 순간으로, 역사적 존재의 심층으로 파고들려는 욕망이 깨어나는 것은 당연한 일이다. 희랍문명은 우리에게 현대세계를 비추는 문명사적 거울인 동시에 현대세계가 가진 합리적 자의식의 상징이다. 문명의 시원은 이를 둘러싼 비밀과 경이로 늘 신선한 자극을 주고 있다. 최고 재산일지라도 일상적 접촉 가운데 무감각해질 위험성은 크지만, 그래도 이런 힘의 크고 높은 가치를 의식하는 정신은, 창조적 재능을 가졌던 희랍민족의 여명기에 인류의 어둠 속에서 이 힘이 등장하던 때의 모습을 확인하길 간절히 원할 것이다.

교육자로서 희랍인들의 세계사적 의미는, 우리가 말했던바 공동체 내에서 개인의 위상이 새롭게 파악됨과 관련된다. 옛 오리엔트를 역사적 배경으로 삼아 희랍인들을 고찰하면 실로 엄청난 차이가 드러나는데, 근대의 개인주의적 자유를 과도하게 확대해석해 버릇하는 근대 유럽세계와 희랍이 하나로 통합된 것처럼 보일 정도다. 실제 근대인의 개별적 자아의식과, 피라미드 혹은 오리엔트의 왕릉 혹은 침울한 근엄함을 보이는 희랍 이전의 오리엔트 생활양식의 기념비만큼 극단적으로 대립하는 것은 없다. 인간의 모든 자연적 한계를 넘어서는 이런 엄청난 절대자 숭배와 달리―이런 숭배 속에는 우리에게 낯선 형이상학적 감각이 표현되어 있다―또 서로 떼려야 뗄 수 없이 밀착된 지배자와 그 종교적 의미의 과도한 강조 가운데 철저하게 관철된 대중 소멸과 달리, 희랍역사의 시작은 인간의 새로운 평가에서 출발하는 것으로 보인다. 이런 새로운 평가는 우리가 보기에 특히 기독교를 통해 확산한 사상, 개별 인간영혼에 무한한 가치를 부여하는 사상과 별 어려움 없이 연관되며, 르네상스 이래 도전 가치로 고양된 개인의 정신적 자율성과 연관된다. 그렇다면 인간가치의 희랍적 감성을 외면한 채 어떻게 근대세계가 개인에게 부여한 존엄성이 정당화되겠는가?

 역사적으로 논쟁의 여지가 없이 분명한바 희랍인들은 그들의 철학 발전에 상응하여 개인의 문제 또한 주목했고 유럽적 개성의 역사는 희랍인들에서 시작했음이 확실하다. 로마와 기독교의 영향이 나중에 더해졌고 이런 혼합으로 개별화된 자아라는 기적이 등장했다. 하지만 근대에서 시작하면 인간교육의 역사에서 희랍정신의 위치를 원리적으로 선명하게 파악할 수 없다. 따라서 우리가 할 수 있는 최선은 희랍정신의 민족적 특이성에서 시작하는 것이다. 희랍적 인간의 자연적 쾌활함, 경쾌한 명민함과 내면적 자유는—이는 고갈되지 않는 여러 대립의 형상세계에서 희랍민족이 빠르게 발전하는 토대가 되었던 것으로 보이며, 아주 이른 시기의 희랍작가들과 만날 때마다 사람을 경탄케 하는 점이다—근대적 의미의 주관성에서 시작된 것이 아니라, 그것은 자연이었다. 자연이 희랍적 자아로 의식된 것은, 인간에게 사유와 행위의 새로운 확실성을 부여한 객관적 규범과 법칙의 발견이라는 정신적 우회로를 통해서였다. 오리엔트 세계는 이해하지 못한, 희랍예술가들에 의해 성취된 인간육체의 자유와 해방은 대상에서 발견되는 우연적 모습의 외형적 모방이 아니라, 인체구조의 보편법칙, 인체균형과 동작에 대한 분명한 인식을 통해 가능했다. 마찬가지로 희랍인들의 정신적 자기 표출에 두드러지면서도 쉽게 절제되는 자유는, (이전 민족들은 도달할 수 없었던) 세계법칙성의 명료한 의식을 통해 가능했다. 희랍인들은 '자연'에 대한 타고난 감각을 가졌다. 희랍인들이 최초로 만들어낸 자연 개념은 의문의 여지없이 그들의 특별한 정신적 특성에 기인했다. 그들의 정신이 이런 생각을 만들어내기 훨씬 이전부터 그들의 눈은 이미 사물을 특별한 시각으로 관찰했다. 그들의 눈에는 세계의 어떤 부분도 연관으로부터 고립되어 있지 않았고 언제나 개별 사물은 그것에 위상과 의미를 부여하는 전체와의 살아 있는 연관 속에 편입된 것으로 보였다. 우리는 이런 고찰방식을 '유기적'이라고 부르는데 개별을 전체의 부분으로 파악하기 때문이다. 현실세계의 법칙을 파악하려는 희랍정신의 욕구는 사유와 말과 행동 등 삶의 모든 영역에서, 그리고 예술적 형상화의 모든 종류에서 드러나는데, 이것은 존재를 자연적이며 고유하며 독창적인 유기적 구조로 보는 시각과 밀접한 연관을 가진다.

희랍인들의 예술적 형상화 방식 혹은 예술적 고찰방식은 우선 일종의 미학적 본능이며, 눈의 단순한 시각 능력에 어떤 방식으로든 주어진 것이지 의식적으로 어떤 이념을 예술창작에 투입한 것은 아니다. 이러한 혼입 혹은 예술의 이념화는 상대적으로 나중에 희랍 고전기에 비로소 등장한다. 물론 시각의 자연성과 무의식성을 강조할 경우, 시각 능력이 아니라 언어 의식과 영혼 내적 흐름이 동시에 작용함으로써 창작된 문학에서도 같은 현상이 발견되는 이유는 설명되지 않는다. 실제 우리는 희랍인들의 언어예술에서도 회화 및 조형예술에서와 같은 형식원리를 만나게 된다. 우리는 시적 형상물 혹은 산문작품의 조형적 혹은 건축적 특성을 언급한다. 이때 조형적 혹은 건축적이라는 표현은, 조형예술이 모방하는 형태값이 아니라, 인간 언어와 그 구조물을 비유적으로 지시한다. 이런 표현들을 사용하여 좀 더 시각적으로 설명하려는 이유는 조형예술적 창작물의 구조가 우리에게 좀 더 직관적이고, 따라서 좀 더 빨리 파악되기 때문이다. 다양성과 정교한 구조를 갖는 희랍인들의 문학형식은, 언어생활의 단순하고 소박한 자연형식을 유기적으로 예술과 문체의 관념적 영역으로 변화시키는 과정에서 탄생했다. 언어예술에도 보이는 유기적 형상화와 명증한 구조화의 능력은 오로지 그들의 자연적 감각에 유래하여, 나아가 궁극적으로 논리와 문법과 수사학 분야로 추상화되고 특화되는바 감각과 사유와 언어

안에서 법칙성을 보는 성숙한 능력에서 비롯되었다. 이런 관점에서 우리는 희랍인들에게 배운 것이 많고 우리가 그들에게 배운 것은 오늘날에도 여전히 유효한 언어, 사유, 문체 형식의 주요 부분을 차지한다.

이것은 희랍정신의 가장 위대하고 놀라운 성취인 철학에서도 확인되는데 독창적 구조의 가장 탁월한 언어적 증거물이 철학이다. 그들 철학에는 희랍예술형식과 사유형식의 뿌리가 되는 힘이 가장 뚜렷하게 전개되었으며 자연과 인간세계의 모든 사건과 변화를 주재하는 영원한 질서에 대한 분명한 통찰이 담겨 있다. 민족마다 나름의 법칙을 만들어내지만, 사방으로 사물 자체의 법칙을 찾던 희랍민족은 이 법칙에 따라 인간 삶과 사유를 조직하려 했다. 희랍인들은 인류 유일의 철학자들이다. 희랍철학은 희랍 조형예술 및 문학과 한 핏줄이다. '이론(*theoria*)'은 우리가 우선 생각하는 것처럼 이성적 요소를 담고 있고 더 나아가 어원이 말해주는 것처럼 대상을 늘 전체적으로 '형상(*idea*)'으로, 다시 말해 시각적 형상으로 파악하는 관조적 요소를 담고 있다. 과거를 현재의 시각에서 해석하고 일반화할 위험성이 있음을 알지만, 그럼에도 우리는 매우 독창적이며 독특한 희랍사유인 플라톤의 형상이 다른 영역에서도 희랍인들의 정신적 유산을 파악하는 열쇠라는 생각을 머릿속에서 지울 수 없다. 특히 플라톤의 형상과 희랍예술의 주요 경향, 둘의 연관성은 이미 고대부터 종종 언급되었다.[3] 이런 관찰결과는 연설술에서도 못지않게 확인되며 사실 전반적으로 희랍정신의 본질에서도 그러하다. 이미 고대 자연철학자들의 우주론은 그런 유의 관조였고 이는 오늘날 자연과학자들의 계산 및 실험과는 전혀 다른 것이다.

---

3) 이에 대한 고전적 언급은 키케로 『연설가』 7~10인데, 다시 이것은 헬레니즘 시대의 전거에서 유래한 것이다.

그들의 우주론은 각각의 관찰결과를 단순히 취합하고 방법적으로 추상화한 결과가 아닌, 그것을 넘어 개별들을 하나의 큰 그림 속에서 해석하며 개별에 전체의 부분으로서 위상과 의미를 부여한다. 또 희랍인들의 수학과 음악은 이런 형상성 때문에 우리가 아는 한에서 여타 고대민족들의 것과 구분된다.

인간교육의 역사에서 희랍의 독보적 위치도 이와 같은 내적 기질에, 그러니까 희랍인들이 예술적 과제뿐만 아니라 삶의 문제에 접근할 때마다 언제나 작용했던 형상 충동에 기인한다. 나아가 인간본성의 좀 더 심오한 법칙들을 찾고 이 법칙들에 상응하는 인간영혼 규율과 공동체 규범을 찾으려는 그들의 철학적 (보편성을 파악하려는) 감수성에 기인한다. 보편성, 즉 로고스는 정신적 본질을 깊이 통찰한 헤라클레이토스에 따르면 도시국가의 법률처럼 만인에게 공통된 것이다. 인간 삶의 자연적 원리, 그리고 인간육체와 정신의 내재적 법칙에 대한 분명한 의식은 희랍인들이 교육 문제와 마주했을 때부터[4] 매우 큰 중요성을 가졌다. 형상화 능력인 이런 모든 인식능력을 교육활동에 투입하여 마치 도공이 진흙으로, 조각가가 돌에서 형상을 만들어내는 것처럼, 진정한 인간을 만든다는 생각은 오로지 이런 예술가적 철학자 민족의 정신에서만 나올 수 있는 대담하고 창조적인 사상이었다. 이제 희랍인들이 과제로 삼아야 할 것은 가장 숭고한 예술작품, 살아 있는 인간이었다. 희랍인들은 교육도 일종의 세심한 창조과정이어야 한다는 인식에 최초로 이르렀다. 마라톤과 살라미스 시대의 희랍시인은 "손과 발과 정신이 아무 흠결 없이 똑바르게 만들어진"이라고 적어놓았는데 이것은 참으로 쟁취하기 힘든 참된 남자의 덕을 가리킨다. 이런 종류

---

4) 나의 저서 『고대와 인문주의』(Leipzig 1925), 13쪽을 보라.

의 교육에 대해서만 '교육'이라는 단어를 본래의 의미에서 사용할 수 있는데, 이런 교육활동에 플라톤이 처음으로 조형적 비유를 사용한 것을 우리는 본다.[5] 독일어 '빌둥(*Bildung*)'은 희랍적·플라톤적 의미에서 교육의 의미를 가장 잘 드러내고 있다. 이 단어는 예술적 형상성, 조형성 및 예술가의 내면에 어른거리는 규범적 형상, '이데아' 혹은 '전형' 등과 연관된다. 이런 사상은 역사 속에서 인간정신이 특정한 외적 목표를 위한 조련을 벗어나 교육의 본질을 향할 때마다 여기저기서 다시 나타나는데 이는 희랍인들의 유산이다. 하지만 희랍인들이 이 과제를 크고 어렵게 생각했다는 점과, 이들이 유례없이 강력한 내적 추동력을 갖고 이 과제에 매달렸다는 점은 그들의 예술적 눈으로도, 그들의 '이론적' 정신성으로도 설명되지 않는다. 그들이 인간을 중심에 놓았음은 우리가 가진 최초의 흔적들에서 발견된다. 인간형상의 신들, 인간형상 문제에 절대적으로 매달리는 희랍조형과 회화, 소크라테스와 플라톤과 아리스토텔레스에서 정점에 이르는바 우주문제에서 인간 문제로 논리적으로 이어지는 철학적 흐름, 호메로스 이래로 수백 년 내내 고갈되지 않는 주제인바 엄청난 운명적 무게를 가진 단어인 인간을 노래한 문학, 마지막으로 인간과 삶 전체의 양육자로 국가를 이해할 때만이 정확히 이해되는 희랍의 도시국가 등의 흔적들이 그것이다. 이들 모두는 같은 광원에서 뿜어져 나온 빛줄기이며, 다른 곳에서 나올 수도 없고 달리 설명될 수도 없는, 모든 형태의 희랍정신을 관통하는 인간 중심적 감성의 발로다. 이런 의미에서 희랍인들은 인류 유일의 인간 조각가들이 되었다.

지금 우리는 오리엔트와 상이한 희랍인들의 이런 특징을 결정지은 것이

---

5) 플라톤 『국가』 377b, 『법률』 671e에서 'πλάττειν'을 보라.

무엇인지를 좀 더 분명하게 말할 수 있다. 그들의 인간 발견은 주관적 자아의 발견이 아닌 인간의 보편적 존재법칙에 대한 인식이었다. 희랍인들의 정신적 원리는 개인주의가 아닌 '인문주의', 어원이 되는 고대적 의미에서 인문주의다. 인문주의(*humanisim*)는 '후마니타스(*humanitas*)'에서 유래한다. 이 단어는 적어도 바로와 키케로 시대에, 여기선 논외인 좀 더 오래된 통속적 인도주의라는 의미가 아닌 좀 더 숭고하고 엄격한 이차적 의미로 쓰인다. 다시 말해 이 단어는 인간을 참된 형상, 진정한 인간됨으로 이끄는 교육을 지시하게 된다.[6] 이것은 사실 희랍적 인간교육의 정수였고 이를 로마의 정치가들은 교육의 모범으로 받아들였다. 인간교육은 개별에서 출발하지 않고 보편형상에서 출발한다. 유적 존재로서 인간을 넘어, 또 소위 자율적 자아로서 인간을 넘어 보편형상으로서 인간이 존재하며, 희랍인들은 시인으로, 예술가로, 탐구자로 이런 인간을 늘 주목했다. 보편형상으로서 인간은 보편타당한 범례이자 구속력을 갖는 형상으로서 인간이다. 우리가 교육의 본질이라고 인식하는바 공동체 형상을 개별 시민에게 각인시키는 일은 희랍인들에게 인간형상의 이해가 점차 심화되는 가운데 진전되었다. 이와 같이 부단한 도전 가운데 마침내 교육 문제는 철학적 근거를 획득하는 데까지 이르렀다. 희랍인들의 이런 철저함과 목표 지향성은 누구도 보여준 바 없다.

　개별 시민의 교육목표가 된 희랍적 인간이념은 공허한 이상도 아니며 시공을 초월한 이념도 아니다. 그것은 민족 공동체의 토양 위에 성장한 살아 있는 형상이며, 따라서 늘 민족의 역사적 변천과 운명을 함께했고 민족 전체의 운명, 정신적 발전의 모든 단계를 수용했다. 희랍인들의 혹은 고대

---

6)　겔리우스 『아티카의 밤』 제12권 17.

의 '인문주의'와 '문명'과 '정신'을 시간성과 무관한 절대적 인간문명의 표현으로 이해하는 것은 비역사성에 젖은 우리 선대의 고전주의와 인문주의의 오해였다. 물론 희랍민족이 수많은 영원불멸의 인식을 영원불멸한 형식에 담아 유산으로 남긴 것은 의심의 여지가 없다. 하지만 희랍인들이 규범성을 의식적으로 지향했다고 말할 때, 이런 규범을 무언가 굳어지고 확정된 것으로 이해하고자 한다면 이것은 아주 심각한 치명적 오류다. 에우클레이데스 기하학과 아리스토텔레스 논리학은 분명 오늘날까지도 인간정신의 확고한 토대이며 앞으로도 결코 배제될 수 없는 그런 것이다. 그런데 우리의 역사적 시각에서 볼 때, 희랍과학이 만들어낸, 모든 역사적 체험을 추상한 가장 일반적인 이런 형식조차도 전적으로 희랍적이며, 다른 수학적·논리적 사유형식들과 세계관들과 나란히 존재한다. 희랍인들의 창조물 가운데 상당수도 분명 이와 마찬가지로 태어난 역사적 상황을 여전히 강하게 보여주며 특정한 시대적 상황과 직접 연관된다.

로마 황제정 초기의 후기 희랍문명은 희랍민족의 황금기에 만들어낸 업적들을 '고전'이라 불렀고, 시간을 초월한 불후의 작품이라 보았다. 이것은 모방의 대상이 되는 예술형식적 선례였고 도덕적 모범이었다. 희랍은 당시 로마제국 역사에 통합되어 독립을 잃었고 민족전통의 숭상만이 그들에게 유일하게 남은 숭고한 삶의 내용이었다. 그리하여 그들은 인문주의가 고전주의적으로 규정될 수 있었을 때 정신의 고전주의적 숭배를 만들어냈다. 또 미학적 의미에서 그들의 '관조적 삶(*vita contemplativa*)'은 나중에 근대 인문주의자들 혹은 인문학자들이 표방하는 삶의 원형이 되었다. 두 가지 흐름의 전제는 정신을 추상적·무시간적인 것으로 본 것이며, 정신을 민족 운명과 부침을 초월한 영원한 진리와 아름다움의 세계로 이해한 것이다. 괴테 시대의 독일 신(新)인문주의 운동도 희랍인을 인간역사의 일회적 사건, 참된 인간본성의 절대적 계시로 보았고, 이를 통해 계몽주의적 합리주의가 당시 계몽주의적 합리주의 때문에 시작된 역사주의적 사유보다 근원에 훨씬 근접한 것임을 증명하고자 했다.

　고전주의에 대항하여 성장한 역사주의 연구의 한 세기 동안 우리는 고전주의적 사고방식에서 멀어졌다. 오늘날 거꾸로 우리는 한계와 목표를 상실한 역사주의의 위험에 사로잡혔고 온통 검은 고양이밖에 없는 역사주의의 어둠에 빠졌고, 그래서 다시 고대세계의 영원한 가치를 생각하게 되었다. 하지만 이때 우리에게 중요한 것은 다시 고대세계를 무시간적 우상으로 세우는 것이 아니었다. 오늘날 우리가 직접 경험하는바 고대세계는 당대에 그랬던 것처럼 우리에게도 계속해서 역사 속에 작동하는 힘으로 규범적 내용과 창조적 기능을 보여준다. 희랍문학의 역사를 이제 문학작품이 만들어지던―문학이 공동체를 지향하고 공동체는 문학을 지탱하던―사회 공동체와 단절된 채 고찰할 수 없다. 다시 말해 희랍정신은 희랍 공동체의 토양에 깊이 뿌리내리고 있기 때문에 강력한 힘이 가능했다. 그들 작품 속의 이상(理想)은 창조적 인간정신이 공동체 전체의 강력한 초개인적 삶에서 쟁취해낸 것이었다. 따라서 위대한 희랍인들의 작품에 등장하는 인간은 도시국가적 인간이었다. 희랍교육은 개인의 자족적 완성을 궁극적 목표로 삼는 사적 교육과 교육제도의 총합이 아니다. 이런 인식은 도시국가 몰락의 시대였던 후기 희랍에서 비롯된 것이며, 근대 교육학은 그 직계후손이고, 우리 민족이 아직 비정치적이던 독일 고전기의 희랍열풍이 이런 인식을 추종했음은 분명하다. 하지만 우리 나름의 국가 지향적 정신적 흐름은 우리로 하여금 다시, 탈(脫)국가적 정신이 위대한 시대의 희랍인들에게 탈정신적 국가만큼이나 낯선 것이었다는 사실에 눈을 뜨게 했다. 희랍문명의 최고 걸작들은 전적으로 대담한 국가의식의 기념비로서,

그 성과는 호메로스 문학의 영웅주의에서 출발하여 플라톤의 탁월한 철인이 통치하는—개인과 사회 공동체가 철학 토대 위에 마지막 결전을 벌이는—국가에 이르기까지 모든 발전 단계를 거쳐 부단히 이어졌다. 미래의 인문주의는 근본적으로 모든 희랍교육의 전제, 희랍인들이 항상 인간본성을 사회적 존재와 연관시켰음에 기초해야 한다.[7] 희랍인들 가운데 중요한 사람들이 스스로 국가에 봉사한다고 생각했다는 사실은, 생산적 정신과 공동체가 긴밀히 연관되어 있음을 보여준다. 오리엔트에서도 이런 현상은 나타나며, 그들은 종교의무에 따른 생활질서에서 가장 자연스럽게 이런 모습을 보여준다. 하지만 희랍에서는 위대한 사람들이 시종일관 신의 말씀을 전하는 예언자가 아니라, 스스로 깨우친 민족교육자와 이념의 창안자로 등장한다. 또 이들이 종교적 영감의 형식으로 말할지라도 이것은 이들 자신의 인식으로 형상화된 것이었다. 형식과 의지에 따른 이런 정신적 소산은, 제아무리 사적일지라도, 창안자가 보기에 여전히 강력하게 사회적 기능을 수행하고 있었다. 시인(ποιητής)과 정치가(πολιτικός)와 현자(σοφός)라는 희랍적 삼존(三尊)은 최고 민족 지도자들이었다. 신적 최고 법칙의 통찰을 토대로 공동체 전체에 대한 책임감을 자각하는 정신적 자유의 분위기 가운데 희랍인의 창조성은 교육자적 위대함으로 성장했으며, 그것은 근대 개인주의적 문명의 예술적·지적 성취를 훌쩍 뛰어넘는 것이다. 이런 분위기는 고전 희랍문학을 단순한 미학적 범주 이상의 것(그동안 헛되이 미학적 범주로 이해하려 했었다.)으로 만들었고 이후 수천 년 동안 이

---

7) 저자가 베를린 대학에서 1924년에 행한 제국건국기념 강연 '플라톤 시대의 희랍 국가윤리'를 보라. 그 밖에 강연 '고대의 정신적 현재'(베를린, 1929=*Die Antike*, Bd. 5., 185쪽) 38쪽 이하와 *Die Antike*, Bd. 8., 78쪽 이하 '국가와 문화'를 보라.

어지는 무궁한 영향력을 가지게 했다.

이런 영향 속에서 위대한 시절의 가장 위대한 작품들에 나타난 희랍예술은 우리의 공감에 가장 큰 부분을 차지한다. 따라서 우리는 희랍예술의 역사를 그때그때 삶을 지배했던 이념의 거울로 기술해야 한다. 기원전 4세기 후반까지 대체로 희랍예술은 총체적 정신의 표현이었다는 명제도 타당하다. 희랍예술이 우리에게 생생하게 보여주는 올림피아 승자들의 조각상들을 배제한 채로, 핀다로스의 승리찬가들이 노래하는 체육의 인간이념을 누가 도대체 이해할 수 있을까? 혹은 희랍적 사유가 인간육체와 정신의 숭고함과 존엄을 표현하기 위해 만들어놓은 신의 형상을 배제한 채로? 도리아 신전은 두말할 것 없이 가장 위대한 기념비로서, 개별을 엄격하게 전체 아래 질서 짓는 도리아적 본질을 후대에 영원히 남겼다. 신전에 영원히 기록된 과거의 삶, 신전을 가득 채운 종교적 기운을 역사적으로 현재화하는 강력한 힘을 신전은 오늘날에도 여전히 가지고 있다. 그렇다 하더라도 희랍적 의미에서 인간교육의 본디 수행자는 조각가와 화가와 건축가 등 비언어적 예술가들이 아니라 시인과 음악가, 철학자와 연설가(즉 정치가)였다. 희랍적 관점에서 법률가와 시인의 관계가 일정한 의미에서 조형예술가와 시인의 관계보다 훨씬 가까웠다. 시인과 법률가는 교육의 주체로 하나였다. 살아 있는 인간을 만드는 교육자만이 교육자라고 불릴 권리를 가진다. 종종 희랍인들은 교육자의 역할을 조형예술가의 역할과 비교했지만 빙켈만이 주장한 예술작품 감상의 교육적 역할을 예술가 민족인 희랍인들은 전혀 언급한 바 없다. 언어 혹은 소리 혹은 양자가 결합해 만들어진 박자와 화음은 희랍인들에게 전적으로 영혼조형적 힘이었는데, 모든 인간교육에서 결정적인 것은 육체단련보다 정신교육에서 훨씬 중시되는 활동이었기 때문이다. 예술은 희랍적 이해에 따르면 전혀 다른 영역, 고전기 내내 그 뿌리가 되는 숭배영역에 속했다. 예술은 본질적으로 장식과 치장이다. 하지만 이는 나머지 문학 전체의 교육적 힘에 영향을 미치는 영웅 서사시에 해당하지 않는다. 문학이 숭배와 연관된 경우에도 문학은 사회적·정치적 영역에 깊게 뿌리내렸으며 이는 산문작품들에서 비로소 제대로 드러난다. 따라서 희랍교육의 역사는 근본적으로 소위 문학의 역사와 일치한다. 문학은 그 창조자가 제시한 근본적 의미에서 보면 희랍적 인간이 자기를 형성해가는 과정의 표출이다. 하지만 우리는 고전기까지의 수 세기에 걸쳐 문학 단편 이외에 변변한 문서형식을 가진 것이 없고, 따라서 넓은 의미에서 이 시기의 희랍역사에서도 인간 형성과정은 문학과 예술에서 파악될 수 있는 것만이 유일하다. 인간존재 전체 가운데 오직 이것만을 남긴 것은 역사의 의지였다. 우리는 당시 희랍인들의 **교육**과정을 그들이 만든 인간이상형을 통해서만 파악하고자 한다.

이로써 이 연구의 방법론을 제시했고 과제를 한정했다. 선택과 고찰방식은 달리 특별한 설명이 불필요하다. 적어도 전체적으로는, 사람들이 저마다 이것 혹은 저것이 빠졌다고 하겠지만, 저절로 정당화될 것이다. 여기에 새로운 형식으로 제시된 문제는 사실 오래된 문제다. 인간교육의 관점은 애초 고대세계의 탐구와 연결되어 있다. 고대세계는 처음에는 주로 외적 소재들의 의존성 때문에, 나중에는 이상적 모범의 세계라는 의미에서 이후의 수 세기 동안 계속해서 지식과 교육의 마르지 않는 원천이었기 때문이다. 근대적 역사적 고전 문헌학의 출현은 입장의 근본적 변화를 동반했다. 새로운 역사적 사유는 과거 한때 실제로 존재했던 지난날과 그 변화에 대한 인식을 무엇보다 중시했다. 과거의 열정적 순수 관찰을 지향하던 새로운 역사적 사유에게 고대세계는 다만 역사, 다른 것보다 선호되지만 그래도 역사에 지나지 않았다. 이때 달갑지 않으나 오늘날에 미친 고대

세계의 직접적 영향이 탐구되었다. 다만 이는 개별 관심사로 치부되었고 고대세계의 가치평가는 개인의 취향으로 간주되었다. 고대사에 대한 사실적·백과사전적 지식이—이를 개척한 위대한 선구자들이 생각했던 만큼 이런 지식이 가치중립적인 것은 아니었지만—점차 확대되어갔지만, 그러면서도 현실적으로 '고전교육' 같은 것도 계속 존재했고, 간과되었을 뿐 자신의 자리를 확고히 지키고 있었다. 고전주의적 역사관이 제시한 고전교육의 이상(理想)을—근대적 탐구를 통해 폐기된 것으로 여겨졌지만—새롭게 다시 정립하는 것이 과학의 책무다. 우리 문명 전체가 오늘날 섬뜩한 역사 경험을 통해 문명 토대를 다시 평가하자는 각성에 이르는 때에, 고전 문헌학은 고대세계의 교육 문제를 운명을 결정할 최후의 문제로 새롭게 받아들였다. 이는 역사학에 의해 역사적 인식의 토대 위에서만 해결될 수 있는 문제다. 예술적 이상화의 조명 아래 대상을 바라보는 것은 중요하지 않다. 우리 목표는 고대세계의 영원한 교육현상을, 희랍역사의 추동력을, 늘 희랍인들에게 방향을 제시했던 힘을 그들 고유의 정신적 본질로부터 이해하는 데 있다.

제1권

희랍 상고기

귀족과 탁월함

    인간사회의 기능인 양육은 본성적이며 보편적이다. 양육은 양육을 받는 자들이나 양육을 하는 자들에게 너무도 당연한 것으로 여겨져 오랜 시간 동안 전혀 의식되지 않았고 상대적으로 나중에야 비로소 문헌 전승에 흔적을 남겼다. 양육 내용은 모든 민족을 아울러 대략 동일하다. 양육은 도덕적이면서 동시에 실재적인 것을 다룬다. 희랍인들도 다르지 않았다. 그것은 부분적으로 계명형식을 취했다. 신께 경배하라, 아버지와 어머니를 공경하라, 이방인을 조심하라 등이었다. 수백 년 동안 구전으로 전해진 외형적 정숙함과 실질적 생활 지혜였고, 또 가르쳐질 수 있는 한에서 그 요체를 희랍인들이 '기예(*techne*)'라고 부른 전승된 직업 지식과 기술이었다. 신들과 부모와 이방인을 대하는 바른 몸가짐을 지시한 기초적 계명들은 나중에 희랍 도시국가들의 성문법에도 기록되었는데, 이때 법과 도덕이 원칙적으로 아직 분리되지 않았다. 원시적 풍습과 미신적 금기가 뒤섞인 투박한 민중 지혜들은 오랜 구전전승을 벗어나 헤시오도스의 농부 지혜서를 통해 최초로 수면 위로 떠올랐다. 장인의 기예들은 예를 들어 히포크라테스 의학서의 의사 선서문에서 확인된 바와 같이 본성상 직업적 비밀을 글로 폭로하지 않으려는 성향 때문에 문자에 저항했다.

이런 양육과 구별하여 내적으로 완결된 특정 인간형에 따라 인간을 만드는 과정을 교육이라 한다. 교육은 인간이 어떠해야 하는지에 대한 인간상 없이는 불가능한데, 이때 유용성은 고려하지 않거나 적어도 본질적인 것은 아니며, 다만 '훌륭함(καλόν)'이 결정적 역할을 한다. 다시 말해 소망형 혹은 이상형에 따라 구속력을 갖는 아름다움이 교육의 중심이 된다. 양육 동기들의 차이는 인류역사 내내 계속되었고 이는 오히려 인간본성의 근본 요소다. 이런 차이를 우리가 어떻게 이름하느냐는 것은 중요한 문제가 아니다. '양육'과 '교육'이란 단어를 역사적으로 정당화되는 구분된 의미로 사용할 수 있다면, 넓은 의미에서 좀 더 정확하게 교육이 양육과 다른 토대에서 유래함을 파악하는 것은 어렵지 않을 일이다. 교육은 인간의 총체적 형성, 인간의 외형적 현출과 출생, 그리고 내적 함양을 의미하는데, 이는 모두 우연이 아닌 오직 의식적 훈육의 산물이다. 플라톤은 앞서 이를 혈통 좋은 견종 육성과 비교했다. 사실 훈육은 근원적으로 민족의 작은 부분, 다시 말해 귀족에게만 국한된다. 희랍 고전기의 '훌륭하고 아름다운 사람(καλοκἀγαθός)'은 영어의 '신사(紳士)'와 마찬가지로 그 뿌리를 분명히 보여주는데, 이것은 근원적으로 귀족 상류층의 전형을 가리킨다. 하지만 성장하는 시민사회가 이런 전형을 제 것으로 삼으면서 교육은 이념적으로 공공재가 되었고 보편적 규범으로 자리 잡았다.

모든 상류 문화가 인간의 태생적·신체적·정신적 차이에 따른 사회적 차별에서 생겨났음은 교육사의 기본사실에 속한다. 비록 이런 차별이 경직된 특권 신분사회의 교육으로 이어지긴 하지만, 신분사회의 지배적 상속

원리는 밑에서 솟아오른 거대 민중의 분출 때문에 계속해서 수정된다. 폭력적 전복으로 지배계급은 완전히 권리를 상실하거나 괴멸하지만 아주 짧은 시간 안에 필연적으로 다시 새로운 귀족들이 권력층으로 부상한다. 귀족층은 민족교육의 정신적 원천이다. 희랍교육의 역사, 다시 말해 전 세계적으로 중요한 의미를 가지는 희랍민족 개성의 형성과정은 민족의 우수 인재들이 도달할 특정한 이상적 인간상이 희랍의 옛 귀족세계에 등장하면서 시작되었다. 폭넓은 민중문화와 구분되는 귀족문화의 완성은, 우리가 역사 고찰의 출발점으로 삼아야 하는 모든 최초 문헌 전승에서 이미 확인된다. 고도의 정신 단계에 이르기까지 모든 이후의 교육은, 물론 내용은 변하지만, 계속해서 이런 연원의 흔적을 분명하게 간직하고 있다. 따라서 교육은 다만 점차 정신영역으로 옮겨간 민족적 귀족이념이다.

희랍교육의 출발점에서 '파이데이아(paideia)'란 단어의 역사를 파악할 실마리는 바로 옆에 있을 것처럼 보이지만 실제 발견할 수 없다. 이 단어는 기원전 5세기에 처음 등장하기 때문이다.[1] 물론 이것은 다만 전승의 우연일 뿐이다. 만약 우리가 새로운 문헌증거를 발견한다면 어쩌면 좀 더 과거의 용례를 발견할 수 있을지도 모른다. 하지만 그렇다 하더라도 그것을 통해 우리가 아무것도 얻을 수 없을 것이 분명하다. 좀 더 오래된 용례들이 증명할 수 있는 것은 겨우 기원전 5세기 초 '파이데이아'란 단어가 아직 '유아 양육' 정도의 단순한 의미를 지녔고, 우리가 주목하는바 나중에 갖게 되는 좀 더 높은 수준의 의미와 아직 상당히 거리가 있다는 사실에 불과하다. 희랍교육 역사의 자연스러운 실마리는 오히려 아주 멀리까지 거슬러

---

1) 아이스퀼로스 『테바이를 공격한 일곱 장수』 18행에서 최초로 'paideia'가 등장한다. 이 단어는 여기서 다만 '양육(τροφή)'과 같은 의미로 쓰였다.

올라갈 수 있는 '탁월함(*arete*)'이란 개념이다. 이 단어의 완전한 대응어는 현대 독일어에서 찾아볼 수 없다. 중세 독일어 '투겐데(*tugende*)'를 단순히 도덕적 의미로 축소된 것 이상의 궁정 귀족적 몸가짐과 전사(戰士)적 영웅이 결합된 기사도 정신의 최고 이념을 지시하는 말로 사용한다면 이것이 희랍어 '탁월함'에 정확히 상응한다. 이런 사실은 '탁월함'의 유래를 알려주기에 충분하다. 이 단어는 전사(戰士) 귀족의 기본적 세계관에 뿌리를 두고 있다. '탁월함'의 개념에 당시 교육내용이 아주 순수한 형태로 집약되어 있다.

고대 희랍 귀족문화의 가장 오래된 전거는 호메로스다. 물론 여기서 호메로스를 『일리아스』와 『오뒷세이아』라는 대서사시를 지은 시인으로 보는 한에서 말이다. 호메로스는 우리에게 당시 삶을 보여주는 역사적 원천일 뿐 아니라, 당시 이념을 알려주는 영원한 시적 표현물이다. 이 두 가지 측면에서 호메로스를 고찰해야 한다. 우리는 호메로스에서 우선 귀족세계상을 길어내고자 하며, 다음으로 인간이념이 호메로스 서사시 속에서 어떻게 형상화되었는지, 이를 통해 애초의 좁은 가치영역을 벗어나 어떻게 넓게 확장된 교육적 의미를 얻게 되었는지를 파악하고자 한다. 소용돌이치는 역사발전을 살펴봄으로써, 그리고 각각의 창조적 세대가 자신들의 최고 모습을 표현할 이념적 규범을 영원히 남기려고 벌였던 예술적 투쟁을 살펴봄으로써 비로소 우리는 교육사의 흐름을 분명하게 파악하게 될 것이다.

'탁월함' 개념은 호메로스에서, 그리고 이후 수백 년 동안 흔히 넓은 의미로 사용되어 인간 장점을 표현하는 동시에 인간 아닌 존재의 뛰어남, 예를 들어 신들의 힘, 좋은 말들의 용기와 빠름을 표시하기도 했다.[2] 반면 평

---

2) 말들의 탁월함은 『일리아스』 제23권 276행, 374행에서 언급되었으며, 또한 플라톤의 『국가』 335b에서는 개와 말의 탁월함을 이야기한다. 같은 책 353b는 눈의 탁월함을 언급한다.

범한 사람은 전혀 탁월함을 갖지 못했다. 만약 귀족혈통의 자손이 노예살이하게 되면 제우스는 그에게서 탁월함의 절반을 빼앗는다. 그는 더는 예전과 같은 인물이 아니다.[3] 탁월함은 본래 귀족에 붙는 술어다. 희랍인들은 늘 뛰어난 업적과 힘을 모든 지배계층의 당연한 조건이라고 여겼다. 지배와 탁월함은 서로 분리되지 않는 하나다. '탁월함(arete)'의 어원은 뛰어남과 월등함의 최상급인 '제일 뛰어남(ἄριστος)'이며, 복수형으로 늘 귀족을 가리키는 데 사용되었다. 남자를 유용성[4]으로 평가하는 관점을 세계 일반에 적용한 것은 오히려 자연스러운 일이다. 이것이 탁월함이란 단어가 인간 아닌 영역에서 사용되고 나중에 더욱 적용범위가 넓어진 이유다. 인간의 유용성 평가를 위해 인간이 완수해야 할 과제에 따라 여러 다른 기준들을 생각해볼 수 있다. 호메로스는 나중에 쓰인 부분에서도 탁월함을 도덕적 혹은 정신적 성질을 가리키는 말로 거의 사용하지 않았다.[5] 호메로스의 탁월함은 고대의 사유방식에 따라 오로지 전사 혹은 경기자의 힘과 능

　　신들의 탁월함은 『일리아스』 제9권 498행.

3) 　『오뒷세이아』 제17권 322행.

4) 　희랍인들은 탁월함에서 무엇보다 힘과 능력을 생각했다. 탁월함은 직접적으로 그렇게 정의된다. 강함과 건강함은 육체의 탁월함이며, 영리함과 통찰력은 정신의 탁월함이다. 이런 사실과 병립하기 어려운 주장이 있다. 요즘 널리 회자하는 '탁월함'의 주관적 설명이며, 탁월함을 ἀρέσκω(마음에 들다)'에서 유래한다고 보는 주장이다.(M. Hoffmann, *Die ethische Terminologie bei Homer, Hesiod und alten Elegikern und Iambographen*, Tübingen 1914, 92쪽) 탁월함에 종종 사회적 인정이라는 요소가 포함된 것은 분명하며, 이것이 '주목받음'과 '존경받음'의 의미로 전이되었다. 하지만 이것은 부차적이며 애초 인간의 모든 평가가 가진 강력한 사회적 성격에서 유래한 것이다. 탁월함은 전적으로 애초부터 탁월한 자의 객관적 가치표현이었음이 분명하다. 탁월함은 완전함에 이른, 탁월한 자가 가진 고유한 힘을 나타낸다.

5) 　『일리아스』 제15권 641행 이하. 전사다운 육체적 탁월함과 나란히 언급된 군집 명사 '온갖 종류의 탁월함들'에서 이런 해석이 언급된다. 『오뒷세이아』의 후대 부분에서 몇 번 넓은 의미의 탁월함이 사용된 것은 주목할 만한 것이다.

숙함, 특히 영웅적 용기를 나타냈다. 이때 용기는 늘 육체적 힘을 함축했고, 우리 생각처럼 육체적 힘과 구분된 도덕적 행동을 의미하지는 않았다.

탁월함이란 단어가 호메로스의 두 서사시가 생겨나던 시점의 일상어에서, 사실 호메로스가 흔히 사용하는 좁은 의미만으로 쓰였을 리는 없다. 서사시도 이미 탁월함의 다른 척도들을 보여주는바 『오뒷세이아』에서는 지치지 않는 정신적 우수성이 높이 칭송되며, 특히 주요 영웅들에서 용기는 지혜와 영리함 일반의 배후로 밀려난다. 이때 물론 용기와 힘 이외의 우수성도 탁월함이란 개념에 함께 포함되었으며 이는 방금 언급한 예 말고도 상고기 문학에서 자주 발견된다. 분명 새로운 의미의 일상어가 문학으로 들어온 것이다. 하지만 영웅적 힘과 용기를 나타내는 탁월함은 영웅 서사시의 전승언어에 깊게 뿌리내렸으며, 특히 그곳에서 오랫동안 이런 의미를 유지하고 있었다. 남자의 가치가 일차적으로 이런 성질들과 관련된다는 점은 민족이동 시대의 전사(戰士)세대에 당연한 일이었고, 이와 유사한 경우가 다른 민족들에게서도 발견된다. 명사 '탁월함'에 속하면서 다른 어원의 형용사 '아름다운(ἀγαθός)'의 경우도 귀족과 전사적 용기의 공속성을 보여주는데, 이는 때로 '귀족적' 때로 '용감한' 혹은 '탁월한'을 의미한다. 탁월함이 도덕적 탁월함을 가리키지 않았던 것처럼 이때의 아름다움은—나중에 갖게 되는—'선함'을 의미하지 않았다. 관용적으로 굳어진 표현, 예를 들어 '그는 아름다운 전사로 죽었다.'[6]는 나중 시대까지도 여전히 옛 의미를 유지했다. 이런 관용어는 종종 묘비명과 전쟁기록에서 발견된다. 물론 이런 유의 모든 어휘[7]에 호메로스에서 전사(戰士)적 의미가 지배적이었

---

6) 'ἀνὴρ ἀγαθὸς γενόμενος ἀπέθανε.'
7) 'ἀγαθός' 외에도 같은 의미로 특히 'ἐσθλός'가 있으며 'κακός'는 그 반대말이다. 테오그니스

지만, 좀 더 일반적 의미의 '도덕'도 가지고 있었다. 두 의미는 '특출난 사내'라는 한 뿌리에서 기원한다. 특출난 사내에게 전장(戰場)뿐만 아니라 일상생활에서 지켜야 할, 보통 사람들에게 적용되지 않는 일정한 행동규범들이 있었다. 전사귀족의 계율은 희랍교육의 토대가 되었는데 우선 나중의 도시국가에서 중요 행동원칙을 구성하는 주요 부분, 다시 말해 용기의 규범을 제공했으며—이를 나중의 용어로 하면 '남성다움'인데 남성적 탁월함과 용감함을 등치하는 호메로스의 관점이 떠오른다—이어 '특출한 행동'의 좀 더 높은 규범일반을 제공했다. 시민윤리라는 의미에서 그 자체로는 특별할 것 없는 몇몇 규범들, 특히 누구에게나 베풀 줄 아는 마음, 삶 전반에 걸친 아량 등이 여기에 해당한다.

호메로스에서 귀족의 주요 표식은 귀족의 버팀목이 되는 의무다. 귀족은 좀 더 엄격한 잣대로 매겨지며 이에 귀족은 오히려 자부심을 느낀다. 귀족교육은 각자가 평생 바라볼 이상(理想)에 대한 의무감을 일깨우는 것이다. 이 의무감을 '염치(aidos)'라고 하는데 이는 언제든지 귀족에게 촉구될 수 있는 것이며, 그 훼손은 이와 밀접하게 연관된 '분노(nemesis)'를 다른 사람들에게 불러일으킨다. 두 가지는 호메로스에서 귀족 행동규범을 나타내는 개념이다. 위대한 조상들의 오랜 족보를 자랑스러워하는 귀족 자부심은, 높은 지위는 그것을 가져다줄 탁월한 역량을 통해서만 주장될 수 있다는 인식과 대립한다. 귀족이란 이름을 다수가 취할 수는 있지만, 일반대중을 압도하는 귀족에게는 다시 탁월함의 상을 얻기 위한 뜨거운 투쟁

와 핀다로스의 언어는 이런 어휘들이 이후 오랫동안 특별히 귀족과 연관을 가졌음을 보여주며, 또한 문화의 보편적 발전에 상응하여 그 의미가 변화되었음을 말해준다. 호메로스의 언어에서 자연스러운 것인바 탁월함을 귀족에만 국한하는 것은 더 이상 유효하지 않은데, 특히 과거 이상형의 새로운 해석이 전혀 다른 방향에서 시작되었기 때문이다.

이 전개된다. 투쟁과 쟁취는 귀족적 이해에 따라 진정한 남자의 탁월함을 평가할 진정한 불의 시험대다. 이는 적을 육체적으로 제압하는 동시에 본성을 강하게 단련하여, 어렵게 얻은 탁월함을 유지하는 일이다. 여기에 제일 적합한 말은 '용맹(aristeia)'인데, 후에 서사시의 위대한 영웅이 벌이는 단독 전투에 쓰인 말이다. 영웅들의 평생 과업은 끊임없이 서로 겨루기이며 일등상을 놓고 벌이는 달리기다. 따라서 이런 용맹을 전하는 전사문학에 대해 멈추지 않는 열광이 존재했다. 남성적 탁월함의 경쟁욕은 평화 시에도 경연(競演)을 통해 입증의 기회를 마련했다. 『일리아스』는 전사(戰死)한 파트로클로스의 장례식 과정에서 짧은 휴전 동안 펼쳐진 경연을 보여준다. 『일리아스』는 귀족 남성의 좌우명을 "항상 제일인자가 되고 남보다 뛰어난 인물이 되다."[8]로 표현했다. 수천 년 동안 교육자마다 인용한 이 시구는 현대의 교육학적 지혜가 주창하는 평등주의에서 폐기되었다. 이 시구에서 시인은 귀족의 교육이념을 간명하고 적확하게 표현했다. 글라우코스가 디오메데스와 전장에서 대적하여 자신이 겨룰 만한 상대임을 보이고자 했을 때 호메로스의 관례에 따라 글라우코스는 자신의 위대한 선조들을 열거한 이후 이렇게 말한다. "히폴로코스는 나를 낳으셨으니, 나는 곧 그분에게서 태어났음을 밝히노라. 그리고 그분께서는 나를 트로이아로 보내시며 항상 제일인자가 되고 남보다 뛰어난 인물이 되어 에퓌라와 넓은 뤼키아 땅에서 가장 훌륭한 분들이었던 선조들의 가문을 욕되게 하지 말라고 신신당부하셨다."[9] 젊은 영웅이 고귀한 경쟁심으로 뜨겁게 달아오르는 장면을 이보다 아름답게 묘사할 수 없을 것이다. 이 구절은 『일리아스』 제

8) 『일리아스』 제6권 208행 "αἰὲν ἀριστεύειν καὶ ὑπείροχον ἔμμεναι ἄλλων".
9) 『일리아스』 제11권 784행 이하.

11권의 시인에게 '날개 달린' 말이었고, 이를 본떠 시인은 아킬레우스가 출전을 위해 떠나는 순간, 아버지 펠레우스가 아들에게 똑같이 당부하는 장면을 만들었다.

그 밖에도 『일리아스』는 초기 희랍 귀족세계의 높은 교육의식을 입증할 다른 증언을 보여준다. 『일리아스』는 이미, 전사적 귀족개념이 젊은 세대의 시인들에게 더는 충분하지 않은 낡은 것이 되었음을, 그리고 젊은 세대의 시인들이 완벽한 인간의 새로운 그림을 제시하여 행위의 귀족 외에도 정신의 귀족을 받아들이고 양자의 통합을 목표로 삼았음을 알려준다. 노인 포이닉스가 이런 이념을 제시한다는 사실은 의미심장하다. 그는 희랍인들의 모범적 영웅 아킬레우스를 양육자로서 옆에서 돌본 사람이다. 결단의 순간 포이닉스는 젊은 아킬레우스에게 자신이 그를 양육할 때의 목표를 상기시킨다.

"그대가 말도 잘하고 일도 잘 처리하는 인물이 되도록 말이오." 후대의 희랍인들이 이미 이 시구를, 인간을 총체적으로 파악하려는 희랍적 열망과 희랍적 교육이념을 표현한 가장 오래된 명제라고 본 것은 틀리지 않았다.[10] 수사학이 상층문화를 점하던 시대에 사람들은 이 말을 인용하여, 옛 영웅시대의 행위 중심성을 칭송하고 그런 그림 속에서 행위는 없고 언사만 많은 현실에 대립각을 세우려 했던 것이지만, 이것은 역으로 옛 귀족문화의 정신적 흐름을 입증한다. 언변의 장악은 정신지배의 지표인 셈이다. 포이닉스 연설은 분노한 아킬레우스가 희랍 지도자들로 구성된 사절을 맞이

---

10) 키케로 『연설가에 관하여』 제3권 57 이하의 희랍 출처. 그는 이 구절(『일리아스』 제9권 443행)을 이런 의미로 인용했다. 키케로의 이 부분 전체 논의는 교육사를 구성하려는 첫 번째 시도였다는 점에서 흥미롭다.

하는 장면에서 행해진다. 시인은 아킬레우스에 대조하여, 언변의 달인 오뒷세우스, 말수 적은 행동대장 아이아스를 세운다. 대조 배경에는 가장 고귀한 인간교육의 이상이 좀 더 의식적으로 강조되어 있다. 이런 이상에 따라 사절단의 또 다른 인물 포이닉스는 지난날―그는 여기서 중재자의 역할을 맡았다―제자 아킬레우스의 교육자였다. 그리고 시인은 이런 이상을 영웅들 가운데 최고 인물을 통해 표현하고자 했다. 따라서 탁월함의 시원적·전통적 의미를 전사(戰士)적 탁월함과 등치시키던 관행이 새로운 시대를 맞아, 고귀한 인간상을 좀 더 높은 정신적 요구에 따라 전혀 문제없이 수정했음을, 그리고 이런 인간관의 변화에 따라 탁월함의 어의변화도 수반되었음을 우리는 알 수 있다.

탁월함의 주요 연관어는 명예다. 명예는 인간 공동체 초기에 탁월함 및 공헌과 불가분의 동반자였다. 아리스토텔레스의 아름다운 설명에 따르면[11] 명예는 사람이 추구하는 탁월함이란 목표에 그가 근접했음을 알려주는, 아직 내면화되지 않은 사유 단계에서 자연적 척도다. "분명 사람들은 명예를 추구한다. 자기 자신의 가치, 자신의 탁월함을 스스로 확신하기 위해서다. 자신을 아는 사람들 가운데 판단력을 지닌 사람들에게서, 그리고 자신의 진정한 가치에 근거하여 명예를 얻기를 추구한다. 따라서 사람들은 가치를 좀 더 큰 높은 것으로 본 것이다." 후대의 철학적 사유는 이렇게 인간의 내면적 척도를 제시하고 명예를 인간 공동체의 평가라는 거울에 비친, 내면적 가치에 대한 단순한 반영으로 보도록 가르쳤다. 하지만 호메로스적 인간의 가치의식 속에는 오로지 그가 속한 공동체의 각인만이 중요했다. 호메로스적 인간은 계급적 존재였고 그는 자신의 가치를 동료들의

---

11) 아리스토텔레스 『니코마코스 윤리학』 제1권 1095b 26.

인정 가운데 확인했다. 반면 철학적 인간은 이런 외적 인정을―아리스토 텔레스에 의하면 완전히는 아니지만―무시할 수 있었다.

호메로스와 당대 귀족세계에서 명예 불승인은 아주 커다란 인간 비극 이었다. 영웅들은 쉬지 않고 서로에게 명예를 승인했고 사회적 전체 질서 는 이와 연관되었다. 이들의 명예 욕구는 그야말로 물릴 줄 몰랐는데, 그 렇다고 이것이 도덕적 오점은 아니었다. 좀 더 위대한 영웅 혹은 좀 더 강 력한 왕이 좀 더 높은 명예를 요구하는 것은 이상할 게 없는 일이었다. 주 변의 인정을 받는 공헌을 한 사람이 공헌에 부합한 명예를 사양한다는 것 은 고대세계에서 있을 수 없는 일이었다. 이것은 봉사 대가를 요구하는 봉 사자의 관점이 아니었다. '칭송(ἔπαινος)'과 '비난(ψόγος)'은 인간에게 명예 와 불명예의 원천이다. 나중의 철학적 윤리에 따르면 칭송과 비난은 인간 공동체 생활의 객관적 가치가 실현된 원초적 사회현상이다.[12] 희랍인에게 나타나는 양심의 절대적 공론화는―실제 고대적 사유에는 우리가 생각하 는 개인 양심 개념이 존재하지 않았다―근대인들이 이해하기 어려운 것이 다. 이런 현상의 이해는 우리에게 어렵게 다가오는 명예 개념을, 그리고 고 대인의 명예 의미를 이해하기 위한 전제가 된다. 자신을 돋보이게 하려는 노력, 명예와 인정의 요구는 기독교적 감각에서 개인의 잘못된 허영심으로 보인다. 희랍인들에게 명예와 인정은 개인이 초인적 이상(理想)을 향해 성 장함을 의미하며 이때 비로소 개인의 가치가 시작된다. 따라서 영웅적 탁 월함의 완결은 어떤 의미에서 영웅의 육체적 죽음을 통해 이루어진다. 영 웅적 탁월함은 필멸의 인간에게 존재하며, 영웅적 탁월함이 바로 인간이 다. 하지만 그것은 인간을 초월하여 그의 명성 속에 계속 살아남으며 살아

---

12) 아리스토텔레스 『니코마코스 윤리학』 제3권 1109b 30.

생전 당당하게 그의 옆과 배후에 머물다가 사망 후에도 그가 보여준 이상적 모습들에 계속 존재한다. 신들도 명예를 요구하며 숭배집단을 통해 자신들의 행위가 칭송되는 것에 기뻐하며, 매 순간 자신들의 명예가 상처를 입으면 분노하고 응징한다. 호메로스의 신들은 말하자면 불멸하는 귀족 공동체다. 희랍종교와 경건함의 본질은 신들에게 바쳐진 명예를 통해 확인된다. 희랍의 '경건함'은 말 그대로 '신들의 명예'다. 탁월함 때문에 신들과 인간을 공경하는 것은 모두 인간본성에 기인한다.

『일리아스』에 그려진 아킬레우스의 비극적 갈등이 이로부터 설명된다. 희랍인들에게 격분하고 친구들에게 도움을 거절한 것은 아킬레우스 한 개인의 과도한 명예욕 때문이 아니다. 명예심의 크기는 다만 영웅의 위대함에 비례하며 이는 희랍 정서에서 보면 자연스러운 일이다. 이런 영웅의 명예침탈은 아카이아 영웅들이 그간 트로이아성 앞에서 다져온 공동투쟁의 토대를 완전히 와해시켰다. 명예를 건드렸다는 것은 궁극적으로 진정한 탁월성마저 인정하지 않았다는 것이다. 오늘날처럼 명예침탈에도 불구하고 국가에 헌신하라는 애국심의 호소는 과거 귀족세계에는 아직 낯선 일이며, 아가멤논이 유일하게 기댈 수 있는 것은 전적으로 자신의 강력한 권력이지만 이것도 귀족신분 정서에서 마찬가지로 낯선 것이다. 아가멤논은 고작해야 대등한 존재들의 대표일 뿐이다. 업적을 통해 얻은 명예를 침탈당한 아킬레우스의 감정은 따라서 이런 신분정서를 포함한다. 하지만 이것이 결정적인 것은 아니었다. 명예침탈의 본질적 문제는 월등한 탁월함이 침탈 대상이 되었다는 점이다.[13] 훼손된 명예의 비극적 결말을 보여주는

---

13) 『일리아스』 제1권 412행, 제2권 239~240행, 제9권 110행과 116행, 제16권 59행, 특히 제9권 315~322행.

두 번째 좋은 예는 아이아스다. 그는 아킬레우스 다음으로 아카이아인들 가운데 제일 위대한 영웅이다. 아킬레우스가 죽으면서 남긴 무구(武具)를 그가 입는 것이 당연한 일임에도 사람들은 오뒷세우스에게 무구를 주기로 약속했다. 아이아스의 비극은 광기와 자살로 마감된다. 아킬레우스의 분노는 희랍군대를 지옥의 벼랑까지 몰고 갔다. 명예상실에 원상회복이 가능한지는 호메로스에게 어려운 문제였다. 포이닉스는 아킬레우스에게 너무 지나치게 활시위를 당기지 말고, 친구들의 처지를 생각해서 아가멤논의 선물을 속죄로 받아들이라고 조언한다. 하지만 원래 신화의 아킬레우스가 완고함 때문만은 아니지만, 사과를 받아들이지 않았음을 우리는 아이아스의 예를 통해 알 수 있다. 저승에서 아이아스는 옛 앙숙 오뒷세우스의 위로를 들었지만 끝내 대꾸하지 않고 침묵하며 "세상을 떠난 다른 사자들의 다른 혼백들을 뒤따라 에레보스로 들어가 버렸다."[14] 테티스는 제우스에게 읍소한다. "내 소원을 이루어주시어 내 아들의 명예를 높여주소서. 그 애는 모든 인간 중에서도 가장 요절할 운명을 타고났나이다. 하거늘 지금 인간들의 왕 아가멤논이 그 애를 모욕하여 그 애의 명예의 선물을 몸소 빼앗아 가졌나이다. 그러니 그대가 그 애의 명예를 높여주소서. 조언자이신 올림포스의 제우스여!" 그리하여 최고신은 이를 받아들이고 아킬레우스의 도움을 못 받게 된 아카이아인들이 전투에 패하게 한다. 이로써 그들은 그들이 가장 위대한 영웅에게서 명예를 빼앗은 것이 얼마나 큰 불의였는지를 알게 된다.

명예욕은 후대 희랍인들에게 더는 자랑스러운 개념이 아니었고, 다만 대체로 오늘날의 공명심과 유사한 것이 된다. 하지만 민주주의 시대에도

---

14) 『오뒷세이아』 제11권 543행 이하.

흔히 국가정치뿐만 아니라 개인행동에서 정당한 명예욕은 사회적 인정을 얻었다. 이런 생각의 도덕적 숭고함을 깊게 이해하는 데 아리스토텔레스가 『윤리학』에서 다룬 '자부심 강한', '긍지 높은' 혹은 '자긍심이 강한 사람'의 설명만큼 좋은 것은 없다.[15] 플라톤과 아리스토텔레스의 도덕철학은 많은 측면에서 상고기 희랍의 귀족 도덕에 기초한다. 이에 대해 철저한 정신사적 해석이 필요해 보인다. 상고기의 도덕개념은 철학적 보편성으로 승화됨으로써 계급적 한계를 벗어났고 이를 통해 영원한 진리와 불멸의 이상(理想)으로 확고하게 자리 잡았다. 당연히 4세기의 사유는 호메로스의 사유보다 좀 더 세분되었고, 따라서 우리는 호메로스에서 4세기의 개념들을 찾는 것을 기대할 수 없으며, 혹은 이에 정확히 상응하는 대응어를 서사시에서 확인할 수도 없다. 하지만 희랍인들이 늘 그렇듯 아리스토텔레스도 호메로스적 그림에 다양한 방식으로 주목했으며 그 모범적 선례에 따라 자신의 개념을 발전시켰다. 이때 아리스토텔레스가 상고기 사유를 우리보다 내적으로 훨씬 더 깊이 이해했음은 분명하다.

'자부심' 혹은 '자긍심'을 윤리 덕목으로 보는 방식은 우리 시대에는 언뜻 낯선 일이며, 아리스토텔레스가 많은 다른 덕목 가운데 하나의 독립 덕목이 아니라, 다른 모든 덕목을 전제할 때 '어떤 의미에서 모든 덕목의 최고 장식'이 되는 덕목이라고 본 것 또한 놀라운 일이다. 이를 올바로 이해하기 위해 우리의 철학자가 여기서 윤리의식의 분석 가운데 옛 귀족 도덕에 나타난 탁월함의 자부심을 다루고자 했음을 알아야 한다. 다른 문맥에서 아리스토텔레스는 그가 보기에 아킬레우스와 아이아스가 이런 성품의 표본

---

15) 아리스토텔레스『니코마코스 윤리학』제4권 1123a 34 이하. '자긍심이 강한 사람'에 대한 필자의 논문(Die Antike, Bd. 7., 97쪽)을 보라.

이라고 말했다. '강한 자부심'은 그 자체로 도덕적 가치가 아니라 단순한 자의식이며, 더군다나 만약 완전한 탁월함, 아리스토텔레스와 플라톤이 주저 없이 '훌륭하고 아름다움'으로 지시한 모든 덕목의 완전한 통일이 먼저 갖추어지지 않는다면 이는 다만 가소로운 일이다. 하지만 여기서 위대한 아테네 철학자들의 도덕철학은 그 귀족적 연원에 충실했는바 탁월함은 자부심의 감정 상태에서 비로소 완성된다고 보았다. '자부심'을 정신적·윤리적 인격의 최고 표현물로 보는 해석은 호메로스 세계관처럼 아리스토텔레스에게도 역시 탁월함이 존경할 만한 것이라는 사실에 기초한다.[16] "명예는 탁월함의 상이다. 탁월함에 명예가 부여되어야 한다." 따라서 자부심은 탁월함의 확장을 의미한다. 여기서 진정한 자부심은 인간에게 무엇보다 얻기 어려운 것이라는 점도 함께 언급된다.

우리는 이제 희랍적 인간교육에서 상고기 희랍의 귀족윤리가 가진 기본 의미를 이해할 수 있다. 동시에 여기서 인간과 탁월함에 대한 희랍사유의 통일적 발전상이 발견된다. 모든 내용적 변화와 발전 속에서도 수백 년 동안 늘 상고기 귀족윤리에서 형성된 확고한 모습이 그대로 유지되었다. 희랍 교육이념의 귀족성은 탁월함의 개념에서 기원한다.

탁월함의 마지막 동기를 좀 더 추적해보고자 한다. 여기서도 아리스토텔레스는 우리의 길잡이가 된다. 아리스토텔레스는 완전한 탁월함을 위한 인간 노력을 가장 고귀한 형태의 자기애(φιλαυτία)라고 가르친다. 이것은 단순히 추상적 사변의 정서가 아니라—그 경우 이것을 상고기 희랍의 탁월함과 비교하는 것은 큰 잘못이다—정당화된 이념적 자기애다. 이런 자기애를 아리스토텔레스는 당대의 일반적·'이타적' 계몽사유에 의식적으로

---

16) 아리스토텔레스 『니코마코스 윤리학』 제4권 1123b 35.

대립시켜 자기애를 옹호했다. 자기애를 각별한 애정으로 탐구한 그는 여기서 희랍 윤리사상의 시원적 뿌리를 재발견했다. 그의 자기애 평가는 명예욕과 자부심의 긍정적 평가와 마찬가지로 귀족윤리의 토대에 깊이 뿌리내린 그의 철학에 기인한다. '자기'를 바로 이해한다면, 다시 말해 자기를 물리적 자아가 아닌, 우리 정신에 떠오르는 모든 고귀함을 자기 안에 실현하려는 인간의 숭고한 형상에 연결한다면, 그래서 우선 자기 자신에게 최고의 탁월함을 요구하고 "자신을 위해 아름다움을 취할 것"[17]을 요구한다고 할 때, 이것은 자기 자신에 대한 최고의 자기애다. 매우 희랍적인 정서를 담은 이 인용구를 완벽하게 번역하는 것은 힘든 일이다. 아름다움(이 단어는 희랍사람들에게 늘 고귀하고 고상함을 동시에 의미한다.)을 자기 자신을 위해 추구함과 취함은 최고의 탁월함이라는 상을 쟁취할 기회를 절대로 놓치지 않음을 의미한다.

아리스토텔레스는 '아름다움'을 무엇이라고 생각했는가? 우리는 먼저 후대에 나타난 세련된 교양인 숭배, 18세기 인문주의에 특징적으로 나타난 분방한 미학적 자기 형성과 정신적 자기 계발을 생각할 수 있다. 하지만 아리스토텔레스의 분명한 주장인바 반대로 그는 우선 최고의 도덕적 영웅이 보여주는 행위를 생각했다. 자기를 사랑하는 사람은 꾸준히 친구를 위해 나서고, 조국을 위해 자신을 희생하고, 금전과 재산과 명예를 기꺼이 버리는 등 "자신을 위해 아름다움"을 취해야 한다. 여기서 놀라운 명제가 재등장하는데, 아리스토텔레스에게 이상을 위한 최고의 자기 헌신이야말로 분명 고양된 형태의 자기애를 증명하는 것이다. "이러한 자기애가 자기 안에 가득한 사람은 오랜 시간에 걸쳐 타성에 젖은 안식을 취하는 것

---

17) 아리스토텔레스 『니코마코스 윤리학』 제9권 1168b 27.

보다 짧은 시간 동안 최고 즐거움 속에 살기를 원할 것이다. 그는 여러 해를 무익하게 살기보다 한 해를 최고 목표를 위해 살고자 할 것이다. 그는 다수의 작은 일들을 하는 것보다 하나의 크고 고귀한 일을 선택하고자 할 것이다.ˮ[18]

이 말에는 가장 중요한 희랍 인생관이 담겨 있다. 그것은 영웅주의이며, 이 때문에 희랍인들은 우리에게 인종적으로나 본성적으로 친근하게 느껴진다. 이 말은 희랍역사의 본질을 이해하는 열쇠이며, 짧지만 무엇과도 비교할 수 없이 아름다운 '용맹'의 심리학적 접근을 위한 열쇠다. "자신을 위해 아름다움을 취한다."는 표현은 굉장히 선명하게 희랍적 탁월함의 내적 동기를 말해주고 있다. 이것이 바로 호메로스 귀족시대의 희랍영웅주의를 단순히 광분의 결사정신과 구분하는 근거인데, 숭고한 아름다움의 하위에 육체적인 것을 종속시켰다. 아름다움을 위한 삶의 희생 가운데 자기애에 기초한 인간본성적 자기 입증 욕구는 최고로 실현된다. 플라톤 『향연』의 디오티마 연설은 위대한 선대 영웅들이 영원한 명예라는 보상을 위해 금전과 재물을 희생하고 노고와 전투와 죽음을 감당한 것을 정신적 창조물을 후대에 남기려는 시인과 입법자의 노력과 대등하게 놓고, 양자를 불멸성을 추구하는 필멸할 인간의 거부할 수 없는 열망으로 해석한다. 불멸성은 인간 명예욕의 역설을 설명해줄 형이상학적 근거로 설명된다.[19] 아리스토텔레스도 친구 헤르미아스의—그는 아타르네우스의 왕으로 철학적·도덕적 이상을 위해 죽음을 택했다—탁월함을 칭송한 시에서 명시적으로 호메로스의 영웅적 탁월함을 결부시켰고, 친구의 탁월함을 아킬레우스와 아이아

---

18) 역주: 아리스토텔레스 『니코마코스 윤리학』 제9권 1169a 20 이하.
19) 플라톤 『향연』 209c.

스를 본보기 삼아 평가했다.[20] 아킬레우스의 모습에서 분명 아리스토텔레스는 자기애의 설명 근거로 삼을 만한 특징들을 빌려왔다. 위대한 두 철학자와 호메로스의 두 작품 사이에 희랍 상고기의 탁월함 사상이 영원히 살아 있음을 증명할 부정할 수 없는 고리가 존재한다.

---

20) 필자의 아리스토텔레스 편집본(Berlin, 1923), 118쪽 이하를 보라.

호메로스 귀족문화와 양육

　희랍적 인간교육의 중심개념인 탁월함을 살펴본 것 외에 이를 보충하기 위한 예증으로 초기 희랍귀족의 삶에 나타난 다양한 모습을 살펴보고자 한다. 이는 호메로스 서사시에서 얻을 수 있는바 지금까지의 연구가 도출해낸 결론을 보강하기 위한 것이다.

　오늘날『일리아스』와『오뒷세이아』를 초기 희랍문화의 사료로 보려는 사람은 이 둘을 한 시인의 단일한 작품으로 보아서는 안 된다. 물론 현실적으로 고대로부터 그래 왔던 것처럼 여전히 호메로스 작품이라고 불린다. 고대에는 심지어 다른 많은 서사시를 호메로스 작품으로 묶기도 했다. 아직 비역사적 시대였던 희랍 고전기에 마침내 우리의 두 서사시는 예술적 걸작으로 평가되었고 여타 서사시는 호메로스 작품이 아니라고 판단되었다. 하지만 이것이 우리의 과학적 판단을 구속하는 것은 아니며, 두 서사시를 본래적 의미의 전승이라고 볼 수도 없다. 역사적 시각에서『일리아스』는 전체적으로 좀 더 오랜 작품이며,『오뒷세이아』는 후대의 문화발전을 반영한다. 이런 확정과 함께 서사시를 어떤 시기에 연결할 것인가의 문제가 부각된다. 하지만 이 문제의 해결을 위한 자료는 오로지 호메로스 서사시뿐이다. 문제해결의 촉각을 아무리 곤두세워도 여전히 불확실성이 지배하는 것은 이 때문이다. 지난 반세기의 발굴작업으로 초기 희랍사회에 대해 우리의 안목은 상당히 풍부해졌고, 특히 영웅 서사시의 역사적 핵심에 관한 문제는 명확한 해답을 찾아냈다. 그럼에도 두 서사시를 특정 시기에 귀속시키는 작업에 큰 진전이 있었다고 말할 수 없다. 두 서사시는 영웅신화의 첫 등장 이후 수백 년 뒤에 만들어졌기 때문이다.

시기 결정의 주요 방법은 서사시 자체의 분석이다. 서사시 분석의 시작은 애초 이런 의도와 무관했다. 분석은 서사시들이 상대적으로 뒤늦게 편찬되었다는 주장과 이전에는 모두 독립된 노래들로 제각각 회자되었다는 추측 등의 고대 전통에서 성장했다. 애초 순수 논리적·예술적 근거에 따른 이런 분석을, 우리가 가진 초기 희랍의 역사 문화적 인식과 연결한 것은 상당 부분 빌라모비츠의 공로다. 주요 물음은 오늘날 시간적·역사적 고찰방식을 『일리아스』와 『오뒷세이아』를 각각 한 단위로 보고 여기에만 국한할 것인가, 다시 말해 시간적·역사적 고찰방식을 이쯤에서 포기할 것인가, 아니면 앞서와 마찬가지로 상당히 가설적 시도를 통해 이런 고찰방식을 확대하여 각 서사시 내의 다른 연대와 성격을 갖는 역사적 층위를 밝혀낼 것인가 하는 것이다.[1] 이것은 서사시를 한 단위로 무엇보다 예술적으로 평가하는 것과 무관하다. 이런 평가는 정당하면서도 오랫동안 아직 해

---

1) 호메로스 분석을 전적으로 부정하는 언급된 경향은 최근의 작업에서 등장했다. 예를 들어 F. Dornseiff, *Archaische Mythenerzählung*(Berlin, 1933)과 F. Jacoby, Die geistige Physiognomie der Odyssee, *Die Antike* Bd. 9., 159.

결되지 않은 문제인바 시인 호메로스의 영향과 관련된 부분에서 논의된다. 하지만 예를 들어 『오뒷세이아』를 초기 희랍귀족의 역사적 표상으로 평가하는 것은 불가능하다. 오늘날 상당수 학자는 『오뒷세이아』에서 가장 중요한 부분들이 기원전 6세기에 비로소 만들어진 것이라고 믿고 있다.[2] 이와 관련하여 단순 회의주의로의 도피는 존재할 수 없고 근거를 들어 논박하든지, 아니면 결론들을 받아들이든지 양자택일만이 남아 있다.

책의 성격상 여기서 자세한 논의를 전개할 수 없고, 다만 내가 옳다고 생각하는 것들을 제시한다. 우선 『오뒷세이아』 제1권을 키르히호프 이래로 비평가들은 서사시 중 제일 나중의 삽입이라고 보지만, 이미 솔론은, 아니 매우 개연성이 높게는 솔론의 최고정무관 역임 때(기원전 594년)의 사람들은 이를 호메로스 작품으로 생각했고, 이미 늦어도 기원전 7세기에 현재 모습으로 존재했음이 틀림없다.[3] 또 빌라모비츠가 최근 논문에서 주장하는 것처럼[4] 기원전 7세기와 6세기의 놀라울 정도로 크게 끓어오른 지식운동이 『오뒷세이아』에 아무런 영향을 미치지 못했다는 것은, 후대 서사시 소리꾼들의 전수과정과 현실 도피만으로 충분히 증명되지 않는다. 또 오늘날 전승 형태의 『오뒷세이아』를 분석할 때 지배적으로 등장하는 도덕적·종교적 합리주의는 이오니아에서 상당히 오래전에 등장했다. 이미 6

---

2) Ed. Schwartz, *Die Odyssee*(München, 1924) 294쪽. Wilamowitz, *Die Heimkehr des Odysseus*(Berlin, 1927). 특히 후자의 171쪽 이하 "『일리아스』와 『오뒷세이아』의 언어 혹은 종교 혹은 풍습을 그릇 하나에 쓸어 담으려는 사람, 아리스타르코스를 따라 그 외의 나머지들을 몽땅 '신경향(νεώτερον)'으로 간주하는 사람은 더는 주목받을 수 없다."

3) 나의 논문 Solons Eunomie, *Sitz. Berl. Akad.* 1926, 73쪽 이하. 최근 Jacoby, Die geistige Physiognomie der Odyssee, *Die Antike* Bd. 9., 160쪽을 보라. 그는 몇 가지 논거를 덧붙였는데, 이로써 창작연대가 훨씬 앞으로 당겨졌다.

4) Wilamowitz, *Die Heimkehr des Odysseus*(Berlin, 1927) 178쪽.

세기 초에 이오니아 지방 밀레토스의 자연철학은 『오뒷세이아』의 사회상황 및 지리적·정치적 세계관과 부합하지 않는다.[5] 또 『오뒷세이아』가 헤시오도스 이전에 대부분 이미 존재했다는 주장은 내가 보기에 확정적이다. 또 고전 문헌학 분석의 도움으로 서사시 생성에 대해 근본적이고 전형적인 통찰을 얻었고 비록 우리의 구성적 상상력과 비판적 논리로써 비밀을 전부 밝혀낼 수 없지만, 그래도 이런 통찰은 상당히 유효하다고 나는 확신한다. 학자들이 현재보다 훨씬 더 많은 것을 알려는 것은 당연한 소망이지만, 이런 소망은 연구 욕망 자체를 종종 부당하게 불신하게 했다. 만약 이 책에서처럼 『일리아스』 후대 층위에 관해 말하고자 한다면 필연적으로 새로운 근거를 제시해야 한다. 당장 여기서는 아니지만 나는 이를 제시할 수 있다고 믿는다. 『일리아스』가 전체적으로 『오뒷세이아』보다 오래전에 만들어졌다고 해서 오늘날 형태의 『일리아스』 생성이 최종적 형태의 『오뒷세이아』 생성에서 멀리 떨어져 있을 필요는 없다. 당연히 『일리아스』는 이런 창작물들의 위대한 전형이었지만 위대한 서사시로의 성장은 특정 시기에 속하며 곧 다른 소재들로 전파되었다. 또 서사시의 후대 부분들이 간단히 말해 대체로 예술적으로 떨어진다는 것은 아마도 낭만주의의 산물이며 낭만주의의 독특한 민중 문학관에 기인한 선입견인데, 서사시 발전의 마지막에 위치한 '편찬'작업을 문학적으로 낮게 평가하고 편찬의 예술적 의도를 이해하려 하지 않고 고의로 저평가하는 이런 선입견 때문에 '건강한 인간이성'의 비평가들에 대한 전형적 불신이 대부분 만들어졌고 이런 회의적 시각은

---

5) Wilamowitz, *Die Heimkehr des Odysseus*(Berlin, 1927) 182쪽. 빌라모비츠는 평소 자기 생각과 달리(그의 논문 *Hom. Unters.* 27) 텔레마코스 이야기 부분이 본토에서 만들어졌다고 주장하며 '코린토스 서사시권'을 언급한다. 그의 논거를 나는 수용하지 않는다.(이에 대해 최근 Jacoby, Die geistige Physiognomie der Odyssee, *Die Antike* Bd. 9., 161쪽)

언제나처럼 연구결과의 상호모순에 근거한다. 하지만 이런 불신이 과학 토대를 새롭게 시험대에 올려놓아야 하는 결정적 문제에서 모든 것을 결정해서는 안 된다. 비록 우리가 현재 목표에 기존 연구 이상으로 나아가지 못한다 해도 말이다.

두 서사시 가운데 좀 더 오래된 작품에서 전쟁 상황은 절대적 우위를 점한다. 이는 희랍민족의 이주역사를 전제하는 것으로 보인다. 『일리아스』는 탁월함의 고대적 영웅정신이 거의 전적으로 지배하던 세대를 배경으로 하며, 탁월함의 이상을 모든 영웅에게서 실현한다. 『일리아스』는 노래로 전승된 신화 속 옛 영웅들의 모습에, 무엇보다 이미 분명한 도시국가 생활을 익힌 헥토르와 트로이아의 모습에 담긴바 당대의 생생한 귀족전통을 통합하여 영원한 이상형을 제시했다. 용맹한 남자는 늘 높은 신분의 귀족이었다. 전투와 승리는 귀족의 최고 영예였고 귀족 본연의 삶이었다. 『일리아스』가 주로 이런 측면을 묘사한 것은 분명 소재 때문이며 『오뒷세이아』는 영웅의 전투장면을 다룰 기회가 드물었다. 서사시와 관련하여 확실한 사실은, 가장 오래된 영웅 서사시가 전투와 영웅적 행동을 찬미했고, 그런 노래와 전승을 소재로 『일리아스』가 성장했다는 점이다. 소재에 역시 좀 더 고대적 성격이 각인되어 있다. 전쟁수행과 명예욕으로 귀족계급의 진정한 대표자였던 『일리아스』의 영웅들은 여타 처신에서는 전반적으로 모든 장점과 함께 분명한 약점을 가진 지체 높은 통치자였다. 우리는 이들이 평화롭게 사는 모습을 상상할 수 없다. 이들은 전장에 속한 인물들이다. 전장을 벗어나 그들을 볼 수 있는 경우도 오로지 전투가 잠시 멈춘 순간, 그들이 식사하고 제사를 올리고 회의를 할 때뿐이다.

『오뒷세이아』의 그림은 전혀 딴판이다. 트로이아 전쟁의 자연스러운 후속인 '귀향(nostos)' 동기는 영웅들의 평화로운 삶이라는 영롱하고 아름다운 그림으로 이어지는 중간다리다. 귀향 이야기 자체는 매우 오래된 옛 신화의 일부다. 하지만 삶이라는 인간적 측면에서 보면 귀향은 피범벅의 전투장면에서 고개를 돌려 그런 운명에 처한 자신들의 삶과 옛 신화 속의 인간들을 좀 더 들여다보려는 나중 세대의 관심이 두드러진다. 『오뒷세이아』는 전쟁 이후 영웅들의 삶을, 그들의 모험을, 집과 궁전에 함께 사는 가족과 이웃이 있는 그들의 고향을 묘사하면서, 나중 세대 귀족들의 실제 생활상을 선대 영웅들에게 순진하게 투영했다. 따라서 『오뒷세이아』는 우리에게 옛 귀족문화를 확인할 수 있는 주요 자료다. 물론 그것은 『오뒷세이아』가 만들어졌음이 분명한 이오니아 지방의 귀족문화겠지만, 이를 우리의 연구대상인 전형적 귀족문화로 간주할 수 있다. 『오뒷세이아』의 묘사가 옛 영웅들의 전승 파편이 아니라 실제 관찰 가능한 주변임을 쉽게 알 수 있다. 이런 친숙한 장면들은 서사시 전승의 소산이 아니다. 서사시 전승에서 중시된 것은 영웅들과 그들의 행위일 뿐, 상황의 쾌적한 전달이 아니었다. 이렇게 새로운 요소가 대두한 것은 소재가 다른 때문이기도 하고, 소재도 소재려니와 관조적이며 평화로운 향유의 시대가 가진 시대적 취향 때문이기도 하다.

　『오뒷세이아』는 예를 들어 궁정과 시골별장에 거주하는 귀족들의 신분문화를 하나의 단위로 보고 묘사하고자 했다. 이것은 예술적 일상관찰과 문제제기의 발전을 의미한다. 이로써 서사시는 소설이 되었다. 『오뒷세이아』의 세계는 시인과 신화의 모험 환상이 계속해서 영웅을 데려가는 주변부에서 동화와 전설의 세계로 넘어갔다가, 고향 장면의 묘사에서 거꾸로 현실세계에 근접한다. 물론 이때도 동화적 흔적이 없진 않으며 메넬라오스 궁정 아니면 파이아케스 궁정의 화려한 치장을 묘사한 것은—이는 오뒷세우스 궁정의 간소하고 단순한 소박함과 거리가 멀다—동시대의 동방

군주가 여기에 영향을 미친 것이 아니라면, 분명 여전히 선대 뮈케네의 위대한 군주와 강력한 왕국이 누렸던 사치와 예술 애호를 연상시킨다. 하지만 그 밖에『일리아스』의 귀족상은『오뒷세이아』의 귀족상과 현실 근접의 실재성에서 차이를 보인다.『일리아스』의 귀족은 앞서 보았던 것처럼 대부분 이상적 환영으로 옛 영웅 시가의 전승 흔적이다. 이것은 전적으로 선대 영웅들 혹은 그 초인적 탁월함을―이런 전승형식을 규정하는 것인바―찬미한다는 시각에 따른 것이다. 다만 몇 가지 정치적 · 현실적 흔적들, 예를 들어 테르시테스 장면 등은『일리아스』가 지금과 같은 형태로 만들어지던 때에 끼어든 것으로 상대적으로 나중 시대를 보여준다. '주제넘은 자'가 실명을 들먹이며 지체 높은 귀족들을 공격하는 경멸적 목소리가 바로 그것이다. 테르시테스는 호메로스 전체를 통틀어 유일하게 냉소적 현실 인물이다. 하지만 또한 이것은 새로운 시대의 이런 첫 번째 공격들이 시작되었을 무렵에도 여전히 귀족들이 그들의 안장에 안정적으로 앉아 있었다는 것을 말해준다.『오뒷세이아』에는 새로운 시대의 정치적 흔적들이 없는즉, 이타카 공동체는 왕의 부재중에 귀족이 주도한 민회가 통치했고, 파이아케스인들의 도시는 왕이 통치하던 이오니아 도시국가의 충실한 모사였다. 하지만 분명 귀족은 시인이 일정한 거리를 두는 사회적 · 인간적 문제였다.[6] 그래서『오뒷세이아』의 시인은 귀족계층을 전체적으로 객관적으로 묘사할수 있었다. 일반 귀족을 통렬하게 비판하지만 시인은 진정한 귀족신념과 귀족교육의 가치에 분명 따뜻한 공감을 가지고 있고, 때문에 시인의 증언

---

6)　서사시 소리꾼들은 귀족신분에 속하지 않는다. 서정시와 엘레기와 얌보스에서 이와 반대로 아주 자주 귀족신분의 시인들을 만나게 된다.(Wilamowitz, *Die Heimkebr des Odysseus*, Berlin, 1927, 182쪽)

은 우리에게 달리 구할 수 없는 귀중한 자료가 된다.

『오뒷세이아』의 귀족은 특권과 권력, 예의범절과 생활양식에 대해 강한 자의식을 가진 폐쇄적 신분이다. 『일리아스』의 큰 격정, 과장된 인물, 비극적 운명은 사라지고, 젊은 서사시에는 훨씬 인간적 모습의 전혀 다른 인물들이 가득하다. 모두가 인간적이고 사랑스러운 면모를 지녔고, 말과 행동은 나중에 수사학에서 '품성(*ethos*)'이라고 불리는 것이 두드러진다. 그들의 교류는 상당한 교양을 보인다. 벌거벗은 채 바닷가에 밀려와 탄원하는 오뒷세우스라는 낯선 인물의 등장에 나우시카는 영리하고 침착하게 대처한다. 손님 멘테스를 맞는 텔레마코스, 네스토르와 메넬라오스의 궁전을 찾은 텔레마코스, 알키누스의 궁전, 위대한 이방인을 따뜻하게 맞은 그의 친절, 오뒷세우스가 알키누스와 그의 아내에게 보여준 대단히 정중한 이별, 옛 하인인 돼지치기 에우마이오스와 거지꼴을 한 옛 주인의 만남, 주인의 어린 아들 텔레마코스를 대하는 에우마이오스의 모습 등도 세련미를 보여준다. 이런 장면들의 진정한 내적 교양과 함께, 겉모습과 몸가짐의 우아함에 높은 가치를 부여하는 곳에서 늘 그러하듯 단순한 외형적 반듯함도 당연히 나타난다. 텔레마코스와 거만하고 무례한 청혼자들의 교류형식은 서로의 미움에도 불구하고 나무랄 데 없는 정중함을 보인다. 이 사회의 모든 대표자는 귀족이든 평민이든 언제, 어디서나 품위라는 통일된 인상을 준다. 청혼자들의 염치없는 행동은—이는 여러 측면에서 이야기된다—그들과 그들 신분에 비추어 창피스러운 짓이다. 누구도 이에 격양되지 않을 수 없는바 이들은 나중에 큰 벌을 받는다. 하지만 고귀한, 고상한, 용감한 청혼자들이라는 수식어들도 그들의 오만함을 지적하는 비난만큼이나 자주 등장한다. 청혼자들은 어찌 되었든 시인에게는 변함없이 귀족혈통이기 때문이다. 그들이 받은 벌은 매우 혹독하다. 그들의 비행(卑行)이 두 배나 무겁기 때문이다. 그들의 무례함은 그들 신분의 명예로운 이름을 더럽히는 어두운 오점이다. 그들은 생각 가능한 모든 지지를 받는 진정 고귀한 주인공들의 찬란함에 가려진다. 그래서 청혼자들의 오점에도 불구하고 귀족에 대한 호의적 총평은 바뀌지 않는다. 시인이 그가 묘사하는 사람들을 마음에 담고 귀족의 높은 예절과 문화에 애정을 가졌음은 여기저기서 확인된다. 이를 늘 다시 강조할 때 시인은 분명 교육적 목적을 염두에 두고 있다. 시인이 그들을 묘사한 것은 그들이 시인에게 중요 가치였기 때문이며, 그것은 단순히 무의미한 배경이 아니라 시인의 영웅들이 가진 탁월성의 중요한 부분이었기 때문이다. 시인이 보기에 귀족들의 존재형식은 그들의 모든 행동과 불가분이며, 고귀하고 놀라운 행동을 통해, 행운이나 불행에서 보이는 흠잡을 데 없는 태도를 통해 어울리는 것으로 입증된 위엄이 귀족들에게 부여된다. 귀족들의 특권은 신적 세계질서에 따른 것이고 신들은 귀족들을 보호한다. 귀족들의 순수 인간적 탁월함은 그들의 귀족성과 함께 빛을 발한다.

귀족문화의 전제는 정주(定住), 토지소유[7] 및 전통이다. 이것들이 선조에서 후손으로 생활양식의 전승을 가능하게 한다. 하지만 귀족양육은 궁정 윤리의 엄격한 규율을 젊은이에게 각인시킨다는 목적의식적 행동이다. 『오뒷세이아』에서 걸인을 포함한 비귀족 인물들에게 인간적 태도를 견지하고, 또 일반인과 귀족의 엄격하고 우월적인 차별이 없고, 또 주인과 노예의 애국적 동지애가 가능하지만, 그럼에도 사회 상층부를 제외하고 의식적 훈육과 교육을 생각할 수 없다. 지속적 가르침과 정신적 독려를 통

---

7) 소유와 탁월함의 관계가 어떻게 발전했는지에 대한 특별한 연구가 없다. 『오뒷세이아』에서는 이런 연구를 위한 특히 중요한 자료를 발견할지도 모른다.

해 인간을 만든다는 의미에서 훈육은 모든 민족과 시대에 걸쳐 귀족의 전형적 특징이다. 오로지 귀족계급만이 총체적 인간성과 태도를 요구하는바 이런 요구는 기본자질의 목적의식적 배양 없이는 실현 불가능하다. 선조들의 윤리와 관습 내에서 성장하는 단순한 식물적 적응만으로는 이를 충족할 수 없다. 귀족의 존중 요구와 우월적 지위는, 귀족 구성원들이 신분 내에 유효한 귀족적 인간형을 교육 가능 나이에 이르러 진작 익혔음을 전제한다. 이때 양육은 교육이 된다. 다시 말해 확고한 전형에 따라 완전한 인간을 만드는 일이 시작된다. 교육발전을 위한 이런 확고한 전형의 중요성을 희랍인들은 늘 의식하고 있었다. 모든 귀족문화에서 확고한 전형은 결정적 역할을 했다. 이는 희랍인들의 '훌륭하고 아름다운 사람' 혹은 중세 기사들의 '예의범절(cortesia)' 혹은 18세기의 모든 초상화에서 우리를 향해 미소를 짓는 '사회적 표정'에서 발견된다.

인간 개인이 가진 모든 탁월함의 최고 심급은 『오뒷세이아』에서도 역시 전사(戰士)적 탁월함이라는 전승이념이었다. 이와 더불어 『오뒷세이아』에서 특히 두드러지는바 정신적·사회적 탁월함도 높이 평가된다. 주인공은 현명한 조언이 늘 넘치는 사내이며 언제나 상황에 알맞은 말을 찾아낼 줄 안다. 그의 명성은 지혜, 창조적·실천적 통찰력이며, 그의 지혜는 목숨을 건 전투와 귀향과정에서 막강한 적들과 숨겨진 위험을 극복하고 마지막에는 언제나 승리를 거둔다. 희랍인들, 다시 말해 희랍본토 사람들에게 여전히 논쟁의 여지가 많은 이런 인물은 결코 시인 한 사람의 전적인 창조물이 아니다. 수백 년 동안 이런 인물형에 수많은 손이 보태졌고, 그래서 모순투성이의 인물이 등장하게 되었다.[8] 노회하고 꾀가 많은 모험가는 이오니아

---

8) 빌라모비츠, *Die Heimkehr des Odysseus*, Berlin, 1927, 183쪽.

항해시대의 산물이다. 모험가의 영웅화 과정에서 그를 트로이아 서사시 연작에 포함하지 않을 수 없었고, 특히 일리온 파괴에 공헌하도록 만들지 않을 수 없었다. 오뒷세우스가 『오뒷세이아』에서 여러 번에 걸쳐 취하는 좀 더 정중한 태도는, 현재 모습의 이 서사시가 커다란 관심을 둔 사회적 이상형이기 때문에 그에게 부과되었다. 다른 사람들도 영웅적이라기보다 인간적으로 묘사되며, 정신적 측면이 눈에 띄게 강조된다. 텔레마코스는 종종 이성적 혹은 지혜로운 인물로 불리며, 메넬라오스의 아내는 메넬라오스가 여러 가지 장점 중에 지혜나 생김새가 누구 못지않다고 추켜세운다. 나우시카를 두고 사람들은 그녀가 올바른 생각을 해낼 줄 안다고 말한다. 페넬로페는 영리하고 지혜롭다고 불린다.

우리는 여기서 옛 귀족문화에서 여성적 요소의 교육적 중요성을 한마디 언급해야 한다. 여성 본연의 탁월함은 아름다움이었다. 이는 물론 남성의 정신적·신체적 장점을 평가할 때도 마찬가지로 적용된다. 여성적 아름다움의 예찬도 전사(戰士)시대의 귀족교육 유형에 상응한다. 여성은 무엇보다 헬레네 혹은 페넬로페처럼 남성의 구애 대상이면서 동시에 여성의 확고한 사회적·법적 지위에서 집안을 다스리는 안주인이다. 여성의 탁월함은 양육의 분별력과 살림의 지혜였다. 페넬로페가 보여준 탁월한 정숙함과 안주인의 품성들은 높은 명성을 얻었다. 한편 트로이아에 큰 불행을 가져왔던 헬레네의 아름다움은 등장만으로도 트로이아의 장로들을 무장 해제시켰고 모든 책임을 신들에게 돌리게 했다. 『오뒷세이아』에서 그사이 남편과 함께 스파르타로 돌아온 헬레네는 지체 높은 귀부인의 전형으로 뛰어난 우아함과 당당한 사회적 위상과 기품의 표본으로 묘사된다. 헬레네는 어린 텔레마코스가 자신이 누구인지 밝히기 전에 부자간에 놀라울 정도로 닮은 모습을 확인하며 기품 있게 대화를 시작하여 손님과의 대화를 주도한다. 이것은 그녀가 그런 기술에 놀라운 능력이 있음을 알려준다. 헬레네가 남자들의 거실에 들어와 자리를 잡자, 정숙한 부인이라 하면 떠올리지 않을 수 없는 물레를 시녀들이 들고 와 그녀 앞에 놓는다. 물렛가락은 은빛이고 실 바구니는 금빛이다. 두 가지 물건은 신분이 높은 부인에게 장식적 부속물 그 이상이었다.

전사(戰士)시대 말기에 여성의 사회적 지위는 후대 희랍 어느 때보다 높았다. 파이아케스인들의 왕비 아레테는 마치 여신처럼 경배를 받았다. 그녀의 등장만으로 그들의 다툼은 평정되었고 남편의 결정을 지지 발언이나 조언을 통해 확정해주었다. 파이아케스인들의 도움으로 고향 이타카에 돌아가기 위해 오뒷세우스는 나우시카의 조언에 따라 먼저, 왕인 그녀의 아버지가 아니라 왕비의 무릎을 잡고 눈물로 간청한다. 왕비의 호의가 청원 수락에 결정적이기 때문이다. 페넬로페는 도움받을 데도 기댈 데도 없는 상황에서 무도하게 날뛰는 청혼자 무리에게 맞서 얼마나 당당한가! 그녀는 자신의 여성적 인격과 위엄이 절대적으로 존중될 것임을 늘 확신했다. 귀족 남성들이 귀족 여인들을 대하는 귀족 사교예절은 오랜 문화와 높은 사회적 양육의 결과다. 이때 여성은 헤시오도스가 가르친 농가살림에서처럼 사회적으로 유익한 존재로, 나아가 나중의 희랍 시민사회에서처럼 적자들의 어미로 대우와 존경을 받았다. 자랑스러운 가문의 전사 계급에게 여성은 귀족혈통을 이어줄 어미로서 아주 중요한 존재였다. 여성은 모든 귀족윤리와 전통을 수호하고 전수하는 존재였다. 이런 정신적 존엄은 남성과의 성적 관계에도 작용한다. 서사시에서 상대적으로 오래된 부분이며 전체적으로 좀 더 세련된 윤리의식을 대표하는 『오뒷세이아』 제1권에서 우리는 성적 관계를 설명하는 주목할 만한 흔적을 발견했다. 오랜 신뢰를 쌓은 고귀한 하녀 에우뤼클레이아가 횃불을 들어 어린 텔레마코스의 침실을 밝히는 장면에서 시인은 서사시의 방식에 따라 그녀의 과거사를 이야기한다. 늙은 라에르테스가 일찍이 아름다운 젊은 그녀를 아주 드물게 높은 몸값을 치르고 데려왔다. 그는 평생에 걸쳐 그녀를 자신의 고귀한 아내와 동등하게 대우했지만 아내를 생각해서 그녀와 잠자리를 같이하지 않았다.

『일리아스』는 훨씬 덜 세련된 여성관을 알고 있었다. 아가멤논은 전쟁에서 전리품으로 주어진 크뤼세이스를 자신의 고향으로 데려갈 생각을 했으며 공개적 회합에서 자신은 그녀를 클뤼타임네스트라보다 좋아한다고 말하기까지 한다. 그녀는 생김새와 용모는 물론 현명함과 일솜씨도 클뤼타임네스트라에 뒤지지 않기 때문이다.(고대의 주석가들은 이 부분에 주목하여 한 줄의 시행에 여성의 모든 탁월함이 전부 담겨 있다고 설명했다.) 개인 취향으로 판단할 수도 있지만 이것은 다른 모두는 이 순간 안중에 없는 남자의 놀라운 태도를 보여준 장면이다. 이는 『일리아스』의 다른 곳에도 드물지 않게 발견된다. 포이닉스의 아버지 아뮌토르는 애인 때문에 아들과 다툼을 벌이는데, 아들은 어머니의 부추김을 받아 아내를 소홀히 하는 아버지의 애인을 가로챘다. 여기서 중요한 것은 이것이 평화 중에 벌어진 일로 거친 전사(戰士)의 행동이 아니라는 점이다.

이에 비해 『오뒷세이아』의 생각은 전체적으로 좀 더 세련된 수준을 보여준다. 여인과의 운명적 만남을 두고 남자가 느끼는 감정의 아주 높은 섬세함과 내적 세련됨은 오뒷세우스와 나우시카의 놀라운 대화에서 드러난다. 세계를 두루 돌아다닌 남자와 소박한 어린 소녀의 대화였다. 이때 내면적 교양 자체가 묘사되는데, 『오뒷세이아』의 시인이 알키누스 왕궁, 알키누스 궁정의 구조, 세상 멀리 떨어진 칼륍소섬의 보기 드물게 침울하고 어두운 풍경을 애착을 갖고 묘사할 때와 다르지 않았다. 이런 깊은 내면 교양은 거친 남성적·전사적·폭력적 사회에 영향을 미친 여성의 교육 작용이 빚은 결과다. 영웅을 항상 곁에서 인도하는 여신 팔라스 아테네와 영웅의 아주 개인적이고 친밀한 관계에서 격려하고 정신적으로 인도하는 여성 능력이 아주 아름답게 표현되었다.

당시 귀족계층의 교육수준을 추론하는 데 우리는 서사시에 나타나는 궁정예절과 귀족 행동의 산발적 묘사에만 의존하지 않는다. 귀족문화를 묘사한 호메로스 서사시에는 귀족계층의 일반 교육이 더없이 생생하게 그려져 있다. 여기서 추천하는 것은 『일리아스』 후대 부분들을 『오뒷세이아』와 연결하는 것이다. 도덕의 강조 일반이 서사시 후대 부분들의 특징이며, 젊은이들의 교육 문제에 대한 의식적 관심도 그렇다. 이와 관련하여 텔레마코스 이야기와 『일리아스』 제9권이 우리의 주요 자료다. 아킬레우스라는 차세대 영웅에게 교육자이자 양육자로 노인 포이닉스라는 인물을 붙여놓겠다는 착안은 서사시의 가장 아름다운 부분 중 하나를 만들어냈다. 물론 이런 착안 자체는 당연히 후대에 생겨났을 것이다. 『일리아스』 영웅들을 전장 말고 다른 곳에서, 그리고 완전히 성장한 인물 말고 다른 무엇으로 상상하는 것은 그 자체로 힘든 일이다. 『일리아스』의 독자들은 누구도 떠올려보지 못했을 법한 질문인바 이들 영웅이 어떻게 성장하여 어떻게 영웅이 되었는지를 물어본 사람은 없었을 것이다. 부모와 선생들의 선견지명과 심모원려가 소년 시절부터 영웅이라는 나중의 목표까지 영웅들의 발걸음을 어떤 길로 인도해왔을까? 이런 문제의식은 애초의 신화와 거리가 먼 이야기다. 하지만 영웅 집안에 대한 지속적 관심이 새로운 서사시를 계속 짓도록 촉발하고, 위대한 신화적 영웅의 상세한 어린 시절을 지어내고, 교육과 스승의 이야기를 만들어내는 경향 속에서 점차 귀족 교육관의 관심이 뚜렷해진다.

이때 영웅의 선생이라 하면 현명한 켄타우로스 키론인데, 그는 테살리아 지방 펠리온산맥의 숲이 우거지고 샘이 많은 계곡에 살고 있었다. 상당히 많은 일련의 영웅들이 전승에 의하면 그의 제자였고, 그 가운데 아킬레우스도 있었다. 아킬레우스의 아버지 펠레우스는 아내 테티스가 자신을 떠난 이후 노인 키론에게 아들의 양육을 맡겼다. 일찍이 키론의 이름을 딴 서사시적 교훈시, 키론의 가르침(Χίρωνος ὑποθῆκαι)은 운문의 교육격언을 담고 있었고 소재는 아마도 귀족전승에서 가져온 것으로 보인다. 아킬레우스에게 가르침을 전하는 형식을 취했을 것이다. 고대에 이를 헤시오도스의 작품으로 간주한 것으로 보아 널리 알려진 지혜들이 담겨 있었을 것이 분명하다. 현재 남아 있는 몇몇 단편들은 섣부른 판단을 허락하지 않는다. 하지만 핀다로스가 이를 인용한 것을 볼 때 귀족윤리와 연관이 있는 것은 분명하다.[9] 인간본성과 교육의 관계를 새롭고 깊게 성찰했고, 영웅적 탁월함의 교육에서 단순 훈육은 커다란 부분을 차지하지 않는다고 본 핀다로스는 신화전승의 굳건한 신뢰 가운데 선대의 위대한 인간들이 영웅숭배 시대의 교육을 받았을 것이라고 여러 번 언급했다. 핀다로스는 전승을 때로 받아들였고 때로 거부했지만, 아무튼 확고한 전승으로 내려온 지식을 가지고 있었으며 그의 전승지식은 분명 『일리아스』보다 오래된 것이었다. 『일리아스』 제9권의 시인은 아킬레우스의 양육자로 키론 대신 포이닉스를 언급하고 있지만, 『일리아스』 다른 부분에서 어떤 부상 입은 전사(戰士)가 파트로클로스에게 고통을 완화하는 치료제를 발라달라고 종용하는데, 이 방법을 그에게 가르친 사람은 아킬레우스였고 다시 아킬레우스는 이를 켄타우로스 가운데 제일 정직한 키론에게 배웠다고 말한다.[10] 훈육은

---

9) 핀다로스 『퓌티아 찬가』 6번 19행 이하.
10) 『일리아스』 제11권 830~832행.

여기서 물론 단순한 의학교육에 제한되어 있고, 키론은 흔히 아스클레피오스의 선생으로 알려졌다. 하지만 핀다로스는 사냥 등 귀족의 모든 기술을 아킬레우스에게 가르친 선생으로 키론을 지명했는데 이것이 원래의 판본이었음이 분명하다. '아킬레우스에게 파견된 사신단'의 시인은 아이아스와 오뒷세우스와 함께 반인반수의 켄타우로스를 중재자로 보낼 수 없었을 것이고, 또 영웅의 양육자로 오로지 귀족영웅이 적합해 보였을 것이다. 시인이 실생활 경험에 따른 것이 분명한데 필요한 경우가 아니라면 시인은 전승에서 벗어나지 않았을 것이다. 그래서 시인은 펠레우스의 신하이자 돌로페스인들의 왕 포이닉스를 교육자의 역할을 대신할 인물로 선택했다.

아킬레우스에게 파견된 사신단의 일원인 포이닉스가 행한 연설이 애초부터 존재했는지를 놓고 그 전체를—이는 『일리아스』 다른 부분에서 보이지 않는다—학자들은 매우 진지하게 의심하고 있다. 희랍군이 아킬레우스에게 보낸 두 명, 오뒷세우스와 아이아스만이 등장하는 사신단 장면의 초기 형태가 존재했음을 말해주는 부정할 수 없는 흔적들이 실제 발견된다. 실제적 복원작업의 시도가 있었지만 포이닉스의 장황한 훈계 연설을 단순히 드러낸다 해서 초기 형태가 복원되는 것은 아니며, 가공 흔적이 손에 잡힐 듯 분명한 부분에서조차 복원은 불가능했다. 현재의 사신단 장면에서 교육자 포이닉스라는 인물은 사신단의 다른 두 명과 아주 밀접하게 연결되어 있기 때문이다. 앞서 우리가 말했듯이[11] 포이닉스가 말한 교육이념 가운데 아이아스는 행위 측면을, 오뒷세우스는 언변 측면을 강조한다. 두 측면을 하나로 통합한 유일한 존재 아킬레우스는 최고 정신과 최고 행위의 진정한 융합을 구현했다. 따라서 포이닉스 연설 부분을 덜어내는 것은

11) 본서의 45쪽을 보라.

나머지 두 사신의 연설도 건드리는 것이며 제9권의 예술적 구조 전체를 붕괴시키는 것이다.

　이런 결론을 놓고 볼 때 후대 삽입 주장은 잘못이다. 포이닉스 연설이 삽입된 동기라고 주장된 것들도 사실 제9권 전체의 문학적 의도를 완전히 잘못 이해한 결과일 뿐이다. 실제로 노인 포이닉스의 연설은 유례없이 길어 수백 행에 걸쳐 있다. 멜레아그로스의 분노를 이야기하면서 절정에 이르는데, 단순하게 읽으면 멜레아그로스의 분노 부분이 애초 연설의 목적이었다고 느낄 정도다. 사람들은 아킬레우스의 분노라는 동기를 시인이 멜레아그로스의 분노라는 옛 서사시에서 가져왔고, 이때 시인이 문학적 암시라는 헬레니즘 시대의 방식에 따라 원본을 인용하되 일종의 발췌형식을 취하고 있다고 믿었다. 시인이 제9권의 창작과정에서 멜레아그로스 신화의 문학적 가공을 첨가했는지 아니면 다만 문학적 전승을 그대로 답습했는지의 문제에 대해 사람들은 이런저런 답을 제시했다. 분명한 것은, 포이닉스 연설이 학생에게 선생이 행하는 훈육설교의 전형이라는 점이며, 멜레아그로스의 분노와 그 파멸적 결과 등의 길게 이어진 이야기가 『일리아스』와 『오뒷세이아』에서 수없이 발견되는 신화적 예화(例話)라는 점이다. 예화 사용은 특히 다양한 형식으로 나타나는 훈육설교의 특징이다.[12] 멜레아그로스라는 타산지석을 늙은 스승 말고는 아무도 이렇게 끌어들일 수 없었을 것이며, 스승의 사심없는 신의와 헌신을 아킬레우스는 무조건 받아들여야 했다. 오뒷세우스가 말할 수 없는 진실을 포이닉스는 말할 수 있었다. 포이닉스의 입을 빌려 영웅의 지독한 고집을 꺾고 분별력을 돌이키려는 마지막 설득은 그만큼 아주 큰 진지함과 중요성을 띤다. 설득의 실패로

---

12) 본서의 81쪽과 92쪽을 보라. 고대 학자들도 이 점을 이미 언급했다.

초래될 커다란 비극을, 굽히지 않은 완고한 아킬레우스의 거절로 극명하게 드러낼 수 있었다.

호메로스가 비극의 선구자이자 선생이라는 플라톤의 주장이 『일리아스』에서 여기만큼 잘 들어맞는 부분도 없을 만큼 이 장면은 비극적이다. 고대인들은 이미 그렇게 느꼈다. 이 장면에서 『일리아스』 이야기의 구조는 윤리적·교육적 방향으로 전개되고, 예화는 사건의 본질인 분노[13]를 의식하지 않을 수 없게 한다. 희랍인들의 운명, 아킬레우스에게 가장 친한 친구 파트로클로스의 운명, 끝으로 자기 자신의 운명이 달린 마지막 결단의 순간, 독자 모두가 결단의 커다란 무게감을 함께 느낀다. 이로써 필연적으로 사건은 보편적 문제가 된다. 멜레아그로스 예화에서, 지금 우리가 보고 있는 『일리아스』의 시인에게 아주 중요했던바 '미망의 여신(Ate)'이라는 종교적 착상이 발전한다. 이런 착상은 마치 어두운 하늘에서 번뜩인 불길한 징조의 번개처럼 '사죄의 여신들(Litai)'과 인간 마음의 완고함 등 윤리적 함축의 비유 뒤에서 빛을 발한다.

이런 착상 전체는 희랍 교육사에서 가장 중요한 사건으로 옛 귀족교육의 전형을 분명히 드러낸다. 아버지 펠레우스는 아직도 연설술은 물론 전쟁술을 알지 못하는 아들의 동행자로 가장 신뢰하는 신하를 뽑아 귀족들의 병영과 전장으로 함께 보낸다. 그리고 그는 아킬레우스에게 의식적으로 남성적 탁월함의 숭고한 전승이념을 전수한다. 이런 역할을 포이닉스가 맡은 것은 오랜 세월 아킬레우스와 신뢰관계를 다져왔기 때문인바, 부친과 쌓은 우정의 연장이다. 펠레우스는 노인 포이닉스를 영웅의 어린 시절부터 아킬레우스에게 붙여놓았다. 포이닉스는 아킬레우스에게 자신이

---

13) 제9권 523행.

어린 그를 무릎에 앉혀놓고 식사하던 때를 감동적 언어로 상기시킨다. 아킬레우스는 다른 사람 곁에는 가려 하지 않았고 포이닉스 곁에만 붙어 있었다. 그래서 포이닉스는 그에게 고기를 썰어주고 포도주를 마시도록 해주었고 아킬레우스는 포도주를 뱉어냈고 가슴 위의 웃옷을 적시곤 했다. 포이닉스는 그를 마치 아들처럼 여겼는데, 아버지 아뮌토르의 끔찍한 저주 때문에 포이닉스는 아이들이 없었다. 이제 노년에 이른 그는 젊은 영웅이 자신의 보호자가 되어줄 것을 기대할 수 있다. 나아가 부친의 친구이자 양육자라는 전형적 모습을 넘어 포이닉스는 도덕적 도야라는 좀 더 깊은 의미에서 아킬레우스의 지도자였다. 옛 신화의 전수는 이런 교육의 생생한 토대이며 신화는 영웅적 용기와 강인함의 초인적 모범을 제공하는 것으로 끝나지 않는다. 계속해서 삶에서 접하며 강화되는 경험이라는 따뜻한 혈액은 고귀한 옛 신화를 관통하여 흐르며 신화에 늘 새로운 의미를 부여한다.

　분명 귀족교육의 예찬론자였던 제9권의 시인은 포이닉스라는 인물을 통해 귀족교육의 기념비를 마련했다. 아킬레우스는 귀족훈육을 통해 남성적 탁월함의 최고 모범사례가 되었지만, 바로 그 때문에 그의 운명은 시인에게 골치 아픈 문제였다. 막강한 비이성적 아테 여신(미망의 여신)에 맞서기에는 인간교육의 모든 기술, 모든 선한 가르침이 무력했기 때문이다. 그래서 시인은 좀 더 합리적 이성의 사죄를 인간에게 호의적 태도를 가진 힘으로 신격화했다. 하지만 걸음이 느린 사죄의 여신들은 발 빠른 미망의 여신을 늘 질뚝이며 뒤쫓을 뿐이다. 사죄의 여신들은 미망의 여신이 끼친 손해를 나중에야 보상한다. 인간은 제우스의 따님들이 가까이 올 때 경의를 표하고 여신들의 말을 경청해야 한다. 그러면 여신들은 인간을 친절하게 돕는다. 하지만 여신들의 말을 어기고 고집스럽게 여신들에게 완고한 태도를 견지하는 자에게 여신들은 미망의 여신을 보내 손해를 당하고 죗값을 치르게 된다. 여기서 아직 추상성에 영향을 받지 않은 구체성의 종교 사유는 선악의 정령과 선악의 전령들이 인간의 마음을 둘러싸고 벌이는 경쟁이라는 인상적 그림을 통해 미망과 선한 통찰의 내적 갈등을 인지했고, 이것은 좀 더 심오한 모든 교육의 본격적 중심 문제였다. 자유로운 결단이라는 근대적 개념은 여기서 아주 거리가 먼 것이었고 '죄책감'도 마찬가지였다. 고대 사유는 훨씬 더 포괄적이며, 그래서 더욱 비극적이다. 『오뒷세이아』 시작 부분에 나타나는 책임 문제는 여기서 전혀 중요한 것이 아니었다.[14] 옛 귀족세계의 소박한 실천적 교육 열기는 가장 오래되고 아름다운 이 문헌에서 보듯이 벌써 모든 인간교육의 한계 문제를 알고 있었다.

굽히지 않는 펠레우스의 아들에게 대조적인 인물은 텔레마코스였다. 시인은 우리에게 텔레마코스의 교육을 『오뒷세이아』 제1권에서 알려준다. 아킬레우스가 포이닉스의 조언을 받아들이지 않고 비참한 운명을 맞았던 반면, 텔레마코스는 부친의 친구 멘테스로 변장하고 찾아온 여신의 경고에 기꺼이 귀를 기울인다. 텔레마코스의 마음이 텔레마코스에게 조언하는 것과 똑같은 것을 여신이 텔레마코스에게 말한다. 텔레마코스는 기꺼이 배우려는 청년의 모범으로 경험 많은 친구의 조언을 기꺼이 받아들였고 이것은 그를 행위와 명성으로 이끌었다. 이어지는 이야기에서 아테네 여신은—호메로스의 믿음에 따르면 복된 행동으로 이끄는 신적 영감은 늘 아테네 여신에서 나온다—다시 또 다른 오랜 친구 멘토르의 모습으로 변장하여 텔레마코스를 필로스 여행과 스파르타 여행에 동행한다. 이런 설정은 분명 귀족자제들이 특히 여행을 떠날 때면 양육자를 대동했던 당시 관

---

14) 본서의 80쪽, 110쪽 등을 보라.

습을 반영하는 것이다. 멘토르는 매 순간 피양육자에게 눈을 떼지 않았고 어떤 상황에서든 도움이 되도록 가르치고 조언하며 옆에 붙어 있었다. 젊은이가 어려운 낯선 상황과 마주하여 내적으로 불안해할 때 멘토르는 올바른 사회적 처신 방법을 가르친다. 그는 텔레마코스에게 연장자이자 귀족인 메넬라오스와 네스토르를 만나 어떻게 행동해야 할지를, 소기의 목적을 달성하기 위해 그들에게 어떻게 부탁을 해야 할지를 가르친다. 텔레마코스와 멘토르의 아름다운 관계는—멘토르라는 이름은 프랑수와 드 페늘롱의『텔레마코스의 모험』이 출간된 이래 양육자이자 지도자이며 보호자이자 친구인 연장자를 가리키는 일반 명사가 되었다—교육요소[15]의 발전과 연관되어 있는데, 이 요소는 그 밖에 텔레마코스 이야기 전체를 관통하고 있으며 우리는 이에 관해 앞으로 좀 더 자세히 살펴보아야 한다. 분명해 보이는 것은 시인의 의도가 단지 궁정 분위기를 약간 보여주는 것에만 있지 않았다는 점이다. 이런 인간적이고 우아한 이야기의 핵심은 시인의 의식적 과제였던바 어떻게 오뒷세우스의 어린 아들이 신중하고 사려 깊게 행동하며 마침내 성공의 월계관을 쓰는 성인이 되어가는가를 보여주는 것이었다.『오뒷세이아』대부분에서 완전히 제거된 의식적 교육 관심을 고려할 때만 이 서사시의 감동을 십분 만끽할 수 있다면, 그것은 텔레마코스 이야기의 외적 줄거리와 나란히 진행되는 내적 변화, 텔레마코스 이야기의 본래적 목표인 내적 변화라는 전형성 덕분이다.

　『오뒷세이아』의 생성과 발전에 관한 비판적 분석에서 제시된 물음인바 텔레마코스 이야기가 애초 독립된 서사시였는지, 아니면 오늘날 우리가 읽

---

15) 텔레마코스 이야기의 교육요소와 관련하여 Ed. Schwartz, *Die Odyssee*(München, 1924) 253쪽 이하에서 특히 이에 주안점을 두고 새롭게 다루어졌다.

는 그대로 애초부터 서사시 전체의 한 부분으로 만들어졌는지에 답하지 않을 것이다. 과거 텔레마코스 서사시가 있었다고 할 때 그것은 『오뒷세이아』 전체에서 이 부분만을 떼어낸 것으로 설명될 수 있는데, 젊은이의 상황과 교육 문제를 강조하여 이를 다른 것에 구애받지 않고 자유롭게 다루어볼 관심이 있었던 시기에 만들어졌던 것이라 할 수 있다. 사실 텔레마코스 이야기 자체는 고향과 부모 이름을 제외하면 상상력을 발휘하는 데 일일이 구애받을 것이 없었다. 또 그 신화적 동기는 나름대로 논리를 가지고 있어 이에 따라 시인이 동기를 발전시킬 수 있었다. 전체 서사시와 연관해서도 멀리 바다로 둘러싸인 섬에서 아름다운 요정과 지내던 아버지, 무료하게 고향에 남아 아버지를 기다리던 아들을 동시에 추동시켜 두 개의 독립된 이야기가 하나로 합쳐지고 영웅이 고향으로 돌아온다는 것은 재미있는 설정이다. 시인이 묘사하는 분위기는 귀족 궁전의 분위기다. 텔레마코스는 처음에 다만 어머니에 대한 청혼자들의 무도한 행동에 무기력하게 당하는 청년의 모습을 하고 있다. 그는 자포자기의 모습으로 청혼자들을 대한다. 자기 판단에 따른 결단의 의지가 부족하며 선의를 가졌으나 무기력한 모습이며, 그래서 그의 집안을 괴롭히는 자들에 맞서 본성적으로 타고난 점잖은 몸가짐을 잃지도 않지만 그렇다고 권리를 적극적으로 주장하지도 않는다. 이렇게 아름답지만 허약하고 절망하여 한숨짓는 수동적 청년은 힘겨운 결전과 복수를 위해 고향으로 돌아오는 오뒷세우스에게는 쓸모없는 전우였을 것이다. 오뒷세우스는 청혼자들을 거의 아무런 조력도 받지 못한 채 물리쳐야만 한다. 이와 같이 대담하고 결단력 있는 과감한 전우에게 도움이 되도록 아테네 여신은 텔레마코스를 교육한다.

　『오뒷세이아』 첫 네 권의 텔레마코스가 의식적 교육의 대상인물이라는 주장에 반대하기 위해 희랍서사시에서 인물의 내적 발전이 전혀 묘사된 적이 없다는 주장이 제기되었다.[16] 당연히 텔레마코스 이야기는 근대소설이 아니다. 따라서 발전이란 우리의 개념을 텔레마코스의 변화에 적용할 수 없다. 그의 변화는 당시 기준으로 신적 영감의 결과로 설명될 수밖에 없지만, 텔레마코스의 신적 영감은 서사시에서 기계적으로 신의 명령 혹은 밤의 꿈을 통해 아무 때나 수시로 발생하는 것이 아니다. 그것은 마술처럼 작동하지도 않는다. 신적 영감은 신적 축복이 전달되는 자연스러운 도구이며, 장차 영웅 역할을 맡도록 선택된 젊은이의 의지와 인식에 의식적으로 작용하는 실제적 과정이다. 텔레마코스의 필연적인 내적 마음가짐을 행동으로 이끌기 위해서는 이제 결정적 외부 충격이 필요할 뿐이다. 내적 욕망(내적 욕망은 목표를 향해 길을 찾아 스스로 움직이지 않는다.), 훌륭한 본성, 신적 도움과 총애, 길을 안내하는 결정적 계기 등 여러 요소들이 아주 섬세한 균형을 이루며 함께 작용한다. 이런 가운데 시인은 자신이 제시했던 문제를 좀 더 깊게 이해하게 된다. 아테네 여신을 옛 친구 멘테스의 모습으로 바꾸어 텔레마코스에게 말을 걸게 만드는 서사시 작시술이 시인에게 신적 개입과 자연적 교육 영향을 동일한 사건으로 이해하게 한다고 할 때, 이런 작시술이 시인에게 쉽게 다가온 것은 오늘날에도 여전히 이런 설정에 내적 개연성을 부여하는 인간의 보편적 감정 때문이다. 청년의 모든 힘을 숨 막히는 속박에서 해방하여 즐거운 능동성으로 발전시키는 일은 진정한

---

16) 빌라모비츠, *Die Heimkehr des Odysseus*, Berlin, 1927를 보라. 하지만 R. Pfeiffer, *Deutsche Literatur Zeitung*, 1928, 2368. 내가 보기에 귀족교육의 신적 규율이 아니라 텔레마코스 개인의 삶과 운명에서 신적 인도의 문제가 훨씬 중요해 보인다. 아테네 여신의 특별한, 이 경우 교육적 의미는 의문의 여지가 없다. 아테네는 『오뒷세이아』의 다른 곳에서도 늘 개입하며, '따라서' 서사시적 수단일 뿐이라고 F. Jacoby(*Die Antike*, IX, 169쪽)가 Pfeiffer에 대해 제기한 반론에도 불구하고 그 교육적 의미는 분명하다. 신들은 삶에 아주 다른 모습으로 개입하는 법이다.

교육행위인바 거기에 신적 추동, 자연적 기적이 자리한다. 아킬레우스의 양육자가 그의 마지막이자 가장 어려운 임무, 그러니까 운명에 맡겨진 아킬레우스의 의지를 돌려놓는 일에 실패했을 때 호메로스는 이것이 정령의 반대 때문이라고 이해했던 것처럼, 이번에는 결단력 없는 젊은이에서 진정한 영웅으로 변신한 텔레마코스의 즐거운 변화를 경건하게 신적 총애 덕분이라고 보았다. 희랍인들의 교육자적 의식과 행위는 그 절정의 순간에 이렇게 도저히 가늠할 수 없는 신적 계기를 정확히 간파했다. 우리가 가장 분명하게 이를 다시 발견하는 것은 위대한 귀족주의자였던 핀다로스와 플라톤에서다.

아테네 여신은 자신이 『오뒷세이아』 제1권에서 멘테스의 모습으로 텔레마코스에게 건넨 말을 가리켜 분명하게 교육적 가르침이라고 스스로 명명했다.[17] 아테네 여신은 텔레마코스가 결단을 내리도록 도우며, 텔레마코스는 이에 힘입어 자신의 권리를 요구하고, 청혼자들에게 공식적으로 이의를 제기하고, 청혼자들을 광장에 세워 그들 행동에 대해 책임지도록 따지고, 소식 없는 부친을 찾는 계획에 지지를 보내달라고 요청한다. 이런 첫 시도가 실패로 끝나고 새로운 출발이 효과적으로 이어지는데, 시인은 텔레마코스로 하여금 집회의 실패를 딛고 자신의 힘으로 몰래 위험천만한 여행을 감행하도록 만든다. 여행은 그를 어엿한 성인으로 만들어줄 것이다. 이러한 '텔레마코스의 인간교육'에 주요한 요소들이 빠짐없이 등장한다. 조언하는 경험 많은 연장의 친구이자 조언자, 하나뿐인 자식을 사랑하고 걱정하고 근심하는, 그러나 영향력은 크지 않은 어머니(결단의 순간 자식은 그

---

17) 『오뒷세이아』 제1권 279행 ὑποτίθεσθαι, 동사 ὑποθῆκαι'의 파생어는 본래 '가르침'을 의미한다. P. Friedländer, *Hermes* 48(1913), 571쪽.

녀에게 묻지 않는데, 어머니는 오랜 세월 자신이 돌봐온 아들의 갑작스러운 비상을 감당하지 못하고 오로지 품속에 그를 붙들어두려고 하기 때문이다.), 이어 그에게 주요 요소로 작동하는 돌아오지 않는 아버지라는 본보기, 외국 여행과 친절한 외국 사람들, 새로운 사람들과 새롭게 맺은 관계, 텔레마코스가 우러르며 조언과 가능하다면 도움을 요청하고자 하는 중요 남자들이 그에게 보내주는 격려와 믿음, 새로운 친구들과 지지자들의 획득, 그의 생명에 손을 얹고 위험에 처한 그를 버리지 않는 여신, 그에게 길을 열어주는 신적 힘의 보호와 호위 등이 그것이다. 시인은 궁벽한 작은 섬에서 시골 영주처럼 단순한 세계에서 성장하여 큰 세상을 전혀 알지 못하는 젊은이가 느꼈을 내적 당혹감에 따뜻하게 공감하며 어떻게 텔레마코스가 처음 출발했는지, 어떻게 강력한 사람들에게 손님으로 가게 되었는지를 묘사한다. 모든 사람이 그에게서 가지는 측은지심으로 시인은 청중에게, 잘된 습관과 훈육 덕분에 난처하고 익숙하지 않은 상황에서도 경험이 부족한 젊은이가 곤란을 겪지 않으며 아버지의 이름이 그에게 길을 열어주고 있음을 들려준다.

한 가지 요소를 좀 더 상세히 논의해야 한다. 이 요소는 귀족 교육이념의 정신구조에서 특히 중요한 것이다. 그것은 본보기의 교육적 의미다. 명문화된 법률이나 체계적 윤리사상이 없었던 고대에는 종교의 비실제적 계명, 구전으로 세대에서 세대로 전해진 격언 이외에 자기 행동의 실질적 지침은 본보기밖에 없었다. 주변 환경, 특히『오뒷세이아』의 두 젊은 주인공, 텔레마코스와 나우시카에게 분명히 영향을 미친 가정환경의 직접 영향 이외에 신화전승의 수많은 유명한 예들이 있었다. 신화전승이 상고기 세계의 사회구조에서 점하는 위치는 대략 오늘날 성서를 포함한 역사와 같았다. 신화는 각 세대가 새롭게 자양분을 길어 올리는 지식유산 전체를 포함했다. 『일리아스』에서 아킬레우스의 양육자가 훈계할 때 멜레아그로스의 분노를 예화로 들어 경고한 것처럼, 텔레마코스의 양육에도 그가 처한 상황에 적합한 격려의 본보기가 빠지지 않았다. 부친을 죽인 아이기스토스와 클뤼타임네스트라에게 복수하는 오레스테스는 텔레마코스에게도 부합하는 본보기였는바 복수도 영웅귀환이라는―다양한 운명으로 가득한―커다란 비극의 한 부분이었다. 아가멤논은 트로이아에서 귀향한 직후 목숨을 잃었고 오뒷세우스는 벌써 이십 년째 고향에 돌아오지 않았다. 이런 시간적 차이는 시인에게 오레스테스의 행위와 행위 이전 그의 포키스 체류를 『오뒷세이아』 사건의 시작 전에 끼워 넣을 수 있는 여지를 제공해 주었다. 오레스테스의 복수는 조금 전에 일어났지만 이미 그의 명성은 널리 세상에 퍼졌고, 아테네 여신은 텔레마코스에게 열띤 목소리로 이를 전해준다. 일반적으로 신화 모범들은 무시하지 못할 시간의 길이 때문에 권위를 얻는 데 반해―포이닉스는 아킬레우스를 향한 연설[18]에서 앞선 세대와 영웅들의 명성에 기대고 있다―반대로 오레스테스와 텔레마코스의 경우에 둘의 시간적 근접성과 상황의 유사성 때문에 본보기가 더욱 힘을 얻는다.

시인은 분명 본보기라는 동기에 가장 큰 가치를 부여했다. 아테네 여신이 텔레마코스에게 말한다. "그대는 어린애 같은 생각을 더는 품어서는 안 되오. 이제 그럴 나이는 지났소. 아니면 그대는 고귀한 오레스테스가 이름난 아버지를 살해한 살부지수인 교활한 아이기스토스를 죽여 온 세상 사람들 사이에서 어떤 명성을 얻었는지 듣지도 못했단 말이오. 친구여, 내가 보기에 그대도 용모가 준수하고 체격이 당당하니 용기를 내시오. 후세 사

18) 『일리아스』 제9권 524~527행.

람들까지 그대를 칭찬하도록 말이오."[19] 만약 본보기가 없었다면 아테네 여신의 가르침은 설득 근거가 되는 토대를 잃었을 것이다. 폭력이라는 힘든 상황에서 심약한 젊은이에게 강한 인상을 심어주기 위해서 더욱 널리 알려진 모범의 언급이 곱절이나 필수적이다. 이미 신들의 회의 장면에서 의도적으로 시인은 제우스로 하여금 복수라는 윤리 문제를 아이기스토스와 오레스테스의 예를 들어 설명하게 했다.[20] 이로써 나중에 아테네 여신이 오레스테스를 언급할 때 비판적 청중이 보기에도 도덕적 문제의식의 흔적이 묻어나게 했다. 운명의 무게가 느껴지는 텔레마코스의 사명에서 본보기의 절대적 중요성은 사건이 한참 지난 후에 네스토르가 텔레마코스에게 말할 때 다시 한 번 드러난다.[21] 존경할 만한 노인이 아가멤논과 그의 집안을 이야기하던 중에 말을 멈추고 텔레마코스에게 오레스테스를 본보기로 제시한다. 텔레마코스는 탄성을 지르며 네스토르에게 대답한다. "오레스테스는 매섭게 응징했으니 아카이오이족은 후세 사람들도 알도록 노래를 지어 그분의 명성을 널리 퍼뜨리겠지요. 교만하게도 나에게 못된 죄를 꾸미고 있는 구혼자들의 모욕적 범행을 응징할 수 있도록 신들께서 나에게도 그런 힘을 주셨으면 좋으련만!" 같은 본보기가 다시 한 번 네스토르의 이야기 말미에 등장한다.[22] 여기서 네스토르가 행한 긴 연설의 두 주요 부분이 마무리된다. 그는 매번 텔레마코스에게 분명한 어조로 특별한 강조를 덧붙이고 있다.

이런 반복은 당연히 의도적이다. 유명한 영웅을 본보기로 거론하기, 신

19) 『오뒷세이아』 제1권 298행 이하.
20) 『오뒷세이아』 제1권 32~47행.
21) 『오뒷세이아』 제3권 195~200행.
22) 『오뒷세이아』 제3권 306~316행.

화 일반의 모든 예를 본보기로 거론하기는 시인에게 모든 귀족윤리와 귀족교육을 통합하는 구성요소였다. 이것의 가치를 서사시와 서사시의 뿌리가 된 상고기 사회구조의 본질을 파악하기 위해서 나중에 다시 한 번 다루게 될 것이다. 후대의 희랍인들에게도 본보기는 삶과 사유의 근본범주로서 늘 중요한 의미를 가졌다.[23] 미리 언급하자면, 핀다로스는 신화적 예화들을 사용했는데 이는 승리찬가에서 매우 중요한 요소였다. 희랍인들의 운문 전체와 일부 산문[24]에도 적용된 이런 기법을 단순히 문체적 현상이라고 해석하는 것은 잘못이다. 이런 기법은 고대 귀족윤리의 본질과 깊은 연관이 있고, 따라서 운문에서도 근본적으로 교육적 의미가 아주 분명히 살아 있었다고 하겠다. 특히 핀다로스에서 신화적 본보기의 진정한 옛 의미가 계속해서 다시 언급된다. 마침내 플라톤의 전체 사유가 내적 구조에 있어 본보기 제시형이라는 점과 플라톤이 이데아를 '존재 근거에 놓인 본보기'라고 정의한 점에 주목한다면 이런 사유의 연원은 완벽하게 드러난다. 선(ἀγαθόν)의 철학적 이데아라는 보편타당한 본보기가 옛 귀족적 탁월함의 도덕이 보여준 본보기 사유에서 비롯된 정신사적 연장선에 위치한다는 사실이 이제 분명해진다. 호메로스 귀족교육의 정신적 형식이 핀다로스를 거쳐 플라톤 철학으로 계승 발전된 것은 희랍 특유의 철저히 유기적 필연적인 과정이었다. 이런 발전은 역사연구에 종종 사용되는 어설픈 자연과학적 의미의 '진화'가 아니다. 이것은 역사의 모든 단계를 거치면서도 언제나

---

23) 나는 이런 사유형식을 그 역사적 발전과정에서 독립적으로 연구하고자 한다.

24) 옛 희랍의 운문에서 이런 현상을 추적한 것은 Robert Oehler, *Mythologische Exempla in der älteren griechischen Dichtung*, Diss. Basel, 1925이다. 그는 오래된 연구 G. W. Nitzsch, *Sagenpoesie der Griechen*(1852)에서 영감을 받았고 옛 귀족윤리의 본보기와 문체적 현상의 연관에 관해 충분히 주의하지 않았다.

근본구조의 자기동일성을 유지했던 희랍정신이라는 원형적 본질의 발현이었다.

교육자 호메로스

　플라톤은 호메로스가 희랍 전체의 스승이라는 당시 널리 퍼진 생각을 언급한다.[1] 그 이후에도 호메로스의 영향권은 희랍 강역을 넘어 멀리까지 넓어졌다. 그의 영향력을 플라톤은 열정적인 철학적 비판으로도 흔들 수 없었고, 모든 문학의 교육효과에 명백한 한계가 있음을 세상에 알렸을 뿐이다. 시인을 크고 깊은 의미에서 민족교육자로 보는 시각은 희랍인들에게 처음부터 널리 퍼져 있었고 늘 정당성을 확보하고 있었다. 이런 보편적 판단에 부합하는 훌륭한 예는 호메로스였고, 말하자면 그는 고전적 사례였다. 이런 판단을 최대한 진지하게 받아들이는 것이 우리의 올바른 태도다. 희랍인들 고유의 판단을 대신하여 순수 미학적 관점에서 예술의 자율

---

1)　플라톤은 『국가』 606e에서 '호메로스의 찬미자들'을 언급하는데, 이들은 예술적 향유 차원에서만이 아니라 삶의 인도자로서 호메로스를 읽는 사람들을 가리킨다. 똑같은 생각이 크세노파네스 단편 9 Diehl에 들어 있다.

성이라는 근대적 견해를 대입한다면 이는 희랍문학의 이해를 크게 제한할 것이다. 이런 근대적 견해는 조형예술과 문학의 몇몇 종류와 몇몇 시대를 특징짓는 데는 유효하겠지만 희랍문학과 위대한 대표자들에게서는 전혀 나오지 않는 견해다. 따라서 이들에게 이런 견해를 적용할 수 없다. 초기 희랍사유의 특징은 미학적인 것이 아직 도덕적인 것과 분리되지 않았다는 점으로, 분리는 상대적으로 나중에야 비로소 시작된다. 플라톤이 호메로스 서사시의 진리 내용을 제한한 것은 여전히 유효한 가치를 깎아내리려는 의도였다. 고대 수사학이 처음 문학의 형식적 고찰을 적극적으로 권장한 이래, 마침내 기독교는 문학의 순수 미학적 평가를 지향하는 지적 태도를 널리 유포했다. 기독교는 고대 시인들의 도덕적·종교적 내용을 대부분 잘못되고 타락한 것으로 치부하는 대신, 고전문학의 형식만은 필수불가결한 교육수단과 문학적 향유의 원천으로 인정했기 때문이다. 문학은 이후 계속해서 이교도적 '신화'의 신들과 영웅들을 어둠의 세계에서 빛의 세계로 끊임없이 불러냈지만, 그럼에도 신화세계는 이제 애초 단순한 예술적 상상력이 만들어낸 비현실적 유희로 규정되었다. 그리하여 이와 유사한 편협한 시각에서 호메로스에 접근하기는 쉽지만, 이 경우 우리는 신화와 문학을 진정한 희랍적 의미로 이해하는 길을 스스로 차단하게 된다. 헬레니즘 시대의 철학적 문학이 합리주의적 미망에 빠져 단순히 호메로스의 교육적 영향을 '이 이야기의 교훈은 이렇다(*fabula docet*)' 식으로 정리한 것이나, 지식교사들(*sophistes*)의 선례에 따라 서사시를 모든 기술과 학문의 백과사전으로 만들어버린 것 등은 우리에게 불쾌감마저 불러일으킨다. 메마른 학술적 연구가 낳은 이런 괴물은 그 자체로 올바른 사상의 퇴화에 불과하며, 제아무리 아름다운 진리라 해도 조악한 손을 거치면 조악해질 수밖에 없는 것이다. 이런 실용주의는 우리의 예술감각에 진실로 역겨운 일이다. 호메로스와 위대한 희랍시인들은 문학 양식사(樣式史)의 단순한 연구대상이 아닌, 희랍문명을 만들어낸 가장 위대한 최초의 창조자이며 창안자로 평가되어야 한다. 이는 이론의 여지가 없다.

여기서 희랍문학 일반의 교육효과를 몇 가지 언급하겠는데, 특히 호메로스 문학의 경우다. 문학이 교육효과를 보이는 때는 오로지 인간의 미학적 힘과 윤리적 힘이 모두 문학 안에 언급될 때뿐이다. 미학적 측면과 윤리적 측면의 관계를 보면, 어떤 '소재'가 예술적 의도를 고려하지 않은 상태에서 윤리적인 것을 우연히 담고 있을 경우이거나, 예술작품의 예술적 형식과 규범적 내용이 상호작용하며 긴밀한 공통근원을 갖는 경우다. 우리는 문체와 구조와 형식 각각이 특별한 미학적 성격과 어떻게 연관되며 이로써 실현된 정신적 내용은 어떠한지를 살펴볼 것이다. 물론 이런 고찰에서 곧장 일반적 미학법칙을 만들어내서는 안 된다. 인간의 중심 물음에 무관심한, 순수하게 형식이념에 따라 이해해야 하는 예술이 존재하며 모든 시대에 존재했었다. 다시 말해 소위 고준(高峻)한 내용을 무시하거나 대상의 내용 측면에 무관심한 예술이 존재한다. 이런 의식적인 예술적 경박함도 물론 기존의 공허한 가치를 가차 없이 폭로하여 비판적으로 일소하려 한다는 점에서 그 자체로 '윤리적'일 수 있다. 하지만 본래 의미에서 교육적일 수 있는 것은 오로지 그 뿌리가 깊이 인간적 존재의 좀 더 깊은 층위에 이르는 문학, 인간정신의 고양이라 할 윤리성이, 다시 말해 인간에게 의무를 부여하고 구속하는 인간성 이념이 살아 있는 문학뿐이다. 희랍인들의 고급문학이 이에 해당한다. 여기서 임의의 현실이 등장하고 현실을 만들어낸 존재의 한 측면이 특정한 이념과 연관되어 선택되고 고찰된다.

한편 최고 가치들도 주로 예술적 불멸성을 통해서 비로소 인간들에게 영원한 의미와 마음을 움직이는 인상을 남긴다. 예술은 정신변화(희랍인들은 이를 '영혼 인도(*Psychagogi*)'라고 불렀다.]의 무한한 힘을 내포한다. 문학만이 교육효과의 두 가지 전제조건인바 정신적 보편성과 경험적·직접적 명료성을 동시에 만족한다. 문학은 정신적 작용의 이런 두 가지 유형을 통합함으로써 현실적 삶과 철학적 사변을 동시에 넘어선다. 삶은 감각적 경험이 있지만 경험은 보편성이 빠져 있고, 경험인상들의 생생함은 너무나 많은 우연으로 가득하여 심오하고 궁극적인 무엇에 이르지 못하게 만든다. 반면 철학적 사변은 보편성에 이르고 사태의 본질에 다다르지만, 그럼에도 철학은 자기 경험을 토대로 경험의 내적 강렬함을 사유에 제공할 능력을 갖춘 사람에게만 영향을 미친다. 문학은 모든 단순한 사변적 가르침과 보편적 진리와 다르고, 개별자의 단순한 경험과 다르다. 아리스토텔레스의 유명한 명제를 이렇게 바꾸어도 좋다면, 문학은 경험보다 철학적이며, 응축된 정신적 현실성 때문에 철학적 인식보다 생생하다.

이런 생각들이 모든 시대의 문학에 적용되는 것은 아니다. 또 희랍문학 모두에 예외 없이 적용되는 것도 아니며 희랍문학에만 국한되는 것도 아니다. 하지만 이런 생각들을 발견한 희랍문학만큼 그것들을 잘 구현한 세계문도 없다. 이런 생각들은 본질에서 희랍 최고 문학작품들에 대해 플라톤과 아리스토텔레스 시대의 철학적 자각에서 성장한 희랍미학적 견해다. 세부적으로 여러 변종이 있지만 희랍인들의 예술관은 나중에도 일반적으로 크게 변하지 않았다. 그런데 이런 생각들이 문학과 문학에 담긴 특히 희랍적인 것에 대해 민감하던 시기에 생겨난 것이므로, 그것들이 그대로 호메로스에도 적용될 수 있는가는 역사적으로 정당하고 필연적인 물음이다. 시대적 이념 내용을 포괄적으로, 그리고 보편타당한 예술적 방식으로 형상화하고 이로써 미래를 결정한 시대는 호메로스가 대표하는 시대밖에 없다. 여느 문학들과 달리 서사시는 희랍의 독창적 교육관을 보여준다. 여느 민족들은 일반적으로 희랍문학의 후대 형식들 및 유사 형식들을 대부분 자체적으로 발전시키지 못했다. 근대 문화민족들의 유사 문학형식들은 고대 문학형식을 수용함으로써 비로소 생겨났다. 비극과 희극, 철학 저술과 대화편, 체계적 교과서, 비판적 역사서술과 전기(傳記), 법정 연설과 정치 연설과 행사 연설, 기행문과 기록물, 서간문과 고백론, 자성록과 수필 등이 그러하다. 반면 다른 민족들에서도 희랍과 비슷한 문명 단계에 이르러 초기 희랍사회와 비슷한 귀족계층과 민중계층이 생겨났고, 고유의 귀족 남성이념과 영웅적 인생관을 표현하는 영웅문학이 나타났다. 인도, 독일, 라티움어 계통 민족들, 핀란드, 그리고 중앙아시아 유목민족들의 영웅문학에서 희랍인들의 서사시보다 몇 배나 큰 규모의 서사시들이 만들어졌다. 따라서 우리는 계통과 문화가 다른 여러 민족의 서사문학을 비교함으로써 희랍서사시의 특수성을 확인할 수 있다.

동일한 인류학적 발전 단계에서 이런 서사시 문학들의 유사성이 얼마나 큰지는 벌써 여러 번 언급했다. 가장 오래된 시기의 희랍영웅문학은 원시적 특징들을 여타 민족들과 공유한다. 하지만 이것은 다만 외적 부분인 시간적 조건에만 국한되며, 인간적 내용의 풍부함과 예술적 형식의 힘은 그렇지 않다. 모든 시민적 '발전'에도 불구하고 영원히 사라지지 않는바 인간 존재의 영웅적 단계에 담긴 보편적 운명과 영원한 삶의 진리를 전부 드러내고 전파하는 데 다른 어느 민족도 희랍서사시만큼 인상적인 성공을 거두지 못했다. 인간적으로 아주 숭고하고 우리에게 혈연적으로 아주 가까운 독일민족의 영웅 서사시도 영향력의 크기와 지속성에서 호메로스에 미치지 못한다. 희랍민족 내에서 호메로스의 역사적 위치가 중세 독일과 프랑스 서사시의 역할과 구별되는 차이는, 호메로스의 영향이 희랍문명의 수천 년 동안 계속 이어졌던 반면, 중세의 궁정 서사시는 기사계급의 몰락과 함께 곧 잊혔다는 사실이다. 호메로스의 생명력은 모든 것을 학문적으로 근거 지으려 했던 헬레니즘 시대에 이르러 호메로스 전승과 서사시 근본 형식의 학적 탐구를 지향하는 특별한 학문, 다시 말해 고전 문헌학을 만들어냈으며 고전 문헌학은 탐구 대상의 영원한 생명력에서 생명력을 얻었다. 롤랑의 노래, 베어울프, 니벨룽의 반지 등은 학자들에 의해 발견되어 다시 빛을 볼 때까지 도서관의 먼지 덮인 필사본들 가운데 잠들어 있어야 했다. 단테의『신곡』은 자기 민족뿐 아니라 모든 인류 사이에서 계속해서 생명력을 유지했던 유일한 중세 서사시다. 그 이유는 호메로스와 같다. 단테의 시는 진정 시대적 산물이지만, 그럼에도 인간상과 인간이해의 깊이와 보편성을, 영국 사람들이 셰익스피어 시대에, 독일 사람들이 괴테 시대에 도달한 정도의 수준으로 끌어올린 작품이기 때문이다. 한 민족의 문학적 표현물이 초기 단계에 매우 강하게 민족 특성을 갖는 것은 자연스러운 일이다. 다른 민족들과 후대 사람들은 그 고유성 때문에 이해의 한계를 갖기 마련이다. 진정한 문학의 기본조건이라 할 민족 고유성은, 그것이 최고 수준의 보편적 인간성에 이르렀을 때 비로소 보편성을 획득한다. 희랍역사의 진입로에서 첫 번째로 만나는 호메로스는 모든 인류의 스승이 되었는바, 모든 필수적이고 모두에게 유효한 가치를 간파하고 형상화한 능력은 분명 희랍인들에게 대단히 고유한 것이었다.

호메로스는 초기 희랍문화를 대표한다. 우리는 호메로스를 아주 오래전 희랍사회의 역사적 인식을 우리에게 전해주는 '원천'으로 높이 평가한다. 호메로스 서사시의 영원한 전사(戰士)세계는 예술을 통한 현실의 무의식적 반영물 이상의 의미를 가진다. 위대한 도전과 전승을 담고 있는 이 세계는 호메로스 문학이 노래되고 만들어진 귀족들의 공간이다. 전사적 영웅 운명의 격정은『일리아스』를 지탱하는 정신적 숨결이며, 귀족문화와 윤리의 인간적 품격은『오뒷세이아』를 만든 문학적 생명력이다. 이런 생활상의 사회는 사라졌으며 그 사회에 대해 이제 더는 알 수 없게 되었지만, 그 이상 (理想)은 희랍교육 전체의 영원한 근간인 호메로스의 문학 자산 속에 고스란히 남아 있다. 휠더린은 말한다. "영원한 그것은 시인들이 이룩한 것이다." 이 말은 희랍 교육사의 기본법칙을 표현하는바 교육의 초석은 문학작품이다. 단계를 거치면서 점차 희랍인들의 문학은 더 많은 의식적 교육 정신으로 채워졌다. 바로 여기서 이런 교육의지가 서사시의 완전히 객관적인 태도와 융합될 여지가 있는가를 물을 수 있다. 앞서 아킬레우스의 사신 장면과 텔레마코스 이야기를 분석하면서 구체적 예를 들어 심오한 교육의지가 이들 장면에서 드러남을 보여주었다. 하지만 호메로스의 교육가치 개념은 분명 훨씬 더 보편적인 것으로 이해될 수 있다. 교육 문제를 명시적으로 다루는 장면이나 도덕적 효과를 추구하는 장면에만 국한되는 것은 아니다. 호메로스 서사시라는 시적 산물 자체가 몇 마디 명제로 표현할 수 없는 정신적 가치의 복합물이다. 아주 명시적으로 교육적 관심을 표명하는, 상대적으로 나중에 포함된 부분들 말고 다른 부분들에서도 우리는 한편으로 단순히 현재 관심 대상에 집중된 이야기와 함께 시인의 도덕적 의도를 부가적으로 엿볼 수 있다.『일리아스』제9권 혹은 텔레마코스 이야기에 주관적 의도와 생각에 근거한 의지에서 벌써 엘레기 장르에 매우 가까운 정신 태도가 보인다. 이런 주관적 교육의지는 말하자면 객관적 교육과 구별해야 하는데, 후자는 시인의 개인적 의도와는 무관하며 다만 서사시 장르의 본질적 부분이다. 이 부분에서 우리는 상대적으로 늦은 시기에서 벗어나 서사시 장르가 시작된 근원을 만난다.

호메로스는 과거 시인들의 여러 모습을 보여준다. 이들의 예술전승을 통해 서사시가 생겨났다. 소리꾼이란 직업은 "인간들과 신들의 행적"[2]을 후세의 기억 속에 생생하게 살아 있게 하는 것이다. 영웅 서사시의 본래 의미는 명예이며 동시에 명예의 전승과 확산이다. 옛 영웅 서사시들은 흔히 "남자들의 위대한 행적"이라고 불렸다.[3] 『오뒷세이아』 제1권에서 의미 있는 이름 붙이는 것을 좋아하는 시인은 소리꾼에게 페미오스라는 이름을 붙이는데 이는 사실의 전달자, 명성의 전달자라는 뜻이다. 파이아케스인들의 소리꾼은 데모도코스라는 이름을 갖는데 이는 그의 직업이 대중적 영향력을 가진 직업임을 암시한다. 소리꾼이 확고한 사회적 지위를 갖는 것은 그가 명성의 전달자이기 때문이다. 플라톤은 신들이 보낸 광기의 아름다운 효과들 가운데 시인들의 도취를 열거했으며 시인이라는 근원적 현상을 이런 문맥에서 묘사했다.[4] "무사 여신들에게서 오는 신들림과 광기는 여리고 순결한 영혼을 사로잡아 영혼을 일깨워 도취상태에 빠뜨리며, 여러 가지 노래와 여타 시들을 짓게 한다. 갖가지 옛사람들의 일을 꾸며내며 후대 사람들을 가르친다." 이는 원(原)희랍적 생각으로 선대의 위대한 행위를 전달하는 신화와 문학 전체의 필연적 불가분성에서 출발한다. 여기서 시인의 사회적·공동체적 기능으로서 교육자 역할이 도출된다. 플라톤이 보기에 그것은 청중을 가르치겠다는 의식과 의도가 깔린 무엇은 아니며, 다만 음악을 통해 명성을 생생하게 전달하는 것 자체가 이미 교육적 행위였다.

여기서 우리가 앞서 호메로스 귀족윤리에서 모범의 중요성에 관해 설명했던 것을 상기해야 한다. 그때도 신화에서 길어 올린 예화들의 교육적 중

---

2) 『오뒷세이아』 제1권 337행.
3) ἴκλέα ἀνδρῶν『일리아스』 제9권 189행과 524행, 『오뒷세이아』 제8권 73행.
4) 『파이드로스』 245a. 조대호 역(문예출판사, 2008)을 참조했다.

요성에 주목했었다. 예를 들어 포이닉스가 아킬레우스에게, 아테네 여신이 텔레마코스에게 경고나 격려의 신화 예화를 제시했다. 신화는 그 자체로 규범적 의미를 가지며 명시적으로 모범이나 예화로 제시될 필요도 없다. 삶의 경험과 이에 상응하는 신화 사례를 비교함으로써 예화가 되는 것이 아니라 신화는 본성적으로 이미 예화다. 신화는 명성, 선대 전승이 알려준 위대함과 탁월함의 고지(告知)다. 그것은 임의의 소재가 아니다. 비범함은 사람들에게 의무를 부여하는바 사실관계의 단순한 인정을 통해서라도 그러하다. 소리꾼은 사실관계를 보고할 뿐만 아니라 칭송받고 찬양받을 가치가 있는 것을 칭송하고 찬양한다. 호메로스의 영웅들은 살아 있을 때부터 이미 명예를 요구했고, 늘 생각한 것은 서로 간에 표한 합당한 존경이었다. 이처럼 모든 진정한 영웅 행동은 영원한 명성을 갈구한다. 신화나 영웅설화는 민족이 소유한 전범들의 고갈되지 않는 창고이며, 이로부터 민족 사유는 삶을 위해 신화적 이념과 규범을 길어 올린다. 신화에 대한 호메로스의 이런 태도를 증명하는 것은 다른 사람에게 조언하고 경고하고 훈계하고 격려하고 금지하고 명령하는 모든 생각 가능한 삶의 경우에 신화적 전범을 사용하는 관행이다. 이런 관행은 특이하게 설명 부분이 아니라 신화적 주인공의 연설 부분에 등장한다. 이때 신화는 늘 결정적 심급으로 기능하며 화자는 이에 호소한다. 신화에는 보편타당한 것이 내재한다. 신화가 물론 근본적으로 역사사건들의 기록이긴 하지만 그렇다고 단순히 사실적 성격만은 아니다. 역사사건들은 오랜 전승과 예찬의 해석을 통해 후대의 장식적 상상 속에서 살아남을 만한 가치를 가진다. 그것은 희랍인들에게 이미 확고한 법칙이던 문학과 신화의 결합으로 해석될 수 있다. 이런 결합은 영웅설화에서 문학이 기원한 것과 연관되며, 또 명성, 영웅예찬, 영웅모방의 이념과 연관된다. 서사시 문학의 밖에서 이 법칙은 유효하지 않고 서정시 등의 문학 장르에서 신화적인 것은 기껏해야 이상화의 문체 요소로 나타난다. 신화는 본래 이상(理想)의 세계이며 이상의 요소는 초기 희랍사유에서 신화를 통해 표현되었다.

　이런 사실은 문체와 구성의 모든 세부적 요소까지 서사시에 영향을 미쳤다. 서사시 시어의 눈에 띄는 특징들 가운데 하나는 장식적 별칭이라는 정형적 공식 어구의 사용이다. 이는 '남자들의 위대한 행적'에 대한 원형적 사고에서 유래한다. 앞선 영웅설화의 오랜 역사 속에 발전한 서사시의 장식적 별칭 사용은 이제 거의 굳어져 서사시 문체의 관행이 되었다. 몇몇 별칭은 특별한 의미를 더는 갖지 않으며, 다만 대부분 장식적으로 쓰이는데, 수백 년 이어온 서사시 예술의 특징이자 필수불가결한 요소로서 전혀 무관하거나 걸맞지 않은 부분에도 등장한다. 이제 단순히 별칭은 서사시 이야기에 걸맞은 숭고한 것들이 모두 등장하는 이상적 공간의 요소가 되었다. 장식적 별칭의 사용 이외에 묘사와 설명 부분에서도 예찬, 칭송, 미화의 색깔이 지배했다. 모든 저급하고 추하고 저열한 것들은 서사시 세계에서 거의 소멸했다. 이미 고대에도 주목했던바 호메로스는 그 자체로는 중요하지 않은 것들까지 모두 서사시 세계로 옮겨놓았다. 프루사의 디온은 서사시 본질과 칭송 문체의 긴밀한 연관성을 크게 의식하지는 않았지만 이미 호메로스를 비방자 아르킬로코스와 대비하여 교육에서는 칭송보다 꾸지람이 필요하다고 판단했다.[5] 여기서 이런 판단을 받아들이지는 않는데, 왜냐하면 옛 귀족교육, 모범교육과 정면으로 배치되는 비관적 관점이기 때문이다. 우리와 다른 디온의 사회적 전제조건들은 나중에 살펴볼 것이다. 서사시 문체와 이상화의 경향을 이런 형식요소에 매우 민감했던 수사학자

5)　프루사의 디온 『연설집』 XXXIII, 11.

디온보다 적확하게 설명한 사람은 없다. 그는 말했다. "호메로스는 동물과 식물, 강과 대지, 무기와 말 등 거의 모든 것을 칭송했다. 말하자면 그는 어떤 것이라도 일단 언급할 경우 칭송이나 예찬하지 않고서 지나칠 수 없는 사람이었다. 호메로스가 경멸했던 유일한 사람 테르시테스조차 호메로스는 목소리가 낭랑한 웅변가라고 불렀다."

서사시 이상화 경향은 옛 영웅설화에서 서사시가 유래한 것과 연관되며 서사시를 다른 문학형식들과 구별하는 요소인바 희랍 교육사에서 서사시에 우월한 지위를 부여한다. 희랍문학의 모든 형식은 인간적 자기 표현의 자연형식들에서 유래한다. 멜로스는 형식이 다양하며 예술적으로 풍부한 민요에서, 얌보스는 같은 이름의 디오뉘소스 숭배의식에서, 찬가와 행진가는 신들에게 바치는 제사에서, 결혼노래는 결혼에 불린 민요에서, 희극은 광란의 남근 행진에서, 비극은 디튀람보스 합창에서 유래했다. 우리는 문학 장르들이 기원하는 원형형식을 구분하여, 신에게 바치는 축제와 관련된 형식, 인간의 개인생활과 관련된 형식, 공동체 생활에서 유래하는 형식으로 세분할 수 있다. 사적 혹은 종교적 기원을 가진 문학적 표현형식들은 모두 본성적으로 교육적 성격과 거리가 멀다. 반면 영웅 서사시는 본래 이상(理想)의 제시와 영웅적 모범의 창조를 목표로 한다. 영웅 서사시는 교육적 의미에서 여타의 문학 장르보다 월등한 중요성을 가진다. 그것은 영웅 서사시가 삶 전체를, 숭고한 목표를 위해 운명과 투쟁을 벌이는 인간을 객관적으로 반영하기 때문이다. 교훈시와 엘레기는 서사시의 자취를 따라 발전했는데, 둘 다 형식적으로 서사시와 유사하다. 다시 말해 교육정신은 서사시에서 교훈시와 엘레기로 이동했고 나중에는 다시 얌보스와 합창시까지 영향을 미친다. 비극은 신화 소재와 정신에서 서사시의 완벽한 계승자다. 디오뉘소스적 기원이 아닌 오로지 서사시와의 연관성 때문에 비극은 도덕적·교육적 가치를 획득한다. 역사서와 철학서 등 교육적 영향력을 행사한 위대한 산문형식들의 직접적 유래가 세계관을 놓고 벌인 서사시와의 갈등이라는 점을 고려할 때 우리는 서사시를 모든 희랍 고등교육의 뿌리라고 단적으로 말할 수 있다.

우리는 이제 서사시의 규범요소를 내적 구성과 연결하여 제시하려 한다. 아마도 여기서 길은 두 가지다. 하나는 호메로스에 대해 과학적 분석과정의 결과와 문제제기를 무시하고 다만 서사시 전체의 현재 완결 형태에서 출발하는 길이다. 다른 하나는 서사시 생성에 관해 켜켜이 쌓인 가설들에 희망 없이 갇혀 우리 스스로 우리의 길을 막아버리는 것이다. 두 길은 모두 가망 없는 길이다. 우리는 중간의 길을 택한다. 그 길은 서사시 발전사적 고찰에 원칙적으로 적합하면서도 우리의 역사적 시각이 행한 분석을 세부까지 모두 살펴보도록 강요하지 않는다. 심지어 절대적 불가지론의 관점에서도 어찌 되었든 서사시 전사(前史)의 명백한 사실들을 적어도 원칙적으로나마 고려하지 않는 고찰방식은 유지될 수 없다. 따라서 우리의 호메로스 이해와 고대의 호메로스 이해는 크게 다르다. 고대에는 시인의 교육가치를 이야기할 때마다 늘 『일리아스』와 『오뒷세이아』 전체를 동시에 주목했다. 전체는 당연히 오늘날의 연구자들에게도―연구분석을 통해 전체는 다만 무한한 소재를 두고 여러 세대에 걸쳐 부단히 진행된 시적 작업의 후대 결과에 불과함을 알게 되었지만―여전히 지향해야 할 목표이긴 하다. 생성과정의 서사시는 어느 정도 변형된 형태로 신화의 옛 형태들을 수용했을 가능성, 그리고 완성된 서사시도 전체 이야기들 가운데 후대 삽입을 용인했을 가능성을 우리 모두가 하는 것처럼 고려한다면 『일리아스』와 『오뒷세이아』의 전(前) 단계들을 최대한 파악하려고 시도해야 한다.

이런 시도에 큰 영향을 미친 것은 가장 오래된 영웅 서사시의 성격에 대한 우리 생각이다. 여타 민족들에서 흔히 그러하듯 희랍에서도 태곳적 영웅신화들에서 서사시가 발생했다는 근본 입장에서 우리는 유명한 영웅이 탁월한 상대를 무찌르는 장면으로 끝나는 용감무쌍한 개별 영웅들의 분전(奮戰)이 서사시 전승의 가장 오래된 형식이라는 가정은 받아들이지 않을 수 없다. 충만한 명료성과 내면적 생명력을 간단히 무시한 집단 전투장면보다 개별 전투장면은 더 많은 관심을 끈다. 집단 전투장면이 우리의 관심을 얻는 경우는 오직 위대한 개별 영웅들이 등장하는 수많은 삽화가 펼쳐질 때뿐이다. 언제나 좀 더 깊은 관심은 개별 전투장면인바 집단 전투장면에서 드러내기 어려웠던 개인의 도덕적 측면이 드러나기 때문이며, 전체 전투행위를 위해 개별 요소들이 좀 더 긴밀하게 내적으로 연계되기 때문이다. 개별 영웅들이 보여준 분투의 이야기들에는 늘 강한 교훈적 요소가 있다. 서사시 전형을 모방한 이런 종류의 삽화들은 후대의 역사서술에도 나타난다. 『일리아스』의 개별 영웅 이야기들은 전쟁 묘사의 정점을 이룬다. 이들은 전체 서사시의 일부이면서 동시에 나름대로 일정한 완결성을 가지는 닫힌 장면이며, 이를 통해 우리는 이들이 일찍이 독자적 목적의 창작물이었거나 독립 노래들의 모방물임을 알 수 있다. 『일리아스』의 시인은 트로이아 전쟁 이야기를 아킬레우스의 분노 이야기와 많은 독립된 개별 전투 이야기로 쪼갰다. 디오메데스의 분투(제5권), 아가멤논의 분투(제11권), 메넬라오스의 분투(제17권), 파리스와 메넬라오스의 맞대결(제3권), 헥토르와 아이아스의 맞대결(제7권) 등 이들 모두는 어느 정도 독자적 중요성을 가지는 삽화들이다. 서사시를 듣는 대중은 이런 장면들에서 즐거움을 느끼며 거기에서 민족적 이상(理想)의 반영물을 발견한다.

많은 전투장면을 끌어들여 전투행위 전체에 연결한 대서사시가 추구하는 새로운 예술적 목표는 이미 잘 알려진 것으로 여겨지는 전체 사건에 구체적 그림을 제공하고, 나아가 유명한 영웅 모두의 활약상을 보여주는 것이었다. 시인은 과거의 개별 서사시에서 칭송된 것을 포함하여 많은 행위와 인물을 한곳에 모아놓음으로써 트로이아 전쟁 전체를 담는 거대 화폭을 만들어냈다. 작품에서 확인되는바 시인이 트로이아 전쟁에서 발견한 것은 수많은 불멸의 영웅이 보여주는 치열한 탁월함 경쟁이었다. 그것은 희랍인들뿐 아니라 고향과 자유를 수호하려고 영웅적으로 싸우는 상대 민족에게도 적용된다. "최선의 조점(鳥占)은 오직 하나뿐, 조국을 위해 싸우는 것이오." 호메로스는 이 말을 희랍영웅이 아닌 트로이아 영웅의 입을 통해 전한다. 조국을 위해 장렬히 전사하는 트로이아 영웅은 좀 더 따뜻한 인간적 면모를 가지며, 위대한 아카이아 영웅들은 좀 더 영웅적 면모를 가진다. 조국과 아내와 자식은 희랍영웅들에게 부차적 동기다. 종종 언급되는 것처럼 희랍인들은 여인 납치자에게 복수하기 위해 참전했고 트로이아인들과 직접적 협상을 통해 헬레나를 다시 합법적 남편에게 데려가려 한다. 좀 더 합리적 정치 판단인바 이를 통해 트로이아인들과의 유혈극을 피하려 한다. 하지만 이런 정당화는 이렇다 할 실효가 없었다. 시인의 관심은 아카이아인들의 행위 정당성이 아니라 행위의 영웅적 불멸성이다.

유혈이 낭자한 영웅적 격전의 큰 물결을 배경으로 『일리아스』의 순수한 인간 비극, 다시 말해 아킬레우스의 영웅적 삶이 드러난다. 아킬레우스의 행동은 계속되는 전투장면들에 시적 통일성을 부여하는 일종의 내재적 끈이다. 아킬레우스라는 비극적 인물 덕분에 『일리아스』는 원시세계의 전사(戰士) 정신을 기록한 기념비로 우리에게 남았고, 끝나지 않는 인간 고통의 영원한 기록물이 되었다. 대서사시는 폭넓고 다양한 부분들로 전체를 구성하는 작시술의 엄청난 진보를 가져왔다. 이는 동시에 내적 깊이의 심화를 의미한다. 다시 말해 영웅 서사시는 애초 영역을 넘어 소리꾼에게 새로운 정신적 지위, 좀 더 높은 교육자 역할을 부여한다. 선대의 명성과 업적을 알리는 비인격적 전달자였던 소리꾼은 이제 완전한 의미의 시인, 전승의 창조적 해석자가 된다.

정신적 해석과 형상화는 근본적으로 동일 작업이다. 통일적 전체를 창작하는 과정에서, 누구나 인정하는 희랍서사시의 탁월함과 독창성이 희랍서사시의 교육효과와 같은 뿌리에서 성장했음을 이해하는 것은 어려운 일이 아니다. 그 뿌리는 서사시의 높은 정신적 문제와 문제의식이다. 엄청난 크기의 소재들을 장악하려는 경향은, 희랍서사시 발전의 마지막 단계에 나타난 전형적 특징이며 희랍인들은 물론 다른 민족들에게서도 똑같이 나타난다. 하지만 이런 경향 자체가 대서사시 창작으로 필연적으로 귀결되는 것은 아니다. 이런 경향은 그런 단계에서 쉽게 방만한 소설체의 역사이야기로 전락할 위기에 봉착하며, 이때 영웅들의 탄생설화인 '레다의 알'에서 시작하여 온갖 옛이야기들을 지치도록 늘어놓게 될 수도 있다. 호메로스 서사시가 보여주는바 한 사건에 집중된 극적 묘사를 통해 사건을 명료하게 드러내는 '사건의 한가운데로(in medias res)' 기법은 대담한 생략에서만 가능하다. 트로이아 전쟁사 혹은 영웅 아킬레우스의 생애 전체를 보여주는 대신 '사건의 한가운데로' 기법은 놀라운 정확성으로 위기의 순간을 포착한다. 그것은 온갖 우여곡절과 사연을 간직한 10년 전쟁의 현재와 과거와 미래를 집약적으로 드러내는 찰나였고 대표성과 예술성의 순간이었다. 고대의 비평가들이 이런 능력에 크게 감탄한 것은 너무도 당연하다. 이런 능력 때문에 호메로스는 아리스토텔레스와 호라티우스에게 대표적 서사시인이 되었고 나아가 절대적 문학 재능을 대표하는 최고 모범이 되었다. 호메로스는 단순 역사적인 것은 밀어내고 사건을 역사와 분리하여 문제 전체가 내적 필연성에 따라 전개되도록 했다.

『일리아스』는 아킬레우스가 분노하여 전투에서 빠지고 희랍인들이 최대의 위기를 맞는 순간에서 단도직입 시작한다. 이는 인간적 단견과 잘못으로 목표를 목전에 두고 수년 동안 싸운 모든 수고의 결실을 상실하는 순간이며, 가장 강력한 영웅이 이탈한 이후 나머지 희랍영웅들이 있는 힘을 모두 쏟아 용맹함을 더없이 훌륭하게 과시하는 순간이며, 아킬레우스의 이탈을 기회로 적들이 온 힘을 다해 전투의 승리를 자신하는 순간이다. 이 순간 가중되는 위기로 인해 아킬레우스는 친구 파트로클로스를 투입하지 않을 수 없었고, 파트로클로스는 헥토르에게 죽음을 당한다. 그리고 희랍인들이 아무리 부탁하고 간청해도 소용없던 일이 일어난다. 아킬레우스가 전사한 친구의 복수를 위해 다시 전쟁터로 돌아온 것이다. 아킬레우스는 헥토르를 죽이고 희랍인들을 패전에서 구해낸다. 끔찍한 야만적 진혼곡으로 친구의 장례를 치른다. 그도 똑같은 운명을 가까이 앞두고 있다. 프리아모스가 아들의 시신을 찾아가기 위해 흙바닥에 엎드려 빌자, 무자비한 아킬레우스의 마음이 눈물과 함께 녹아내린다. 그는 고향에 계신 늙은 아버지를 생각한다. 살아생전 그 역시 아들의 죽음을 보게 될 것이다.

긴밀하게 연결된 서사시 사건 전체의 발단이 된 영웅의 잔혹한 분노는, 영웅 본인을 사방에서 휘감은 눈부신 광휘와 함께 우리 앞에 나타난다. 평탄하고 여유로우나 명예는 없는 삶보다 짧으나 높은 영웅적 도약을 의식적으로 추구했던 탁월한 청년의 짧으나 초인적 영웅적 삶, 그러니까 진정으로 자긍심을 갖춘 인물은 전투의 유일한 보상인 영웅 명예를 침해하는 대등한 지위의 상대에게 관대할 수 없었다. 이렇게 빛나는 주인공의 굴욕으로 시작한 서사시는 마지막에 분투의 놀라운 승전으로 채워지는 일반적 방식을 따르지 않는다. 아킬레우스는 헥토르를 무찌르고도 기뻐하지 않고 서사시 전체는 슬픔에 잠긴 영웅의 통곡 속에, 파트로클로스와 헥토르를 위해 부르는 희랍인들과 트로이아인들의 끔찍한 만가(輓歌) 속에, 운명에 대한 승자의 어두운 확신 속에 마무리된다.

『일리아스』 마지막 권을 연장하거나 이야기를 아킬레우스의 죽음까지 이어붙이길 원하거나 혹은 이것이 본래 의도였다고 생각하는 사람은 소재에서 출발하여 역사적으로 사유하는 것일 뿐, 형식과 문제에서 출발하여 예술적으로 사유하는 것이 아니다. 『일리아스』는 트로이아 전쟁 최고의 분투를 노래하며 아킬레우스가 강력한 헥토르에게 거둔 승리를 칭송한다. 이때 죽음에 직면한 위대한 영웅의 비극이 신적 운명과 영웅의 참여가 교차하는 매우 인간적 연속선상에서 펼쳐진다. 진정한 분투는 영웅의 죽음이 아닌 영웅의 승리에 속한다. 헥토르의 죽음 이후 곧 죽음이 자신에게 닥쳐오리라는 것을 분명히 알면서도 죽은 파트로클로스를 위해 헥토르에게 복수하기로 하는 아킬레우스의 비극성은 아킬레우스의 죽음까지 이야기가 이어졌다면 소멸하고 말았을 것이다. 비극성은 『일리아스』에서 아킬레우스의 승리를 내적으로 고양하며 승리에 심오한 인간적 의미를 부여하는 역할을 한다. 『일리아스』의 영웅성은 옛 호걸들의 소박하고 단순한 종류에 속하지 않는바, 자신의 생명이 희생될 것을 분명히 인지하면서도 위대한 행동을 의식적으로 선택하는 가운데 정점에 이른다. 후대의 희랍인들은 하나같이 이런 해석에 뜻을 같이했고 이 점에서 서사시 『일리아스』의 도덕적 위대함과 강력한 교육효과를 발견했다. 아킬레우스의 영웅적 결단이 최고 비극성에 이른 것은 아킬레우스의 분노와 아킬레우스를 설득하려는 희랍장군들의 헛된 시도가 뒤엉킬 때이며, 이때 아킬레우스의 거절은 희랍인들의 열세를 초래하고 이는 다시 파트로클로스의 개입과 죽음을 초래한다.

이런 맥락에서 우리는 『일리아스』의 윤리적 구조를 이야기해야 한다. 작품의 통일적 윤곽을 구체적으로 설득력 있게 설명하기 위해서 이 책의 범위를 벗어나는 철저한 해석이 필요하다. 수없이 논의된 호메로스 서사시의 생성 문제는 예술작품의 정신적 통일성을 전제로 윤리적 구조를 증명하려는 시도를 통해서 한 번에 해결되지도 해소되지도 않는다. 하지만 이야기 전체를 관통하는 통일적 윤곽이 분명히 존재함에—이는 우리의 관점에서 필연적으로 분명히 밝혀야 하는 과제다—다시 한 번 주목하는 것은 전체를 산산이 분해하는 일방적 경향의 분석론을 막는 유효한 처방이다. 서사시의 이런 구조를 설계한 사람이 누구냐는 물음은 여기서 일단 접어둘 수 있다. 구조가 기획 의도에 따라 애초 존재했는지 아니면 후대 시인의 추가 작업에 의해 생겨난 결과이든, 이와 무관하게 구조는 오늘날의 『일리아스』에서 분명히 관찰되며 『일리아스』의 목적과 결과에 매우 중요한 의미를 가진다.

우리는 여기서 다만 몇 가지 상대적으로 중요한 논점을 들어 이 점을 좀 더 분명히 하고자 한다. 『일리아스』 제1권에서 아킬레우스와 아가멤논이 싸우게 된 이유를 아폴로 사제의 모욕, 그 결과로 빚어진 아폴로의 분노로 설명할 때 시인의 입장은 아주 분명하다. 서로 갈등을 빚는 두 영웅의 태도는 이후에 충분한 객관성이 드러나지만, 그럼에도 잘못된 극단적 태도임이 확인된다. 두 명의 영웅 중간에 현명한 노인 네스토르가 위치하며 그는 '절제' 자체였다. 인간의 세 세대를 본 그는 현세대 인간들과 떨어져 높은 곳에서 굽어보며 순간적 격앙을 타이른다. 네스토르라는 인물은 갈등 장면 전체의 균형추로 작용한다. 이 장면에서 이미 작품 전체의 주요 동기인 '미망(Ate)'이 언급된다. 도발한 아가멤논의 미망은 나중에 제9권에서 아킬레우스에게 훨씬 더 심각한 미망을 초래한다. '굽힐 줄 모르는'[6] 아킬레우스는 미망에 빠져 분노를 거두지 않았으며 인간 한계를 벗어난다. 그도 이것을 이미 때늦은 시점이었지만 스스로 말한다. 그 순간 그는 영웅적 규율에 충실하지 못한 것, 전투에 참여하지 않은 것, 더없이 소중한 친구를 희생시킨 것이 모두 자신의 분노 때문이라며 분노를 저주한다. 아가멤논 또한 아킬레우스와 화해하는 순간, 미망의 파괴적 결과에 대한 아주 상세한 비유를 통해 자신의 어리석음을 한탄한다. '미망'은 '운명(Moira)'과 마찬가지로 호메로스에서 내내 종교적 표상이다. 미망의 여신은 강력한 신적 힘을 가지며 인간은 여신의 강력한 힘에서 벗어나기 어렵다. 그렇지만 특히 제9권에서 행위의 인간은 자기 운명의 주동자는 아니더라도 무의식적 동조자로 등장한다. 이로써 영웅 행위의 인간을 최고 가치로 여기던 희랍인은 미망의 비극적 위험성을 더욱 잔인하게 실감한다. 이를 행위와 의지의 영원한 모순으로 인식하는 심오한 정신적 필연성이 자리 잡는데 운명의 힘 앞에서 무위자연에 귀의하는 아시아적 은둔의 지혜와 대조된다. '성격은 인간의 운명(ἦθος ἀνθρώπῳ δαίμων)'이라는 헤라클레이토스 명제는 인간 운명의 깨달음을 향한 여정의 종착지에서 만나게 되는 것으로『일리아스』의 아킬레우스를 창조해낸 시인에서 비롯된 여정이었다.

　인간본성과 영원한 세계법칙의 포괄적·'철학적' 사유가 호메로스의 곳곳에 등장한다. 인간 삶의 본질들 가운데 영원한 세계법칙을 벗어난 것은 없다. 만물 본질의 보편인식을 토대로 시인은 개별 사건도 파악한다. 깨우침의 경구(警句)를 지향하는 희랍문학, 모든 개별 사건을 좀 더 높은 원리에 따라 이해하려는 경향, 사유를 보편적 명제에서 끌어오려는 태도, 보편

---

6)　호라티우스『서정시』I 6, 6행 "*cedere nescii*".

적 구속력을 갖는 유형과 이념으로서 신화 예화를 드는 관행 등 이런 모든 특성은 궁극적으로 호메로스에서 출발한다. 호메로스 서사시가 인간을 어떻게 이해했는가를 보여주는 더없이 훌륭한 상징은 『일리아스』에 상세히 묘사된 아킬레우스 방패[7]의 장식이다. 헤파이스토스는 방패 위에 땅과 하늘과 바다, 지치지 않는 태양과 보름달, 밤하늘을 장식하는 별들을 새겨 넣었다. 이어 두 개의 아름다운 인간 도시를 표현했다. 한 도시에서는 결혼식과 축하연, 결혼행진이 있고 결혼축가가 울려 퍼진다. 젊은이들은 피리와 현악기 소리에 맞추어 춤을 춘다. 부인네들은 문 앞에 서서 이런 광경에 경탄한다. 사람들은 시장에 가득 모여 있다. 재판이 열리고 있다. 두 사람이 죽은 사람의 배상금을 놓고 다투고, 재판관들이 잘 닦인 돌 위에 신성한 원을 그리며 앉아 홀을 들어 판결을 내린다. 다른 도시에는 무장을 걸친 전사들이 둘로 나뉘어 대치하고 있다. 한쪽은 도시를 파괴하거나 약탈하려고 한다. 다른 한쪽은 이에 맞서 성벽을 지키도록 아내와 아이들과 노인들을 성곽 위에 세워두고 몰래 도시를 빠져나와 가축들이 물을 마시던 강둑에 매복한다. 이들은 강둑에 나타난 가축 떼를 습격한다. 이어 달려온 적들과 강가에서 전투가 벌어진다. 창들이 이리저리로 날아다닌다. 이런 소란 속에 전쟁의 신 에리스와 퀴도이모스, 피 묻은 옷을 입은 죽음의 신 케르가 등장한다. 죽음의 여신은 부상당한 자들이나 죽은 자들의 다리를 붙잡아 혼전 속을 끌고 다녔다. 옆에는 밭이 있고 농부들은 소에 쟁기를 달아 밭을 갈고 있다. 밭을 가는 농부들이 밭의 경계에 이르러 방향을 바꾸려 할 때마다 어떤 사람이 그들에게 포도주를 한잔씩 마시도록 건네준다. 이어 추수가 한창인 들판이 그려진다. 농부들은 손에 낫을 들고

---

7) 제18권 478행 이하.

있고 낟알은 바닥에 떨어지고 짚은 차곡차곡 묶여 쌓인다. 왕은 즐거운 마음으로 조용히 서 있고 전령들이 식사를 준비한다. 즐거운 포도 수확이 한창인 포도밭, 뿔이 우뚝한 소들의 당당한 무리와 목자들과 개들, 양 떼와 우리와 목장이 자리한 아름다운 계곡의 풀밭, 젊은 남녀가 손을 맞잡고 춤을 추고 신과 같은 소리꾼이 현악기에 맞추어 노래하는 무도장 등 이런 모든 그림은 인간 삶의 영원하고 단순하면서도 위대한 순간들을 완벽하게 재현한다. 그리고 전체를 휘감아 방패 가장자리에는 오케아노스가 흐르고 있다.

방패 장식이 보여주는바 자연과 인간 삶의 완벽한 조화는 호메로스의 현실 이해 곳곳에 드러난다. 한결같은 거대 흐름이 활동 전체를 하나로 묶어낸다. 시인이 노래한 인간 삶이 번다한 수고로 채워지지 않은 날이 없다. 태양은 인간 수고를 비추며 뜨고 진다. 하루의 노동과 투쟁이 끝나면 피곤이 몰려와 밤이면 사지를 풀어놓는 잠이 인간을 감싼다. 호메로스는 자연주의자도 도덕주의자도 아니다. 그는 삶의 혼돈된 경험에 휩쓸리지 않고 이에 맞서 확고한 발판을 딛고 있고, 밖으로 물러나 이를 관조적으로 바라보지도 않는다. 도덕적 힘은 그에게 자연의 힘만큼이나 현실적이다. 그는 예리하게 객관적으로 인간 격정을 바라본다. 그는 격정의 끔찍한 위력이 인간을 압도하며 휩쓸어버릴 수 있음을 알고 있다. 격정의 급류는 때로 강둑을 넘어 범람하지만, 언젠가 반드시 다시 굳건한 장벽에 가로막히게 된다. 이런 마지막 도덕적 장벽은 호메로스를 포함한 모든 희랍인에게 구속력을 갖는 존재의 법칙이며 단순히 의무에 따른 규범이 아니다. 이런 확장된 현실주의를―다른 모든 단순한 현실주의는 이에 비하자면 매우 빈약해 보일 뿐이다―통해 세계를 이해하는 호메로스 서사시는 무한한 영향력을 획득한다.

소재를 보편과 필연으로 심화하는 것은 호메로스의 동기화 작시법과 연관되어 있다. 그는 단순히 전승된 것들을 수동적으로 수용하거나 사실관계를 단순히 보고하는 데 그치지 않고, 단계적으로 사건을 오로지 내적 필연성에 따라 발전시켜 원인과 결과의 확고한 연관성을 찾아낸다. 첫 번째 시행부터 두 서사시는 치밀한 연관성 속에 극적 서술을 펼쳐 보인다. "무사 여신이여, 아킬레우스의 분노와 그가 아트레우스의 아들 아가멤논과 다툰 일을 노래하소서. 어느 신이 그들을 서로 싸우게 했습니까?" 이런 물음은 정확히 화살의 과녁에 명중한다. 아폴론의 분노에 관한 설명이 이어지는 가운데 설명은 역병이 발생한 원인과 관련하여 본질적인 것에 국한된다. 이런 서사시의 시작은 마치 투퀴디데스 역사책에서 펠로폰네소스 전쟁의 원인 설명처럼 기술되어 있다. 사건이 느슨한 시간적 연관에 따라 펼쳐지는 것이 아니다. 모든 곳에서 사건은 충족 이유율의 원리를 따르며 모든 사건은 심리학적으로 정확하게 동기화되어 있다.

하지만 호메로스는 모든 것을 오로지 내적으로, 인간정신의 체험 혹은 현상으로 설명하는 현대 작가는 아니다. 그의 체험세계에 신적 개입 없이 어떤 사건도 일어나지 않으며 그것은 서사시에서도 마찬가지다. 이야기를 전하는 시인으로서 불가피하게 전지적 작가를 맡은 호메로스는, 주인공의 마음속에 들어간 것처럼 주인공의 아주 내밀한 속마음을 이야기하는 오늘날의 작가들과 달리, 전반적으로 인간과 신들의 연관을 주목한다. 단순한 문학적 서술 형식이냐 아니면 실재의 표현이냐, 그 한계를 정확히 나누는 것은 결코 쉬운 일이 아니다. 하지만 신적 개입을 전적으로 단순한 서사시의 작시법이라고만 설명한다면 그것은 잘못된 설명이다. 시인은 단순히 의식된 예술적 환상의 세계를, 그 이면에는 개화된 경박함과 소시민적 평범한 일상이 존재하는 적나라한 세계를 사는 것이 아니다. 호메로스의 서사시에서 신들의 개입 방식 가운데 어떤 정신적 발전이 또렷하게 확인된다. 분명 오래된 서사시 문체의 개별적·외적 간섭에서 지속적·내면적 통제로 발전하는 모습이 보인다. 후자의 예로 아테네 여신은 오뒷세우스를 늘 새로운 계시를 통해 이끈다.

고대 오리엔트의 종교적·정치적 표상에서도 신들은 늘 행위자였으며 그것은 문학에서만이 아니었다. 인간들이 수행하고 당하는 일을 모두 실제로 행하고 연출하는 존재는 신들이었다. 페르시아와 바뷜론과 아쉬리아 왕들의 문서에 그렇게, 유대인들의 예언서와 역사서에도 그렇게 기록되어 있다. 늘 신들의 관심이 핵심이었고 신들은 때로 이쪽을, 때로 저쪽을 편들었고, 그때마다 신들은 호의를 베풀거나 우월함을 드러내고자 했다. 모든 사람은 자신이 겪는 좋은 일이든 나쁜 일이든 모든 것을 신의(神意)로 돌렸고 모든 영감이나 성공은 신의 작품이었다. 『일리아스』에서도 신들은 두 진영으로 나뉘어 있었는데 이것이 상고기 사고방식이며 후대의 성향은 이와 달랐다. 예를 들어 신들마저 갈라놓은 일리온 전쟁의 불화를 넘어, 신들 상호 간의 충성, 큰 범위에서 통일된 신들의 통치, 굳건한 신들의 왕국 등을 드러내는 시인의 노고가 후대의 성향이었다. 모든 사건의 궁극 원인은 제우스의 뜻이다. 아킬레우스 비극에서도 호메로스는 제우스의 궁극 의지가 관철되고 있음을 보았다. 점진적으로 신들은 행위 동기로 연결된다. 이것은 동일 사건의 자연적·심리학적 설명과 모순되지 않는다. 동일 사건의 심리학적 설명이나 형이상학적 설명은 서로를 배제하지 않는다. 호메로스적 사유에 따르면 이런 설명의 병립은 오히려 자연스러운 것이다.

이를 통해 서사시는 서사시 고유의 이중성을 얻게 된다. 청중은 모든 행위를 인간적 관점과 신적 관점에서 동시에 고찰해야 한다. 극이 펼쳐지는 무대는 일반적으로 중층적인바 우리는 늘 동일 사건을 인간행위와 의지의 과정이자 동시에 좀 더 높은 의지와 세계지배의 과정으로 보게 된다. 따라서 필연적으로 인간한계와 단견에 갇혀 있는 인간행위가 미지의 초인간적 의지에 종속되어야 함은 자명하다. 행위의 인간에게 이런 세계구조는 시인이 보는 만큼 드러나지는 않는다. 호메로스 문학의 세계이해가 얼마나 독특한 것인지를 알기 위해서라면, 독일어 내지 라티움어계의 언어로 기록된 중세 기독교 신화를 생각해보는 것으로 충분하다. 이들 신화는 신들을 행위주체로 보지 못했고, 따라서 모든 사건은 다만 사건의 주관적 측면에서, 그러니까 단순 인간행위로 이해되었다. 반면 인간행위와 경험에 신들을 엮어 넣음으로써 희랍시인은 인간행위와 운명을 언제나 절대적 의미에서 파악했고 인간행위를 보편적 세계질서에 편입하여 종교적·도덕적 최고 규범에 따라 평가했다. 희랍서사시는 세계관에서 중세 서사시보다 객관적이며 심오한 깊이가 있다. 단테만이 깊이에서 희랍서사시와 견줄 만한 자리에 있다. 이렇게 희랍서사시에 이미 희랍철학의 씨앗들이 담겨 있다. 오리엔트의 신 중심 세계관과 역사관에서 신만이 행위하고 인간은 다만 객체에 지나지 않은 데 반해, 희랍의 사유방식은 인간 중심적 성격이 매우 뚜렷하다. 매우 단호한 태도로 호메로스는 인간과 운명을 관심의 전면에 내세웠고 최고의 보편이념과 삶의 문제라는 관점에서 인간을 바라보았다.

희랍서사시의 이런 정신적 특징은 『일리아스』보다 『오뒷세이아』에서 훨씬 강하게 드러난다. 『오뒷세이아』는 사유가 이미 상당히 합리화·체계화된 시대의 산물이다. 최소한 현재 남은 『오뒷세이아』는 이런 시대에 완결된 것이 분명하며 이런 시대의 흔적을 담고 있다. 두 민족이 서로 전쟁을 벌이고 희생물과 기도로써 신들의 도움을 요청할 때 신들은 언제나 매우 난처한 상황에 빠진다. 특히 신적 힘이 무한하고 신적 정의가 불편부당하게 행사된다고 생각하는 입장에서는 더욱 그러하다. 그래서 『일리아스』의 상당히 발전된 종교적·윤리적 사유는 근원적으로 파편적이거나 공간적으로 제한된 대부분 신들에게 통일적이며 일관된 세계지배를 요구하는 문제로 갈등하는 모습을 보여준다. 희랍신들의 친근한 인간적 면모는, 신들과 같은 혈통을 가졌다고 자부하는 귀족들로 하여금 신들의 삶과 욕망을 땅에서 펼쳐지는 귀족들의 감각적 삶과 크게 다르지 않고 솔직하게 그리도록 만들었다. 추상성과 숭고함을 추구하는 후대의 철학자들에게 불쾌감을 준 이런 『일리아스』의 그림은 후대 희랍예술과 철학의 가장 숭고한 신적 이념을 제공한 신들의 표상, 특히 세계를 다스리는 최고 지배자의 표상이 귀속되는 종교적 감정과 대립한다. 『오뒷세이아』에서 비로소 우리는 신들의 세계지배에 관철되는 심오한 인과와 섭리를 발견한다.

　『오뒷세이아』 제1권과 제5권에 묘사된 신들의 회의 장면은 『일리아스』를 그대로 모방한 것이지만, 『일리아스』가 그려낸 시끌벅적한 올림포스 장면과 『오뒷세이아』가 그려낸 범접할 수 없는 신묘한 주인공들의 위엄에 가득한 회의는 분명한 차이를 드러낸다. 『일리아스』의 신들 사이에서는 드잡이가 벌어질 뻔했는데 제우스는 폭력적 위협으로 최고 권력을 관철했고 인간적인 너무도 인간적인 수단들이 신들 사이에 서로를 속이거나 상대편을 제압하기 위해 사용되었다. 『오뒷세이아』의 시작에서 신들의 회의를 주재하는 제우스는 도덕적으로 정화된 세계양심을 나타낸다. 제우스가 당면한 운명 문제를 논의하는 것으로 회의 장면이 시작된다. 그는 인간 고통을 매우 일반적으로 파악하여 운명과 과오의 끊을 수 없는 연관성을 언급한다. 이런 변신론은 작품 전체를 관통한다. 최고신은 시인이 보기에 인간의 모든 사고와 노력을 넘어서는 전능한 힘이다. 신의 본질은 정신과 사유이며 인간의 단견적 욕망은 인간 과오의 원인으로 인간을 미망의 올가미에 가두어놓는다. 시인은 오뒷세우스의 고통, 죽음으로 갚아야 할 청혼자들의 오만함을 이런 윤리적·종교적 시각에서 이해한다. 이렇게 첨예하게 제기된 문제의식은 사건의 처음부터 끝까지 강한 일관성을 유지한다.

궁극적으로 모든 것을 바로잡고 행복하게 마무리하는 세계지배의 신적 의지는 사건의 전환점에서 일관성을 분명하게 드러내는 것이 이 이야기의 본질에 속한다. 시인 자신이 자신의 종교관에 비추어 모든 사건을 정리한 것인바 모든 인물은 확고부동한 위치를 획득한다. 아마도 이런 엄격한 도덕적 구성은 오뒷세우스 서사시를 만들어가는 시적 가공의 마지막 단계에서 이루어진 작업으로 보인다. 하지만 아직 해결되지 않은 문제로 좀 더 분석이 필요한 것은 초기 단계에서 소재를 도덕적으로 가공하는 과정을 가능한 한에서 정신사적으로 이해하는 일이다. 『오뒷세이아』의 최종 형태에 관류하는 커다란 도덕적·종교적 이념들과 함께 다양하고 흥미진진한 정신적 경향들이 나타난다. 예를 들어 동화(童話), 기담(奇談), 전원(田園), 영웅, 모험 등이다. 하지만 이런 작은 것들에서 『오뒷세이아』의 문학적 효과가 모두 드러나는 것은 아니다. 『오뒷세이아』의 가장 큰 장점이라고 내내 간주되던 시적 구성의 통일성과 경제성은 다시 그 안에 펼쳐진 윤리적·종교적 문제의식이라는 커다란 중심 본류에 기인한 것이다.

이로써 우리는 깊고 풍부한 모습 가운데 겨우 한 측면만을 고찰했을 뿐이다. 호메로스는 인간운명을 세계사의 큰 틀 안에, 확고한 세계상 안에 위치시켰던 것처럼 인물들 전체를 언제나 그들의 주변 세계 속에 귀속시켰다. 호메로스가 인간을 그 자체로 추상적으로, 오로지 내면적으로만 보여주는 경우는 없었고 모든 것은 구체적 실존의 완성된 그림에 귀속되었다. 호메로스의 주인공들은 단순히 그때그때의 극적 상황을 표현하기 위해 깨어나 엄청난 인상을 보여주거나 아니면 동작을 취하고는 이내 다시 굳어버리는 그런 존재들이 아니다. 호메로스의 인간들은 우리가 눈으로 볼 수 있고 손으로 잡을 수 있다고 믿을 만큼 현실적이다. 호메로스의 인간들은 행동과 사유에서 서로 긴밀하게 연결되어 있고 그들의 실존은 외부세계와 밀접하게 연관되어 있다. 페넬로페의 예를 들어보자. 페넬로페라는 인물에게 좀 더 시적인 강렬함, 한층 고양된 동작 표현을 요구할지도 모른다. 하지만 이런 과도함은 청중에게나 인물에게 본성적으로 지속하기 어려운 것이다. 호메로스의 인물들은 늘 자연스러운 모습을 유지하고 매 순간 자신과 자신의 본질을 온전히 표현한다. 그들은 어떤 것과도 비교할 수 없는 일정 수준의 일관성, 다방면의 관계성을 보여준다. 페넬로페는 한 집안의 안주인이며, 청혼자들에게 시달리고 있는 실종된 사내의 버려진 아내이며, 충실한 하녀들은 물론 불충한 종들의 주인이며, 바르게 자란 외아들의 어머니다. 거기에 변함없는 신뢰를 보여주는 용감한 늙은 돼지치기가 있고 또 시내에서 멀리 작은, 아니 곤궁한 농장에 머무르는 오뒷세우스의 늙고 쇠약한 아버지가 있다. 친정아버지는 멀리 살고 있고 그녀를 도울 수 없다. 이 모두는 단순하면서도 필연적이다. 이런 다층적 관계 속에서 인물의 내적 논리는 차분하고 입체적 효과를 만들어낸다. 호메로스의 주인공들이 보여준 입체성의 비밀은, 주인공들이 수학적 직관성과 선명성을 드러내는 생활공간의 확고한 조화체계 속에서 배치되었다는 것이다.

마지막으로 덧붙이자면, 하나의 독립된 완벽한 세계, 순간적 변화와 운명적 사건 가운데 영속과 질서의 요소가 균형을 유지하는 세계를 서사시의 세계로 그려낸 호메로스 서사시의 의지와 욕구는 두말할 것도 없이 희랍정신의 형상 지향적 태도에 기인한다. 이어지는 역사 속에서 확연히 표출되는 희랍문화의 모든 특징적 의지와 경향이 이미 호메로스에서 분명히 확인된다는 것은 오늘날의 관찰자가 보기에 가히 불가사의한 일이다. 당연히 이런 연속성은 서사시들만을 고립적으로 고찰한다면 미약하며 두드러지지 않는다. 호메로스와 후대의 희랍시인들을 비교 고찰할 때 비로소 연속성이 드러난다. 연속성의 좀 더 깊은 근거는 민족과 혈통의 숨겨진 본성에서 찾을 수 있다. 우리는 이에 대해 이질성과 동질성을 동시에 느낀다. 우리가 희랍세계를 만날 때의 진정한 소득은 동질성 가운데 이런 필연적 이질성을 알게 된다는 것이다. 우리는 느낌과 직관으로만 겨우 이해할 수 있는 그들 민족과 혈통의 특징, 정신의 수많은 역사적 변화와 숙명을 거치면서도 특이할 정도로 변하지 않은 그들 민족의 근본 성격을 보면서, 우리는 측량 불가능한 역사적 영향, 호메로스의 완성된 인간세계가 이후 모든 민족발전에 끼쳤을 분명한 영향을 망각해서는 안 된다. 호메로스를 통해, 유일무이한 범희랍적 공동자산을 통해 희랍은 통일된 민족의식에 이르렀다. 호메로스는 후대의 모든 교육에 지워지지 않는 흔적을 남겼다.

헤시오도스와 농촌사회

희랍인들은 호메로스 다음 가는 위대한 희랍시인으로 보이오티아 사람 헤시오도스를 꼽았다. 귀족사회, 귀족문화와 매우 다른 사회공간이 헤시오도스에 나타난다. 전해진 헤시오도스의 두 작품 가운데 지역색을 좀 더 갖춘 나중 작품인 『일들과 날들』은 우리에게 8세기 말 희랍본토의 농촌사회를 생생하게 보여주는바 이오니아의 호메로스에서 발견되는 상고기 희랍민족의 사회상을 보충해주는 중요 작품이다. 나아가 이는 희랍교육의 발전상을 파악하는 데 특별히 중요한 작품이다. 모든 교육은 귀족적 인간형의 형성에서 출발하며, 다시 후자는 영웅과 군주의 자질을 양육하려는 의식적 행동에서 시작된다는 기초적 사실관계를 분명히 보여주는 것은 호메로스고, 교육문화의 두 번째 근원으로 노동의 가치를 천명한 것은 헤시오도스다. 후대 사람들이 헤시오도스의 농업 교과서에 붙인 제목 『일들과 날들』은 이를 완벽하게 보여준다. 전장에서 적들과 싸우는 귀족영웅의 투쟁뿐만 아니라, 척박한 대지와 환경 속에서 노동하는 인간의 조용하면서도 끈질긴 투쟁 역시 영웅적 면모를 보이고 인간교육을 위해 영원한 가치를 지닌다. 따라서 노동에 높은 가치를 부여하는 문명의 탄생지로 희랍을 꼽는 것도 이유가 없지 않은 일이다. 호메로스에서 생활고를 모르는 지배계급의 삶이 착각을 불러일으킬 수도 있지만 분명 희랍도 거주자들에게 예전부터 노동을 요구했다. 헤로도토스는 이들을 다른 풍요로운 땅과 부유한 주민들과 비교했다.[1] "희랍은 원래 가난한 나라였고, 용기를 갖게 된 것은 지혜와 엄격한 법 덕분이다. 용기 덕분에 가난과 독재를 물리쳤다." 수많은 산과 깊고 좁은 계곡으로 가득한 희랍 땅에는 북유럽과 같이 넓게 펼쳐진 경작지가 거의 없다시피 했고 희랍인들은 계속해서 대지와 씨름하지 않을 수 없었고, 대지는 그들에게 마지막 안간힘까지 쥐어짜게 했다. 목축과 농업은 늘 희랍인들에게 가장 중요하고 전형적인 인간적 경제활동으로 여겨졌다. 해양활동의 우위는 오로지 해안지방만의 일이며 그것도 후대다. 좀 더 이른 시기에는 전반적으로 농업활동이 지배적이었다.

희랍본토의 농촌생활만을 헤시오도스가 우리에게 제시한 것은 아니다. 우리는 헤시오도스에서 귀족문화와 그 정신적 성장, 호메로스 서사시 등이 희랍민족의 기층민중에게 끼친 영향을 확인할 수 있다. 희랍교육의 발전과정은 지배계급이 발전시킨 교양과 정신 태도가 나머지 계급들에게로 전파되는 것뿐 아니라, 각 계급 나름의 기여가 보태어짐으로써 완수된다. 지배계급의 고급문화를 접촉하면서 아둔하고 거친 농촌생활은 매우 생명력 넘치는 문화로 깨어난다. 당시 귀족적 생활 내용의 전달자는 호메로스 서사시를 공연하던 소리꾼들이었다. 『신들의 계보』 서문의 유명한 시구에서 헤시오도스는 자신이 시인이 된 경위를 말하고 있다. 그는 단순한 목

---

1) 헤로도토스 『역사』 제7권 102(천병희 역, 인용자 수정).

동으로 헬레콘 산자락에서 가축을 먹이고 있었는데, 어느 날 그곳에서 무사 여신들의 부름을 받아 소리꾼의 막대기를 얻게 되었다고 한다. 아스크라의 신참 소리꾼은 시골 마을의 청중들에게 호메로스 서사시의 아름다운 광채만을 전달한 것이 아니다. 그의 사유는 소박한 농촌 삶이 영위되는 풍요로운 대지에 깊이 뿌리내렸고, 단순한 호메로스 소리꾼을 넘어 개인 경험을 토대로 독자적 창작 역량을 갖추게 되었고, 그때 무사 여신들은 그에게 농촌생활에서 그가 발견한 진정한 가치를 노래하도록, 그리고 이것을 희랍민족 전체의 정신적 자산으로 만들도록 허락했다.

우리는 헤시오도스의 묘사를 통해 당시 내륙지방의 상황을 분명히 알 수 있다. 희랍민족의 복잡 다양성을 고려할 때 보이오티아를 단순하게 일반화해서는 안 되겠지만, 그럼에도 상당 정도 보이오티아 상황은 희랍적 전형성을 보인다. 권력과 교육의 주체는 귀족지주였지만, 농부들도 주목할 만한 정신적·법적 주체성을 확보하고 있었다. 농노에 대해 전하는 바는 없고 또한 자력으로 살아가는 자영농부와 목부가 민족이동 시대에 정복당한 피정복민의 후예라는—가령 라코니아 지방의 경우처럼—것을 암시할 어떤 것도 존재하지 않는다. 이들은 매일 시장과 시민집회(λέσχη)에 모여 공적·사적 문제를 논의했다. 동료 시민의 태도를 가차 없이 비판했고 심지어 명문귀족도 마찬가지였다. "평판(φήμη)"은 평범한 인물의 명망과 출세에 결정적 역할을 했다. 위신과 존경은 대중 속에서만 가능했다.

헤시오도스가 교훈시를 짓게 된 외적 동기는 탐욕스럽고 싸움을 좋아하며 노동을 싫어하는 형 페르세스와의 법적 분쟁이었다. 형은 부친의 유산을 탕진했고 이제 다시 한 번 유산을 요구하는 소송을 제기했다. 형은 재판관에게 뇌물을 먹여 승소한 적이 이미 한 차례 있었다. 소송을 통해 드러난 정의와 권력의 갈등은 사실 시인 개인의 문제로 끝나지 않는다. 시인은 동시에 농부들의 지배적 의견을 전달하는 전달자 역할을 맡는다. 그럼에도 시인이 "뇌물을 먹는" 통치자에게 탐욕과 무도한 권력남용을 비난할 때 그 대담함은 가히 놀라울 정도다. 헤시오도스가 묘사한 귀족통치는 호메로스에 등장하는 가부장적 귀족통치의 이상형과 전혀 딴판이다. 물론 무도한 권력과 이로부터 생겨난 불만은 전에도 있었지만, 헤시오도스가 보기에 영웅세대는 좀 더 나은 시대였으며 철의 세대에 속하는 현재와 다른 시대였다. 철의 시대를 그는 『일들과 날들』에서 어둡고 암울하게 그렸다. 점차 비관적으로 변하는 노동자들의 생활감정을 헤시오도스의 다섯 세대 신화보다 탁월하게 보여준 것은 없다. 크로노스가 다스리던 황금세대에서 시작하여 점차 타락하는 방향으로 발전하여 마침내 정의와 도덕과 인간 행복이 바닥에 떨어지는 냉혹한 현재에 이른다. '염치(aidos)'와 '응보(nemesis)'는 얼굴을 가린 채 대지를 떠나 올림포스 신들에게로 돌아갔다. 이제 인간들에게 남은 것은 오로지 끊임없는 고통과 갈등뿐이다.

이런 생활환경에서 귀족적 삶의 유복한 환경에서와 같은 인간교육의 순수 이념이 탄생할 리 없다. 중요한 것은 인구 중 얼마가 지배계급의 정신적 자산에 참여하여 귀족문화를 전체 민족의 교육형식으로 받아들였느냐의 문제다. 결정적인 것은 농촌이 아직 도시에 의해 도태되거나 파산되지 않았다는 사실이다. 상고기 귀족문화는 대부분 농촌 중심적이며 지역적이었다. 농촌은 아직 지적 후진성을 나타내지도 않았고 도시적 기준에 따라 평가되지도 않았다. '농부'가 아직은 '교양 없는'을 나타내는 단어가 아니었다. 고대세계의 도시 자체도 특히 희랍본토에서는 대부분 농촌도시였으며 대부분 농촌도시를 유지하고 있었다. 어디에서나 토지 기반의 도덕, 자연 그대로의 사유, 경건한 믿음은 대지가 매번 새로운 수확을 대지 깊숙한 곳에서 내준다고 믿었다. 모든 고유한 것과 원형적인 것을 잔인하게 없애고

무가치하게 만드는 도시문명과 그런 사유 틀은 아직 없었다.

　모든 높은 정신적 삶이 농촌 지배계층에서 등장하는 것은 자연스러운 일이다. 귀족 거처에서 떠돌이 소리꾼이 『일리아스』와 『오뒷세이아』에서 보는 것처럼 호메로스 서사시를 노래 불렀다. 농촌사회에서 성장하여 농부로 일하던 헤시오도스도 벌써 호메로스를 배우며 성장했고 직업 소리꾼으로서 호메로스를 처음 접한 것은 아니었다. 헤시오도스는 먼저 동일 사회 신분의 인간들에게 노래했고 청중이 그가 사용하는 호메로스 서사시의 예술언어를 이해한다고 생각할 수 있었다. 이런 사회계층이 호메로스 서사시를 접함으로써 갖게 되는 정신적 과정을 선명하게 보여주는 것은 헤시오도스 서사시의 구조 자체다. 그의 서사시에 시인의 내적 교육과정이 반영되어 있기 때문이다. 헤시오도스의 시적 형상화 모두가 그의 머리에 박힌 호메로스 형식을 수용한 것임은 얼마나 자명한 일인가! 모든 시행과 시련, 단어와 합성어에 호메로스에게 빌린 것들이 섞여 들어갔다. 서사시적 별칭 사용 또한 헤시오도스의 언어가 호메로스에게서 빌려온 이상적 문학도구에 속한다. 이로써 새로운 서사시에 내용과 형식의 놀라운 모순이 발생한다. 하지만 분명 토지에 매인 절제된 농부와 목부의 삶은 그들에게 낯선 교육세계에서 가져온 외적·비민중적 요소들을 요구했다. 그들의 낯선 감정, 그들의 모호한 바람과 희망에 의식적 선명성과 도덕적 확신을 부여하기 위해 그럴 필요가 있었던 것이며, 호메로스의 언어가 없었다면 그들은 자신을 표현하지 못했을지도 모른다. 호메로스 문학을 배웠다는 것의 의미는 헤시오도스 세계의 인간이 형식적 표현수단을 획득했다는 데 그치지 않는다. 이런 배움은 낯선 영웅적·격정적 정신과 함께, 숭고한 인간 삶의 문제를 파악하는 호메로스적 선명성과 예리함을 교육했고, 힘겨운 삶의 우울한 곤궁을 정신적으로 벗어나 사유의 자유로운 공기를 호흡할 기회를 제공했다.

헤시오도스의 시는 호메로스 이외에 당시 보이오티아 농부들 사이에 널리 퍼진 정신적 자산으로 무엇이 있었는지를 상당히 분명하게 보여준다. 커다란 신화 집적물로서 『신들의 계보』에서 우리는 호메로스에서 유래하는 것 이외에 이 책에만 나타나는 아주 오랜 전통을 발견할 수 있다. 그것이 이미 문학으로 정착된 것인지 아니면 단지 구전으로 전해지던 것인지를 구분할 수 없다. 분명한 것은 『일들과 날들』이 현실적 농촌생활과 시인의 삶에 좀 더 근접해 있던 반면, 『신들의 계보』는 헤시오도스의 체계적 사고가 두드러진다는 것이다. 그런데 여기서 헤시오도스는 갑자기 사상 전개를 중단하고 길게 신화를 이야기한다. 분명 청중에게 즐거움을 주기 위한 것이다. 민중에게 무한한 인기를 누리는 대상인 신화는 끝없이 이야기와 생각을 자극하며 또한 인간들의 철학 전체를 품고 있다. 신화 소재의 무의식적 선택에서 이미 농부들 고유의 정신적 성향이 드러난다. 농부라는 인간계급의 염세적이고 현실적인 인생관을 표현하는 신화들 혹은 그들을 억누르는 사회적 곤궁의 원인을 다루는 신화들이 그들에게 특히 사랑받았다. 인간 삶이 겪는 모든 수고와 노동의 원인을 캐는 물음에 답하는 프로메테우스 신화, 현실세계와 영광스러운 호메로스 세계의 현격한 차이를 설명하고 좀 더 나은 삶을 향한 인간의 영원한 그리움을 반영하는 다섯 세대 신화, 여성을 모든 악의 원흉으로 보는 냉정하면서도 가혹한 (귀족사고에는 낯선) 평가를 읽어낼 수 있는 판도라 신화 등이 그것들이다. 이런 신화이야기들을 농촌사람들이 쉽게 접할 수 있게 만든 것은 헤시오도스가 처음은 아니었다고 가정할 수 있다. 하지만 헤시오도스가 그의 작품 속에 남겨놓은 것과 같이 신화들을 대단히 결정적으로 커다란 사회정치적 문맥에서 읽어낸 첫 번째 사람임은 분명하다. 예를 들어 그가 프로메테우스 신화 혹은 판도라 신화를 수용한 방식을 보면, 그는 이미 이런 신화를 청중들이 벌써 알고 있음을 분명히 전제한다. 이런 종교적이고 윤리사회적 신화 전승과 비교했을 때, 호메로스 서사시를 지배하는 영웅 이야기에 헤시오도스 주변 세계는 크게 관심을 보이지 않았다. 신화는 인간존재에 대한 원초적 인간태도를 표현하며, 따라서 각 계급은 나름대로 다른 신화자산을 품게 된다.

한편 민중은 이름도 남기지 않은 여러 세대의 경험으로 축적된, 상상 이상으로 오래된 실천적 지혜를 계속해서 지켜간다. 그것의 한 부분은 직업적 조언과 지식이고, 다른 부분은 윤리적·사회적 규범이다. 이것들은 짤막한 몇 마디 단어로 함축적으로 표현되어 사람들의 뇌리 속에 쉽게 각인된다. 헤시오도스는 엄청난 양의 이런 값진 자산을 『일들과 날들』을 통해 전승시켰다. 이런 자산을 담은 『일들과 날들』 뒷부분은—『일들과 날들』 앞부분에서 논의된 웅장한 사상은 개인적으로나 정신사적으로 매우 흥미로운 부분이다—간결한 (때로 본래 모습의) 언어로 적혀 있으며 작품 전체 중에서 시적으로 가장 성공적인 부분에 속한다. 이런 뒷부분은 농촌사회의 전통을 온전히 담고 있다. 살림과 가정을 꾸리는 오랜 규범, 계절별로 달라지는 농사법, 날씨 예측, 의복을 적절하게 갈아입는 규정, 항행 방법 등이 등장한다. 이런 모든 것의 앞뒤에는 핵심적 도덕규범, 명령과 금지가 서언과 종언으로 덧붙여져 있다. 여기서 헤시오도스가 다룬 농촌사회의 다양한 교육요소들을 밝혀내는 것이 우선적 목표였음에도 헤시오도스의 작품을 먼저 언급하고 말았다. 사실 이런 교육요소들은 『일들과 날들』의 뒷부분에 그대로 노출되어 있다. 내용과 형식, 배열 순서에서 우리는 이런 요소들이 민중적 전통자산임을 쉽게 알 수 있다. 이것은 귀족교육의 완벽한 대립 쌍이다. 민중의 교육과 생활지혜는 귀족이상이 요구하는바 인간 총체성에 따른 균형 잡힌 인간교육, 육체와 정신의 조화, 투쟁과 연설, 음악과 행동 등 다방면의 탁월함을 전혀 알지 못했다. 대신 민중에게는 지난 수백 년 이래로 전혀 변화하지 않고 그대로 유지되는 물질적 생활내용, 농부의 일상적 노동과 관련된 특유의 도덕이 근원적 힘을 유지하고 있다. 전체는 숭고한 이상적 목표는 없이 좀 더 현실적이고 토지 밀착적이었다.

여기에 헤시오도스가 최초로 이상(理想)을 덧붙인다. 이상은 모든 교육요소가 응집되는 결정체였고 모든 교육요소의 서사시적 형상화를 가능케 했다. 헤시오도스는 형의 도발과 귀족 재판관의 뇌물수수에 맞서 그의 권리를 지키려는 투쟁에서 그의 가장 개인적인 작품인『일들과 날들』을 낳은 열정적 권리신념을 가지게 되었다. 대단히 새로운 것은 여기서 헤시오도스 개인이 화자로 등장한다는 점이다. 그는 서사시의 전통적 객관성을 포기하고 직접 불의의 저주와 정의의 축복을 가르치는 설교자가 된다. 이런 대담한 발언 방식을 위해 그는 법정 투쟁에 나선 형 페르세스를 직접 언급한다. 그는 페르세스에게 말을 걸고 그에게 경고한다. 그는 형에게 계속해서 새로운 방식으로, 지상의 재판관은 정의를 훼손하지만 제우스는 정의를 보호한다고, 불의한 재산은 번영할 수 없다고 설득한다. 그는 또한 재판관들에게도, 강력한 통치자들에게도 매와 밤꾀꼬리 이야기 등 여러 가지 이야기를 들려준다. 우리에게 재판과정은 생생하게 다가오기 때문에, 재판관의 마지막 판결 직전에 이르러 마치 헤시오도스가 재판 중에 이야기하는 것이 아닌가,『일들과 날들』이 즉흥시이고 바로 그 순간에 노래된 것이 아닌가 하는 착각이 일어날 정도다. 오늘날의 많은 연구자들도 이것을 마치 사실처럼 받아들인다. 재판결과 언급을 어디에서도 찾아볼 수 없는 점도 이것과 일맥상통하는 것처럼 보인다. 사람들은 흔히, 만약 판결이 이미 내려졌다면 어떻게 시인이 이것을 그냥 불분명하게 놓아두었겠느냐고 생각한다. 그래서 사람들은 『일들과 날들』에서 소송의 실재성을 증명할 증거물을 찾곤 한다. 심지어 사람들은 찾을 수 있을 것이라 믿는 상황 변화들을 추적하여, 고대의 느슨한 작시법 때문에 우리로서는 전체적 파악이 불가능한 작품을 두고 이를 시간적 순서에 따라 나누어 "페르세스에게 주는 훈계"를 분리해내기까지 한다. 이렇게 사람들은 호메로스 문헌학에서 찾아낸 라흐만의 문학 이론을 헤시오도스의 교훈시에 덮어씌운다.[2] 하지만 작품의 현실성에 대해 이런 해석을 바탕으로 다른 부분들을 통일적으로 해석하기는 불가능하다. 다른 부분들은 순수 교훈시적 성격을 가지며 법정 투쟁과 무관하기 때문인데, 이 부분들도 앞서와 마찬가지로 페르세스를 불러 그에게 농사 일정과 항해 일정, 그리고 이와 관련된 두 개의 격언 모음 등을 가르치고 있다. 앞부분에서 언급된 정의와 불의에 대한 매우 일반적인 종교적·도덕적 가르침은 실제 재판과정과 무슨 연관성을 갖는단 말인가? 따라서 다음의 견해만이 유익하다. 헤시오도스의 일생에 커다란 영향을 미친 재판이 분명 한 번은 있었고, 이런 구체적 재판 사례는 그의 주장에 현실성을 부여하는 재판이라는 문학적 틀을 그의 작품에 제공했다. 만약 이런 틀이 없었다면 일인칭 화자의 형식은 불가능했을 것이고 앞부분의 극적 효과도 불가능했을 것이다. 이런 내적 긴장 속에서 시인이 권리를 위한 투쟁을 실제로 경험했기 때문에 이런 틀이 생겨난 것이다. 재판의 결과가 언급되지 않은 이유는 그런 사실성이 교훈시가 지향하는 목표와 무관하기 때문이다.

---

2) 작품의 통일적 이해와 그 형식의 이해를 위해 중요한 착안점은 P. Friedländer, *Hermes*, 48, 558이다. 동일 저자의 계속된 논문들(*Gött. Gel. Anz.* 1931)은 이 부분 저술이 마무리된 이후에 출판되었다.

호메로스가 투쟁하며 고통받는 영웅들의 운명을 신들과 인간들이 펼치는 한 편의 극으로 묘사한 것처럼, 헤시오도스는 권리투쟁이라는 평범한 시민적 사건을 천상의 힘과 지상의 힘이 권리쟁취를 위해 펼치는 투쟁으로 보았다. 이를 통해 그는 그 자체로는 무의미한 실제 생활경험에 서사시적 숭고와 위엄과 지위를 부여했다. 물론 헤시오도스는 호메로스와 달리 청중을 천상으로 데려갈 수 없었는데, 제우스의 결정을 필멸의 인간은 알 수 없었기 때문이다. 그는 제우스를 청하여 권리를 지켜달라고 간곡히 기도할 수밖에 없다. 그래서 그의 작품은 찬가와 기도로 시작한다. 강한 것들을 낮추고 약한 것들을 높이는 제우스는 재판관의 판결이 올바르게 집행되도록 만든다. 시인은 지상에서 이런 집행의 역할을 맡는다. 그는 잘못된 길에 빠진 형 페르세스에게 진실을 말하고 그를 불의와 갈등이라는 패망의 길에서 끌어낸다. 인간들은 원하지 않더라도 여신 에리스에게 공물을 바쳐야 한다. 악한 에리스(불화의 여신) 외에도 선한 에리스(경쟁의 여신)가 존재한다. 선한 에리스는 인간들의 갈등이 아니라 경쟁을 일깨운다. 제우스는 여신에게 지상의 뿌리 근처에 거처를 마련해주었다. 여신은 아무것도 하지 않고 나태하게 뒹구는 인간에게 일의 열정을, 열심히 노력하고 무언가를 성취하고 성공하는 이웃을 보는 인간에게 경쟁심을 불러일으킨다. 시인은 페르세스에게 악한 에리스를 멀리하도록 경고한다. 곳간을 가득 채우고 먹고사는 데 걱정이 없는 사람만이 한가롭게 소송을 즐기는 법이며, 그런 사람만이 남들의 재산을 노리며 장터에서 시간을 탕진하는 법이다. 헤시오도스는 형에게 권고하는바 이런 길을 두 번 다시 걷지 말며 소송 없이 문제를 해결하자고 말한다. 그들은 이미 오래전에 부친의 유산을 나누었고 페르세스는 더 많은 것을 낚아채 갔다. 재판관들에게 뇌물을 주고 자기편으로 끌어들였기 때문이다. "어리석도다! 그들은 절반이 전체보다 얼마나 더 많은지, 대지가 인간을 위해 키워내는 흔한 채소들에, 아욱과 둥굴레 속에 얼마나 큰 이익이 들어 있는지 모르고 있다." 그렇게 시인은 계속해서 구체성에서 보편성으로 형에 대한 훈계를 발전시킨다. 헤시오도스가『일들과 날들』앞부분에서 언급하는 갈등과 불의에 대한 경고, 신적인 힘이 정의를 지킬 것이라는 흔들리지 않는 믿음이 어떻게, 농부와 뱃사람에게 주는 가르침과 인간의 올바른 처신에 대한 훈계를 다루는『일들과 날들』뒷부분과 연결되는지를 이로써 우리는『일들과 날들』의 도입부에서 파악할 수 있다.『일들과 날들』의 근본사상, 정의와 노동의 관계가 바로 연결고리였다. 평화로운 노동경쟁을 불러일으키는 선한 에리스만이, 대지에 질투와 갈등이 만연하는 것을 저지할 유일한 신성이다. 노동은 인간에게 힘겨운 강제이며 불가피한 것이다. 노동을 통해 궁색한 먹을거리나마 얻는 사람에게 노동은 불의한 욕심으로 타인의 재산을 탐하는 자들보다 더 큰 축복을 가져다준다.

이런 경험을 시인 헤시오도스는 세계질서의 영원한 법칙 가운데 근거 짓고, 사상가 헤시오도스는 이를 신화의 종교적 표상 가운데 깨닫는다. 개별 신화들이 가진 세계해석의 단초들은 이미 호메로스에서 발견된다. 하지만 호메로스 사유는 신화전승을 이런 관점에서 체계적으로 정리하는 데 이르지 못했고, 반면 헤시오도스는 그의 다른 위대한 저작『신들의 계보』에서 이를 최초로 시도한다. 영웅신화는 우주론적·신학적 사변의 대상으로 여겨지지 않았는바 그런 사변에는 신들의 이야기가 더욱 풍부한 사례를 제공했다. 세계의 인과성을 찾으려는 충동은 신들의 계보구조를 완벽하게 재구성한 그의 통찰력으로 인해 충족되었다. 세계창조의 합리적 설명이 제시하는 가장 원초적인 세 가지 근거개념, 다시 말해 크게 찢어진 공간인 카오스, 카오스로부터 갈라져 나온 세계를 덮은 하늘과 세계의 토대인 대지, 생명력을 제공하는 우주적 힘인 에로스 등은 계보신화에 분명 깊이 뿌리내리고 있다. 대지와 하늘은 모든 신화적 세계상에 나타나는 위대한 존재이고 카오스는 북유럽 신화에서도 나타나는바 이것들은 인도-게르만 어족의 공동유산이다. 하지만 헤시오도스의 에로스는 독창적 성격의 사변적 산물이며 감히 측량할 수 없는 철학적 생산성을 가진다. 티탄족의 전쟁 혹은 위대한 신들의 계보에서 헤시오도스의 신학적 사상은 자연에 나타나는 대지의 자연적 신령들은 물론 도덕적 신들도 편입하는 의미심장한 세계 발전을 재구성하려 했다. 『신들의 계보』의 생각은 이미 공인되어 숭배되는 신들의 상호관계를 정립하는 데 머물지 않았다. 기존의 종교적 전승이 전해준 것에서 멈추지 않고, 세계와 인간의 근원에 대한 이해와 상상의 체계적 설명에 근거하여 신화적 전승과 개인적 체험이라는 넓은 의미의 종교에 속하는 전승들을 재해석했다. 이로써 정신발전의 이런 단계에 부합하는바 모든 작용의 원리들은 신적 힘으로 생각되었다. 우리가 여기 매우 개인적인 문학형식에서 마주한 것은 온전히 살아 있는 신화적 사유다. 하지만 이런 신화적 체계 속에서 합리적 요소가 상당히 크고 결정적으로 작용하고 있음이, 그것이 호메로스의 신들과 신앙을 넘어서고 있음이, 또한 단순히 종교적 전승을 기록하고 조화시키는 것에서 멈추지 않고 이를 창조적으로 해석하고 있음이, 또한 새로 깨어난 추상적 사유가 필요로 하는 새로운 신적 인물들을 만들어내고 있음이 증명된다.

이런 짧은 언급만으로도 헤시오도스가 인간 삶의 필연적 고통과 노동, 세계에 존재하는 악을 설명하기 위해 『일들과 날들』에 신화를 삽입한 배경을 설명하기에 충분하다. 『일들과 날들』 서문의 선한 에리스와 악한 에리스 언급에서 이미 분명히 밝힌 것처럼 서로 다른 대상을 다루는 『신들의 계보』와 『일들과 날들』은 그렇게 단순히 느슨한 병렬이 아니다. 『신들의 계보』에서도 윤리학자의 모습을 분명히 확인시켜주었던 신학자 헤시오도스의 사유는 이제 윤리학자 헤시오도스의 사유로 발전한다. 두 작품은 한 개인이 가진 세계상의 내적 통일에서 비롯된 것이다. 『신들의 계보』의 '인과적' 사유형식을 헤시오도스는 『일들과 날들』의 프로메테우스 신화를 통해 노동의 실천적·윤리적·사회적 문제에 적용한다. 노동과 고통은 언제부턴가 세계에 존재하게 되었지만, 세계의 완벽한 신적 질서에 따르자면 그것들은 존재할 수 없었다. 헤시오도스는 그 원인을 프로메테우스의 위험천만한 행동에서 찾는다. 헤시오도스는 프로메테우스의 행동을 도덕적 관점에서 신성한 불의 절도로 보았다. 그에 대한 처벌로 제우스는 최초의 여성을 창조했는데, 그것이 바로 꾀가 많은 판도라였고 그녀는 모든 여성 종족의 어머니다. 판도라의 항아리에서 지금도 세상을 떠돌아다니는 질병과 노년의 정령들, 수천의 악들이 쏟아져 나왔다.

신화는 시인의 새로운 사변적 이념에 따라 무서울 정도로 대담하게 재해석되었고 그렇게 신화는 중심적 위치에 배치되었다. 『일들과 날들』의 일반적 사유과정 한가운데 신화를 사용한 것은 호메로스 서사시에서 주인공들의 연설 가운데 신화를 예화적으로 사용한 것과 같은 일이다. 사람들은 헤시오도스 작품에 광범위하게 적용된 신화적 '삽입' 혹은 '이탈'의 근거를 정확하게 이해하지 못했다. 양자가 헤시오도스 작품의 내용 및 형식을 이해하는 데 똑같이 중요하다. 『일들과 날들』은 거대한 훈계연설로서 튀르타이오스의 엘레기 혹은 솔론의 엘레기처럼 형식과 정신적 태도에서 호메로스의 서사시에 직접 연결된다.[3] 호메로스에서 신화적 예화들은 매우 적재

---

3) 주석가들은 『일들과 날들』의 시작에 제우스에게 바치는 기원에 이어지는 "나는 페르세스에게 진실을 알리고자 하나이다."라는 말에 적용된 "οὐκ ἄρα μοῦνον ἔην"이라는 전형적 표

적소에 배치되었다. 신화는 계속해서 변화하고 새로워지는 영혼의 생물체와 같다. 시인은 이런 변화를 완성한다. 하지만 그때 시인을 이끄는 것은 멋대로의 변덕이 아니다. 시인은 시대를 위한 새로운 생명규범의 창조자이고 그렇게 시인은 삶에 밀착된 새로운 내적 확신에 따라 신화를 재해석한다. 신화의 생명력은 오로지 끊임없이 변모하는 새로운 신화적 이념에 의해 유지되며 새로운 이념은 신화라는 확실한 매체를 통해 전달된다. 이런 상호작용은 호메로스 서사시의 전승과정에서 시인과 전승의 관계에 상응한다. 이는 헤시오도스에서 더욱 분명해지는바 그에게서 독창적 사유 동기에 따른 시인의 개성이 더욱 분명히 우리에게 나타나기 때문이다. 그에게서 처음으로 이념이 개성으로 의식되었으며 그의 이념이 더욱 분명하게 신화적 전승을 개인의 정신적 의지를 전달할 도구로 삼았던 것이다.

신화의 이런 규범적 준용은, 헤시오도스가 『일들과 날들』에서 프로메테우스 신화에 바로 이어 다섯 세대 신화로 넘어가는 곳에서 사용한 짧고 거의 비정형적인, 하지만 삽입의 의의를 잘 드러내는 이행 형식에서 더욱 두드러진다.[4] "그대가 원한다면 나는 그대에게 다른 이야기를 들려주겠소. 제대로, 그리고 능숙하게. 그대는 이를 명심하시라." 첫 번째 신화에서 두 번째 신화로 넘어가는 여기에서 페르세스를 호명한 것은 겉보기에 상당히 동떨어진 두 신화가 가진 실질적 훈계 목적에 대해 청자의 주목을 집중시키기 위해 필수적이었다. 황금세대와 이어지는 점차 타락하는 세대들을 이

현이 호메로스의 연설 부분 초입을 모방한 것이라는 점에 주목하지 않았다. 하지만 이것은 전체 작품의 형식을 이해하는 요체다. 다시 말해 이 작품은 하나의 독립된, 서사시로 확대된, 훈계의 성격을 가진 '연설'이다. 『일리아스』 제9권에서 포이닉스가 행한 긴 교훈 연설에 매우 가깝다.
4) 『일들과 날들』106행.

야기하는 신화는, 인간들이 사실 원래는 현재보다 훨씬 행복하게 살았고 그때는 노동도 고통도 없이 지냈음을 보여주고자 한 것이다. 세대 신화는 프로메테우스 신화의 부연이다. 두 신화를 둘 다 사실이라고 받아들일 경우 둘이 서로 부합하지 않는다는 점을 헤시오도스는 크게 개의치 않았는데, 이 점은 그가 전적으로 이념적으로 신화를 이해했음을 보여주는 중요한 증거다. 인간의 점차 커지는 불행의 원인으로 헤시오도스는 점차 커지는 오만(*hybris*)과 단견, 불경, 전쟁과 폭력을 언급한다. 다섯 번째 인간세대인 철의 세대는—시인은 자신이 살아가는 시대가 철의 세대라고 한탄한다—주먹이 곧 정의인 시대다. 악행을 서슴지 않는 자만이 살아남을 수 있다. 세 번째 신화로 헤시오도스는 매와 밤꾀꼬리의 우화를 덧붙인다. 여기서 분명 매는 강력한 통치자인 재판관을 암시한다. 매는 '가수' 밤꾀꼬리를 포획한다. 밤꾀꼬리의 애처로운 탄원에 매는 날개를 펼치고 발톱으로 밤꾀꼬리를 움켜쥐고 하늘로 날며 대답한다.[5] "가련한 친구야, 왜 비명을 지르지? 훨씬 강한 자가 지금 너를 움켜잡고 있다. 내가 원하는 곳으로 너는 간다. 너를 저녁거리로 삼게 될지 아니면 놓아주게 될지는 온전히 내 마음이다." 헤시오도스는 이런 우화를 '아이노스(*ainos*)'라고 불렀다. 이런 우화들은 예전부터 민중의 사랑을 받았다. 우화는 민중적 사유에 있어 서사시의 연설에 언급되는 신화적 예화와 유사한 역할을 담당하는바 우화는 보편적 진리를 담고 있다. 호메로스와 핀다로스도 신화적 선례를 '아이노스'라고 불렀는데, 아이노스는 나중에 '우화'라는 국한된 개념으로 변모한다. 하지만 단어 자체에는 상대에게 전달된 조언이라는 공인된 의미가 담겨 있다. 따라서 '아이노스'는 단순히 매와 밤꾀꼬리의 우화를 나타내지 않는다.

5) 『일들과 날들』 202행.

이것은 단지 헤시오도스가 특히 재판관들에게 전하는 예화였다. 프로메테우스 신화와 세대 신화도 분명 진정한 의미의 '아이노스'였다.

이어 페르세스와 재판관들 모두를 향한 호명이 반복된다. 시인은 불의의 저주와 정의의 축복을 정의로운 도시와 불의한 도시의 흥미진진한 종교적 표상들로써 묘사한다. 이때 독립적 신인 정의의 여신은 제우스의 딸로 제우스 곁에 앉아 인간들이 불의를 저지를 때마다 그들을 심판하도록 제우스에게 호소한다. 지금 제우스의 눈은 이곳을 지켜보며 이 도시에서 진행되는 소송을 주시하고 있다. 제우스는 불의가 승전가를 부르는 것을 허락하지 않는다. 여기서 다시 헤시오도스는 페르세스를 호명하여 말한다.[6] "정의에 귀 기울이되 폭력일랑 아예 잊어버리시라! 크로노스의 아드님께서는 인간들에게 그런 법도를 주셨기 때문이오. 물고기들과 짐승들과 날개 달린 새들은 그들 사이에 정의가 없어 그분께서 그들끼리 서로 잡아먹게 했으나 인간들에게는 가장 훌륭한 것으로 드러난 정의를 주셨던 것이오." 인간과 동물의 이런 구분은 분명 매와 밤꾀꼬리의 비유와 연결된다. 헤시오도스의 확신에 의하면 인간들 사이에서 매가 밤꾀꼬리에게 행사하는 것과 같이 '강자의 정의에 따른 힘의 호소'는 절대 있을 수 없는 일이다.

『일들과 날들』의 첫 부분 전체에는 정의 이념을 삶의 중심에 위치시키는 신앙이 발언권을 행사하고 있다. 당연히 이런 이념적 요소는 고대의 단순한 농촌생활에 고유한 성과는 아니다. 우리가 헤시오도스에서 발견하는 모습은 희랍본토에서 성장한 것이 아니다. 신들의 계보라는 체계화의 충동이 한껏 작용한 이런 합리주의적 흔적은 이오니아의 도시문화와 진보적 정신문명을 전제한다. 이런 사상의 가장 오래된 원천은 우리가 보기에

---

6) 『일들과 날들』 274행.

호메로스다. 호메로스는 최초의 정의 찬가를 남겼다. 정의 이념은『일리아스』보다 헤시오도스에게 시간상 좀 더 가까운『오뒷세이아』에서 전면에 부각된다.『오뒷세이아』에서 우리는 신들이 정의의 보증인이라는 생각을, 그리고 만일 신들이 정의가 마침내 승리하게 돕지 않는다면 신들의 세계지배는 정당할 수 없다는 생각을 만나게 된다. 이런 요청이『오뒷세이아』의 전체 줄거리를 지배한다.『일리아스』에서 파트로클로스 장면의 유명한 비유에서도, 대지의 인간이 정의를 구부러뜨리면 제우스가 끔찍한 폭우를 하늘에서 보낸다는 생각이 나타난다.[7] 하지만 도덕적 신관을 보여주는 이런 개별 사례와『오뒷세이아』전체는 아직도 여전히 정의의 사제 헤시오도스의 종교적 열정과는 거리가 멀다. 헤시오도스는 정의가 제우스에 의해 보호될 것이라는 확고한 믿음을 갖고 일개 민중으로 주변과의 투쟁을 감행했고, 그 불굴의 열정은 수천 년이 지나 우리에게까지 전해진다. 헤시오도스가 보여준 정의 이념의 내용, 몇몇 특징적인 언어적 표현들은 호메로스에서 온 것이지만, 정의 이념을 현실에 구현하겠다는 그의 개혁 의지, 신들의 세계지배와 세계의 의미를 돌아보는 그의 세계관에 보이는 정의 이념의 절대성은 새로운 시대를 예고하는 것이다. 정의 사상은 새로운 시대를 위한, 좀 더 나은 새로운 사회의 성장을 위한 뿌리가 되었다. 제우스의 신적 의지와 정의 이념을 동일시한 것, 최고신 제우스와 긴밀한 관계를 맺은 정의의 여신이라는 새로운 여신을 창출한 것은, 농민과 도시민 등 새롭게 부상하는 사회계급이 권리보호를 요구하면서 가지게 된 종교적 힘과 도덕적

---

7) 『일리아스』제16권 384~393행. 도덕적이며 법적인 제우스의 모습이 이 비유처럼 분명하게 나타나는 곳은『일리아스』에 거의 없음에 주목할 필요가 있다. 시인의 개인적 경험이 비유에 드러나며, 서사시의 엄격한 영웅 문체 때문에 약간 변형되었음에도 비유 속에 당대의 실생활을 볼 수 있음은 이미 오래전부터 확인된 견해다.

역량에 의해 산출된 직접적 결과다.

이오니아의 정신적 발전에서 멀리 떨어진 보이오티아 내륙 오지에 살던 헤시오도스가 최초로 이를 요구하고 혼자의 힘으로 이를 사회적 열정으로 발전시켰다고 가정할 수 없다. 헤시오도스는 다만 자기 주변과의 투쟁 가운데 누구보다 강하게 이런 열정을 경험했으며 그 결과 이에 앞장섰을 뿐이다. 헤시오도스 자신이 『일들과 날들』에서 설명하길[8] 그의 부친은 소아시아 아이올리아 지방의 퀴메에서 가난에 시달리다 보이오티아로 이주했다고 한다. 새로운 고향에 대해 아버지가 느꼈을 비애감을 아들은 아직도 뼈아프게 묘사하고 있는바 그런 감정이 아버지에게서 아들에게로 대물림되었다. 가족은 척박한 오지마을 아스크라를 결코 편안하게 느끼지 못했다. 헤시오도스는 아스크라를 가리켜 "겨울에도 나쁘고 여름에도 힘들고 어느 때도 즐겁지 않은" 곳이라고 했다. 여기서 알 수 있는 것은 헤시오도스가 보이오티아 사회를 부모와 함께 살던 어린 시절부터 의식적으로 비판적 시각에서 바라보는 법을 배웠다는 것이다. '정의의 여신' 사상을 헤시오도스는 자기 주변에 적용했고, 이미 『신들의 계보』에 여신의 이름이 언급된다.[9] 정의의 여신, 질서의 여신, 평화의 여신 등 도덕의 여신 삼위는 운명의 여신 삼위, 그리고 우아의 여신 삼위와 대등한 자리를 부여받았는데 이는 시인의 개인적 관심에 따른 것이다. 바람의 계보를 열거하며 남풍과 북풍과 서풍이 뱃사람과 농부들에게 가져오는 폐해를 상세하게 열거한 것처럼[10] 헤시오도스는 정의와 질서와 평화의 여신들을 '인간의 일'을 관장하

8) 『일들과 날들』 633행 이하.
9) 『신들의 계보』 901행.
10) 『신들의 계보』 869행.

는 여신으로 칭송한다. 『일들과 날들』에서 헤시오도스는 농촌의 생활내용 전체와 사유를 정의 사상으로 꿰뚫었다. 이렇게 정의 이념과 노동의 사상을 연결함으로써 농촌 삶의 정신적 형식과 실제적 내용을 하나의 지배적 관점에서 서술하고 교육적으로 조망하는 작품을 헤시오도스는 완성했다. 이제 우리는 짧게나마 이를 『일들과 날들』의 세부 구성에 따라 자세히 설명하고자 한다.

『일들과 날들』의 도입부에서 법을 준수하고 모든 불의를 한꺼번에 던져 버리라는 경고를 일갈한 데 이어, 헤시오도스는 형을 다시 호명하여 유명한 시구를 언급한다. 이 시구는 문맥과 상관없이 이후 수천 년 동안 인구에 회자한다.[11] 이것 하나만으로도 헤시오도스는 불멸의 생을 얻은 것이다. "어리석은 페르세스여! 나는 그대에게 좋은 뜻에서 말하고자 하오." 아버지와 같은 위엄으로, 하지만 따뜻하고 부드러운 목소리로 시인은 말을 건넨다. "가난은 힘들이지 않고도 무더기로 얻을 수 있소. 길은 평탄하고, 그것은 아주 가까운 곳에 살고 있기 때문이오. 하나 성공 앞에는 불사신들께서 땀을 갖다놓으셨소. 그리고 가는 길은 멀고 가파르며 처음에는 울퉁불퉁하기까지 하오. 하나 일단 정상에 도착하면 처음에는 비록 힘들었지만 나아가기가 수월하오." '가난'과 '성공'은 희랍어 '카코테스(κακότης)'와 '아레테(ἀρετή)'의 번역어다. 정확한 번역어는 아니지만, 여기서 중요한 것은 이 단어들이 도덕적 의미에서 악함과 선함을—고대 후기에 흔히 그렇게 해석되었다[12]—나타내지 않는다는 점이다. 이 구절은 다시 앞부분의 선한 에리스와 악한 에리스 부분에 연결된다. 앞부분에서 갈등이 불러오는

---

11) 『일들과 날들』 286행 이하.
12) 빌라모비츠, *Sappho und Simonides*, Berlin, 1913, 169쪽을 보라.

불행들이 청중들에게 명확히 제시된 이후 이제 노동의 가치가 제시되어야 할 차례가 되었다. 노동은 '아레테'에 이르는 힘겹지만 유일한 길로 칭송된다. 이 개념은 개인적 탁월함은 물론, 탁월함의 결과인 성공과 유복과 위신을 함축한다. 이것은 옛 전사귀족의 성공도 아니고, 풍요를 전제로 하는 토지소유 계급의 성공도 아니다. 이것은 자그마한 재산을 가진 노동하는 농부의 성공이다. 성공은 본래의 『일들과 날들』인 뒷부분을 대표하는 개념이다. 성공은 민중계급에 속하는 평범한 사내가 생각하는 의미의 목표다. 평범한 사내는 이로써 무언가를 성취하려 한다. 귀족 도덕규범에 따른 전사적 명예욕을 대신하여 조용하고 끈질긴 노동경쟁이 등장한다. 얼굴에 흐르는 땀으로 인간은 밥을 먹게 되는바 이것은 인간에게 저주가 아닌 축복이다. 농부의 성공은 오직 이런 보상을 얻기 위한 것이다. 분명한 것은 여기서 헤시오도스가 의식적으로 호메로스 서사시의 귀족교육에 대비되는 민중교육, 평범한 인간의 성공을 가르쳤다는 것이다. 정의와 노동은 평범한 인간의 성공을 지탱하는 기둥이다.

성공(ἀρετή)은 가르치고 배울 수 있는가? 이 근본 질문은 모든 윤리학과 교육학의 들머리에 놓인 질문이다. 헤시오도스는 '아레테'라는 단어가 언급되자마자 이렇게 대답한다. "가장 훌륭한 사람은 나중에, 그리고 종국에 무엇이 최선인지 숙고하며 스스로 모든 것을 깨닫는 사람이오. 좋은 조언을 따르는 사람도 역시 훌륭한 사람이오. 하나 스스로 깨닫지도 못하고 남의 말을 듣고도 그것을 마음에 받아들이지 않는 사람은 쓸모없는 사람이오."[13] 이 구절이 성공이라는 목표를 언급하는 부분 직후, 세부적 가르침의 시작 직전에 위치한 것은 이유가 있는 일이다. 페르세스 등 시인의 가르침

13) 『일들과 날들』 293행 이하.

을 듣고 싶어 하는 사람은, 만약 그가 스스로 무엇이 그에게 이롭고 무엇이 해로운지를 깨닫지 못하는 사람이라면 누구나 반드시 순순히 가르침을 따라야 한다. 이로써 전체 가르침의 정당성과 의의가 확정되는 것이다. 이후의 철학적 윤리학에서 이 구절은 도덕적 가르침과 교육의 토대로 여겨졌다. 아리스토텔레스는 『니코마코스 윤리학』의 머리말에서 철학적 윤리학의 올바른 시작점(ἀρχή)을 언급하여 이 구절 전체를 인용했다.[14] 이것은 『일들과 날들』의 목표를 이해하는 중요한 지침이다. 또 여기서 인식의 물음이 중요한 역할을 한다. 페르세스는 스스로 올바른 통찰을 얻지는 못하지만, 그에게 생각을 전달하고 변화를 이끌어내고자 시도하기 위해 적어도 시인은 페르세스가 배울 가능성을 가지고 있음을 전제하지 않을 수 없다. 『일들과 날들』의 앞부분은 뒷부분의 파종을 위해 밭을 가는 과정이다. 시인은 진리 인식의 길을 방해하는 모든 선입견과 거짓 생각을 뿌리 뽑는다. 폭력과 불화와 불의를 통해서는 목표에 다다를 수 없는바, 인간은 진정한 성공에 이르기 위해 부단한 노력을 통해 신적 세계질서에 따라야 한다. 일단 이런 생각을 마음에 받아들인 사람은 다른 사람의 도움을 받을 준비가 된 것이며 목표에 이르기 위한 길을 배울 준비가 된 것이다.

개별 사항들을 현재의 특정 상황에 적용하기 위한 일반론에 뒤이어 헤시오도스의 개별 가르침들이 본격적으로 언급된다. 이것은 노동의 가치를 칭송하는 일련의 속담들로 시작된다. "페르세스여, 고귀한 집안에서 태어난 이여, 그대는 늘 내 충고를 명심하고 일하시라. 기아가 그대를 싫어하고 고운 화관을 쓴 정숙한 데메테르 여신이 그대를 사랑하여 그대의 곳간을 식량으로 가득 채우도록 말이오! 왜냐하면 기아는 게으름뱅이의 충실

---

14) 아리스토텔레스 『니코마코스 윤리학』 A 2, 1095 b 10.

한 동반자이기 때문이오. 일하지 않고 살아가는 자는 신들도 인간들도 싫어하는 법이오. 그는 빈둥빈둥 놀며 꿀벌들의 노고를 먹어치우는 침이 없는 수벌들과 기질이 같소. 그대는 일을 사랑하되 시의를 얻도록 하시라. 그러면 그대의 곳간들은 철철이 식량으로 가득 차게 될 것이오."[15] "일은 수치가 아니오. 일하지 않는 것이 수치요. 그대가 일하면 게으름뱅이는 곧 그대가 부자가 되는 것을 시기할 것이오. 하나 부에는 위엄과 명망이 따르는 법이오. 그대의 운수가 어떻든 간에 일한다는 것은 더 바람직한 것이오. 만약 그대가 그대의 어리석은 마음을 남의 재물로부터 일로 돌려 살림을 보살핀다면 말이오. 내가 시키는 대로."[16] 계속해서 헤시오도스는 가난한 자들에게 해가 되는 염치, 불의하게 강탈한 재산과 신이 선물하는 풍요를 언급한다. 그리고 이어 신들의 숭배, 경건함과 재산에 관한 개별 규칙들로 넘어간다. 이어 친구에 대한 태도, 적에 대한 태도, 좋은 이웃에 대한 태도, 주고받음과 절약, 신뢰와 불신, 여자에 대한 불신, 유산(遺産)과 자식의 숫자 등에 관해 언급한다. 이어 독립적 완결 부분들이 계속되는데 농부의 일, 뱃사람의 일이 순서대로 언급되며, 이어 다시 일련의 개별 가르침이 계속된다. '날들'이 마지막을 장식한다. 이 부분들을 내용 분석할 필요는 없다. 특히 농부와 뱃사람의 직업에 관한 가르침은—이 두 직업은 우리가 느끼는 것과 달리 보이오티아에서는 그렇게 다른 직업이 아니었다—당시의 일상생활 환경을 고찰할 수 있다는 점에서 상당한 매력을 갖고는 있지만, 그럼에도 우리가 여기서 정확히 파악할 수 없을 정도로 아주 깊이 실제 생활에 뿌리내리고 있다. 모든 삶을 지배하는, 그래서 삶에 율동감과

---

15) 『일들과 날들』 298행 이하.
16) 『일들과 날들』 311행 이하.

아름다움을 부여하는 놀라운 질서는 자연과의 밀착에서, 그리고 변함없는 영원한 순환과의 조응에서 만들어진다. 『일들과 날들』의 앞부분에서 정의와 성실이라는 사회적 계명, 그리고 불의의 해악을 도덕적 세계질서에 연결한 것처럼, 『일들과 날들』의 뒷부분에서 노동윤리와 직업윤리는 자연의 존재질서에서 산출되며 자연질서의 법칙을 따른다. 헤시오도스의 사유는 아직 도덕질서와 자연질서를 구분하지 않는다. 그가 보기에 둘은 모두 신에게서 유래한 것이다. 이런 의미에서 인간이 이웃과 신들을 대하는, 직업과 노동에서 보여주는 모든 모습과 행동은 동일성을 가진다.

앞서 언급한 것처럼 헤시오도스는 생활에 깊이 뿌리내린 민중의 수백 년 이어온 전승을 토대로 인간노동과 생활경험의 풍부한 보고를 완성했고 이것을 『일들과 날들』의 뒷부분에서 청중에게 들려주고 있다. 태곳적에 생겨난 것, 대지에서 자라난 것, 아직도 의식의 수면 위로 떠오르지 않은 것을 담아낸 것이 바로 헤시오도스 서사시의 진정한 성취이며, 그것이 바로 그가 후대에 영향력을 가지게 된 참된 이유다. 현실 충실성과 거기에 배어든 생명력은 호메로스 서사시의 소리꾼 전통을 무색하게 한다. 자연 그대로의 인간적 아름다움을 한가득 품은 새로운 세계는—영웅 서사시에서는 비유 부분에서, 그리고 아킬레우스 방패와 같은 몇몇 묘사 부분에서나 겨우 볼 수 있는 것인바—신선한 녹음으로 우리 눈을 즐겁게 한다. 쟁기질이 끝난 대지에서 올라오는 강한 흙내음은 우리를 둘러싸며, 숲속에서 울어대는 뻐꾸기 울음소리는 흙에서 일하는 일꾼에게 노동을 재촉한다. 이것은 헬레니즘 시대의 대도시 문학과 학자 문학이 새롭게 발견해낸 전원적 낭만주의와 얼마나 거리가 먼 것인가! 헤시오도스 서사시는 농촌의 생활 전체를 실재적으로 보여준다. 헤시오도스는 모든 사회생활의 토대가 되는 정의 사상을 오래된 자연 발생적 직업세계와 노동세계에 접목함으로써, 그 세계의 내적 구조를 보호하는 수호자이자 재창조자가 되었다. 헤시오도스는 노동하는 인간이 살아가는 힘겨운 단조로운 삶을 숭고한 이상의 거울에 비추어 보여주며 농부를 격려한다. 농부는, 민중에게 이제까지 모든 정신적 양식을 제공해주던 우월한 상류층을 이제 부러움의 시선으로 바라볼 필요가 없다. 농부는 삶의 영역에서, 그에게 익숙한 노동과 고단함 속에서 좀 더 높은 의미와 목적을 발견한다.

우리 관점에서 보면 이제까지 의식적 교육에서 배제되었던 민중계급은 헤시오도스 서사시에서 정신적 자기 형성을 완수한다. 이때 민중은 상류사회의 문화가 그들에게 제공한 이점들, 특히 궁정문학의 정신적 형식들을 활용하고, 민중 삶의 근원에서 그들 고유의 내용과 정신을 길어 올린다. 계급문학이지만, 또 동시에 귀족적 이념에서 출발하여 이를 보편적 인간의 정신적 높이와 폭으로 확대했기 때문에 호메로스는 완전히 다른 실존조건에서 살아온 민중을 귀족문화로 끌어들이는 힘을 가졌고 동시에 민중에게 민중 나름대로 인간 삶의 의미를 찾아내고 그 내적 법칙을 형상화할 능력을 가르칠 힘도 가졌다. 이것도 실로 위대한 것이지만 더욱 위대한 것은, 농촌사회가 이런 정신적 자기 형성의 과정을 거쳐 고립에서 벗어나 희랍민족의 광장에서 자신의 목소리를 전달할 수 있게 되었다는 점이다. 호메로스에서 귀족문화가 최고의 인간 보편성으로 승화된 것처럼, 헤시오도스에서 농부의 교양이 농촌사회 공간의 협소한 구속을 벗어나게 된 것이다. 물론 그의 문학이 오로지 농부와 농촌일꾼들에게 해당하고 그들만이 이해할 수 있었지만, 이런 생활관의 보편적 유익과 도덕적 가치는 시인 헤시오도스의 작품을 통해 영원히 고양되어 전 세계에 유효한 것이 되었다. 하지만 농업 사회체제가 희랍민족의 삶을 궁극적으로 규정했다는 것은 아니다. 희랍교육의 가장 본질적 최종 형태는 도시국가에서 비로소 발견되며 토지에 뿌리내린 농촌사회가 남긴 것은 정신적으로 완전히 뒤로 밀려났다. 하지만 그럴수록 더욱 중요한 것은 헤시오도스에서 희랍민중은 그들 역사상 유일한 교육자를 발견했고 그에게서 그들은 대지에 뿌리내린 노동의 이념과 엄격한 정의의 이념을, 완전히 다른 사회관계 속에서도 여전히 가치를 잃지 않을 이념을 발견했다는 점이다.

시인 헤시오도스의 뿌리는 교사 헤시오도스에 있다. 헤시오도스 문학은 서사시 형식의 숙달에서 출발하지 않으며 소재 자체에도 의존하지 않는다. 만약 헤시오도스 교훈시를 단지 그럭저럭 익힌 서사시 특유의 언어와 시행 형식을 후대의 감각으로 보기엔 산문적 내용에 적용한 것에 지나지 않는다고 생각한다면, 이는 헤시오도스 작품들의 시적 가치를 부정하는 일이다. 흡사 고대의 문헌학이 후대 교훈시들에 대해 이런 의심을 품었던 것처럼 말이다.[17] 하지만 헤시오도스는 본인의 문학적 소임이 출발하는 근거를 망설임 없이 민중의 교사가 되려는 예언자적 의지에서 찾았다. 헤시오도스의 동시대인들은 호메로스를 이런 시각에서 바라보았다. 이들에게 숭고한 정신적 영향력의 형식은 오로지 호메로스 소리꾼들과 시인들뿐이었다. 서사시 언어라는 이상적 형식은 이미 시인의 교육자적 성향과 불가분의 관계였다. 이런 성향이 호메로스의 영향 아래에 생겨났음은 누구에게나 분명하다. 헤시오도스가 이런 의미에서 호메로스의 후계자라고 할 때, 이후 후대에 계속해서 중요한 의미를 가지는바 단순한 교훈시의 한계를 뛰어넘어 그는 문학적 창작의 본질을 공동체 건설자와 교육자로서의 시인에 두었다. 이런 건설적 힘은 언제나 단순히 도덕적 혹은 사실적 가르침의 열정을 뛰어넘는 곳에만 생겨나며, 가장 심오한 인식에서 얻어진 사

---

17) Bekker, *Anecdota Graeca* 773, 13.

물 본성에 따라 모든 사물에 새롭게 생명력을 부여하려는 의지에서 비로소 자라난다. 헤시오도스가 목격한 것과 같이 오랜 고귀한 사회의 존립을 불화와 불의로써 파괴하려는 직접적 위협은 그에게 절대 건드릴 수 없는 공고한 토대를—그런 토대 위에서 사회생활 전체는 물론 개인들도 살아간다—발견하는 계기가 되었다. 어디에서나 근원적이고 단순한 삶의 의미를 꿰뚫어보는 이런 근원적 시각은 진정한 시인을 규정하는 것이다. 이런 관점에서 보면 산문적 혹은 운문적 소재의 구분은 존재하지 않는다.

시인 헤시오도스가 희랍 최초로 그의 이름을 걸고 주변에 이야기를 전할 때 그는 명성 전달과 전승해석의 영역에서 벗어나 현실과 현재의 다툼으로 뛰어들었다. 그가 서사시의 영웅세계를 이상적 과거로 여겼다는 점은 영웅세대를 철의 세대 직전에 배치한 다섯 세대 신화에서 분명히 읽을 수 있다. 헤시오도스 시대에 시인은 좀 더 직접적으로 삶에 영향을 미치고자 했고 이때 최초로 귀족혈통이나 국가적으로 공인된 지위와 전혀 무관한 지도자가 등장했다. 이를 종종 이스라엘 선지자들과 비교할 수 있으며 이런 비교는 오래전부터 있었다. 하지만 높은 통찰력에 기대어 공동체를 향해 공개적으로 발언하겠다는 희랍 최초의 시인이 등장할 때, 차이는 아주 명백한바 희랍사회가 사회사적으로 새로운 시대로 접어들었다는 것이다. 헤시오도스와 함께 희랍세계에 분명한 자취를 남기는 정신의 통치가 시작된다. 여기서 정신은 아직 본래적 정신, 진정한 호흡(spiritus), 신적 호흡, 헤시오도스가 헬리콘산에서 무사 여신들의 개인적 가르침을 통해—그렇게 헤시오도스는 사실적 종교체험처럼 묘사했다—들이마신 호흡이다. 무사 여신들은 그에게 호흡을 불어넣어 주며 헤시오도스에게 소명을 주었다. "우리는 진실처럼 들리는 거짓말을 많이 할 줄 안다. 그러나 우리는 원하기만 하면 진실도 노래할 줄 안다."[69] 이렇게 『신들의 계보』의 첫머리에

쓰여 있다. **진실을** 헤시오도스는 교훈시 『일들과 날들』의 서문에서도 형 페르세우스에게 선포하고자 했다.[19] 진실을 가르친다는 이런 생각은 호메로스와 비교할 때 새로운 것이다. 일인칭 화자의 등장도 어떻게든 이것과 연관되어 있다. 이것은 방황하는 인간들을 세계와 인간의 깊은 연관성의 인식을 통해 올바른 길로 이끌고자 하는 희랍시인 예언가가 보여주는 진정한 자기 규정이다.

18) 『신들의 계보』 27행 이하.
19) 『일들과 날들』 10행 이하.

스파르타의 국가교육

[교육형식으로서 도시국가와 그 유형] 도시국가라는 사회적 생활형태에 이르러 비로소 희랍교육은 교육의 고전 형식에 도달한다. 물론 귀족사회와 농촌사회가 도시국가에 의해 단순히 해체된 것은 아니다. 봉건적 농업 생활양식은 도시국가 역사 초기에 여전히 두드러졌고, 나중에도 도시국가와 나란히 존립했다. 하지만 정신적 주도권은 도시문화로 넘어갔다. 전적으로 혹은 부분적으로 농업 기반의 귀족정체 위에 건설되기는 했지만 도시문화는 새로운 원리를 의미했다. 그것은 희랍인들에게 완전히 다른 것으로 보일 만큼 인간 공동체 생활의 좀 더 견고하고 긴밀한 형식이었다. '도시국가(*polis*)'는 오늘날에도 여전히 유효한 문화자산인바 우리 언어의 '정치학(*Politik*)'과 '정치적(*politisch*)' 등이 거기서 유래했다. 여기서 우리가 국가라고 부르는 것이 희랍 도시국가에서 비로소 시작되었음을 알 수 있다. 우리는 이 희랍어를 문맥에 따라 '국가' 혹은 '도시'와 연관해 번역해야 한다. 국가는 가부장적 통치체계 말기에서 알렉산드로스 대왕의 마케도니아

세계제국 건립에 이르기까지 수백 년 동안 '도시국가'를 의미했다. 고전기에 벌써 공간적으로 크게 확대된 도시국가들이 생겨나기도 했지만, 고전기 사람들은 이들을 크고 작은 독립성을 유지하는 다수 도시국가의 연합체로 이해했다. 도시국가는 희랍의 발전에서 가장 중요한 시대를 지배한 중심이고, 따라서 역사적 고찰의 주요 대상이다.

'도시국가'를 정치사 혹은 법제사에 넘겨주고 정신적 삶의 내용을 따로 구분하고 연구주제를 나눈다면 이것은 희랍역사 이해의 길을 스스로 차단해버리는 일이다. '정치'를 거의 완전히 배제하고 독일 교육사를 기술하는 것이 상당 기간의 관례였고 정치가 교육사에서 중심에 놓이게 된 것은 최근이다. 따라서 상당 기간 우리는 희랍인들과 희랍문화를 주로 미학적 관점에서 다루어왔다. 그 결과 무게중심은 크게 밀려나 버렸다. 하지만 무게중심이 될 수 있는 것은 오로지 도시국가인바 도시국가는 정신적·인간적 삶의 모든 영역을 포괄하는 공간이며 그런 삶의 구조와 형식을 결정적으로 규정하는 공간이다. 정신적 활동의 모든 분과는 희랍문화 초기에 '공동체 생활'이라는 단일한 뿌리에서 자랐났다. 공동체 생활을 수많은 시냇물과 강물이 모두 흘러드는 바다에 비유할 때, 도시국가는 시민생활의 지향점이자 목표였고 눈에 보이지 않는 지하수맥을 통해 계속해서 물을 공급하는 수원(水源)이었다. 따라서 희랍 도시국가를 묘사하는 일은 희랍인들의 삶을 총체적으로 기술하는 일이다. 이것은 실재적으로 전혀 실행 불가능한 이상적 과제처럼 보이는데 역사적 사실을 세세히 시간적 순서에 따라 기술하는 흔한 방식에서는 적어도 그러하다. 하지만 도시국가라는 통일체를 파악하는 일은 모든 연구 영역에 유익이 될 것이다. 도시국가는 아티카 시대 말기까지의 문학작품들을 거기에 넣어 이해해야 할, 희랍교육사의 사회적 틀이기 때문이다.

성격상 우리의 과제는 19세기 '도시국가 고대학'이라는 분과처럼 도시국가 생활과 도시국가 체제의 다양한 형태들을 일일이 살펴보는 것이 아니다. 중요성이 큰 주제에 집중해야 하는데, 이는 다양한 도시국가들의 온갖 중요 사항들을 전해주면서도 대체로 현실적 사회생활에 대해서는 명료한 그림을 전혀 허락하지 않는 전승자료의 성격상 어쩔 수 없는 일이다. 우리 연구의 결정적 요인으로 희랍 도시국가의 정신은 민족정신을 후대에 계속해서 전할 이상적 매체로 운문문학과 이어 산문문학을 발견했다. 이 때문에 우리는 처음부터 희랍 도시국가의 대표성을 가지는 소수의 유형만을 보게 될 것이다. 『법률』에서 초기 희랍의 국가 교육적 사유를 총정리하려고 시도했던 플라톤도 마찬가지로 문학작품에서 출발했고 이때 도시국가의 두 가지 원형을 발견했다. 그가 보기에 이들의 조합을 통해 희랍 국가교육 전체를 설명할 수 있을 것으로 보였다. 하나는 스파르타의 전쟁국가였고, 다른 하나는 기원에 따라 이름 붙이자면 이오니아 법치국가였다. 우리는 특히 이 둘에 대해 살펴보아야 한다.

희랍민족 계통에 따른 이런 정신적 태도의 극단적 상이성을 우리는 희랍민족의 역사적 삶이 보여주는 기본 사실로 받아들인다. 이런 상이성은 희랍국가보다 희랍의 정신적 삶이라는 훨씬 더 넓은 의미에서 근본적 중요성을 가진다. 희랍문화의 본래 성격은 이런 민족적 다양성에서만 이해될 수 있다. 다양성 가운데 전개된 극단적 대립의 측면은 물론이려니와 궁극적으로 다양성을 아울러 이념적으로 극복하고 결합하려는 화해의 측면에서도 마찬가지다. 호메로스와 헤시오도스가 묘사한 이오니아 귀족문화와 보이오티아 농촌사회에서 민족계통의 성격은 우리에게 전혀 중요한 것이 아니며, 우리로서는 당시의 여러 민족계통을 비교할 수도 없다. 여러 가지 방언들의 혼합으로 만들어진 언어가 서사시 언어라는 점은 호메로스 문학의 예술적 성과가 이미 여러 계통의 신화와 운문과 문체 등이 어우러진 결과라는 것을 증명한다. 하지만 계통들이 가진 정신적 태도의 상이성을 이런 흔적에서 찾아내려는 일은 거의 무망한 시도일 것이다. 이는 마치 호메로스에서 일관되게 아이올리아 방언의 색채를 가진 시행들 전체를 분리하려는 시도와 같다. 하지만 도리아 성격과 이오니아 성격은 도시국가의 생활형식에서, 그리고 도시국가의 정신적 외양에서 점점 더 뚜렷한 차이를 보인다. 둘은 마침내 기원전 5세기와 4세기의 아테네에서 서로 결합한다. 아테네의 실질적 도시국가 생활은 이오니아적 모범에서 상당히 결정적인 경향을 받았다고 할 때, 스파르타적 이상은 아티카 철학의 귀족지배적 영향을 통해 정신적 영역에서 재탄생했고, 이오니아–아티카 법치국가의 근본사상을 유지하면서 그 민주주의 형식은 지우고 높은 통일성을 지향하는 플라톤의 교육이념으로 흘러들어 갔다.

[4세기의 스파르타 전형과 그 전통] 스파르타는 철학사적으로나 예술사적으로도 독자성을 가지지 못한다. 이오니아 계통이 예를 들어 철학적·윤리학적 의식의 발전과정에서 선도적 역할을 담당했던 것에 반해, 희랍 윤리학과 철학의 고찰에서 스파르타의 이름을 찾는 시도는 허사로 그치고 만다. 하지만 교육의 역사에서 스파르타는 그만큼 더 큰 권리를 가지고 있다. 스파르타가 독창성을 가장 훌륭하게 발휘한 것은 그들 국가였고, 이때 처음으로 국가는 가장 넓은 의미에서 교육권력으로 등장한다.

놀라운 국가조직에 대해 우리의 정보 원천은 유감스럽게 부분적이고 불분명하다. 그나마 다행은 스파르타 교육의 아주 세세한 부분까지 깊이 스며들어 있는 중심 사상이 시인 튀르타이오스의 이름으로 전해지는 운문에 아주 순수하고 분명하게 드러난다는 것이다. 스파르타 교육이 그 역사적 출생을 벗어나 후대에 지속적 영향을 미칠 수 있게 된 것은 순전히 튀르타이오스의 강력한 전언 덕분이다. 하지만 호메로스와 헤시오도스와 달리 튀르타이오스 엘레기는 이런 사상문학의 성격상 흔히 그러하듯 순전히 이상(理想)만을 전하고 있다. 이런 이상이 탄생한 역사적 배경을 재구성해낼 수 없는 상황이다. 이 때문에 후대 전거에 기대어 역사적 배경을 살펴보아야 한다.

우리의 주요 전거는 크세노폰의 『라케다이몬의 국가』인데 이 책은 기원전 4세기의 철학적·정치적 소설류에 속하는 작품으로 스파르타 국가를 일종의 정치적 계시로 보고 있다. 아리스토텔레스의 『라케다이몬의 국가체제』는 오늘날 전해지지 않고 후대의 사전류가 풍부하게 인용하고 있어 인용을 통해 단편적으로 내용을 재구성할 수 있을 뿐이다. 이 책의 경향은 분명 아리스토텔레스의 『정치학』 제2권에 언급된 스파르타 국가체제에 대한 평가─그는 스파르타를 신적 계시로 보는 철학자들의 판단을 비판하고 그들에게 각성을 촉구했다─와 근본적으로 비슷하다. 친(親)스파르타 성향의 크세노폰은 늘 스파르타를 친밀한 개인적 경험을 토대로 파악했던 반면, 같은 낭만적 매력에 사로잡혔던 플루타르코스는 뤼쿠르고스의 일대기를 저술하면서 오로지 책상머리에 앉아 매우 다른 가치의 옛 문헌 전거들에 의존했다. 그가 의존한 전거들의 평가에서 항상 명심해야 하는 것은 전적으로 이것들이 의식적이든 무의식적이든 기원전 4세기의 당대 교육에 대한 반발에서 시작했다는 점이다. 이 전거들은 당대의 결핍을 극복할 대안과 문제해결책을 행복한 원시 고대의 스파르타에서 찾았던 것인데, 사실 이런 결핍과 문제는 '지혜로운 뤼쿠르고스'가 전혀 알지 못했던 것이라는 점에서 이런 시도는 시대착오적이었다. 크세노폰과 아게실라오스의 시대에 스파르타 국가체제가 얼마나 오래된 것인지를 정확하게 파악하는 것은 전적으로 불가능한 일이었다. 그 국가체제가 오랜 것임을 증명해주는 유일한 증거는 널리 회자하는 그들의 엄격한 보수성인데, 이런 보수성 덕분에 스파르타 사람들은 모든 귀족정의 모범이 되었고 민주정의 혐오는 전적으로 이들에게서 유래한다. 하지만 스파르타도 계속 변화 발전했고 우리는 후대의 교육제도 혁신을 확인할 수 있다.

스파르타 교육이 전사(戰士) 양성의 편향성을 가진다는 비판은 아리스토텔레스의『정치학』에서 유래한다. 이런 비판은 이미 플라톤도 알았고 이를 고려하여 플라톤은『법률』에서 뤼쿠르고스의 국가이념에 대한 견해를 정립했다. 우리는 비판을 비판이 유래하는 시대의 시각에서 평가해야 한다. 펠로폰네소스 전쟁의 승리 이후 스파르타의 희랍 내 패권은 채 삼십 년을 넘기지 못하고 레우크트라 전투[1] 이후 몰락했다. 스파르타 국가체제의 찬양은 수백 년 동안 확고했었으나 이로써 커다란 타격을 입었다. 당시 스파르타의 끝없는 권력욕이 숭고한 옛 훈육의 엄격함을 밀어내자 압제자에 대한 반발이 희랍인들에게 널리 확대되어 있었다. 스파르타에서 거의 백안시되던 돈이 스파르타로 물밀 듯이 몰려들었다. 물욕이 스파르타를 멸망시킬 것이라는 옛 신탁이 '재발견'되었고 이에 대한 엄중한 경고가 있었다. 뤼산드로스 방식의 냉정하게 계산된 확장정책 시대에 라코니아 통치자들이 독재자처럼 모든 희랍 도시국가의 아크로폴리스를 장악하고 명목상 자율적 도시국가들의 모든 정치적 자유를 억압하던 때, 스파르타의 옛 훈육도 현재의 스파르타가 활용하는 마키아벨리적 통치수단으로 이해될 수밖에 없었다.

---

1) 역자주: 기원전 371년 스파르타와 테베 간에 벌어진 전투이며, 테베는 전투에서 승리함으로써 패권을 장악한다.

우리는 옛 스파르타에 대해 거의 아는 것이 없고 그들의 정신을 분명하게 이해하는 것도 힘든 일이다. 스파르타 국가체제의 고전적 형태인 뤼쿠르고스 체제는 상대적으로 늦은 시기의 형태라는 것을 입증하려는 최근 연구는 여전히 가설 수준에 머물고 있다. 희랍민족과 도시의 역사연구를 개척한 칼 오트프리트 뮐러는 도리아 민족의 도덕적 우월함에 도취되어 전통적 아테네 문명이 아닌 도리아 민족을 역사의 전면으로 부각하려고 시도했고 옛 스파르타의 전사(戰士)문화를 전혀 다르게 이해했다. 스파르타 전사문화를 민족이동과 정착 초기라는 특수상황의 모습이 아니라, 아주 나중까지 계속 라코니아 지방에 머물던 보수적 도리아 민족의 전성기 모습으로 이해하는 뮐러의 견해가 어쩌면 정확할지도 모른다. 희랍인들에게 영원히 각인된 도리아 민족이동은 아마도 중부 유럽에서 발원하여 발칸반도 북쪽을 거쳐 희랍본토로 이어진 민족 밀어내기의 마지막 단계였다. 이들이 다른 민족계통의 원주민인 지중해 민족과 섞임으로써 역사시대의 희랍인들이 생겨났다. 이 과정에서 스파르타는 도래인의 특성을 가장 순수한 형태로 유지했다. 핀다로스는 이들 도리아 계통에서 금발의 우수 혈통을 간직한 모범적 인간형을 만들었고, 호메로스의 메넬라오스와 아킬레우스 등 희랍 영웅시대의 모든 '금발의 다나오스인들'을 민족영웅으로 이해했다.

분명한 사실은 스파르타 전사가 나중에 도래한 소수의 지배계층이며, 이들 밑에 자유신분의 생산 농민계층인 거류외인(perioikoi)과 거의 권리를 인정받지 못한 노예신분의 예속민(beliotai)이 있었다는 것이다. 옛 보고에서 스파르타는 영구 군영체제의 모습을 보인다. 이런 모습은 계속해서 외부세계를 향하는 정복욕이 아닌 다분히 스파르타 공동체의 내부적 상황 때문에 생겨났다. 역사시대에 정치적 실권을 상실한 이른바 헤라클레스 자손들의 이원 왕정체제는 전장에서야 비로소 원래의 의미를 되찾는바 도리아 민족이동 시대의 정복 군주체제가 남긴 잔재로서 아마도 애초 두 개의 다른 부족이 각각 부족장을 옹립함으로써 생겨났을 것이다. 스파르타 민회는 전적으로 과거의 병사 공동체를 그대로 유지했고 원로회의가 제안한 안건에 대한 가부만을 표했을 뿐 이에 대한 토론은 없었다. 원로회의는 민회를 해산할 권한을 가졌고 원로회의의 뜻에 반하는 민회 표결결과를 거부할 수도 있었다. 감독관(Ephor)은 국가 최고의 정무관이었다. 감독관은 왕의 정치적 간섭을 최소로 제한했다. 감독관의 설치는 지배계급과 민중의 팽팽한 권력투쟁이라는 난국을 타개하기 위한 중재안이었다. 감독관은 민중에게도 역시 최소한의 권리를 인정했고 공공영역의 전통과 권위를 수호했다. 이런 정무관 제도만이 유일하게 뤼쿠르고스의 입법에서 유래하지 않았다는 것은 특기할 만하다.

뤼쿠르고스의 소위 입법은 희랍인들의 입법과 정반대였다. 그것은 개별 공법·사법 조항의 법전편찬이 아니라 원래 의미의 노모스(nomos), 법적 효력을 가지는 구전전승의 편찬이었다. 전승들 가운데 극소수 기본법만이 격식을 갖추어 문자로 기록되었고 이를 소위 '대법전(rhetrai)'이라고 부른다. 예를 들어 플루타르코스에 따르면 민회의 권한 등이다. 이를 고대 전승들은 원시사회의 유산이 아닌 법률 남발을 일삼은 기원전 4세기 민주주의에 대항하는 뤼쿠르고스의 선견지명으로 이해한다. 뤼쿠르고스도 나중의 소크라테스와 플라톤처럼 시민정신의 양육과 교육을 담당하는 권력이 문자화된 법률보다 중요하다고 보았다. 기계적·외적 강제의 법률이 일상생활에서 멀리 있을수록 교육과 구전전통의 비중은 더욱 커진다는 점에서 옳은 생각이다. 하지만 뤼쿠르고스라는 위대한 국가 교육자상은 후대의 교육철학적 관점에서 스파르타 상황을 후대에 재해석하여 이상화한 것에 불과하다.

후대의 아티카 민주주의 타락이 가져온 달갑지 않은 부작용들과 비교함으로써 철학적 관찰자들은 스파르타의 제도 속에서 천재적 입법자라는 의도적 가상을 만들어내는 유혹에 빠졌다. 그들은 밥상에 둘러앉은 스파르타인들의 고대적 공동체 생활에서, 병영 공동체별로 구성된 그들의 전사조직에서, 공적 생활을 위해 사적 생활을 포기하는 것에서, 청소년 남녀를 국가적으로 교육하는 것에서, 마지막으로 농업과 수공업을 담당하는 생산계층과 여가를 즐기며 오로지 국가적 복무를 위해 군사훈련과 사냥에 전념하는 자유로운 지배계층을 엄격하게 구분하는 것에서 플라톤이 『국가』에서 제시한 것과 같은 철학적 교육이념의 목적의식적 실현을 발견했다. 사실 스파르타는 다양한 관점에서 인간교육을 탐구한 후대의 이론가들에게 그러했듯이 플라톤에게도 모범적 사례였고 플라톤은 새로운 정신을 불어넣었다. 후대의 모든 교육이 고민했던 큰 사회 문제는 개인주의의 극복이고 공동체 전체를 위한 봉사라는 기준에 따른 인간교육이었다. 이런 문제의 실질적 해결방안으로 엄격한 규율의 스파르타 국가가 유력해 보였다. 이런 이유에서 플라톤의 사유는 스파르타 국가에 평생 매달렸다. 플라톤의 교육사상으로 충만했던 플루타르코스도 늘 같은 곳으로 되돌아갔다.[2] "교육은 성인들에게까지 미쳤다. 누구도 자유롭지 못했고 자기가 원하는 대로 살지도 못했다. 마치 병영에서처럼 모든 사람은 도시에서 엄격하게 규율된 생활방식을 엄수했고 국가과제와 연관된 업무를 수행했다. 사람들은 그들이 자신이 아닌 국가에 종속되어 있다는 것을 늘 의식했다."

[2] 플루타르코스 『뤼쿠르고스』 24.

다른 곳에서 그는 이렇게 썼다.[3] "뤼쿠르고스는 시민들로 하여금 일반적으로 자기 생활과 영위하려는 의지와 그 가능성을 포기하는 데 익숙하게 만들었고 벌 떼처럼 지속적으로 공동체 전체와 함께 성장하며 통치자를 중심으로 무리 지어 생활하며 개인적 명예욕을 완전히 버리고 오로지 국가를 위해 헌신하는 데 익숙하게 만들었다."

페리클레스 이후의 아테네에서 점차 가속화된 개인주의적 교육의 관점에서 스파르타는 사실 매우 이해하기 어려운 현상이었다. 전승을 통해 알려진 스파르타 상황의 철학적 해석에는 크게 주목하지 않을 수 있지만, 사실관계는 아주 정확하게 살펴야 한다. 한 명의 교육 천재가 막강한 권력을 바탕으로 계획에 따라 수립했다고 플라톤 혹은 크세노폰이 생각했던 모든 것은 사실 종적 유대가 끈질기게 이어지고 개인주의는 약했던 초기 공동체가 단순히 계속된 결과였다. 스파르타 국가체제는 수백 년의 결과물이며 발전과정에서 한 개인이 얼마나 기여했는지를 우리는 예외적으로만 알 수 있을 뿐이다. 그렇게 테오폼포스왕과 폴뤼도로스왕이라는 이름이 국가법률체계 변경과 관련하여 전해진다. 역사적 인물임이 분명한 뤼쿠르고스가 애초 특정 국법과도 연결되는지, 어떻게 후대에 스파르타 국가체제 전체의 설계자로 이름을 남겼는지는 알 수 없다. 분명한 것은 오로지 '뤼쿠르고스 국가체제'라는 전설이 후대에 만들어진 신화라는 점이다.

이런 신화는 스파르타 질서를 의도적 기획이 만들어낸 체계라고 이해했던 시대에 만들어졌다. 그 시대는 국가의 최고 목적이 인간교육, 다시 말해 절대적 규범에 따라 원리적이며 체계적으로 모든 개인의 삶을 구축하는 데 있음을 받아들였던 시대였다. 민주주의와 그 상대주의의 인간 법체제

---

3) 플루타르코스 『뤼쿠르고스』 25.

와 달리 뤼쿠르고스 국가체제는 델포이 신탁에 따라 거듭해서 신성 국가체제로 추앙되었다. 우리가 가진 전승들에서 스파르타 훈육을 이상적 교육으로 보는 경향이 확인된다. 기원전 4세기 내내 교육의 가능성은 인간 행동의 절대적 규범을 발견할 수 있느냐에 궁극적으로 달려 있었다. 이런 문제의 해결책도 스파르타에서 발견되었다. 이는 스파르타 체제가 종교적 토대 위에 세워졌기 때문이고 델포이 신탁이 보증 또는 추천했기 때문이다. 따라서 우리가 가진 모든 스파르타 관련 전승과 뤼쿠르고스 국가체제 전승은 하나같이 후대의 국가이론과 교육이론에 따라 구성된 것이고, 따라서 역사적 사태와 거리가 멀다. 이들을 정확하게 이해하기 위한 올바른 관점은 이들이 인간교육의 본질과 토대에 관해 희랍사유가 크게 유행하던 시대의 산물이라는 것이다. 스파르타의 교육운동을 연구했던 당시의 불타는 열정이 없었다면 우리는 스파르타에 대해 전혀 알 수 없었을지도 모른다. 튀르타이오스 서정시의 전승을 포함하여 스파르타의 후대 역사적 전승은 오로지 스파르타라는 이념이 후대 희랍의 인간교육을 구성하는 불가결의 요소로 지속해서 받아들여진 덕분이다.

철학적 덧칠을 벗겨내면 과연 역사적 사실만이 남게 될까?

크세노폰이 묘사한 모범사례는 수많은 개인적 관찰 내용을 담고 있기 때문에 그가 거기에 덧붙인 역사적·교육적 해석을 떼어내고 나면, 그가 발견할 당시의 실체적 스파르타, 희랍 땅에서 유일하게 남아 있던 전사교육 국가로서의 모습이 드러난다. 이런 모습의 스파르타가 언제 출현했는지는 불분명하다. 지혜로운 입법자 뤼쿠르고스가 이런 통일적 체제를 만들어냈다는 견해를 포기하면 더욱 그러하다. 오늘날의 연구자들은 뤼쿠르고스의 존재마저 의심한다. 하지만 뤼쿠르고스가 실제 살아 있었고 소위 '대법전(rhetrai)'—기원전 7세기의 튀르타이오스는 이 법전을 이미 알고 있었다―의 창안자라고 할 때도 마찬가지로 크세노폰이 기록한 스파르타 교육제도의 기원은 여전히 오리무중이다. 스파르타 시민 전체는 전사교육에 참여함으로써 일종의 귀족신분을 얻었고 이런 교육의 다른 많은 부분도 고대 희랍의 귀족교육을 떠올리게 한다. 이런 교육이 귀족이 아닌 자들에게까지 확대되었다는 사실은, 앞서 스파르타에도 있었을 귀족통치가 이렇게 변모하는 시기가 있었음을 증명한다. 다른 희랍 도시국가들의 평화로운 귀족통치가 스파르타에서는 불가능했다. 스파르타는 정복 이래 백년이 지났으나 여전히 순종하지 않고 자유롭게 살고자 하는 메세나인들을 계속해서 무력으로 굴복시켜야 했다. 이것은 오로지 스파르타 시민 전체를 생산활동에 전혀 참여하지 않는 단일 무장계급으로 교육함으로써만 가능했다. 이런 상황의 전개는 아마도 7세기에 벌어진 전쟁들 때문이며, 동시에 당시 민중의 권리요구가―이를 튀르타이오스가 언급했다―이런 전개의 기회를 제공했을지 모른다. 스파르타 시민권은 언제나 전사(戰士)의 자질을 갖춘 시민에게만 부여되었다. 우리에게 튀르타이오스는 후대 스파르타 교육에서 실현된 시민 전사적 이상을 기록한 첫 번째 증인이다. 물론 튀르타이오스 본인은 오로지 전쟁만을 생각했다. 그의 서정시는 후대가 생각하는 스파르타 훈육이 당시 완성되지 않고 이제 막 만들어지고 있었음을 말해준다.[4]

우리가 아는 메세나 전쟁에 대한 기록은 튀르타이오스가 유일하다. 후대 희랍의 역사가들이 남긴 전승은 현대 연구자들이 보기에 완전히 혹은 상당히 소설에 가깝다. 3세대 전에 있었던 메세나 정복 이후에도 계속 커

---

[4] 스파르타 훈육(agoge)은 따라서 여기서 다루지 않고, 제2권에서 기원전 4세기의 친라코니아적 교육운동이 천명한 이상(理想)으로 다루어질 것이다.

다란 반란이 일어났고 이것은 시인 튀르타이오스가 탄생하는 계기가 되었다. "예전 십 년에 구 년을 더하여 이를 두고 싸웠나니, 멈춤도 없이 계속해서 고통을 견뎌내는 용기를 갖고 우리 아버지의 아버지들은 창수(槍手)로서 싸웠나니. 이십 년이 될 적에 적들은 풍성한 대지를 버리고 도망했다. 높은 산봉우리의 이토메스를 떠났다."[5] 튀르타이오스는 선대왕 테오폼포스도 언급한다. "신들의 사랑을 받는 우리의 왕, 테오폼포스를 따라 우리는 길이 넓은 메세나를 정복한다." 테오폼포스는 전쟁을 통해 민족영웅이 되었다. 후대 역사가들이 인용한 튀르타이오스 단편을 통해 이것들이 우리에게 전해졌다. 또 다른 단편에서 피정복자들의 굴종이 사실적으로 묘사된다.[6] 튀르타이오스가 비옥함으로 여러 차례 묘사한 메세나 대지는 스파르타 정복자들에게 분배되었고 새로운 소유자들은 옛 주인들에게 불행한 삶을 가져다주었다. "커다란 짐을 끌고 가는 나귀처럼 그들은 고통스러운 강압에 의해 주인들에게 대지가 가져다준 수확의 절반을 내주어야 한다." "죽음의 운명이 주인을 잡아갈 때마다, 부인들과 더불어 그들 자신이 주인을 애도한다."

메세나인들의 반란이 일어나기 이전의 상황을 이렇게 상기시키는 것은 과거 정복을 떠올리며 용기를 잃지 않도록 격려하기 위함이다. 동시에 노예의 삶을 견디고 있는 적들이 장차 정복자가 되었을 때 스파르타인들에게 닥쳐올 굴종의 모습을 보여줌으로써 경각심을 불러일으키기 위함이기도 하다. 온전히 전해지는 서정시 가운데 하나는 이렇게 시작한다.[7] "그

---

5) 튀르타이오스 단편 4 Diehl. 여기 인용된 희랍 서정시 단편들은 E. Diehl이 편집한 *Anthologia Lyrica Graeca*(Leipzig, 1925)를 따랐다.
6) 튀르타이오스 단편 5 Diehl.
7) 튀르타이오스 단편 4 Diehl.

러니 너희는 백전백승 헤라클레스의 자손일지라. 용기를 가져라. 제우스는 고개를 숙이지 않으셨다. 적들의 머릿수에 겁먹지 말고 두려워하지 마라! 남자답게 너의 방패를 잡고 전진하라! 혐오스러운 삶이 되지 말며, 죽음의 검은 힘이 마치 태양에서 내리쬐는 빛처럼 달갑게 되기를. 너희는 많은 눈물을 가져오는 아레스의 끔찍한 일을 보라. 힘겨운 전쟁의 본성을 잘 보아두어라. 너희는 도망치기도 쫓기도 했다." 여기서 튀르타이오스는 패퇴하여 사기가 떨어진 군대에 용기를 불어넣는데 고대의 전설도 그를 위기의 스파르타인들을 구원하도록 델포이의 아폴론이 보낸 구원자라고 불렀다. 사람들은 오랫동안 고대전승에 따라 *그가 군사령관이었다고* 믿었다. 하지만 최근 발굴된 파피루스에서 발견된 많은 튀르타이오스 서정시 단편에 의해 이런 믿음이 깨졌는데, 여기서 시인은 '우리'라는 인칭을 사용하여 사령관에게 복종할 것을 동료들에게 권고하고 미래시제로 시인이 상상한 미래의 전투장면을 호메로스풍으로 그렸다. 휠레이스 부족, 뒤마네스 부족, 팜퓌로이 부족 등 옛 스파르타 부족의 이름이 언급되는데 이들은 군대 편성에도 아직 그대로 유지되었음이 분명하다. 이런 부족 구분은 이후 철폐되고 새로운 부족 구분으로 대체된다. 성벽을 둘러싼 전투가 묘사되며 무덤이 이야기되는데 이것은 아마도 포위공격 장면을 다루고 있는 것으로 보인다. 그 밖의 구체적 역사 상황을 이 시에서 찾아낼 수는 없다. 옛사람들도 역시 이 시에서 다른 역사적 암시를 찾아내지 못했다.

[튀르타이오스가 외친 덕] 튀르타이오스의 엘레기에 스파르타를 강성하게 만들고자 하는 정치적 의지가 살아 있다. 그가 문학 속에 정신적 지도자를 창조했다는 것은 스파르타의 역사적 현존을 넘어 오늘날까지 전해진 튀르타이오스의 이념 추구 의지를 입증할 가장 강력한 증거다. 후대의 전

거를 통해 알게 된 스파르타 생활상의 구체적 부분에 비추어 시대적 한계를 갖는 많은 특이점이 발견되지만, 그럼에도 그들 시민의 마음속에 충만했고 엄격하고 철저하게 그들 국가의 모든 영역에서 추구되었던 스파르타 이념은 영원불멸의 것이다. 그것이 깊이 인간본성에 닿아 있기 때문이다. 비록 그들 민족의 총체적 생활양식 속에서 배타적으로 실현됨으로써 후대 사람들에게 편협해 보이지만 스파르타 이념은 오늘도 여전히 정당성과 가치를 지니고 있다. 시민으로서의 인간이 수행할 임무와 그가 받을 교육에 대한 스파르타의 이해는 이미 플라톤에게도 편협해 보였다. 하지만 플라톤은 튀르타이오스의 서정시에 영원한 흔적을 남긴 그들의 정치이념에서 모든 시민문화의 영원한 토대를 발견했다. 이런 평가는 플라톤이 개인 의견을 말한 것이 아니며 진작부터 존재하던 입장을 전한 것뿐이다. 당시의 현실 스파르타와 그 정치에 전적으로 동의하지는 않지만, 그래도 말할 수 있는 것은 스파르타 이념이 당시 모든 희랍인에게 일반적으로 인정받았다는 점이다. 당시 도시국가마다 존재한 친(親)스파르타 당파들처럼 모두가 뤼쿠르고스 국가체제를 절대적 모범으로 여긴 것은 아니지만, 플라톤이 교육체제의 구축에서 받아들인, 튀르타이오스가 본 뤼쿠르고스 국가체제는 모든 후대 문명의 영원한 공동자산이 될 수 있었다. 플라톤은 희랍민족의 정신자산을 통합한 위대한 관리자였고 이런 통합과정에서 희랍정신의 역사적 힘들은 밖으로 드러나고 서로 올바른 상호관계를 확보하기에 이르렀다 하겠다. 일단 통합이 완결된 이래 본질적인 것은 이후 전혀 달라지지 않았다. 스파르타는 희랍교육에서 그들이 확보한 지위를 이후 고대문명, 그리고 후대까지 계속 이어오고 있다.

튀르타이오스의 엘레기는 위대한 교육자적 품격으로 충만하다. 여기서 공동체 의식과 희생정신의 권고는 시인 당대에 스파르타가 겪은 메세나 전쟁의 순간적 위기에 비추어 설명된다. 하지만 시간을 초월하는 스파르타 정신을 발견함으로써 튀르타이오스의 서정시는 스파르타 정서를 전달하는 가장 큰 권위의 증거로 후대까지 남을 수 있었다. 그가 개인의 사유와 행동에 제시한 규범들은 흔히 전쟁 때문에 초래된 국가적 위기의 일시적 초긴장 상황에서 비롯된 것이 아니다. 그것은 스파르타의 총체적 질서를 떠받치는 토대였다. 희랍문학 다른 어디에서도 이때처럼 분명하게 현실적 인간 공동체의 삶으로부터 문학적 창조가 직접적으로 이루어진 예를 찾을 수 없다. 튀르타이오스는 우리가 생각하는 문학적 개별성이 아니다. 그는 보편성의 전달자이고 모든 올바른 시민의 확고한 믿음을 알린 선포자였다. 그러므로 시인은 빈번히 '우리'라는 인칭을 사용한다. '우리 이제 싸웁시다. 우리 이제 같이 죽읍시다.' 하지만 그가 '나'라는 인칭을 사용할 때도 그것은 주관적인 '나'가 아니다. 그것은 그 자체로 시인의 예술적 혹은 개인적 자의식을 빌려 표현의 자유를 확보하기 위한 것일 뿐 그것은 고대에 흔히 그렇게 믿어졌던 것처럼 명령권자로서의 '나'가 아니다.(고대에 튀르타이오스는 그래서 총사령관으로 여겨졌다.) 그것은 데모스테네스가 일찍이 말했듯 "조국의 공식적 목소리"[8]를 담은 보편적 '나'다.

시인이 노래한 생동하는 공동체 정신에 입각한 "명예"와 "수치"는, 연설가의 사적 격정이 단순히 부여할 수 없는 강력한 힘과 필연성을 획득한다. 시민과 국가의 긴밀한 관계는 평화 시에는 스파르타 같은 국가일지라도 평균적 의식 수준에서는 잘 드러나지 않지만, 큰 위기의 순간 순식간에 총화단결의 이념은 압도적 힘을 보여준다. 수십 년간 오락가락하던 갈등이 심각한 위기로 치달은 지금 이 순간, 비로소 스파르타 국가라는 강철 구조

---

8) 데모스테네스 『연설』 18, 170.

물이 단련된다. 이런 어려운 순간에는 결단력을 갖춘 군사적·정치적 지도자가 필요할 뿐만 아니라, 나아가 전쟁의 운명 앞에 드러나는 새로운 인간적 가치를 드러낼 보편적·정신적 표현물도 요구된다. 용기의 선포자는 고래로 시인이었는바 여기서 시인은 튀르타이오스라는 개인의 모습으로 등장한다. 전설에 따르면 아폴론이 그를 보냈다고 한다. 정신적 지도자가 필요한 위기의 순간 그런 사람이 갑자기 등장했다는 놀라운 사실을 이보다 잘 설명할 수 있는 것은 없을 것이다. 튀르타이오스는 시대가 요구하는 새로운 시민적 용기에 처음으로 합당한 문학적 표현을 부여했다.

형식을 볼 때 튀르타이오스의 엘레기는 순수 독자적 창조물은 아니다. 적어도 형식요소들은 튀르타이오스 이전부터 있었고 엘레기 이행시(二行詩)의 운율 형식은 분명 그전부터 존재했다. 엘레기 형식이 언제 만들어졌는지는 우리에게 불명확하며 그것은 고대의 문헌학자들도 마찬가지였다. 엘레기 형식은 영웅 서사시 형식과 연관되어 있고 당시 영웅 서사시 형식처럼 내용적 한계는 없었다. 엘레기의 소위 '내재적' 형식은 존재하지 않으며 이는 모든 종류의 엘레기를 단일 뿌리로, 그러니까 만가(挽歌)로 소급하고자 했던 고대의 문헌학자들이 생각해낸 개념이다. 하지만 이것은 후대의 문학발전에 영향을 받은 잘못된 어원 분석에서 비롯된 일이었다. 엘레기 운율이 아주 오래전에 서사시와 구분되는 다른 특별한 용어로 불리지 않았다는 것 이외에, 엘레기 형식에서 분명한 것은 한 명이나 여러 명을 거명하는 호칭뿐이다. 이는 호칭자와 피호칭자의 내적 공감을 표현하는 것으로 엘레기의 본질을 규정하는 중요 요소다. 튀르타이오스의 경우 시인은 시민들 전체 혹은 청년 시민들을 호칭한다. 좀 더 사색적인 분위기로 시작하는 단편(9 Diehl)에서 시상은 종결부에 이르러 함께하는 모든 구성원을 향한 명령형으로 첨예화된다. 앞서 구성원에 관해 자세한 언급은 없었지만 이미 전제하고 있었던 것이다. 이런 훈계의 호칭에서 엘레기의 교육적 성격이 적나라하게 표현된다. 이런 성격은 서사시와의 공통점이며, 다만 헤시오도스 교훈시『일들과 날들』처럼 특정인에 대한 직접적이고 의식적인 훈계를 염두에 둔다는 점만 다를 뿐이다. 서사시의 신화적 내용은 이상적 세계에서 펼쳐지는 반면, 실재적 인물에 대한 엘레기의 호칭은 우리를 시인의 실재적 현실로 데려간다.

엘레기의 내용이 엘레기가 만들어지던 시대의 삶을 반영하지만, 문학적 표현 문체는 호메로스 서사시를 통해 항구적으로 확정되어 있었다. 따라서 시인에게 닥친 현재의 소재도 서사시 언어의 옷을 입게 된다. 서사시에 대해 같은 처지였지만, 튀르타이오스의 소재는 헤시오도스의 소재보다 훨씬 서사시 언어에 가까웠다. 피 튀는 전투와 전쟁영웅의 이야기에 서사시 언어만큼 적합한 것이 있겠는가? 그래서 튀르타이오스는 개별 단어와 연결 어구, 나아가 시행 전체 등 언어 재료를 호메로스에게 빌린 것은 물론 『일리아스』 전투장면에서 전사들에게 불굴의 용기와 굳건한 대처를 주문하는 연설 유형을 통째로 모방했다. 다만 이런 훈계들을 훈계들의 신화 배경과 분리하여 현재의 문제 상황에 대입하는 것이 필요할 뿐이었다. 이미 서사시에서 독전(督戰) 연설은 강력한 권고로 작용했다. 호메로스의 독전 연설은 지칭된 개인뿐만 아니라 옆에서 듣는 사람들에게까지 직접적 영향을 미치는 것으로 보인다. 분명 스파르타인들은 독전 연설을 그렇게 느꼈을 것이다. 연설 가운데 살아 숨 쉬는 강력한 정신은 호메로스라는 이상적 무대에서 메세나 전쟁시대라는 치열한 전투의 현실로 강림했고 그럼으로써 튀르타이오스의 엘레기가 만들어졌다. 이런 정신적 강림을 좀 더 잘 이해하기 위해서 호메로스를 과거의 전달자만이 아니라 튀르타이오스와 헤시오도스처럼 현재의 교육자로 이해하는 것이 무엇보다 중요하다.

튀르타이오스는 분명 엘레기들을 노래하는 자신을 진정한 호메로스 후예라고 생각했을 것이다. 스파르타인들을 향한 연설 엘레기들에 특유의 위대함을 부여한 것은 호메로스 전범을 다소간의 동질성에 따라 전체적으로 또는 세부적으로 모방한 것이 아니라, 서사시 형식과 내용을 현재의 세계에 대입한 정신적 힘이다. 물론 튀르타이오스의 시에서 어휘와 시행과 사상 등 전반에 걸쳐 호메로스의 유산 모두를 떼어낸다면, 그만큼 튀르타이오스의 개인적 지적 재산은 줄어드는 것처럼 보일 수도 있다. 하지만 만약 현재의 우리 연구 관점에서 전승된 형식과 태고의 영웅 이념을 배경으로 하여 튀르타이오스가 여기에 연원하는 완전히 새로운 윤리정치사상을 찾아냈음을 보여준다면 그의 실재적 독창성은 지분이 늘어날 것이다. 모든 개인이 딛고 선, 모든 개인이 그것을 위해 목숨을 거는 정치공동체라는 사상을 그는 찾아냈다. 영웅적 탁월함이라는 호메로스 이념은 이제 조국애의 영웅관으로 용해되었고, 이런 정신을 시인은 시민 전체에게 설파했다. 그가 창조한 것은 단일민족, 영웅들의 단일국가였다. 남자가 죽음을 영웅적으로 맞이할 수 있다면 죽음도 아름답다. 이런 생각을 통해 비로소 숭고한 목표를 위해 개인을 희생한다는 이상적 의미가 죽음에 부여된다.

탁월함의 이런 새로운 이해를 가장 극명하게 보여준 것은 튀르타이오스의 세 번째 단편(9 Diehl)이다. 사람들은 이 단편을 최근까지도 온갖 형식적 근거에서 후대 작품으로 간주하고 튀르타이오스 단편에서 제외해야 한다고 주장했다. 작품의 진위를 판별할 상세한 증명을 나는 다른 곳에서 이미 언급했다.[9] 지식교사 시대(기원전 5세기)의 작품으로 절대 치부될 수 없

---

9) 나의 논문 *Tyrtaios Über die wahre Arete*, Sitz. Berlin Akad. 1932를 보라. 여기서 제시된 내 생각들이 나의 논문에 상세히 논의되어 있다.

는 단편이다. 솔론과 핀다로스는 분명 이 단편을 이미 알고 있었고 크세노파네스 역시 기원전 6세기에 이 단편을 모방하거나 변형하여 자기 생각을 표현했음이 분명하다. 플라톤 역시 튀르타이오스의 이름으로 전해져 그가 읽은 시들 가운데 유독 이 엘레기를 스파르타 정신을 특징적으로 보여주는 대표작으로 평가했음이 유력하다.[10] 이때 시인이 스파르타의 탁월함의 본질이라고 이야기한 것은 원칙주의와 엄격함이다.

여기서 호메로스 이래로 탁월성 개념의 역사적 전개를 깊이 있게 이해하게 되는바 도시국가 문화의 성장 시기를 맞아 옛 귀족적 인간이념은 내적 위기에 봉착하게 되었다. 시인 튀르타이오스는 **참된** 탁월함을, 남자의 체면을 결정한다고 동시대인들이 생각하는 다른 최고 가치들과 구분했다. "발이 행한 업적(*arete*)이나 격투 능력이 뛰어나다고 해서 그 사람을 이야기하거나 훌륭하다고 나는 여기지 않겠다. 그가 비록 퀴클롭스의 몸집과 힘을 가졌고 트라키아의 북풍보다 더 빨리 달린다 해도." 이것은 호메로스 시대 이래 귀족들이 무엇보다 높이 평가했던 운동경기의 탁월함을 극명하게 보여주는 예들이다. 그리고 지난 수백 년 동안 올림피아 경기는 비귀족 신분에게도 인간능력을 평가할 최고의 척도로 격상되었다. 하지만 튀르타이오스는 또 다른 귀족적 탁월함도 제시한다. "그가 비록 티토노스보다 용모가 뛰어나며, 미다스와 키뉘라스보다 더 부유하다고 해도. 그가 비록 탄탈로스의 아들, 펠롭스보다 더 당당한 위엄이 있거나, 또 아드라스토스처럼 친절하게 말한다 해도. 그가 이 모든 명성을 가진다 해도, 강력한 전투력의 명성이 없다면 말이다. 만약 그가 피비린내 나는 살육을 지켜볼 용기를 내거나 들끓는 의욕으로 적군에게 돌진하지 않는다면, 그는 전쟁에서

---

10) 플라톤 『법률』 629a.

자신을 지키지 못할 것이다." 이어 시인은 아주 강력하게 외친다. "가장 명성이 높은 가치, 모든 사람이 젊은이로서 성취해야 하는 최고의 가치는 탁월함(arete)이다. 도시와 공동체 전체에 공동의 행복을 주는 것은 전선의 선두대열에서 두 다리를 벌려 동요하지 않고 꿋꿋이 버티고, 치욕적인 도주를 완전히 잊어버리는 것이다." 이것은 후대의 수사학적 형식이 아니다. 비슷한 것이 이미 솔론에서 발견되며 수사학적 형식의 뿌리는 상당히 이른 시기에까지 거슬러 올라간다. 강렬한 반복 형식은 무엇이 진정한 인간가치인가를 놓고 작품 전체에서 가장 고조된 내적 격정에서 생겨난다. 첫 여러 시행을 채우며 청자들의 긴장감을 극도로 유발하는 부정문의 극히 효과적인 반복은 의도적으로 모든 유효한 생각들을 비판한다. 시인은 옛 희랍귀족의 높은 이념을 한 단계 강등시키지만 그렇다고 이를 전적으로 부정하거나 소거하지 않으면서, 냉정하고 엄격한 새로운 시민정신을 알리는 참된 예언자로서 시인은 이렇게 선포한다. 진정한 탁월함의 유일한 척도는 오로지 하나, 그것은 국가이며 국가에 이익이 되느냐 손해가 되느냐.

이어 시인의 선포는 자기 희생적 시민정신이 사람들에게—전장에서 쓰러지거나 승자로서 개선할 때—가져다줄 '보상'의 칭송으로 나아간다. "그러나 자신의 도시와 동료, 그리고 아버지에게 영광을 바치면서, 갑옷 가슴받이와 등받이에 앞뒤로 여러 군데 찔린 채, 최전방에서 쓰러져 귀한 목숨을 잃는 사람, 그런 사람을 늙은이나 젊은이나 다 같이 한탄하고 도시 전체가 짓누르는 동경 속에서 애도한다. 사람들은 그의 무덤과 자식들에게 경의를 표하고, 이후에도 그 자식들의 자식들과 가문을 기억한다. 그 고귀한 명성과 이름은 사라지지 않을 것이며 땅에 묻혀서도 불멸의 존재가 될 것이다." 호메로스 서사시가 노래한 영웅들의 명성이 제아무리 멀리 퍼진다 하더라도 여기서 튀르타이오스가 묘사하고 있는 것처럼 도시국가의 시민 공동체에 깊이 뿌리내리는 단순한 스파르타 전사의 명성에 비하면 아무것도 아니다. 그렇게 엄격한 구속의 공동체는 시의 초반에 다만 가치를 권고하지만 마지막에 이르러 시민이 추구하는 모든 이상적 가치의 수여자가 된다. 호메로스의 탁월함이라는 개념의 국가화는 시의 후반에 호메로스의 명성이라는 이념의 국가화로 이어진다. 앞서 서사시에서 탁월함과 명성이 따로 떨어질 수 없는 동반자였다면 이제 도시국가는 명성의 보증자가 된다. 덧없는 현재를 뛰어넘는 도시국가의 생명 공동체는 영웅의 '이름'을—영웅의 영원한 지속을—확고하게 보증한다.

초기 희랍인들은 '영혼'의 불멸성을 알지 못했고 육체의 죽음으로 인간은 소멸한다고 보았다. 호메로스에서 영혼은 다만 인간 자아의 육체적 모상, 하데스에 이르는 그림자, 단순한 허무에 지나지 않았다. 하지만 생을 바침으로써 단순한 인간실존의 한계를 넘어 숭고한 의미에 이르게 된 사람들에게 도시국가는 이상적 자아의 불멸성, 그러니까 불멸의 '이름'을 부여한다. 그리하여 영웅적 명성의 이념은 희랍인들에게 늘 도시국가적 울림을 가지게 되었다. 도시국가의 인간은 그가 목숨을 바쳐 헌신한 공동체에 의해 기억됨으로써 궁극적으로 완성된다. 국가, 나아가 이승에 대한 폄훼가 점점 확대되고 개인 영혼의 소중함이 점차 증가함(기독교에서 정점에 이른다.)으로써 비로소 명예의 무시는 철학자들의 도덕적 권고가 되었다. 데모스테네스와 키케로의 국가의식은 아직 그렇게까지 되지 않았다. 튀르타이오스의 엘레기는 도시국가 윤리가 발전하는 초창기에 만들어졌다. 튀르타이오스의 엘레기는 전장에서 쓰러진 영웅들을 죽음에서 보호하여 공동체의 중심에 세우는 한편 무사히 고향으로 돌아온 영웅들을 높이 기린다. "그러나 쓰라린 죽음의 운명이 그를 비껴가 번쩍거리는 창의 승리를 그가 당당히 획득한다면, 젊은이나 늙은이나 모두로부터 똑같이 칭송받고, 하데스의 세계로 가기 전까지 많은 즐거움을 누리리라. 그는 늙어서는 국민으로부터 존경을 받고, 그 누구도 그의 명망과 권리를 손상하지 못한다. 긴 의자에 앉아 있던 젊은이와 동년배와 또 더 나이 많은 이들도 모두 다 그에게 자리를 양보한다." 초기 희랍의 도시국가라는 작은 공동체에서 이 것은 단지 듣기 좋은 말 이상이었다. 작은 도시국가에 지나지 않지만 그 본질에는 영웅적인 것과 동시에 진정한 인간적인 것이 담겨 있었다. 희랍인들뿐만 아니라 고대세계를 통틀어 영웅은 숭고한 인간 모습 자체였다.

여기서 시민들의 삶 속에 이상적 권력으로 등장했던 도시국가는 튀르타이오스의 다른 단편에서는 위협적이며 끔찍한 모습으로 등장한다. 전장의 명예로운 죽음과 대조하여 후자의 단편은 전장에서 시민의 의무를 다하지 못해서 고향을 떠나야 했던 사내가 당하는 떠돌이 삶의 불행을 그린다. 사내는 부모를 모시고 아내와 어린 자식들을 데리고 세계를 유랑한다. 사내가 만나는 세상 사람들 모두에게 사내는 가난한 거지 신세의 이방인이며 그들은 사내를 적대시한다. 체면과 위신을 모두 잃은 그는 동족에게 치욕이다. 계속해서 시민권 박탈과 굴욕적 대우가 이어진다. 구성원들에게 재산과 생명의 희생을 요구하는 국가의 무자비한 논리가 이렇게 더없이 강력하게 형상화되었다. 용맹한 영웅이 고향에서 칭송받는 것처럼 조국을 떠난 자가 타향에서 겪는 운명이 사실적으로 묘사되고 있다. 이 사람을 우리가 쫓겨난 사람이라고 여기든—국가의 갑작스러운 위기 시에 전장에서 도망친 사람에게 얼마간 실제 그런 형벌을 내린 경우든—아니면 자발적 망명객이든—군역을 회피하고자 다른 나라로 도망쳐 외국인으로 살아가는 경우든—어찌 해석하든 아무런 차이는 없다. 국가의 성격을 표현하는 이런 상보적 영상들 속에서 국가는 숭고한 존엄과 잔혹한 폭력의 결합체이며 적어도 희랍인들은 신적 존재로 느꼈을 것이다. 하지만 공동체 안녕을 지향하는 새로운 시민적 탁월함은 희랍적 사유에서 순수 물질적 실용주의의 산물은 아니다. 국가는 보편성으로 종교적 토대 위에 서 있었다. 서사시의 탁월함과 구별되는 새로운 도시국가적 탁월성 이념은 또한 인간에 대한 종교적 이해가 달라졌음을 의미한다. 국가는 모든 인간적인 것과 종교적인 것의 총합이다.

고대에 '국태민안(eunomi)'이라는 제목으로 유명했던 튀르타이오스의 다른 엘레기에 그가 국내 정치에 대한 충고자이자 진정한 국가질서의 대표자로 등장하는 것은 놀랄 일이 아니다. 그는 민중에게 스파르타 국가체제의 기본원리들을 제시한다. 그것들은 플루타르코스가 튀르타이오스와 무관하게 뤼쿠르고스의 생애를 기록하면서 남긴 도리아 방언의 고대 대법전(rhetrai)과 유사하다. 엘레기 형식으로 대법전의 주요 부분을 기록한 튀르타이오스는 주요 역사 증거가 초기에 어떻게 만들어졌는지를 알려주는 핵심 증인이다.[11] 분명 국가 교육자로서 점점 더 많은 역할을 했을 시인은 이 작품에서 전쟁과 평화에 따른 스파르타의 질서 전체를 노래했다. 이 작품이 더욱 큰 관심을 끄는 것은 문학 전승사와 정치 제도사가 옛 스파르타 역사를 이해하는 데 매우 귀중한 이 작품을 각기 다르게 해석하기 때문이다.

국태민안의 사상 형식적 토대는 튀르타이오스 개인에게는 물론 이오니아-아테네의 정치 성향과의 역사적 대립에 비추어서도 매우 중요하다. 더는 단순한 전승과 신화의 권위에 매달리지 않고 가능한 범위에서 최대한 보편타당하다고 믿는 사회적·법적 사유를 기준으로 국가권력을 분배하려

---

11) Eduard Meyer가 *Forsch. zur alten Geschichte*, Bd. I, 226쪽 이하에서 튀르타이오스의 이름으로 전해진 '국태민안 엘레기'의 진위를 의심하는 견해를 밝혔는바 나는 이를 근거 박약이라고 생각한다.

고 노력하는 상황과 달리 튀르타이오스는 스파르타의 국태민안을 옛 방식의 신적 토대 위에 세웠고 이런 신적 토대를 국태민안의 가장 강력하고 불가침의 보증으로 삼았다. "크로노스의 아들 제우스, 아름다운 왕관 헤라의 남편은 헤라클레스의 자손들에게 이 나라를 주셨다. 이들과 함께 우리는 바람 많은 에리네오스를 떠났으며 드넓은 펠로폰네소스에 도착했다."[12] 이 단편을 튀르타이오스가 옛 대법전의 주요 내용을 옮긴 엘레기의 일부라고 간주한다면 스파르타 국가의 신화적 시초를 최초로 도리아 민족이 이주하던 때로 잡은 시인의 뜻이 충분히 파악된다.

　대법전은 왕과 원로회의의 권한에 비추어 민중의 권리를 제한했다. 이런 기본법을 튀르타이오스는 신적 권위에서 끌어내는데 델포이 아폴론 신탁이 이를 재가했거나 전적으로 입법했다고 한다. 승리로 마무리되었으나 힘겨웠던 전쟁을 치르고 이제 자신들의 힘을 자각한 민중은 희생의 대가로 정치권리를 요구하면서 이를 확대하길 기대했다. 이에 튀르타이오스는 민중에게 민중권리가 이 땅에 세워진 것은 오로지 왕들, 헤라클레스의 자손들 덕분이라는 점을 상기시킨다. 옛 건국신화에 따르면 제우스가 민중에게 도시국가를 허락한 것은 펠로폰네소스반도로 이어진 도리아인들의 도래로 설명되는 헤라클레스 자손들의 귀환 때문이다. 따라서 왕들은 먼 옛날 국가건설을 허락했던 신들의 행위와 현 상황을 매개하는 유일한 합법 집단이다. 델포이 신탁은 왕들의 합법적 지위를 계속 확인한다.

　튀르타이오스의 '국태민안'은 스파르타 체제의 법적 토대에 대해 믿을 만한 해석을 제공하고자 했다. 반은 합리적이고 반은 신화적인 사유에 따른 그의 재해석은 메세나 전쟁을 치른 강력한 왕권을 전제한다. 진정한 시

---

12) 튀르타이오스 단편 2 Diehl.

민적 탁월함을 천명하는 시를 볼 때 튀르타이오스는 보수 반동적 인물은 전혀 아니었다. 귀족윤리를 대신할 국가윤리를 제시하면서 전사(戰土)로서의 시민을 국가에 통합시키려고 투쟁한 점에 비추어 오히려 그를 혁명적이라고 부를 수 있다. 물론 이것은 민중지배와 거리가 멀었다. '국태민안'의 민중은 원로회의가 제시한 안건에 대해 오로지 긍정 또는 부정만 답하는 병사 공동체였고 발언의 자유를 누리지 못했다. 전후(戰後) 아마도 이것을 그대로 유지하기 어려워지자 사람들은 튀르타이오스가 전쟁 기간 중 정신적 지도자로서 획득한 영향력을 이용하여 민중의 계속된 요구를 막아낼 보루로 "올바른 질서"를 내세웠다.

'국태민안'의 튀르타이오스가 스파르타에 속한다면 전쟁 엘레기의 튀르타이오스는 희랍세계 전체에 속한다. 새로운 시민 영웅은—전쟁이나 위기가 아니었다면 사회적 계급투쟁의 비(非)영웅적 세계에서 살아갔을 것이다—진정한 문학에 새롭게 불을 붙였다. 새로운 문학이 국가의 중요한 운명적 존재 요소를 파악해냈다는 점은 새로운 문학에 호메로스 서사시적 모범에 견줄 대등한 지위를 보장했다. 우리는 그보다 조금 앞선 시기의 전쟁 엘레기를 알고 있는데 이오니아 에페소스 출신 시인 칼리노스의 작품으로 형식과 시상전개가 튀르타이오스와 비슷하다. 두 시인의 관계는 분명하지 않으며 둘은 서로를 전혀 몰랐을 가능성이 크다. 칼리노스는 동료 시민들에게 적에 맞서 좀 더 용감하게 싸울 것을 독려한다. 다른 시의 단편에서 우리는 적이 뤼디아 왕국으로 흘러들어 소아시아를 돌아다니며 약탈을 일삼는 야만족 킴메리인들임을 알 수 있다. 주어진 비슷한 상황과 비슷한 처지에서 서로 비슷한 작품이 만들어진 것으로 보인다. 칼리노스에서도 동일하게 호메로스 공식 어구에 대한 종속성, 도시국가의 공동체 감정이 서사시 형식을 통해 표출되는 현상이 확인된다.

에페소스인들과 칼리노스의 비(非)정치적 동료들에게 다만 일회적 행동에 그쳤던 것이 스파르타에서는 지속적 태도와 교육형식이 되었다. 튀르타이오스는 동료 시민들에게 계속해서 새로운 공동체 사상을 공급했고 그의 영웅주의는 스파르타 국가의 역사적 특징이 되었다. 영웅주의를 국가이념으로 가르친 교육자로서 튀르타이오스의 영향력은 곧 스파르타의 국경선을 넘어섰다. 희랍인들이 시민적 용기를 기릴 때나 국가가 이를 권장할 때마다 영웅 찬양이 행해지는 곳이면 어디서나 이런 스파르타 정신의 대표 시인은 튀르타이오스였고 이는 비(非)스파르타적 도시국가에서도, 심지어 아테네 같은 반(反)스파르타적 도시국가에서도 마찬가지였다.[13] 전몰용사를 기리는 기원전 5세기의 묘비명에서, 아테네 도시국가가 전사자들을 위해 행한 4세기의 장송 연설에서 튀르타이오스의 시구는 거듭 울렸다. 잔치에서 그의 시구는 피리 반주에 맞추어 불렸고 뤼쿠르고스 등 아티카 연설가들은 솔론의 시구만큼이나 그의 시구를 청년들의 가슴속에 깊이 각인시켰다. 플라톤은 이상국가에서 전사계급의 지위에 대해 튀르타이오스의 모범을 따랐는데 올림피아 경기의 승자보다 전사를 높이 존경해야 한다고 명했다.[14] 기원전 4세기 스파르타는 여전히 튀르타이오스의 시를 도리아 국가정신을 가장 숭고하게 천명한 시로 여겼다. 시민들에게 공공 교육목표로 전사적 탁월함을 제시했다고 하는 플라톤의 『법률』편 보고에 따르면 모든 스파르타 사람은 그것으로 "충만하다."[15] 국가 본질과 가장 높은 인간 탁월성의 스파르타 이해가 최종적이지도 완전하지도 않다고 보는 (플라

---

13) 희랍정신사와 희랍 도시국가 역사에서 튀르타이오스의 영향사에 대해서는 나의 논문 *Tyrtaios Über die wahre Arete*, Sitz. Berlin Akad. 1932, 556~568쪽을 보라.
14) 플라톤 『국가』 465d~466a.
15) 플라톤 『법률』 629b.

톤 자신을 포함하여) 사람들은 튀르타이오스와 논쟁을 벌여야 한다고 플라톤은 생각했다.

발전은 튀르타이오스에서 정체될 수 없었다. 하지만 희랍정신이 진정한 탁월함의 논의를 진전시킨 곳에서 늘 우리는 탁월함이 튀르타이오스의 열정적·혁명적 사상과 이어지고 있음을, 새로운 요구의 내용은 언제나 다시 탁월함을 노래한 튀르타이오스 작품의 옛 형식을 취하고 있음을 발견한다. 이것이 바로 진정한 희랍적 '교육'이다. 일단 각인된 형식은 후대의 좀 더 높은 차원에서도 유효성을 인정받고 옛 형식에 비추어 새로운 것은 매번 검증받는다. 콜로폰의 철학자 크세노파네스는 백 년 뒤에 튀르타이오스를 차용하여 오로지 정신적 힘이 국가에서 가장 큰 지위를 누릴 자격이 있다고 주장하려고 했다.[16] 플라톤은 이를 발전시켜 탁월함과 나란히 혹은 탁월함 너머에 정의를 두었고[17] 『법률』의 이상국가에서 이런 의미로 이상국가의 정신에 맞춘 튀르타이오스의 "재해석"을 요구했다.

그 밖에 플라톤의 비판은 튀르타이오스보다, 당대 진행되던 스파르타적 권력국가의 기형적 비대화와 이들 국가가 튀르타이오스 전쟁시를 건국 헌장처럼 사용하는 것에 초점을 맞추고 있다. 스파르타의 최고 찬미자조차도 편협하게 경직된 후대의 스파르타를 보았다면 아무런 시적 감흥도 느끼지 못했을 것이 분명하다. 크세노폰의 침묵과 이런 결함을 감추려는 플루타르코스의 헛된 노력 자체가 많은 것을 웅변한다. 이런 결함을 스파르타의 탁월함으로 볼 필요는 없다. 다행스럽게도 단편적 전승에도 불구하고 기원전 7세기 영웅주의의 진정한 스파르타가 좀 더 풍부한 삶의 여유

---

16) 크세노파네스 단편 2 Diehl(=8 정암).
17) 플라톤 『법률』 660e.

를 제공했음을, 역사적으로 스파르타의 표상으로 굳어버린 후대의 정신적 빈곤 상태와 확연히 달랐음을 알 수 있었다. 튀르타이오스가 전투 능력을 —정당하게—단순한 육체단련 교육보다 높이 평가한 것이 사실이지만, 기원전 7세기와 6세기 올림피아 경기의 승리자 명단에서 특히 메세나 전쟁의 승리 이후에 스파르타 참가자의 이름이 다른 도시국가의 참가자들보다 월등히 많음을 볼 때 스파르타도 이런 평화로운 경기를 최고 영예로 여겼음을 알 수 있다.

이런 옛 스파르타는 스파르타의 진정한 본질로 여겨지는 잘못된 엄격함과 거리가 멀었고 다른 희랍인들처럼 예술과 음악의 즐거운 삶에 반대하지 않았다. 초기 유적의 발굴은 열렬한 건축활동의 흔적, 동(東)희랍 모범에 영향을 받은 예술 흔적을 찾아냈다. 이는 이오니아에서 시작된 엘레기를 튀르타이오스가 수입한 사실과 부합한다. 같은 시대에 스파르타는 레스보스의 위대한 음악가, 칠현금의 창시자 테르판드로스를 신에게 바치는 축제를 근본적으로 새롭게 단장하고 축제의 합창대를 지휘하도록 스파르타로 모셔왔다. 후대의 스파르타는 테르판드로스의 방식을 강하게 고집했으며 모든 변화를 국가반역으로 거부했다. 이런 경직성에서 오히려 옛 스파르타가 음악교육을 전체 인간품성의 형성을 위해 얼마나 중요하게 생각했는지를 알 수 있다. 이로부터 이런 예술적 힘이 충만한 근원적 생명력으로 약동하던 시대를 상상해볼 수 있다.

사르디스에서 태어나 스파르타 시민으로 살았던 서정시인 알크만의 합창시 단편이 다수 전해지는데, 이를 통해 우리는 상고기 스파르타의 모습을 즐겁게 완성할 수 있다. 알크만은 새로운 고향에서 평생직업을 발견했음이 분명하다. 튀르타이오스는 언어와 형식이 여전히 철저히 호메로스풍이며, 알크만은 의식적으로 라코니아 방언을 합창시에 삽입했다. 튀르타이오스 엘레기에서 겨우 몇 번 호메로스 문체 영향을 뚫고 드러났던바 장난기 어린 무모함과 도리아 민족의 실질적 힘이 알크만의 스파르타 처녀 합창시에서는 자주 드러난다. 호명되는 합창대 소녀들에게 받을 상을 말해주고 그녀들의 작은 명예욕과 경쟁심을 놀리는 알크만의 합창시는 우리를 옛 스파르타의 음악 시합 현장으로 데려가—당시 여성들의 경쟁도 남성들의 경쟁만큼이나 활발했다—생명력이 넘치는 사실적 감흥을 불러일으킨다. 알크만의 합창시에서 알 수 있는바 스파르타 여성들은 과거 공적 영역과 사적 영역에 자유롭게 등장했었다. 이는 아시아의 영향을 받은 이오니아인들에게, 그리고 이 점에서 이오니아에 종속적인 아테네인들에게 별나 보였다. 도리아 민족의 언어적·관습적 여러 특징과 함께 이런 모습은 이주 지배세력의 옛 모습을 희랍의 다른 지역보다 생생하고 충실하게 보여준다.

법치국가와 시민이념

　도시국가의 인간교육에 희랍 여타 지역의 공헌은 스파르타의 공헌과 달리 뚜렷하지 않다. 결정적 진보가 있었던 도시국가를 특정할 수 없는 형편이다. 기원전 6세기 초 아테네에서 비로소 우리는 분명한 전승의 토대를 발견한다. 국가를 장악한 새로운 정신이 솔론의 문학활동을 통해 다시 문자로 기록되기 때문이다. 아티카 법치국가는 오랜 역사적 발전을 배경으로 마침내 희랍의 커다란 도시국가들 가운데 가장 늦게 역사의 무대에 등장했다. 솔론의 행적마다 묻어나는 이오니아 문화의 종속성에 비추어 우리는 조금도 주저 없이 새로운 도시국가적 사상의 원천도 역시 이오니아, 희랍세계에서 가장 비판적이며 정신적으로 가장 활발했던 땅에서 찾아야 한다고 주장한다. 하지만 유감스럽게 희랍 식민지의 정치관계는 알려진 것이 거의 없다. 따라서 우리는 후대의 상황을 근거로 또는 다른 곳의 비슷한 사례에 비추어 과거의 상황을 추리해볼 수밖에 없다.

　튀르타이오스와 솔론의 정치문학은 앞서 언급한 칼리노스를 제외하고 이오니아에 존재하지 않은 듯 보인다. 정치문학의 결여를 우연의 결과로 보는 것은 정당하지 않다. 이것은 아마도 이오니아 계통의 본성에 깊게 뿌리내리고 있는 듯 보인다. 이오니아인들은 소아시아의 희랍인들이 일반적으로 그렇듯 건설적 정치역량이 부족했고 어느 곳에서든 지속적이며 역사적으로 중요한 도시국가 건설을 보여주지 못했다. 물론 그들도 소아시아로 이주할 때는—이때의 기억이 호메로스 서사시다—영웅 세대를 체험했고 페르시아 전쟁 직전의 모습처럼 그들을 처음부터 여성스럽고 기름기 흐르는 민족이었다고 간주하는 것은 잘못이다. 이오니아인들의 역사는 상당 기간 피의 전쟁으로 가득했고, 그들의 시인 칼리노스, 아르킬로코스, 알카이오스와 밈네르모스 등은 실로 전사(戰士) 시인이었다. 하지만 스파르타나 아테네와 달리 어디에서도 이들에게 국가는 궁극적 목표가 아니었다. 희랍정신사에서 이오니아인들의 역할은 개인 역량의 해방이었고 정치생활에서도 그러했다. 이오니아 식민도시국가가 전반적으로 이런 개인 역량들을 하나로 묶어 이를 통해 국가 역량을 강화하지는 못했지만, 비교적 견고한 사회관계를 유지하던 본토의 도시국가들에 성공적 국가개조의 전기를 마련할 정치사상이 처음 등장한 곳도 이오니아였다.

이오니아 정치생활의 가장 이른 반영물을 우리는 호메로스 서사시에서 발견한다. 트로이아와 벌인 희랍인들의 전쟁은 희랍인들이 세운 도시국가를 묘사할 직접적 계기를 제공하지는 못했다. 호메로스에게 트로이아는 이방인이었기 때문이다. 하지만 시인이 트로이아의 방어를 이야기할 때 본의 아니게 이오니아 도시국가의 특징들이 끼어들게 되었다. 조국의 수호자 헥토르는 심지어 칼리노스와 튀르타이오스에게도 전범이 되었고, 특히 칼리노스에서는(본서 167쪽을 보라.) 스파르타 이념에 근접한 것처럼 보인다. 하지만 실로 이오니아 도시국가는 일찍이 전혀 다른 방향으로 발전했고 이것은 이미 서사시에서도 엿보인다. 『일리아스』가 평화로운 도시 전경을 묘사하는 몇 군데에서, 예를 들어 아킬레우스의 새로운 방패에서 우리는 도시 중앙의 장터에서 재판이 열리는 것을 본다. "원로들은" 반들반들 깎은 돌들 위에서 신성한 원을 그리고 앉아 판결을 내렸다.[1] 귀족 남성들은 애초 왕의 권한이었던 판결에 이미 깊숙이 관여했다. 다수 지배를 반대하여 "아직 왕들이 있다."[2]라는 유명한 목소리도 있었지만 사실 왕들은 매우 위태로운 처지에 놓여 있었다. 또 아킬레우스의 방패 그림에는 왕의 영지가 언급되는바 왕은 농장의 일꾼들을 흐뭇한 마음으로 바라본다.[3] 이제 왕은 잘해야 귀족지주에 지나지 않았고 서사시는 귀족영웅들을 때로 '왕(basileus)'이라 불렀다. 토지소유를 전제로 하는 농업기반 생활형식은 본토처럼 식민지에서도 우선은 변함없이 이어졌다. 다른 예는 파이아케스인들의 왕 알키누스다. 그는 법적으로 세습 왕이지만 원로회의에서 다만 명예 수장으로 회의를 이끈다. 왕정에서 귀족정으로 이행은 먼 미래의 일이 아니었고, '왕'은 이제 다만 최고 사제직 혹은 다른 특별한 권리를 가지지 않는 동명의 관직으로 남게 되었다. 이런 발전을 가장 잘 보여준 곳은 아테네이며 물론 다른 도시에서도 확인된다. 아테네에서 코드로스 왕조는 점차 그림자 신세로 전락했고 솔론의 시대에 기존의 귀족정에 자리를 내주었다. 이오니아 식민지 개척 이후 얼마나 걸려 이런 전형적 발전과정이 완료되었는지를 세부적으로 알 수는 없다.

계속해서 새로운 이주민 집단이 몰려드는 좁은 소아시아 해안지역, 뤼

---

1) 『일리아스』 제18권 504행 이하.
2) 『일리아스』 제2권 204행 이하.
3) 『일리아스』 제18권 556행 이하.

디아인과 프뤼기아인과 카리아인 등이 막고 있어 아직 정치적으로 완벽하게 장악되지 못한 내륙지방, 따라서 내륙으로 더는 확장이 불가능한 상황은 해안도시들로 하여금 더더욱 해상활동을 통해 안전을 확보하도록 만들었고 점차 해상무역에 진력하게 되었다. 이때도 해상경영에 제일 먼저 나선 이들은 자신을 변화시킬 줄 아는 부유한 귀족들이었다. 식민지 희랍인들은 희랍본토를 떠나온 이후 더는 토지에 밀착하지 않았다. 『오뒷세이아』는 이미 무한대로 확장된 해양무역의 지평, 이오니아 뱃사람이라는 새로운 인간 유형을 반영한다. 오뒷세우스는 전쟁에 목마른 귀족이라기보다, 바다 멀리까지 떠돌아다니는 모험심과 탐험욕의 화신이었고 전 세계를 여행하는 데 익숙하며 어떤 경우에도 필요한 것을 얻는 능력을 갖춘 인물, 세상일에 익숙한 꾀 많은 이오니아인을 대표한다. 『오뒷세이아』의 시선은 동쪽으로 페니키아와 콜키스, 남쪽으로 이집트까지, 서쪽으로 시킬리아와 서부 에티오피아, 북쪽으로 흑해를 넘어 킴메리인들의 땅에 닿았다. 지중해 전체의 무역을 장악하여 희랍인들에게 가장 위협적인 경쟁자였던 페니키아 선원과 상인집단을 바다 여행자가 만나는 이야기는 여기저기 넘쳐난다. 『아르고 호 이야기』도 진정한 바다 여행자의 서사시로 아르고 호 여행자들이 만난 먼 땅과 먼 나라의 놀라운 일들을 보고한다. 이오니아 무역은 소아시아 도시국가들의 빠른 조직적 성장과 더불어 확대되었고 그에 따라 농업기반 사회는 계속 위축되어갔다. 무역이 결정적으로 확대된 것은 이웃한 뤼디아의 금 세공품이 도입되고 교환무역이 화폐무역으로 대체되면서부터였다. 소규모 해양 도시국가들의 분명한 인구과잉 증거는 본토의 모국처럼 이들 식민도시가 기원전 8~6세기에 이르러 지중해와 프로폰티스와 흑해 연안에 주도적으로 식민활동을 펼쳤다는 것이다. 하나의 도시(예를 들어 밀레토스)에서 갈라져 나간 엄청난 수의 식민도시는 다른 역사 자료가 부족한 상황에서 우리에게 당시 이오니아의 팽창 열기와 모험 열망을 말해준다. 또 당시 소아시아의 희랍 식민도시들을 지배했던 삶의 약동을 전해준다

넓은 시야, 놀라운 민첩성과 개인적 추동력 등은 이때 탄생한 새로운 인간형의 전면에 드러난 특징들이다. 삶의 변화된 형식과 함께 새로운 정신이 등장해야 했고 지평 확장과 넘치는 활동력은 용감하고 대담한 사상에 날개를 달아주었다. 독립적 비판의 정신은—아르킬로코스의 개성 강한 서정시 또는 이오니아 밀레토스의 철학에서 발견된다—공적 영역으로도 확대되었다. 이때 희랍세계의 다른 곳에서라면 분명히 있어야 할 내적 갈등이 있었다는 보고를 우리는 알지 못한다. 하지만 인간사회의 토대로서 법률을 칭송하는 일련의 증거들은, 서사시의 후대 부분에서 시작하여 아르킬로코스와 아낙시만드로스를 거쳐 헤라클레이토스에 이르는 이오니아 문학에 넘쳐난다. 시인들과 철학자들이 법률을 높게 평가한 것은—당연히 그렇게 생각될 수도 있지만—결코 현실을 앞지르는 것이 아니다. 그것은 분명 기원전 8세기에서 5세기 초에 이르는 공적 생활영역에서 이런 진보가 근본적 중요성을 가졌다는 사실을 반영한다. 헤시오도스 이래 희랍본토의 시인들도 이에 동조했고 아테네의 솔론도 그러했다.

이제껏 모든 재판은 논쟁의 여지없이 귀족의 손에 달려 있었고 성문법 없이 관습법에 따라 판결이 내려졌다. 비(非)귀족신분의 지위가 경제성장에 따라 향상되었고 이에 따라 귀족과 평민의 대립이 점차 첨예화되자, 재판권이 정치적으로 남용되는 사례가 쉽게 발생했고 이는 민중의 성문법 요구로 이어졌다. 뇌물을 받고 판결을 왜곡하는 귀족 재판장에 대한 헤시오도스의 비난은 이런 성문법 요구의 전(前) 단계였다. 이를 통해 정의(dike)라는 단어는 계급투쟁의 정치구호가 되었다. 개별 도시들에서 법률 성문

화 투쟁의 역사는 수백 년 동안 이어졌다. 이에 대해 알려진 바가 별로 없기 때문에 그 원리 자체에만 집중하고자 한다. 성문화된 법률은 신분 고하를 막론하고 '만인에게 동일한 법률'을 의미한다. 재판관은 변함없이 귀족이었고 평민은 맡을 수 없었다. 하지만 이제 앞으로 귀족들은 정의의 확고한 법문(法文)에 따라 재판에 임해야 했다.

호메로스는 가장 초창기의 상황을 전해준다. 호메로스는 '질서(*themis*)'라는 전혀 다른 단어로 법을 나타냈다. 호메로스의 왕들에게 제우스는 "홀과 질서"[4]를 허락했다. '질서'는 역대 왕들과 귀족지배자들이 가진 재판관의 권위를 나타내는 총체 개념이었다. 어원적으로 '질서'는 '규칙'을 의미한다. 귀족정 시대의 재판관은 제우스가 내린 '규칙'에 따라 판결을 내렸는바 이때 '규칙'의 법문(法文)은 관습법의 전승과 자기 판단에 따라 재판관이 스스로 정했다. '정의(*dike*)'의 개념은 어원이 분명하지 않았다. '정의'는 희랍 법률용어에서 유래하며 '질서'만큼 오래된 개념이다.[5] 사람들은 재판의 당사자들이 '정의를 내놓고 받는다.'고 말했는데, 이때 형벌결정과 형벌집행이 단일 행위로 이해된다. 가해자는 '정의를 내놓는다.' 이것은 근원적으로 피해를 보상한다는 것과 같은 의미다. 재판을 통해 권리를 되찾은 피해자는 '정의를 받는다.' 재판관은 '정의를 분배한다.' 이에 따르면 정의의 기본 의미는 얼추 '몫을 분배하다.'쯤 될 것이다. 구체적으로는 재판, 판결과 처

---

4) 『일리아스』 제2권 206행.

5) 당시에는 공헌이 있었지만, 역사적인 저술이라고는 할 수 없는 R. Hirzel의 『테미스와 디케, 그리고 유사 개념들』(Leipzig, 1907)은 몇 가지 관점에서 이제 낡은 것이 되었지만, 그래도 여전히 쓸 만한 것들을 찾을 수 있는 보고(寶庫)다. 개념 발전사에 대한 중요한 설명을 V. Ehrenberg의 『초기 희랍의 법개념』(Leipzig, 1921)이 내놓았다. 'δίκη'를 'δικεῖυ(던지다)'에서 찾으려는 시도와 이에 이어 신적 판단(던짐)을 근원적 의미로 설명하려는 시도는 내가 보기에 실패로 끝났다.

벌을 의미한다. 후자와 같은 구체적 의미는 일반적으로 파생적 의미이며 본원적 의미는 아니다. 호메로스 시대 이후의 도시국가 생활에서 정의 개념이 요구하는 좀 더 높은 의미는, 후자의 기술적이며 표면적 의미에서 발전한 것이 아니라, 익숙하고 아주 오래된 정형 어구들의 법정 언어에 포함된 규범요소에서 비롯되었다. '정의'는 우선 개인이 요구하는 정당한 몫을 의미했고 이어 이런 요구를 천명하는 원칙 자체를 의미했다. 그리하여 오만(*hybris*)이—원래 불법행위를 나타내는 정규 단어였다—인간에게 상해를 가했을 때 도움을 요청할 수 있는 것이 정의였다. '질서(*themis*)'가 세워짐과 유효성 등 좀 더 법률적 권위를 나타내는 쪽이라면, '정의(*dike*)'는 사법적 관철을 목표로 한다. 이제까지 법률을 오로지 부과된 권위와 엄명인 '질서'로서 위로부터 받아야 했던 계급이 권리투쟁에 나선 시대에 정의는 필연적으로 핵심 구호가 될 수밖에 없었다. 정의의 외침은 이제 점차 잦아지고 열정적인 시대적 요구로 발전한다.

하지만 '정의'의 어원에 이런 투쟁에서 장차 중요하게 쓰이도록 운명 지어진 요소가 담겨 있었다. 그것은 평등의 요소였다. 이것은 분명 애초부터 거기에 담겨 있었다. 민중의 근원적 사유방식에 따라 다시 생각해볼 때 요구와 그에 따른 보상이 같아야 하고, 받은 것을 똑같이 돌려주어야 하고, 입은 피해에 상응하는 것이 대가로 주어져야 하는 법이다. 이런 기본 생각들이 전적으로 사건 심판의 영역에서 생겨났음은 손에 잡힐 듯 분명하며, 여타 민족들이 보여주는 법제사적 전형성과 일치한다. 희랍사유에서 '정의(*dike*)'라는 단어는 언제나 평등이라는 근원적 요소를 담고 있었다. 수백 년 뒤의 철학적 국가론들도 여전히 평등에서 출발하고 다만 평등개념의 새로운 해석들을 시도할 뿐이다. 마지막 단계로 민주주의적 법치국가 수립에 따른 기계적 평등해석은, 플라톤과 아리스토텔레스가 인간 불평등에 근거해 주장한 귀족정치적 평등해석과 첨예하게 대립한다.

먼 과거 평등권의 요구는 최고 목표였다.[6] 내 것과 네 것을 두고 벌어진 아주 사소한 모든 분쟁에서도 모든 당사자의 몫을 공평하게 나누기 위한 척도가 필요했다. 이때도 경제적 상품교환의 일정 척도 혹은 무게단위가 도입될 때와 동일한 법적 토대 위에 다시 한 번 문제가 제기되었다. 사람들은 권리참여를 위한 올바른 척도를 요구했고 그런 척도를 정의 개념 자체에 포함된 평등 요구에서 발견했다.

분명 사람들은 평등이라는 척도의 다의성 때문에 당혹했을 것이다. 하지만 이것 때문에 오히려 사실 평등은 정치투쟁의 구호가 되기에 적합했을지 모른다. 평등을 불균등한 권리의 단순한 평등, 다시 말해 (재판관 혹은 법률이 존재하는 한에서) 재판관 혹은 법률 앞에서 귀족과 비(非)귀족의 평등으로 이해할 수도 있다. 하지만 나아가 재판에 능동적으로 참여하거나 국가 중대사를 결정하는 투표에 개개인이 동등하게 참여하는 국헌적 평등, 혹은 마지막으로 귀족이 차지하던 통치 관직에 평범한 시민이 참여하는 평등을 의미할 수도 있다. 마지막의 것은 계속해서 기계적 평등사상이 확장되는 가운데 민주주의에 도달한 초기 모습이다. 하지만 민주주의가 만인의 법적 평등 요구 혹은 성문법의 요구에 필연적 결과는 아니다. 양자는

---

6) 솔론의 단편 24 Diehl 18~19행을 보라. 헤시오도스에서도 이미 같은 생각이 나타난다. 솔론은 분명 이오니아적 사상에 근거하고 있다. 법 앞에 혹은 재판관 앞에 평등한 권리의 요구가 예전부터 존재했다는 사실에서 우리는 다음과 같이 추측할 수 있다. 평등사상은—기원전 5세기에 이르러 비로소 자주 보게 되며 대부분 민주주의적 평등을 의미한다—우리가 가진 몇 안 되는 증언들 이전에 이미 존재했으며 그때는 다른 의미의 평등을 의미했다. Ehrenberg의 『초기 희랍의 법개념』(Leipzig, 1921), 124쪽은 다르게 해석한다. R. Hirzel의 『테미스와 디케, 그리고 유사 개념들』(Leipzig, 1907), 240쪽에서 '재산분배'라는 주장은 내가 보기에 비역사적이며 극단적 평등의 민주주의와도 절대 부합하지 않는다.

과두정국가 혹은 왕정국가에도 실현되었다. 오히려 극단적 민주주의에서는 법률이 아니라 대중이 국가를 통치하는 것이 일반적이기 때문이다. 물론 이런 국가형태가 희랍 땅에서 생겨나고 확대되기까지는 수백 년의 세월이 더 필요했다.

이런 민주주의에 이르기까지 우선 일련의 전 단계들이 있었다. 가장 오래된 단계는 일단 종전처럼 귀족정의 형태를 취했다. 하지만 정의가 공공생활의 토대를 구축하고 상하가 평등해진 이후의 귀족정은 예전과 달랐다. 귀족도 새로운 시민상에, 다시 말해 정의에 따르고 정의를 척도로 삼은 시민이라는 이념에 동의해야만 했다. 다가올 사회적 갈등의 시대, 폭력적 혁명의 시대를 맞아 귀족들은 자신을 지키기 위해 정의에 호소해야 했다. 새로운 이념의 교육은 언어 속에 흔적을 남겼다. 아주 오랜 옛날부터 구체적 일탈행위를 표현하는 상당수의 단어, 예를 들어 간통, 살인, 절도, 강도 등이 존재했다. 하지만 이런 범행들을 삼가고 올바른 한계를 엄수하며 지켜야 할 규범을 지시하는 일반적 개념은 존재하지 않았다. 이에 대하여 운동경기의 탁월함을 최고로 치던 시대에 씨름, 권투시합 등의 추상명사를 만들어낸 것처럼 나중 사람들은 '정의(*dikaiosyne*)'라는 추상개념을 만들었다.[7] 새로운 추상명사는 정의 감정의 지속적 내면화를, 나아가 고유한 인간형과 특별한 덕의 구체화를 의미한다. 덕은 근원적으로 사람들이 가진 혹은 보여주는 탁월함이었다. 과거 인간의 덕을 용기와 등치함으로써 도덕적 요소가 인간의 다른 탁월함을 모두 아우르고 지배하도록 만들었

---

7) 추상명사의 전 단계로서 형용사 'δίκαιος'는 『오뒷세이아』에, 그리고 『일리아스』의 나중 부분에 나타난다. 호메로스에서 이에 대한 추상명사는 존재하지 않는다. 'παλαισμοσύνη' 혹은 'παλαιμοσύνη'는 호메로스와 튀르타이오스와 크세노파네스가 사용했고, 'πυκτοσύνη'는 크세노파네스의 신조어로 보인다.

다. 이제 새로운 덕 '정의(*dikaiosyne*)'는 좀 더 객관적 형태였다. 정의는 덕 그 자체였다. 특히 정의와 불의의 확고한 잣대가 성문법 안에 있다고 믿기 시작한 이래 더욱 그러했다. 법문(法文)의 정착을 통해, 다시 말해 만인에 게 적용되는 법 관행의 성문화를 통해 정의의 보편 개념이 명확한 내용을 가지게 되었다. 정의는 이제 국법에 복종함을 의미했다. 이는 후에 기독교 의 덕이 신의 계명에 복종함을 의미했던 것과 같다.

이때 인간교육의 새로운 움직임이 도시국가라는 생활공동체를 통해 형 성된 법의지 속에서 성장했다. 이는 초기 귀족 단계의 투사적 용기라는 전 사 이념 가운데 그랬던 것과 같았다. 이런 옛 전사(戰士) 이념은 스파르타 국가를 통해 튀르타이오스의 엘레기에 들어와 보편적·시민적 탁월함으로 고양되었다.[8] 하지만 힘겨운 내부 국헌 투쟁에서 성장한 새로운 법치국가 와 법률국가에서 이런 순수 전사적 스파르타 유형은 유일하게 모든 유형 을 아우르는 정치적 인간의 실현을 의미하지 않았다. 에페소스 시인 칼리 노스가 나라를 침범하는 야만족에 맞서 조국을 지킬 것을 비(非)전사적 동 료 시민들에게 호소한 예처럼 남성적 용기는 이오니아의 도시국가에서도 결정적 순간 존재했다. 탁월함 전체 가운데 용기의 위치만이 변경되었을 뿐이다. 적 앞에서 조국을 위해 목숨을 바치는 것까지를 포함한 용기를 시 민들에게 요구하는 것이 법률이었고 이를 실천하지 못할 경우 법률은 무 거운 형벌을 내렸다. 하지만 그것은 다른 요구들 가운데 하나일 뿐이었다. 희랍인의 도시국가적 사유에서 법률이 가지게 된 구체적 의미에 따라 정의 롭게 행동하는 사람, 다시 말해 법률에 복종하고 법률을 모범으로 삼는 사 람[9]은 전쟁에서도 책임을 다한다. 호메로스의 영웅들이 보여준 영웅적 탁

8) 본서의 167쪽 이하 참조.

월함이라는 자유로운 옛 이념은 이제 엄격한 국가적 의무가 되었고, 모든 시민은 예외 없이 마치 내 것과 네 것의 경계를 준수하듯 국가적 의무에 종속된다. 기원전 6세기의 유명한 시구들 가운데 후대 철학자들이 자주 인용하는 '모든 탁월함이 정의 하나에 집약된다.'는 시구가 있다. 새로운 법률국가의 본질이 이 시구를 통해 거의 완벽하게 정의되고 있다.[10]

완벽한 시민이 갖추어야 할 모든 요구조건을 포괄하고 충족하는 탁월함인 정의는 다른 모든 탁월함을 압도했다. 이전 단계의 탁월함들은 없어지지 않고 좀 더 높은 새로운 형태로 지양되었다. 이것이 바로 플라톤이 『법률』에서 요구한 내용인바 최고의 탁월함으로 용기를 칭송한 튀르타이오스의 서정시는 이상국가에서 '수정'되었고 용기를 대신하여 정의가 배치되었다.[11] 플라톤은 스파르타적 탁월함을 배제하려는 뜻은 아니었고, 다만 그것을 알맞은 자리에 배치하여 정의에 종속시키고자 했을 뿐이다. 내전에서의 용기는 외적과의 전쟁에서 발휘되는 용기와 구분되어야 한다고 플라톤은 보았다.[12] 플라톤은 정의로운 인간의 이상형이 탁월함을 모두 가지고 있음을 보여주는 훌륭한 예를 제시한다. 플라톤이 자주 사용한 표현방식에 따르면 네 가지 탁월함으로 용기, 경건, 정의, 절제가 있다. 『국가』 등 몇몇 경우에 경건은 철학적 지혜로 등장하기도 하지만, 일단 이것은 접어두자. 플라톤의 소위 사주덕(四主德)이라는 규범은 이미 아이스퀼로스에서

---

9) 법률에의 복종으로 정의를 이해하는 것은 기원전 5세기와 4세기에 일반적이다. 최근 발굴된 안티폰의 단편 *Oxyrh. Pap. XI. n. 1364 col. 1(1~33)* Hunt(Diehl, *Vorsokr.* 4, Bd. II., XXXII쪽)를 보라. 특히 R. Hirzel의 『테미스와 디케, 그리고 유사 개념들』(Leipzig, 1907), 199쪽 각주 1에 인용한 것을 보라. 또 플라톤 『크리톤』 54b.를 보라.
10) Phokylides 단편 10 Diehl=Theognis 147.
11) 플라톤 『법률』 660e.
12) 플라톤 『법률』 629c 이하.

진정한 시민적 탁월함의 총체로 등장했다. 플라톤은 이를 당시 범희랍적 국가윤리에서 가져왔다.[13] 규범은 네 개였지만 플라톤은 정의로 나머지 탁월함을 포섭하게 했다.[14] 아리스토텔레스의 『니코마코스 윤리학』에서도 이런 현상은 반복된다. 그는 플라톤보다 더 많은 숫자로 탁월함들을 구분했으나, 이때 정의라는 탁월성을 언급하면서는 그 이중성을 언급하는바 정의를 좁은 의미의 정의(사법적 정의)와 도시국가의 윤리규범 전체를 아우르는 넓은 의미의 정의로 구분했다. 후자는 범희랍적 법치국가의 정의 개념을 가리키는 것임을 우리는 어렵지 않게 알 수 있다. 아리스토텔레스도 명시적으로 '정의 안에 모든 탁월함이 들어 있다.'는 시행을 언급한다.[15] 이제 법이 법규를 통해 국가 종교, 동료 시민, 그리고 국가의 적에 대한 시민의 관계를 규율한다.

플라톤과 아리스토텔레스의 윤리학을 윤리학 전부로 받아들이고 이를 절대적인 것으로 보았던 후대 사람들은 이 철학적 윤리학이 옛 희랍의 국가윤리에서 출발한다는 사실을 알지 못했다. 이 윤리학이 기독교 교회와 논쟁을 벌이기 시작하면서 사람들은 플라톤과 아리스토텔레스가 용기와 정의를 윤리적 탁월함으로 거명한 것에 의문을 품게 되었다. 이것이 희랍인들의 윤리의식이라고 기정사실로 받아들여 왔음이 분명했다. 도시국가 공동체가 사라진 사람들에게 고대적 의미의 국가가 사라진 상황에서, 그

---

13) 아이스퀼로스 『테바이를 공격한 일곱 장수』 610행. 빌라모비츠는 이 시행을, 그가 믿었던바 플라톤의 탁월함 규범을 근거로 후대 삽입으로 여겼고 그가 편집한 아이퀼로스 편집본에서 이 시행을 삭제했다. 하지만 나중에 이런 삭제를 취소한다. 나의 강연록 『희랍교육의 건설에 있어 플라톤의 위치』(*Die Antike*, Bd. 4., 1928, 163쪽)와 『플라톤 시대의 희랍 국가윤리』(Rede zur Reichsgründungsfeier der Universität Berlin, 1924)를 보라.
14) 플라톤 『국가』 433b.
15) 아리스토텔레스 『니코마코스 윤리학』 1129b27.

리고 단순히 종교적 개인윤리의 관점에서 이것은 쉽게 이해되지 않았으며 심지어 모순으로 보였다. 사람들은 용기가 탁월함인가, 그렇다면 어째서 그러한가의 문제를 다루는 학위논문들을 쏟아냈으나 이렇다 할 성과는 없었다. 우리가 보기에, 옛 도시국가적 윤리를 후대의 철학적 윤리학이 의식적으로 수용하고 이로써 이후 모두에게 심대한 영향을 미치게 된 것은 전적으로 자연스러운 정신사적 과정이다. 철학은 순수이성을 먹고 자라지 않는다. 철학은 역사적으로 성장한 교육과 교양이 개념적으로 승화된 형태다. 그리고 이것은 플라톤과 아리스토텔레스의 철학도 마찬가지다. 희랍철학은 희랍문화 없이 이해되지 않으며 희랍문화는 희랍철학 없이 설명되지 않는다.

옛 국가윤리와 그 인간적 이념이 기원전 4세기의 철학을 통해 수용되는 역사적 과정과 유사한 사례를—이는 우리의 예측이다—도시국가 문화가 생성되던 시대에서도 찾을 수 있다. 도시국가 문화는 이미 전 단계의 문화들을 수용했다. 도시국가 문화는 호메로스의 영웅적 탁월함을 받아들였을 뿐만 아니라 귀족시대의 유산인 운동경기의 탁월함을 또한 수용했다. 예를 들어 스파르타가 역사 무대에 등장하던 시점에 스파르타의 국가교육이 그랬던 것처럼 도시국가는 시민들에게 올림피아와 여타 운동경기에 참가할 것을 권고했고 승리를 안고 고향으로 돌아오는 자를 최고의 명예로 추켜세웠다. 앞서 승리는 다만 승자 집안만을 유명하게 만들었지만 이제 승리는 전체 시민 공동체의 단결의식이 고취되던 시대에 '조국의 더 많은 영광(*ad maiorem patriae gloriam*)'에 이바지하게 되었다. 도시국가는 자식들에게 운동경기는 물론 선대의 음악적 전승과 예술훈련에도 참여하도록 독려했다. 도시국가는 법률의 영역에서 '평등'을 만들어냈고 나아가 귀족문화가 창조했고 현재 시민의 공동자산이 된 고급 생활 재화에서도 평등을 만들어냈다.

　개인생활에 미치는 도시국가의 엄청난 힘은 도시국가의 이념에 근거한다. 도시국가는 정신적 실체이며 인간적 삶의 모든 탁월한 내용의 담지자로서 이를 다시 구성원들에게 배분한다. 오늘 우리는 이런 맥락에서 우선, 청소년의 교육을 주장한 도시국가에 대해 생각해본다. 국가적 청소년 교육은 기원전 4세기의 철학을 통해 최초로 주장되었다. 하지만 이미 국가는 스파르타 이외의 지역에서도 도시국가의 문화가 생성되던 시점에 시민들의 교육자였다. 이를 우리는 국가가 신들을 모시는 축제의 운동경기와 음악 경합을 이상적 자아실현의 한 종류로 보았으며 이를 축제의 일부로 받아들였다는 점에서 확인할 수 있다. 체육과 음악은 당시 정신적·육체적 교육을 과시할 최고의 기회였다. 따라서 플라톤이 체육과 음악을 "태고의 교육(ἀρχαία παιδεία)"이라고 부른 것은 정당하다. 이렇게 근원적으로 귀족적인 문화를 도시국가마다 돈을 많이 들여 성대한 경기 형태로 육성함으로써 운동경기뿐 아니라 음악적 관심에도 아주 놀라운 활력이 제공되었다. 음악과 체육 경쟁에서 본격적으로 드디어 진정한 공동체 정신이 형성되었다. 희랍의 도시민들은 그때부터 도시국가에 대해 소속감과 커다란 자부심을 느끼게 되었음이 분명하다. 희랍인을 완벽하게 묘사하기 위해서는 그의 이름과 아버지 이외에도 그가 속한 도시국가를 말해야 한다. 오늘날의 국적의식처럼 희랍인에게 도시국가의 소속의식은 이상적 가치였다.

　시민 공동체의 총체로서 도시국가는 많은 것을 제공하지만 또한 그 대가로 최고의 것을 요구한다. 개인들에 대해 강경하고 냉정하게 도시국가는 자기를 관철시키며 개인들에게 도시국가의 영향력을 행사한다. 도시국가는 이제 시민들에게 모든 유효한 생활규범의 원천이었다. 인간과 그 행위의 가치는 오로지 도시국가에 끼친 공과에 따라 측량되었다. 이것은 법과 개인의 평등을 얻기 위해 믿기지 않을 정도로 치열하게 싸웠던 투쟁의 거의 모순에 가까운 결과다. 인간은 법이라는 새로운 엄격한 구속을 만들어냈고 법은 도전하는 움직임들을 하나로 집결시켜 옛 사회질서가 당시 할 수 있었던 것보다 더욱 가혹하게 구속하는 데 성공했다. 도시국가는 법을 통해 객관화되며 법은 후대 희랍인들이 말했던 것처럼 왕이 되었다.[16] 눈에 보이지 않는 왕은 법률 위반자들을 법정에 세우며 강자들의 탈법행위를 저지했다. 또 왕은 통제를 통해 과거 일개인의 자의에 좌우되던 모든 생활영역에 긍정적으로 작용했다. 도시국가는 시민들의 사생활과 윤리적 행동이라는 아주 내밀한 사안들에까지 한계를 설정하고 길잡이 노릇을 했다. 따라서 도시국가의 발전은 법의 쟁취를 통해 새롭고 세밀한 생활규범의 전개를 이끌어내는 것이었다.

　여기서 도시국가는 인간 조형에 대해 새로운 의미를 가진다. 도시국가의 각 형태마다 거기에 맞는 특별한 인간유형을 길러냈다는 플라톤의 말은 옳다. 아리스토텔레스도 플라톤처럼 완벽한 도시국가 내의 교육에서 국가정신을 시민 모두에게 각인시킬 것을 요구했다.[17] 이런 이상의 표현이 기원전 4세기의 위대한 아티카 국가철학자들 사이에 널리 회자된 "법의 정신 안에서 교육"이란 상투어였다.[18] 이 말은 법률 성문화를 통한 보편타당한 법규범 제정의 직접적인 교육적 의미를 분명하게 보여준다. 단순한 귀족적 이상(理想)의 교육에서 근본적이며 철학적으로 검토된 인간이념의 교

---

16) 핀다로스(단편 169 Schröder)에 의해 표현되었고 희랍문학 내에서 하나의 계보를 이루었다. E. Stier, *Nomos Basileus*, Berl. Diss. 1927을 보라.
17) 플라톤 『국가』 544d. 아리스토텔레스 『정치학』 1275b3.
18) 플라톤 『법률』 625a, 751c, 『서한』 335d. 이소크라테스 『축하연설』 82, 『평화에 관하여』 102. 아리스토텔레스 『정치학』 1337a14.

육으로 발전하던 희랍교육의 도정에서 법은 중요한 단계다. 나중의 철학적 윤리와 교육은 내용적으로나 형식적으로 과거의 입법활동과 전반적 연관성을 가진다. 철학적 윤리와 교육은 순수사유의 공허한 공간이 아니라 민족의 역사 실체를 개념적으로 가공하는 가운데 성장한 것이고 이는 이미 고대철학에서도 인정된 바 있다. 민족 역사가 품은 법률적·윤리적 규범의 유산은 법에서 가장 큰 구속력을 갖는 가장 보편적인 형식을 발견했다. 플라톤이 보여준 철학적 교육의 저작활동은 그가 마지막 저작에서 입법자로 등장하면서 절정에 이른다. 아리스토텔레스는 윤리학의 결말 부분에 자기 이상을 실현해줄 입법자를 소리 높여 요청한다. 희랍인들에게 입법이 철저히 어떤 탁월한 개인들의 업적이라고 할 때 법은 철학의 전 단계다. 입법자를 민족의 교육자로 보는 것이 타당하다. 희랍사유의 특징은 종종 입법자가 시인과 대등하며 법률의 제정이 시인 현자의 요구와 같다는 점이다. 양자는 본성에서 유사한 존재이기 때문이다.[19]

타락한 강압적 국가의 입법체제에 의해 민주주의가 변질하던 시대에 등장한 법률비판은 이때 아직 등장하기 전이었다. 후대의 회의주의와 달리 당시 모든 철학자는 하나같이 법을 칭송했다. 그들이 보기에 법은 도시국가의 정수였다. 헤라클레이토스는 말했다. "민중은 성벽을 지키기 위해 싸우는 것처럼 법을 지키기 위해서도 싸워야 한다."[20] 방어성벽으로 둘러싸인 가시적 도시국가의 배후에 눈에 보이지 않는 도시국가가 보이는데 그것을 지키는 굳건한 성벽은 법이다. 매우 인상적인 법이념의 반영물은 일

---

19) 나의 논문 『솔론의 국태민안』, Sitz. Berl. Akad. 1926, 70쪽. '연설 작가'로서의 입법자는 플라톤 『파이드로스』 257d를, 입법자를 시인들과 연결하는 것은 같은 책 278c를 보라.
20) 헤라클레이토스 단편 DK22B44=정암 124.

찍이 기원전 6세기 중반 밀레토스 아낙시만드로스의 자연철학에도 나타난다. 그는 도시국가의 사회생활에 등장하는 정의의 표상을 자연에 적용했고 생성과 소멸의 근원적 연관성을 일종의 법정 투쟁으로 설명했다. 사물들은 서로에게 자신의 불의에 대한 벌과 배상을 시간의 판결에 따라 치러야 한다.[21] 여기서 철학적 우주론이 시작되는바 다시 '우주(kosmos)'는 원래 도시국가 혹은 공동체의 법적 질서를 나타내는 개념이었다. 국가질서를 우주에 투사하는 과감한 사유, 다시 말해 인간 삶뿐만 아니라 존재자의 본성에도 평등이 지배하며 탐욕이 지배원리가 되어서는 안 된다는 요구에 비추어보건대, 당시 법과 정의의 새로운 도시국가적 경험이 모든 사유의 중심이었고 실존의 토대였고 세계 목적의 존재를 믿는 믿음의 원천이었다는 사실을 알 수 있다. 철학적 세계해석의 이런 정신적 투사과정이 갖는 의미는 특히 자세히 평가되어야 한다. 여기서 간단히 이런 투사과정이 국가영역에, 그리고 도시국가적 인간이라는 새로운 이념에 어떤 의미를 부여했는가만을 다루고자 한다. 분명한 것은 이오니아에서 철학적 의식의 출현이 법치국가의 탄생과 깊이 연관되어 있다는 점이다. 그 고통의 뿌리는 자연과 삶을 본질적 형상으로 근거 짓고 해석하는 일반적 사유였고, 이런 사유는 이때 처음 탄생하여 점진적으로 희랍문화를 완전히 장악하게 된다.

마지막으로 우리는 이오니아에서 시작되어 옛 희랍 귀족문화가 '보편적 인간교육'의 이념으로 발전하는 데 결정적으로 이바지한 새로운 도시국가의 의미를 검토해야 한다. 여기서 내가 말하는 것은—특히 강조하는 것인데—도시국가의 첫걸음마 단계에서 아직 완전하게 드러나지 않았으나, 우리가 분석해야 할 도시국가의 전체적 발전상을 보면 크게 두드러진다. 하

---

21) 아낙시만드로스 단편 DK12A9=정암 6. 본서의 260쪽 참조.

지만 여기서 이런 역사적 발전의 출발과 그 영향범위에 일단 주목하여 이를 고찰하는 것도 의미 있는 일이다.

도시국가는 인간을 도시국가의 질서 안에 편입시킴으로써 인간에게 사적 생활과 함께 제2의 실존인 '정치적 삶(βίος πολιτικός)'을 부여한다. 각 개인은 이로써 말하자면 이중의 질서에 귀속된다. '개인적인 것(ἴδιον)'과 '공적인 것(κοινόν)'이 시민생활에서 서로 명확하게 구분된다. 이런 의미에서 시민은 '개인(idiot)'일 뿐만 아니라 '국민(polit)'이다. 시민은 개인 직업 능력은 물론 보편적 '시민 덕목(πολιτική ἀρετή)'이 요구된다. 이는 각 개인에게 도시국가의 공공영역에서 타인들과 화합과 이해의 협력을 가능하게 만드는 역량이다. 여기서 왜 새로운 도시국가적 인간형을 헤시오도스의 민중교육에 등장하는 인간노동에 연결시킬 수 없는지가 명백해진다. 헤시오도스의 탁월성 개념은 실생활 내용과 노동자 계급이 노동에서 보여주는 직업윤리로 채워져 있었다. 오늘날의 관점에서 희랍교육의 발전과정을 조망하면서 새로운 운동이 헤시오도스의 교육내용을 수용할 필요가 있었다고 생각하는 경향을 보인다. 또 새로운 운동이 귀족의 보편적 개인 교육이 아닌 각 개인을 각자의 직업 역량에 따라 평가하는 민중교육의 신개념을 만들어냈다고, 각 개인이 각자의 일을 가능한 한 완벽하게 수행하는 데서 (마치 플라톤이 『국가』에서 정신적으로 우월한 소수가 이끄는 권위 국가의 귀족정을 통해 그랬던 것처럼) 전체의 안녕을 도모했다고 생각한다. 또 새로운 운동이 민중생활방식과 직업 종류를 통해 노동은 결코 수치가 아니며 모든 인간의 시민적 권리를 지탱하는 유일한 토대라고 설명했으리라고 생각한다. 하지만 실제적 발전은 이런 중요한 사회적 사실관계의 인정과 무관하게 전혀 다른 방향으로 발전했다.

궁극적으로 인간의 보편적 도시국가화를 관철하는 필요한 새로운 것은 각 개인에게 능동적으로 국가와 공공생활에 참여하고 사적 직업영역과 철저히 구분되는 시민의무를 의식하도록 요구하는 것이었다. 이런 보편적 정치덕목은 이제까지 귀족의 전유물이었다. 귀족은 아득한 과거로부터 권력을 행사했고 이를 통해 절대적으로 우수한 필수 수업을 받았다. 새로운 도시국가도 도시국가의 이익을 정확히 파악하는 한에서 이 덕목을 부정할 수 없었고 다만 남용과 오용을 막고자 했다. 투퀴디데스의 페리클레스가 말한 이념에 따르자면 아무튼 그러했다. 도시국가의 교육은 엄격한 스파르타처럼 자유로운 이오니아에서도 옛 귀족교육, 다시 말해 온전한 인간과 모든 덕을 아우르는 탁월함의 이념에 연결되었다. 헤시오도스의 노동윤리가 사라진 것은 아니지만 이제 도시국가의 시민들에게 최고의 목표는 과거 포이닉스가 아킬레우스에게 가르쳤던바 연설하는 사람이면서 동시에 행동하는 사람이 되는 것이었다. 적어도 새로 등장한 시민계급의 지도층은 이를 반드시 성취해야 했고 대중도 어느 정도까지는 이런 탁월함의 사상에 동조해야 했다.

이런 발전은 매우 중요한 결과를 가져왔다. 기술적 직업 역량과 정치적 교육의 관계가 문제시되었다는 사실을 기억해야 한다. 이는 소크라테스가 민주주의를 비판하면서 제기한 문제다. 석공의 아들, 노동민중계급에 속하는 평범한 인물이었던 소크라테스가 보기에 신발 장인과 옷 만드는 사람과 목수 등은 자기 특수 분야의 올바른 장인이 되기 위해 기술을 배워야 했지만, 정치가는 훨씬 더 중요한 사안을 다루는 '장인'이면서도 상당히 규정하기 어려운 내용의 일반 교육만을 받는 것은 심각한 모순이었다. 분명한 것은 이런 문제제기가 정치적 탁월함이 일종의 능력과 지식이라는 사실을 자명한 전제로 받아들인 시대에 이루어졌다는 점이다. 이때부터 이런 특수 분야 지식의 결여는 민주주의의 본질로 보였다. 사실 희랍 초기 도시국가에서 정치적 탁월함은 결코 어떤 탁월한 지식의 문제가 아니었다. 우리는 앞서 당시 시민적 탁월함을 어떻게 이해했는지를 설명했다. 새로 건립된 법치국가에서 시민의 진정한 탁월함은 신분과 지위의 차이 없이 모두가 법이라는 새로운 권위에 자발적으로 복종하는 것이었다. 정치적 탁월함의 이런 고전적 이해에서 품성이 철저히 논리를 압도한다. 법률 복종과 규율이 도시국가의 시민에게는 훨씬 중요했다. 그가 직업적으로 탁월한지 혹은 도시국가의 목표를 제대로 이해하고 있는지는 전혀 문제가 아니었다. 도시국가의 목표에 얼마나 참여하는지도 전혀 논의 사항이 되지 못했다.

초기 도시국가는 시민들에게 삶의 모든 이상적 토대를 보장하는 장치였다. '폴뤼테우에스타이(πολιτεύεσθαι)'는 공공활동에 참여함을 의미하는 동시에 아주 단순하게 보자면 삶을 가리킨다. 양자는 같은 것이기 때문이다. 이후의 도시국가는 이보다 높은 정도로 인간존엄과 가치를 의미하지 못했다. 아리스토텔레스가 인간을 도시국가적 동물로 정의하고 인간을 도시국가적 본성에 비추어 동물과 구별했을 때 인간본성의 이런 등식, 그러니까 국가와 인간의 등식은 오로지 도시국가의 공동체적 본질이 좀 더 높은 신적인 삶의 총체를 의미하는 초기 도시국가의 문화를 통해서만 설명할 수 있다. 이런 옛 희랍적 모범에 따른 법률질서, 다시 말해 도시국가가 그 정신적 지주이며 모든 정신문화가 도시국가를 지향하는 법률 우주를 바탕으로 해서 플라톤은 『법률』을 기획했다. 그는 그 책[22]에서 모든 참된 교육 혹은 인간교육을, 상인과 장사꾼과 뱃사람 등 직업인의 특수 지식과 구별하여 다음과 같이 정의했다. "참된 교육은 법률의 토대 위에 통치하고 통치

---

22) 플라톤 『법률』 643e.

받을 줄 아는 완벽한 시민이 되려고 열망하는 인간을 그가 갖추어야 할 탁월함으로 이끄는 것이다."

플라톤은 여기서 초기 도시국가의 정신에 충실하게 **'보편교육'의 근원적 의미를 천명했다.** 그는 정치적 기술에 대한 소크라테스의 요구를 자신의 교육개념에 맞추어 수용했지만, 그렇다고 플라톤이 장인의 지식에 가까운 특수 전문지식을 생각했던 것은 아니다. 진정한 교육은 플라톤에게 '보편교육'이었다. 정치적인 것은 보편적인 것을 의미하기 때문이다. 전인(全人)을 지향하는 이상적 도시국가 교육과 실제적 직업지식 사이에 존재하는 대립의 궁극적 연원은 앞서 언급한 바와 같이 고대 희랍의 귀족이상(理想)이다. 귀족이상은 도시국가 문화에서 비로소 더욱 큰 중요성을 얻게 되었다. 왜냐하면 이때에 이런 정신적 이념형이 시민 전체에 부과되었고 귀족교육은 도시국가 인간의 보편교육이 되었기 때문이다. 초기 도시국가는 보편적·인간적, 윤리적·정치적 교육의 '인간본성' 이념이 발전하는 과정에서, 귀족교육과 떨어질 수 없는 바로 옆에 위치한다. 실로 초기 도시국가의 역사적 임무는 귀족교육의 전개라고 말할 수 있다. 이런 교육의 본질상 초기 희랍 도시국가가 전혀 다른 힘에 따라 작동하는 대중지배로 이어진 것은 중대한 발전이 아니었다. 교육은 모든 정치적 변동에도 불구하고 본래의 귀족적 성격을 유지했다. 교육의 가치를 늘 예외적 조건에서 드러나는 몇몇 뛰어난 개인에 비추어 평가해서는 안 되며, 평균화로 귀결되지 않을 수 없는 대중적 효용성에 비추어 평가해서도 안 된다. 이런 시도는 희랍인들의 건강한 이성과 거리가 먼 일들이었다. 보편적 도시국가의 탁월성이라는 이념의 불가결성은 어떤 사회체제든 민중과 국가의 존재에 필수적인 사회 지도층을 늘 새롭게 교육해야 하는 필연성에 기인한다.

이오니아-아이올리아 문학에서 개인의 형성

　모두에게 적용되는 법의 보편적 토대 위에 국가의 재정립은 시민이라는 새로운 인간 유형을 만들어냈고 시민생활의 보편타당한 규범을 만들어내는 일은 새로운 공동체를 위해 매우 절실하고도 시급한 일이 되었다. 초기 희랍 귀족 공동체의 이념이 서사시에 객관적으로 표현되었다고 할 때, 헤시오도스가 농부의 생활경험과 노동윤리라는 좀 더 분별 있는 지혜를, 튀르타이오스가 스파르타 국가정신의 엄격한 요청을 문학을 통해 항구적 형식으로 전달했다고 할 때 새로운 도시국가 이념을 완벽하게 전달할 동시대 문학의 존재는 일견 회의적이다. 도시국가 문화도 우리가 살펴본 것처럼 선대의 교육을 기꺼이 수용했고 선대의 고급문학을 선대 귀족문화의 음악이나 체육도 빼놓지 않고 도시국가 이념의 전달 수단으로 사용했다. 하지만 당대의 문학적 창작물에서―만약 그랬다면 이미 고전으로 격상된 과거의 문학과 어깨를 나란히 할 수도 있었다―우리는 시대의 본질을 표현하고 드러내는 언급을 전혀 발견하지 못했다. 겨우 거론할 수 있는 것이라고는 전통적 서사시 문체를 응용한 건국 역사물들뿐이지만, 초기 도시국가 시대의 가뜩이나 드문 예술창작물들 가운데 어디에서도—로마인 베르길리우스가 국가 서사시라는 문학 장르의 마지막 걸작인 『아이네이스』를 창작한 것처럼—진정한 건국 서사시로 불릴 만한 작품을 찾을 수 없다.

새로운 도시국가의 정신을 진정 혁명적으로 드러낸 작품은 이런 운문 형식이 아니라 산문 창작물이었다. 문자화된 법률이 바로 그런 형식이었기 때문이다. 인간 공동체의 새로운 발전 단계에 나타난 특징은, 엄격하고 정의로운 삶과 행동의 이상적 규범을 위한 정치투쟁이 선명하고 보편타당한 문장으로 규범을 확정하는 데 큰 심혈을 기울였다는 점이다. 매우 격렬하게 느껴지는 이런 윤리적 요구 때문에 새로운 인간의 문학적 구상화에 대한 요구는 처음에는 크게 후퇴하고 말았다. 법치국가는 합리적 정신에서 배태되었고, 따라서 그 자체로는 문학에 대해 전혀 친연성을 가지지 못했다. 도시국가 생활에서 문학적 생산성의 여지는 호메로스, 칼리노스, 튀르타이오스에서 이미 완전히 고갈되었다. 시민적 일상의 전 영역은 고급문학의 소재가 되지 못했다. 솔론이 보여준 도시국가 내적 영웅주의는—이는 새로운 고급문학의 원천이 된다—이오니아인 혹은 아이올리아인에게 전혀 의미 없는 것이었다.

대신 인간의 가장 좁은 영역에서, 무엇보다 정치적인 것에서 멀리 벗어난 곳에서 체험의 새로운 왕국은 문학에 문을 열어주었고 문학은 그곳을 열정적으로 파고들었다. 이 세계로 우리를 인도한 문학은 이오니아의 엘레기와 얌보스, 그리고 아이올리아의 서정시였다. 개인적 생의지의 역동성은—그 팽팽한 힘을 우리는 도시국가의 구조 변화 가운데 간접적으로나마 공동체의 삶을 변화시킨 영향력에서 확인할 수 있다—직접적 내면성 안에 꿈틀거리는 동기들의 표출 가운데 묻어난다. 이런 대단한 정신적 사건을 살펴보지 않는다면 우리는 정치적 격변을 이해하기 위해 가장 중요한 요소를 놓치게 될지도 모른다. 당시의 정신과 물질의 인과관계를 우리는 특히 당시의 경제 상황에 관해 전혀 전해진 것이 없는 상황이기 때문에 대부분 파악할 수 없다. 하지만 우리가 논하는 교육사에는 새로운 시대의 인간이 추구했던 정신적 요소가, 이를 기반으로 이어지는 발전과정에서 새로운 시대의 인간이 남긴 흔적들이 훨씬 더 중요하다. 이오니아 정신의 이런 흔적들은 희랍역사에서, 나아가 인간역사에서 매우 중요한 부분이다. 시인들이 이때 처음으로 자신의 이름으로 자신의 감정과 생각을 표명했다. 공동체는 이들 시인에게 전혀 관심의 대상이 아니었다. 이들이 정치적인 것을 건드리는 경우에도(이는 드물지 않은 일이었다.) 이는 헤시오도스와 칼리노스와 튀르타이오스와 솔론에서처럼 존중해야 할 보편규범으로 등장하지 않는다. 알카이오스처럼 개인 당파적 격정을 발설한 것이거나 아니면 아르킬로코스처럼 개인이 자신의 권리를 강력히 주장한 것이었다. 동물들이 서로 "자기 권리"를 다투는 우화도 사람들의 세상을 익살스럽게 반영한 것이다. 무엇보다 이런 새로운 문학에서 시인이 개인 생각을 거리낌 없이 밝힐 때면 언제나 도시국가와 그 사회구조가 전제되어 있다. 사회관계 속에서 개인은 구속만큼이나 자유를 누리며 때로 사회관계는 드러나지 않지만, 때로 아르킬로코스처럼 시인이 이에 대한 개인적 생각을 동료 시민들에게 분명히 드러내는 경우도 있다.

이런 문학에서 처음으로 놀라울 정도로 분방하게 표출되기 시작한 개성은 세상의 구속 혹은 자유 가운데 오로지 내면을 관조하고 자신에게 침잠하는 근대적 자아의 감수성이나 순수감정의 흐름이 아니었다. 사실 아마도 문학적 개성의 이런 근대성도 다만 근원적·자연적 예술형식으로의 귀환에 지나지 않을 수 있다. 개인감정의 소박한 표현은 다른 민족, 다른 세대에도 분명 예술의 최초 단계에 등장했을 그런 일이다. 개인감정과 생각을 최초로 세계에 꺼내놓은 것이 희랍인들이라는 견해만큼 어리석은 것도 없다. 세계 전체는 오히려 이런 종류의 생각과 감정으로 가득하기 때문이다. 희랍인들이 이런 개성에 예술형식을 부여한 최초 민족도 유일 민족도 아니다. 근대 유럽인들이 크게 감명받는 유사한 중국 서정시에서도 개성이 나타난다. 그러기에 더욱 이것이 초기 희랍의 개성이 가진 본질적 차이점을 찾는 출발점이 되었다.

희랍시인들의 사유와 감정은 새로 개척한 자아영역 내에서도 여전히 어떻게든 규범적인 것, 당위적인 것에 연관된다. 이를 구체적으로 좀 더 정확하게 살펴보자. 아르킬로코스와 동시대인들이 개성을 어떻게 이해하고 있었는지를—비록 이미 오래전부터 개성이란 표현이 자리 잡기는 했지만—개념적으로 포착하기는 어려운 일이다. 이것은 분명 개별 영혼이 자기 가치를 의식할 때의 자아감정이나 기독교 이후의 현대적 자아감정이 아니다. 희랍인들에게 자아는 고립되거나 격리된 무엇이 아니라, 늘 자연과 인간사회 등 주변 세계 전체와의 생생한 관계 속에서 포착된다. 이런 개성의 표출에서 자아는 배타적 주관을 배제한다. 혹은 이렇게 말할 수 있는데, 예를 들어 아르킬로코스 문학의 개별 자아는 대상 세계 전체와 그 법칙을 자기 안에 표현하고 드러내는 법을 배웠다. 희랍의 개인은 의식적 활동을 위한 자유와 공간을 추구했다. 다만 주관적인 것을 무제약적으로 풀어놓는 방식이 아니라 자신을 정신적으로 객관화하는 방식을 통해서였다. 자아가 소위 자신의 내적 법칙을 발견한 것은 자신을 외부세계의 법칙에 대립하는 세계로 설정하면서부터다.

우리는 이런 과정을 고찰하여 이것이 서양 정신의 형식사에 미친 영향을 조명하려고 한다. 몇 가지 예들을 살피고자 한다. 우리는 이와 유사한 과정을 이미 다른 측면에서, 그러니까 칼리노스와 튀르타이오스의 엘레기 생성에서 살펴보았다. 그때 우리는 교육사적으로 고찰할 만한 사실을 확정했는바 스파르타의 시민 이상형은 영웅들의 용기를 고취하는 호메로스 권고문들을 서사시에서 찾아 직접 현실의 체험세계에 적용함으로써 문학적 표현양식을 찾았다. 그때 스파르타 시민 모두와 스파르타 병사들에게 해당하던 것들을 이제 아르킬로코스는 자신을 향해 되풀이한다. 아르킬로코스와 동료들은 엘레기에서 호메로스적 역할과 운명과 생각의 실행자로 등장한다. 이런 형식적 내용적 이식(移植)과정에서 당시 개인들이 서사시의 내적 수용을 통해 수행한 커다란 교육과정이 분명히 확인될 수 있다. 이때 정신태도와 생활자세의 좀 더 자유로운 단계로 개인을 부각시킨 것도 일차적으로는 호메로스의 교육적 결과에 힘입은 것이다.

아르킬로코스가 "에뉘알리오스왕의 시종"이라고 자신을 소개하면서 동시에 "무사 여신들의 사랑스러운 선물"에도 능통하다고 말했을 때,[1] 우리는 여기서 결정적이고도 새로운 것인바 전사(戰士)와 시인이라는 놀라운 직업 조합을 당연히 특이하게 생각한 자아의 대담한 자의식을 경험한다. 하지만 여기서 우리가 기억해야 하는 것은 시인이 실제의 자신에게 서사시적 표현형식의 영웅적 장식을 덧입히는 이것, 혹은 그가 용병으로 밥벌이를 위해 참여한 "창으로 이름난 에우보이아의 왕들"과의 전쟁을 자랑스럽게 "아레스가 들판에서 벌이는 전쟁"으로, "칼의 슬픔으로 가득 찬 전투"로 언급하는 이것은 정신적 자기 형성의 과정이라는 점이다.[2] 창으로 먹

---

1) 아르킬로코스 단편 1 Diehl.
2) 아르킬로코스 단편 3 Diehl. 우리는 아르킬로코스가 주변의 아는 사람들을 언급할 때 사용한 "Κηρυκίδης", "Αἰσιμίδης", "Αἰσχυλίδης" 등의 호칭에서 서사시를 모방한 호명 형식을 발견한다.

고사는 시인은 호메로스 영웅들처럼 "창에 기댄" 자세로 포도주를 마시고 빵을 먹는다.[3] 이런 모든 것을 귀족가문 출신이 아닌 사내가 말하고 있다. 삶과 행동과 생각 전반에 걸쳐 서사시는 사내의 태도와 행동양식을 결정한다.

물론 아르킬로코스 자신이 이런 막중한 역할을 늘 완벽하게 수행하고 있다고 느낀 것은 아니다. 아르킬로코스의 개성은 그가 자신의 우연적 자아를 호메로스의 이상적 규범에 맞추고 그렇게 고양하려 했던 것에서 확인된다. 나아가 이상(理想)에 따라 자신을 평가하고 이상에 가까이 가려는 태도는 필연적으로 예리한 희랍적 시각으로 상고기의 무거운 갑옷이 부실한 보통 인간의 비틀거리는 몸에 맞지 않는 곳은 없는지를 살펴보게끔 한다. 이런 자의식은 아르킬로코스의 쾌활함을 결코 꺾지 못했고, 반대로 그에게 전통적 이상의 충족시킬 수 없는 조건들에 대해 자기 생각을 드러내고 유쾌하게 자기 주장을 펼치는 새로운 계기가 되었다. 호메로스의 영웅들에게 방패의 상실은 명예의 상실이었고 그들은 이런 창피를 당하느니 차라리 생명을 잃는 것이 낫다고 생각할 수도 있었다. 하지만 파로스 출신의 새로운 영웅은 여기서 중요한 단서를 붙인다. "방패 때문에 사이아의 누군가는 우쭐하겠지. 덤불 옆에 나는 원치는 않았지만 흠 잡을 데 없는 나의 무장을 버렸네. 그러나 죽음일 뿐인 끝을 피했네. 왜 내가 그 방패를 염려하랴? 가져가라지. 그에 못지않은 것을 나는 다시 사리라."[4] 이렇게 노래할 때 그는 동료들에게서 비웃음을 살 것을 잘 알고 있었다. 이것은 현대적 · 현실주의적 조롱으로 영웅도 목숨은 하나뿐이라는 사실을 냉

---

3) 아르킬로코스 단편 3 Diehl.
4) 아르킬로코스 단편 6 Diehl.

정하게 의식하고 있다. "흠 잡을 데 없는 무장"과 "죽음일 뿐인 끝"이라는 웅장하게 울리는 서사시적 미사여구는 여기서 분명 웃음의 원천이 되었다. 이를 방패막이 삼아 용감한 도망자는 진짜 제대로 뻔뻔스러운 결론을 내리는바 당황스러운 당당함은 백미다. "그에 못지않은 것을 나는 다시 사리라." 도대체 방패란 것이 무두질해 만든 소가죽에 빛나는 철제 장식을 박아놓은 것 말고 달리 무엇이란 말인가!

영웅적인 것이 '자연적인 너무도 자연적인 것'으로 이동하는 변화는 믿기 어려울 정도로 당당해 보이는데 이것은 서사시의 후대 부분에 이미 등장한다. 아킬레우스가 『일리아스』의 마지막 권에서 슬퍼하는 프리아모스에게 식사를 권하며 하는 말과 다를 것이 없지 않은가? 죽은 아들의 시신을 찾으러 온 프리아모스에게 아킬레우스는 자식을 잃은 고통에 슬퍼하는 니오베의 예를 들어 이렇게 말했다. "니오베도 실컷 울고 나서는 다시 먹을 것을 생각했으니 말이오."[5] 우리는 모두 인간일 뿐이다. 영웅도 한계를 가지고 있다. 자연적인 것을 노래한 비극처럼 아르킬로코스에서 희극이 엄격한 영웅적 규범을 파괴한다. 그렇지만 여하튼 희랍인들의 사유는 올바른 규범의 주변을 맴돌며 때로 자연보다 규범을 좀 더 숭고한 것으로 규정하기도 하고, 때로 규범적 이념 대신 자연에 권리를 부여하기도 하며 아무튼 끊임없이 규범과 논쟁을 벌인다. 귀족전통과 계급 명예라는 엄정한 구속이 느슨해지기 시작했음과 그것이 용병에게는 전혀 규범으로 작동하지 않음을 알리는 이런 첫 번째 언명 이후, "자연"을 진정하고 유일하게 정당한 행동규범으로 선포하는 윤리적 사유의 철학적 혁명이 일어나기까지는 아직 오랜 시간이 필요했다. 하지만 전통적 행동방식의 모든 울타리를 타

---

5) 『일리아스』 제24권 602행 이하.

파하는 아르킬로코스의 저돌적인 개인적 일탈에 이미―그리고 이는 전반적으로 시인의 숨김없는 솔직함을 의미한다―뻔뻔하지만 다른 한편 엄격한 도덕적 구속들에 비추어 좀 더 자연스럽고 고귀한 사람이 되어야 한다는 의식이 숨겨져 있다.

아르킬로코스의 첫인상에 순수 주관주의로 보였던 것들도 종종 다만 탁월함과 저열함에 대해 달라진 일반적 견해의 표출에 지나지 않는다. 이는 대중의 신들과 전승의 위압에 맞서는 정당한 반발의 표출이었다. 이것은 전승규범의 느긋한 회피가 아니라 새로운 규범을 위한 진지한 투쟁이었다. 상고기 사회질서에서 인간 평가의 최고 심급은 대중적 평판이었다. 항변은 전혀 불가능했다. 평판을 크게 존중한다는 점에서 호메로스의 귀족 세계와 헤시오도스의 농부와 장인 도덕이 일치한다.[6] 아르킬로코스가 정의와 불의, 명예와 수치에 대한 백성들의 평판을 전혀 걱정하지 않았다는 점에서 그는 좀 더 자유로운 발전 단계를 나타낸다. "마을 사람들의 험담을 걱정한다면 누구도 많은 즐거움을 누리지 못할 것이다."[7] 분명 이런 탈구속에 인간본성적 쾌락이 과소평가할 수 없는 역할을 했는바 시작은 분명 상당 부분 거기에서 비롯되었다. 새로운 자유와 자연성에는 일종의 쾌적함이 늘 따라다니는 법이다. 시민 대중의 험담이 행사하는 강압에 맞서 항거하도록 이끈 것은 쾌락주의적 근거들만이 아니다. 아르킬로코스의 비판은 더없이 신랄한 원칙적 공격으로 이어졌다. 도시국가는 도시국가를

---

6) 호메로스의 귀족윤리는 창피함에 경직되고, 명성 앞에 이완된다. 『오뒷세이아』 제16권 75행, 제19권 527행, 제24권 200행에서 백성들의 평판을 존중하는 것은 서사시 후대 부분에서 작동하는 시민 도덕에 속한다. 헤시오도스 『일들과 날들』 763행에서 '구설(口舌)'은 여신으로 격상된다.

7) 아르킬로코스 단편 9 Diehl.

위해 자신을 희생한 사람의 이름을 그의 죽음을 넘어 영원히 명예롭게 기억한다고 사람들은 주장했다. 이것을 호메로스 이래로 모든 시인은 희생자를 위한 확고부동한 보상이라고 말해왔다. 하지만 아르킬로코스는 말한다. "사람들 가운데 누구라도 죽고 나면 존경을 받지도 명성을 얻지도 못하리라. 차라리 우리는 살아 있는 동안 삶의 은총을 좇으리라. 가장 나쁜 것은 언제나 죽은 사람의 몫일진저."[8] 다른 단편은 더욱 분명하게 그의 생각을 표현한다. 시인은 추문의 당사자를 더는 두려워할 필요가 없게 되었을 때 어두운 방구석을 나와 대놓고 떠들어대는 사악한 추문을 생각한다. "망자를 조롱하는 것이야말로 추악한 짓이다."[9] 평판의 심리학을 꿰뚫어보고 대중의 저급한 생각을 본 사람은 만인의 목소리를 무조건 존중하는 태도를 버린다. 호메로스가 말한 것처럼 인간의 생각은 제우스가 보내주는 날들처럼 변화무쌍하다. 아르킬로코스는 호메로스의 이런 인식을 자기 주변의 삶에 적용한다.[10] 하루살이 인생이 무언가 위대한 것을 바랄 수 있겠는가? 옛 귀족윤리는 평판의 커다란 힘을 경배했으며 이를 다르게, 그러니까 위대한 행위의 명성과 귀족 구성원들의 행복한 인정으로 이해했다. 하지만 악담을 즐기는 대중의 편협한 잣대에 모든 위대한 것의 평가를 맡기는 생각은 어리석은 일이다. 따라서 도시국가의 새로운 정식은 말과 행

---

8) 아르킬로코스 단편 64 Diehl. 칼리노스 단편 1 Diehl 17행과 튀르타이오스 단편 9 Diehl 23행 이하와 비교하라.
9) 아르킬로코스 단편 65 Diehl.
10) 아르킬로코스 단편 68 Diehl "죽을 운명의 인간들에게 튀모스는, 렙티네스의 아들 글라우코스여, 제우스가 가져오는 그날그날에 달려 있다. 그리고 인간들이 부딪치는 현실이 또한 그들의 생각을 결정한다."『오뒷세이아』제19권 136행 이하 "지상에 사는 인간들의 생각이 어떠한가 하는 것은 전적으로 인간들과 신들의 아버지께서 그들에게 어떤 날을 보내주시느냐에 달려 있소."

동의 커다란 자유분방함을 제지할 필연적 처방으로서 공적 비판이라는 장치를 만들었다.

아르킬로코스가 문학적 '비방(ψόγος)'의 선구자이자 위대한 대표자, 가공할 비방자가 된 것은 단지 우연만은 아니다.[11] 사람들은 조금은 성급하게 상당 부분 비방으로 가득한 그의 얌보스 전체를 개인적 성격의 문제로 처리해버렸다. 희랍문학의 어디에서 그랬는지 모르겠지만, 얌보스 장르에서는 순수 심리학적 설명에 따르고 창작자의 불쾌한 주관적 심정을 직설적으로 토로한 작품으로 해석하는 것이 정당하다고 사람들은 믿었다. 하지만 이때 간과된 것은 비방시의 출현이 초기 희랍 도시국가에서 민중의 중요성이 증가하면서 등장한 시대적 현상이라는 점이다. 얌보스는 애초 디오뉘소스 축제의 공식적 관례였고 개인 원한의 사적 표출이라기보다 민중여론의 보편적 분출이었다. 얌보스는 후대에 매우 자연스럽게 아티카 구희극으로 발전 수용되었는데, 이때 시인은 익히 그 악명이 알려진바 공적 비판의 대변인으로 등장했다는 점을 지적하는 것으로 충분하다. 구희극의 시인이 아르킬로코스처럼 대중의견의 대변인일 뿐만 아니라 그에 못지않게 대중의견의 반대자였다는 사실이 이에 모순되지는 않는다. 두 가지는 모두 대중과 연관된 역할이기 때문이다. 만약 얌보스가 단지 방종한 자아의 산물로서 세상의 이목을 끌려는 외침이었다는 해석을 받아들인다면 동일한 연원에서 발생한 시모니데스의 철학적·교훈적 얌보스 혹은 솔론의 정치적·교훈적 얌보스를 설명할 방법이 없다. 좀 더 면밀히 살펴본다면 아르킬로코스의 얌보스 문학 속에서 충고의 측면이 비방과 비판의 측면과 함께 들어 있으며 양자가 내밀한 연관성을 가지고 있음이 분명해질

---

11) 프루사의 디온 『연설집』 XXXIII. 12.

것이다.

아르킬로코스에서 우리는 과거 서사시의 충고와 달리 신화적 예화와 모범이 전혀 등장하지 않음을 발견한다. 대신 다른 형식의 충고와 가르침이 등장하는데 이는 그의 충고를 듣는 청중들에게 들려주는 우화 형식이다. "나는 너희에게 우화 하나를 들려줄 것이다." 이렇게 원숭이와 여우에 관한 이야기를 시작한다.[12] 또 여우와 독수리의 우화도 있다. "사람들 가운데 이런 이야기가 전해진다. 한번은 여우와 독수리가 서로 이웃으로 같이 살게 되었다."[13] 우화는 영웅적 문체의 엘레기에 등장하지 않으며 얌보스에만 등장한다. 우리는 앞서 헤시오도스의 『일들과 날들』에서 우화를 아주 오랜 옛날부터 민중적 가르침의 주요 구성요소였다고 밝힌 바 있다.[14] 이런 훈계의 전통은 마찬가지로 아르킬로코스에서 민중적 얌보스 문학에 흘러든 것이 분명하다. 다른 예에서도 우리는 얌보스와 헤시오도스의 결합에서 비방문학의 원형을 추론해볼 수 있다. 그것은 아르킬로코스에 크게 못 미치는 문학 동료,[15] 아모르고스의 세모니데스가 지은 여성 비방시다. 헤시오도스에서 자주 보게 되는 이런 동기에서 우리는 그의 여성 혐오 성향과 시인에게 쓰라린 경험[16]을 남긴 고통스러운 개인적 인생 소설을 추론해보고자 했다. 하지만 이런 여자 비방 혹은 여성 일반 비방은 의심의 여지 없이 공적 기회에 행해진 민중적 비방 연설의 아주 오래된 구성요소다. 세모니데스의 비방시는 헤시오도스의 단순한 모방이지만 단순히 싫어하는

---

12) 아르킬로코스 단편 81 Diehl.
13) 아르킬로코스 단편 89 Diehl.
14) 본서의 127쪽을 보라.
15) 세모니데스 단편 7 Diehl. 헤시오도스 『신들의 계보』 590행, 『일들과 날들』 83행, 373행.
16) Ed. Schwartz, Sitz. Berl. Akad. 1915, 44쪽.

개인적 비방과 공개적 모략이라고 할 수 없는 진정한 옛 얌보스와도 연결된다. 개인적 비방과 게으르고 쓸모없는 여성 전체에 대한 조롱—반대의 경우도 없지 않았으나 다만 아리스토파네스에서야 비로소 시인이 나타났다—양자는 옛 얌보스에 포함되어 있었다.[17]

진정한 민중적 비방(ψόγος)의 본질을 우리가 가진 문학적 원형과 이어진 창작물을 통해 추측하는 것은 당연히 매우 조심스러운 일이다. 하지만 비방은 분명 명백히 확인 가능한 사회적 기능을 가지고 있었다. 그것은 우리가 생각하는 도덕적 질책도 아니며, 죄 없는 희생자에게 화풀이 삼아 자행되는 자의적인 사적 중상도 아니다. 이런 해석에 대해 우리는 비방의 공공성에 주목해야 하는바 공공성은 비방의 효용성과 정당성의 전제다. 모두의 혀가 풀리는 디오뉘소스 축제는 도시와 관련된 잔인한 진실들이 사방에서 자유롭게 터져 나올 기회를 제공한다. 이런 자유가 남용되지 못하도록 종종 그랬던 것처럼 공적 심급은 매우 건강한 감각을 유지한다. 도대체 순수 개인적 증오와 분노 표출이 제아무리 아름다운 형식일지라도 무슨 이상적 혹은 예술적 가치를 가졌겠는가? 만약 아르킬로코스의 서정시에 일반적 대중의견과의 내적 연관이 분명히 느껴지지 않았다면 누구도 아르킬로코스를 수백 년 동안—헤라클레이토스가 전하는 것처럼—음악경연에서 호메로스에 버금가는 희랍인들의 스승으로 모시지는 않았을 것이다.[18] 그의 얌보스에서 나타나는 반복적 '동료에의 호소'도 이를 말해주고 있다. 카툴루스와 호라티우스의 얌보스는—이들은 가차 없는 비판적 자

---

17) 남성과 여성의 상호 비방은 펠레네의 데메테르 축제(파우사니아스 VII 27, 9), 아나페의 아폴론 축제(로도스의 아폴로니오스 IV 1726)에서 분명히 확인된다.

18) 헤라클레이토스 단편 DK22B42=18 정암.

세로 당대의 공적 분노에 공감하며 몇몇 개인들에 대해 비방을 행할 때조차도 최소한 이념적 보편성을 추구했다—아르킬로코스의 부실한 단편들에 기댄 우리 주장을 보강해준다.[19] 아르킬로코스 이래 초기 희랍문학이 밟아온 전체 발전과정에서 보건대 인간에게 가해진 이런 비판, 어떻게든 공적 이목을 집중시키고자 하는 판단과 평가는 보잘것없는 주관성의 목소리가 아닌 사회적으로 인정된 현자의 가르침으로 보아야 한다.

이런 새로운 문학의 강력한 효과는 시대의 절실한 요구에서 비롯되었다. 이로써 최초로 희랍문학에 호메로스 서사시의 고급 문체와—아르킬로코스의 엘레기는 여전히 호메로스 문체를 따르고 있다—크게 갈리는 요소가 나타났다. 새로운 유형은 호메로스 귀족교육의 칭송만으로는 통제되지 않는 강력한 격정을 가진 도시국가와 그 정신을 위해 문학이 준비한 기여라 하겠다. 옛사람들도 이미 알고 있었던 것처럼 인간의 "저열한 본성"에 칭송보다는 비방으로 일침을 가하는 것이 효과적이다. 비방자라는 이런 역할이 대중과 관련된 일임을 우리는 대중에게 환영받을 것을 확신하는 아르킬로코스의 등장 모습에서 확인한다. 심지어 도시국가의 가장 강력한 관리들에게, 군사령관들과 민중 선동가들에게 비판을 가했을 때 그는 이미 이런 비판이 대중의 환영을 받을 것을 확신하고 있었다. 나아가 네오블레와의 결혼 이야기, 시인의 청혼을 거절한 네오블레의 아버지 뤼캄베스에 대한 격정적 중상모략에서도 도시국가 전체를 청중으로 전제하고 있음

---

19) 칼리마코스가 아르킬로코스를 모방하여 남긴 얌보스들은 여기에 해당하지 않는다. 최근 얌보스에 관한 광범위한 발굴이 있었다. 피렌체 파피루스 편집본(Atene e Roma III vol. I)의 대단한 편집자 G. Vitelli와 M. Norsa는 발굴된 작품이 아르킬로코스의 얌보스라고 결론을 내렸다. 아르킬로코스의 박학한 인용, 운율, 재치 넘치는 언어 조탁 등은 내가 보기에 칼리마코스에게 속하지 않나 싶다.(G. Pasquali, *Studi Italiani*, 1933을 보라.) 발굴 작품의 7행에 플라톤이 격렬한 욕망을 설명하기 위해『파이드로스』에서 사용한 영혼의 비유가 보인다.

이 분명히 확인된다. 시인은 고발자이자 동시에 판관으로 등장한다. "아버지 뤼캄베스여, 당신은 무엇을 생각하고 있습니까? 예전에 당신이 가지고 계시던 현명함을 어지럽게 하는 이는 누구입니까? 이제 당신은 마을 사람들에게 큰 웃음거리가 되었습니다."[20] 여기에서도 비방은 훈계조의 형식을 취하고 있다.

물론 개인적 원한의 비방은 주관적 감정을 거리낌 없이 풀어놓으려는 강력한 욕망이다. 몇십 년 전에 발굴된 파피루스에 적힌 얌보스는—사람들은 여기에서 커다란 증오심을 보았다—저주 대상인 원수가 장차 겪게 될 고통을 기쁜 마음으로 자세히 묘사하면서 비방의 욕망을 여과 없이 표출하고 있다.[21] 귀족적 탁월함의 교육 칭송으로 이름을 떨친 핀다로스는 말한다. "나는 불평꾼 아르킬로코스를 멀리서 무기력하게 바라본다. 그는 무서운 욕설의 증오심으로 자신을 살찌우고 있다."[22] 하지만 아르킬로코스의 이런 순수 증오문학도 놀라운 결말에서 보듯 정당한 증오에서 비롯된 것이고 최소한 아르킬로코스는 그렇게 생각한다. "이런 꼴을 보기를 나는 바란다. 그는 전에는 친구였으나 맹세를 짓밟고 나에게 못할 짓을 하고 갔다." 전해지는 한 행의 단편도 거명된 사람을 비난하고 있다. "당신은 간장이 끓여놓는 담즙이 전혀 없구려."[23] 우리가 알 수 없는 문맥에서 유래하는

---

20) 아르킬로코스 단편 88 Diehl.

21) 아르킬로코스 단편 79 Diehl. 오늘날 이 단편은 히포낙스의 단편으로 분류된다. "파도에 떠밀려 살뮈데소스 해안에 발가벗은 그를 머리를 높이 묶은 트라키아인들이 붙잡기를, 거기에서 온갖 나쁜 일을 겪기를. 노예의 빵을 먹으며 추위로 얼어붙은 그를 바다의 거품으로부터 나온 수많은 해초가 덮기를. 이빨을 떨며, 얼굴을 처박고 개처럼 높게 부서지는 파도 옆에 힘없이 누워 있기를. 이런 꼴을 보기를 나는 바란다. 그는 전에는 친구였으나 맹세를 짓밟고 나에게 못할 짓을 하고 갔다."(이상 역자주)

22) 핀다로스 『퓌티아 찬가』 2번, 55행.

23) 아르킬로코스 단편 96 Diehl. 나는 순전히 장소적 함의의 "χολὴν ἐφ᾽ ἥπατι"를 호라티우

이 단편은 분명히 아르킬로코스의 분노를 촉발한 성격으로, 나중에 소요학파 윤리학에서도 도덕적 흠결로 보았다[24]고 알려진바 정당한 분노에 대한 공감 불능과 관련되어 있다. 이 단편은 아르킬로코스의 증오문학 전체에 명료한 빛을 던져준다. 배신한 친구를 질타했던 단편의 결말처럼 이 단편도 아르킬로코스의 얌보스는 강력한 규범요소를 담고 있다는 인상을 강화해준다. 다시 말해 개인적 정당성을 넘어선 어떤 잣대로서 그가 타인들을 질타하고 있다는 의식은 그에게 그만큼 자유롭게 감정을 드러내는 힘을 제공한다. 이것이 바로 얌보스가 비방시에서 교육의 얌보스 혹은 자성의 얌보스로 쉽게 이행할 수 있었던 이유다.

교육적이고 자성적인 단편들을 이제 살펴보도록 하자. 앞서 우리가 아르킬로코스에서 주목했던 호메로스 세계관을 볼 수 있는 단편들이 여기에도 있다. 그는 친구들에게 불행 속에서 남자답게 인내하며 버티라고 훈계하는가 하면, 신들에게 모든 것을 맡기라고 조언한다. 행운의 여신(*Tyche*)과 운명의 여신(*Moira*)이 인간에게 모든 것을 준다.[25] 종종 신들은 불행으

스『풍자시』I 9, 66행(『서정시』I 13, 4행)에 비추어 의역했다.

24) 아리스토텔레스 단편 80 Rose를 보라. 그는 아리스토텔레스의 이런 의견을 입증할 전거들을 세네카, 필로데모스, 키케로에서 모아놓았다. Rose, *Arist. Pseudep.* 114를 보라.

25) 아르킬로코스 단편 7, 8, 58 Diehl. 단편 7 Diehl "페리클레스여, 슬픔을 가져오는 시련에 불평한다면 어떤 시민도 잔치를 즐길 수 없을 것이며 도시 또한 그러하오. 큰소리로 울어대는 바다의 파도가 그 좋은 분들을 삼켜버렸네. 우리는 고통으로 가슴을 적신다. 그러나 신들은 치유할 수 없는 시련에 친구여, 강인한 인내를 처방으로 정하셨다. 때는 달라도 이런 일을 모두가 겪게 마련인걸. 지금은 이런 일이 우리에게 향하여, 피 흘리는 상처로 통곡하지만 다시 다른 사람들에게로 돌아설 것이다. 그러니 어서 견디어라. 여자와 같은 슬픔은 던져버리고." 단편 8 Diehl "페리클레스여, 튀케와 모이라가 사람들에게 모든 것을 준다." 단편 58 Diehl "신들에게 모든 것은 간단하다. 종종 불운으로부터 검은 대지에 누워 있던 사람을 일으켜 세우고 또한 종종 몰락시킨다. 당당한 걸음으로 잘나가던 사람을 누워 있게 만들고, 그에게 많은 슬픈 일이 생기게 한다. 그리고 삶의 궁핍으로 방랑하여, 정신은 사나

로 대지에 뻗어 누운 인간들을 갑자기 다시 일으켜 세우기도 하고, 굳건히 발을 딛고 서 있는 인간들을 쓰러뜨려 눕히기도 한다. 이 모두는 우리가 나중에 희랍사유 가운데 자주 만나게 되는 운명의 여신이 가진 힘에 관한 언급이다. 아르킬로코스의 종교성은 운명의 문제에 뿌리를 두고 있다. 그의 신성 체험은 운명 체험이었다. 이런 숙고는 내용 측면에서, 그리고 부분적으로 언어 측면에서 호메로스에서 유래하며, 다만 인간과 운명의 투쟁은 영웅의 위대한 세계에서 현재의 일상으로 무대를 옮겼다. 투쟁의 무대는, 서사시의 모범에 따라 스스로 고통받고 행동하는 인간으로서의 자의식을 갖고 실존을 서사시적 세계관의 내용으로 채우고 있는 시인의 현재였다. 인간 자아는 사유와 행동의 발걸음을 더욱 자유롭고 의식적으로 옮길수록 자신이 더더욱 운명의 문제에 얽혀 있음을 절감하게 된다.

운명사상의 발전은 희랍인들에게서 내내 인간 자유문제의 발전과 나란히 진행되었다. 높은 정도의 자유를 추구함은 인간에게 운명이 선물하는 많은 것을 거부함을 의미한다. 따라서 아르킬로코스에서 우리가 최초로 아주 분명하게, 내면적 자유를 누리는 사람이 스스로 결정하고 선택한 생활형식을 개인적으로 고백하는 모습을 보게 된 것은 우연이 아니다. 그의 유명한 시구에서 화자는 귀게스의 풍요로운 삶을 거부하며 인간과 신의 경계를 넘어서지 않고 왕의 권력을 추구하지 않는 올바른 삶의 선택을 고백한다.[26] "그것들은 내 눈 밖 멀리 있기 때문이다." 어떤 인식에서 이렇게 당당한 결정에 이르게 되었는지는 시인이 자기 자신을 부르는 독특한 호

워진다."

26) 아르킬로코스 단편 22 Diehl. "나는 귀게스의 금으로 가득 찬 재산에 신경 쓰지 않는다. 부러움이 나를 사로잡지도, 신들이 그를 위해 한 일에 나는 질투하지도 않는다. 위대한 왕이 되기를 바라지도 않는다. 그것들은 내 눈 밖 멀리 있기 때문이다."

칭의 단편에서 확인된다. 이런 큰 규모의 독백은 희랍문학에서 최초로 등장하는 것으로 엘레기와 얌보스에서 흔히 나타나는 타자 훈계조의 호칭으로 시인은 자기 자신을 부른다. 이때 시적 자아는 말하는 자아와, 생각과 욕망의 자아로 갈라진다. 아르킬로코스는 사유와 상황에서 그 모범 사례로 『오뒷세이아』를 따른다.[27] "참아라, 마음이여! 너는 전에 이보다 험한 꼴을 보고도 참지 않았던가!"[28] 아르킬로코스도 자신의 마음을 부른다. 출구 없는 고통의 소용돌이에서 일어서라, 적을 향해 과감하게 가슴을 펼쳐 보여라, 확신을 갖고 당당히 맞서라고 부른다. "일어서라! 적의 가득한 적들에 대항하여 가슴을 펴고 너 자신을 지켜라! 적들의 매복 근처에 굳건히 세워진 너, 이겼다고 떠벌려 우쭐하지 말며, 패했다고 집에 누워 슬퍼 마라! 기쁜 일에 기뻐하고 슬픈 일에 슬퍼하되 지나치게 그러지는 마라! 어떠한 구속(rhythmus)이 사람들을 장악하는가를 깨달아라."

　이런 독립적 태도의 사유는 정도(正道)를 지키라는 실제적·일상적 조언을 넘어, 인간존재 전체를 지배하는 "구속(rhythmus)"의 보편적 관조로 이어진다.[29] 이에 기대어 아르킬로코스는 자제하라는 훈계의 근거를 마련한다. 밖에서 주어진 운명에 딸린 행불행 때문에 희비의 감정이 정도를 벗어나지 않도록 경계한다. 여기서 "구속"이란 최초로 삶이라는 자연과정의 법칙성을 객관적으로 관조하는 데까지 도달했던 이오니아 자연철학과 역사학의 정신이 벌써 감지했던 무엇이다. 헤로도토스는 "인생사의 수레바퀴"

---

27) 아르킬로코스 단편 67 Diehl.
28) 『오뒷세이아』 제20권 18행 이하.
29) 나는 아르킬로코스 단편 67a Diehl, 7행의 이오니아식 어형 'ῥυσμός'를 단순히, 아티카식 어형을 로마자로 적은 'rhythmus'로 번역했다.

를 언급하며 무엇보다 인간운명의 성쇠를 염두에 두었다.[30]

성쇠 때문에 아르킬로코스의 "리듬(*rhythmus*)"을 일종의 순환으로 이해해서는 안 된다. 오늘날의 감각에 그것이 '순환하는' 자연 현상으로, '흐른다(ρέω)'라는 어원 때문에 '순환'으로 느껴지곤 한다. 이것은 언어역사가 전하는 사실에 의해 논박된다. 언어역사는 우리가 음악이나 무용에서 독특하게 사용할 때의 의미는 이 단어의 부차적 의미이며 일차적 의미는 아직 분명하지 않다는 것을 입증했다. 우리는 오히려 희랍사람들이 무용과 음악의 본질을 어떻게 생각했는가라고 먼저 물어야만 한다. 하지만 이것은 아르킬로코스가 여기에서 보여주고 있는 이 단어의 기본 의미를 통해 순식간에 밝혀질 것이다. '리듬이 인간을 잡다.'는—나는 이것을 "장악하다"고 번역했다—사물의 순환이라는 관념을 완전히 배제한다. 우리는 아이스퀼로스의 프로메테우스를 생각한다. 그는 그를 묶은 강철 사슬 때문에 옴짝달싹 못 하게 묶여 이렇게 혼자 말한다. '나는 여기서 이런 리듬에 있다.' 혹은 아이스퀼로스의 말에 따르면 크세르크세스는 이렇게 말한다. '그는 헬레스폰토스의 흐름, 그 흐름 위의 물길을 다른 것(리듬)으로 바꾸어놓았다.' 다시 말해 물길을 다리로 바꾸어놓았으며 흐름을 강하게 붙잡아두었다.[31] 여기서 '리듬'은 움직임과 흐름의 제약과 결박이며 이런 의미가 아르킬로코스의 용례에도 정확히 들어맞는 유일한 의미다. 데모크리토스도 단어의 진정한 옛 의미를 살려 '원자의 리듬'이라는 용어를 사용했는데, 이때 이것은 예를 들어 '원자의 운동'이 아니라 아리스토텔레스가 적확하게 번

---

30) 헤로도토스 『역사』 I 207. 이를 I 5와 비교하라. "인간의 행복이란 덧없는 것임을 내가 알기에 나는 큰 도시와 작은 도시의 운명을 똑같이 언급하려는 것이다."

31) 아이스퀼로스 『결박된 프로메테우스』 241행 "ὧδ᾽ ἐρρύθμισμαι(이 상태에 놓이다)", 『페르시아인들』 747행 "πόρον μετερρύθμιζε(바꾸어놓다)"를 보라.

역한 것처럼[32] '원자의 모양'을 가리킨다. 이미 아이스퀼로스의 고대 주석 가들도 이 단어를 정확하게 이렇게 해석한 것이다. 따라서 희랍인들이 '건물 혹은 조각상의 리듬'을 언급할 때, 이것은 음악적인 것에서 유래한 비유가 아님이 분명하다. 희랍인들이 음악과 무용에서 발견한 리듬이라는 근본 현상은 '흐름'이 아니라 그 반대로 운동의 정지와 그 명확한 한계였다.

우리는 아르킬로코스에서 자연이 인간 삶에 부여한 근본 형식과 동일 형식의 분명한 통찰에서 비롯된 새로운 개인 교육의 놀라움을 보았다. 단순한 전승의 권위와는 독립적으로 인간한계를 의식적으로 받아들이는 태도가 예고되었다. 인간사유는 사태 자체를 좌우하게 되었다. 도시국가의 공동체 삶에서 보편적 가치를 법률적으로 확정하려고 했던 인간사유는 이제 이런 외적 구속을 넘어 벌써 인간 내면의 영역으로 틈입했고 이를 통해 격정의 혼돈도 내적으로 확실하게 구속되었다. 이런 시도를 위해 다음 세기 동안 그런 시도의 무대를 제공한 것은 문학이었고 나중에야 비로소 그것도 부차적 의미에서 철학도 그런 역할을 했다. 호메로스를 넘어 문학의 길은 아르킬로코스에서 정신적 목표를 분명히 인식할 수 있었다. 새로운 시대의 문학은 그간 인간 문제의 유일한 담지자였던 서사시의 신화 내용으로부터 보편적 인간 문제를 진보적으로 분리한 이후 자유롭게 움직이게 된 개인의 내적 요구에서 생겨났다. 시인은 서사시의 이념과 문제를 문자 그대로 자기 것으로 만들면서, 그것들을 얌보스와 엘레기의 특수하고 새로운 문학류를 통해 독자적으로 발전시켰고 개인 삶 속에서 변형시켰다.

아르킬로코스 이후 150년 동안의 이오니아 문학에서 우리가 확인할 수

---

32) 아리스토텔레스 『형이상학』 985b16. 역자는 조대호의 번역을 따라 'schema'를 '모양'으로 번역했다. 『아리스토텔레스의 형이상학 I』(나남, 2012) 46쪽, 각주 73번을 보라.

있는 것은 위대한 개척자에 버금가는 정신적 크기에 이른 이가 하나도 없었고 철저히 그가 개척한 길을 따라 움직였다는 사실이다. 무엇보다 후대에 많은 영향을 미친 것은 아르킬로코스의 얌보스와 엘레기 가운데 반성적 형식이었다. 아모르고스의 세모니데스가 남긴 얌보스들은 교훈적이라고 일컬어진다. 첫 번째 얌보스는 누군가를 호명하며 얌보스를 직접적으로 교육적으로 사용하는 모습을 분명히 보여준다.[33] "소년아, 번개를 치는 제우스는 만물의 끝을 가지되 그가 원하는 대로 일을 마친다. 인간들은 이를 알 수 없고, 소들이 살아가듯 하루살이 인생이니, 신이 어찌 마무리할지 아무것도 알지 못하고 살아간다. 희망과 믿음이 모든 사람을 양육하니 그들은 할 수 없는 일을 하고 있다. 누구는 다음날이 도래하리라, 누구는 봄의 도래를 믿어, 인간들 가운데 누구도 다음 해에는 부와 행운이 충만할 것을 의심치 않는다. 하지만 서글픈 노년이 목적지에 이르기 전에 닥쳐오고, 사람들 가운데 누구는 불운한 질병이 데려간다. 전쟁에 끌려간 사람들을 하데스가 검은 대지 아래로 데려간다. 소용돌이치는 바다에 나선 장사꾼은 자줏빛 바다의 파도와 싸우다가, 가라앉아 연명하지 못하고 죽게 된다. 어떤 사람은 죽음의 밧줄을 목에 걸어 스스로 태양의 빛에서 도망친다." 헤시오도스처럼 시인은 인간에게 없는 불행이란 없다고 불평한다.[34] 수많은 불길한 정령들, 예상하지 못한 고통과 시련이 인간들을 덮친다. "그러나 내 말을 듣는다면, 불행을 사랑하지 않을 것이고 고통스러운 불운에 사로잡혀 우리 마음을 괴롭히지 않을 것이다." 이는 앞서 헤시오도스도

---

33) 세모니데스 단편 1 Diehl.
34) 헤시오도스 『일들과 날들』 100행.

들려주었던 말이다.[35)]

　이 얌보스와 거의 같은 주제를 다루는 엘레기를 통해, 이 얌보스의 유실된 결말 부분에 세모니데스가 사람들에게 무엇을 조언했는지를 알 수 있다.[36)] 맹목적으로 불행을 추구하는 근거는 그들이 불멸의 삶을 바라는 오만함 때문이다. "키오스의 어떤 아름다운 청년은 말했다. 숲속의 나뭇잎처럼 인간의 가문도 그러하다고. 하지만 인간들은 이 말을 귀로는 듣지만, 가슴에는 새기지 않는다. 청년의 가슴에 자라난 희망이 모두의 가슴에 자리한다. 필멸의 인간들은 꽃피는 시간을 보내는 동안은 가벼운 마음으로 많은 실행 불가능한 것들을 계획한다. 누구도 노령과 죽음을 생각하지 않고 건강한 동안은 근심과 질병을 모르기 때문이다. 이렇게 생각하며 불멸의 인간들에게 짧은 순간의 청춘과 삶이 허락되었음을 모르는 자들은 어리석다. 이것을 명심하라. 그리고 유한한 삶을 생각하라. 그대 영혼을 위해 즐거운 일을 챙길 수 있음에 기뻐하라."[37)] 청춘은 여기서 모든 비이성적 환상과 지나치게 무모한 계획의 근원으로 나타난다. 청춘은 인생이 얼마나 짧은가를 생각하는 호메로스적 지혜가 없기 때문이다. 이런 말들을 통해 시인이 내리는 결론, 때를 놓치지 말고 삶의 즐거움을 즐기라는 충고는 특이하고도 새롭다. 이것은 호메로스에 없던 말이다. 이것은 영웅세대의 높은 요구조건들 때문에 많은 것을 상실한 세대가 진심에서 우러나오

---

35) 헤시오도스 『일들과 날들』 58행. 세모니데스 단편 29 Diehl. 10행 또한 헤시오도스(『일들과 날들』 40행)를 연상시킨다.

36) 세모니데스 단편 29 Diehl. Bergk가 이 단편을 아모르고스의 세모니데스가 지은 것으로 분류했는데, 이는 문헌 비평을 통해 입증된 결과다. 하지만 이것은 Stobaios에서 키오스 출신의 시모니데스가 지은 것으로 전해진다. 오늘날 West 등의 편집자들은 시모니데스의 작품으로 분류한다.

37) 역자주: 시모니데스 단편 19+20 West.

는 목소리로 외치는 구호이며, 선대의 가르침으로부터 자기 삶에 절실하게 다가온 것을 읽어낸 생각이다. 앞서 인생무상의 탄식은, 영웅신화의 세계에서 시인의 좀 더 자연스러운 현재 세계로 전해지면서 비극적 영웅주의에서 뜨거운 쾌락주의로 변모해야 했다.

도시국가가 법의 강제 아래 엄격하게 시민생활을 통제하면 할수록 '도시국가의 삶'은 이를 보충하기 위해 사적 생활영역에서 강제성의 이완을 더욱 강하게 요구한다. 이는 나중에 페리클레스가 장례식 연설에서 상당히 경직된 스파르타의 통제와 구별하여 아테네 도시국가의 이상적인 모습을 자유로운 아테네의 인간성에서 찾았을 때의 바로 그것이었다.[38] "우리는 서로 시기하고 감시하기는커녕 이웃이 하고 싶은 일을 해도 화내거나 못마땅하다는 표정을 짓지 않습니다." 이런 행동의 자유는, 모든 것을 구속하는 도시국가의 법이 개인생활에 허락한 필연적 공간이다. 개인적 존재공간의 확장 충동이 이 시대의 대중에게서 좀 더 강한 의식적 향유 욕구로 나타날 때 이것은 아주 인간적인 것이었다. 하지만 이것은 개인을 넘어선 공적 지향과 충돌하지 않는다는 점에서 본격적인 개인주의와 구분되는바 개인적 행복 욕구의 영역 확장은 일정한 한계 안에 머물렀다. 삶의 균형추에서 개인적 행복 욕구에 이전보다 더 큰 무게가 실렸다는 의미다. 페리클레스 시대의 아테네에서 국가 및 공공영역과 구분되는 개인영역이 원칙적으로 인정되었다. 이에 앞서 인정 투쟁이 있었음이 분명하며 그 첫걸음은 이오니아에서였다. 감각적 행복과 아름다움을 추구하며, 이런 가치들을 추구하지 못하는 삶을 격정적으로 무가치하다고 선포하는 쾌락주의적 문학이 그곳에서 처음으로 발생했다.

---

38) 투퀴디데스, II 37, 2.

아모르고스의 세모니데스처럼 콜로폰의 밈네르모스도 엘레기를 통해 삶의 충만한 즐거움을 가르쳤다. 아르킬로코스의 강렬한 자연성이 기회 표출이자 일시적 감흥이었다면, 그의 두 후계자에서 이는 궁극적 삶의 지혜로 등장한다. 이것은 만인을 위한 권고였고 사람들을 이끌고 가고자 하는 삶의 이상이었다. 황금의 아프로디테가 없다면 삶도 행복도 없다! 밈네르모스는 외친다. '만약 내가 더는 사랑을 즐길 수 없게 된다면 차라리 죽는 게 낫겠다.'[39] 세모니데스의 진정한 모습을 파악하기에 우리에게 증거가 너무나 부족하지만 밈네르모스와 같은 시인을 퇴폐적 향락주의자로 평가하는 것만큼 어리석은 것도 없다. 밈네르모스의 단편들 가운데 정치적 전사(戰士)의 목소리를 담고 있는 것들에서 영웅적 전승과 가르침으로 가득한 호메로스 서사시의 강렬한 긴장감이 발견된다.[40] 하지만 그의 문학이 개인적 향유의 영역으로 확장되었을 때 이는 전혀 새로운 것으로 인간 교육에 특별한 의미를 지닌다. 운명에 예속된 인간, 받아들이는 순간 끌려

---

39) 밈네르모스 단편 1 Diehl. "황금의 아프로디테가 빠지면 인생은 무슨 맛이 있나? 사랑이 내게 더는 없다면, 나는 죽어지리라. 몰래 감추어진 방에서의 사랑과 달콤한 선물과 침실, 이런 모든 것은 남자들과 여인들에게나 젊음의 꽃들로 달콤하다. 그러나 고통스러운 노년이 찾아와 전에 아리따운 사람을 흉하게 만들면, 끊이지 않고 노년의 마음에 가혹한 근심이 맴돈다. 그러면 태양 빛을 보는 것도 기쁘지 않고 소년들에게 미움을 받고, 여인들에게 조롱을 받으니 신들은 이렇게 힘겨운 노년을 주었다."

40) 밈네르모스 단편 12~14 Diehl. "그와 같이 왕이 명령한 것을 실천하여 군대가 전진했으니, 그는 왕의 군대로부터 배가 부른 방패로 몸을 가리고서."(12 Diehl) "그는 달랐다. 남자다운 모습에서 솟아 폭풍우 치는 그의 용기를 직접 보았던 옛사람들이 나에게 들려주었다. 헤르모스의 강변, 드넓은 벌판에서 창을 휘두르며 어찌 그가 똘똘 뭉친 뤼디아 기병대를 몰아붙이는지. 팔라스 아테네는 그의 가슴에 사나운 폭력을 촉구할 필요가 없었으니, 전선의 맨 앞에서 거친 전쟁의 피를 부르는 싸움으로 돌진할 때, 그는 적들이 쏘아 보내는 쓰라린 창을 피하지 않고 당당히 맞섰다. 그가 아직 서투르는 태양의 빛 아래 살아 있을 적에 전투가 만들어내는 혼란 속에서 승리의 일을 해내는 데 모든 전사 가운데서 그보다 잘해내는 사람은 없었다."(13 Diehl)

다닐 수밖에 없는 "제우스의 선물"에 붙잡힌 인간의 가중되는 고통이 입증하듯, 호메로스 이후 문학에서 인생의 짧음과 감각적 행복의 덧없음을 점점 더 강하게 한탄하는 모습 또한 사람들이 이제 개인의 인생 권리라는 관점에서 모든 것을 바라본다는 점을 입증한다. 자연적 욕구에 더욱 크게 문을 개방할수록, 더욱 깊이 그 향유에 빠져들수록 더욱 깊은 좌절이 인간을 사로잡음이 분명하다. 죽음, 노년, 질병, 불행 등 인간을 위협하는 것들은 너무나 큰 위협으로 자라난다. 순간의 향유를 통해 이들로부터 벗어나려고 하지만 더욱 절실히 고통이 가슴에 사무친다.[41]

　정신사적으로 볼 때 쾌락주의 문학은 희랍역사 발전의 가장 중요한 전환점 가운데 하나다. 윤리학과 도시국가 건설에서 희랍사유가 개인 문제를 쾌락(ἡδύ)적 동기가 아름다움(καλόν)을 압도한다는 형식으로 늘 제기했음을 떠올리는 것만으로 그것이 얼마나 중요한 전환이었는지 충분히 입증된다. 모든 인간행동을 추동하는 이 두 가지 충동의 공개적 갈등이 지식교

---

41) 밈네르모스 단편 2~6 Diehl. "허나 많은 꽃이 피어나는 봄의 시간이 잎사귀를 피워내듯, 태양 빛에 모든 것이 빨리 자랄 때에 잎사귀와 같이 짧은 시간 동안 핀 젊음의 꽃에 우리는 기뻐한다. 우리는 신들의 뜻에 따를 뿐, 좋은 일과 나쁜 일을 알지 못한다. 검은 케레스가 우리 옆에 버티고 서 있다. 어떤 사람은 이르게 노년에 이르러, 어떤 사람은 이미 죽음을 맞았다. 우리는 다만 젊음이 주는 열매를 매우 조금 얻으니, 태양이 대지를 비추는 것처럼 하지만 그리하여 이러한 봄의 경험이 지나고 나면 곧 살아 있는 인간도 죽어 있는 것과 다름 없다. 그때에 많은 나쁜 것들이 마음에 찾아오니, 집안의 재산도 없고 수고스러운 가난의 고통이 시작된다. 누구나 자식들을 가지길 원하지만, 그렇게 삶을 떠나고 하데스로 갈 때도 자식들을 얻을 수 없다. 또 어떤 사람은 고통스러운 질병을 얻으니 이 세상 누구도 제우스가 고통을 주지 않는 이는 없다."(2 Diehl) "만약 내가 질병도 없이 속상한 근심도 없이 육십의 나이에 죽음의 운명을 맞는다면."(6 Diehl) "그는 예전에 제일 아름다웠건만, 청춘이 지나가자 아비건만 자식들에게 사랑받지 못한다."(3 Diehl) "허망한 꿈처럼 아름다운 청춘은 다만 짧은 시간 지나가니, 못생기고 고통스러운 노년이 네게 운명처럼 머리 위에 걸렸다. 달갑지 못한 노년은 인간에게서 앎을 앗아가고 인간을 휘감아 눈과 마음의 어둠으로 데려간다."(5 Diehl)

사들에서 처음 노출되었고 플라톤 철학의 정점은 쾌락의 욕구를 억제하고 인간 삶의 최고선에 이르고자 하는 것이었다. 기원전 5세기에 이런 갈등을 더욱 첨예하게 몰아가기 위해, 그리고 소크라테스에서 플라톤에 이르기까지 시도했던 방식으로 이런 갈등을 극복하기 위해, 그리고 마지막으로 아리스토텔레스의 인간적 탁월함이 요구하는 것처럼 이런 갈등을 조화로 이끌기 위해 우선 삶의 전적인 쾌락과 의식적 향유를 향한 인간의 욕망은 서사시와 옛 엘레기가 요구하는 아름다움(καλόν)에 맞서 근본적 형식으로 긍정되어야만 했다. 이것이 아르킬로코스 이래로 이오니아 문학에서 일어난 일이었다. 이오니아 문학에서 완수된 정신사의 의미는 탈(脫)중심주의다. 이오니아 문학은 도시국가가 법적 질서의 수립을 통해 공고하게 다져놓은 국가적 사회구조와 통제를 이완시키고자 했다.

이런 공적 발언과 인정 요구에는 아르킬로코스 이후 엘레기와 얌보스에 특징인바 교훈적 반성 형식이 필요했다. 쾌락주의는 이때 개인의 우연적 인생관으로 등장하는 것이 아니다. 시인들은 보편 명제로써 개인의 인생 향유에 대한 '권리'에 근거를 마련한다. 세모니데스와 밈네르모스의 도처에서 자연의 합리적 고찰이 시작되고 밀레토스 자연철학이 생겨난 시대임을 알려주는 것들이 발견된다. 철학사에서 이 시대를 전통적으로 주로 우주론적 측면에 국한한 고찰의 시대라고 규정하곤 하지만, 사유는 멈추지 않고 인간 삶의 문제에 이르렀다. 이런 사유는 오랫동안 윤리적 이념의 전달자였던 문학으로 다가가 문학에 그 숨결을 불어넣었다. 이때도 우리에게 그 자체로 논의될 문제들을 제시했다. 시인은 인생 철학자로 청중 앞에 섰다. 세모니데스의 단편들은 아르킬로코스처럼 때로 반성적 형식으로 이행할 가능성을 가진 충동적 자기 표현이 아니라 특정 문제에 대한 강론이었다. 밈네르모스는 세모니데스보다 예술가적 성격이 훨씬 강하지만, 그럼에도 그의 단편 대부분은 세모니데스와 마찬가지로 사색적이다. 이처럼 문학은 영웅적인 것에서 인간 개인의 것으로 이행하는 과정에서도 교육적 입장을 견지했다.

아르킬로코스 이후 이오니아 문학이 기원전 7~6세기의 전환기에 보편적 사유의 형태로 자연적 삶의 권리에 대해 발언하는 동안, 아이올리아 서정시에서 레스보스 사람 사포와 알카이오스는 개인의 내면적 삶을 끄집어냈다. 희랍 정신영역에서 유일무이한 이런 현상에 가장 근접한 것은 보편적 숙고뿐만 아니라 개인적 체험을 개인적 감정의 다양한 색채로 보여준 아르킬로코스의 자기 표출 형식이었다. 아르킬로코스는 실제로 아이올리아 서정시의 전 단계가 아니라고 할 수 없다. 아르킬로코스가 격정적 주관성을 쏟아낸 증오문학에서 도덕감정의 보편적 규범을 따를 때, 아이올리아 서정시는 특히 사포에서 이를 넘어 순수감정의 발언에 이르렀다. 아르킬로코스를 통해 개인영역은 중요성을 가지게 되었다는 것, 또 그를 통해 영혼의 아주 내밀한 움직임에 대해 자유로운 표현의 출구가 될 풍부한 표현 가능성이 확보되었다는 것은 주지의 사실이다. 완전히 주관적 무형의 것에 보편타당한 형태의 부여가 가능해진 것은 아르킬로코스를 통해서였고 가장 개인적인 것에서 직접 체험의 아름다움을 놓치지 않으면서 이를 인간적 불멸로 승화시키는 사포의 놀라운 재능은 그에게서 비롯되었다.

아이올리아 문학에 나타나는 인간 내면의 형성이라는 기적은 소아시아 희랍인들이 만들어낸 철학 혹은 법치국가에 맞먹는 것이다. 하지만 이런 기적을 이해한다는 것은 이런 종류의 문학도 주변 세계에 깊숙이 참여함으로써 만들어졌다는 사실을 직시하는 것을 의미한다. 아르킬로코스가 피로 얼룩진 모든 시행에서 온전히 그에게 주어진 삶에 참여했듯, 알카이오스와 사포의 문학 역시 지난 수십 년의 발굴을 통해 우리에게 전해진 그들의 다양한 단편들에서 알 수 있듯 주변 세계가 제공하는 동기들에 완벽하게 연결되어 있고 특정한 모임의 주변 사람들을 위한 것이었다. 따라서 이들의 문학은 우선 관습적인 것에 얽혀 있는데 핀다로스의 문학만큼 분명하게 그것이 확인된다. 알카이오스의 권주가가 남자들의 술잔치를 배경으로 한다는 점이나, 사포의 축혼가 내지 사랑가가 그녀 주변에 모여든 노래하는 젊은 처녀들을 배경으로 한다는 점은 우리의 논의에서 더욱 깊고 긍정적인 의미를 얻는다.

술잔치는 강제성이 없는 교류의 장이면서 남성 세계의 높은 정신적 전통이 계승되는 장이며 새로운 개인적 태도와 행동이 자유롭게 펼쳐지는 공간이었다. 따라서 남성적 개인은 권주문학을 통해 표현되었는바 권주문학은 당시의 여러 원천에서 유입되어 강력한 영혼의 격동으로 흘러가는 넓은 강물과도 같았다. 알카이오스의 권주가가 전해지는 단편들에서 온갖 종류의 감정표현과 심오한 고찰을 담은 영상이 넘쳐난다. 상당수의 단편은 아르킬로코스의 증오로 가득한 격정적인 정치적 의사표명인데, 예를 들어 살해된 참주 뮈르실로스의 비방이다. 사랑 고백에서 그는 신뢰를 다진 친구들에게 힘겨운 속마음을 털어놓고 있다. 마음에서 우러나온 조언의 단편들은 위태로운 개인의 실존을 붙들어줄 확고한 토대로서 개인적 연대의 중요성이 커지고 있음을 짐작하게 한다. 아르킬로코스가 처음 표출했던 자연적 충동에 따른 자연은 알카이오스가 보기에, 예를 들어 높은 산에서 홀로 밤하늘을 쳐다보는 호메로스적 목동의 눈에 비친 별들 가득한 우주처럼 객관적으로 관조되거나 향유된 무엇이 아니었다. 그에게 환경과 계절의 변화, 밝음에서 어둠으로, 고요에서 폭풍으로, 겨울의 경직에서 생명이 넘치는 봄으로 이행 등은 인간영혼의 약동들을 반영하는바 격정 표출의 기반이었다. 세계 운행과 운명에 대한 때로 경건한, 때로 명랑한, 때로 체념적 고찰들은 전혀 새로운 방식으로 디오뉘소스적 도취에 모든 개인적 인생 무게를 묻어버리는 철학적 주객(酒客)의 정취와 연결된다. 알카이오스 서정시의 개인적 정취도 인간 공동체와의 연관을 부정하지는 않는데, 이때 공동체는 각자가 속마음을 터놓을 수 있는 개인적 동무들의 모임에 가깝다. 권주문학 외에도 종교적 찬가형식 혹은 기도형식이 있는데, 이는 다만 문학이 기원하는 원시적 형식의 인간적 자기 고백일 뿐이다. 기도를 통해 인간은 고립 가운데 벌거벗은 '나'가 되어 본래적 모습으로 존재와 마주 선다. 신적 힘은 보이지 않는 '당신'이 되며 신을 부르는 기도는 점차 제 생각을 진술하거나 제 감정을 누가 들을 염려 없이 자유롭게 토로하는 장치가 된다. 이는 사포의 아름다운 단편에도 나타난다.

희랍정신이 주관적 감정이라는 새로운 내면성의 세계로 마지막 걸음을 내딛기 위해 사포를 필요로 했다고 말할 수 있을지도 모른다. 희랍인들은 이것이 진정 대단한 사건임을, 플라톤이 사포를 열 번째 무사 여신이라 경배했을 때 알았다. 여류시인이 희랍에서 전혀 드문 사건도 아니었지만, 사포 이외 다른 여류시인들은 이름을 남기지 못했고 오로지 사포만이 남았다. 내용적으로 알카이오스 문학이 매우 풍부한 것과 달리 사포의 서정시는 매우 제한적이다. 사포는 그녀를 둘러싼 여성들의 세계를 노래했고, 그나마도 다만 여류시인을 따르는 처녀들의 공동생활에 국한된다. 어머니이자 애인이자 아내로서 여인은—희랍문학에서 이런 여인의 모습이 가장 흔하게 등장하고 당시 시인들에 의해 찬미되었는바 이런 모습의 여인은 남성적 환상 속의 여인 모습이기 때문이다—사포의 단편에 처녀가 동아리를 떠날 때 또는 동아리에 입문할 때만 간혹 등장한다. 이런 여인은 사포에게 시적 영감의 대상이 아니었다. 이제 갓 어미 품을 떠난 어린 소녀들이 사포의 동아리에 들어온 여인들이다. 무사 여신들을 위해 온전히 헌신하는 여

사제처럼 살아가는 미혼의 여인이 보호하는 가운데 여인들은 군무와 놀이와 합창을 통해 아름다움에 헌신하게 된다.

무사 여신들에게 헌신하는 여성 동아리에서만큼 희랍문학과 교육이 완벽하게 하나로 통일된 적은 없을 것이다. 이 동아리의 정신적 외연은 사포의 서정시에 담긴 것을 훌쩍 넘어 선대의 모든 아름다움을 포괄한다. 전승되는 남성적·영웅적 정신과 달리 사포는 뜻을 같이하는 동무들의 생활공동체가 가진 특별한 감각을 전하는 서정시를 통해 여성적 영혼의 열정과 위엄을 찾아냈다. 부모 슬하와 결혼 사이의 이상적 중간세계를 우리는 여성적 영혼의 최고 품격을 여성에게 가르치는 교육의 장이라고 볼 수밖에 없다. 사포 동아리의 존재는 당시 희랍사람들이 당연하게 받아들인 문학의 교육적 이해를 전제한다. 하지만 새롭고 위대한 것은 여성이 이 세계에 들어가길 욕구했다는 사실, 여성으로서 이 세계 안에서 자신의 자리와 정당한 지분을 정복했다는 사실이다. 이를 정복이라 부를 수 있는 것은 무사 여신들에 대한 헌신이 이때 여인들에게 개방되었고 이런 요소가 그녀들의 개인적 성장에 혼화되어 있기 때문이다. 그런데 진정한 의미의 인간교육으로 이어지는 이런 혼화는 오로지 영혼의 힘을 해방하는 에로스가 있었기에 가능했고, 여기서 플라톤의 에로스와 사포의 에로스가 가진 유사점이 분명히 드러난다. 여성적 에로스는 그것이 문학적으로 꽃피어 우리를 그 향기의 부드러움과 그 색깔의 조화에 도취시킬 때 인간들의 진정한 공동체를 완성하는 힘을 발휘한다. 여성적 에로스는 감정적인 것 이상으로 그 세례를 받은 영혼을 제3의 것, 좀 더 높은 곳으로 이끈다. 이는 놀이와 무용의 감각적 우아함 속에 현실이 되고 따르는 소녀들에게 모범이 되는 인물의 주도 아래 실현된다. 사포 서정시의 절정은 아직 마음을 열지 못하고 꺼리는 소녀를 향한 뜨거운 설득, 혹은 고향으로 돌아가기 위해서, 혹은 그녀를 아내로 삼으려는 사내(당시 결혼은 사랑의 문제가 아니었다.)를 따라가기 위해서 동아리를 떠나야 하는 사랑했던 소녀와의 이별, 혹은 마지막으로 멀리 타향에서 밤이면 조용한 정원을 걸으며 사포의 이름을 헛되이 부를 소녀에 대해 절절한 그리움이다.

이런 에로스의 본성에 관해 증명 불가능한 심리학적 설명을 붙이려는 노력, 혹은 반대로 그런 불경에 도덕적으로 격분하여 사포 동아리의 감정을 철저히 소시민적 기독교도의 계명에 상응하는 것으로 입증하려는 노력은 지극히 한가로운 일이거나 현대인에게는 불가능한 일이다. 사포 문학은 사포의 에로스가 보이는 병리 현상을, 내적 균형을 뒤흔들고 감각은 물론 영혼까지 사로잡는 격정이라고 설명한다. 우리의 관심은 사포의 에로스가 감각적 측면을 가졌는지를 확정하는 것이 아니라 인간을 온전히 사로잡는 힘에 의해 해방된 감정의 폭이다. 희랍의 남성 사랑시들은 사포 문학이 가진 영혼의 깊이에 전혀 미치지 못한다. 정신과 감각의 남성적 양극성이 '사랑'에 의미를 부여하고 사랑이 영혼으로 깊이 파고들어 삶 전체를 가득 채운 것은 한참 뒤의 일이다.

남성적 감각의 이런 변화는 헬레니즘의 여성화로 규정된다. 일찍이 영혼과 감각을 아우르는 헌신은—오늘날의 감각으로는 이것만이 사랑이라는 이름에 가장 잘 어울린다—오로지 여성에게만 가능한 것이었다. 여성에게 사랑 체험은 존재의 중심에 놓여 있고 이런 체험을 여성은 자기 본성을 고스란히 쏟아 넣은 통합으로 받아들인다. 남성과의 이런 체험은 연애 혼인이라는 개념이 아직 부재하던 시절에 매우 불가능한 것이었고, 다른 한편 여성에 대한 남성의 사랑도 절대적 정신화 가운데 문학적으로 표현되지 않고 다만 플라톤적 에로스의 형태로 등장했다. 플라톤적 영혼이 이데아를 향해 그리움의 비상을 감행한다는 형이상학적 초감각(이것이 사포의 에로스가 가진 비밀이다.)을 계속 사포의 감각적 에로스에서 찾으려는 시도는 시대착오일지 모른다. 하지만 사포와 플라톤의 공통점은 영혼의 깊은 공감이다. 이로부터 커다란 고통이 생겨나고 이는 사포의 문학에 매혹적 슬픔의 부드러운 흔적을 남기는 한편 진정한 인간 비극의 숭고한 고귀함을 부여한다.

일찍이 사포 신화는 그녀 개인과 감정세계를 아우르는 수수께끼를 지어냈다. 이에 따르면 사포는 파온이란 이름의 미남자와 슬픈 사랑을 나누었다고 전하는데 레우카디아 절벽에서의 극적 투신이 가미됨으로써 그녀의 비극은 실재 사건이 되었다. 그녀의 세계에 남자는 전혀 없었다. 남자는 기껏해야 그녀 세계의 문 앞을 찾아온 소녀들의 청혼자들뿐이었고 이들을 경계의 눈으로 쳐다볼 뿐이었다. 신적 행복을 누리고 사내가 사랑하는 여인을 앞에 두고 그녀의 사랑스러운 목소리와 욕망을 일깨우는 웃음소리를 듣는다는 표상은 사포 자신이 애인의 옆에 앉아서 느꼈던 감정을 연상시킨다. 이런 목소리와 웃음소리에 그녀 가슴속의 심장은 흥분으로 멎어버렸다. "너를 잠시 잠깐 바라보니, 나의 목소리는 막혀버리고 나의 혀는 굳어버리고, 가벼운 불꽃이 나의 살갗을 덮으며 나의 눈은 앞을 보지 못하고 윙윙 우는 소리가 귓가에 맴돈다. 그리고 땀이 몸을 적시고, 전율이 온몸을 타고 흐른다. 풀밭의 풀처럼 파랗게 질려 나는 죽은 사람이다. 나에게 그리 보인다."[42]

사포의 최고 예술은 민요풍의 냉정한 단순함과 묘사된 내적 체험의 감각적 직접성에서 찾을 수 있다. 이와 견줄 만한 것이 괴테가 등장하기 이전의 서양문학에 존재하는가? 사포의 서정시가 학생들의 결혼식을 위해

---

42) 사포 단편 2 Diehl=31 LP.

지어진 시이며 사포가 이런 형식으로 탁월한 개인적 언어를 구사했다는 이야기를 믿는다면, 마음속 깊은 곳에서 우러나는 감정에 기대어 문체와 언어의 전통을 개성의 순수한 표현으로 바꾼 사례로서 사포만한 예는 없을 것이다. 상황의 단순성은 아마도 어둠 속의 섬세한 감각을 밖으로 끌어냈고 그것에 비로소 현실적 의미를 부여했다. 이런 개성이 오로지 여성에게만 가능했던 것은 우연이 아니다. 그것은 여성에게 주어진 가장 강력한 사랑의 힘이 있었기 때문이다. 사포는 이런 힘의 선포자로 남성 시인들의 세계에 발을 들여놓는다. 유례가 없는 이런 소명의 상징으로 몇십 년 전 발견된 단편이 있다. "어떤 이들은 기병대가, 어떤 이들은 보병대가, 어떤 이들은 함대가 검은 대지 위에서 가장 아름답다 하지만, 나는 사랑하는 이라 말하겠어요."[43]

43) 사포 단편 27a Diehl=16 LP.

솔론과 도시국가 교육의 시작

희랍민족의 정신적 합창에 동참한 마지막 참가자는 기원전 600년경의 아티카 사람이었다. 처음에는 다른 사람들, 특히 이오니아계 희랍인들의 주제를 배워 익히고 변형하는 것처럼 보였으나, 곧 배운 주제를 독립적으로 발전시켜 한층 높은 단계로 끌어올렸고, 더욱더 선명하고 풍부하게 자신만의 선율을 만들어 전체에 기여하기에 이르렀다. 아티카 예술의 절정은 그로부터 백 년 후의 아이스퀼로스 비극이다. 솔론마저 없었다면 자칫 아티카 예술을 그때야 처음으로 볼 뻔했다. 기원전 6세기 전체를 통틀어 솔론의 어느 정도 단편들 이외에는 남은 것이 전혀 없기 때문이다. 솔론의 단편들이 남게 된 것은 물론 순전히 우연만은 아니다. 아티카 교육체제에서 솔론은 아티카 도시국가가 건재하고 독자적 정신생활이 살아 있던 수백 년 내내 전체를 떠받치는 기둥 가운데 하나였다. 솔론의 시행은 소년들의 영혼에 어려서부터 각인되었고 법정이나 시민집회의 연설가들은 솔론을 아티카 시민정신의 고전적 표현으로 늘 소리 높여 인용했다.[1] 아티카 제국의 세력과 위용이 위축되면서 지난날의 위대한 업적을 되돌아보자는 요구가 커지고 새로운 세대의 역사적 · 문법적 학식이 과거의 유물을 보존하고자 할 때까지 계속 솔론의 영향력은 살아 있었다. 이들은 솔론의 문학적 증언조차 역사적 증거로 매우 중요하다고 평가했다. 우리도 이런 시각으로 솔론의 증언을 바라보게 된 것은 그리 오래되지 않았다.

여기서 잠깐 만약 솔론의 단편들이 전혀 남아 있지 않았다면 우리가 처했을 상황에 대해 생각해보도록 하자. 만약 그의 단편들이 없었다면, 아테네의 총체적 정신생활을 대표하는 비극시대의 위대한 아티카 문학에서 가장 특징적이면서도 위대한 것인바 철저히 국가사상을 토대로 건조된 정신적 산물 일체를 전혀 이해할 수 없었을지 모른다. 모든 개인적 · 정신적 산물의 공동체 기원과 공동체 교화를 더없이 강력하게 의식하는 가운데 시민 개인들의 삶에서 국가의 지배적 위치가 그렇게 강하게 각인된 것은 스파르타 말고 없을 것이다. 하지만 스파르타의 국가정신은 생활방식의 위대함과 단결력에도 불구하고 자체적인 정신적 노력이 부족했고, 세월의 흐름과 함께 그들이 새로운 정신적 내용을 수용할 능력이 없음을 더욱 분명하게 보여주었다. 그들은 점점 더 경직되어갔다. 한편 이오니아 도시국가는 법치 이념을 가지고 새로운 사회건설의 구성원리를 찾아냈고 동시에 계급특권을 타파함으로써 시민의 자유를, 각 개인이 무제약적 활동영역을 가질 수 있도록 보장했다. 그렇지만 '인간적인 너무도 인간적인 것'을 보장한 도시국가는 새롭게 급성장한 개인활동의 자산을 규제하고 공동체 건설의 높은 목표를 제시할 힘을 갖지 못했다. 도시국가 생활의 새로운 법치질

---

1) 나의 논문 『솔론의 국태민안』, Sitz. Berl. Akad. 1926, 69~71쪽. 내가 이번 장에서 주장하는 견해들은 이 논문에 근거한다.

서에 각인된 교육적 힘과, 이오니아 시인들이 보여준 사유와 발언의 무제한적 자유 사이에 이 둘을 묶어줄 연결점이 없었다. 아티카 문화는 비로소 두 힘, 그러니까 개인의 확장력과 국가공동체의 구속력 사이의 균형점을 찾았다. 아티카가 정신적으로나 정치적으로 크게 빚지고 있는 이오니아와의 내적 친연성에도 불구하고, 이오니아의 탈(脫)중심적 자유운동과 아티카의 중심 지향적 국가건설은 그 차이가 점차 아주 선명하게 드러났다. 이로부터 분명해지는 것은 문화와 교육의 영역에서 희랍문화의 결정적 형성이 아티카의 토양에서 비로소 시작되었다는 점이다. 솔론에서 플라톤, 투퀴디데스, 데모스테네스에 이르는 희랍 정치문화의 고전적 기념비들은 모두 아티카 계통의 창조물이었다. 이는 공동체 생활 진작의 강한 의지가 나머지 모든 정신적 형식을 종속시키면서도 이들을 또한 공동체와 유기적으로 연결할 수 있었던 곳에서만 가능했다.

이런 진정한 아티카 본성의 첫 대표자는 솔론이다. 그는 동시에 아티카 본성의 가장 위대한 창조자였다. 비록 민족 전체가 불가능을 실현하는 데 필요한 조화로운 정신 성향을 타고났다 하더라도, 진정한 실행의 결정적 요소는 민족 전체를 대표하여 처음에 이런 성향에 형식을 부여할 능력을 갖춘 인물이 등장하느냐다. 정치사적 역사서술은 역사적 인물들을 그들의 업적에 비추어 평가하곤 하는바 주로 현실정치적 측면에서 국가과제였던 '부채탕감(seisachtheia)'에 비추어 솔론을 평가한다. 희랍교육의 역사와 관련하여 여기서 무엇보다 주목할 것은 정치 교사로서 솔론이 당대의 시대적 영향뿐 아니라 민족에게 어떤 의미를 가지느냐, 같은 질문인바 후세에 영원한 의미를 가지느냐. 이렇게 솔론은 우리 관심의 전면에 등장한다. 솔론은 정치적 실천의 동기를 우리에게 말해주는데, 그 윤리의식의 크기는 당파정치의 수준을 훌쩍 뛰어넘는다. 우리는 앞서 새로운 도시국가적 인간교육을 위한 입법의 의미에 관해 언급했다. 솔론의 시들은 이에 대한 아주 직관적 설명이라 하겠고, 우리에게 아주 특별한 의미를 가지는 것은 법의 비인격적 보편성 뒤에 머물던 입법자라는 정신적 인물이 그의 시에서 전면에 등장했다는 점이다. 희랍인들이 아주 생생하게 절감했던 법의 교육적 힘이 이런 인물을 통해 우리에게도 매우 분명하게 구상화된다.

솔론이 출생한 옛 아티카 공동체는 토지귀족들의 흔적이 여전히 남아 있었다. 당시 다른 지방에서 귀족지배는 부분적으로 붕괴했거나 전체적으로 소멸했다. 아티카의 법 제정을 향한 첫걸음이라 할 수 있는—이는 흔히 '드라콘의 법'이라 불린다—피로 쓰인 법은 전통과의 단절이라기보다 오히려 기존질서의 재확인을 의미한다. 솔론의 법도 귀족지배 자체를 배제하려는 것은 아니었다. 페이시스트라토스의 참주정이 몰락하면서 이어진 클레이스테네스의 개혁을 통해 귀족지배는 강압적으로 청산되었다. 사회정치적 와류의 높은 파도가 주변 세계를 휩쓸고 나서야 비로소 아티카 해변에 닿았다는 사실은 후대의 아테네와 그 시끄러운 급진성을 생각하는 사람들의 눈에는 불가사의한 일이다. 하지만 당시 아테네 주민들은 아직, 플라톤이 묘사한 것처럼 외부 영향에 그대로 노출된 수백 년 후의 아테네 주민들처럼 바다 항해자들이 아니었다. 당시 아티카는 순수 농업중심 국가였다. 농지에 붙박인 민족은 쉽게 움직일 수 없었고 조상의 땅과 전래의 도덕에 깊이 뿌리내리고 있었다. 하지만 그렇다고 사회 하층민들이 새로운 사회이념까지 전혀 접하지 못한다고 생각할 필요는 없다. 이를 잘 보여주는 사례가 보이오티아 농부들인데, 이들에게는 솔론에 앞서 이미 백 년 전에 헤시오도스가 있었고 그럼에도 그들의 봉건적 사회관계는 희랍 민주주의가 번영을 누릴 때까지도 여전히 건재했었다. 어리석은 군중의 불만과 요구가 비등할 때조차 그것이 목표 지향적 실천으로 바뀌는 일은 그렇게 쉽지 않기 때문이다. 이런 전환은 사회 상류층의 높은 교육이 토양이 되고 귀족이 명예심 혹은 깊은 통찰을 바탕으로 군중을 도와 군중을 이끌던 곳에서나 발생하는 법이다. 상고기 도기에서, 축제에서, 특히 동료 귀족의 장례식 경기에서 전차를 몰고 있는 모습이 발견되는바 이들 전차를 사랑하는 토지 귀족들은 종속된 일꾼들과 농부들에게 빈틈없이 권력을 행사한다. 이기적인 계급의식, 낮은 신분에 대한 귀족 재산가들의 오만한 차별은 억압된 민중의 요구에 맞서는 튼튼한 성벽이 되었다. 민중의 깊은 좌절과 절망을 솔론의 얌보스가 감동적으로 묘사했다.

아티카 귀족들의 교육은 전적으로 이오니아식이었다. 문학과 예술에서 두루 고급의 이국적 취향과 문체가 유행했다. 이런 영향이 삶의 실천은 물론 삶의 이해에까지 이어졌다는 것은 오히려 자연스러운 것이다. 솔론의 법이 당시까지만 해도 귀족들의 장례식에서 흔히 볼 수 있던 아시아풍 사치와 곡비(哭婢)를 금지한 것은 민중 정서에 호응한 것이다. 수백 년 뒤 페르시아 전쟁이라는 엄중한 유혈참사에 이르러 비로소 복색과 두발과 생활양식에서 최종적으로 상고기를 휩쓴 이오니아풍의 유행이 아티카에서 사라졌다.(페르시아 전쟁으로 파괴된 아크로폴리스를 발굴하면서 발견된 상고기 조각상들은 당시 유행하던 상고기 이오니아풍(ἀρχαία χλιδή)의 소아시아적 화려함과 사치스러움을 생생하게 우리에게 보여주었다. 또 베를린 박물관에 있는 솔론시대에 만들어진 여신 입상은 높은 자긍심과 강한 귀족의식을 가진 옛 아티카 귀족계급의 여성세계를 표현하는 작품이라 하겠다.) 이오니아 문화가 희랍본토를 물들일 때 이것과 함께 해롭다고 생각된 신문물이 많이 희랍에 들어왔음이 분명하다. 하지만 간과해서는 안 될 것은 이오니아 정신에 의해 비로소 아티카적 본성이 잉태되었고 상고기 아티카의 고유한 정신적 형식을 창조하려는 움직임이 일어났다는 점이다. 특히 이오니아의 자극이 없었다면, 경제적으로 취약한 민중에서 시작된 정치적 움직임은 물론 아티카 정신과 이오니아 정신을 하나로 묶고 연결하는 솔론이라는 탁월한 지도자상도 생각할 수 없었을 것이다. 이런 성공적인 역사적 교육 사건에 대해 솔론은 후대의 역사가 기록한 몇 안 되는 증거와 동시대에 제작된 아티카 예술의 유물과 함께 우리의 진정 고전적 증인이다. 엘레기와 얌보스 등 솔론의 문학형식들은 이오니아에서 유래한다. 솔론과 동시대 이오니아 문학의 긴밀한 연관성은 콜로폰의 밈네르모스가 남긴 서정시를 통해 분명히 확인된다. 솔론의 문학언어에는 이오니아 방언이 함께 사용되었는데, 당시 아티카 방언은 아직 고급문학에 적합하지 않았던 것이다. 또 솔론 문학의 이념적 자산은 부분적으로 이오니아에서 유래했고 그의 문학에서 자기의 것과 남의 것이 하나로 묶여 대단히 새로운 사상을 표현하기에 이른다. 수용된 이오니아 형식은 내적 자유와 (모든 측면에서는 아니지만) 상당히 편리한 표현방식을 솔론에게 제공했다.

솔론은 그의 도시국가 문학[2]에서—창작연대는 아테네 입법 이전부터 페이시스트라토스가 참주정을 준비하는 시점, 살라미스의 정복 시점까지 약 50년에 걸쳐 있다—헤시오도스와 튀르타이오스의 시절 문학이 가진 교육적 위상을 단번에 회복했다. 솔론이 외치는 동료 시민들의 호명은—이것은 솔론의 전형적 인사말 형식이다—강한 책임감과 공동체 의식으로 벅찬 가슴속에서 우러나온 말이다. 아르킬로코스에서 밈네르모스까지 이오니아 문학에서는 이런 목소리가 전혀 들리지 않는다. 전쟁이 임박하여 에

---

2) 앞에서 언급한 논문(『솔론의 국태민안』, Sitz. Berl. Akad. 1926, 71쪽 이하)은 솔론의 『국태민안』이 가지는 호메로스, 헤시오도스, 비극작품들과의 연관성에 관해, 그리고 솔론의 도시국가 관련 작품들의 해석에 관해 설명한다.

페소스 시민들에게 조국애와 명예심을 고취하고자 했던 칼리노스만이 예외라 하겠다. 솔론의 도시국가 문학은 호메로스의 영웅정신이 아닌 전혀 새로운 감정에서 출발했다. 진정한 의미에서 새로운 시대는 항상 문학을 위해 인간영혼의 새로운 감정영역을 개척하는 법이다.

우리는 앞서 사회 경제적 격변의 시대에 가능한 한 많이 세계의 재화를 차지하려고 싸우는 가운데 준거를 구하는 인간사유를 위해 정의의 이념이 확실한 준거가 되었음을 보았다. 헤시오도스는 욕심 사나운 형의 탐욕에 맞서 수호신으로 정의의 여신을 최초로 청했다. 그는 정의의 여신을 오만의 질병에 맞서 공동체를 지켜준 수호신이라 말하고 그의 신앙에 따라 정의의 여신에게 제우스 다음으로 높은 지위를 부여했다. 경건한 상상력의 아주 건조한 현실론에 따라 한 사람의 잘못으로 도시 전체가 당해야 하는 불의의 저주, 흉년, 기근, 역병, 불모, 전쟁, 죽음 등이 그려진다. 이와 대조적으로 정의로운 사회는 신들의 축복을 뜻하는 밝은 색으로 빛난다. 들판에 곡식이 영글고 여인은 부부를 닮은 아이를 낳고 배는 수확물을 고향집으로 실어 나르고 평화와 풍요가 나라 전체에 두루 펼쳐진다.

정치가 솔론도 정의의 여신이 가진 힘을 믿었고 정의의 여신에 대해 그가 그린 초상은 외관상으로 헤시오도스의 색깔을 띠고 있었다. 헤시오도스의 확고부동한 정의관이 이오니아 도시국가들에서 벌어진 계급투쟁에 중요한 역할을 했다고, 또 그것이 동등한 권리를 얻기 위해 싸우던 계층을 위해 내적 저항 의지의 원천이 되었다고 믿어도 좋을 것이다. 솔론은 헤시오도스의 사상을 재발견한 사람이 아니라—헤시오도스의 사상은 그럴 필요가 없었다—확대 발전시킨 사람이다. 솔론에게도 분명한 사실인바 정의는 세계의 신적 영역에 확고한 자리를 가진다. 그는 계속해서, 결국 정의가 늘 승리자이기 때문에 정의의 경계를 넘는 것은 불가능함을 강조한다.

언젠가는 처벌이 뒤따르며 그때에 인간 오만이 정의의 경계를 넘어선 만큼의 보상을 반드시 치르게 된다.

이런 확신은 솔론을 맹목적 이익투쟁에만 몰두하는 동료 시민들에게 경고자로 나서게 했다. 그는 도시국가가 빠른 걸음으로 구렁텅이를 향해 달려가는 것을 보았고 닥쳐올 몰락을 제지하고자 했다.[3] 민중의 지도자들은 불의한 길을 따라 이익을 도모하며 배를 불리며, 국가 재산도 신전 재산도 아끼지 않는다. 그들은 존경해마지 않을 정의의 여신을 위한 축제도 돌보지 않는다. 여신은 침묵하며 지나간 것과 현재의 것을 모두 지켜보다가 시간이 지나면 빠뜨리지 않고 처벌하러 오실 것이다. 솔론이 생각한 처벌을

<hr />

3) 솔론 단편 3 Diehl. "제우스가 보우하사 우리나라는 멸망치 않는다. 그리고 복 되도다. 불멸하는 신들의 처분에 따라 아버지를 자랑스럽게 만드는 위대한 딸 팔라스 아테네가 돌보시어 우리에게 손을 얹는다. 하지만 아테네인들은 어리석음으로 인해 위대한 도시를 돈 욕심에 망가뜨리려 한다. 도시를 이끄는 자들의 마음도 불의하여, 저들은 커다란 오만으로 많은 고통을 겪을 수밖에 없다. 왜냐하면 그들은 충만함에 족한 줄 모르고, 음식의 즐거움, 손에 쥔 행복함을 전혀 느끼지 못한다. … 불의한 행동으로 그들은 재산을 추구하면서 … 그들은 신성한 재산이건 공동체의 재산이건 아끼지 않고 각자가 사방에서 훔치고 앗아간다. 그들은 디케 여신의 경건한 질서를 존중치 않는데 디케 여신은 오늘 일과 일어난 일을 침묵으로써 알고 언젠가 이런 죄를 벌하시러 반드시 오신다. 이미 피할 수 없는 상처가 공동체 전체에 퍼졌다. 도시는 급격하고 빠르게 노예로 전락하고 시민들의 불화 가운데 잠자던 전쟁이 깨어나 수많은 피 흘린 삶을 잔인하게 파괴할 것이다. 적들의 손에 아름다운 공동체는 빨리 파괴되어 (내용 미상) 그러한 고통이 도시에 깃들어, 많은 사람은 가난으로 인해 팔려 고향을 등지고 낯선 땅으로 굴욕적인 사슬에 몸이 묶여 떠난다. 그와 같이 시민들에게 불행이 각자의 집에 닥쳐온다. 걸어 잠근 문으로도 그것을 더는 막을 수 없다. 제아무리 높은 담일지라도 뛰어넘어 오며, 분명코 방구석 깊은 곳으로 몸을 숨긴 자일지라도 찾아낸다. 나의 마음이 내게 아테네 사람들을 가르치라 명하니, 무질서는 국가에 커다란 고통을 가득 가져오며 반면 질서는 모든 것을 훌륭하게 질서 지어 법을 어긴 사람을 묶어 포박한다. 거친 것을 반듯하게, 과욕을 재우며, 오만을 누르며 활짝 피어올라 무성한 미혹을 파괴하며 굽어 휘어진 법을 바로 세우며, 무모한 행동을 잠재우고, 갈등하는 불화를 제압한다. 혐오스러운 불화가 낳은 분노를 또한 제압한다. 질서가 있는 곳에 인간사는 훌륭하고 분명하다."

본다면 헤시오도스의 정의관에 나타난 종교적 실재론과 솔론이 갈라지는 지점이 어디인지를 알게 될 것이다. 솔론이 생각하는 처벌은 헤시오도스처럼 흉년과 역병이 아니라 사회 내적 조직이 붕괴되고 심각한 정의 훼손이 이루어짐으로써 완성된다.[4] 그런 사회에서 당파싸움과 시민전쟁이 발생하고 민회에서 오로지 폭력과 불의만을 생각하는 패거리가 만들어지고 재산이 없는 대중은 채무 노예의 신세로 조국을 떠나 유리걸식해야 한다. 이런 처벌을 피하여 은밀히 자기 집에 숨을 수도 있겠지만 국가적 불행은 숨은 자를 찾아낼 것이고 "담장을 뛰어넘어" 그에게 이를 것이다.

경고의 서정시에 담긴 이런 말들만큼 개인과 운명이 공동체 전체의 삶에 얽혀 있음을 명료하고 실감 나게 묘사한 다른 사례는 세계 어디에도 없다. 이것은 분명 솔론이 "조정자"로 불려 나오기 전의 상황일 것이다. 사회적 악이 마치 지독한 질병처럼 세상 곳곳에 만연해 있다. 피할 시간을 주지 않고 역병이 도시를 덮치고 시민들 사이의 전쟁을 부추긴다고 솔론은 말한다. 이것은 예언자적 미래상이 아니라 정치적 통찰력이다. 정의의 훼손과 사회생활의 파괴가 서로 근원적으로 얽혀 있음이 여기서 처음으로 객관적으로 보편타당한 원리로 언명되었고 솔론으로 하여금 이를 천명하도록 이끈 것은 통찰이었다. 불의와 그 국가적 악영향의 묘사를 "나의 마음이 내게 아테네 사람들을 가르치라 명하니."라는 말로 마무리하고, 이어 종교적 영감을 받은 솔론은 헤시오도스가 불의한 도시와 정의로운 도시를 대조했던 것과 비슷하게 국태민안의 밝은 영상을 묘사하면서 희망에 찬 목소리로 복음을 끝맺는다. 국태민안(*eunomia*)도 솔론에게는 정의의 여신(*Dike*)과 같은 여신이고—헤시오도스는 국태민안을 정의의 여신과 자매라

---

4) 『솔론의 국태민안』, Sitz. Berl. Akad. 1926, 79쪽 이하.

고 했다[5]—여신의 일은 밖으로 드러나지 않는다. 여신은 헤시오도스에서 볼 수 있는 것처럼 축복받은 하늘, 풍요로운 대지, 온갖 종류의 충만함 등을 통해 밖으로 자신을 드러내지 않고 다만 사회질서의 평화와 조화 가운데 내재되어 있다.

솔론은 여기 혹은 다른 작품에서 사회 내적 법칙성의 사상을 아주 분명하게 드러낸다. 같은 시기에 이오니아 밀레토스의 자연철학자 탈레스와 아낙시만드로스도 자연의 영원한 생성소멸 가운데 변하지 않는 법칙의 인식을 향해 대담한 첫걸음을 내디뎠다. 이는 자연과 인간사회의 변화 가운데 존재하는 내적 질서, 그리하여 현실의 내적 의미와 내적 규범을 관찰 파악하려는 충동이 양쪽에 똑같이 작용한 것이다. 솔론은 다른 단편에서[6] 분명 자연의 합법칙적 인과성을 전제했고 그것과 나란히 사회현상의 법칙성도 명시했다. "덮인 구름에서 강력한 눈과 우박이 내려오고 번쩍이는 번개에서 천둥이 내려친다. 그렇게 위대한 사내들로 도시는 병들고 독재의 노예로 추락하니 어리석은 백성이로다." 민중의 힘에 기대어 다른 귀족 집안들을 억압하며 독재를 펼치는 귀족가문과 그 수장, 다시 말해 참주는 당시 아티카 귀족사회에 솔론이 예언했던 무엇보다 더없이 끔찍한 위협이었다. 이렇게 되는 순간 이는 수백 년 동안 내려온 옛 국가 지배질서의 파탄을 의미하기 때문이다. 아직 솔론은 민주주의의 위협이라는 명시적 언급은 하지 않는다. 민주주의는 민중의 정치적 미숙으로 인해 아직 요원한 일이었고, 귀족의 몰락 이후 참주정이 시작되었을 때야 비로소 문제시된다.

도시국가의 삶이 확고한 법칙성을 가진다는 이런 통찰을 아테네 사람

---

5) 헤시오도스 『신들의 계보』 902행.
6) 솔론 단편 10 Diehl.

솔론은 이오니아 철학자들의 선례 덕분에 쉽게 얻었다. 백 년 이상 희랍본토의 도시들과 식민도시들에서 도시국가의 발전경험들이 축적되었고, 그 가운데 동일한 과정을 거친 주목할 만한 변화의 합법칙성이 관찰될 수 있었다. 이런 발전에 뒤늦게 합류한 아테네는 솔론으로 하여금 정치적 예측의 선구자가 될 기회를 제공했고 이로 인해 그는 오랫동안 명성을 누렸다. 하지만 인간본성의 놀라운 점인바 진작부터 이런 탁월한 예측이 있었음에도 마치 필연인 양 아테네 참주정이 관철되었다는 사실이다.

인식의 고원에 홀로 선 솔론의 분명한 예측을 도시국가의 사건들이 확인시켜준다. 페이시스트라토스와 그 집안의 참주정이 수립되는 순간까지 솔론의 통찰이 실현되는 과정을 최초의 경고 엘레기와 다른 단편들에서 살펴볼 것이다. "너희의 잘못으로 인해 너희는 그런 고통을 겪는다. 너희는 신들에게 이런 운명을 돌리지 마라. 너희가 그들을 키웠고 그들을 보호했다. 그리하여 너희는 스스로 추악한 굴종을 키웠다."[7] 이 말들은 우리가 앞서 다룬 경고의 엘레기 첫 부분과 일맥상통한다. "제우스가 보우하사 우리나라는 멸망치 않는다. 그리고 복 되도다. 불멸하는 신들의 처분에 따라 아버지를 자랑스럽게 만드는 위대한 딸 팔라스 아테네가 돌보시어 우리에게 손을 얹는다. 하지만 아테네인들은 어리석음으로 인해 위대한 도시를 돈 욕심에 망가뜨리려 한다."[8] 여기서 예견된 것이 나중의 작품에서 보면 그대로 적중되었다. 동료 시민들에게 이렇게 분명히 미래의 불행에 대해 일찍이 예언한 솔론은 책임을 면하면서 책임 문제를 들춘다. 두 단편에서 거의 똑같은 말을 했다는 점은, 그가 생각하는 정치의 근본이 그것임을

---

[7] 솔론 단편 8 Diehl.
[8] 솔론 단편 3 Diehl.

말해준다. 그것은 오늘날의 언어로 하면 책임 문제이며 희랍어로 하면 인간이 운명에 참여한 지분 문제이다.

이런 문제는 최초로 호메로스 서사시에서 제시되었다. 『오뒷세이아』의 첫 부분에서 통치자 제우스는 신들의 회의에서 인간들의 부당한 원망을 상기한다. 인간들은 그들의 불운을 신들의 책임으로 돌린다는 것이다. 솔론과 거의 동일한 언어로 신들이 아니라 인간들 자신이 그들의 어리석음으로 인해 시련을 키운다는 것이 천명된다.[9] 솔론은 의식적으로 호메로스의 이런 변신론을 언급한 것이다. 초창기 희랍종교는 인간의 모든 불행의 원인이 밖에 있든 아니면 인간의 욕망과 의지 때문이든 신들이 보낸 피할 수 없는 미망의 여신(Ate) 때문이라고 했다. 반면 제우스를 세계 통치의 최고 존재로 놓은 『오뒷세이아』 시인의 철학적 숙고는 이미 윤리적 발전의 후기 단계를 보여준다. 여기서 예측 불가능한 초월적·신적 운명을 나타내는 미망의 여신과, 운명이 정한 것 이상으로 불행을 키우는 행위자 인간의 자기책임이 분명하게 갈라진다. 후자의 경우 알면서도 올바르지 못한 행위를 선택한 의지, 예견의 요소가 주요 계기가 된다. 바로 이것이 인간 공동체의 건강한 삶을 위해 정의가 중요하다는 솔론의 생각이 호메로스의 변신론에 이르러 새로운 내용을 부여하는 지점이다.

도시국가의 법칙성에 대한 보편인식은 행위자들의 책임을 내포한다. 솔론의 세계는 『일리아스』의 종교와 달리 더는 신들의 자의에 여지를 주지 않았다. 세계를 지배하는 것은 엄격한 법질서였고 호메로스의 인간이 신들의 손에 수동적으로 끌려다녀야 했던 운명의 상당 부분을 솔론은 인간의

---

9) 『오뒷세이아』 1권 32행 이하. 이하의 논의에 대해 나의 논문 『솔론의 국태민안』 73쪽 이하를 보라.

자기 책임에 속하는 예견의 측면으로 돌렸다. 이 경우 신들은 단지 윤리적 질서의 집행자이며 윤리적 질서는 다시 신들의 의지와 일치한다. 당대의 이오니아 시인들은 인간 고통의 문제를 솔론 못지않게 깊이 천착하며 인간운명과 그 필연성을 무겁고 체념 어린 탄식으로 이어갔던 반면, 솔론은 인간에게 책임의식이 분명한 행동을 외쳤고 스스로 이런 행동의 귀감이 될 정치적·윤리적 태도를 보여주었다. 이는 아티카 본성의 지치지 않는 생의 지와 도덕적 진중함을 보여주는 가장 강력한 증거라 하겠다.

솔론에게도 사변적 요소가 없지 않았다. 온전하게 전해진 엘레기,[10] 무

---

10) 솔론 단편 1 Diehl. "올륌포스 제우스와 므네모쉬네의 아름다운 따님들, 천상의 무사 여신들이여, 들으소서! 그대들에게 비오니 유복한 신들에 대비되는 유복을 주시고, 세상 모든 인간에게 대비되는 좋으며 계속되는 명성을 주소서. 하여 제가 친구들에게 달콤하고 적들에게 쓰디쓰며, 친구들은 존경을 제게 보내며 적들은 두려움을 가지도록 하소서. 한편 재산에 대한 욕심이 나에게 있되, 정당하지 못하게 재산 얻기를 원치 않으니, 대가를 치르게 될 겁니다. 신들에게서 얻은 재산은 재산을 가진 자를 기쁘게 하며 늘 이어질 좋음으로 굳건히 세워져 흔들리지 않습니다. 사람들이 사납고 무섭게 좇는 재산은 오되, 옳지 못하게 사람에게 오며, 불의한 행동에 강압을 받아 원하지 않으며 오니, 곧 눈먼 생각이 함께 섞여 들어갑니다. 눈먼 생각은 처음에는 작으나, 곧 타는 불꽃으로 자랍니다. 그 시작은 눈에 띄지 않으나, 그 끝은 고통을 가져옵니다. 과도한 행동은 그렇게 오랫동안 지속되지 않으며 제우스가 모든 일의 결말을 내려다보며, 그리하여 갑자기 봄바람이 몰아쳐 순식간에 구름을 흩뜨려놓고, 봄바람은 바닥을 드러내지 않는 거친 바다의 밑바닥을 뒤집어엎고 대지의 곡식이 자라는 밭을 쓸어버리며, 작물을 황폐하게 한 다음, 하늘을 향해 가파른 신들의 거처로 달려가 휩쓰니, 하늘은 푸르게 빛납니다. 풍성한 대지 위에 태양의 힘이 찬란하고 아름답게 빛나니, 구름 조각은 하늘에 모습을 드러내지 않습니다. 제우스의 분노는 이와 같아서 그는 일일이 인간들에게 하나하나 돌연히 분노하지 않으나 영원히 죄지은 마음은 그를 벗어나지 못하노니, 드디어 끝내는 그의 죄가 백일하에 드러납니다. 다만 누구는 늦게 누구는 일찍 벌을 받을 뿐입니다. 벌을 벗어난 사람은 신이 보낸 처벌이 더 이상 그를 데려오지 못하지만, 벌은 분명히 그를 좇아 죄 없는 그의 자식들과 후손들이 죄를 받습니다. 우리 필멸의 인간은 선한 자나 악한 자나 하나같이 모든 것이 생각하는 대로 순조로울 것으로 생각하나 사고가 일어나면 탄식합니다. 그때까지 우리는 어리석게 헛된 희망을 즐기며 광기에 즐거워합니다. 우리 가운데 하나가 몹쓸 병에 걸려 신음할 때에 그는 분명 다시 건강해지리라 생각합니다. 근심하는 사람은 좋아지리라 상상하며, 남들에게 그렇게 보이질 않아도 스

사 여신들에게 바치는 기도에서 자기 책임의 문제가 다시 거론되며, 자기 책임 문제가 솔론의 사유에서 차지하는 중요성을 다시 한 번 확인해준다. 인간의 모든 노력과 운명에 대한 보편적 성찰과 연관되어 도시국가적 단편들보다 여기서 더욱 분명하게 확인되는 바는 행동하는 정치인 솔론이 매우 깊은 종교성에 뿌리를 내리고 있다는 점이다. 이 엘레기는 우리가 특히 테오그니스와 핀다로스에서 발견했고 이미 『오뒷세이아』에서 익히 보았던 것처럼 물질적 소유와 사회적 명예와 관련된 옛 귀족윤리를 보여준다. 하지만 여기서 옛 귀족윤리는 솔론의 엄격한 정의관과 종교관에 의해 완전

스로 아름답다 생각합니다. 어렵게 살며 늘 가난의 일에 고통받는 사람은 그가 곧 엄청난 재산을 얻으리라 믿어 의심하지 않습니다. 그는 재산을 얻으려 온갖 힘을 쏟아붓습니다. 어떤 사람은 배에 가득 재산을 싣고 고향으로 향하여, 물고기가 많은 바다를 지나가며, 마음을 불편케 하는 바람에 쫓기어 근심이 넘치는 바닷길에 자신의 목숨을 겁니다. 굽어 휜 쟁기를 끄는 사람들 가운데 한 사람은 1년 365일 노역에 종사하며 나무 많은 땅을 일굽니다. 어떤 사람은 아테네의 일을 배우고 헤파이스토스의 대장간 기술을 배워 솜씨 좋은 손으로 먹고삽니다. 어떤 사람은 무사 여신들의 선물로 생계를 이어가되 매혹적 기술의 법칙과 규율을 알고 있습니다. 수호자, 은궁의 아폴론은 어떤 사람을 예언자로 만들어 멀리에서 사람들에게 닥쳐올 불운을 감지합니다. 신들이 그와 함께 작용하지만, 당신을 확실하게 새점이나 내장점으로 불행으로부터 구하질 못합니다. 병을 고치는 파이안의 일을 담당하는 저 의사들도 병증을 성공적으로 고칠 힘을 갖지 못합니다. 매우 작은 통증으로부터 종종 심각한 질병이 자라되 고통을 줄이는 진통제가 고역을 그치지 못합니다. 어렵고도 심각한 질병으로 고생하는 사람을 다시금 가볍게 어루만져 치료하니 짧은 시간 그는 건강해집니다. 운명은 저주를 인간에게 가져다주고 행복을 주기도 합니다. 신이 우리에게 내린 선물에서 우리는 벗어날 길이 없습니다. 우리가 무엇을 하든지, 위험은 그것을 흔들어놓으며 시작한 일이 장차 어떻게 변할지 누구도 말할 수 없습니다. 누군가는 일을 잘하려고 시도하지만, 크고 위험한 눈먼 마음으로 어떻게 될지도 모른 채 떨어질 겁니다. 오히려 일을 못하는 사람에게는 신으로부터 만사형통 좋은 성과가 선물로 다가와, 그를 어리석음에서 풀어줍니다. 죽을 운명의 존재는 재산의 크기가 얼마면 좋은지 모릅니다. 엄청난 재산을 가진 사람은 그 재산을 두 배로 불리려 안간힘을 쓰는 게 세상입니다. 누가 그들을 만족하게 하겠습니까? 신들에게 인간은 얻은 것 전부를 빚지고 있으며 성공에 눈먼 마음이 찾아옵니다. 제우스가 이를 보낼 때 그것은 죄를 처벌하니, 부는 다시 여행을 떠납니다."

히 새롭게 탈바꿈된다. 엘레기의 앞부분에서 솔론은 재산의 자연적 욕구를 제한하는데 그것이 정의로운 방식으로 획득되어야 할 것을 요구한 것이다. 신들이 허락한 재산만이 지속적이고 불의와 폭력으로 획득된 재산은 머지않아 닥쳐올 미망을 키우는 불길한 토양이 될 뿐이다.

솔론의 모든 단편처럼 이 엘레기도 불의는 언제나 짧은 시간 동안 지속할 뿐이며 반드시 정의의 시간이 도래한다는 사상을 드러낸다. 도시국가적 단편들에서 언급된 "신들의 처벌"이라는 사회 내적 질서의 이해는 이 엘레기에서 봄날의 폭풍처럼 갑자기 들이닥치는 "제우스의 응징"으로 나타난다. '봄바람은 몰아쳐 순식간에 구름을 흩뜨려놓고, 바닥을 드러내지 않는 거친 바다의 밑바닥을 뒤집어엎고 대지의 곡식이 자라는 밭을 쓸어버리며, 작물을 황폐하게 한다. 이어 하늘을 향해 가파른 신들의 거처로 달려가 휩쓸어 하늘은 푸르게 빛난다. 풍성한 대지 위에 태양의 힘이 찬란하고 아름답게 빛나고 구름 조각은 하늘에 모습을 드러내지 않는다.' 제우스의 응징은 이와 같고 누구도 피하지 못한다. 누구는 먼저, 누구는 나중에 죗값을 치르게 되며, 만약 죄인이 처벌을 피한다면 죄 없는 자식들과 자식의 자식들이 대신 벌을 받는다. 우리는 여기서 백 년 뒤의 아티카 비극을 키워낸 종교적 사상을 발견한다.

이제 시인의 고찰은 다른 미망을 향한다. 인간의 생각과 노력으로는 도저히 피할 수 없는 미망이다. 우리는 알고 있다. 인간 행동과 운명의 설명에서 솔론의 시대에 상당히 합리화와 윤리화가 진전되었지만, 신들의 세계지배를 구체적 예시로써 따져보려는 시도에 의해서도 달라지지 않는 영역이 여전히 남아 있었다.[11] '우리 필멸의 인간은 선한 자나 악한 자나 하나

---

11) 솔론 단편 1 Diehl 34행 이하. 엘레기의 이 부분이 크게 훼손되어 나는 대략적인 의미를 보

같이 모든 것이 생각하는 대로 순조로울 것으로 생각하나 사고가 일어나면 탄식합니다. 우리 가운데 하나가 몹쓸 병에 걸려 신음할 때에 그는 분명 다시 건강해지리라 생각합니다. 늘 가난에 고통받는 사람은 곧 엄청난 재산을 얻으리라 믿어 의심하지 않습니다. 각자는 저마다 돈과 성공을 추구합니다. 각자 장사꾼으로, 뱃사람으로, 농부로, 시인으로 혹은 예언자로 말입니다. 하지만 신이 우리에게 내린 선물에서 우리는 벗어날 길이 없습니다. 우리가 무엇을 하든지, 위험은 그것을 흔들어놓으며 시작한 일이 장차 어떻게 변할지 누구도 말할 수 없습니다.' 상고기적 사유에서 출발한 엘레기가 여기 후반부에서 중요한 시각을 드러낸다. 운명은 제아무리 성실하고 진지하게 임할지라도 인간의 모든 노력을 근본적으로 불확실한 것으로 만든다. 이런 운명은 앞서 행위자에게 귀책사유가 있는 불행이 그러했듯 미리 예견한다고 피할 수 있는 것이 아니다. 운명은 악인이든 선인이든 이를 구별하지 않는다. 노력과 성공의 관계는 따라서 철저하게 인간이성의 한계를 벗어난다. 올바르게 행하는 사람은 흔히 실패하고, 잘못된 길로 들어선 사람을 신들은 그 어리석음의 결과에서 구한다. 모든 인간행동에는 늘 위험이 도사리고 있다.

이렇게 인간의 성공의 불확실성을 인정한다고 해서 솔론이 악한 행위의 결과에 대한 책임 문제를 소거해버린 것은 아니다. 후반부의 생각이 전반부의 생각에 모순되는 것도 아니다. 최선의 노력이 성공으로 이어질지 모르는 불확실성이 그대로 좌절이나 노력의 포기로 이어지지는 않는다. 이오니아의 시인 아모르고스의 세모니데스가 밝혔던 것처럼 인간은 허무하게 수많은 노력과 공력을 낭비하며 맹목적 희망 속에 불행을 자초하길 그만

충했다.

두거나 포기하지 않으며 고통과 근심을 겪는다.[12] 이와 다른 입장을 아테네 사람 솔론은 엘레기의 끝에 제시한다. 세계 운행의 인간적·낭만적 관점을 버리고 객관적으로 신들의 관점에서 볼 것을 솔론은 제시한다. 그리고 자신과 청중에게 묻는다. 인간사유에 비이성적인 사건이 신들의 입장에서도 합리성과 정당성이 없는 것으로 보이는가? 인간의 모든 행위가 추구하는 대상인바 재산은 본성상 한계와 목표를 가지지 않는다. 솔론은 말한다. 우리 가운데 가장 큰 부자였던 자들이 이를 증명한다. 이들은 자기 재산을 다시 두 배로 불리려고 했다. 누가 도대체 이들에게 그만하면 족하다고 설득할 수 있겠는가? 오로지 하나의 해결책이 있을 뿐이고 이는 인간의 머리로 이해할 수 없다. 신들은 우리에게 재산을 주고 다시 이를 가져간다. 제우스는 어리석음을 함께 보냈고 우리는 곧 대가를 치른다. 재산은 곧 다른 이의 손으로 넘어간다.

　솔론의 사회적·윤리적 세계관이 담겨 있는 이 엘레기를 이렇게 자세히 분석할 필요가 있었다. 그가 입법활동의 정당성을 피력하는 단편들은 이런 종교적 사상과 현실정치적 희망의 밀접한 연관성을 분명하게 보여준다. 신적 운명이 해소 불가능한 재산상의 차이를 마침내 반드시 조정할 것이라는 해석은 정치가 솔론의 행동 방향을 규범적으로 설명한다. 그의 모든 행동과 발언은 과잉과 결여, 우월과 열세, 특권과 소외의 정당한 조정 노력이 그의 개혁 동기임을 알려준다. 그는 어느 한쪽만을 편들지 않고 진실로 부자와 빈자 양편은 그들이 지켜낸 혹은 쟁취한 권력을 두고 솔론에게 감사해야 한다. 솔론은 양편의 위가 아니라 양편의 한가운데 끼인 위태로운 처지를 설명할 방법을 계속해서 새롭게 찾아냈다. 그는 그의 강점이

---

12) 본서의 213쪽을 보라.

오직 이기적이지 않고 엄격히 정의를 추구하는 흔들리지 않는 도덕적 권위에 있음을 분명히 의식했다. 솔론은 당파 지도자들의 이기적 행동을 우유에서 유지를 추출하는 일 혹은 가득한 그물을 당기는 일과 비교한다.[13] 아티카 농부와 어부의 상상력에 강력한 설득력을 가지는 이런 비유들을 제시하는 한편, 솔론은 그의 행동에 대해서 영웅적 전사의 자부심을 선명하게 드러내는 고귀한 호메로스 문체를 사용한다. 그렇게 그는 양쪽에 번쩍이는 방패를 내보이며 어느 한쪽에 결정적 승리를 허락하지 않으며 대담하게 창들이 양쪽에서 빗발치는 중간지점을 지키고 서 있다. 혹은 늑대처럼 이를 앙다물고 주변에서 그를 공격하는 개떼들을 돌파한다.[14] 가장 인상적인 작품은 솔론이 자기 이름을 직접 거명하는 단편들인바 거명된 '나'에서 승리의 광채가 사방에 퍼져 나간다. 가장 밝은 빛을 뿜어내는 것은 "시간의 법정"을 언급하는 얌보스다.[15] 우리 시선을 끄는 선명하면서도 분방

---

13) 솔론 단편 23과 25 Diehl.

14) 솔론 단편 5 Diehl, 24 Diehl 27행, 25 Diehl 8행. 단편의 확정에 대해 나의 논문(*Hermes* 64, 1929, 30쪽 이하)을 보라.

15) 솔론 단편 24 Diehl. "나는 백성들의 뜻을 하나로 묶어 모든 것을 이루어 목표에 도달했다. 시간의 법정 앞에 나는 증인으로 모든 올륌포스 신들의 위대한 어머니 검은 대지를 부른다. 나는 그녀에게서 수백 개나 심어져 있던 채무 비석을 제거했다. 그녀는 예전에 노예였으나, 이제 자유다. 또 나는 많은 이들을 신이 세운 고향 아테네로 호출하노니, 팔려 나갔던 이들을 정당하게 혹은 부당하게, 혹은 부채의 위협에 눌려 도망했던 이들을. 그들의 혀에서는 이미 아티카 방언이 사라졌으니, 여러 곳 방랑의 흔적이라. 그리고 또 고향에서 노예 상태로 수모를 겪는 이들을 부르노니, 그들은 주인의 목소리에 떨고 있었다. 이들을 나는 해방시켰다. 나는 이를 행하되 법이 정한 힘에 따랐고 폭력과 정의가 하나로 어우러진 권력에 따라 나의 약속을 지켰다. 또 나는 양쪽을 위해 법을 만들었나니, 귀천을 막론하고 평등하며, 모두에게 고른 정의로다. 만약 나 대신 다른 사람이 이런 권력의 지팡이를 쥐었다면, 나쁜 마음과 돈 욕심에 그는 백성을 제압하지 않았을 것이며, 지금 나의 적들이 원하던 것에 내가 참여했더라면, 혹은 당파 어느 한쪽이 원하는 것에 참여했더라면 이 도시에서 더욱 많은 사람이 가난해졌으리라. 때문에 나는 여기저기 모두와 싸웠으며 개떼에 둘러싸인 늑대

한 비유들, 모든 인간에 대해 형제애를 드러내는 놀라운 도약, 공감의 힘은 이 단편을 현재 남아 있는 도시국가적 단편들 가운데 가장 개인적인 단편으로 만들었다.

국가 지도자가 모든 권력욕을 내려놓은 사례는 솔론 이외에 없었다. 그는 입법자의 임무를 완수하고 오랜 시간 동안 조국을 떠나 여행을 다녔다. 그가 끊임없이 되풀이해 강조하는 말은, 많은 사람과 달리 그가 자리를 남용하여 참주나 부자가 되려 하지 않았다는 것, 이에 관해서라면 누가 그를 바보라고 불러도 상관없다는 것이다. 소설로 채색된 솔론과 크로이소스의 일화에서 헤로도토스는 솔론의 자유분방한 태도를 확인해준다. 아시아의 지배자가 쌓아둔, 다른 희랍인들 같으면 현기증을 느꼈을 정도의 재물을 본 후에도, 제 땅을 일구고 자신과 자식들을 위해 땀 흘려 일용할 양식을 구하고 아버지와 시민으로서 평생 충실하게 주어진 의무를 다하고 이제 노년의 문턱에서 조국을 위해 목숨을 바칠 기회를 얻은 순박한 아티카 농부가 세상의 어느 제왕보다 행복하다고 말하는 현자의 태도가 드러난다. 이 이야기는 "세상을 보기 위해" 주유하던 이오니아적 자유에 아티카 시민들의 토지 밀착성을 매우 기묘하게 섞어놓은 일화다. 이런 혼합이 아티카 성향과 이오니아 문화의 초기 융합을 보여주는 증거라는 가설을 세우고 이를 현재 남은 비(非)도시국가적 단편을 통해 깊이 천착하는 연구는 아주 매력적인 일이다. 이 단편들은 지적 성숙의 표현들로 동시대인들이 솔론을 칠현인의 한 명으로 생각한 것도 그 때문이었다.

우선 유명한 시행들부터 살펴보기로 하자. 이오니아 시인 밈네르모스는 노년의 고통을 탄식하여 질병과 고통을 모른 채 60세에 죽기를 간절히 소

처럼 사방으로 몸을 휘돌려 싸웠다. "

망했다. 솔론은 그의 한탄에 이렇게 대답한다. "당신은 나의 말에 귀를 기울여, 그런 말을 마시라! 내가 더 좋은 것을 찾아냈다고 내게 화내지 마시라! 이오니아의 밤꾀꼬리여, 시를 고쳐 쓰시되, '팔십의 나이에 죽음의 운명을 맞는다면'이라 노래하시라."[16] 밈네르모스의 숙고는, 삶에 대해 나름의 입장을 갖고 삶을 특정한 주관적 판단에 따라 전체적으로 평가하여 삶이 가치를 잃으면 곧 죽어도 좋겠다는 자유로운 이오니아적 정신자세에서 유래한다. 이런 이오니아 시인의 삶 평가에 대하여 솔론은 동의하지 않는다. 건강한 아티카적 힘과 고갈되지 않는 즐거움이, 인간 삶의 고통과 고난 앞에 무기력하기만 한 60세를 보며 거기에서 벌써 생의 끝을 보고자 하는 과도한 염세적 피로감에서 솔론을 지켜내고 있다. 솔론에게 노화는 고통 가운데 서서히 죽어가는 일이 아니다. 끊임없는 청춘의 힘이 행복한 생활경험의 늘 푸른 나무에서 매년 새로운 잎처럼 돋아난다. 솔론은 누구도 울어주지 않는 죽음을 생각하지 않는다. 그는 친지들이 언젠가 그가 죽으면 울며 슬퍼해주길 바란다. 이 점에서도 이오니아 시인 아모르고스의 세모니데스는 솔론과 전혀 다른 입장이다. 노고와 고통으로 가득한 짧은 삶인데 망자를 위해 슬퍼하는 것은 하루도 길다고 세모니데스는 가르쳤다.[17] 솔론도 인간 삶이 그렇게 만만하다고 생각하지 않았다. 이런 단편이 있다. "죽을 운명의 인간은 누구도 행복하지 못하다. 모두는 오로지 불행하여, 태양 아래 살아가는 누구나 불행하다."[18] 아르킬로코스 등 모든 이오

---

16) 솔론 단편 22 Diehl. 밈네르모스의 장난스러운 호칭 'λιγυαστάδη'는 번역 불가능하다. '이오니아의 밤꾀꼬리'라는 시도도 당연히 장난의 의도를 가진다. 밈네르모스 단편 6 Diehl을 보라.
17) 세모니데스 단편 2 Diehl.
18) 솔론 단편 15 Diehl.

니아 시인들과 마찬가지로 솔론도 인간운명의 불확실성 때문에 고통받았다. "인간들은 죽음을 모르는 신들의 뜻을 알지 못한다."[19] 하지만 다른 한편 삶이 가져다주는 즐거움이 있다. 아이들의 성장, 힘이 넘치는 운동경기, 말 타기와 사냥, 포도주와 노래, 주변 사람들과의 우정, 사랑이 가져다주는 쾌락 등이 있다.[20] 내적 향유의 능력도 솔론이 보기에는 금은보화와 토지와 종마만큼이나 귀한 자산이다. 사람이 하데스로 떠날 때에 얼마나 재산이 많았느냐는 전혀 중요하지 않다. 중요한 것은 사람이 살아가며 가진 것을 얼마나 즐겼느냐다. 온전한 형태로 전해지는 '인생 칠십 엘레기'는 인간 생애를 7년 단위로 십등분한다.[21] 각 7년은 인생 전체에서 특별한 의미를 지닌다. 인생 주기에 대한 진정 희랍적인 의미를 엘레기는 말해주고 있다. 7년의 한 주기가 7년의 다른 주기로 대체될 수 없다. 각 주기는 고유한 의미를 지니고 있고 각기 다른 것에 의해 평가되기 때문이다. 자연의 일반적 흐름과 마찬가지로 인생 주기도 오르막과 절정과 내리막의 변화를 겪게 마련이다.

이는 정치적 문제뿐만 아니라 순수 인간적 문제에서도 똑같이 사물의 법칙성을 옹호하는 솔론의 입장을 보여준다. 그의 말은 대부분 다른 희랍 지혜들처럼 매우 단순하다. 사람을 깨우치는 자연적인 것은 언제나 단순

---

19) 솔론 단편 17 Diehl.
20) 솔론 단편 12~14 Diehl. "나는 사랑하는 아들과 암말과 충실한 개들을 데리고 멀리 찾아온 친구와 더불어 사냥 가는 사내를 즐겁다 한다."(13 Diehl) "풍성하게 금은을 한가득 가진 사람이나 넓은 들판에 영글어가는 작물을 가진 사람이나 나귀와 말을 가진 사람은 부유하다. 또 이런 자도 그러하니, 배와 옆구리와 발에 안락을 느낀 자, 때가 이르러 활짝 피어나는 소년과 소녀, 젊음으로 아름답게 가득 찬 그들도 그러하다. 이는 인간들의 행복이다. 지나쳐 넘치는 것을 모두 돌려주고서야 하데스에 이르게 되니 누구도 죽음과 쓰린 병마를 돈으로 피할 수 없고 막아설 수 없게 다가오는 노년도 그러하다."(14 Diehl)
21) 솔론 단편 19 Diehl.

한 법이다. "가장 힘든 일은 판단의 한계, 눈에 보이지 않는 한계를 보는 일이다. 만물의 유일한 끝이 되는 한계를."[22] 이 또한 솔론의 말이다. 솔론 같이 위대한 자가 따라야 할 올바른 기준을 제공하려는 의도를 전제했던 것으로 보인다. 한계와 끝이라는 개념은—이는 희랍의 윤리학에서 근간이 되었다—솔론과 동시대인들이 중요시했던 문제, 내면적 성찰을 통한 새로운 생활규범의 획득과 분명한 연관성을 가진다. 그 한계란 것이 무엇인지는 오로지 솔론의 언어와 개성과 삶 전체에 천착함으로써만 발견될 것이다. 그것은 딱 잘라 무엇이라 말할 수 없다. 대중에게는 그들에게 주어진 법률을 지키는 것으로 충분하지만 법을 만든 입법자에게는 어디에도 없는 좀 더 높은 기준이 요구된다. 그에게 이런 기준을 찾게 만든 아주 특별한 것을 솔론은 "판단(γνωμοσύνη)"이라고 불렀다. 그것이 늘 올바른 통찰과 확고한 실천 의지를 나타내는 '앎(gnome)'을 제공하기 때문이다.

이것이 바로 솔론이 가진 내면세계의 통일성을 파악해야 하는 지점이다. 이런 통일성은 솔론 이전에 존재하지 않았다. 이오니아에서 정의와 법률사상이 공적 생활에서 이미 작동하고 있었지만—이것은 솔론의 정치적·종교적 사유에서 지배적인 사유 대상이었다—앞서 보았듯이 그 문학적 대변인은 이오니아에서 발견되지 못한 것으로 보인다. 반면 이오니아의 정신생활에 나타난 다른 세계, 즉 개별적 인생 향유와 개인적 생활 지혜는 이오니아 문학에서 더욱 강력하게 입지를 굳히고 있다. 솔론도 이런 사정을 잘 알고 있었다. 이런 두 세계의 통합이 솔론의 서정시에서 우리가 발견한 새로운 것이다. 두 세계는 인간 삶 전체를 구성하는 부분으로 보기 드문 완성과 조화 가운데 통합되었고 동시에 이런 통합을 이룬 창조자 개

---

22) 솔론 단편 16 Diehl.

인 속에 가장 완벽하게 체화되었다. 개인주의는 극복되었다. 하지만 개성은 구조되었고 전체를 통틀어 처음으로 도덕적 근거를 확보했다. 국가와 정신, 공동체와 개인의 통합에 성공함으로써 솔론은 최초의 진정한 아티카 사람이 되었다. 솔론은 이런 통합을 통해 아티카인의 영원한 모범으로, 희랍인들의 미래 발전을 위한 본보기로 모두의 마음속에 각인되었다.

철학적 사유와 우주의 발견

    우리는 철학적 사유의 희랍적 기원을 흔히 아리스토텔레스 이래로 철학사의 구습에 따라 '소크라테스 이전 철학자들'에서 찾고 이들이 고전 아티카 철학, 다시 말해 플라톤주의의 문제사적·체계적 토대를 마련했다고 본다. 최근 이런 철학사적 맥락은 크게 후퇴했고 최초 철학자로서 이들 사상가를 각각 그들 개성에 따라 파악하려는 노력이 대두되면서 이들의 중요성이 크게 부상했다. 희랍의 교육역사를 재구성하는 데 있어 이제 관점을 변경해야만 한다. 물론 기존 맥락에서도 초기 철학자로서 이들에게 높은 자리가 부여될 수 있었지만, 교육자로서 직접적으로 5세기 말의 소크라테스나 4세기의 플라톤에―플라톤은 철학의 본질을 새로운 인간교육에서 찾은 최초의 인물이다―맞먹는 지위를 이들 당대가 부여하지 않았기 때문이다.

    시인들이 소크라테스 이전 철학자들의 시대에 민족교육의 선구적 역할을 맡은 것은 논쟁의 여지가 없고 여기에 입법자들과 정치가들이 새로 합류했다. 지식교사들이 합류하면서 변화가 시작되었다. 이들은 선대의 자연철학자와 존재론자에 분명한 선을 그었다. 지식교사들은 본격적인 교육 관련 현상이었다. 지식교사들은 교육사에서 진정한 가치를 평가받을 수 있지만 이들 학설의 이론적 내용은 대체로 저급하다. 이제까지의 철학사는 이들에 대해 크게 다루지 않았다. 반대로 우리의 구도는 위대한 자연철학자들과 그 이론체계를 문제사적 맥락에서 세부적으로 다루지 않지만, 이들을 대단한 시대적 현상으로 평가할 것이고 이들이 개척한 근본적으로 새로운 정신적 태도가 희랍적 인간형의 계속적 발전에서 가지는 중요성을 검토할 것이다. 마지막으로, 진정한 인간 탁월성의 구체화를 위한 투쟁과 별개로 출현한 이 순수 사변적 흐름이 나중에 구체화 투쟁의 포괄적 운동에 합류하여, 이 순수 사변을 대표하는 인격적 주체들과 별도로 공동체 안에서 인간교육의 힘이 되기 시작하는 시점을 확정할 것이다.

이성적 사유의 탄생 시점을 확정하는 것은 힘든 일이다. 탄생 시점이 호메로스 서사시의 한가운데를 가로지르고 있고 신화적 사유에 이성적 사유가 깊숙이 침투되었기에 둘을 엄격히 구분하는 것은 불가능하다. 구분의 관점에서 서사시를 분석하더라도 이성적 사유가 이미 일찍이 신화에 개입했고 신화에 영향을 미치기 시작했음이 드러날 뿐이다. 이오니아 자연철학은 전적으로 서사시에 직접 연결되어 있다. 이와 같이 매우 유기적인 연관성은 희랍정신사에 구조적 완결성과 통일성을 부여한다. 반면 예를 들어 중세철학의 출현은 기사문학이 아니라 대학을 중심으로 한 고대철학의 학문적 수용을 통해 이루어졌고 유럽 중서부에서 수 세기를 거치면서 귀족문화에, 이어진 시민문화에 이렇다 할 영향을 미치지 못했다.(단테는 가장 위대한 예외인바 그는 신학교육과 기사교육과 시민교육을 하나로 통합했다.)

오케아노스가 만물의 근원이라는 호메로스 이론[1]과, 고갈되지 않는 대양의 직관적 표상을 분명 포함하는 물이 세계 원소라는 탈레스 견해가 서로 구분되는지 명확히 설명하기는 쉬운 일이 아니다. 헤시오도스의『신들의 계보』전체에도 아주 고집스러운 건축적 이성, 문제제기와 합리적 설명의 논리적 체계가 작동하고 있다. 다른 한편 그의 우주론에는 아직 신화적 세계관의 집요한 힘이 깃들어 있는데, 이 힘은 우리가 흔히 과학적 철학의 왕국이 시작된다고 생각하는 한계 너머 자연철학자들의 이론에도 영향을 미치고 있다. 과학시대 초창기의 세계이론이 보인 놀라운 생산성은 이 힘을 빼놓고는 설명되지 않는다. 엠페도클레스가 분리와 결합의 힘으로 제시한 사랑과 미움은 헤시오도스의 우주적 에로스와 똑같은 정신적 연원에서 유래한다. 따라서 과학적 철학의 시작은 이성적 사유의 시작과도, 신화적 사유의 종결과도 일치하지 않는다. 심지어 플라톤과 아리스토텔레스의 철학에서도 우리는 근원적 신화를 만나게 된다.[2] 예를 들어 플라톤이 설명한 영혼신화 혹은 아리스토텔레스가 말한 부동의 원동자(原動者)에 대한 사물들의 사랑 등이 그것이다.

이런 의미에서 우리는 칸트의 명제를 수정하여 이렇게 말할 수 있다. 구성적 원리로서 이성이 빠진 신화적 사유는 맹목적이며, 신화적 사유의 근원적 생명력이 빠진 이성적 개념형성은 공허하다. 이런 관점에서 우리는 희랍철학사를 신화에 근거한 종교적·근원적 세계관이 계속해서 합리화되는 과정이었다고 보아야 한다. 바깥 주변부에서 안쪽 중앙까지 존재의 동심원들을 그린다고 할 때 이성적 사유의 세계 포섭과정은 바깥쪽에서 내

---

1) 『일리아스』제14권 201행, (302행), 246행.
2) 내가 편집한 아리스토텔레스의 48, 50, 152쪽 등을 보라.

부 깊숙한 곳으로의 점진적 침투과정이었다고 할 수 있다. 이런 이성화 과정은 플라톤과 소크라테스에서 영혼이라는 내핵에 이르렀고 다시 영혼에서 시작된 반발운동은 고대철학의 말기에 신플라톤주의까지 이어졌다. 플라톤의 영혼신화는 존재를 송두리째 이성화하려는 움직임에 저항했고, 영혼은 이성화된 우주를 내부에서 뚫고 나와 점진적으로 우주를 되찾았다. 그 끝에 기독교 신앙의 수용이 있었고 기독교는 준비된 밥상을 가만히 이어받았다.

종종 제기되는 문제가 있다. 왜 희랍철학은 인간이 아닌 자연에 대한 물음으로 시작하는가? 매우 의미심장하고 중요한 이런 사실을 설명하기 위해 사람들은 역사를 수정하여 초창기 자연철학의 견해들을 종교적 신비주의에서 유래하는 것으로 보려고 시도했다. 그렇다고 문제가 해결된 것은 아니며 다만 지연되었을 뿐이다. 하지만 이런 문제제기가 단지 소위 철학사의 너무 편협한 시각 때문임을 깨닫는 순간 문제는 해소된다. 만약 자연철학에 덧붙여 아르킬로코스 이래의 이오니아 문학과 솔론의 문학이 도덕적·정치적·종교적 영역에서 건설적 사유작업이었음을 받아들인다면—여기서 분명 산문과 운문의 장벽만은 제거되어야 한다—인간적 영역도 함께 다루며 성장한 철학적 사변에 대한 완벽한 그림이 그려진다. 국가철학은 본성상 늘 실천적인 반면 자연 혹은 생성 자체 혹은 근원의 탐구는 "이론"을 위한 것이다. 희랍인들이 인간 문제를 이론적으로 포착한 것은, 인간 내면의 연구에 모범으로 삼을 만한 정확한 기술 유형이 외부세계의 의학적·수학적 연구를 통해 만들어진 이후부터다. 우리는 여기서 헤겔의 언명을 기억해야 한다. 정신의 길은 우회의 길이다. 동방의 영혼이 종교적 열망 속에서 곧바로 감정의 수렁으로 빨려 들어간 반면, 외부 우주의 법칙성을 찾은 희랍정신은 이어 곧 영혼의 내적 법칙으로 눈을 돌렸고 내면 우주의 객관적 견해를 확보했다. 이런 발견이 있었기에 비로소 희랍역사의 위기 순간에 플라톤이 목표로 제시했던 바대로 철학적 인식의 토대에 근거한 새로운 인간교육의 건설이 가능했다. 따라서 자연철학이 정신철학에 앞선 것은 교육사적 관점에서 좀 더 명확해지는 심오한 역사적 의미를 가진다. 물론 초기 이오니아 철학자들의 심오한 사변은 의식적·교육적 열망에서 생겨난 것이 아니다. 단지 신화적 세계관이 붕괴하고 새로운 인간 공동체가 만들어지는 혼돈의 시대에 다시 존재와 정면으로 마주하여 그것에 물음을 제기했을 뿐이다.

최초의 철학자들이—플라톤이 제시한 철학이라는 명칭이 아직 사용되지는 않았다—보여준 인간적 면모 가운데 가장 눈에 띄는 것은 그들의 정신자세, 앎을 향한 온전한 헌신, 존재 자체에 대한 탐구였다. 이는 후대 혹은 동시대 희랍인들에게 매우 이상하게 보였지만 다른 한편 상당한 경탄을 불러일으켰다. 여타 사람들이 중요하게 여기는 일들, 돈이나 명예, 집이나 가족을 전혀 돌보지 않는 탐구자들의 태연한 무관심, 자기 이익에 대한 무감각, 세간의 주목에 대한 냉담함 등은 첫 번째 철학자의 독특한 생활방식에 대해 널리 알려진 일화들을 낳았다. 플라톤 아카데미아나 소요학파는 특히 이런 일화들을 열심히 모아 플라톤이 철학자의 진정한 실천이라고 가르친 '관조적 삶(βίος θεωρητικός)'의 원형과 모범으로 널리 보급했다.[3] 이 일화들 속의 철학자는 위대하고 뭔가 기이하고 그러면서도 사랑스러운 별종으로 여타 사람들의 공동체에서 분리되어 혹은 고의적으로 떨어져 자신의 학문에 종사하고 있다. 그는 어린아이처럼 세상 물정에 어둡고 서투르며 시공간 조건들의 밖에 머문다. 현자 탈레스는 천문현상을

---

3) 철학적 삶의 기원과 보급에 관한 나의 논문(Sitz. Berl. Akad. 1928, 390쪽 이하)을 보라.

관찰하다 우물에 빠지고, 트라키아 출신 하녀는 하늘의 사물을 관찰하려는 사람이 발아래 놓은 것은 보지 않는다고 그를 조롱한다. 피타고라스는 왜 사느냐는 질문을 받았을 때 하늘과 별들을 관찰하기 위해서라고 말했다. 아낙사고라스는 가족들과 조국을 돌보지 않았다고 손가락질을 받았을 때 손가락으로 하늘을 가리키며 저기가 내 조국이라고 말했다. 사람들이 이해하지 못하는 우주의 탐구, 천문학이라는 학문이 시작된 것인데, 당시에 이것은 훨씬 더 방대하고 심오한 분야, 천상사물의 학문을 의미했다. 철학자의 활동은 대중에게 과장되고 터무니없어 보였다. 대중의 시각에서 희랍인들은 이런 탐구자를 불행한 인간으로 여겼는데, 이들은 '많이 나간(περιττός)' 사람이기 때문이다.[4] 이 희랍어는 번역 불가능한 단어인데 명백히 오만함의 뜻이 담겨 있다. 철학자는 신들의 세계로 접어들어 인간정신의 염원 한계를 넘어서기 때문이다.

본성상 늘 고립된 이런 유별나고 고독한 실존은 오직 이오니아에서, 좀 더 많은 개인적 자유를 누리는 환경에서 성장할 수 있었다. 그곳 사람들은 평범하지 않은 이런 사람들을 가만히 놓아두었는데 다른 곳에서라면 불쾌감을 유발하고 어려움을 겪었을지 모른다. 밀레토스의 탈레스와 같은 인물들은 이오니아에서 일찍이 유행했고 사람들은 관심을 가지고 이들의 구술강의를 세상에 전달했고 이들에 관한 일화들을 이야기했다. 이는 이런 현상과 이들의 새로운 생각들이 시의성을 가진다는 어느 정도의 이해가 있었음을 나타낸다. 아낙시만드로스는 입법자가 법문을 적을 때처럼 산문으로 사상을 공표하는 대담성을 보여준, 우리가 아는 한 최초의 철학자다. 그는 사상의 사적 성격에 선을 그었고 더는 '괴짜(ἰδιώτης)'가 아니었다. 그

---

4) 아리스토텔레스 『형이상학』 983a1. 조대호는 '남보다 뛰어난'이라고 번역했다.

는 일반대중을 원했다. 후대 이오니아 학술 산문들의 문체를 보고 아낙시만드로스의 책에 관해 유추해보면 그는 동시대의 일반인들과 다른 견해를 일인칭으로 기술했을 것이다. 밀레토스의 헤카타이오스는 연대기를 대단히 순진한 서두로 시작한다. "밀레토스 출신의 헤카타이오스는 말한다. 희랍인들의 이야기는 말만 많고 터무니없다. 나는 다음과 같이 기술한다."[5] 헤라클레이토스는 간결하게 시작한다. "인간들은 영원히 참된 로고스를 듣기 전이나 듣고 난 후에나 똑같이 이해하지 못한다. 모든 것은 로고스에 따라 일어나는데도 그들은 로고스를 전혀 경험하지 못한 것과 같은 상태다. 그들은 내가 모든 것을 자연본성에 따라 분석하고 상태를 설명하기 위해 여기에 제시하는 바와 같은 방식의 말이나 사태 속에서 살고 있는데도 말이다."[6]

당대의 지배적 세계상에 대해 이런 독자적·합리적 비판의 대담성은 인간 삶과 주변에 대해 자기 생각과 감정을 솔직히 표현하기 시작한 이오니아 시인들의 과감성과 유사하다. 양자는 모두 확대된 개성의 증거라 하겠다. 합리적 사유는 우선 이 단계에서 폭탄과 같았다. 가장 오래된 권위들도 힘을 잃었다. "나"의 사유가 판단을 내리고 "나"가 적절한 근거를 들어 설명한 것만이 올바르다. 지리학과 민속학의 창시자 헤카타이오스, 역사의 아버지 헤로도토스에서 시작하여 이오니아 의사들이 기초를 놓아 이후 수천 년간 쓰인 문헌에 이르기까지 모든 이오니아 문학은 이런 정신으로 충만하며 "나"로 특징되는 비판 형식에 따라 만들어졌다. 하지만 합리적 "나"가 관철되는 과정에서 개성이라는 요소가 사라지는 중요한 사건도 벌

---

5) 헤카타이오스 단편 1a Jacoby.
6) 헤라클레이토스 단편 DK22B1=4 정암.

어졌다. 진실의 개념으로 새롭게 보편타당성이 등장했고 모든 개인적 의지는 이에 굴복해야 했다.

기원전 6세기 자연철학적 사유의 시발은 근원에 대한, "자연(*physis*)"에 대한 물음이었다. "자연"은 관련 정신활동 전체와 그것에서 비롯된 사변형식의 이름이 되었다. 이 단어를 오로지 애초의 희랍어 어의에 국한하고 오늘날의 '물리학(*Physik*)'과 연관된 표상들을 배제하는 것이 옳다. 현대 어휘로 형이상학적 탐구에 해당하는 것이 실제 언제나 당시의 주요 관심 대상이었고 물리학적 인식과 관찰에 해당하는 것은 모두 부차적이었다. 분명 이런 활동은 합리적 자연과학의 탄생을 의미하지만, 자연과학은 우선 형이상학적 고찰에 싸여 있었고 나중에야 비로소 조금씩 모습을 드러냈다. "자연(*physis*)"이라는 희랍 개념은 두 가지 뜻을 동시에 담고 있다. 하나는 감각 지각에 주어진 현상을 넘어 사유가 추구하는 근원에 대한 물음이며, 다른 하나는 경험적 탐구(ἱστορία)를 통해 이 근원에서 생겨난 현존재(τὰ ὄντα)에 대한 이해다. 관찰과 방랑벽을 타고난 이오니아인의 탐구본능은 궁극적 물음에 이르는 심오한 문제에 집착했을 것이 분명하다. 또 세계 본질과 근원을 묻게 된 이후 사실 인식의 축적과 개별 현상의 설명에 대한 필요도 계속해서 증가했음도 못지않게 분명하다. 또 상당히 개연성이 높은 설명이자 명백한 전승인바 이집트와 근동지방 근처에 살던 이오니아인들은 이방 민족의 오랜 문명을 접하면서 측량술과 항해술과 천문관측의 기술적 성과와 지식을 받아들였고, 다른 한편 정신적으로 명민한 해상무역 민족인 희랍인은 자신들과 다르게 세계창조 신화나 신들의 계보를 설명하는 이방 민족의 심오한 탐구에 주목했다.

이오니아인들의 대단한 참신성은 동방에서 수용하고 확장한 천문과 자연의 경험지식을 독자적으로 사물의 근원과 본질에 대한 궁극적 탐구로까지 이어간 것이다. 또 이를 통해 감각적·현상적 현재의 실재성을 직접 설명하려는 신화영역의 세계생성 신화를 이론적·인과적 사유에 종속시킨 것이다. 이것이 과학적 철학의 탄생 순간이었고 온전히 희랍인들의 역사적 업적이었다. 신화로부터 분리과정은 점진적으로 진행되었다. 이 과정의 과학적·합리적 성격은 철학이 독립적이면서도 서로 긴밀하게 연결된 다수의 통일적 사상운동이었다는 점에서 확인된다. 이오니아 문화의 거점 밀레토스와 이오니아 자연철학의 탄생을 연결하는 고리는 세 명의 초기 철학자 탈레스, 아낙시만드로스, 아낙시메네스이며, 밀레토스가 페르시아에 의해 파괴될 때까지(5세기 초) 이들은 대대로 밀레토스에 거주했다. 세 세대를 거친 더없이 훌륭한 정신적 번영은 외적·역사적 운명의 야만적 공격으로 갑자기 단절되었고, 연구작업과 사유 유형의 연속성을 보이는 영광스러운 계보는 시대착오적이긴 하지만 흔히 '밀레토스학파'라고 불린다. 세 거인의 탐구방식이나 설명방식은 실제 같은 방향을 향하고 있다. 이들은 데모크리토스와 아리스토텔레스까지 이어진 희랍 자연철학의 근본개념과 방향을 제시했다.

이런 상고기 철학의 정신을 밀레토스 자연철학자들 가운데 가장 인상적인 아낙시만드로스를 들어 설명해보자. 아낙시만드로스는 세 명 중 유일하게 세계관을 비교적 상세하게 알 수 있는 인물로 이오니아 철학의 놀라운 사유영역을 보여준다. 그는 진정 형이상학적인 심오함과 엄격한 건축적 통일성을 가진 세계상을 만들어냈고, 또 최초로 세계지도와 과학적 지리학을 창조한 인물이기도 하다. 또 희랍수학의 시작은 밀레토스 철학자에까지 거슬러 올라간다.

아낙시만드로스의 지구 혹은 세계상은 기하학적 정신의 승리다. 상고기 인간의 존재와 사유가 온전히 담긴 기념비적 직선성의 시각적 상징이다. 아낙시만드로스의 세계는 엄격한 수학적 비율에 따라 구축되었다. 호메로스의 세계상이 제시한 원반형 지구는 그가 보기에 다만 허구적 가상이었다. 동쪽에서 서쪽으로 이어진 매일의 태양 궤도는 사실 지구 아래서도 계속해서 이어져 동쪽의 출발점으로 다시 연결된다. 따라서 세계는 반구(半球)가 아니라 온전한 구(球)이며 지구는 그 중심에 놓여 있다. 태양의 궤도만이 아니라 달과 별들의 궤도도 구형(球形)이다. 맨 바깥의 궤도는 태양 궤도이며 이는 지구 직경의 27배에 이르고, 그 아래가 달 궤도인데 지구 직경의 18배에 이른다. 항성의 궤도가 가장 안쪽의 궤도인데—이 부분에서 우리가 가진 사본이 크게 훼손되었다[7]—분명 지구 직경의 9배에 이른다고 했을 것이다. 지구 직경은 높이의 3배이며 지구는 단순한 원통형을 취하고 있다. 신화적 사유가 순진하게 상상했던 것처럼 지구는 단단한 토대 위에 올라 있는 것이 아니다. 마치 나무처럼[8] 땅속 깊이 보이지 않는 뿌리를 내리고 하늘을 향해 위로 자라난 것도 아니다. 지구는 단지 공간 속에 둥실둥실 떠 있다. 지구를 떠받치는 것은 공기의 압력이 아니다. 천구에서 사방으로 똑같은 간격을 유지함으로써 균형 상태를 이룬다.

똑같은 수학적 경향은 여러 세대의 연구자들을 거치며 확정된 세계지도에서 대세를 이루었다. 헤로도토스는 이를 일부 수용하고 일부 거부했고 이런 세계상의 창시자를 "이오니아인들"이라고 통칭했다. 헤카타이오스

---

7) Tannery, *Pour l'histoire de la science hellène*, Paris, 1887, 91쪽을 보라.
8) 헤시오도스 『일들과 날들』 19행 "대지의 뿌리"를 빌라모비츠는 단순히 대지의 깊이로 이해했다. 『신들의 계보』 728행과 812행을 보라. 부분적으로 아주 오래된 신화적 세계관과 연결된 페레퀴데스의 오르페우스적 우주론(단편 2 Diels)에서 "날개 달린 참나무"라는 말이 언급된다. 이것은 아낙시만드로스의 이론인 자유 유영과 무한한 공간에 뿌리내린 나무의 표상을 결합한 것이다.(H. Diels, *Archiv f. Gesch. der Phil. X*) 파르메니데스의 단편 15a Diels는 지구를 "물에 뿌리박은"이라고 설명한다.

의 바로 다음 세대[9]인 헤로도토스는 이를 분명 우선 밀레토스 헤카타이오스의 작품에서 배웠는데, 분명한 전승에 의하면[10] 다시 헤카타이오스는 세계지도 등을 아낙시만드로스에게서 배웠다. 체계적 구성의 세계지도는 아낙시만드로스가 제시한 세계건축과 지구형태의 기하학적 밑그림에 더 잘 부합한다. 사실 연구 여행자였던 헤카타이오스는 여러 지역과 민족을 직접 눈으로 관찰했고 특히 개별 현상들에 좀 더 많은 관심을 보였다. 체계적 유형에서 헤카타이오스보다 앞선 선구자들이 있었음을 몰랐다면 헤로도토스는 "이오니아인들"이라는 말을 사용하지 않았을 것이다. 따라서 헤로도토스, 스퀴락스 등의 저자들이 헤카타이오스에서 가져왔다고 볼 수 있는 세계 도안은 사실 아낙시만드로스에서 기원한다고 나는 망설임 없이 주장한다. 지표는 거의 크기가 비슷한 두 개의 대륙, 아시아와 유럽으로 나뉜다. 아시아의 한 부분 뤼비아는 따로 떨어져 있다. 커다란 강들이 경계를 이룬다. 도나우강이 유럽을, 나일강이 아시아를 둘로 나눈다.[11] 헤로도토스는 옛 이오니아 세계지도의 세계구조 체계를 비웃었다. 세계를 마치 물레 위에 올려놓은 것처럼 둥글게 배치한 것이나, 가장 바깥쪽에 대양처럼 오케아노스가 빙 둘러 있는 것이나, 그럼에도 북쪽과 동쪽에서 오케아노스를 본 사람이 없는 것은 모두 문제였다.[12] 이런 세계구조를 생각해낸 선험적·기하학적 정신은 매우 재미있는 인물로 여겨졌다. 헤로도토스의 시대는 이런 구조의 결함을 새로운 발견으로 보충하고 이런 억지를 완화하거나 배제하는 데 열중했다. 헤로도토스의 시대는 오로지 경험적으로

---

9) F. Jacoby, *Realenzykl. VII*, 2702쪽 이하.
10) 아낙시만드로스 단편 DK12A6=정암 5.
11) 헤로도토스 제2권 33, 제4권 49.
12) 헤로도토스 제4권 36.

실제로 확정된 것만을 받아들였다. 하지만 대담한 기획과 창조적 천재성은 여전히 아낙시만드로스의 것이었고, 나아가 인간정신에 영감을 불어넣어 줄 착상, 세계가 예외 없이 규칙과 체계로 구성되었다는 인식을 최초로 시도된 수학적 비율로 표현하려고 했던 독창적 선구자들의 것이었다.

탈레스가 원리로서 제시한 물을 대신하는 아낙시만드로스의 원리, 무규정자(ἄπειρον)는 감각현상을 넘어선 대담한 초월이었다. 자연철학자는 모두 인간 눈에 현란하게 들어오는 세계의 생성소멸이라는 엄청난 광경에 압도되었다. 만물이 생겨나고 다시 소멸하는 원리, 고갈되지 않는 원천은 무엇인가? 탈레스는 끓어 기체가 되고 얼어 돌처럼 딱딱하게 고체로 변하는 물이라고 믿었다. 습기에서 지구상의 모든 생명이 시작되었다. 옛 자연철학자들 가운데 우리가 알지 못하는 누군가는, 후에 스토아 철학자들과 마찬가지로 별들의 불도 바다에서 증발한 증기에서 생겨났다고 주장했다. 아낙시메네스는 물이 아니라 공기를 세계원리로 놓았고 무엇보다 만물의 생명력을 공기로 설명하려고 시도했다. 영혼이 육체를 다스리듯 공기가 세계를 다스리며 영혼도 공기, 호흡, 숨이다. 아낙시만드로스는 무규정자를 이야기했고 그것은 무엇이라 말할 수 있는 요소는 아니지만 "모든 것을 포괄하고 모든 것을 조정하는 것"이었다. 이는 아마도 그가 직접 쓴 표현일 것이다.[13] 아리스토텔레스는 이의를 제기했는데 질료를 말하는 것이라면 질료가 모든 것을 포괄한다고 말하는 것보다 질료가 모든 것에 포함되어 있다고 말하는 편이 옳기 때문이다. 하지만 아리스토텔레스가 보고하는바 무규정자에 붙는 "불사의"와 "불멸의" 등의 별칭은 잘못 이해된 것이 아니라면 능동성을 의미하며 "조정하다"는 만물을 조정하는 신에 속한다. 유사

---

13) 아낙시만드로스 단편 DK12A15=12 정암.

한 전승으로 무규정자는 늘 새로운 세계를 낳아 내보내며 다시 이를 받아들인다는 것, 아낙시만드로스 자신이 무규정자를 신적인 것으로 규정했다는 것 등도 있다. 무규정자로부터의 사물 생성은 서로 투쟁하는 수많은 세상 사물들이 하나로 묶여 있던 원초적 평화로부터의 분리다. 유일하게 전하는 아낙시만드로스 본인의 웅대한 가르침도 여기에 속한다. "그것들로부터 존재자들의 생성이 있게 되고, 이것들로 존재자들의 소멸도 필연에 따라 있게 된다. 그것들은 시간의 질서에 따라 서로에게(ἀλλήλοις) 불의의 벌과 배상을 치르기 때문이다."[14]

니체와 에르빈 로데 이래 이 문장에 대해 많은 글이 쓰였고 이 문장에 대해 수많은 신비주의적 해석이 있었다. 사물의 존재 자체, 개별성은 불법 행위이며 영원한 근원의 배신행위이며 이에 피조물은 죗값을 치러야 한다는 해석이다. 과거 편집본에 '서로에게(ἀλλήλοις)'를 보충하고 편집을 바로 잡음으로써 이 단편이 무언가 새로운 것, 과잉의 조정을 이야기함이 명백해졌다. 존재는 범죄가 아니며 이는 희랍사상에도 맞지 않는다.[15] 아낙시만드로스는 이 단편을 통해 생생하게 사물들이 서로 법정의 인간들처럼 투쟁하고 있음을 말한다. 우리는 이오니아의 도시국가를 떠올린다. 재판이 벌어지는 광장이 눈에 들어온다. 재판관은 의자에 앉아 죗값을 정한다(τάττει). 재판관의 이름은 시간이다. 재판관을 솔론의 도시국가 사상세계에서 보았던바 그 힘은 누구도 벗어날 수 없다. 다투는 사람들 가운데 하

---

14) 아낙시만드로스 단편 DK12A9=6 정암. *Early Greek Philosophy*(2. A. 1908)의 독일어판 44쪽 이하에서 J. Burnet은 냉정한 해석을 했다. 하지만 그는 아낙시만드로스의 생각이 가진 웅장함과 그 철학적 의미를 제대로 파악하지 못한 것으로 보인다.

15) 아리스토텔레스 단편 60 Rose의 오르페우스 신화가 '존재가 범죄'를 말한다는 해석은 잘못이다.

나가 다른 하나에서 너무 많이 가져왔다면 너무 많이 가진 자에게서 빼앗아 너무 조금 가진 자에게 제공하는 것은 필연이다. 솔론의 생각은 이러했는바 정의의 여신은 인간적 이승의 판결에 얽매이지 않는다. 정의의 여신은 헤시오도스의 옛 종교가 생각한 것처럼 신적 정의의 일회적 처벌이 아니다. 정의의 여신은 사건 가운데 내재적으로 완결되는 조정이며, 따라서 어떤 경우든 조정은 반드시 도래한다. 이런 필연성과 불가피성을 나타내는 것이 "제우스의 응징"이며 "신들의 처벌"이다.[16] 아낙시만드로스는 여기서 더 나아갔다. 그는 이런 영원한 조정이 인간 삶에서뿐 아니라 세계 전체, 모든 존재에서 실현된다고 보았다. 인간영역에서 조정의 실현이 내재적인 것처럼, 자연의 사물들, 그 힘과 대립도 내재적 정의에 복종하며 이에 따라 사물의 생성소멸이 이루어진다고 아낙시만드로스는 보았다.

이런 형식으로―오늘날의 관점에서 보면―자연 속에 관철된 법칙성이라는 놀라운 사상이 자신의 출현을 알렸다. 하지만 이는 오늘날의 과학이 주목한 인과관계라는 단순 동형성과는 다른 것이었다. 아낙시만드로스가 말한 것은 세계규범이라고 불러야 하며 현대적 의미의 자연법칙이 아니다. 자연사건의 규범에 대한 인식은 종교적 의미를 가진다.[17] 이는 단순한 사건 기술이 아니라 세계존재의 정당화를 의미한다. 세계는 이를 통해 넓은 의미에서 '우주', 다른 말로 사물의 법적 공동체가 된다. 세계는 벗어날 수 없는 영원한 생성소멸 가운데 의미를 가지며 이는 평범한 인간의 생명 욕구에 비추어 도저히 이해되지 않는, 도저히 견딜 수 없는 생명현상이

---

16) 솔론 단편 1 Diehl 25행과 30행 참조.
17) 여기서 제시된 해석을 나는 좀 더 상세하게, 아낙시만드로스의 단편에 관한 아직 출판하지 않은 강연에서 다루었다. Sitz. Berl. Akad. 1924, 227쪽을 보라.

다. 아낙시만드로스가 우주라는 단어를 이런 문맥에서 사용했는지를 우리는 알 수 없다. 아낙시메네스는 만약 단편이 진짜라면 우주를 그렇게 사용했다.[18] 우주론은 정확히 후대의 의미대로는 아니지만 분명 자연현상을 주관하는 영원한 정의의 여신에 대한 아낙시만드로스의 생각을 통해 사실상 최초로 탄생했다. 따라서 우리는 아낙시만드로스의 세계상을 당연히 우주의 내적 발견이라고 부를 수 있다. 다른 어디가 아니라 바로 인간정신의 깊은 내면을 통해 발견이 이루어졌기 때문이다. 발견은 망원경이나 천문대 혹은 그 밖의 어떤 경험적 실험을 통해 이루어진 것이 아니다. 세계의 무한성이라는 표상도―전승에 따르면 아낙시만드로스가 찾아냈다[19]―똑같이 직관의 힘에 의해서였다. 물어볼 것도 없이 철학의 우주론은 기존 종교적 표상의 단절을 함축한다. 단절은 시인들이 전하는바 소멸과 파괴의 전율 속에서 두려움에 떠는 새로운 세대에게 존재의 신성함이라는 새롭고 강력한 세계관이 확산했음을 의미한다.

이런 정신활동 속에서 간과할 수 없는 철학적 발전의 핵심이 발견된다. 오늘날까지도 우주 개념은 세계이해의 가장 본질적 범주에 속한다. 물론 오늘날 우주를 자연과학 개념으로 사용하면서 점차 형이상학적 근본 의미는 상실되었다. 우주론은 희랍적 인간교육과 관련하여 옛 자연철학의 중요성을 상징적으로 표현한다. 솔론이 윤리적·법적 책임 개념을 서사시의 변신론에서 가지고 온 것처럼,[20] 아낙시만드로스의 세계 정의에서 우리가

---

18) 아낙시메네스 단편 DK13B2. "공기인 우리의 혼이 우리를 결속하는 것처럼 공기와 숨은 우주 전체 또한 감싸고 있다." K. Reinhardt는 단편의 진정성에 대해 부정적이다.
19) 이 책의 1판에서는 여전히 이런 전승에 대해 회의적이었으나 나는 R. Mondolfo, *L'infinito nel pensiero dei Greci*(Firenze, 1934)의 설명을 받아들여 회의적 입장을 버렸다.
20) 『솔론의 국태민안』, Sitz. Berl. Akad. 1926, 73쪽.

주목하는바 새로운 사유의 토대가 되는 희랍적 연기(緣起, αἰτία)는 근원적으로 책임과 통하는 개념으로 법적 책임성에서 물리적 인과성으로 발전한 개념이다. 이런 사유과정은 법률생활에서 쓰이던 우주, 정의, 처벌 등의 개념을 자연현상에 유비적으로 적용하는 것과 밀접한 연관을 가진다. 변신론 문제에서 인과성 문제가 성장했음을 우리는 아낙시만드로스의 단편을 통해 깨닫게 된다. 아낙시만드로스의 정의는 도시국가를 세계만물에 투사하는 과정의 시작이었다. 인간세계와 생활의 질서를 인간 외적 존재의 '우주'에 명시적으로 연결하는 모습은 밀레토스 철학자들에게서 아직 확인되지 않고 우선 인간을 철저히 배제하고 사물의 영원한 근원을 탐구하는 데만 매달린 그들의 연구방향에서도 확인되지 않는다. 하지만 인간생활질서의 사례들이 그들에게 자연해석의 열쇠가 되었고 그들이 찾아낸 세계상은 애초부터 영원한 존재와 인간생활세계 및 그 가치가 장차 만들어낼 조화를 잉태하고 있었다고 하겠다.

사모스 출신으로 남부 이탈리아에서 활동한 피타고라스 역시 이오니아 철학자다. 그의 사유 유형은 그의 역사적 흔적만큼이나 파악하기가 간단치 않다. 그의 모습은 희랍문명의 발전과 더불어 전승과정에서 계속해서 변모했고 과학적 발견자, 정치가, 교육자, 교단 설립자, 교조 및 기적 행위자 등으로 묘사된다. 헤라클레이토스는 헤시오도스, 크세노파네스, 헤카타이오스와 함께 피타고라스의 박식(博識)을 조롱했다.[21] 언급된 다른 이들처럼 어떤 특정 분야에 국한된 박식이 분명하다. 아낙시만드로스의 대담한 정신적 완결성과 비교할 때 피타고라스의 복잡다단한 융합은 이를 무엇이라고 해석하든 사실 일회적 우연일 뿐이다. 그를 의사로 보는 새로운

---

21) 헤라클레이토스 단편 DK22B40=13 정암.

경향은 아무런 호응을 얻지 못하고 있다. 박식의 비난을 근거로 후대의 피타고라스학파(아리스토텔레스가 그렇게 불렀다.)가 이오니아의 천문학과 구별하여 단순히 '학문(*mathemata*)'이라고 부른 학문 유형의 뿌리가 피타고라스임을 추론할 수 있다. 상당히 일반적인 이 명칭은 실로 완전히 이질적인 것들을 포괄한다. 수학, 기하학 기초, 음성학 기초, 음악 이론, 당시의 천문운동 지식(피타고라스에서 밀레토스 자연철학은 분명 여기에 속했다.) 등이다. 우리가 알기로 오르페우스의 종교분파에 매우 가까운 영혼 윤회설도 여기에 포함되는바 피타고라스 본인에게서 유래한다고 확인되었다. 이를 헤로도토스는 옛 피타고라스학파의 전형적 가르침이라고 기록했다. 교주로서 그가 설파한 윤리적 가르침들과도 연관되어 있다. 피타고라스 공동체가 교단 성격을 가지고 있음을 헤로도토스가 확인해준다.[22] 공동체는 기원전 5세기 말 정치적 박해로 폐쇄될 때까지 백 년 이상 남부 이탈리아에서 유지되었다.

수를 사물의 원리로 보는 피타고라스의 견해는 우주의 엄격한 기하학적 균형을 제시한 아낙시만드로스의 선례를 따른 것이다. 그의 견해는 단순 산술로는 이해되지 않는데 전승에 따르면 자연에서 관찰된 새로운 법칙성, 즉 현 길이와 음높이의 상관성에서 유래한다. 수의 지배를 우주에 이어 인간생활질서로 확장하기 위해서는 의문의 여지없이 밀레토스 철학의 수학적 상징체계에 기초한 그런 관찰결과를 일반화하는 과감성이 요구된다. 오늘날의 수학적 자연과학은 피타고라스 학설과 무관하다. 피타고라스에게 수는 훨씬 더 큰 의미를 가진다. 그에게 수는 자연현상을 계산 가능한 양적 단위로 환원한 결과가 아니다. 상이한 수는 하늘, 결혼, 정의,

---

22) 헤로도토스 제4권 95.

적기(適期) 등 전혀 상이한 사물의 질적 본질을 가리킨다. 피타고라스학파에서 사물은 질료를 의미하는 수로 구성되었다고 설명한 아리스토텔레스는 수와 물질을 관념적으로 동일시하여 수를 물질화하는 우를 범했다. 당시까지 사변철학에서 만물의 근원이라고 보았던 지수화풍(地水火風) 원리들과 사물의 유사성보다 큰 유사성이 수와 사물의 유사성에서 발견된다고 피타고라스학파가 믿었다는 아리스토텔레스의 다른 설명은 피타고라스학파의 사유 동기에 좀 더 가까이 접근한 것으로 보인다.[23] 피타고라스학파의 견해에 대한 가장 중요한 설명을 우리는 플라톤 후기 철학에서 우리에게 매우 이상하게 보이는바 이데아를 수로 환원하려는 시도에서 볼 수 있다. 아리스토텔레스는 이에 대해 순전히 양적인 것으로 질적인 것을 파악하려 했다고 비판한다. 우리가 보기에 아리스토텔레스의 비판은 빗나갔다. 다만 여기서 적절한 언급은, 희랍적 수 개념에 근원적으로 질적 요소가 포함되어 있다는 것, 순전히 양적인 것으로의 추상화는 점진적으로 이루어졌다는 것이다.[24]

이에 대해 아마도 숫자의 기원과 놀랍도록 다양한 언어적 발생을 살펴보고 숫자 속에 깃들인 직관적 요소를 추적할 수 있다면 이는 우리에게 많은 시사점을 제공할 것이다. 피타고라스학파가 수의 힘을 그렇게 높게 평가한 이유를 우리는 동시대인들의 의기충천한 발언을 통해서도 알 수 있다. 아이스퀼로스에서 프로메테우스는 그의 문명창조적 지혜가 만들어낸

---

23) 아리스토텔레스는 『형이상학』 953b27 이하에서 피타고라스학파의 시대를 레우키포스, 데모크리토스, 아낙사고라스 등과 동시대 혹은 전 시대라고 보았다. 이로써 피타고라스 시대(기원전 6세기)에 가깝게 만들었고, 피타고라스 본인을 아리스토텔레스는 일부러 언급하지 않았다. 예외적으로 986a30에서 피타고라스를 언급하는데 이것은 후대 삽입이다.

24) J. Stenzel, *Zahl und Gestalt bei Platon und Aristoteles*, 2. A. Leipzig, 1933을 보라. 그는 피타고라스학파를 배제했다.

대표작으로 수의 발명을 들고 있다.[25] 수가 여러 중요한 존재영역을 지배한다는 발견은 세계 탐구의 정신에 새로운 통찰의 계기가 되었는바 탐구자가 주목해야 하는 사물들 속에 본성적으로 규범이 내재한다는 통찰이었다. 또 이런 발견은 우리에게 장난처럼 보일 수 있지만 탐구 정신에게 모든 사물을 수적 원리로 환원하도록 요구했다. 인식의 지속성과 무한 생산성은 실천에서의 남용과 깊은 연관이 있고 이성적 인식의 모든 위대한 성장기에 이런 대담한 자만심이 나타나기 마련이다. 피타고라스학파가 마침내 만물을 수로 설명하려 했을 때 그들의 사유를 막아설 것은 아무것도 없었다.

수학은 희랍교육의 근본적으로 새로운 요소로 등장한다. 수학의 각 부분은 처음에는 독자적으로 생겨났고, 각 부분의 교육적 효용성은 일찍부터 알려졌다. 하지만 나중에야 비로소 각 부분은 연결되었고 전체적으로 통합되기에 이르렀다. 전설에 가까운 후대 전승들은 교육자 피타고라스의 중요성을 강하게 부각했다. 플라톤은 분명 그에게서 전범을 찾았고 플라톤 이후 신(新)피타고라스학파와 신(新)플라톤주의자들은 피타고라스의 삶과 영향을 자유롭게 재구성했다. 근대인들이 교육자 피타고라스라는 제목으로 편하게 기술하는 것은 다만 생각 없이 덧붙여진 고대 후기의 교육적 지혜일 뿐이다. 하지만 이런 전승의 핵심에는 역사적 진실이 담겨 있다. 거기서 주목할 것은 단순히 개인의 인생 사명이 아니라 우리 전승에서 피타고라스를 대표로 하는 새로운 인식의 객관적 토대에 근거한 교육정신이다. 교육정신은 수학적 탐구의 규범적 측면에서 특히 빛을 발한다. 초기 희랍교육에서 음악의 중요성, 피타고라스 수학과 음악의 친연성을 떠올린

---

25) 아이스퀼로스『결박된 프로메테우스』459행.

다면 음악세계의 수적 법칙에 대한 통찰에 이어 곧 음악의 교육효과에 대한 최초의 철학적 이론이 나타났음이 분명하다는 사실을 이해할 수 있다. 피타고라스가 주창한 음악과 수학의 결합은 이후 희랍정신의 확고한 자산으로 자리를 잡았다.

이런 결합에서 희랍의 교육적 사고에 가장 큰 파급효과를 가진 개념이 만들어진다. 이런 영향에 힘입어 새로운 규범적 인식의 강물이 삶의 모든 영역으로 한꺼번에 쏟아져 들어왔다. 기원전 6세기는 희랍정신이 가진—희랍정신의 가장 깊은 특성을 상징하며 희랍정신의 본질과 분리될 수 없을 듯 보이는—모든 놀라운 기초개념의 탄생 순간이었다. 이 개념들은 처음에는 존재하지 않았으며 역사의 필연적 발전과정에서 세상에 모습을 드러냈다. 음악구조의 새로운 통찰은 이런 발전에서 결정적 순간들 가운데 하나다. 이런 통찰에서 비롯된 화음과 박자의 본질 인식 하나만으로도 희랍인들은 인간교육의 역사에서 불멸성을 확보할 것이다. 모든 생활영역에 이런 인식을 적용할 가능성은 거의 무한하다. 솔론의 정의관에 나타난 빈틈없는 인과성에 이어 두 번째로 엄정한 법칙성의 세계가 여기에 나타났다. 아낙시만드로스의 세계가 깨지지 않는 절대 법규범에 따르는 만물의 우주라고 할 때 피타고라스의 세계관은 이 우주의 원리를 화음이라고 설명했다. 전자가 존재의 정의라는 의미에서 인과적 필연성이 사물들을 시간 속에서 장악한다고 보았다면, 화음사상은 우주의 법칙성이 가진 구조적 측면에 더욱 크게 주목했다.

화음은 부분과 전체의 관계 속에서 표현되며, 그 배후에는 비율이라는 수학적 개념이 자리하는데, 희랍사유는 비율을 기하학적 시각 형식으로 표현했다. 세계의 화음은 복합개념으로 거기에는 음악적 의미, 소리의 아름다운 결합이라는 표상과 함께 수학적 엄밀성, 기하학적 규칙성, 구조적 배열 등의 표상이 함축되어 있다. 희랍적 삶의 모든 영역에 걸쳐 다음 세대에 미친 화음사상의 영향은 짐작할 수 없을 만큼 대단하다. 화음사상은 조각과 건축을 비롯하여 문학과 수사학, 종교와 윤리학에도 커다란 영향을 남겼다. 인간의 생산적·실천적 삶에도 '합당함(πρέπον, ἁρμάτον)'이라는 엄격한 규범이 생겨났고, 이를 정의의 규범만큼이나 위반해서는 안 되는 것이라는 생각이 모든 곳에서 자라났다. 이런 개념들이 고전기 및 이후의 희랍사유를 절대적으로 지배했음을 이해할 수 있는 사람만이 화음의 발견이 가진 규범적 영향을 정확히 이해할 수 있을 것이다. 박자, 척도, 비율 등 개념은 화음과 밀접한 연관을 가지거나 화음을 통해서 특정한 내용을 가지게 되었다. 우주 사상에서처럼 화음과 박자 사상에서도 확인되는 것은 "사물 본성" 속 화음과 박자의 발견은 다시 인간 내면세계와 인간 삶의 구축에 이를 적용하기 위한 필연적 예비 단계라는 사실이다.

피타고라스의 수학적·음악적 사변과 영혼 윤회설이 내적으로 어떻게 연관되어 있는지 우리는 알지 못한다. 당시의 철학이 본성상 형이상학적이었던 것처럼 비이성적 영역에서 유래하는 영혼신화의 종교적 신앙이 외부에서 주입된 것이다. 우리는 유사한 오르페우스 비교(祕敎)의 가르침을 함께 다루고자 한다. 아마도 오르페우스 비교가 피타고라스 영혼사상의 뿌리인 듯하다. 나중의 철학자들도 많든 적든 오르페우스 비교와 연관된 것으로 보인다.

기원전 6세기는 기원전 7세기의 자연주의가 붕괴한 이후 새로운 정신생활의 구축을 위한 결정적 투쟁이 벌어지던 시기로서 이때 철학적 분투는 물론 종교도 엄청난 도약을 이루었다. 오르페우스 운동은 어두운 민중적 심연에서 새롭게 내면성이 솟아남을 보여주는 가장 강력한 증거다. 오르페우스 운동은 좀 더 높은 삶의 의미를 찾음에 있어 우주의 객관적 '세계

규범'을 철학적으로 파악하려는 이성적 사유의 노력과 공통점을 가진다. 오르페우스 교의는 그렇게 대단한 것은 아니다. 하지만 근대인들은 그를 상당히 과대평가했고 고대 후기의 것들을 다수 그에게서 찾아냈으며 구원종교의 개념에 부합하는 그의 모습을 확보하려 했다. 하지만 오르페우스의 영혼신앙에서 새로운 인간적 생활감정과 자기 확신의 새로운 형식이 엿보였다. 호메로스의 영혼 개념과는 달리 오르페우스의 영혼 개념에는 또렷한 규범적 요소가 들어 있었다. 영혼의 신적 기원신앙과 불멸신앙은 영혼이 육신에 매여 있는 현세의 삶에 정결 유지를 요구한다. 오르페우스교도는 자기 삶을 책임질 의무감을 느꼈다. 우리는 이런 책임사상을 앞서 솔론에서 보았고 솔론은 국가 전체에 대해 개인의 사회적 책임을 말했다. 오르페우스는 윤리적 책임 요구의 두 번째 기원으로 종교적 정결 이념을 말했다. 애초에는 다만 제례의식의 거행을 염두에 둔 정결이 이제 윤리적인 것으로 전환되었다. 이런 정결은 육신 그 자체를 죄악으로 여기는 후대 유심론의 금욕적 정결과는 구분되어야 한다. 물론 오르페우스 비교와 피타고라스학파에서도 이미 금욕적 절제의 단초가 포함되어 있고 특히 육식을 금하는 계율이 있었다. 육신 경시도 이미 영혼과 육체를 엄격하게 구분하고 신적 방문객인 영혼은 이승을 잠시 방문했다는 사상에서 엿보인다. 하지만 오르페우스 교도들은 정결과 오염을 분명 국가법률의 엄수와 위반이란 의미에서 이해했다. "신적 정의"라는 옛 희랍의 개념에도 정결의 개념이 들어 있다. 이 정결 개념의 외연을 약간만 확장했고 그럼으로써 오르페우스 정결 이념은 현행 규범의 내용 전체를 포섭할 수 있었다. 물론 이것은 정결 이념이 근대적 의미의 시민윤리로 전이되었다는 의미는 아니다. 희랍적 규범은 새롭게 외형적으로는 이성적 형식을 띠고 있을지라도 신적 근원을 가지고 있다. 희랍적 규범은 오르페우스 정결 이념이 혼입됨으로써 신적 개별 영혼의 구원이라는 측면에서 새로운 토대를 마련하게 된다.

희랍본토와 식민도시들에서 오르페우스 운동이 분명 매우 빠르게 진행된 것은, 오르페우스 비교가 당대 사람들의 절실한—당시의 숭배 종교는 충족시킬 수 없었던—요구를 충족시켜주었다는 것을 의미한다. 당대의 여타 경건한 종교운동들, 무섭게 성장하던 디오뉘소스 숭배의 영향력과 델포이의 아폴론 교리는 개인들의 종교적 요구의 성장을 보여준다. 델포이 숭배에서 통합된 아폴론과 디오뉘소스의 밀접한 연관성은 종교사적으로 여전히 수수께끼로 남아 있지만, 아무튼 희랍인들은 이런 양극적 대립이 가진 무언가 합일점을 분명히 느끼고 있었다. 그 합일점은 두 신을 나란히 숭배하던 당시 교도들의 내면세계에 끼친 영향에서 찾아지는데 이 두 신만큼 개인의 행동에 영향을 끼친 신은 없다. 만약 모든 시민적 질서를 뒤흔들고 영혼을 격앙시키는 디오뉘소스적 흥분이 땅을 일구지 않았다면, 구획하고 질서 세우며 정화하는 힘을 가진 아폴론적 정신이 그렇게까지 깊게 인간들에게 영향을 미치지 못했을 것이라고 사람들은 믿었다. 델포이 신앙은 당시 내적으로 아주 강력했고 희랍민족의 모든 생산적 힘을 끌어들였고 복종케 하는 능력을 과시했다. 기원전 6세기의 강력한 제왕들과 참주들은 물론 "칠현인들"도 예언의 신 아폴론을 올바른 신탁의 최종심급으로 인정했다. 기원전 5세기 핀다로스와 헤로도토스는 델포이 신에게 깊이 감동했고 델포이 신앙을 전파하는 주요 증인이 되었다. 델포이 신앙은 가장 번성하던 기원전 6세기에조차 영원한 종교 기록물을 남기지 않았다. 델포이에서 희랍종교는 당시 교육적 힘으로서 가장 큰 영향력을 가지게 되었고 이 힘은 희랍 강역을 넘어 널리 퍼져 나갔다. 세속현자들의 유명한 언명들이 아폴론에게 헌정되었다. 이것들은 단지 아폴론의 신적 지혜를 모방한 것으로 보였기 때문인데, 아폴론 신전 문 앞에 새겨진 "너 자신을 알라."의 언명은 신전에 들어오는 이들에게 경계를, 절제의 계율을 권한다. 인간한 계를 분명히 의식하라는 가르침이 당시의 시대정신을 대표하는 입법가적 간결함으로 표현되어 있다.

희랍의 절제를 절대 흔들리지 않는 조화로운 성격과 타고난 본성의 표현이라고 생각한다면 이는 희랍의 절제를 잘못 이해한 것이다. 희랍의 절제를 이해하기 위해서 우리는 물어야 한다. 갑자기 상상할 수 없을 정도로 깊은 인생 나락, 특히 인간 내면의 나락을 다시 발견한 시대에 사람들은 왜 절제에 그렇게 주목했을까? 아폴론의 절제는 속물적 평온과 만족의 선전 문구가 아니었다. 이는 인간의 개인주의적 무절제를 막는 일이었고 "인간적인 것을 생각"하지 않고 너무 높은 것을 추구하는 것은 신성에 대한 가장 심각한 모독이 되었다. 원래 다만 현세의 정의 영역에만 적용되던, 매우 구체적인 것을 염두에 둔 '오만(*hybris*)' 개념이—정의(*dike*)의 반대 개념이다—종교적 측면까지 확대되었다. 오만함은 이제 신성에 반하는 인간 탐욕까지 포함했고 새로운 오만 개념은 참주 통치시대의 종교적 감정에 대한 고전적 표현이 되었다. 이것은 이 단어가 우리 언어에 들어올 때 가지고 있던 바로 그 의미였다. 신적 질투의 표상을 함축한 이 단어는 오랜 시간 희랍종교의 주요 표상들을 규정했다. 인간의 행복은 하루아침에 달라질 수 있고, 따라서 인간의 뜻이 너무 높은 곳을 향해서는 안 된다.

이런 비극적 인식 때문에 인간의 행복 추구는 디오뉘소스적 도취의 망아(忘我)에서든—이는 아폴론적 절제와 아폴론적 엄격함의 보충물로 나타나기도 한다—아니면 오르페우스 비교에서처럼 영혼이 인간의 가장 훌륭한 부분이며 영혼은 숭고하고 순수한 몫을 타고났다는 믿음에서든 내면세계로의 출구를 발견한다. 진리를 추구하는 정신이 날카롭고 진지한 시선으로 자연의 심연을 응시할 때 당시 인간에게 중단 없이 계속되는 생성소멸의 그림이 눈앞에 펼쳐졌고, 인간 앞에 인간이나 미물들을 전혀 개의치 않는 세계법칙의—철의 정의(正義)를 행사하는 세계법칙은 인간의 짧은 생애를 거들떠보지 않는다—지배가 모습을 나타냈다. 이때 인간의 마음속에서 내적 저항심이 발생했고 인간의 신적 운명에 대한 신앙이 자라났다. 자연과학으로는 파악할 수도 확정할 수도 없는 우리 내면의 무엇인 영혼이 이런 비정한 세계에서 스스로를 이방인으로 선언하면서 영원한 고향을 찾아 나섰다. 평범한 사람의 환상은 저승에서 앞으로 누릴 삶을 감각적 쾌락의 삶으로 그렸다. 고귀한 사람의 정신은 세계의 소용돌이 속에서 인생행로를 완수한 후에 다가올 구원을 희망하며 자신을 지키려고 노력한다. 양자는 공히 좀 더 높은 운명을, 경건한 사람으로 저승에 닿아 저승의 문 앞에서 "나도 하늘의 종족이다."[26]라고 외치며 인생을 견디며 지켜온 신앙을 고백할 것을 확신했다. 이런 글귀들은 우리가 남부 이탈리아의 무덤에서 발견한 망자의 저승 여권이라 할 오르페우스 금판에서 발견되는바 망자의 신분증에 해당한다.

인간 자의식의 발전과정에서 오르페우스의 영혼 개념은 중요 단계였다. 정신의 신성함에 대한 플라톤과 아리스토텔레스의 철학적 견해, 단순 감각적 인간과 본래적 자아의 구별, 자아를 실현하는 것이 인간 사명이라는 생각 등은 오르페우스의 영혼 개념이 없었다면 생각될 수 없었을 것이다. 새로운 종교와 철학적 문제와의 지속적 친연성을—이것이 처음 드러난 것은 피타고라스에서다—입증하는 데는 다만 한 명, 예를 들어 오르페우스의 신성 의식으로 충만했던 철학자 엠페도클레스를 언급하는 것만으로 충분하다. 엠페도클레스는 그의 오르페우스적 운문 "정화의례들"에서 피타

---

26) 오르페우스 단편 DK1B17=23 정암.

고라스를 칭송했다. 엠페도클레스에서 오르페우스의 영혼신앙과 이오니아의 자연철학이 하나로 묶인다. 이런 종합은 두 가지 세계관의 상호보완적 측면에 관해 매우 많은 것을 말해준다. 이런 상호보완의 상징으로 원소들의 소용돌이 속에 영혼이 이리저리 휘둘린다고 보았던 엠페도클레스의 표상이 있다. 지수화풍(地水火風)은 돌아가며 영혼을 이쪽에서 저쪽으로 몰아세운다. "꼭 이처럼 나도 지금 신에게 추방당했고 이리저리 떠도는 신세다."[27] 영혼은 자연철학의 우주 가운데 어디서도 영혼에 적합한 거처를 갖지 못하지만 종교적 자기 확신 가운데 구원을 얻는다. 영혼이 예를 들어 헤라클레이토스에서 철학적 우주론과 통합되었을 때 이런 우주론은 종교적 인간의 형이상학적 요구를 충족시켰다.

희랍 세계 서쪽에 큰 영향을 미친, 이오니아 출신의 위대한 두 번째 이주자는 콜로폰의 크세노파네스다. 그는 엄밀한 철학자의 계보에 속하지 않는다. 밀레토스의 자연철학은 순수사유에서 출발한다. 하지만 아낙시만드로스가 책을 출판한 것에서 보듯 밀레토스 철학자들의 사변은 이미 대중성을 염두에 두고 있었다. 피타고라스는 스승의 가르침을 생활신조로서 실현하려는 목적을 가진 단체의 설립자였다. 이것은 교육적 단초들인데 사실 순수철학적 이론과 거리가 멀다. 물론 철학도 비판작용을 통해 널리 받아들여지는 모든 견해에 영향을 미쳤고 철학이 여타 정신생활과 완전히 유리된다는 것은 사실 불가능한 일이다. 자연철학이 도시국가와 공동체에서 큰 생산적 자극을 받은 것처럼 다시 철학은 받은 것을 몇 배로 되갚아주었다. 크세노파네스는 시인이었고 그의 철학정신은 문학적 자산에서 가져온 것이었다. 이는 문학이 예전과 마찬가지로 민족교육의 대표적 표현

---

27) 엠페도클레스 단편 DK31B115=152 정암, 13행.

물이었고 철학이 교육권력의 하나로 부상하기 시작했다는 것의 부정할 수 없는 증거다. 이성과 감정을 똑같이 거머쥔 철학이 인간들에게 미친 총체적 영향은 문학형식의 편취에서 확인되며, 또한 이는 철학의 정신적 지배욕망을 드러낸다. 이오니아의 새로운 산문형식은 영역을 다만 아주 천천히 넓히고 있었고 운문과 같은 수준의 반향을 얻지 못했다. 사실 호메로스 언어를 사용하는 문학은 이미 범희랍적이었지만 방언으로 기록된 산문은 좁은 지역에 묶여 있었다. 크세노파네스는 자신의 사상이 범희랍적 영향력을 얻기를 원했다. 엄격한 개념철학자 파르메니데스와 자연철학자 엠페토클레스도 헤시오도스의 교훈시 형식을 편취했는데 이들은 아마도 크세노파네스의 선례에 용기를 얻었던 것으로 보인다. 크세노파네스 본인은 본격적 철학자도 아니었고, 많은 사람이 거듭 언급하듯 정작 본인은 자연에 관한 교훈시를 쓰지도 않았다. 하지만 그는 철학적 가르침을 전하는 문학적 표현의 창시자였다.[28] 크세노파네스의 엘레기와 풍자시(그는 새로운 형식의 풍자시를 지었다.)는 이오니아 자연철학의 계몽적 견해를 세상에 알리는 계기가 되었고 당시 널리 유행하던 교육에 대해 풍자정신의 힘으로 공개적 도전을 감행했다.

교육은 무엇보다 호메로스와 헤시오도스의 교육을 가리킨다. 크세노파네스는 직접 언급했다. "예전부터 모두가 호메로스에게 배웠다."[29] 호메로

---

28) 크세노파네스와 파르메니데스의 관계에 대해 나는 상세히 다루지 않았다. 이는 다른 때에 다루어져야 할 것으로 생각한다. K. Reinhardt, *Parmenides*(Bonn, 1916)는 크세노파네스를 엘레아학파의 설립자로 보는 일반적 견해를 반박했다. 내가 보기엔 정당하지 않게, 반대로 크세노파네스를 파르메니데스의 추종자로 만들어버렸다. 크세노파네스의 대중철학은 내가 보기에 전혀 일체의 체계를 갖추고 있지 못하다. 그의 범신론에서도 마찬가지다. 그의 교훈시에 관해서는 Burnet, *Early Greek Philosophy*, 102쪽을 보라.
29) 크세노파네스 단편 DK21B10=47 정암.

스는 새로운 교육을 위한 도전의 주요 공격 대상이었다. 철학은 호메로스 세계관을 현상의 본성과 법칙에 대한 설명으로 갈아치웠다. 새로운 세계 관의 규모가 크세노파네스의 문학적 상상력을 자극했다. 그에게 이런 세계관은 호메로스와 헤시오도스가 희랍인들에게—헤로도토스의 유명한 말처럼—만들어준 신들의 세계, 다신론과 신인동형설과의 단절을 의미했다. 크세노파네스는 말한다. "호메로스와 헤시오도스는 비난받을 만한 모든 것을 신들에게 부여했다. 도둑질, 간통, 기만을."[30] 크세노파네스가 열정을 다해 격정적으로 선포한 새로운 진리의 신(神) 개념은 범신론에 가깝다. 하나의 신만이 존재하며 인간들과 외모도 정신도 닮지 않았다. 신은 전체로서 보고 전체로서 듣고 전체로서 생각하며[31] 단지 생각만으로 전혀 힘들이지 않고 만물을 지배한다. 신은 서사시의 신들처럼 분주하게 이리저리 움직이지 않고 미동도 없이 자기 안에 침잠한다. 신들이 태어난다, 신들이 인간형상과 인간복식을 갖춘다는 것은 인간의 어리석음이다. 황소와 말과 사자가 사람처럼 손을 가지고 그림을 그릴 수 있다면 그들은 신들의 형상과 신체를 자기들처럼 황소와 말로 그렸을 것이다. 흑인들은 신들이 코가 낮고 피부가 검다고 생각하고, 트라키아인들은 눈이 파랗고 머리가 붉다고 생각한다.[32] 인간들이 신들의 행위로 알고 두려워하는 세계의 모든 사건은 자연법칙에 의한 것이다. 무지개는 색깔 구름이며, 바다는 모든 하천과 바람과 구름의 모태다. "우리는 모두 흙과 물에서 생겨났다."[33] "생겨나고 성장하는 모든 것은 흙과 물이다."[34] "흙에서 모든 것이 생겨나고 흙

30) 크세노파네스 단편 DK21B11=14 정암.
31) 크세노파네스 단편 DK21B24=23 정암.
32) 크세노파네스 단편 DK21B14~16=16~18 정암.
33) 크세노파네스 단편 DK21B28=31 정암.

으로 모두 돌아간다."[35] 문명은 신화의 가르침처럼 신들이 인간에게 내린 선물이 아니라, 인간 자신이 노력으로 찾아내고 계속해서 발전시킨 것이다.[36]

이런 생각 어디에도 새로운 것은 없다. 이런 자연 세계관의 창시자인 아낙시만드로스와 아낙시메네스의 생각에서 기본적으로 달라진 것은 없었다. 이런 생각의 열정적 전파자이자 전도사였던 크세노파네스는 구습 타파의 파괴력과 종교적·윤리적 창조력에 매료되었다. 호메로스의 세계관과 신관(神觀)에 나타난 결함을 신랄하게 비꼬면서 크세노파네스는 좀 더 적합한 신앙을 새롭게 구축했다. 인간생활과 믿음에 대해 새로운 진리의 혁명성은 그것을 새로운 교육의 토대로 만들었다. 자연철학의 우주는 정신적 발전의 후대 산물이었지만 거꾸로 인간 공동체의 원형적 질서로 자리 잡았다. 이렇게 도시국가 윤리는 형이상학적으로 자연철학의 우주에 닻을 내린다.

크세노파네스는 철학적 운문 이외에 또 다른 서사시도 썼다. 서사시 '콜로폰의 건설'과 '엘레아 식민지의 건설'이 그것이다. '콜로폰의 건설' 제1권에 등장하는 92세의 아주 미천한 사내는 끊임없는 67년의 떠돌이생활을 회고하는 시를 쓴다.[37] 이는 아마도 크세노파네스가 콜로폰을 떠나 남부 이탈리아로 이주하면서 옛 고향을 위한 기념으로 지은 시일 것이다. 아마도 그는 또한 엘레아의 건설에도 참여했을 것이다. 개인적 흔적이 역력한 이런 작품들에는 일반적 경우보다 훨씬 많은 개인감정이 담겨 있다. 철학

---

34) 크세노파네스 단편 DK21B29=32 정암.
35) 크세노파네스 단편 DK21B27=34 정암.
36) 크세노파네스 단편 DK21B18=21 정암.
37) 크세노파네스 단편 DK21B8=2 정암.

적 운문들 전체도 그가 소아시아에서 대(大)희랍과 시킬리아 근처로 이주하면서 가져온 새롭고 놀라운 가르침에 대한 개인적 경험에서 비롯된 것이다. 사람들은 크세노파네스를, 공공장소에서 호메로스를 노래하지만, 가까운 사람들에게 호메로스와 헤시오도스를 비꼬는 풍자시를 부르는 소리꾼으로 생각했다. 하지만 이것은 모든 단편에 또렷한 흔적을 남긴 그의 성격에는 전혀 일치하지 않는바 아마도 전승을 잘못 해석한 것에서 비롯된 것이다. 그의 대작 '술자리 노래'[38]에서 보는 것처럼 그는 당대의 청중들 앞에 시를 내놓았다. 이 노래는 여전히 깊은 종교적 숭고가 가득한 상고기 술자리의 엄숙함을 담고 있다. 시인은 눈에 닿는 모든 제례절차를 묘사하면서 숭고한 의미를 좀 더 강하게 부각하고 있다. 술자리는 신들의 위대한 업적과 사내들의 모범적 용기를 후대에 전하는 숭고한 전승의 현장이었다. 그곳에서 크세노파네스는 추한 신들의 다툼이나 티탄족과 거인족과 반인반마들의 결투—이들은 선대의 창작으로, 후대 시인들은 기꺼이 이런 주제를 술자리에서 찬미했다—등을 노래하지 말라고, 대신 신들을 경배하고 진정한 탁월함의 기억에 생명력을 불어넣어 노래하라고 명한다. 신들의 경배라고 그가 말할 때 이것이 무엇을 의미하는지는 다른 단편들에서 볼 수 있는바 우리는 현존 단편들의 전통 신관(神觀) 비판이 실은 술자리 노래였다는 것을 알게 된다. 이런 비판은 상고기 술자리의 교육적 정신에 의해 이루어졌다. 술자리에서 탁월함의 칭송과 함께 좀 더 순수한 새로운 신 찬양, 만물의 영원한 질서에 대한 인식이 연계된다. 크세노파네스에게 철학적 진리는 참된 인간적 탁월함의 인도자였다.

크세노파네스의 두 번째로 큰 운문도 같은 문제를 다룬다. 이 작품은

---

38) 크세노파네스 단편 DK21B1=13 정암.

그가 내세우는 새로운 탁월함 개념의 입증을 위해 맹렬히 투쟁하는 가운데 만든 작품이다.[39] 이 작품은 교육사를 말해주는 최고의 문헌이다. 따라서 우리는 이 작품을 자세히 다루지 않을 수 없다. 이 작품에서 사회적으로 느슨한 고향 이오니아와 전혀 다른 상고기 귀족사회로 돌아간다. 올림피아 경기 승리자들의 귀족 남성적 이념이 여전히 강력한 위엄을 드러낸다. 이는 동시대의 핀다로스 합창시에서 다시 한 번 대단한 광휘로 빛나다가 점차 사그라질 것이다. 크세노파네스는 메디아인들이 소아시아를 침공하고 이에 조국이 패망하면서 운명에 의해 그에게 낯선 희랍세계 서쪽으로 이주했고 이곳에서 그는 이주민으로 거의 70년을 살면서 여전히 뿌리내리지 못하고 있었다. 그가 머물렀던 모든 희랍 도시국가에서 사람들은 그의 노래에 경탄했고 그의 새로운 가르침을 놀라움으로 받아들였다. 그가 쉬라쿠사이의 참주 히에론과 재미있는 대화를 나누었다는 유명한 일화가 말해주는 것처럼 그는 아마도 많은 부자와 귀족의 식탁에 앉았을 것이다. 하지만 이런 자리 어디에서도 우리의 정신적 인물은 그 자체로 당연한 존경과 높은 사회적 인정을—그가 고향 이오니아에서 누렸던 것을—누리지 못했다. 그는 늘 외톨이 신세였다.

희랍의 문화사 어디에서도 우리는 이보다 분명하게 옛 희랍의 귀족교육과 새로운 철학적 인간의 숙명적 충돌 현장을 보지 못했다. 여기에서 처음으로 철학적 인간은 사회와 국가에서 자리를 얻기 위해 싸우며 인간교육의 이념을 주장하고 대중의 인정을 요구하고 있었다. 운동경기냐 아니면 정신이냐? 이런 선택지가 최대의 공격 지점이었다. 공격자는 꿈쩍도 않는 전통의 성벽에 부딪혀 튕겨나갈 수밖에 없어 보였지만, 그의 외침은 마치

---

39) 크세노파네스 단편 DK21B2=8 정암.

승리의 환호처럼 울려 퍼졌고 이어지는 과정은 그의 승리 확신에 힘을 보태었다. 그의 확신은 운동경기적 이념의 독재를 박살냈다. 핀다로스는 씨름경기 혹은 권투시합이든, 달리기 혹은 전차경주든 모든 올림피아 승리에서 승자의 신적 탁월함을 발견했지만, 크세노파네스는 그럴 수 없었다. "도시국가는 경기의 승자에게 명예와 선물을 줄 것이다. 하지만 그것을 차지할 만한 자격은 그가 아니라 나에게 있다. 사람의 힘보다, 또 말의 힘보다 우리의 지혜가 더 낫기 때문이다. 우리를 그렇게 판단하는 것은 잘못된 관습 때문이다. 훌륭한 지혜보다 그런 힘을 선호하는 것은 옳지 못하다. 도시국가가 훌륭한 권투선수를 시민으로 가지더라도 혹은 5종 경기 혹은 씨름에서 그러하더라도 도시국가가 좀 더 훌륭한 질서(εὐνομίη)를 가지는 것은 아니다. 피사의 경기에서 승리했다고 도시국가가 어떤 즐거움을 누리겠으며, 승리가 도대체 국고에 어떤 보탬이 되겠는가?"[40]

철학적 인식의 가치를 이렇게 옹호한 것은 우리가 보기에 매우 놀라운 일이다. 하지만 여기서 새롭게 압도적으로 빛난 것은 도시국가와 그 건강성이 모든 가치의 척도라는 사실이다. 기존의 남성 이념과 배치되는 철학적 인간을 인정받고자 크세노파네스는 이런 요소를 앞세워야 했다. 우리는 스파르타의 시민적 탁월함인 전사적 용기를 다른 모든 탁월함보다, 특히 올림피아 경기 승리자의 탁월함보다 높이 칭송하던 튀르타이오스를 기억한다. 그는 말했다. "이것은 도시국가 전체의 공동자산이다." 도시국가 윤리정신이 이를 통해 최초로 옛 귀족이념보다 높이 추앙되었다. 이후 도시국가의 이름으로 정의가 최고의 탁월함으로 칭송되었고 이때 옛 도시국가를 대신하여 법치국가가 등장했다. 이제 크세노파네스도 도시국가의 이

---

40) 크세노파네스 단편 DK21B2=8 정암, 11행 이하.

름으로 새로운 유형의 탁월함, 정신적 교육(σοφίη)을 제시한다. 정신적 교육은 이제까지의 모든 탁월함을 포괄하고 종속시킴으로써 모두를 넘어선다. 도시국가에서 정의와 법, 올바른 질서와 번영을 만들어낸 것은 정신적 힘이다. 크세노파네스는 튀르타이오스의 엘레기를 의식적으로 모범으로 삼았고 그의 사유가 발견한 새로운 내용을 자기 목적에 적합한 틀에 부어 넣었다.[41] 이 단계에 이르러 도시국가의 탁월성 개념은 발전의 최종 목표에 이르렀다. 용기, 절제, 정의에 이어 드디어 지혜에 도달한 것이다. 플라톤에게도 이것들은 시민적 탁월함의 요체였다. 지혜(σοφία)라는 새로운 정신적 탁월함, 이후 철학적 윤리학에서 매우 중요한 역할을 맡게 될 덕목이 크세노파네스의 엘레기에서 처음으로 천명되었다. 인간에 대한, 도시국가에 대한 철학의 의미가 발견되었고 철학은 진리의 순수 관조를 벗어나 인간생활의 비판과 인도를 향한 발걸음을 내디뎠다.

크세노파네스는 독창적 사상가는 아니었지만 당대의 정신사에서 중요 인물이었다. 철학과 인간교육의 장은 그를 통해 비로소 열렸다. 운동경기에 대한 희랍전통의 과대평가에 맞서 싸운 에우리피데스는 크세노파네스에게 넘겨받은 무기를 손에 들었다. 플라톤도 호메로스 신화의 교육적 활용에 대한 비판에서 비슷한 노선을 택했다. 엘레아의 파르메니데스는 최고의 사상가에 속하지만 교육사 관점에서 그의 중요성은 사유 동기의 대단히 생산적이며 지속적인 수용사에서 평가될 수 있을 뿐이다. 우리는 희랍 철학 발전의 모든 단계에서 계속 파르메니데스와 마주친다. 나아가 그는 오늘날까지도 영원한 철학적 입장들 가운데 하나의 기초자로 여겨진다. 밀레토스 자연철학과 피타고라스 수 이론과 더불어 희랍사유의 세 번째

41) 튀르타이오스에 관한 나의 논문을 보라.(Sitz. Berl. Akad. 1932, 557쪽)

유형이 파르메니데스와 함께 등장했다. 철학의 경계를 넘어 정신적 생활 전체에 영향을 끼친 그의 중요성은 '논리'였다. 옛 자연철학은 다른 정신적 힘들이 지배했는데, 이성이 인도하고 조정하는 상상력, 희랍인들을 특징짓는 조형적·건축적 감각, 가시적 세계를 자신의 수단으로 조직하고 체계화하는 감각, 외적 존재를 인간생활을 토대로 해석하려는 상징적 사유 등이었다.

아낙시만드로스의 우주 만물은 통치자인 영원한 정의가 갈등과 투쟁을 다스리는 우주적 생성소멸의 조형적 상징이었다. 개념적 사유는 아직 등장하지 않았다.[42] 그런데 파르메니데스의 명제는 추론의 논리적 엄밀성에 대한 의식으로 가득 찬 엄격한 논리적 결합이었다. 전해지는 희랍어 작품들 가운데 그의 단편들이 논리 정연하고 방대한 최초의 철학명제들인 것은 우연이 아니다. 이런 사유의 의미는 일반적으로 사유과정의 결과물인 정적 도상(圖像)이 아니라 사유의 과정 자체에서 확인되고 전달될 수 있을 뿐이다. 파르메니데스의 기본 철학을 청중에게 알리는 힘은 교의적 확신이 아니라 그의 철학에서 승리의 찬가를 부르는 사유 필연성이다. 파르메니데스에게 절대적 필연—그는 필연(Ananke)을 정의(Dike) 혹은 운명(Moira)이라고 불렀고 분명 아낙시만드로스를 의식했다—의 인식은 인간의 탐구가 도달할 수 있는 최고 목표였다. 존재를 단단히 붙들어 묶고 풀어주지 않는—따라서 존재는 생성하지도 소멸하지도 못한다—정의를 이야기했을 때 파르메니데스의 의도는 생성소멸에 관여하는 정의인 아낙시만드로스의

---

42) K. Reinhardt는 나와 다르게 보고 있다. 파르메니데스를 다룬 그의 책에 나는 많이 신세 지고 있는데, 253쪽 이하에서 그는 "불멸하며 불사하는"이라는 수식어를 무규정자의 본질에서 이끌어낸 아낙시만드로스의 시도를, 존재의 술어를 순수 논리적으로 연역한 파르메니데스의 최초 단초로 보고 있다.

정의와 전혀 다른 것을 주장하려는 것은 아니었다. 파르메니데스의 정의는 존재를 모든 생성소멸에서 분리하고 존재를 운동 없이 멈추게 하는바 존재 자체의 개념에 내재하는 필연성이며 존재의 "권리요구"로 해석된다. 점차 더욱 첨예해지는 명제에 따르면 존재는 존재하고 비존재는 존재하지 않고 존재는 존재하지 않을 수 없고 비존재는 존재할 수 없다. 논리적 모순의 실현 불가능에 대한 인식에서 출발한 사유 강박이 파르메니데스에서 모습을 드러냈다.

순수사유 내용의 이런 필연성은 엘레아학파의 철학이 주도한 위대한 발견이다. 엘레아학파의 철학은 파르메니데스의 사유 발전에 적용된 절대 논쟁형식을 만들어냈다. 논리법칙의 발견이 담긴 그의 명제들은 당시까지의 모든 자연철학과 대립하는 실질적 대상 인식이었다. 존재가 결코 비존재가 아니며 비존재는 결코 존재가 아니라는 명제가 참이라면, 파르메니데스가 보기에 이로부터 앞서 말한 것처럼 생성과 소멸은 불가능하다. 물론 시각(視覺)은 전혀 다른 것을 말해준다. 존재가 비존재에서 생성되고 비존재로 소멸한다고 설명한 자연철학자들은 그가 보기에 제대로 알지 못한 단순한 맹신이었다. 이것은 모든 사람이 공유하는 상식으로, 절대적 확실성을 보장하는 사유에 조회하지 않고 눈과 귀가 알려주는 것을 신뢰한 까닭이다. 하지만 사유는 인간의 정신적 눈이고 귀인바 사유를 따르지 않는 자는 흡사 장님과 귀머거리로 빠져나올 수 없는 모순 속에 말려들게 되며, 결국 존재와 비존재를 동일하면서 동일하지 않은 것으로 간주하기에 이른다. 존재를 비존재에서 끌어내려는 자는 처음부터 절대 인식 불가능한 것에서 출발하는 것이다. 비존재는 인식 불가능한 것인바 참된 인식은 대상에서 출발해야 한다. 진리를 찾는 자는 사유 불가능한 전제로 인도하는 생성소멸의 감각세계에서 반드시 벗어나 사유로 파악되는 순수존재를 응시해야 한다. "왜냐하면 사유와 존재는 같기 때문이다."[43]

순수사유의 가장 큰 어려움은 늘 도대체 사유 대상의 실질적 인식에 도달할 수 있느냐에 있다. 남은 단편을 보면 파르메니데스는 새로운 존재개념에서 존재의 본질에 귀속되는 다수의 개념을 유도하고자 노력했다. 파르메니데스는 이를 순수사유가 인도하는 탐구의 길에 나타난 "표지들"이라고 불렀다. 존재는 생성하지 않고, 따라서 소멸하지도 않고 전체로서 유일하고 흔들리지 않고 영원하고 항상 존재하고 단일하고 연결되어 있고 분할 불가능하고 단일 종이고 무한하면서 닫혀 있다. 존재에 붙인 모든 긍정 술어와 부정 술어는 옛 자연철학자들과의 오랜 대립과 지난한 비판적 논쟁을 통해 도출된 것임은 두말할 필요가 없다. 지금은 이를 구체적으로 다룰 자리는 아니다. 유감스럽게도 파르메니데스에 대한 이해 가능성은 옛 자연철학자들에 대한 정보 부족 때문에 제약을 받는다. 분명한 것은 아낙시만드로스에 직접 연결되어 있고 더불어 피타고라스의 사유가 파르메니데스의 주공격 대상이었을지 모른다는 것이다. 지금은 이 정도로만 언급하겠다. 자연철학을 새로운 관점에서 전체적으로 완전히 바꾸려 했던 파르메니데스의 시도를 체계적으로 분석하는 일은 사유가 필연의 길을 따라 이르게 되는 철학적 난제들을—이런 난제들의 해결을 통해 특히 그의 제자들은 독자성을 얻었다—분석하는 일만큼이나 지금 이 자리의 과제는 아니다.

파르메니데스에서 이루어진 순수사유와 엄격한 사유 필연성의 발견은 진리를 향한 새롭고도 실로 유일한 "길"의 개척이었다. 탐구의 올바른 길(ὁδός)이라는 비유가 계속 등장하는데 이것은 분명 비유였지만 그럼에도

---

43) 파르메니데스 단편 DK28B3.

거의 전문용어처럼 들리며, 특히 대립하는 진리의 길과 의견(doxa)의 길에서는 '방법론(meth-ode)'을 연상시킨다. 여기서 방법론이라는 학문적 기본 개념이 시작된다. 파르메니데스는 철학적 방법론을 의식적으로 제기하고 명확하게 갈라지는 철학의 두 갈림길인 감각과 사유를 엄밀히 구분한 첫 번째 철학자다. 사유의 길에서 인식되지 않은 것은 "인간들의 의견(doxa)"일 뿐이다. 모든 구원은 의견(doxa)의 세계에서 진리의 세계로 전환함에 달렸다. 파르메니데스는 이런 전환이 무언가 엄청나고 힘겹지만 그 자체로 위대한 해방임을 알았다. 이런 전환은 엄청난 힘과 종교적 격앙을 그의 철학강의에 부여했고 그의 강의는 논리한계를 넘어 인간적 감동을 전할 수 있었다. 이것은 인식을 추구하는 인간, 최초로 현실의 감각현상에서 벗어나 존재의 총체성과 단일성을 이해할 도구로 정신을 발견한 인간의 모습이었다. 이런 인식 때문에 다른 문제들이 더 많이 생겨나기는 했지만 이를 통해 희랍적 세계관과 인간교육이 가지는 힘이 세상에 알려졌다. 파르메니데스의 단편은 한 줄 한 줄 인간탐구가 순수사유로 전환하는 고무적 체험으로 가득하다.

"진리"와 "의견(doxa)"의 둘로 엄격하게 구분된 작품 구성은 이런 체험에서 설명된다. 파르메니데스에서 냉정한 논리와 시인의 감성이 어떻게 하나로 통합될 수 있었느냐는 오랜 수수께끼도 이로써 해명된다. 사람들은 파르메니데스 당시의 모든 논의는 호메로스와 헤시오도스의 시행으로 표현될 수밖에 없었다고 믿어버림으로써 문제를 너무나 쉽게 해결해버렸다. 파르메니데스는 진리 계시와 깨달음의 전달자가 되려는 열정적 감성으로 시인이 되었다. 크세노파네스의 당돌한 등장과는 달랐다. 파르메니데스의 시는 당당함과 겸손함으로 가득하다. 사태를 다룰 때 그는 냉정하고 엄격했지만 또 그만큼 그는 경외하는 마음으로 바라보는 높은 존재에게 자신이 은혜를 입고 받아들여진 존재일 뿐임을 알고 있다. 시의 첫 부분은 이런 철학적 영감의 영원한 고백으로 시작한다. 이를 좀 더 자세히 살피면, 진리를 향해 떠나는 "알려는 사람"의 상징이 종교적 분위기 속에 나타난다. 시의 주요 부분은 훼손되었으나 애초의 단어들이 재구성될 수 있을 것이라 나는 믿는다. "알려는 사람"은 진리의 신비를 볼 수 있도록 허락된 입교자였다. 이런 상징을 통해 새로운 존재개념이 포착된다. 길, 구원의 길이 그를 "무사히"—나는 이렇게 읽었다—목적지로 이끈다.[44] 당시 상당히 중요성이 증가하던 비교(秘敎)의 표상을 이렇게 준용한 것은 철학의 형이상학적 자의식에 매우 특징적이다. 과거 파르메니데스에게 신과 감성이 엄정한 사유와 엄정성의 요구에 비추어 무의미하다는 주장도 있었지만, 이제 반대로 이런 사유와 이런 사유가 찾은 진리는 그에게 마치 종교와 같은 것이었다고 말해져야 한다. 이렇게 숭고한 사명 의식 가운데 그는 머리말에서 철학자에게 생명력이 넘치는 인간적 모습을 최초로 부여한 사람이고자 했는바 "알려는 사람"은 빛의 딸들이 이끄는 대로 인간의 길에서 멀리 떨어진 진리의 집을 향해 엄정함의 길로 나아간다.

철학이 크세노파네스의 계몽적·교육적 태도를 통해 삶의 근접성을 획득한 이후, 파르메니데스에서 다시 외관상 인간세계와 근원적 분리가 일어났다. 파르메니데스의 존재개념에서 모든 구체적 개별 존재자가 인간과 함께 사라져버렸다. 에페소스의 헤라클레이토스는 가장 완벽한 반전을 성사시켰다. 철학사 전통은 헤라클레이토스를 오랫동안 자연철학자들에 포함

---

44) 파르메니데스 단편 DK28B1, 3행. 진리의 길이 알려는 사람을 "모든 도시를 지나(κατὰ πάντ' ἄστη φέρει εἰδότα φῶτα)" 이끈다는 상징은 불가능한 것임이 여러 번 언급되었다. 빌라모비츠의 제안 'κατὰ πάντα τατῆ'도 훌륭한 편은 아니다. 내가 나중에 파악한 것처럼 'κατὰ πάντ' ἀσινη'는 이미 Meinecke가 제안했던 것으로 분명 나쁘지 않은 제안이다.

시켰고 그의 불을 탈레스의 물과 아낙시메네스의 공기와 같은 계열의 원리에 넣었다. 종종 "어두운 자"라는 신비롭고 의미심장한 명칭은 억제하기 어려운 열정의 헤라클레이토스를 사실 확증에만 매달리는 연구자로 보는 오해를 막아주었다. 헤라클레이토스의 어디에서도 현상의 순수 교육적 고찰 혹은 순수 자연과학적 관조는 발견되지 않는다. 그렇게 해석될 여지도 있지만 좀 더 큰 문맥에서 보면 그것이 본래 목적은 아니었다. 헤라클레이토스가 강력한 자연과학의 영향을 받았음은 의문의 여지가 없다. 자연철학의 총체적 현실상, 우주, 끊임없는 생성소멸의 반복, 사물이 그곳에서 생성되고 그곳으로 소멸하여 돌아가는 고갈되지 않는 근본원리, 존재자의 계속 변모하는 형상 등 모든 것이 대략 헤라클레이토스 철학의 확고한 자산이다.

밀레토스 철학자들뿐 아니라 이들과 경쟁한 파르메니데스조차 좀 더 엄격하게 객관적 존재 이해를 위해 최대한 존재와의 거리를 확보하고 인간세계를 자연 세계상에서 지워버렸지만, 헤라클레이토스에게 인간 가슴은 우주의 힘들이 모두 집결되는 격정과 감성과 고통의 중심이었다. 헤라클레이토스에게 세계운행과 섭리는 이를 관찰하는 정신으로 하여금 자기를 망각하고 존재의 총체성으로 사라지게 하는 멀리 떨어진 숭고한 장관이 아니었다. 우주적 사건은 관찰자와 함께 진행된다. 헤라클레이토스는 그의 말과 행동 모두가 그에게 작용하는 힘의 영향임을 알았다. 대부분 사람들은 그들이 좀 더 높은 질서의 손에 좌우되는 도구일 뿐임을 알지 못한다. 헤라클레이토스와 함께 전혀 새로운 생각이 등장했다. 그의 선배들은 우주[45]의 도

---

45) 우주라는 말과 관련하여 헤라클레이토스의 굳어진 언어습관(단편 DK22B30, B75, B89)들은 이 단어가 그가 그의 선배들에게서 배운 개념임을 말해준다. K. Reinhardt는 파르메니

상(圖像)을 완성했고 존재와 생성의 영원한 투쟁이 인간에게 인식되었다. 이제 엄청난 크기의 질문이 그에게 쏟아진다. 도대체 인간은 이런 투쟁 한가운데 어떻게 자신을 지탱하고 있는가? 헤카타이오스와 동시대인들의 다채로운 밀레토스적 '탐구(historia)'가 샘솟는 탐구욕으로 합리주의적 소아병을 앓으며 쉴 새 없이 지식에 굶주려 늘 새로운 탐구 소재를 탐닉하고 여러 나라와 민족과 선대의 전승들을 확인하고 있는 동안, 헤라클레이토스는 이를 신랄하게 조롱한다. "박식이 지성을 갖도록 가르치지 않는다."[46] 그는 새로운 철학의 개척자가 되어 새로운 철학의 혁명적 의미를 의미심장한 명제에 담아낸다. "나는 나 자신을 탐구했다."[47] 인간을 향한 철학의 전회를 이보다 대담하게 표현한 명제는 헤라클레이토스 이전에 없었다.

소크라테스 이전 사상가들 가운데 헤라클레이토스만큼 우리의 개인적 관심을 불러일으킨 사람은 없었다. 헤라클레이토스에 이르러 이오니아적 사유의 자유는 만개했고 방금 언급한 단편 등이 우선 최고 단계의 자의식을 증명한다고 해석될 수 있을 것 같다. 명문귀족 집안에서 태어난 헤라클레이토스의 일관된 당당함은 처음에 정신을 통해 진정한 가치를 획득한 귀족적 오만처럼 보인다. 하지만 그의 자기 탐구는 자기의 개인적 특성에 대한 심리학적 모색과 무관하다. 지금까지 철학이 걸어온 두 길, 정신적·감각적 관조와 논리적 사유 이외의 새로운 길, 영혼 자체로의 침잠을 통한 인식이 그의 자기 탐구다. 헤라클레이토스의 자기 탐구는 다른 단편들과 내적으로 연결되어 있다. "영혼의 한계를 그대는 찾을 수 없을 것이다. 그

데스를 다룬 그의 책 50쪽 이하에서 다른 의견을 제시한다.
46) 헤라클레이토스 단편 DK22B40=13 정암.
47) 헤라클레이토스 단편 DK22B101=44 정암.

288

대가 아무리 걸어 들어갈지라도, 영혼은 그만큼 더욱 깊은 로고스를 가지고 있다."[48] 로고스와 영혼의 깊이에 대한 최초의 지각은 그의 사유를 특징짓는다. 그의 철학 전체는 새로운 인식 원천에서 흘러나오고 있었다.

헤라클레이토스의 로고스는 영혼의 내적 무한성이라는 상징적 표상을 순수 분석논리로 배제하는 파르메니데스의 개념 사유(νοεῖν, νόημα)가 아니다. 헤라클레이토스의 로고스는 "말과 행동"의 공통 근원에 대한 인식이다. 이런 특별한 인식은 예를 들어, 존재는 비존재가 아니라는 것을 말하는 사유가 아니었다. 그것은 심오한 통찰이었다. 그는 이를 빛나는 문장에 담아냈다. "인간에게 성품은 수호신이다."[49] 그가 남긴 책의 첫 문장은 다행히 전해지는데 여기서 그는 인식과 삶의 생산적 관계를 언급한다. 깨어 있으라 가르치는 로고스를 이해하지 못한 채 시도한 말과 행동은 로고스 없이 꿈속에서 행해지는 것과 같다고 그는 말한다.[50] 로고스는 인식의 새로운 삶을 준다. 로고스는 인간의 모든 영역을 포괄한다. 헤라클레이토스는 실천지(φρόνησις) 개념을 도입하고 이를 지혜(σοφία)와 동일시한 최초의 철학자다. 다시 말해 존재 인식은 그가 보기에 인간적 가치질서와 생활의 통찰과 하나인바 전자는 후자를 포괄한다. 헤라클레이토스의 예언자적 발언 형식은, 자기 자신을 직시하라, 삶의 근원을 밝혀내라, 잠에서 깨어나라 등 철학자적 요구의 내적 필연성에서 유래한다. 신탁 전달자 혹은 해석자의 역할을 헤라클레이토스의 많은 단편이 계속해서 말해준다. 자연과 삶은 투망(γρῖφος), 수수께끼, 델포이 신탁, 시빌라의 예언인바 그 의미

---

48) 헤라클레이토스 단편 DK22B45=106 정암.
49) 헤라클레이토스 단편 DK22B119=125 정암.
50) 헤라클레이토스 단편 DK22B1=4 정암.

를 찾아내야 한다. 헤라클레이토스는 자신이 수수께끼 해결사, 스핑크스의 수수께끼를 풀어낸 철학의 오이디푸스라고 느꼈다. "자연은 자신을 감추길 좋아한다."[51]

이것은 철학함의 새로운 형식이었고 철학자의 새로운 자의식이었다. 이것은 오로지 내적 체험에서 길어 올린 말과 상징만으로 표현될 수 있었다. 로고스도 오로지 상징으로만 규정될 수 있다. 로고스의 보편타당성, 로고스의 작용결과, 로고스가 로고스로 충만한 사람에게 일깨운 자의식 등은 헤라클레이토스가 가장 선호하는 깨어 있는 자와 잠든 자의 비유를 통해 가장 분명하게 표현된다. 헤라클레이토스는 그를 대중의 정신 상태와 구분하는 주요 심급으로 로고스를 제시한다. 로고스는 공통적(ξυνόν)인 것으로 깨어 있는 사람들에게만 열린 단일 우주다. 반면 잠든 사람들은 특별한 세계, 자신만의 꿈 세계, 하나의 꿈 세계를 가지고 있다. 로고스의 사회적 공통성을 논리적 보편타당성의 상징이라고 단순화해서는 안 된다. 이 공통성은 도시국가 윤리가 파악한 가장 중요한 자산이고 개인들의 개별 존재를 포섭한다. 처음 헤라클레이토스의 극단적 개인주의처럼 보였던 것은—그의 고압적인 독재자적 태도—지금 이 순간 처음과 달리 삶 전체를 위협하는 개인적 변덕과 자의성의 의식적 극복으로 드러난다. 로고스를 따라야 한다. 로고스에는 도시국가의 법보다 훨씬 높고 포괄적인 "공통"이 들어 있다. 인간은 삶과 생각을 로고스에 의지하며 "도시국가가 법을 통해 강해진" 것처럼 로고스를 통해 자신을 "강하게 만들" 수 있다. "하지만 사람들은 마치 자신만의 지혜를 가진 듯 살아간다."[52]

---

51) 헤라클레이토스 단편 DK22B123=45 정암.
52) 헤라클레이토스 단편 DK22B2=5 정암.

여기서 제시된 것은 이론적 인식의 결여만이 아니라, 로고스의 공통 정신에 상응하지 않는 인간존재 전체와 그런 실천적 태도가 문제라는 것이다. 도시국가와 마찬가지로 만물에도 법이 존재한다. 처음 여기서 이런 독특한 희랍사상을 만나게 된다. 또한 희랍 입법가의 지혜가 가진 도시국가 교육자 역할이 좀 더 높이 두드러진다. 헤라클레이토스가 신적이라고 부르는 법을 로고스만이 포섭한다. 로고스에 의해 "모든 인간 법이 양육된다."[53] 헤라클레이토스의 로고스는 우주의 인지 기관이며 정신이다. 핵심 내용은 이미 아낙시만드로스의 세계상에 실질적으로 포함되어 있었지만, 이제 헤라클레이토스의 의식 속에서 자기 자신과 세계질서 내적 역할과 위상을 인지하는 로고스라는 개념으로 발전한다. 로고스 안에는 삶과 사유로서 우주를 관통하는 "불"이 살고 사유한다.[54] 신적 기원의 로고스는 로고스의 기원인 자연의 신적 내부를 관통할 수 있다. 헤라클레이토스 이전 철학은 우주를 발견했고 이제 헤라클레이토스는 인간을 새로 정립된 세계 구조 내에서 철저하게 우주적 존재로 규정한다. 인간으로 살아가기 위해 자발적 배움과 우주적 법질서의 순응이 인간에게 요구된다. 크세노파네스가 도시국가를 규율하는 법적 질서의 원천인 "지혜"를 인간 최고 덕목이라고 칭송한 것처럼 헤라클레이토스는 말과 행동에서 자연의 진리와 신적 법칙에 복종하도록 인간을 가르치는 지혜가 가진 최고 통치권을 정립한다.

일반적 인간이해를 넘어서는 우주적 지혜의 통치를 헤라클레이토스는 대립과 통일이라는 독창적 학설에 담았다. 대립론은 부분적으로 밀레토스 자연철학의 구체적·물질적 표상과 연결되어 있다. 하지만 대립론의 생

---

53) 헤라클레이토스 단편 DK22B114=34 정암.
54) 헤라클레이토스 단편 DK22B30, B31, B64, B65=75, 76, 80, 81 정암.

명력은 궁극적으로 다른 사상가들의 영향이 아니라 인간 삶 과정에 대한 직접적 통찰, 각각 절반씩을 차지하는 정신과 물질이 상당히 복잡한 통일을 이루고 있다고 본 그의 생물학에서 유래한다. "삶"은 인간적 존재이면서 동시에 우주적 존재다. 삶으로만 이해된 삶은 외형적 모순을 상실한다. 아낙시만드로스의 세계관은 생성과 소멸을 세계의 균형을 확보하려는 영원한 정의(正義)의 통치로 이해했고 혹은 좀 더 정확하게 시간의 판관 앞에서 벌이는 권리투쟁으로 이해했다. 이때 하나는 다른 하나에 대해 불의와 탐욕의 죗값을 치러야 한다. 헤라클레이토스에게도 투쟁은 "만물의 아버지"다. 투쟁을 통해서만 정의가 바로 선다. 피타고라스의 새로운 조화사상이 이제 아낙시만드로스의 통찰을 의미 있게 해석하도록 돕는다. "대립은 하나로 모이고 불화에서 새로운 조화가 생겨난다."[55] 이것은 분명 우주 전체를 지배하는 법칙이다. 갈등의 원인인 충족과 결핍은 자연 전체에 존재한다. 자연은 시끄러운 대립들로 가득하다. 밤과 낮, 여름과 겨울, 더위와 추위, 전쟁과 평화, 삶과 죽음 등은 갈마들며 영원히 이어진다. 우주적 삶의 모든 대립은 계속해서 엎치락뒤치락 뒤바뀐다. 대립들은 서로에게 보상을 지불하며 법정 투쟁의 상징을 유지한다. 세계의 전체 "소송 절차"는 교환(ἀμοιβή)으로 하나의 죽음은 다른 하나의 삶이 되며 이런 과정을 영원히 반복한다. "움직이면서 멈추어 있다."[56] "살아 있는 것과 죽은 것, 깨어 있는 것과 잠든 것, 젊은 것과 늙은 것은 근본적으로 동일한 것이다. 이것들이 변화하면 저것들이고 저것들이 다시 변화하면 이것들이다."[57] "나에

---

55) 헤라클레이토스 단편 DK22B5=52 정암.
56) 헤라클레이토스 단편 DK22B84=82 정암.
57) 헤라클레이토스 단편 DK22B88=54 정암.

게 귀를 기울이지 말고 로고스에 귀를 기울여 만물이 하나라는 데 동의하는 것이 지혜롭다."[58] 우주의 대립 가운데 조화를 나타내는 헤라클레이토스의 상징은 활과 칠현금이다. 이 둘은 "팽팽하게 맞서는 조화"를 통해 작동한다.[59] 여기에서 상징으로 대신하고 언명하지 않는 일반적 철학 개념은 긴장 개념이다. 헤라클레이토스의 조화는 팽팽한 긴장이다. 이런 천재적 발상의 생물학적 직관은 무한한 생산성을 보여주었고 우리 시대에 이르러 정당한 평가를 받았다.

희랍적 인간교육에 대해 헤라클레이토스의 신선함과 중요성을 확인하기 위해 우리는 대립과 통일에 대한 철학적 해석을 이쯤에서 접고자 한다. 특히 이에 대한 파르메니데스와의 관계라는 어려운 문제는 접어두기로 한다. 앞선 사상가들과 달리 헤라클레이토스는 최초의 철학적 인류학자였다. 그의 인간학은 그의 철학을 설명하는 세 개의 커다란 동심원들 가운데 가장 안쪽의 것이다. 인간적 동심원은 우주적 동심원에 싸여 있고 우주적 동심원은 신학적 동심원에 싸여 있다. 하지만 실제 동심원들은 서로 분리될 수 없고 인간적 동심원을 우주적 동심원과 신학적 동심원과 분리하여 독립적으로 생각하는 것도 불가능하다. 헤라클레이토스의 인간은 우주의 한 부분이며 인간도 다른 부분들과 마찬가지로 우주의 법칙에 따른다. 하지만 인간은 인간에게 고유한 정신 덕분에 만물의 영원한 법칙을 의식하면서 신적 법칙이 유래하는 최고의 지혜에 참여할 수 있다. 희랍의 인간 자유는 인간이 도시국가라는 전체의 한 부분으로 법에 복종하는 데 있다. 이 자유는 근대적 개인주의의 자유와 전혀 다르다. 국가의 현재 가치를 넘어

---

58) 헤라클레이토스 단편 DK22B50=48 정암.
59) 헤라클레이토스 단편 DK22B51=50 정암.

서는 높은 가치를 인간에게 부여하는 초감각적 보편성과 연결된 자유다. 헤라클레이토스의 사유가 도달한 철학적 자유는 철저히 희랍적 인간이 도시국가적 존재에 충실하기 때문이며 희랍적 인간은 만물을 포괄하는 공동체의 구성원으로서 법률에 복종한다. 종교적 사유는 이런 만유의 주재자를 묻기 마련이고 헤라클레이토스도 마찬가지다. "하나인 것, 유일하게 현명한 것이 제우스의 이름으로 불리고자 하지 않으면서 또한 그렇게 불리고자 한다."[60] 반면 당시 희랍인들의 정치 감각은 일인 지배를 독재로 간주하곤 했다. 헤라클레이토스의 사유는 이를 화해시킬 방법을 알고 있었다. 왜냐하면 법은 그에게 다수가 아니라 최고 인식의 유출을 의미하기 때문이다. "한 사람의 뜻에 따르는 것도 법이다."[61]

세계의 의미를 찾는 헤라클레이토스의 통찰은 새로운 고등종교의 탄생, 최고 지혜의 길에 대한 정신적 이해의 탄생을 의미했다. 이런 이해에서 출발하는 삶과 행동을 희랍인 헤라클레이토스는 '프로네인(φρονεῖν)'이라고 불렀고 헤라클레이토스의 예언은 철학적 로고스의 길을 따라 이에 대한 이해에 도달한다. 가장 오래된 자연철학은 종교 문제를 명확하게 하지 않았고, 그 세계상은 인간을 외면한 존재관을 보여준다. 자연철학이 보편적 생성과 소멸의 파괴적 심연 속으로 인간을 밀어 넣을 때, 오르페우스 종교는 이런 심연을 메우고 영혼과 신의 본질적 유사성을 믿도록 가르쳤다. 하지만 우주와 우주를 지배하는 정의라는 자연철학의 사상에는 종교적 의식의 결정체가 들어 있는바 헤라클레이토스는 전적으로 우주적 관점에서 인간을 배치하는 인간 해석을 통해 거기에 이르렀다. 오르페우스의 영혼 종교

---

60) 헤라클레이토스 단편 DK22B32=47 정암.
61) 헤라클레이토스 단편 DK22B33=121 정암.

는 헤라클레이토스의 영혼 개념을 통해 좀 더 높은 단계로 고양되었다. 우주의 "영원한 불"과 영혼의 유사성 때문에 철학적 영혼은 신적 지혜를 인식할 수도 있고 자기 안에 품을 수도 있다. 기원전 6세기 우주철학과 종교철학의 모순은 다음 세기의 문턱에 서 있던 헤라클레이토스의 종합을 통해 지양되었고 통일에 이르렀다. 우리가 앞서 지적한바 밀레토스 철학자들의 우주철학은 우리의 자연법칙보다는 자연규범을 의미한다. 헤라클레이토스는 신적 규범의 이런 성격을 우주 종교로까지 고양했고 세계규범 속에서 철학적 인간의 생활규범을 찾아냈다.

귀족의 투쟁과 미화

우리는 이오니아 문화가 희랍본토와 희랍 서부에 미친 영향을 이제까지 다만 아테네 솔론의 종교 정치투쟁에서, 그리고 이오니아 계몽주의자 크세노파네스가 행한 민중종교 및 체육경합의 귀족 남성이념에 대한 날카로운 비판에서 확인했다. 비판자들은 이런 세계관을 편협하고 우매한 것으로 묘사했고 이런 세계관을 가진 계급 자체를 반동적이고 거칠고 지식 적대적으로 여겼다. 하지만 방어자들은 새 물결의 쇄도를 그들의 외적 물리력과 무관하게 정신적으로 강력하게 방어하길 원했다. 여기서 주목할 것은 이오니아 사상을 누구보다 광범위하게 수용한 솔론 이래 희랍본토 전체의 문학적 생산이 하나같이 격렬한 저항의 모습을 보여준다는 사실이다. 전환기였던 기원전 6~5세기에 나타난 이런 저항의 대표자는 테베의 핀다로스, 메가라의 테오그니스였다. 이들은 단단한 귀족 계급의식으로 충만했고 정치적으로 이오니아 체제를 거부하는 배타적 귀족 지배계급을 위해 시를 지었다. 핀다로스와 테오그니스의 귀족세계는 이제 한가로운 평화 가운데 잠들어 있지 않고 깨어나, 닥쳐오는 신세대의 파도에 힘겹게 투쟁하며 버티고 있었다. 이런 물질적·정신적 생존투쟁에서 귀족 본연의 가치에 기댄 심오한 급진 귀족이념이 탄생했고 이를 우리는 두 시인에게서 찾아볼 수 있다. 두 시인의 정신세계는 개별성과 상이성을 보여 순수예술적 의미에서도 비교 불가능하지만 우리는 우리 시각에서 이 둘을 하나로 묶어 고찰한다. 문학형식적 관점에서 핀다로스는 합창시 문학류에 속하고 테오그니스는 격언시 문학류에 속하지만 우리의 교육사적 관점에서 둘은 같다. 이들은 더없이 강한 귀족적 자부심으로 가득 찬 자의식을 표현했다. 이를 진정한 의미에서 당대의 귀족 교육이념이라고 부를 수 있다.

희랍본토 귀족은 좀 더 숭고한 인간상을 이렇게 의식적이고 규범적으로 형상화했고, 개인적이고 자연적인 것을 향해 내적 갈등을 보이는 이오니아의 인간상에 비해 놀라울 정도로 앞선 교육적 힘과 완결성을 보여주었다. 헤시오도스와 튀르타이오스와 솔론 이래 핀다로스와 테오그니스에게도 모든 정신적 형식에 나타난 이오니아의 소박한 자연성과 달리 의식적·교육적 정신이 특징인바 이것이 화합 불가능한 두 세계의 충돌 때문에 야기된 것은 두말할 필요가 없다. 하지만 이것이 의식적 희랍교육의 위대한 대표자들이 거의 예외 없이 희랍본토 출신이라는 사실의 유일한 이유도 주요한 이유도 아니다. 민족의 좀 더 높은 교육의지의 원천이었던 귀족지배와 귀족문화가 희랍본토 여러 지방에서 오랜 세월 지배했고, 기존의 것과 다른 새로운 이념, 완성된 인간형상의 대립적 제시만이 새로울 수 있다는 인상이 상당히 굳어졌을 수도 있다. 그런데 개인적으로 지적 자신감이 넘치던 크세노파네스의 비판으로 인해 너무 진부하게 느껴지던 기존 봉건적 이념들은 갑자기 핀다로스와 테오그니스에 의해 놀랍도록 새로운 윤리적·종교적 힘을 드러냈다. 그리하여 기존 이념들은 물론 계급적 한계를 여전히 벗어나진 못했지만 그럼에도 최상위 계급을 벗어나 영원한 젊음의 인간성에까지 뿌리를 내리게 되었다. 정신적 자기 주장의 힘찬 활력 때문에 착각할 수도 있지만 사실 핀다로스와 테오그니스가 지키려 했던 것은 사라져 가고 있는 세계였다. 이들 문학은 외적·정치적 의미에서 귀족의 부활을 이루어내지 못했다. 다만 새로운 시대적 활력과 사회건설 의지가 희랍민족의 보편적 자산으로 합병되면서 귀족이념이 맞은 절체절명의 위기에 이들의 역할은 귀족이념을 영구히 기록하는 데 그치고 말았다.

우리가 오늘날 기원전 6~5세기 희랍귀족의 생활과 사회상황에 대해 무언가 그림을 가지게 된 것은 모두 문학 덕분이다. 조형예술과 극히 희소한 유물 등 모두는 다만 시인들이 전해주는 내적 본질의 비언어적 묘사에 불과하다. 물론 조각과 건축과 도기화의 예술적 증언도 매우 중요하긴 하지만, 그것들이 우리에게 말을 거는 것은 그것들에 문학의 빛을 비출 때이며, 그것들을 문학적 이념의 표현물로 고찰할 때 그것들은 우리에게 비로소 말을 걸기 시작한다. 우리는 물질적 사회발전사를 포기할 수밖에 없는바 기껏해야 몇몇 주요 장소의 몇몇 주요 시점만을, 그러니까 지역적 단편만을 알고 있을 뿐이다. 물론 이것도 대부분이 유실되었지만 정확하게 알 수 있는 유일한 것은 문헌 전승에 각인된 희랍정신의 흐름뿐이다. 핀다로스와 테오그니스는 서로 완전히 다른 의미에서 당대의 최고 대표자들이다. 박퀼리데스 등 지금까지 전혀 알려지지 않았던 합창시인들의 작품이 새롭게 발견되었지만 우리 연구 목적에 비추어 핀다로스로 충분하다고 할 수 있다. 테오그니스는 아마도 그보다 약간 연장자이고 여기서 먼저 다루어져도 좋을 것 같다. 동시에 이는 귀족이 처한 당시의 어려운 사회환경을 일부 들여다볼 기회를 제공하는 장점이 있다. 테오그니스 문학에는 사회환경이 전면에 등장한다. 반면 핀다로스에는 귀족문화의 종교적 믿음과 남성적 완벽성의 최고 이념이 드러난다.

[테오그니스 문학의 전승] 먼저 테오그니스 문학의 전승에 관해 언급하지 않을 수 없다. 이는 매우 난해한 문제인데 거의 모든 사실관계가 논쟁대상이고 매번 나 자신의 견해를 명확히 해야 하기 때문이다.[1] 나는 이런 문헌학적 문제를—그 자체로는 매우 흥미로운 문제이지만 시인의 전승 문제가 희랍 교육사의 한 부분, 테오그니스의 영향과 밀접한 부분에 대해 깊은 역사적 통찰을 허락하는 때 말고는—상세히 다루지 않을 것이다.

테오그니스 문집은—문집에 테오그니스의 이름이 붙어 우리에게 전해진 것은 순전히 우연적 결과다—기원전 4세기에 이미 전체적으로 완결되었다. 최근 이 기이한 문집을 분석하기 위해 학문적 통찰과 수고가 엄청나게 쏟아부어졌다. 현재 형태의 문집은 알렉산드리아 문헌학자들의 비판적 정련과정이 아니라 기원전 5~4세기 술자리에서 실질적 필요에 따라 만들어진 것이다. 희랍인들의 도시국가 생활에서 중요한 역할을 하던 술자리가 점차 사라지면서 문집도 용도를 다했고, 이후 다만 문학적 호기심으로 읽히고 전해졌다. 문집에 테오그니스의 이름이 붙은 것은—기원전 7~5세기까지 여러 시인의 말과 시구를 모아놓은 선집이었는데도—그의 책이 문집의 주요 부분을 차지하기 때문이다. 시구들은 모두 피리 반주에 맞추어 노래 불렸다. 여러 곳에서 원래 가사를 변경 혹은 개악한 흔적이 나타난다. 아무리 유명한 시일지라도 결국 이를 피할 수 없었다. 5세기 이후의 시인들이 포함되지 않은 것은 귀족의 정치적 쇠퇴와도 연관되어 있다. 이

---

1) 이어지는 설명은 R. Reitzenstein, *Epigramm und Skolion*(1893), F. Jacoby, *Theognis*(Sitz. Berl. Akad. 1931)와의 논쟁 결과물이다.

런 문학은 무엇보다 귀족사회에서 생명력을 이어왔음이 분명하다. 문집에 담긴 테오그니스의 시뿐 아니라 다른 많은 시에서 극히 민중 적대적 정신이 표출된다. 이 문집은 크리티아스 시대에 아테네 귀족들의 연회에서 가장 많이 쓰였을 것으로 생각된다. 이때 아테네 국가체제에 대한 글들이 만들어졌으며 플라톤도 태생적으로 이에 익숙했다. 술과 사랑의 결합은—가장 성숙한 형태에서 이를 '향연'이라 부른다—테오그니스 문집의 역사에서도 분명히 확인된다. 문집 제1권과 느슨한 연관성을 유지하면서 독립된 노래책인 문집 제2권은 향연에서 사랑을 노래했다.

문집의 테오그니스 작품을 다른 시인들의 작품과 구분하려 할 때, 시인별·시대별 차이를 식별할 우리의 문체적·정신적 감식안에만 의존하지 않을 수 있는 것은 다행이다. 많은 시구는 우리에게 전해진 유명한 시인들에서 인용한 것임을 쉽게 확인할 수 있으며 이는 다소간 확실한 증거를 가진다. 문집의 첫 부분에 담긴 테오그니스 작품은, 다른 시인들에게서 발췌하여 앞뒤로 붙여놓은 작품들과 형식적으로도 아주 분명하게 구분된다. 테오그니스 작품도 하나의 연결된 작품이 아니라 단순한 격언 모음집이며 이런 작품 성격은 다른 시인들의 작품을 이에 덧붙이는 것을 가능하게 했다. 하지만 테오그니스의 격언 문집은 내적 통일성을 보인다. 모음집에 속한 개별 격언들이 서로 외형상 상대적 독립성을 띠고 있지만 전체를 관통하는 사유 전개의 단일성이 나타난다. 모음집은 서언과 종언[2]을 가지며 종언은 이어지는 다른 작품들과의 구분을 분명히 한다. 쌀쌀맞은 귀족적 면모를 적나라하게 드러내는 태도, 계속되는 반복적 호칭 형식은 테오그니스가 직접 쓴 작품을 구별하는 데 특별한 도움을 준다. 시인이 계속해

---

2) 테오그니스 237~254행.

서 부르는 젊은 애인 퀴르노스는 폴뤼파오스의 아들로 귀족 집안의 자제였다. 이런 호칭을 우리는 헤시오도스가 페르세스에게 주는 교훈시, 얌보스 시인들의 단편들, 사포와 알카이오스의 서정시에서 이미 보았다. 테오그니스는 개별 격언 형식으로 가르침을 전하고 있기 때문에 "퀴르노스" 혹은 "폴뤼파오스의 아들"이라는 호칭을 반복한다. 물론 개별 격언마다 매번 반복되는 것은 아니지만 작품 전체에 상당히 여러 번 반복된다. 같은 호칭 형식이 북구 격언시에서도 확인되는바 호명되는 사람의 이름이 일정한 간격으로 여러 번 반복된다. 퀴르노스의 호명은 문집 전체에 흩어져 있는 테오그니스의 진품을 가려내는 일종의 기준 화석이다.

초기 문집의 애초 종결부까지 등장하는 퀴르노스는 거기에 그치지 않고 덧붙여진 부분에도 계속 등장한다. 퀴르노스는 테오그니스가 쓴 부분에서 매우 빈번하게, 추가된 부분에는 몇몇 자리에서만 언급되며 대부분은 한군데 몰려 있다. 따라서 이들 자리가 진품인 한에서 좀 더 큰 규모였던 애초의 테오그니스 문집에서 발췌된 것으로 가정해야 한다. 부분적으로 초기 문집 부분에 있는 시행들이 덧붙여진 부분에도 반복되는 것은 동일 시선집에서 흔하지 않은 일임을 감안할 때 현재 테오그니스가 지은 작품으로 분류되는 부분은 애초 독립된 책이었고, 여기에 다른 시인들의 작품과 함께 테오그니스에서 발췌된 부분이 덧붙여졌음이 분명하다. 문집은 테오그니스 작품이 이제 고전(古典)으로 평가되는 시기, 늦어도 기원전 5세기 후반 혹은 4세기 초반에 만들어진 선집이다. 당시 학교에서 이런 선집들이 읽히고 있었음을 플라톤은 『법률』에서 명시적으로 언급했다.[3] 또 술자리를 위해 만들어진 다른 선집들도 있었다. 이런 선집들이 나중에는 하나로 묶

---

3) 플라톤 『법률』 811a.

여 현재 모음집이―모음집이 정확한 이름이다―되었다. 하나로 묶는 작업이 얼마나 거칠게 진행되었는지는, 하나로 묶음으로써 일부 시편이 중복됨을 알아차리지 못했고, 그래서 이를 배제하는 작업을 아무도 하지 않았다는 점에서 짐작할 수 있다. 따라서 묶여 전승된 퀴르노스 격언집뿐만 아니라 이 격언집에 첨부된 후기 모음집 내에 여기저기 흩어져 있는 퀴르노스 격언들을 토대로 테오그니스의 모습을 재구성해야 한다. 우리에게 퀴르노스 격언집은 분명 모든 논의의 기초가 되는 연구 토대이고 우리는 퀴르노스 격언집을 좀 더 면밀하게 살펴야 한다. 현재 문집에 담긴 퀴르노스 격언집 이외의 다른 부분에서도 테오그니스에 관한 무언가를 찾을 수 있을지는 나중의 문제다.

퀴르노스 격언집이 실제 테오그니스 작품인지를 도대체 어디서 확인할 수 있는가? 만약 테오그니스라는 이름이 특별한 예술양식을 가리키지 않았다면 그의 저작권과 성명도 다른 여느 작품집들에 담긴 유명작의 저자와 마찬가지로 흔적도 없이 사라졌을 것이고 향연 시집의 저자들이 흔히 당하는 운명을 그도 피할 수 없었을 것이다. 테오그니스는 문집 서문에 자기 이름을 영원히 박아 넣음으로써 이름이 잊히는 것을 막았고, 나아가 지적 재산권의 확인, 그의 말에 따르면 인장을 찍어놓았다. "퀴르노스여, 나는 지혜로운 삶을 가르치는 이 말들에 나의 인장을 찍는다. 누구도 이것을 빼앗아가지 못할 것이다. 또 누구도 여기 있는 훌륭함을 더 못한 것으로 바꾸지 못할 것이다. 모두가 말할 것이다. '이 노래는 메가라의 시인 테오그니스가 쓴 것이다. 그 이름은 세상 모두가 알고 있다.' 오로지 고향에서만 나의 업적은 누구에게도 칭찬받지 못한다. 이는 그리 놀랄 일이 아니다. 폴뤼파오스의 아들이여! 제우스도, 비를 내려주거나 않거나, 모두를 기쁘게 하지는 못한다."[4]

드높은 예술가적 자의식과 지적 재산권 주장은 당시 조형예술에서도 발견되는 시대적 유행이었다. 당시 조각가들 혹은 도예가들도 작품에 이름을 써넣었다. 전통에 집착하던 귀족 시인의 이런 개인주의적 경향은 우리가 특별히 주목해야 할 점인바 시대정신은 그가 의식했던 것보다 훨씬 깊은 영향을 그에게 남겼다. 그가 인장을 찍음으로써 시에 이름을 남기려 했음은 그의 시구에서 분명하게 확인된다. 첫 번째로 인장은 개념적으로 소유자 이름 혹은 표식을 의미하며, 두 번째로 작품에 인장을 찍는 의도를 밝힌 직후에 이름이 언급된다. 도입부에 작가 성명을 언급함은 물론 당시 전혀 없었던 일은 아니지만 『신들의 계보』 서문에 보이는 헤시오도스의 전례를 따른 사람이 발견되지도 않았다. 다만 테오그니스 직전, 밀레토스 출신 격언시인 포퀼리데스가 격언 소유권을 밝히기 위해 이런 장치를 고안해냈다. 분명 이는 격언시가 속담처럼 저작권 표기 없이 세상에 돌아다니기 쉬운 유형이었기 때문이다. 그럼에도 포퀼리데스와 테오그니스의 유명한 시행들은 후대의 작가들에 의해 마치 '속담'처럼 저작권 표시 없이 인용되었다. 포퀼리데스의 격언들은 특히나 이런 위험에 노출되었는바 내적 연관성 없이 개별 단위로 분리되어 각각이 자체로 널리 유포될 수 있었다. 그래서 그는 각각의 격언마다 이름을 붙였다. 모든 격언의 첫 행은 이렇게 시작된다. "또 이것은 포퀼리데스의 말이다." 그의 전례에 따라 페이시스트라토스의 아들 히파르코스는 아티카의 대로마다 세워진 헤르메스 신상에 새겨 넣을 명문을 지으면서 모든 말을 이렇게 시작했다. "이것은 히파르코스의 기념비다." 그리고 이어 '친구에게 거짓말하지 마라.' 또는 '정의를 위해 걸어라.' 등을 새겨 넣었다.[5] 테오그니스에게 그렇게까지 할 필요

---

4) 테오그니스 19~23행

는 없었다. 그의 격언들은 말하자면 한 덩어리로 연결되어 있었고 또한 하나로 묶여 전승되었기 때문이다. 그것은 귀족계급의 전승된 교육적 지혜서였다. 테오그니스는 책이 널리 유포되리라 생각했다. "강 건너 물 건너 모든 사람에게서" 읽히리라는 생각이 머리말과 맺는말에 똑같이 언급된다. 책과 내용의 저작권을 보장받기 위해 그가 할 일은, 다만 당대 새롭게 등장한 산문 저술의 저자들이 흔히 그렇게 했듯이 책의 도입부에 저자 성명을 밝히는 것으로 충분했다. 물론 오늘날 저자들은 이런 방법도 쓰지 않는데 그것은 저자 성명과 책 제목이 책 표지에 표시되기 때문이다. 6세기 말에는 아직 책 표지라는 것이 없었고 헤카타이오스와 헤로도토스와 투퀴디데스는 책 도입부에 저자 성명과 저술 의도를 밝히는 방법을 사용했다. 히포크라테스의 이름으로 우리에게 전해지는 의학서적의 경우 이런 개별 저자 표시는 없었고, 따라서 저자는 여전히 우리에게 비밀로 남아 있다. 운문에서는 소위 '인장 찍기' 방법이 산문에서만큼 널리 보급되지 않았다. 우리는 이것을 다만 키타라 반주로 노래하는 5세기의 정격운문(nomos)에서만 볼 수 있는바 당시 시인의 이름을 밝히는 '인장'이 기술적으로 확립되었다고 하겠다. 이것이 테오그니스에게서 유래하는 것인지는 말할 수 없다.

테오그니스 문집이 전승과정에서 겪은 운명과 관련하여 최근에 논의되는바 학자들은 '퀴르노스'라는 호칭을 그가 찍은 인장으로 여기면서[6] 그가 만약 각각의 격언마다 이 인장을 찍지 않았다면 저작권을 지키지 못했을 수도 있었다고 주장한다. 물론 이런 주장은 편리해 보이며 이에 따라 단번

<hr />

5) 僞-플라톤 『히파르코스』 228c.
6) Jacoby, 앞의 책 31쪽. 최근 M. Pohlenz, *Gött. Gel. Nachr.* 1933. 나는 이 논문을 초고를 쓰고 나서야 접할 수 있었다.

에 기계적이고 객관적인 방법으로 작품 진위를 가릴 수 있는 것처럼 보인다. 또 이런 장치가 없었다면 아마도 진위 판단 기준은 매우 복잡할 수밖에 없었을지도 모른다. 하지만 테오그니스가, 2500년 뒤의 고전 문헌학자가 유일본으로 전해지는 그의 책을 발견했을 때 봉착할 어려움을 예견했을 리는 만무하다. 테오그니스 전승이 단 하나의 고대 필사본에서 유래하게 된 것은 우리의 문제일 뿐이다. 테오그니스가 그의 책을 모두 하나씩은 가지고 있기를 바랐겠지만 수천 년은 생각도 못했을 것이다. 심지어 백 년 뒤에 이미 책이 술자리 용도로 인정사정없이 부분적으로 잘리고 발췌되어 마침내는 수많은 무명작가에 의해 잔치용 노래책에 삽입될 줄은 꿈에도 생각하지 못했다. 또 문집 머리말에 박아 넣은 성명은 그의 지적 재산권을 지켜주기는커녕 반대로 그를 부당하게도 무명씨들의 작품을 모으고 거기에 자기 작품을 덧붙인 편집자로 둔갑시킬 것은 짐작조차 못했을 것이다. 하지만 문집 머리말에 찍힌 성명 표시가 자칫 주인 없는 물건 더미 가운데 사라져버릴 수도 있었던 주인의 모습을 밝혀주게 된 것은 기뻐할 일이다. 문집에 담긴 다른 시인들에게 이런 일은 없었으며 이런 의미에서 그는 저작권에 관한 소기의 목적을 이룬 셈이다.

  '퀴르노스' 호명을 인장 찍기로 해석함은 내적 이유에서도 성립하지 않는다. 퀴르노스 문집을 깊이 파고들수록 퀴르노스 호명이 붙은 격언과 나머지들을 서로 분리할 수 없음이 더욱 분명해지고 그만큼 둘은 같은 생각을 전달하기 위해 서로 긴밀하게 연결되어 있다. 퀴르노스 호명이 없는 격언들을 오랜 전승 문집에 포함되어 있음에도 후대 삽입으로 무리하게 해석할 경우 이 주장의 불확실성은 근본적으로 해소되지 않는다. 사실 문집의 맺는말 직전에, 그러니까 다른 이들의 작품이 시작되기 직전에 이미 솔론의 단편이 삽입되어 있다. 이 단편은 작품의 사유 전개를 심각하게 방해하고 있기 때문에 이 단편이 다른 전거를 통해 솔론의 작품으로 밝혀지지 않았더라도 우리는 이 단편을 다른 이의 작품으로 판단했을 수도 있다. 내용적·형식적 문학비평 없이 우리는 이 문제뿐만 아니라 다른 어떤 문제도 해결하지 못할 것이다. 퀴르노스 호명은 테오그니스 작품 이외에서도 나타나는 것이기 때문에 호명 자체가 작품 진위를 판단하는 절대 기준일 수 없음은 일반적으로 합의된 사항이다.

따라서 우리는 테오그니스의 모습을 우선 '퀴르노스 격언집'이라는 완결된 문집에 기초하여 그려보아야 하며, 여기서 그의 모습이 완전히 파악 가능한 형태로 나타난다. 이에 보충해서 테오그니스 문집에 덧붙은 선집에 흩어져 있는 퀴르노스 격언들도 참고할 수 있지만, 이 격언들은 그것이 원래 속했던 문맥과 유리되어 있어 비평적 가치가 유감스럽게도 크게 떨어지기 때문에 이에 대한 우리의 문학비평은 앞서보다 더 근거가 약할 수 있다. 나머지 것들의 경우 우리가 가진 방법으로는 그것들 속에 들어 있는 테오그니스 부분을 분리해낼 수 없는 형편이다. 다만 그중에 각별히 언급할 만한 것인바 독립된 시집의 머리말에서 발췌한 아름다운 시편들이 있다. 메가라 출신 시인의 작품으로 대체로 테오그니스풍이라고 여겨지며 그에 담긴 향연의 즐거움을 페르시아 침공이라는 불길한 날씨와 뇌우가 더욱 간절하게 만들고 있다. 만약 이것이 테오그니스 작품이라면 그가 기원전 490년 혹은 480년까지 생존했던 셈인데, 물론 우리가 가진 정보가 극히 미비하긴 하지만 퀴르노스 문집에 묘사된 메가라의 내부 정치상황은 이 시대에 부합하지 않고 오히려 기원전 6세기 중반에 해당한다. 고대 학자들의 연대기에 의하면 테오그니스는 기원전 6세기 중반(기원전 544년)에 살았다. 유감스럽지만 우리는 이를 검증할 여건이 되지 못한다. 페르시아 침공 시대의 시편들 자체도 충분한 증거를 제공하지 못한다. 이들 시편에는 겉

보기에 퀴르노스 문집과 다른 정신이 숨 쉬고 있고, 또 이들 시편의 저자가 퀴르노스 문집을 다루는 방식을 보아도 테오그니스 이외의 또 한 명의 메가라 시인이 있었다는 가정은 보기보다 크게 잘못된 것은 아닐 듯하다. 이런 가정이 비록 그럴듯하긴 하지만, 그렇다고 테오그니스 문집 도입부와 후대 시편들이 가진, 두 가지 작은 연관성만으로는 이런 가정을 아직 확정할 수 없다.

[귀족교육 전통의 문자화] 형식상 테오그니스 문집은 예를 들어 헤시오도스의 농업 지혜서『일들과 날들』내지 포퀼리데스의 격언집과 똑같은 문학류에 속한다. 다시 말해 그것은 '교과서(ὑποθῆκαι)'다.[7] '교과서'라는 단어를 우리는 문집 머리말의 말미에서 격언들이 본격적으로 시작되기 직전에 보게 된다. "그러나 퀴르노스여, 너에게, 너를 친구로 생각하기 때문에, 가르침을 전하고 싶다. 나 자신 소년이었을 때 귀족들에게서 배웠던 것들을." 테오그니스 가르침의 본질은 그것이 개인적 생각이 아니라 계급적 전승이라는 점이다. 옛 귀족계급의 도덕계명을 운문으로 기록한 최초의 시도는 앞서 언급했던 '키론의 가르침'이었다. 포퀼리데스는 일반적이고 실제적인 도덕규칙을 제공했다. 이런 포퀼리데스와 구분되는 특별한 의미를 테오그니스 가르침은 가진다. 테오그니스는 작품에 귀족교육 전체를, 한 세대에서 다음 세대로 지금껏 오로지 구전으로만 전해오며 신성시되던 가르침을 전부 담으려 했다. 또 이 점은 헤시오도스의『일들과 날들』에 문자로 기록된 농부들의 전승과도 구분된다.

---

7) P. Friedländer는 *Hermes* Bd. 43(1913), 572쪽에서 테오그니스 문집을 교재라고 보았다. 테오그니스 문집 27행을 보라.

호명된 젊은이는 시인과 흠모의 끈으로 연결되어 있다. 이것은 분명 테오그니스와 젊은이가 맺은 교육적 관계의 전제조건이다. 시인과 젊은이가 함께 속한 계급의 관점에서도 이것은 관계의 전형성을 보여준다. 주목할 것은, 도리아 귀족문화를 가까이 살펴볼 때 처음 눈에 띄는 남성 동성애가 매우 보편적 현상이라는 점이다. 여기서 우리 시대에 많은 논쟁을 유발한 문제를 다루려는 것은 아니다. 당시 사회가 어떠했는가를 설명하는 것은 이 책의 목적이 아니다. 다만 우리는 이 현상이 희랍민족의 삶에서 어떤 위치와 뿌리를 가지는가를 보여주어야 하는바 젊은이 혹은 소년에 대한 남성 동성애가 초기 희랍 귀족사회의 근본 구성요소였고 귀족의 도덕적·계급적 이상과 불가분의 관계였음을 알아야 한다. 이는 도리아풍 소년애라고 불리는데, 특히 희극이 보여주는 것처럼 이오니아와 아티카 지방민들은 이를 늘 다소간 낯선 일로 받아들였기 때문이다. 흔히 상류사회 생활양식은 자연스럽게 점차 부유한 시민계급으로 전파되기 마련이며 소년애(παιδικὸς ἔρως)도 그러했다. 하지만 아테네에서 이를 당연한 것으로 받아들이거나 칭송한 시인들과 입법가들, 솔론부터 시작해서—솔론의 작품에서 소년애는 이성애이나 귀족 체육경합처럼 최고의 인생경험이라고 불렸다—플라톤까지 대개 귀족이었다. 희랍세계 전체적으로 귀족들은 이렇게 도리아 영향을 강하게 받았다. 희랍 고전기에 이미 동성애가 광범위하게 유포되어 있음에도 여러 상이한 평가를 받은 것은 동성애가 사회적·역사적 특수 조건들을 전제했기 때문이다. 이것에 근거하여 오늘날 연구자들은, 희랍민족의 생활 전반에서 백안시되고 퇴치되기까지 한 사랑의 특수 형식이 다른 사회계급에서는 완전히 다른 발전양상을 보이며, 심지어 이들 계급에서는 남성적 완전성과 귀족성으로 높게 평가된 역사적 사실을 쉽게 이해할 수 있다.

아름다운 육체, 조화로운 교육, 기품 있는 태도 등을 아주 오랜 시간 인간 최고의 탁월함으로 간주하는 데 익숙한 민족, 그리하여 경건하고 진지한 태도로 부단한 경쟁 속에서 육체와 정신의 마지막 힘을 쏟아부어 이런 탁월함을 더욱 높은 경지로 끌어올리려 진력한 민족이 또한 이런 탁월함을 아주 열렬히 칭송했음은 매우 당연한 일이다. 이런 탁월함을 갖춘 사람을 부러움으로 열렬히 칭송함에는 탁월함의 흠모(eros)가 중요한 계기가 된다. 흠모로 연결된 사람들은 모든 저열한 행동을 깊이 부끄러워하게 되며 고귀한 행동을 할 때마다 높은 도약의 기운을 느끼게 된다. 도시국가 스파르타는 이런 흠모를 중요한 요소로 받아들였고 의도적으로 이를 교육(ἀγωγή)에 적용했다. 흠모하는 자와 흠모를 받는 자의 관계는 교육적 권위에서 부자관계에 비견되며, 특히 젊은이가 최초로 가족 권위와 전통의 속박에서 벗어나기 시작하여 성인으로 성장할 시점에 이는 많은 측면에서 더욱 중요하다. 누구도 의심치 않았는바 흠모의 이런 교육적 영향력에 수많은 확증이 존재하며, 그 정점은 플라톤의『향연』이라 하겠다. 같은 생활환경에서 만들어진 테오그니스의 귀족교육도 이런 교육적 열망에서 성장한 것이다. 우리는 흠모의 측면을 도덕적 진지함의 열정 때문에 간과하게 된다. 격언집의 끝에 흠모가 비통한 쓰라림으로 표출된다. "내 쪽에서는 너에게 날개를 주었고 그 날개로 너는 가볍게 떠올라 끝없는 바다 위로, 모든 땅 위로 날아 움직이도록 하라. 너는 모든 연회장에, 모든 축제에 참석하게 될 것이다. 너의 이름은 많은 사람의 입에 오르내릴 것이기에. 매력적인 젊은이들이 피리 소리에 맞추어 너를 조화롭고 아름답게 부를 것이다. 네가 언젠가 대지의 어두운 심연으로 내려가 탄식만 들리는 집에 살게 된다 해도. 죽어서도 너는 명예를 잃지 않는 것이다. 너의 이름은 항상 이 세상에서 불멸의 명성을 가지는 것이다. 퀴르노스여, 너는 희랍 전역을 돌아다니고 섬들을 방문할 것이다. 예술에 전념하는 모든 사람에게 너는 지금이나 먼 훗날에나 노래가 될 것이다, 태양과 대지가 존재하는 한. 그러나 이런 말을 해주는 나를 너는 조금도 존중하거나 배려하지 않고 내가 마치 어린아이인 것처럼 말을 막는다."

흠모와 사랑에 의해 지탱된 귀족 향연의 엄격한 "도덕"은 오랜 시간 내내 어떤 폭풍에도 흔들리지 않았다. 하지만 테오그니스 시대에 들어서자 변화가 시작되었다. 성장하는 민중계급에 의해 혹은 참주에 의해 위협받던 귀족의 투쟁을 솔론의 문학은 우리에게 전해주고 있다. 솔론에게서 귀족은 편파적 당파로 나타나며 귀족정치는 실패한 정치, 너무나 오랫동안 억눌려오던 민중이 국가를 위협할 정도의 요구를 끊임없이 내세우게 만든 원인으로 등장한다. 이런 위험 가운데, 극단적인 정치적 모험을 제압하면서 동시에 참주로부터 국가를 지키려는 솔론의 국가윤리가 탄생한다. 테오그니스 문학도 이런 계급투쟁을 전제로 한다. 그는 사회적 상황 전반을 조명하는 장편의 시구들을 문집의 초반부에 배치했다. 첫 번째 시구는 솔론풍의 엘레기이며, 정조(情調)나 사상이나 시어에서 분명 위대한 아테네 시인을 따르고 있다.[8] 하지만 솔론이 귀족 출신이면서도 자기 계급을 탄핵하며 귀족계급의 장점을 사랑하는 동시에 단점을 인지한 반면, 테오그니스는 국가에 가득한 불안과 불법의 책임을 오로지 귀족 이외의 다른 계급에 돌린다. 메가라의 정치상황은 오랜 명문귀족들에게 불리한 방향으로 전개되었던 것이 분명하다. 국가 지도자들은 정의를 왜곡하고 민중을 타락시키며 주머니를 채우고 끊임없이 더욱 강력한 권력을 추구한다. 시인은 아직은 조용하지만 국가가 곧 내전으로 갈라질 것이라고 예견한다. 그리

8) 테오그니스 39~52행

고 마침내 참주가 등장할 것이다. 테오그니스가 알고 있는 유일한 구원 방법은 귀족지배의 정의로운 불평등이었다. 하지만 이것으로 회귀함은 실현 불가능한 이야기였다.

두 번째 시구는 이런 암울한 그림을 완성한다.[9] "퀴르노스여, 이 국가는 여전히 같은 국가다. 그러나 민족은 다른 민족이 되었다. 이전에는 정의와 법에 대해 아무것도 모르던 자들, 낡고 털투성이의 가죽으로 몸을 덮어 가리던 자들이 마치 산속의 붉은 사슴들처럼 저 바깥 벌판에 모여들어 날뛰고 있다. 그들이 이제 '좋은 자'들이다. 이전에 뛰어난 자들로 여겨지던 자들, 그들이 지금은 천민이 되었다. 참을 수 없는 일이다. 모두가 서로 속이고 서로 비웃는다. 기억이라곤 가지고 있지 않아 나쁜 것도 좋은 것도 그들은 되갚지 않는다. 퀴르노스여, 무슨 일을 원하든, 무슨 일을 계획하든, 이런 시민 가운데 누구도 진정한 친구로 삼지 마라. 대신에 모두와 외관상 형식적인 우정은 유지하되 누구와도 진지한 이해관계를 맺지 마라. 그렇지 않으면 그들은 너에게 곧 비열한 의도를 드러낼 것이다. 만약 실제 그렇게 된다면 그 관계를 조금도 신뢰하지 마라. 더는 잃어버릴 것이 없는 모든 사람처럼 그들에게는 사기와 위선과 교묘한 술수밖에 없다."

이 시구를 증오와 경멸의 문장으로, 나아가 극도의 복수심을 드러낸 글로 보지 않는다면 이는 매우 큰 잘못일 것이다. 이를 첫 번째 시구와 연결하여 테오그니스가 모든 사회질서의 근간으로 솔론이 제시한 정의 이념을 얼마나 당파적으로 해석하는가를 보아야 한다. 몰락한 옛 지배계급의 대리인에게 그런 정의를 기대하는 것 자체가 지나친 일일지 모른다. 중립적 시각에서 보아도 궁지에 몰린 귀족이 행하는 정의에 대한 호소는 그가 묘

9) 테오그니스 53~68행

사한 국가 상황에 거센 시적 격정을 부여한다. 얌보스에 가까운 이런 현실 비판은 엘레기라는 고상한 문학형식에 새로운 내적 생명력을 제공한다. 횡행하는 불의의 설명은 솔론보다 헤시오도스를 훨씬 중요한 모범으로 삼았는바 머리말과 맺는말을 앞뒤로 달고 본문을 둘로 나눈 『일들과 날들』의 양분 구조는 테오그니스 문집에 분명 영향을 미쳤다. 이는 다만 형식적 유사성에 그치지 않고 내용적 유사성에서 비롯한다. 헤시오도스의 농부 노동윤리와 일반 교육이 시인과 가형 페르세스의 재산 싸움이라는 실제 경험에서 정의를 중심으로 전개되었던 것처럼, 테오그니스의 귀족교육은 사회혁명에 대한 정신적 투쟁에서 유래한다. 법률 왜곡을 헤시오도스가 책 앞부분에서 규탄했던 것처럼 테오그니스도 그러하다. 양자는 여러 군데 상당 부분에서 사유 연관성이 발견된다. 이런 유사성은 테오그니스의 책 뒷부분에서도 확인되는데 『일들과 날들』을 모방하여 여기서도 지혜를 전하는 짧은 시구로 구성되어 있다. 물론 테오그니스의 책 뒷부분에는 서너 시행의 시구부터 간단한 반성적 엘레기까지 다양한 길이의 시구들이 발견되지만 그렇다고 이런 유사성이 부정되는 것은 아니다. 양자에게서 똑같이 나타나는바 개인사적 사건과 순간적 절박함을 영원한 진리로 형상화하는 모습은 진정한 상고기적 작시술이라 하겠다. 현재 전승된 모습대로 양분구성의 예술적 균형 결여를 개인적 내면과 감정적 강도의 대체로 이해하는 오늘날의 독자는 주관적 영역에서 출발하여 보편타당한 규범으로 발전하는 내적 격동의 표출을 간과하여 객관적 인식을 이야기하는 곳에서 오로지 주관적 고백만을 듣는 우를 범하기 쉽다.

앞부분의 두 번째 엘레기는 벌써 뒤의 격언집 핵심 부분, 귀족윤리 부분을 떠오르게 한다. 여기서 테오그니스는 현 지배계급의 불의와 간계를 그들이 고귀함과 천함의 척도[10]를 가지지 못했기 때문이라고 정리한다. 이것

이 바로 테오그니스가 퀴르노스에게 가르치려는 것이며 이를 통해 시인은
진정한 귀족교육과 훈육을 대중적인 것과 구분하고자 했다. 오로지 전통
을 고수하는 자만이 척도를 가지게 된다. 이제 척도를 영원한 형식으로 각
인할 사람의 부활을 통해 척도를 보존할 시점이다. 이것이 명문자제를 진
정한 귀족으로 이끌어줄지도 모른다. 시인은 악인들(κακοί, δειλοί)과 교제
를 경계한다. 시인에게 이는 귀족교육에 뿌리내리지 못한 모두를 포괄하
는 개념이고 고귀한 것들(ἀγαθοί, ἐσθλοί)은 오로지 시인 등 귀족들에게만
존재한다. 이것이 선조들의 가르침을 전하겠다고 선포한 책의 초반부터
시인이 가진 핵심 사상으로 이를 공리처럼 제시하며 격언 시작부에서 다시
언급한다. 이런 선포와 지혜의 격언들 사이에 정치적 견해가 서술된다. 여
기서 그는 '귀족하고만 어울리되 천민들과는 어울리지 마라.'는 요구의 실
질 근거를 마련한다. 천민의 타락상이 어두운 색깔로 묘사된다. 테오그니
스가 생각한 귀족들과의 교제가 무엇인지는 대체로 뒤의 격언들에 나타난
다. 격언들은 진정한 귀족의 권위와 판단을 담고 있는바 시인 자신이 진정
한 귀족의 대표자이기 때문이다.

　격언집의 사유과정을 일일이 추적하는 것은 우리의 과제가 아니다. 시
인이 언급한 단어와 그가 제시한 요구 모두는 직전에 설명된 사회상황의
긴급한 위험에 비추어 특별한 절실함과 절박함을 담고 있다. 테오그니스
는 격언집을, 불의하며 신뢰할 수 없는 악인들 및 천민들과의 우정을 경고
하는 격언으로 시작한다. 시인은 소수의 친구만을 사귀도록 권한다. 앞에
서나 뒤에서나 말할 때 한결같은 사람들은 불행에 처했을 때 버팀목이 된

---

10) 테오그니스 60행 'γνῶμαι'. 이는 본래 권위를 가진 판결을 의미한다. 문집 뒷부분에 담긴
　　경구들과 비교해볼 수 있다.

다. 모든 사회 격변은 공동체 내의 동지 집단을 만들어낸다. 동지들은 좀 더 긴밀하게 뭉치고 배신은 여기저기 만연해 있다. 테오그니스는 말한다. 신뢰할 수 있는 사람은 정치적 배신의 시대에 황금과 같은 존재다. 이것이 옛 귀족윤리인가?

옛 귀족윤리는 분명 테세우스와 페리투스, 아킬레우스와 파트로클로스 등이 보여준 이상적 우정을 본보기로 제시했고, 훌륭한 본보기의 존중은 귀족교육의 가장 오래된 구성요소에 속한다. 하지만 여기서 귀족의 비관적 정치상황 때문에 좋은 본보기와 귀한 교제의 높은 가치를 가르치는 교육은 정치 당파 혹은 파당 윤리의 칭송으로 변질될 수밖에 없다. 이는 모든 우정의 전제조건인 올바른 선택의 교제와 입증된 신뢰성을 교육체계의 정점에 두려는 테오그니스의 강한 성향에서 비롯된 필연적 결과다. 시인 자신이 부모에게 그렇게 배웠을 가능성도 있는 것이 귀족계급의 투쟁은 이미 오랜 역사를 가지기 때문이다. 어떤 경우든 계급투쟁은 귀족윤리를 변질시켰고 고단한 현실 때문에 귀족윤리는 더욱 편협하게 되었다. 근본적으로 귀족윤리는 사회갈등을 뛰어넘으려는 새로운—솔론이 대표하는—국가윤리와 뿌리가 다르지만, 귀족은 이제 어떻게든 국가의 일부로서 자신을 자리매김하지 않을 수 없었다. 귀족은 여전히 자신을 국가 속의 은밀한 국가, 부당하게 밀려난 국가, 그래서 이제 복원해야 할 국가라고 생각할 수 있다. 하지만 냉정하게 볼 때 귀족은 권력을 잡기 위해 투쟁하는, 내적 단결을 지향하고 몰락을 막아내려는, 물려받은 계급의식에 봉사하는 단순한 당파일 뿐이다. 좋은 교제를 권하는 옛 권고는 이제 정치적으로 강조된 배타주의로 변질했다. 이는 귀족 몰락의 결과였다. 일차적으로 계급적 성격을 띠지만, 그럼에도 우정의 전제조건으로 제시된 신의와 절대적 정직성이 윤리적으로 높은 가치를 지닌다는 점을 간과해서는 안 된다. 여기에 귀족 계급의식의 뿌리가 있고 이에 근거하여 시인은 이렇게 말한다. "새로운 사람들은 모두가 서로 속이고 서로 비웃는다." 솔론 국가관의 위대함에 비하면 이런 계급교육은 일고의 가치도 없지만, 그렇다고 '선함(ἀγαθός)'과 '귀족'의 등치관계를 실천적으로 입증하려던 진지한 노력까지 의심할 수는 없다. 테오그니스는 이런 귀족성 안에서 귀족계급의 강점, 목숨을 건 투쟁의 마지막 보루를 발견했다.

올바른 교제의 권고는 테오그니스 교육 전반의 일관된 현상이다. 전적으로 이런 귀족윤리는 새로운 사회질서의 산물이다. 여기서 계급 당파적 발전을 당파적 정치활동으로 지나치게 좁게 이해해서는 안 된다. 귀족은 다만 방어적 소수연합으로 위축되었고 공적 영역에서 잠깐이나마 뜻을 관철시킬 역량조차 가지지 못한 소수로 내몰렸다. 그리하여 테오그니스는 젊은 친구에게 주어진 현실에 겉으로나마 순응하도록 의식적으로 애쓰라고 조언한다. "내가 하는 것처럼 중간 길을 걸어라." 이것은 서로 투쟁하는 양극단의 중간, 다시 말해 솔론의 영웅적 중용이 아닌 다만 개인적 위험을 최소로 줄이는 길을 의미한다. 퀴르노스는 영리하게 행동해야 하며 모호한 태도를 보여주어야 한다. 그는 바위에 몸을 고착시키고 바위의 색깔에 따라 몸의 색을 바꾸는 말미잘처럼 굴어야 한다. 이것은 민중을 적으로 하는 적나라한 생존투쟁에 필요한 보호색이다. 이런 생존투쟁의 도덕적 위험은 이런 투쟁이 본성상 공개적 투쟁이 아니라는 점이다. 하지만 테오그니스는, 귀족 사내는 늘 귀족 사내로 남으리라, 심지어 "대중의 존경을 많이 받지 못할지라도 귀족 사내는 꿈속에서 헤어나지 못하는 대중에게 성곽이자 탑으로 남으리라."라고 믿었다. 이것은 결코 모순적이지 않고 귀족 현실에서 오히려 필연적이다. 물론 이것은 결코 옛 귀족윤리는 아니었다.

무엇보다 탁월성 개념의 위기가 새롭고 근본적인 위기였고 이는 정치혁명의 핵심 요소인 경제생활의 재편과 관련되어 있었다. 옛 귀족의 지위는 농지소유에 기초했다. 화폐경제의 출현과 함께 농업경제가 흔들렸다. 정치 요인이 덧붙여졌는지 알 수 없지만, 아무튼 테오그니스 시대에 귀족은 부분적으로 재산을 잃었고 평민계급의 신흥부자들은 정치권력을 얻고 사회적 영향력을 확대했다. 탁월함의 옛 귀족적 이해는 이런 재산 변화와 함께 변화했는데 탁월함은 언제나—처신의 관대함과 웅대함 등 일부 귀족적 특징들이 실현되는 기반이라 할—사회적 특권과 물질적 자산을 포함하기 때문이다. 순박한 농부들도 알 수 있는바 헤시오도스가 말한 대로 재산이 탁월함과 명예의 원천이다. 이런 결합에서 초기 희랍사회의 탁월함이 사회적 특권과 재산 수준을 동시에 고려해야 하는 개념임을 알 수 있다.

탁월성 개념의 해체는 새로운 국가윤리에 의해 촉발되었다. 옛 귀족적 탁월성 개념이 공격받거나 변화되는 곳에는 어디서나, 특히 튀르타이오스와 솔론에서 재산(ὄλβος, πλοῦτος)은 탁월성 개념과 강하게 연결되었고 이런 근원적 결합에서 탁월성 개념이 분리되기 쉽지 않아 보였다. 튀르타이오스는 메세나인들과 싸우는 스파르타를 위해 특히 절실한 전사적 용기의 새로운 정치적 탁월성 개념을 재산 및 외적 자산보다 높게 평가했고, 솔론은 새로운 법치국가에서 최고 정치적 탁월함으로 정의를 제시했다. 그렇지만 옛 세계관의 후손인 솔론도 정의로운 재산인 한에서 신들에게 재산을 기원했고 그런 토대 위에 탁월함과 명예가 주어지길 희망했다. 솔론의 사회사상에서 불평등한 소유는 신의 뜻에 반하는 사회제도가 아니다. 이는 솔론이 보기에 금전과 재화 말고 다른 재산이 있기 때문인바 자연은 인간에게 건강한 육신과 삶의 즐거움을 부여했다. 만약 탁월성과 재산 가운데 하나를 택한다면 솔론은 전자를 선택했을 것이다. 이런 생각이 얼마나 혁명적인 동시에 긍정적이고 강력한지는 테오그니스와의 비교에서 드러난다. 테오그니스는 계속해서 가난을 한탄하고 저주하고 가난이 인간에게 무한한 힘을 가진다고 생각했다. 그는 가난을 몸소 체험했으며 힘겨워했다. 하지만 그에게도 재산보다 소중한 가치들이 있었고 이들을 위해 재산마저 기꺼이 포기해야 한다고 그는 역설했다. 저주스러운 신흥부자들을 보면서 테오그니스는 돈과 천박함이 얼마나 잘 어울려 지내는지를 알게 되었고 솔론에 동의하여 정의로운 가난을 선택했는데, 이때 옛 귀족적 탁월성 개념의 재평가는 분명히 시대 변화의 압박 때문이었다. 하지만 솔론에게 이는 자유의지에 따른 것이었다.

재산과 탁월함에 대한 테오그니스의 생각은 솔론의 생각을 열심히 비판한 결과물이다. 솔론의 국태민안 엘레기를 비판한 결과를 테오그니스 문집의 첫 부분에 등장하는 정치적 엘레기에서 확인할 수 있었듯이, 신적 세계질서의 정의관 아래 재산과 성공에 대해 인간 노력의 의미를 검토하는 솔론의 무사 여신 엘레기를 테오그니스는 비판했고 이는 여기저기서 확인된다. 무사 여신 엘레기의 서로 긴밀히 연결된 두 부분을 테오그니스는 두 개의 개별 시구로 분리했고 이를 통해 무엇보다 솔론이 제시하는 신적 섭리의 심오한 정의를 논파했다.[11] 솔론의 종교 인식은 테오그니스와 거리가 멀었다. 아니, 그런 인식의 능력이 그에게 없었다. 불의한 재산이 지속되는 것을 허락하지 않는 신적 섭리를 사실로 받아들이는 솔론의 첫 번째 사유는 테오그니스의 주관적 검토를 자극했다. 분명 솔론의 사유에 동의하지만 신의 처벌은 때로 너무 오래 걸리기 때문에 인간이 잘못된 생각을 한다고 테오그니스는 생각했다. 따라서 사람들은 신적 보복이 적들에게 떨어

---

11) 솔론의 무사 여신 엘레기 첫 부분은 테오그니스 197~208행에 해당하며, 두 번째 부분은 테오그니스 133~142행에 해당한다.

지기를 기다릴 수 없었고 어쩌면 신의 처벌을 살아서는 보지 못할지도 모른다고 말하기까지 했다.

무사 여신 엘레기의 두 번째 부분을 자유롭게 변형하면서 테오그니스는 매우 중요한 문제를 간과했다. 솔론이 첫 부분에서 묘사한 엄격한 신적 정의에도 불구하고 선한 자들의 노력은 실패하고 악한 자들의 잘못은 처벌을 받지 않는다는 점이다. 윤리적 모순은 테오그니스의 사유를 자극하지 못했다. 물론 그도 솔론처럼 신적 관점을 취하여 이런 관점에서 인간 노력과 희구의 소용돌이 가운데 신적 균형의 필연성을 이해했을 수도 있다. 하지만 이런 솔론의 문제의식은 테오그니스에게 다만 주관적 체념을 부추겼을 뿐이다. 경험을 토대로 테오그니스는 성공이든 실패든 그것은 인간들과 무관한 일이라는 생각을 굳혔다. 인간에게 남은 것은 오로지 신의 뜻을 따르는 것이며 인간이 운명에서 바꿀 수 있는 것은 없다. 다른 문맥에서 언급되는바 재산이나 성공이나 명예에는 불행의 씨앗이 숨겨져 있고 인간이 할 수 있는 것은 운명에 기도하는 것뿐이다. 하찮은 인간에게 재산이 생기더라도 그것이 그에게 무슨 쓸모가 있겠는가! 그가 '똑바른' 인간이 아닐진대 그에게 재산은 오로지 파멸을 가져다줄 뿐이다.

참된 의미의 귀족을 재산과 분리함으로써 이제 유일하게 남은 것은 내면적 귀족이며 이제 이것이 탁월함이 된다. 소수가 얼마나 이를 가지고 있는가! 누구도 테오그니스가 그렇게 "훈계"하리라 믿지 않았다. 하지만 그는 몰락귀족에게 존경심을 가졌고 솔론의 사유를 배웠다. "정의 속에 탁월함이 모두 들어 있다. 그러므로 올바르게 행동하는 사람은 누구나 훌륭하다." 이 원칙을 포퀼리데스처럼 비(非)귀족에게 배운 것일지도 모르지만 아무튼 그는 이 원칙을 수용하지 않을 수 없었다. 이는 권력을 장악하려는 민중이 치켜든 깃발에 적혀 있던 원칙으로 테오그니스의 생각에 의하면 민중은 실제로 이 원칙을 짓밟고 있었다. 이제 이 원칙은 부당하게 억압받는 예전 지배자들의 방패가 되었다. 이들이야말로 지난날 유일하게 "법과 정의"를 알고 있던 사람들이었고 시인의 견해에 따르면 지금도 실질적 정의의 유일한 대표자들이다. 이것은 분명 협의의 정의 이념이며 국가적 탁월함을 계급적 탁월함으로 축소한 것이다. 하지만 테오그니스에게 이런 정의 이념은 낯설지 않았다. 핀다로스에게도 정의는 귀족윤리에서 빠질 수 없는 불가결한 요소이고 귀족윤리의 꽃을 의미했지만 과거의 이념은 새로운 도시국가 윤리의 정신에 의해 극복되었다.

단 하나의 걸림돌은 흔들리지 않는 혈통신앙이었다. 테오그니스에게 절대 의무는 순수혈통의 유지였다. 그는 부유한 평민 집안의 딸들을 혼인으로 엮어 유산의 혜택을 노리거나 신흥 가문에 딸들을 시집보내려는 귀족들을 어리석고 망령된 자들이라고 목소리를 높여 비난했다. "우리는 숫양과 당나귀, 수말을 상대로 사육에 힘쓰고, 세심하게 좋은 품종을 고르려 한다. 하지만 형편없는 집안의 형편없는 여자를 취한다 해도 지참금만 많다면 고귀한 사람에게는 상관이 없다. 재산이 피를 서로 섞는다."[12] 혈통 차별 및 교육 차별사상의 이런 투박한 강조는 귀족윤리가 새로운 시대로 접어들었음을 의미하기도 한다. 이는 돈과 대중이 이끄는 평준화 압력에 대한 의식적 저항이다. 예를 들어 아테네의 경우 해결해야 할 엄청난 공동과제를 마주하고 현실을 직시한 현자들은—이들은 대부분 귀족이었다—당연히 저항만 하고 있을 수는 없었다. 이미 솔론은 이를 훌쩍 넘어섰다. 하지만 자기 존립과 차별성을 위해 싸우는 귀족은 어디에서든 메가라의 테오그니스가 제시한 교육지혜를 거울로 삼았다. 나중에 이런 교육지

---

12) 테오그니스 183행 이하.

혜의 많은 부분을 평민들은 무산자계급과 싸우면서 다시 절감하게 되는바 궁극적으로 테오그니스의 혈통신앙은 혈통귀족이든 다른 고귀한 전승이든 구분 없이 귀족성의 정당성과 필연성이 문제 될 때 다시 살아났다. 혈통 차별사상은 귀족성의 특수 부분이며, 고대에 특히 스파르타 혹은 4세기의 위대한 국가 교육이론가들에게서 크게 발전된 모습을 보이는데 우리는 이를 나중에 좀 더 자세히 논의하게 될 것이다. 그때에 혈통 차별사상은 계급적 한계를 벗어나 전체 민중에 대해 국가적 교육을 진작시킨다는 사상과 연결된다.

[핀다로스의 귀족관] 작은 도시국가 메가라의 귀족들이 사회적 지위를 지키기 위해 벌였던 것과 같은 지난한 투쟁을 벗어나 핀다로스는 옛 희랍귀족의 영웅적 위대함으로 나아갔다. 테오그니스가 제시한 문제를 잠시 내려놓을 수 있었던바 좀 더 숭고한 세계로 진입했기 때문이다. 핀다로스는 우리에게 멀리 떨어진, 경외와 감탄을 금할 수 없는 위대함과 아름다움을 보여준다. 핀다로스는 희랍혈통 귀족의 이상(理想)을 최고 아름다움의 순간에 포착한다. 그는 냉정하고 진지한 5세기 현재 신화시대의 이상이 힘차게 높이 솟아오르는 순간을 보여준다. 희랍의 이목이 쏠리며 종족갈등과 지역갈등은 사라지고 모두를 하나로 묶는 승리의 환호가 울려 퍼지는 올림피아 체육경기, 퓌티아 체육경기, 네메이아 체육경기, 코린토스 이스트미아 체육경기, 그곳에서 다시 살아나는 귀족이상을 보여준다. 여기서 우리는 옛 희랍귀족성의 본질을 보아야 한다. 그럼으로써 귀족성이 희랍 인간교육에 미친 영향은 물려받은 오랜 계급특권과 계급의식의 배타적 보존이 아님을, 내면된 자산가 윤리의 훈육이 아님을 인식해야 한다. 숭고한 인간이상의 창조자는 귀족이었고 그들의 인간이상은 여전히 상고기와 고

전기 희랍 조형예술을 통해, 물론 내면적 이해라기보다 외형적 경탄에 지나지 않겠지만, 멀리 떨어진 오늘날 우리에게도 생생하게 전해진다. 조형예술이 강렬한 조화가 인상적인 귀족적 조각상을 통해 표현한 이런 체육 인간의 모습은 핀다로스 문학에서 내적 생명력을 얻어 우리에게 말을 걸어오며, 영혼의 힘과 종교적 진지함 속에 오늘날에도 여전히 인간정신사의 유일무이한 성취에서만 뿜어져 나오는 신비한 매력을 발산하고 있다. 이 순간은 재현될 수 없는 일회적 축복이었고, 옛 희랍신앙의 축복받은 현세가 세속적 척도를 넘어서는 "완전함"에 도달한 인간형상에서 신적인 것을 발견하는 때였고, 동시에 예술가의 눈에 완전함의 법칙으로 출현했던 모범에 도달하려는 인간 노력이 인간 모습의 신상들에 깃들었던 숭고함과 신성함을 얻는 때였다.

핀다로스 문학은 상고기적이다. 하지만 다른 의미에서 동시대 문학보다, 심지어 앞 세대 시인보다 상고기적이다. 솔론의 얌보스는 언어적으로나 감각적으로 철저하게 현대적 모습을 가진다. 핀다로스 문학의 다채로움과 과잉과 논리 비약은 완전히 다른 인간 모습을 가진, 정신적 태도에 밀착된 경향을 보이는, 역사적 현재와 유리된 삶에 근거하는 깊은 내면적 상고성을 다만 '현대적으로' 외형적으로 표현한 결과물이다. 이오니아의 옛 문화를 벗어나 핀다로스에 다가갈 때 우리는 호메로스 서사시에서 출발하여 이오니아의 개성적 서정시와 자연철학으로 이어지는 통일된 계통을 벗어나 완전히 다른 세계로 들어가는 느낌을 받게 된다. 대체로 호메로스의 가르침에 충실했던 제자이자 이오니아 철학의 학생이던 헤시오도스에서 종종 서사시적 하부 토대에 묻힌 역사 이전의 모태가 갑작스럽게 드러났던 것처럼, 꼭 그렇게, 아니 그보다 더 자주 우리는 핀다로스에서 어떤 세계, 헤카타이오스와 헤라클레이토스의 이오니아도 알지 못하는 세계를 발견한다. 이 세계는 어떤 점에서는 내면적으로 호메로스와 호메로스적 인간교양보다 오래된 것으로 일찍이 이오니아 초기 철학자들이 빛나는 눈길로 주목했던 세계이기도 하다. 핀다로스의 세계도 그만큼 옛 서사시와 많은 공통점을 가지며 호메로스에서 가볍고 즐거운 놀이에 가까운 것들이 핀다로스에서 지독하게 진지한 모습을 가진다. 이것은 당연히 부분적으로 서사시 문학과 핀다로스 찬가의 차이 때문인데 핀다로스 찬가는 서사시가 생생한 삶의 이야기로 늘어놓은 것을 종교적 명령으로 선포하고 있다. 하지만 시인의 태도가 가진 이런 차이는 외형적으로 그에게 주어진 문학형식과 동기에 상응하는 것이면서, 나아가 그가 묘사하고 있는 귀족세계에 대해 핀다로스가 느끼는 정신적 구속에서 야기된 것이기도 하다. 핀다로스가 그의 문학에서 발견되는 것과 같이 주목할 만한 형상을 귀족세계 이념에 제공했던 것은 오로지 그의 고유 성향이 귀족세계에서 태어나 거기에서 성장했기 때문이다.

고대에 핀다로스 작품은 현재 남아 있는 전승에 비교할 수 없을 만큼 엄청난 규모였다. 최근 비로소 이집트 땅에 묻혀 있던 사본이 다행스럽게도 발견되면서 사라져버린 그의 종교문학이 일부나마 알려지게 되었다. 규모에서 종교문학은 승리찬가(epinikion)보다—승리찬가라는 명칭은 후대에 붙여진 이름이다—훨씬 컸지만 핀다로스에게 종교문학과 승리찬가는 큰 차이가 없었다. 올림피아, 델포이, 이스트모스, 네메아 체육경기의 승자를 칭송하는 노래에서도 체육경합의 종교적 의미가 전반적으로 크게 두드러졌다. 달리 유례를 찾을 수 없는 이런 체육경합은 귀족세계가 가진 종교생활의 정점을 의미했다.

넓은 의미에서 옛 희랍 체육경합은 본래 우리가 전승을 통해 추적할 수 있는 가장 오래된 시기부터 이미 신들을 위한 축제였다. 아마도 올림피아의 펠롭스 장례식이 올림피아 체육경기의 시작이었을 것인데, 유사한 사례는 『일리아스』의 파트로클로스 장례식에서 확인된다. 장례식 경기가 주기적으로 개최되었을 가능성은 다른 무엇보다 시퀴온의 아드라스토스 추모제에서—이때 개최되는 체육경기는 다른 성격도 가진다—증명된다. 이런 옛 체육경합은 일찍이 올림포스의 제우스에게 바치는 제사로 변모되었을 것이다. 올림피아 체육경기 역사상 최초로 코로이보스가 승리를 거머쥔 달리기 시합보다 훨씬 오래전부터 같은 장소의 옛 종교행사에서 마차경기가 개최되었음을 신전 터에서 발굴된 말 모양의 봉헌물을 토대로 추론할 수 있다. 올림피아 체육경기를 본보기 삼아, 상고기를 거치면서 정기적 범희랍 체육경합이 세 개나 더 만들어졌다. 이들 세 가지 체육경기는 핀다로스 시대에 올림피아 체육경기에 버금가는 규모였으나 중요성은 올림피아 체육경기에 이르지 못했다. 단순한 달리기 시합에서 복잡 다양한 형태의 경합에 이르기까지 경기종목의 발전은 핀다로스의 승리찬가에 반영되었고 고대 후기의 전승에 정확한 종목 채택 시점이 기록되어 전한다. 물론 이런 보고의 정확성에 논쟁이 없는 것은 아니다.

체육경합의 역사도, 체육의 기술적 측면도 우리의 관심사가 아니다. 체육경합이 오로지 귀족 고유의 것이었음은 사태의 본성상 자연스러운 일인 바 문학을 통해서도 확인된다. 핀다로스 세계관에서 이는 당연히 전제되어야 할 점이다. 체육경합이 핀다로스 시대에 더는 계급적 특권이 아니었지만 전과 마찬가지로 옛 귀족가문들이 경합에 주도적으로 참여했다. 이들 가문은 시간적 여유와 지속적 훈련경비를 부담할 여력을 가지고 있었다. 귀족이 체육경합을 중요하게 여기는 것은 전통이었고 체육경합에 요구되는 정신적·육체적 조건도 귀족에게는 아주 쉽게 대물림되었다. 물론 시간이 흐름에 따라 같은 조건을 충족한 시민계급도 승자의 반열에 오르게 되었다. 직업적 운동선수들이 체육경기에서 수 세기 동안 이어진 노력과 흔들리지 않는 전통에 따라 훌륭하게 교육된 귀족들을 밀어낸 것은 핀다로스 직후였다. 영혼 없는 '근육'만을 높이 평가하는 세태를 한탄하는 크세노파네스의 때늦은 개탄이 지속적 반향을 불러일으킨 것은 이 시대 직후였다. 영혼이 단지 육체의 대립물 혹은 심지어 적대물로 여겨지게 된 순간, 옛 체육경합의 이상은 돌이킬 수 없을 정도로 무너져—이후에도 물론 수 세기 동안 체육경기로는 존립했지만—희랍세계에서 가졌던 지배적 지위는 상실했다. 옛 체육경합에 '물리적' 힘과 능률이라는 단지 지적인 개념은 없었다. 희랍 조각상에서 경탄받던 영혼과 육체의 단일성은 이제 회복 불가능하게 되었다. 이상에 상응하는 현실 존재는 찾을 수 없겠지만 영혼과 육체의 단일성은 체육경합의 이상에 표현된 인간가치를 이해하는 출발점이다. 크세노파네스의 현실개탄이 과연 정당한 것인지는 말할 수 없지만, 조형예술에 비추어볼 때 크세노파네스는 인간이상의 숭고한 가치를 이해하지 못한 사람이었다. 인간가치의 구현은 신상(神像) 제작을 포함한 당시 종교예술 전체가 추구하던 가장 고귀한 과제였다.

핀다로스 찬가는 체육경합을 벌이는 인간이 누린 가장 행복한 순간, 그러니까 올림피아 등 큰 체육경기의 승리와 연결된다. 승리는 핀다로스 시의 전제였고, 핀다로스 시는 승리 축하행사에서 주로 승자의 귀향 직전 혹은 직후 축제에 참여한 젊은 시민 합창대의 노래로 불렀다. 외적 계기와 승리찬가의 이런 긴밀함은 핀다로스에서 신들의 찬가와 마찬가지로 종교적 의미가 있다. 이는 당연한 것은 아니다. 이오니아에서 애초 비종교적 서사시와 나란히 개인이 자기의 감정과 사상을 표현하는 개인문학을 만들어낸 이후 자유로운 영혼은, 아주 먼 옛날부터 영웅 서사시와 동등한 권리를 가지고 있던 종교문학인 신들의 찬가에도 손을 뻗쳐 신들을 위해 노래하기 시작했다. 이에 오랜 전통의 옛 종교문학 형식은 여러 변종들을 낳았고 시인이 자기만의 종교관을 표현하여 종교문학에 개인적 색채를 부과하는가 하면, 찬가와 찬양이 초인간적 '당신'에게 인간적 '나'의 숨겨진 감정을 자유롭게 이야기하는, 이오니아와 아이올리아 서정시와 흡사한 문학형식이 되었다. 이런 개인감정의 표출이 희랍본토에서도 진행되면서 찬가는 신의 경배에서 개인의 숭배로 나아갔다. 대략 기원전 6세기 말에 이런 발전이 있었음이 증명되는바 이때 인간 자체가 찬가의 대상이 되었다. 당연히 대상은 임의의 아무개가 아니라 올림피아 체육경기의 승자 등 신적 인간이었다. 찬가의 세속화가 뚜렷해짐에 따라 "돈 때문에 자신을 파는 무사여신"이 점차 세상에 널리 퍼졌다. 핀다로스와 동시대의 위대한 천재 시인 시모니데스는 케오스섬의 율리스 출신으로 다른 세속적 계기문학들은 물론 특히 승리찬가를 전문적으로 다루었다. 또 시모니데스의 조카로 주목을 덜 받은 박퀼리데스도 핀다로스와 경쟁했다.

핀다로스에 이르러 승리찬가는 종교문학이 되었다. 체육경합의 귀족세계관에서 출발하여 인간승자를 인간완성을 향한 분투라는 특별한 윤리적·종교적 인생관에서 조명하면서 핀다로스는 다시없을 심오함으로 인간 삶을 포착하는 서정시의 창조자가 되었다. 그의 서정시는 축제적 사유의 고원(高原)에서 필멸하는 인간 삶의 의미와 숙명을 관조했다. 그가 창조한 경건한 속박을 새로운 종교적 창작에 담아낸 심오한 사상가 핀다로스만큼 절대 자유를 누린 시인은 없었다. 핀다로스가 보기에 오로지 이런 형식에서만 인간승자의 찬가는 의미가 있다. 핀다로스가 찬가를 자기 직업을 자부하던 창시자의 손에서 빼앗아 변화시키고 자기화했을 때, 이런 감행의 원천은 문제가 되는 존엄한 사태의 참된 인식을 유일하게 자신만이 얻었다는 자긍심이었다. 이런 인식을 다른 생각의 다른 사람들에게 다시 인정받기 위한 기회를 그는 승리찬가에서 찾았고, 새로운 노래형식은 진정한 귀족신앙을 통해 생명력을 얻음으로써 비로소 참된 형식에 이르렀다. 칭송받는 승자에게 시인답지 못한 종속성을 보인다거나 사실상 수공업자처럼 다만 승자의 의뢰대로 만들어주지도 않았고, 그렇다고 사람들을 깔보는 정신적 우월감에 취하지도 않았다. 그는 승자가 왕이든 귀족이든 소박한 시민이든 상관없이 언제나 승자와 동등한 높이에 서 있었다. 핀다로스에게 시인과 승자는 하나였고 당시에 이목을 끌던 이런 모습의 문학을 통해 그에게서 옛 시인의 근원적 의미가 부활했는바 다름 아니라 위대한 업적을 널리 알리는 선포자였다.

핀다로스는 먼 옛날 시가의 원천이던 영웅정신을 다시 시가에 찾아주었고, 단순한 사건 보고나 단순한 감정의 미적 표현을 넘어 행위모범의 칭송으로 시가를 이끌었다. 보기에 우연적인 다양한 외적 동기와의 연관성은 핀다로스 문학의 가장 큰 강점이다. 승리는 찬가를 요구한다. 이런 준칙이 핀다로스 문학의 토대였다. 이 준칙은 새로운 모습으로 계속 그의 문학에 등장한다. "도리아 비파를 벽걸이에서 내려" 현을 뜯었다. "하나는 다른 하나를 갈망한다. 승리는 노래를 가장 열망하니 시가는 화관과 남성적 탁월함의 가장 훌륭한 동반자다." 핀다로스는 귀족 칭송을 "정의의 꽃"이라 불렀고 시가는 흔히 시인이 승자에게 갚아야 할 "부채"로 표현되었다. 승리의 개선식을 거행하는 "아레타(areta)"는—핀다로스는 아레테(arete)를 도리아 방언 아레타(areta)라고 적었고 우리는 이를 그대로 따른다—"대지에 납작 엎드려 침묵하려" 하지 않는다. 아레타는 시인의 언어로 노래된 영원불멸을 요구한다. 핀다로스는 진정한 시인이었고 그의 손길이 닿으면 낡은 일상세계의 모든 것이 마술처럼 다시 샘물에서 막 길어온 것처럼 생명력이 넘쳐흘렀다. 씨름경기의 승자, 아이기나의 티마스아르코스를 위해 부른 노래에서 그는 이렇게 말한다. "언어는 행위보다 오래 살아남는다. 혀가 우아(優雅)의 여신들이 선물하는 성공의 도움으로 마음 깊은 곳에서 길어 올린 언어라면."

핀다로스가 희랍 합창시 역사에서 어떤 위치를 점하는가를 확정하기에 우리는 옛 희랍 합창시에 대해 아는 것이 너무 없다. 하지만 핀다로스가 신기원을 이룩한 것은 분명하며 그의 문학을 희랍 합창시의 연속으로 보려는 견해는 성공하지 못할 것이다. 옛 희랍 합창시의 경우 서사시에서 특히 신화적 소재를 가져와 이를 서정시 형식으로 노래하는 서사시의 서정시화 경향을 보이는바 이는 핀다로스의 경향과 정반대다. 물론 어느 정도 핀다로스의 언어는 부분적으로 옛 희랍 합창시의 영향을 받았다. 하지만 핀다로스에서 서사시적 영웅정신의 부활, 서정시로 노래된 진정한 영웅 칭송시의 부활이 확인된다. 정리하여 아르킬로코스에서 사포에 이르는 문학을 개인의 자유로운 발언이라고 할 때, 이와 아주 크게 대조되는 핀다로스 문학은 종교적·사회적 이념에 귀의하는 문학의 봉사, 아직도 명맥을 유지하는 마지막 남은 과거의 영웅주의에 바치는 헌신, 흡사 사제처럼 온 마음을 바치는 시인의 봉헌이라 하겠다.

핀다로스의 이런 문학관에서 그의 문학형식도 이해된다. 찬가의 문헌학적 연구는 형식 문제에 많은 노력을 기울였다. 최초로 아우구스트 뵈크의 핀다로스 연구는 시인을 역사 상황뿐 아니라, 정신세계의 내적 통찰을 통해 이해하려고 시도했다. 뵈크는 핀다로스의 승리찬가가 가진 파악하기 쉽지 않은 시상 전개 속에서 시의 숨겨진 이념적 통일성을 찾아내려 노력했다. 그의 연구가 찾아낸 시적 구조는 근거가 박약했고 그 결과 빌라모비츠와 그 동시대는 기꺼이 뵈크의 연구방법을 버리고 핀다로스 문학이 감각적 탐구자에게 제공하는 다양성과 다의성에 전념했다. 핀다로스 문학의 개별 탐색이 상당 부분 진척될 수 있었던 것은 이렇게 통일성 탐구를 포기했던 덕분이었다. 하지만 전체로서의 문학작품은 영원히 풀리지 않는 문제로 남았다. 따라서 시인이 그렇게나 엄격하게 문학을 오로지 하나의 이념적 과업에 바쳤다고 할 때 그의 승리찬가에 문체통일을 넘어서는 형식통일이 나타나는가의 문제는 몇 배나 더 중요할 수밖에 없다. 엄격한 형식주의적 의미에서 통일 형식은 존재하지 않는다. 하지만 형식통일성의 문제는 이런 분명한 사실을 넘어 더욱 큰 관심을 끌기 시작한다. 질풍노도의 사조가 그렇게 믿었던 것처럼 핀다로스 문학이 자유로운 상상력의 천재적 전개라고 믿는 사람은 오늘날 없다. 핀다로스 찬가의 형식통일성에 반하는 이런 생각에 무의식적으로나마 계속 여지를 제공한다면 이는 핀다로스 문학에서 천재성을 버리고 장인 성격에 주목했던 지난 한 세기 동안의 노력과 배치되는 일이다.

우리에게 드러나는 승리와 찬가의 뗄 수 없는 긴밀함에서 출발할 때 핀다로스에서 우리는 우선 시적 상상력이 시적 대상을 다루는 여러 가능성을 발견한다. 시적 상상력은 씨름 혹은 전차경주의 과정, 관객들의 흥분, 먼지의 소용돌이, 바퀴의 삐걱거리는 소리 등 여러 감각인상들을 포착한다. 이는 소포클레스『엘렉트라』에서 전령이 전하는 델포이 전차경주의 극적 묘사와 같다. 하지만 핀다로스는 전차경주 자체에 주의를 기울이지 않는바 전차경주는 짧은 전형적 암시로만 완전히 부차적으로 언급된다. 여기서 예술의 관심은 감각현상이 아니라 경합의 노고에 놓이며 시인의 시선은 전적으로 승리를 쟁취한 인간을 향한다.[13] 핀다로스에게 승리는 인간

---

13) 빌라모비츠(『핀다로스』, Berlin, 1922, 188쪽 이하)는 이런 차이를 분명히 알고 있었으나, 부차적으로만 언급하는 데 그쳤다. 이런 사실은 반드시 핀다로스를 이해하는 전체의 출발

최고 아레타의 표현이다. 승리의 이런 이해는 찬가형식도 규정한다. 핀다로스의 세계관에 충실하게 그의 문학형식을 이해하는 것이 관건이다. 희랍예술가도 그가 택한 문학류의 강제성에 매여 있을 수밖에 없지만, 그래도 궁극적으로 세계관은 시인 고유의 표현형식이 자라나는 뿌리이기 때문이다.

시인 핀다로스의 자의식이 우리의 최고 길라잡이다. 핀다로스는 자신이 정신적으로 조형예술 및 건축예술과 경쟁한다고 보았고 이들 예술의 영역에서 비유를 빌려왔다. 델포이 신전 구역에 세워진 희랍도시들의 봉헌물 보고(寶庫)를 떠올리면서 그는 그의 문학이 찬가의 보고라고 생각했다. 때로 찬가의 웅장한 서곡에서 거대한 기둥으로 장식된 왕궁 회랑을 떠올리는가 하면, 『네메이아 찬가』 5번 도입부에서 칭송받는 승자와 노래하는 시인의 관계를 조각상과 조각가의 관계로 설정한다. "나는 받침대 위에 뿌리 박힌 듯 움직이지 않고 서 있는 입상들을 만드는 조각가가 아니다." 여기서 "나는 아니다."는 무언가 유사한 것을 행한다는 느낌에서 나온 발언이다. 조각가에 뒤지지 않는, 조각가를 넘어선 훌륭한 것을 만들려는 의지가 있음을 다음 시행이 말해준다. "아름다운 노래여, 모든 배와 화물선을 타고 아이기나를 출발하여 소식을 전하라. 람폰의 아들, 막강한 퓌테아스가 네메이아 제전의 판크라티온 경기에서 월계관을 차지했음을." 이런 비교 설정이 가능한 것은 핀다로스 시대의 조각가들은 신상(神像) 이외에 오로지 체육경합 승리자들의 조각상만을 만들었기 때문이다. 동시대의 조형예술이 만든 승자 조각상들은 칭송받는 자와 칭송하는 자 사이에서 맺어지는 것과 동일한 관계를 보여준다. 조각상들은 개인적 취향을 보여주는 것

점이 되어야 한다. 이는 귀족윤리와 관련해서도 그렇지만, 나아가 시적 형식과도 관련된 문제다. 빌라모비츠는 이런 인식에서 유의미한 결론을 추론해내지 않았다.

이 아니라 체육경합의 준비과정에서 목표로 삼는 이상적 남성 형상을 보여준다. 핀다로스 예술에 이보다 잘 들어맞는 비교 대상은 달리 없다. 핀다로스 예술이 주목한 것은 인간 개인이 아니라 최고 아레타의 담지자 인간이었다. 조형예술이나 핀다로스 문학의 이런 모습은 똑같이 올림피아 체육경합의 본질, 올림피아 체육경합이 천명하는 인간관에서 유래한다. 이런 비교가 다시 발견되는 것은—그것이 핀다로스에게서 배운 것인지 알수 없지만—플라톤에서다. 플라톤은 『국가』에서 미래의 철인통치자가 갖추어야 할 탁월함의 이상적 모범을 마음속에 만들어가면서 소크라테스를 조각가에 비교했다. 또한 『국가』의 다른 유사한 곳에서 국가의 모든 현실성을 넘어서는 모범적 성격의 원리를 열거하면서 모범을 만들어가는 철학을, 실제 인간이 아닌 아름다운 모범을 그리는 화가의 작업에 비교했다.[14] 여기에서 드러나는바 희랍인들은 이미 핀다로스 문학이나 나중에 플라톤 철학에서 최고 인간이상을 조각해가는 정신적 사유과정이 희랍예술, 특히 신상과 승자 조각상을 만드는 조형예술과 깊은 연관성을 가지고 있음을 알고 있었다. 조형예술과 문학(내지 철학)은 동일한 목표를 가진다. 핀다로스는 더 높은 수준의 조각가로서 승자들을 통해 아레타의 원형을 만들어 냈다.

이런 직업에 핀다로스가 완벽하게 몰두했음을 우리는 그의 동시대 시인들, 케오스 출신의 시모니데스와 박퀼리데스와 비교함으로써 비로소 분명히 알 수 있다. 후자의 두 시인에게 남성적 탁월함의 칭송은 승리찬가 전통의 일부였다. 그 밖에 시모니데스의 개인적 관찰들도 가득한데, 이는 승

---

14) 『국가』 540c에서 소크라테스는 조각가에 비교된다. 『국가』 361d를 보라. 이상적 모범(παραδείγματα)을 그리는 화가와의 비교는 『국가』 472d를 보라.

리찬가의 계기와 무관하게 기원전 5세기 초 탁월함이 중요한 문제로 부각하기 시작했음을 보여준다. 그는 탁월함이라는 희소성을 표현할 아름다운 단어를 찾아냈다. '탁월함은 발 빠른 요정들의 신성한 합창대가 돌보는 가운데, 오르기 어려운 절벽 위에 기거한다. 필멸의 존재는, 만약 전심전력의 땀방울이 영혼을 불태우며 흘러내리지 않는다면 탁월함을 절대 볼 수 없다.'[15] "남성적 탁월함"을 나타내는 말로 "안드레이아($\dot{\alpha}\nu\delta\rho\epsilon\hat{\iota}\alpha$)"가—분명 다른 뜻도 가지고 있었다—여기서 처음 사용되었다. 이 단어는 시모니데스가 테살리아 귀족 스코파스에게 바친 유명한 술자리 노래에서 보충 설명된다. 육체와 정신을 포괄하는 탁월성 개념이 등장한다. "진정으로 선한 사람이 되는 것은 어려운 일. 팔이나 다리에, 그리고 이성에 정사각형의 무결점은 어렵다."[16] 엄격한 기준의 숭고하고 의식적인 예술은 이런 말로 분명 탁월성에 특별한 새로운 의미를 부가하여 이를 동시대인들에게 선포했다. 우리는 이로써 시모니데스가 술자리 노래에서 던진 문제를 이해할 수 있다. 운명은 인간을 헤어날 수 없는 불행에 밀어 넣었고 불행 가운데 인간은 완벽함에 도달하지 못한다. 오로지 신만이 완전하다. 운명의 손에 잡힌다면 인간은 완전할 수 없다. 신들이 사랑하고 신들이 행운을 보내주는 인간만이 탁월함에 이른다. 따라서 의도적으로 추행을 저지르지 않는 모든 사람을 시인은 칭송한다. "하지만 대지가 키워낸 인간들 가운데 흠결 없는 자를 내가 찾아낸다면 당신들에게 그가 누구인지 알려줄 것이다."

케오스의 시모니데스는 희랍정신사의 매우 중요한 증인이다. 인간이 무슨 일을 하든지 운명에 종속되어 있다는 의식은 아르킬로코스에서 이오니

---

15) 시모니데스 단편 37D.
16) 시모니데스 단편 4D.

아 서정시에 나타난 후 점차 뚜렷하게 성장하여 마침내 옛 귀족윤리로 침투하는데, 이를 시모니데스는 핀다로스처럼 승리찬가를 통해 표현했다. 시모니데스에서 여러 다른 경향의 전통이 교차하는데 이것이 바로 그에게서 가장 흥미로운 점이다. 그는 이오니아 문화는 물론 아이올리아 문화와 도리아 문화의 연속선상에 위치하며 동시에 기원전 6세기 말에 완성된 새로운 범희랍적 교육의 전형적 대표자였다. 하지만 그는 희랍 탁월성 이념의 문제사에서 없어서 안 될 인물이면서도—탁월성 이념과 관련하여 소크라테스는『프로타고라스』에서 시모니데스의 술자리 노래를 놓고 여러 지식교사들과 논쟁을 벌였다—핀다로스만큼 온전히 귀족윤리를 대표하는 사람은 아니다. 핀다로스와 아이스퀼로스 시대의 탁월성 개념사에서 시모니데스는 큰 의미가 있지만, 그렇다고 솔직히 말해 이 위대한 시인에게 탁월성이 다른 대단한 관심거리들보다 중요한 사유대상이었다고 말할 수는 없다. 그는 최초의 지식교사였다. 하지만 핀다로스에게 탁월성은 신앙의 뿌리이면서도 동시에 문학형식의 형상원리였다. 탁월성에 수용되고 배제되는 사상적 요소를 결정하는 것은 탁월성의 담지자인 승자를 칭송하는 시인의 위대한 과업이다. 다른 희랍문학처럼 핀다로스에게도 문학형식의 이해는 문학이 구현하는 인간규범의 이해에서 얻어진다. 이를 여기서 자세히 다룰 수는 없다. 이 책의 목적은 문학형식의 분석이 아니기 때문이다.[17] 핀다로스의 귀족이념을 계속 추적하는 가운데 문학형식 문제에 대해 좀 더

---

17) 여기에서 거론되고 있는, 이미 오래전부터 인간교육 강의에서 강론된 나의 생각들은 W. Schadewaldt(*Der Aufbau des pindarischen Epinikion*, Halle, 1928)로 하여금 핀다로스의 문학형식을 분석하게 하는 자극제가 되었다. 하지만 그는 핀다로스의 신화를 함께 다루지 않았다. 그사이 샤데발트의 책에 자극을 받아, L. Illig는 핀다로스의 신화를 그의 학위논문(*Zur Form der pindarischen Erzählung*, Berlin, 1932)에서 다루었다.

많은 관점이 우리에게 저절로 생겨날 것이다.

아레타의 귀족적 이해와 연관하여 핀다로스는 유명한 선조들의 위업을 탁월성과 연관시킨다. 핀다로스의 승자는 언제나 가문의 자랑스러운 전통이라는 조명 아래 있다. 조상의 영광이 승자에게 전해진 것처럼 승자는 조상의 명예를 드높인다. 위대한 유산을 물려받는 오늘의 주인공의 업적이 이런 계보 편입으로 줄어드는 것은 아니다. 일반적으로 아레타가 신적인 것은 오로지 신 또는 영웅을 가문의 시조로 두었기 때문이다. 이런 가문의 시조에게서 능력이 대물림되어 세대를 이어 계속해서 새롭게 개별 후손들의 업적이 실현된다. 이때 엄밀히 개별적인 것이 문제 중심은 아닌바 모든 위업의 실현은 신적 혈통 덕분에 가능하다. 그래서 핀다로스의 거의 모든 영웅찬가는 영웅의 혈통과 조상으로 흘러간다. 혈통 칭송은 승리찬가에서 확고한 자리를 가진다. 승리찬가에서 언급된 계보로 승자는 신과 영웅의 반열에 오른다. 『올림피아 찬가』 2번은 이렇게 시작한다. "어떤 신을, 어떤 영웅을, 어떤 사내를 우리는 칭송할까요?" 올림피아 신전에 모셔진 제우스, 올림피아 체육경기를 세운 헤라클레스를 언급한 후 합창대는 사두마차경기의 승리자 아크라가스의 참주 테론을 칭송하여 "고귀한 울림의 이름을 가진 선조와 가문을 빛낸 도시의 통치자"라고 한다. 물론 승자 가문에 대해 훌륭하고 복된 것이 언급되지 못할 경우도 있다. 시인의 인간적 자유와 신앙심이 가장 아름답게 드러나는 것은 인간의 위대한 탁월성 위에 신이 보낸 고통의 그림자가 드리울 때다. 행동하는 자는 늘 고통을 겪기 마련이다. 이는 핀다로스의 신앙이면서 동시에 희랍 전체의 믿음이다. 이런 의미에서 행동은 위대한 자들에게만 주어지며 오로지 이들에게서만 온전한 의미의 행동을 말할 수 있다. 위대한 자들은 진정한 의미에서 고통받는 자들이기도 하다. 시간은 테론의 조상과 가문에 그들의 진정한 탁월성을 치하하며 재산과 명예를 가져다주었고, 또한 죄와 시련에 휘말리게도 했다. "벌어진 사건을 시간도 없었던 일로 만들 수는 없다. 하지만 선한 정령이 다스린다면 망각은 거기에 주어질 것이다. 만약 신이 정한 운명이 풍요로운 번영과 행운을 높이 쏘아 보내준다면 이런 즐거움으로 불행은 강하게 저항할지라도 오그라들어 소멸할 것이다."

가문의 행운과 번영은 물론 아레타도 신들의 선물이다. 따라서 핀다로스의 고민은 탁월성의 담지자로서 여러 세대 명성을 누리던 집안이 어떻게 아레타를 상실하는지였다. 상실은 현재와 영웅시대를 연결하는 고리, 그러니까 신적 능력을 증명할 업적의 고리가 갑작스럽게 단절되는 것으로 나타난다. 혈통의 아레타를 알지 못하는 새로운 시대에 빛나는 가문의 무능력한 후손이 나타난다. 『네메이아 찬가』 6번에서 핀다로스는 인간 아레타의 이런 상실을 길게 설명한다. 인간들의 혈통과 신들의 혈통은 서로 갈라졌지만 둘은 똑같이 어머니 대지의 여신에게서 생명을 받았고 생명을 살았다. 하지만 인간의 능력은 신들의 능력과 갈라졌고 필멸자의 혈통은 사라지고 신들이 군림하는 하늘은 굳건히 영원한 지위를 누린다. 하지만 인간은 운명의 불확실성 속에서도 위대한 업적이나 예술로 불멸자에 필적한다. 소년 씨름대회의 승자 알키미다스는 이제 신에 필적하는 능력이 그의 몸속에 흐르고 있음을 입증했다. 알키미다스의 부친에게서 능력은 상실된 것처럼 보였지만 이제 그는 아버지의 아버지, 올림피아와 이스트미아와 네메이아의 위대한 승자 플락시다마스의 흔적을 다시 잇는다. 그는 승리를 통해 명성이 높은 아버지의 이름 없는 아들이었던 부친 소클레이데스의 무명(無名)에 종지부를 찍는다. 이는 때로 인간에게 한 해의 식량을 내주지만 때로 아무것도 주지 않는 변화무쌍한 대지와 같다. 귀족가문의 운명은 탁월한 후손을 내는 것에 달렸고 혈통을 이을 후손을 키워내는 일에도 흉년과 흉작이 있다. 이는 희랍사유가 늘 받아들이는 생각이다. 이를 『숭고에 관하여』를 쓴 기독교 시대의 저자에게서 다시 보게 되는바 그는 위대한 정신적 창조능력이 후대에 고갈된 원인을 설명했다.

개인적 기억이나 가까운 데 모셔진 묘지들을 통해 희랍본토에 오늘까지 전해지는 조상들의 업적에 계속 주목한 핀다로스의 사유는 엄청난 토지로 축복받고 화려한 묘지에 모셔진 자랑스러운 전통의 위대한 가문이 여러 세대의 공적과 행운과 고통에 대한 심오한 성찰을 담은 온전한 철학으로 나아간다. 당대 귀족가문들의 역사는 이에 대해 많은 소재를 제공했다. 하지만 다른 무엇보다 핀다로스의 사유가 조상들의 업적에서 주목한 것은 모범(模範)의 큰 교육적 효과였다. 선대와 그 영웅담의 칭송은 호메로스 이래 모든 귀족교육의 토대였다. 시인의 일이 다른 무엇보다 아레타의 칭송이라면 시인은 숭고한 의미에서 교육자였다. 핀다로스는 절대적 종교의식 속에 이를 소명으로 받아들였고 이런 의미에서 비개성적 호메로스 소리꾼들과 구별된다. 핀다로스의 영웅은 현재 살아서 싸우고 있는 인간들이었다. 인간들을 신화세계에 편입하면서 핀다로스의 중점은 이들을 찬연한 영광의 빛나는 이상적 모범세계에 집어넣는 일이었다. 모범세계의 칭송은 이 세계를 향한 비상에 도전하고 최고 능력을 십분 발휘하도록 인간들을 일깨운다. 이로써 핀다로스의 신화 채택에 특별한 의미와 가치가 부여된다. 위대한 시인 아르킬로코스의 비방시는 핀다로스가 보기에 아름답지 못하다.[18] 핀다로스의 경쟁자들은 쉬라쿠사이의 참주 히에론에게 시인이 비방시를 지었다고 음해했던 것으로 보인다. 『퓌티아 찬가』 2번의 헌사 부분에서 핀다로스는 참주에게 감사를 표하는 한편 비방을 반박한다. 참

---

18) 『퓌티아 찬가』 2번 54행.

주를 칭송하면서 핀다로스는 헛소문에 귀를 기울여 체통을 잃은 히에론에게 본받아야 할 모범을 제시한다. 하지만 시인은 참주에게 한계를 넘어선 더 높은 것을 보라고 권하지는 않는다. 시인이 참주에게 말하는 것은 자신의 진정한 모습이 무엇인지 들어야 하고 진실 앞에서 위축되지 말아야 한다는 것이다. 여기서 핀다로스의 모범사상은 가장 심오한 경지에 이른다. "진정한 당신을 찾을지어다."라는 명령은 핀다로스 교육관의 요체와도 같다. 이것이 바로 그가 인간에게 제시하는 신화적 모범의 진정한 의미다. 인간은 신화적 모범에서 고양된 자기를 발견한다. 이런 귀족교육이 플라톤의 이데아 철학이 내세운 교육사상과 사회사적으로나 정신사적으로 얼마나 밀접하게 연관되어 있는지 거듭 확인된다. 플라톤의 이데아 철학은 사실 이런 귀족교육 사상에 뿌리를 내리고 있다. 흔히 철학사에 의해 플라톤 철학은 일방적으로 거의 예외 없이 이오니아 자연철학에 연결되고 있지만 사실 이오니아 자연철학에 이런 귀족교육 사상은 전혀 발견되지 않는다. 물활론자들의 4원소를 골수에 깊이 박힌 불치병처럼 거듭 중얼거리는 오늘날의 플라톤 관련 출판물들은 머리말에서조차 핀다로스를 언급하지 않는다.

참주 히에론 찬가에서 보는바 핀다로스의 칭송에는 비판에 못지않은 솔직함이 들어 있고 그것은 의무적이다. 이제 핀다로스에서 교육적 칭송의 아주 간단한 예를 살펴보자. 그것은 『퓌티아 찬가』 6번이다. 이 찬가는 크세노크라테스(아크라가스의 참주 테론의 동생)의 아들 트라쉬불로스에게 바친 찬가로, 부친의 마차를 몰고 경주에 참가하기 위해 델포이에 왔을 때 주인공은 아주 젊은 청년이었다. 핀다로스는 청년의 승리를 짧은 찬가로써 트라쉬불로스의 효심을 칭송했다. 효심은 옛 귀족윤리에서 하늘의 통치자 제우스에 대한 공경 다음의 계명이었다. 영웅 교육자의 전형인 지혜로운 켄타우로스 키론은 펠레우스의 아들 아킬레우스를 양육하면서 그에게 이를 가르쳤다. 이런 존경할 만한 권위를 언급한 이후 시인은 네스토르의 아들 안틸로코스를 거론한다. 안틸로코스는 늙은 부친을 대신하여 아이티오피아 왕 멤논과의 싸움에 목숨을 바쳤다. "하지만 오늘날 인간들 가운데 트라쉬불로스가 부친의 기준에 가장 근접했다." 여기서 시인은 아들의 덕목을 칭송하면서 안틸로코스라는 신화적 모범을 엮어 넣었고 안틸로코스의 행적을 짧게 언급한다. 핀다로스는 모든 개별 사례마다 범례의 커다란 보고(寶庫)인 신화를 뒤졌고 신화에서 시인의 지식을 길어 올렸다. 현실과 신화의 연결은 계속 이상화와 미화의 유일한 힘으로 등장한다. 시인은 다른 무엇보다 신화가 살아 있는 세계에서 살았다. 옛 귀족을 노래하든 새롭게 떠오른 참신한 참주 혹은 집안 내력 없는 시민을 칭송하든 모두에 좀 더 깊은 의미를 부여하는 신화 지식의 마술지팡이로 시인이 이들을 건드리자 명성의 사다리는 이들을 신적 반열에 올려놓는다.

필뤼라의 아들 키론, 지혜로운 켄타우로스, 영웅의 양육자에서 핀다로스는 교육의지의 신화적 대응물을 발견한다. 이런 교육의지를 우리는 다른 찬가에서도 볼 수 있지만 특히 신화적 예화가 가득한 『네메이아 찬가』 3번에서 확인할 수 있다. 여기서 아이기나 출신 승자의 조상들이 모범으로 등장한다. 펠레우스, 텔라몬, 아킬레우스 등이다. 아킬레우스에서 시인의 마음은 다시 아킬레우스가 양육된 키론의 동굴로 돌아간다. 하지만 아레타가 혈통에 달렸다고 믿을 때 과연 교육은 무슨 의미인가? 핀다로스는 이 문제를 여러 번 다룬다. 기본적으로 이미 호메로스에서도 이 문제가 제기되었는바 양육자 포이닉스가 아킬레우스를 설득하는 『일리아스』 장면에서 양육자의 심각한 훈계도 결정적 순간에 영웅이 마음을 닫아버린 경우라면 전혀 쓸모가 없음이 드러난다. 호메로스에서 타고난 성격이 과연 제어 가능한가의 문제였다면 핀다로스에서 남자의 진정한 탁월함이 가르쳐지는가 아니면 혈통에 달렸는가의 문제가 새롭게 제기된다. 우리는 여기서 플라톤에서도 똑같은 문제가 제기되었음을 상기한다. 이 문제는 옛 귀족 세계관이 합리적 계몽정신과 벌인 투쟁을 그렇게 표현한 것이다. 핀다로스는 이 문제를 곰곰이 생각했음을 여러 번 언급하며 대답을 『네메이아 찬가』 3번에서 제시한다. "명예로운 가치를 타고난 사람은 강력한 무게를 가진다. 오로지 배워 가진 사람은 떠도는 그림자다. 그는 확고한 두 발로 일어서지 못하고 그때마다 다르게 수천 가지 덕목을 불완전하게 맛본다." 아킬레우스는 타고난 영웅성을 시험하는 키론을 놀래준다. 아킬레우스는 전에 배운 적이 없으면서 이미 소년일 때부터 영웅성을 보여주었다. 신화는 이렇게 전한다. 모든 것을 알고 있는 신화는 핀다로스에 따르면 영웅성의 문제에도 올바른 대답을 제시한다. 교육은 아킬레우스, 이아손, 아스클레피오스 등 키론의 놀라운 제자들처럼 타고난 아레타를 가진 이들에게만 가능하다. 훌륭한 키론은 "그들이 가진 모든 귀한 것들을 북돋아주었다." 이 구절의 한 단어 한 단어에는 영웅성 문제의 오랜 숙고를 통해 얻은 결론이 아로새겨져 있다. 이는 귀족세계가 위기의 시대에 지위를 얼마나 의식적으로 결연하게 방어했는가를 증명한다.

올림피아 승자의 아레타처럼 시적 재능은 똑같이 신에게서 유래하며, 따라서 가르치고 배울 수 없다. 시적 재능은 본성상 "지혜(σοφία)"다. "지혜"는 핀다로스에서 언제나 시적 재능을 나타내는 단어인데 정확한 번역은 애초 불가능하다. 핀다로스의 예술정신과 그 영향을 어떻게 생각하느냐에 따라 번역이 달라지고, 따라서 다양한 가능성이 존재한다. 순수문학을 만들어내는 순수예술정신만을 핀다로스에서 발견한 사람들은 "지혜"를 미학적으로만 이해한다. 호메로스는 목수를 "지혜로운 사람(σοφός)"이라고 불렀다. 기원전 5세기까지 희랍어에서 "지혜로운 사람"은 아직 어떤 기술에 능숙한 사람만을 의미했다. 핀다로스가 이 단어를 말할 때 그것은 굉장한 무게를 갖는다는 사실을 명심해야 한다. 당대에 이 단어는 탁월한 앎을 가진 인간의 고급지식을 가리키는 말로 오랫동안 쓰이고 있었고, 평범한 사람들이 놀랍다 말하며 기꺼이 그 앞에서 몸을 낮추는 혜안을 의미했다. 크세노파네스의 시인 지식도 이런 특별한 종류인데 그의 작품에 기존 세계관의 급진적 비판을 담으며 이를 "나의 지혜"라고 불렀다. 형식과 내용의 분리는 불가능하며 둘이 통일된 것이 비로소 "지혜(σοφία)"라 불린다. 이런 사정이 핀다로스의 심오한 문학에서 어찌 다를 수 있겠는가? "무사 여신들의 예언자"는 "진리"의 전달자로 "가슴 깊은 곳에서 진리를 길어 올린다." 시인은 세상 가치를 판단하며 신화적 전승에서 "참된 이야기"와 거짓된 장식을 구분한다. 무사 여신들의 신적 사명을 수행하는 시인은 인간들 사이에서 왕들이나 영웅들과 동등한 자격을 누린다. 그는 대중의 환호를 탐하지 않는다. "고귀한 이들과 사귀고 그들의 지지를 얻는 것이 나에게 허락되었으면 좋겠다."는 말로 쉬라쿠사이의 참주 히에론에게 바친 『퓌티아 찬가』 2번은 끝난다.

　　"귀족"이 세상의 지배자라고 할 때 그렇다고 시인이 신하가 되는 것은 아니다. 시인은 "직언하는 사람, 독재자든 과격한 대중이든 어떤 통치자든 상관없이 늘 승승장구 정신적 우월함으로 도시를 지키는 사람이다."[19] 그는 귀족에게서만 지혜를 발견한다. 핀다로스 문학은 철저하게 비(非)민중적이다. "나는 빠른 화살을 한가득 화살 통에 넣어 들고 다닌다. 화살은 오로지 이해하는 사람들에게만 말을 걸며 늘 통역을 필요로 한다. 태생적

19) 『퓌티아 찬가』 2번 86행.

으로 많은 걸 이해하는 사람은 지혜롭다. 배워야만 하는 사람은 마치 제우스의 새에게 울어대는 까마귀처럼 시끄럽게 무리 지어 혀를 놀려댄다."[20] 핀다로스의 노래, 그의 화살이 요구하는 통역은 위대한 영혼, 본성적으로 맑은 혜안이다. 핀다로스에서 독수리 비유는 여기 외에도 여러 곳에 보인다. 『네메이아 찬가』 3번은 이렇게 끝맺는다. "새 중의 새, 독수리는 빠르게 날아 하늘 높이 멀리서 바람같이 날아와 피 붙은 발톱으로 먹이를 낚아챈다. 시끄러운 까마귀는 낮은 곳에서 먹이를 구한다." 독수리는 핀다로스에게 문학적 자의식의 상징이다. 이는 단순한 비유가 아니라 시인정신의 형이상학적 본질이다. 시인정신은 본성상 높은 곳, 닿을 수 없는 높이를 누리며 거침없이 자유롭게 아래 세계를 굽어보며 창공의 영토를 돌아다닌다. 대지 가까운 곳에서 까마귀는 먹을 것을 구하고 있다. 핀다로스의 상징은 젊은 동시대 시인 박퀼리데스로부터 에우리피데스의 대단한 시구에 이르기까지 역사를 만들어냈다. "드넓은 창공은 독수리의 비행을 허락한다." 이 상징을 통해 핀다로스는 정신적 귀족성을 표현한다. 시인의 독수리 칭호는 우리에게도 영원한 진실이 된다. 물론 여기서도 혈통에 따른 아레타의 믿음은 계속된다. 이런 믿음에 기초하여 그는 피 속에 흐르는 시적 능력과 배워 아는 자들(μαθόντες)의 엄청난 간극을 설명한다. 혈통 귀족성을 어떻게 생각하든지 핀다로스가 갈라놓은바 나중에 배워 얻은 능력과 태생적 귀족성의 간극은 메워질 수 없다. 이런 간극은 현실이고 정당성을 갖기 때문이다. 핀다로스는 희랍문화의 시대가 시작되는 입구에 이 말을 심어놓았고 이로써 배움에 미처 생각하지 못했던 확장이 부여되고 이성은 전대미문의 중요성을 부여받는다.

20) 『올림피아 찬가』 2번 83행.

이렇게 우리는 귀족세계를 벗어나 다시 역사의 거대한 강물에 몸을 맡기고, 조금씩 천천히 사라져 가는 귀족세계를 뒤돌아본다. 핀다로스 자신도—의도가 아니라 결과지만 아무튼—귀족세계를 벗어나는 모습을 보여주는데 범희랍적으로 이미 인정받은 시인이 시킬리아의 강력한 참주들이었던 테론과 히에론을 위해 지은 위대한 찬가를 통해서였다. 여기서 그는 옛 귀족이념의 존귀한 장식을 동원하여 이들을 꾸미고 그와 동시에 이들의 가치를 높임으로써 이들과 이들의 새로운 국가창조 활동에 귀족적 품위를 제공했다. 권력을 찬탈한 혈통 없던 자들조차 귀족들과 함께 사라져 간 과거의 위엄으로 자신을 장식하고자 했던 것은 아마도 역사의 역설이라고 느낄 수 있다. 핀다로스 자신도 이들 찬가에서 귀족 관습을 더없이 분명하게 극복했고 개인적 목소리를 그 어느 곳보다 강력하게 뚜렷이 들려준다. 핀다로스는 참주교육을, 귀족시인이 새로운 시대에 만난 최고의 최종 과제로 생각했다. 참주들에게 핀다로스는 나중에 플라톤처럼 영향을 미치기를 바랐고 이들이 달라진 세계에서 그를 기쁘게 하는 이념, 뻔뻔한 군중을 저지할 정치적 희망을 실현해주길 희망했다. 핀다로스는 카르타고를 물리친 히에론, 쉬라쿠사이 참주의 화려한 궁전에서 시모니데스와 박퀼리데스 등 위대한 "배워 익힌 자들"의 연합에 맞서 손님으로 외롭게 서 있었다. 이는 마치 플라톤이 나중에 디오뉘시오스의 궁전에 폴뤼크세노스와 아리스티포스 등 지식교사들에 맞선 것과 유사하다.

히에론을 찾았던 또 한 명의 위대한 시인, 쉬라쿠사이에서 비극『페르시아인들』을 재공연한 시인의 길이 핀다로스의 길과 교차하는지를 확인하고자 한다. 그는 아테네의 아이스퀼로스였다. 20년이 채 안 된 아테네 민주국가의 군대가 페르시아인들을 마라톤에서 물리쳤고 아테네 민주국가는 해군과 장군들과 더불어 정치적 이념의 힘으로 유럽과 소아시아에 거주하는 모든 희랍인의 자유를 위해 살라미스에서 최종 승리를 거두었다. 핀다로스의 모국은 이런 민족적 결전에서 창피스러운 중립을 지키며 뒷짐만 지고 있었다. 핀다로스의 찬가에서 희랍 전체의 새로운 미래를 깨우는 영웅적 운명의 반향을 찾을 때 『이스트미아 찬가』 8번에서 발견되는 것은 다만 걱정 가득한 희망으로 오락가락하는 방관자가 내쉬는 안도의 깊은 한숨뿐이다. 여기서 그는 테베의 우두머리들을 위협하던 "탄탈로스의 바위"가 자비로운 신에 의해 제거되었다고 노래하는데, 이것이 페르시아의 위협을 의미하는지 아니면 파괴적 보복에 떨고 있는 배신자 테베를 향한 승리자 희랍인들의 증오를 의미하는지 불분명하다. 핀다로스가 아니라 그의 위대한 경쟁자, 말솜씨가 대단한 섬사람 시모니데스가 페르시아 전쟁을 노래하는 대표 시인이 되었고, 시모니데스는 이제 더없이 화려하고 더없이 긴장감 넘치는 유연하고 무엇이든 손쉽게 장악할 수 있으면서도 냉정한 문학형식으로 희랍도시들이 주문한 전몰용사 기념비에 적을 시를 지었다. 이때 핀다로스가 시모니데스의 그늘에 가린 것은 불행 때문인 것처럼 보이지만 사실 핀다로스가 다른 종류의 영웅을 모시는 데 열중했기 때문이기도 하다. 승자 희랍은 핀다로스 시구에서 살라미스 정신과 유사한 무엇을 발견했고 도시국가 아테네는 주신 찬가의 열광으로 그들에게 인사하는 핀다로스를 사랑했다. "영광스러운, 제비꽃 화관을 쓴, 축제의 노래로 유명한, 희랍의 보호자, 위대한 아테네, 그대 신들의 거처여!" 여기서 인사를 받은 도시 아테네, 내적으로 그에게 낯선 세계에서 핀다로스는 희랍민족 내의 영원한 삶을 보장받았다. 하지만 이 순간 핀다로스의 마음속에 훨씬 더 큰 자리를 차지하고 있던 것은 아테네의 자매도시 풍요로운 아이기나, 해상무역에 종사하는 옛 해양 상인 귀족가문이었다. 핀다로스의 마음이 속한 세계, 핀다로스가 아름답게 치장했던 세계는 몰락하기 직전이었다. 인간 공동체가 이룩한 위대한 역사적 형식들은 생명의 마지막 순간에 이르러 비로소 심오한 궁극적 인식에서 정신적 이념을 형상화하는 힘, 필멸의 존재에서 불멸의 부분을 나누어내는 힘을 가지게 되는바 아마도 이것이 인간정신의 역사법칙인가 싶다. 그렇게 핀다로스는 몰락하는 희랍 귀족문화를, 그렇게 플라톤과 데모스테네스는 희랍 도시국가를, 그렇게 단테는 이제 막 정점을 지나고 있던 교회의 중세적 위계질서를 살려냈다.

참주들의 문화정책

　귀족문학의 전성기는 이제 기원전 5세기로 접어들었고 귀족지배와 민주국가의 과도기로 참주정이 찾아왔다. 참주정도 국가의 발전만큼이나 교육사에 중요한 위치를 점하는바 앞서 여러 번 언급했고 여기서 그 위치를 확정해야 한다. 핀다로스가 위대한 찬가를 바친 히에론과 테론으로 대표되는 시킬리아 참주정은 투퀴디데스가 정확하게 지적한 것처럼 기적이었다. 점차 확대되는 카르타고의 해상무역 패권에 맞선 희랍세계의 최전방에서 '일인 독재정'은 여타 희랍 땅에서보다 훨씬 오래 유지되었던 것이다. 반면 희랍지역에서는 기원전 510년 페이시스트라토스의 아들들이 실권하면서 정치발전사에 참주시대로 기록되는 시기는 막을 내렸다. 공동체 내의 정치적·사회적 필연성에 의해 희랍본토와 동쪽 희랍 식민지에서 참주정이 생겨난 것에 반해, 시킬리아 참주정은 전혀 다른 조건에서 시작되었다. 시킬리아 참주정은 옛 귀족통치의 해체와 민중의 성장이 만들어낸 부산물이라기보다, 아크라가스와 겔라와 쉬라쿠사이같이 강력한 시킬리아 도시국가들이 취한 강력한 군사적·외교적 해상무역 패권주의의 산물이었다. 또 나중에 시킬리아에 세워진 디오뉘시오스 참주정은 민주주의 성장의 반세기가 지난 시점에 불가피한 민족 내적 이유에서 새롭게 탄생했고 이는 플라톤의 눈에도 역사적 정당성을 가지는 일이었다.

여기서 우리는 눈을 돌려 기원전 6세기 중반의 아테네와 이스트모스에 자리한 풍요로운 도시국가들을 살펴보자. 희랍본토에서 참주정이 이제 막 발생하는 시기였다. 당시 아테네는 참주정 출현의 전 단계였고 솔론이 이미 오래전 예견했던바 참주정이 다가오고 마침내 실현되는 정황이 솔론의 노년기 작품에서 발견된다. 아티카 귀족의 후손인 솔론은 신분제의 세습적 세계관을 과감히 벗어버렸고 새로운 인간 삶의 이상을—그 실현은 혈통과 가산의 특권에 더는 의존하지 않았다—법을 통해 선보였고 문학을 통해 제안했고 행동을 통해 실천했다. 하지만 억압된 노동민중을 향해 그가 정의를 외쳤을 때 그것은 전혀 민주주의와—후대는 솔론을 민주주의의 아버지라고 하지만—무관한 일이었다. 다만 솔론은 오랜 귀족지배 토대의 도덕적·경제적 건전성을 고취하고자 했을 뿐 귀족지배의 머지않은 몰락을 생각도 하지 못했다. 귀족은 역사로부터, 나아가 솔론에게서 아무것도 배우지 못했다. 솔론이 관직에서 물러나자마자 격렬한 계급투쟁의 불길이 다시 타올랐다.

아테네 집정관 목록을 조사한 아리스토텔레스는 알려진 것이 거의 없는 몇십 년 세월 동안 국가질서의 비정상적 혼란이 여러 차례 발생했음이 분명하다고 보았다. 집정관 없는 해가 이어지는가 하면 어떤 집정관은 임기를 2년으로 늘리려고 했던 것이다. 귀족은 해안당파, 내륙당파, 그리고 가난한 아티카 산악의 산악당파(디아크리아라고 불린다.) 등 3개 당파로 나뉘었고 각 당파는 강력한 족벌들이 이끌었다. 각 당파는 민중 지지를 확보하고자 했다. 그런데 이제 민중은 그간 정치적 불만이 있어도 이를 지도자를 내세워 조직적으로 해결하지 못했음에도 불구하고, 아니 오히려 그랬기 때문에 하나의 당파로 성장하기 시작했다. 산악 귀족당파의 지도자 페이시스트라토스는 놀라운 농간을 부려 다른 족벌들(예를 들어 알크마이온 집안처럼 그보다 훨씬 재산이 많고 권력이 강한 족벌)을 궁지로 몰아넣을 줄 알았고 또 이에 대한 민중의 지지와 용인을 확보했다. 권력을 장악하려는 시도가 몇 차례 무위로 끝났고 그는 몇 번의 추방을 당했다. 하지만 마침내 창을 든 병사들이 아니라 곤봉으로 무장한 개인 경호원들의 도움을 받아 권력을 잡는 데 성공했다. 그는 오랫동안 정권을 강력하게 유지했고 그의 사망 이후 그의 아들들은 정권을 그대로 고스란히 물려받을 수 있었다.

참주정은 매우 중요한 정신적 시대현상이었다. 참주정은 귀족지배가 철폐되고 정치권력이 시민사회로 이행되던 기원전 6세기에 중요한 영향을 미친 교육사적 변화의 추진력이었다. 이는 우리가 다른 것보다 정확히 알고 있는 아테네 참주정에서 특히 분명히 관찰되는 바다. 따라서 우리는 아테네 참주정을 잠시 살펴보아야 한다. 하지만 우선 여타 희랍지역에서 이런 특수한 사회적 변화에 앞서 전개된 상황을 대략이나마 조망해볼 필요가 있다.

참주정이 확인된 대부분 도시에 대해 우리가 아는 것은 유감스럽게도 참주의 이름과 몇몇 행적이 고작이다. 참주정 성립의 유형과 원인에 대해 거의 아는 바가 없고 참주들의 개성과 통치 성격은 아는 바가 더욱 적다. 하지만 기원전 7세기 이래 희랍세계 전체에서 등장했다는 놀라운 유사성은 같은 원인을 가진다. 우리에게 자세히 알려진 6세기의 사례들을 보면 참주정의 연원은 이 시기의 커다란 경제적·사회적 변화였다. 이런 변화의 결과를 전승 가운데 특히 솔론과 테오그니스에서 확인할 수 있다. 자연경제와 병존하는 혹은 자연경제를 대체하는 화폐경제의 점차적 확산으로 지금까지 정치질서의 근간이었던 귀족토지자산이 심각하게 흔들렸다. 옛 경제체제에 의존하던 귀족들은 무역과 상업으로 자산을 축적한 재산가들에 비해 불리한 처지에 놓이게 되었고, 상업으로 자리를 옮겨 경제적 변신에 성공한 일부 옛 지배계급들 때문에 옛 귀족가문들 사이에도 새로운 균열이 발생했다. 몇몇 가문들은 가난해졌고 테오그니스가 알려주듯이 그들은 기존의 사회적 역할을 더는 제대로 수행할 수 없었다. 반면 아티카의 알크마이온 집안은 상당한 재산을 긁어모았고—이들의 오만은 같은 귀족 집안들도 참아줄 수 없을 정도였다—이에 따라 정치적 영향력도 거머쥐려는 유혹에 빠지고 말았다. 부채에 시달리던 소농들과 귀족토지를 부치던 소작농들은 농노 처분권을 전부 지주에게 부여하는 채권법 시행을 계기로 급진적으로 변했고 정치적으로 무력한 이들 민중을 선동하여 사회 불만 귀족들은 쉽게 정치권을 장악할 수 있었다. 귀족 재산가들의 세력은 귀족들에게 늘 불쾌한 존재들인 신흥갑부들의 합류로 강화되었다. 하지만 이것은 정치적으로나 도덕적으로 이득이라고 보기 힘들었다. 이 때문에 무산대중과 옛 귀족계급의 갈등은 더욱 심화했고 문제가 빈부의 대립이라는 순수 물질적 갈등으로 거칠게 단순화되었으며, 이는 끊임없는 정치선동의 구실이 되었다. 참주의 등장은 민중이 귀족의 강압지배를 무너뜨릴 다른 방법이 없었기 때문에 가능했고 강압지배의 몰락에 사람들은 대체로 완전히 만족했다. '자유민중'의 주권이라는 목표의 천명은 수백 년 복종과 봉사에 익숙해진 민중에게 요원한 일이었다. 그러기에 당시의 민중은 대단한 선동정치 시대의 민중에 비해 훨씬 역량이 모자랐다. 사실 민중은 선동가들이 없었다면 나중에도 힘을 모을 수 없었을 것인바 『아테네 정체』에서 이들 선동가를 아티카 민주주의의 디딤돌이라고 평가한 아리스토텔레스의 판단은 정당했다.

희랍본토와 동시에 이오니아와 여러 섬 지역에서 거의 동시다발적으로 참주정이 생겨났고 사람들은 당연히 정신적·정치적 발전에서 참주정 탄생의 여러 이유를 찾아보려고 했다. 밀레토스, 에페소스, 사모스에서 우리는 기원전 600년경 혹은 그 이후 정치권력이 유명한 참주들의 손에 들어갔고 이들은 희랍본토의 참주들과 긴밀한 관계를 유지했음을 발견한다. 참주들은 순수 도시국가의 내부 문제였음에도 불구하고 혹은 아마도 바로 그러했기 때문에 애초부터 국제적 연대를 추구했고 이는 종종 혼인관계로 연결되었다. 참주들은 뜻을 공유하는 민주정 도시국가들과 과두정 도시국가들이 널리 연대했던 기원전 5세기의 일반적 흐름을 선도했다. 이와 함께—충분히 주목할 만하다—최초로 긴 안목의 외교정치가 생겨났고 이는 예를 들어 코린토스, 아테네, 메가라에서 식민지 정책으로 이어졌다. 전형적 특징인바 이렇게 세워진 식민지들은 예전의 식민지들과는 달리 본국과 밀접한 관계를 유지했다. 시게이온은 헬레스폰토스 지역의 아테네 거점이 되었다. 또 페리안드로스는 이오니아해의 케르퀴라에 코린토스를 위한 유사 거점을 정복전쟁으로 확보했고 트라키아 지역의 포티다이아에 새로운 식민지를 건설했다. 희랍본토에서 코린토스와 시퀴온은 이런 변화의 첨병이었고 메가라와 아테네가 그 뒤를 좇았다. 아테네의 페이시스트라토스 참주정은 낙소스 참주의 협력으로 성립되었고 페이시스트라토스는 다시 낙소스 참주를 도왔다. 에우보이아에도 일찍이 참주정이 들어섰다. 얼마 후 참주정은 주지하듯이 시킬리아에도 자리를 잡았고 이곳의 참주정은 가장 강력한 권력을 행사했다. 6세기 시킬리아의 강력한 참주는 유일하게 아크라가스의 팔라리스였고 그의 통치하에 도시는 전성기를 구가했다. 희랍본토에서 가장 강력한 참주는 두말할 것 없이—페이시스트라토스는 그에

뒤진다고 말할 수 있다—코린토스의 페리안드로스였다. 그의 부친 큅셀로스는 박키스 집안의 귀족지배 붕괴 이후 몇 세대 동안 이어질 새로운 왕조를 건설했는데 새 왕조의 전성기는 페리안드로스 통치시대였다. 페이시스트라토스의 역사적 의미는 그가 장차 아테네 제국을 준비했다는 것이며, 코린토스는 페리안드로스를 통해 최전성기에 도달했고 그의 사후 몰락한 코린토스는 다시 그런 전성기를 누리지 못했다.

희랍본토의 다른 지역에서는 귀족정이 유지되었다. 귀족정은 전과 다름없이 토지소유에 기초했으나 순수 무역지대인 아이기나 등 몇몇 지역에서는 거대자본을 토대로 삼았다. 어디에서도 참주정은 두 세대 내지 세 세대 이상 유지되지 않았는데, 대개 정치적으로 경험 많고 목적지향적인 귀족에 의해 붕괴되었고 이런 변화의 수혜자는 드물었다. 대부분 곧 아테네처럼 민중지배가 나타났다. 참주정 몰락의 주된 원인은 일반적으로—폴뤼비오스가 정체 순환 이론에서 주장한 대로—아버지의 권력을 물려받았으되 정신적 능력은 물려받지 못한 아들과 손자의 무능력 때문이었다. 이들은 친(親)민중적 정책으로 획득한 권력을 자의적이고 독재적으로 남용했다. 참주정은 몰락귀족들에게 공포였고 참주정에 대한 공포는 이후 민주정으로 이어졌다. 하지만 참주혐오는 직접적 투쟁과 반감의 일면일 뿐이다. 부크하르트의 재치 있는 견해에 따르면, 사실 모든 희랍인에게 참주 성향이 내재하는바 그들에게 참주가 된다는 것은 행복의 분명한 형태였다. 그래서 아르킬로코스는 더없이 행복한 목수는 참주가 되길 희망하지 않는다고 말함으로써 최고 행복을 설명했다. 참으로 놀라운 탁월함을 가진 일인의 통치를 희랍인들은 "자연스러운"(아리스토텔레스) 것으로 생각했고 희랍인들은 일인 통치를 다소간 기꺼이 묵인했다.

초기 참주정은 상고시대 귀족 중심 왕정과 민주정 시대 선동정치의 중간형태다. 귀족지배의 외형을 유지하면서 참주는 가능한 한 많은 권한을 자기가 직접 혹은 추종자들을 통해 장악하려고 했다. 이 과정에서 참주는 대체로 소규모의 강력한 군사력을 활용했다. 효과적이고 합법적인 질서를 스스로 수립하지 못하고, 다만 전체 혹은 강력한 다수의 의지에 따라 유지되는 도시국가들은 결국 군사력을 지닌 소수의 지배를 받게 된다. 지속적이고 분명한 강압통치는 오랜 습관에 의해서도 결코 달가운 통치일 수 없었다. 이런 악명을 무마하기 위해 참주는 관리 선발의 외형을 유지하는 데 세심한 주의를 기울였고 개인적 충성을 체계적으로 조직했고 친(親)민중적 경제정책을 펼치지 않을 수 없었다. 페이시스트라토스는 때로 어떤 분쟁에 휘말릴 때마다 그의 절대적 권력을 정의와 법 앞에서 입증받기 위해 스스로 재판관 앞에 섰고 이것은 민중들에게 강한 인상을 남겼다. 전통 귀족가문들을 온갖 수단으로 억압했고 특히 위협적인 귀족 경쟁자들에게 추방조치를 가했고 혹은 명예로운 임무를 맡겨 이들을 외국에 파견했다. 예를 들어 페이시스트라토스는 케르소네스 정복과 식민지 건설 지원이라는 대단히 명예로운 임무를 주어 밀티아데스를 해외로 내보냈다고 한다. 또 그는 민중의 시내 밀집을 금했는데 이들이 조직된 세력으로 발전하는 것은 위험하다고 여겼기 때문이었다. 페이시스트라토스는 경제적·정치적 이유에서 평야지역민에게 상당한 혜택을 제공했고 이들에게 많은 인기를 얻었다. 그의 참주정은 여러 해 동안 황금시대를 뜻하는 "크로노스 통치시대"라고 불렸다. 또 참주가 평야지역을 개인적으로 방문하여 들일을 하는 농민들과 둘러앉아 담소를 나누었다거나 그가 이런 붙임성과 낮은 세금으로 평민들의 영원한 지지를 확보했다는 등의 친밀감을 불러일으키는 다양한 일화들이 만들어졌다. 이것은 정치적 계산에 따른 것들이지만 진정한 친(親)농민적 성향도 녹아 있었다. 페이시스트라토스는 심지어 농민들이 소송문제 때문에 시내로 들어오는 시간을 아낄 수 있도록 직접 평야지역을 돌며 중재자 역할을 맡아 정기적으로 중재재판을 열었다.

우리는 유감스럽게도 참주들의 내정에 관한 구체적 그림이 없다. 다만 페이시스트라토스가 예외인데 아리스토텔레스가 옛 아티카 연보에 기초하여 그것을 상세히 묘사했기 때문이다. 이런 묘사에서 절대 간과할 수 없는 것은 강력한 경제적 동인이다. 이것이 결정적 요소이며 나머지 모든 정치행위는 다만 그때그때의 임시변통에 지나지 않는다. 새로운 상황의 매력은 경제적 성취였는바 이는 탁월한 능력자의 전제적 통치에서 비롯되었고 이 인물은 민중의 유복한 삶을 위해 모든 능력을 쏟아부었다. 희랍 전체가 이러했다고 믿을 수는 없지만 참주정 같은 정치형태를 대표 사례에 근거하여 전체를 평가할 수 있다면 참주정은 경제적 성취에 비추어 고속성장의 시대라고 평가할 수 있다.

이념적 관점에서 기원전 6세기의 참주 등장은 정치적으로 이에 맞서는 위대한 입법가 혹은 심판자(aisymnetai) 등과 비교할 수 있다. 후자는 몇몇 도시국가들에서 예외적 전권을 휘둘러 일시적 사회혼란을 바로잡거나 장기적 사회질서를 정착시켰고 문화 전반에 걸쳐 주로 이상적 규범으로서 법률을 제정하여 시민들의 정치활동을 이끌어냈다. 이와 대조적으로 참주는 개인들의 참여를 막고 스스로 모든 일을 이끌었다. 참주는 일반적 정치덕목을 시민들에게 가르친 교사는 아니었지만 다른 의미에서 모범이 되었다. 참주는―정치가적 책임에서 자유로웠지만―후대에 등장한 정치지도자의 원형이었고 국내외적으로 백년대계의 장기적 목표 수립과 실현 수단 강구 등 진정한 정치를 수행한 최초의 예라 하겠다. 참주는 국가영역에서 확장되던 개인주의 이념의 독특한 사회현상이었고 시인과 철학자 등 관련영역에서도 유사한 현상이 있었다. 이후 기원전 4세기에 개인의 중요성에 대해 사회 전반의 관심이 커지고 전기(傳記) 등의 새로운 문학류가 만들어졌을 때 시인과 철학자와 참주는 이런 문학류가 즐겨 다루는 소재가 되었다. 기원전 6세기 초부터 세간에 유명해진 소위 7현인 가운데 입법자와 시인 이외에 페리안드로스와 피타코스 등 참주가 포함되어 있다. 특히 주목할 것은 이 시기의 거의 모든 시인이 참주들의 궁정에서 생활터전을 마련했다는 것이다. 당시 개인주의는 아직 광범위한 대중 현상이나 보편적인 정신적 수평화가 아닌 진정한 정신적 독립을 의미했고, 그래서 당시 독립적 인사들은 더욱 확고한 상호 연대를 도모했다.

문화 중심으로의 이런 결집은 정신적 삶의 강력한 집중을 가져왔고 여기에 소규모의 본격적 창작자들은 물론 관련된 주변 인사들 전체가 모여들었다. 대단히 유명한 참주들의 이름만 열거하자면 사모스의 폴뤼크라테스, 아테네의 페이시스트라토스 아들들, 코린토스의 페리안드로스, 쉬라쿠사이의 히에론 등이 이런 종류의 예술가 마당을 설치했다. 참주정 시대의 아테네 상황은 좀 더 정확히 알 수 있는바 참주 궁정에서 뻗어 나간 교육의 광휘가 예술과 문학과 종교에서 아티카 문화 발전에 끼친 공헌을 높이 평가할 수 있다. 여기서 아나크레온, 시모니데스, 프라티나스, 라소스, 오노마크리토스가 활약했다. 여기서 원형적 희극과 비극이 만들어졌고 기원전 5세기 음악생활의 확대가 시작되었고 페이시스트라토스가 새롭고 화려하게 개편한 범아테네 축제의 일환으로 기획된 위대한 호메로스 경연과 위대한 디오뉘소스 축제가 조직되었고 조각과 건축과 회화 등 아티카 예술의 의식적 활동이 촉발되었다. 이 시기에 비로소 아테네는 예술도시의 성격을 갖추었고 이는 이후 상당 기간 유지되었다. 야심적 도전 의지와 예술적 재능을 가진 정신들이 참주의 궁정에서 쏟아져 나왔다. 페이시스트라토스의 막내아들 히파르코스는—플라톤의 대화편들과 함께 전해지는 히파르코스라는 이름의 위서에 따르면―최초의 '탐미주의자'로 묘사되는바 그는 '사랑 전문가이자 예술애호가'였다. 참주 암살자들의 칼날에 기원전 514년 정치에 무관심하고 오로지 삶을 즐기던 바로 이 청년이 쓰러진 것은 비극이었다. 그의 생전은 시인들 모두에게 실로 좋은 시절이었다. 이런 시인들에는 심지어 오노마크리토스도 포함되는데, 그는 참주정을 위해 신탁을 위조하거나 그때그때 궁정의 필요에 따라 오르페우스 서사시를 날조하고 새로운 비교(秘敎) 전승을 꾸며낸 인물이었다. 아테네 참주들은 비난받는 오노마크리토스를 결국 추방할 수밖에 없었다. 이후 참주들은 그들의 망명생활에서야 비로소 그를 다시 보게 된다.

이런 추문이 있었지만 참주 집안은 문학 후원을 축소하지 않았다. 이후에도 계속해서 아티카의 향연을 통해 온갖 종류의 문학과 예술이 끊임없이 흘러들어 왔다. 참주들은 희랍민족 체육경기에서 마차경기 승자로 칭송받고자 하는 명예욕이 있었고 체육경합 전 종목에 대해 후원을 아끼지 않았다. 그들은 평생 전반적 문화 창달의 강력한 동력이었다. 희랍참주들의 전형적 정책인바 종교축제의 대규모 개최와 예술의 보호발전은 시끄러운 대중을 정치에서 떼어놓고 조용히 만들려는 의도에서 출발한 것일 뿐이라는 주장이 있었다. 물론 이런 부차적인 의도가 있었지만 무엇보다 이런 과업에 의식적으로 쏟아부은 그들의 열정은 당시 그것이 공동체의 중요 요소이고 주요 공적 활동이었기 때문이다. 참주는 이를 통해 그가 진정한 '정치인(politikos)'임을 보여주었고 동시에 시민들에게 위대하고 훌륭한 조국에 대한 애국심을 고취했다. 이에 대한 공적 관심은 전혀 새로운 일은 아니었으나 이제 통치자들의 커다란 재정 지원에 기초한 체계적 육성이 갑작스럽게 엄청난 규모로 이루어졌다. 국가적 문화사업은 참주의 친(親)민중성을 말해주는 증거다. 국가적 문화사업은 나중에 참주정의 몰락 이후 계속해서 민주국가로 넘어갔고 민주국가는 선배의 예를 그대로 답습했다. 이후 이런 사업의 조직적 시행 없는 어떤 문명국가도 존립을 보장받을 수 없었다. 물론 당시 이런 국가적 문화사업은 주로 예술을 통한 종교적 치장과 통치자의 예술가 후원에 집중되었고 이런 고상한 과업 때문에 국가가 내적으로 갈등을 겪는 일은 전혀 없었다. 오히려 갈등은 문학 측에서 비롯될 소지가 있었는바 참주 궁정에서 기회가 있을 때마다 서정시인들 이상으로 대중의 생활과 생각을 비난하는 문학 때문이거나 당시 아직 아테네에 없었던 철학과 과학 때문이었다. 우리는 옛 참주들이 철학적 면모를 갖추었다는 것을 들어본 일이 없다. 오히려 참주 과업은 예술의 보편적 확산과 공적 유행, 민중의 음악교육과 체육교육에 집중되었다.

몇몇 르네상스 군주들과 후대의 왕정이 보여준 문화장려 정책이 당시의 정신생활을 위한 온갖 헌신에도 불구하고 뭔가 부자연스럽게 보이고 이런 종류의 문화가 귀족은 물론 민중 어디에도 뿌리내리지 못하고 소수 사회계층이 누리는 허영처럼 보인다면, 우리가 여기서 잊지 말아야 할 것인바 희랍에서도 유사한 경향이 있었다는 점이다. 상고기 말의 희랍참주들은 최초의 문화 후원자였고 이들은 문화를 여타 삶의 영역과 분리된 특수한 것, 고양된 인간존재의 극치라고 생각했고 문화에 익숙하지 않은 민중들에게 이를 아낌없이 선물했다. 반면 귀족은 제공하지 않고 문화를 누릴 뿐이었다. 이것은 정치권력을 상실한 이후에도 귀족이 여전히 민족문화 발전의 중추로 남게 된 이유다. 늘 쉽게 자신과 세상을 분리하고 자신만의 세계를 구축하는 것은 사실 정신성의 본질인바 이는—일상의 거칠고 무의미한 갈등의 한가운데에서 누릴 수 없는—문화 생산과 성과에 훨씬 유리한 외적 환경을 제공한다. 정신의 총애를 받은 사람들은 세상의 권력자들에게 의탁했다. 예를 들어 페이시스트라토스 주변의 가장 강력한 인사였던 시모니데스는 이를 이렇게 표현했다. '현자는 부자의 문턱에서 기다려야 한다.' 세련미가 증가하면서 예술과 과학은 점차 오로지 감식안을 가진 소수에게 더욱 의지했고 또 그럴수록 더욱 전문화되었다. 또한 특권 의식은 심지어 양자가 서로를 경멸할 때조차 예술가와 후원자를 정신적으로 묶어주었다.

기원전 6세기 말 희랍의 상황은 이러했다. 이오니아의 정신생활 발전에 따라 상고기 말의 문학은 일반적으로 사회적 구속을 더는 받지 않았다. 귀족 신념의 시인이었던 테오그니스와 핀다로스는 예외적 경우이며 이런 점에서 오히려 현대적이라 하겠는데 페르시아 전쟁기의 아티카 도시국가에서 활약한 아이스퀼로스에 훨씬 가까웠다. 테오그니스와 핀다로스는 서로 다른 전제들을 가졌지만 둘 다 참주시대의 직업시인을 넘어서는 시인들이었다. 이는 헤시오도스와 튀르타이오스가 후대 소리꾼들이 장악한 서사시를 극복하는 것과 유사하다. 사모스의 폴뤼크라테스, 코린토스의 페리안드로스, 아테네의 페이시스트라토스와 두 아들 주변에 모여들었던 예술가, 아나크레온과 이뷔코스와 시모니데스와 라소스와 프라티나스 등의 음악가와 시인, 이들과 어울린 수많은 조각가 등은 예술가라는 단어 뜻에 가장 충실한 예술가들이었다. 이들은 독립된 종족, 놀라운 예술적 재능을 가진 인간들, 어떤 과제든 능히 해낼 수 있으며 어떤 사회에서든 활약할 수 있는, 하지만 어디에도 뿌리내리지 않은 자들이었다. 사모스 참주정이 붕괴하고 참주 폴뤼크라테스가 페르시아의 칼 아래 쓰러졌을 때 아나크레온은 아테네의 히파르코스 궁정으로 거처를 옮겼고 히파르코스는 그를 모셔오기 위해 50인의 노잡이 배를 보내기까지 했다. 페이시스트라토스의 마지막 남은 아들이 아테네를 떠나 망명해야 했을 때 시모니데스는 테살리아로 자리를 옮겨 궁정 지붕이 무너지면서 왕족 전체가 매몰될 때까지 스코파스 왕조의 궁정에 기거했다. 시모니데스의 일화에 의하면 그가 유일한 생존자라는 사실은 거의 상징적 의미를 가진다. 80세 고령의 시모니데스는 다시 쉬라쿠사이의 참주 히에론에게서 거처를 얻는다. 문화도 문화 대표자들의 삶과 다르지 않은 삶을 살았다. 문화는 아테네 민중처럼 아름다움을 사랑하던 영리한 민중을 즐겁고 황홀하게는 만들 수 있었지만 영혼의 가장 깊은 내면까지 움직일 수는 없었다. 마라톤 전투 이전 몇십 년 동안 향기로운 이오니아 예복과 풍성한 곱슬머리와 황금 매미 장식을 꽂았던 아테네 사람들처럼 도시국가 아테네는 참주 궁정을 찾아온 이오니아인들과 펠로폰네소스인들의 조형예술과 아름다운 시로 치장되었다. 도시국가 아테네의 공기는 온갖 예술의 꽃씨들, 온갖 희랍민족 계파들의 정신자산으로 채워졌다. 이런 환경 속에서 희랍민족의 숨겨진 재능을 민족운명의 순간에 드러낼 위대한 아티카 시인이 성장했다.

제2권

아티카 정신문화 융성과 위기

아이스퀼로스의 비극

아이스퀼로스는 참주정 시대에 소년기를 보냈고, 페이시스트라토스 집안의 참주정 붕괴 이후 시작된 귀족들의 권력투쟁이 곧 종식되고 민주정의 새로운 시대가 시작되었을 때 이미 성년이었다. 참주들의 몰락에 힘을 보탠 것은 억압받던 귀족들의 오랜 앙심이었지만, 그렇다고 페이시스트라토스 이전에 횡행하던 귀족적 무정부주의의 회복은 불가능했다. 추방당했던 알크마이온 집안의 클레이스테네스는, 페이시스트라토스와 마찬가지로 여타 귀족들 대신 민중에 기대어 귀족통치 철폐를 위한 마지막 발걸음을 내디뎠다. 그는 4개의 아티카 부족이 나라 전체에 퍼뜨려놓은 혈족연합 중심의 옛 질서를 없애고, 순수 지역적 분할이라는 추상적 원칙에 따라 아티카를 10개 부족으로 재편했고 이를 통해 옛 혈연질서를 파괴했다. 새로운 부족체계를 기반으로 세워진 민주주의적 선거제도는 혈족권력을 완전히 무너뜨렸다. 이는 혈통국가의 종말을 의미했다. 물론 귀족의 정신적·정치적 영향이 완전히 사라진 것은 아니었다. 아테네 민주국가는 페리클레스의 사망 시점까지 귀족들이 주도권을 유지했다. 신생국가의 위대한 시인, 에우포리온의 아들 아이스퀼로스도 100년 전 최초로 아티카 정신을 표현했던 위대한 대표자 솔론과 마찬가지로 지역귀족의 후손이었다. 아이스퀼로스는 엘레우시스 지역 출신이었고 엘레우시스 비교(秘敎) 전통을 위해 페이시스트라토스는 당시 새로운 신전을 봉헌한 바 있다. 아티카 희극에서 청년 아이스퀼로스가 엘레우시스 비의(秘儀)의 존경스러운 여신과 아주 밀접한 관계를 갖는 것처럼 그려놓았는데, 이것은 에우리피데스를 "푸성귀 여신의 아들"이라고 재미있게 묘사한 것과 대조를 이룬다. 아리스토파네스는 아티카 비극의 파괴자와 경합하려고 등장한 아이스퀼로스로 하여금 경건한 기도를 올리게 한다. "데메테르 여신이여, 제 정신의 양육자시여, 저로 하여금 당신의 신성한 비의에 걸맞은 사람이 되게 하소서."[1] 아이스퀼로스의 경건한 자아를 소위 비교(秘敎) 전통에서 찾으려 했던 벨커의 시도는 오늘날 거부되었다. 하지만 신성한 비의를 비극무대를 통해 대중에게 공개했다는 이유로 고발당했을 때, 아이스퀼로스가 말하면 안 되는 것을 모르고 말한 것임을 증명하여 무죄판결을 받았다는 일화[2]는 사태의 진실을 보여준다. 그가 비의를 배운 적도 없고 그의 종교적 지식이 그의 심오한 정신에서 길어 올린 것이라 해도, 데메테르 여신에게 드리는 기도는 아이스퀼로스의 인간적 좌절과 신앙에 대해 영원불멸의 진실을 보여준다. 시인의 생애에 관해 많은 정보가 우리에게 전해지지 않지만, 그래도 위안이 되는 것은 이미 그를 높이 평가하던 동시대인들조차 아이스퀼로스라는 인물을 둘러싼

---

1) 아리스토파네스 『개구리』 886행 이하.
2) 아리스토텔레스 『니코마코스 윤리학』 1111a 10. 무명씨의 『니코마코스 윤리학 주석』 145(Heylbut)와 클레멘스 『지식의 융단』 II 60, 3을 보라.

신화 정도에 만족했다는 점이다. 신화에 따른 아이스퀼로스는 대담하고 간결하게 묘비에 적혀 있다. 그가 인생에서 도달할 수 있는 최고를 성취했음의 증거로 거기에 언급된 것은 오직 마라톤 언덕이다. 그의 문학은 언급이 없다. 사실 이 묘비는 역사적 아이스퀼로스가 아니다. 비문 문체의 간결함으로 묘비가 전한 것은 다만, 후대 시인들의 생각이 투영된 이상화된 아이스퀼로스 초상이었다. 이미 아리스토파네스 시대는 이런 아이스퀼로스 초상을 가지고 있었을 수도 있다. 이 시대의 눈에 비친 아이스퀼로스는 신생 아티카 국가의 첫 세대 주자, 누구보다 높은 도덕적 이념으로 충만한 세대의 정신적 대표자, "마라톤 참전용사"였다.

역사상 어떤 전투도 마라톤과 살라미스만큼 이념적 중요성을 가지지 못한다. 한 세대 뒤에 키오스 출신 이온이 기록한 기행문에 언급되어 있진 않지만,[3] 그럼에도 우리는 아이스퀼로스가 살라미스 해전에도 참가했다고 보아야 할 것이다. 아테네인들이 도시를 버리고 '모든 시민($παν\delta η μ ε ί$)'이 배에 올랐기 때문이다. 『페르시아인들』의 전령 보고는, 도시국가 아테네가 누릴 미래 권력의 초석이 마련되며 희랍민족 전체를 장악하려는 결코 이룰 수 없었던 패권의 야망이 시작된 역사적 사건을 실제로 목격한 유일한 보고였다. 하지만 이 전투를 이렇게 이해한 사람은 아이스퀼로스가 아니라 투퀴디데스였다.[4] 그에게 이 전투는 세계를 지배하는 영원한 정의가 심오한 지혜를 드러내 보여준 사건이었다. 한 줌밖에 안 되는 소수가 민족독립을 위해 싸운다는 새로운 영웅정신을 불태웠고, 이들을 이끈 아테네 장군의 정신적 탁월함은 크세르크세스의 수만 정예군, 하지만 노예의

---

3) 『페르시아인들』 429행의 고대 주석.
4) 투퀴디데스 I 74.

삶에 거세된 병사들을 무찔렀다. '아시아는 에우로파에 굴복했다.(*Europae succubuit Asia.*)' 튀르타이오스의 정신이 자유와 정의의 이념 아래 다시 태어났다.

아이스퀼로스 비극 가운데 가장 오래된 것의 연대를 정확하게 특정할 수 없다. 따라서『탄원하는 여인들』의 강력한 제우스 탄원에 나타난 종교의식이 페르시아 전쟁 이전에 아이스퀼로스가 정신적으로 체험한 것인지는 확정할 수 없다. 그의 종교의식은 솔론과 같은 뿌리에서 자라났는바 솔론은 그의 정신적 스승이라 하겠다. 이 종교의식이 아이스퀼로스 비극에 부여한 강력함은 부분적으로, 페르시아 비극을 읽은 세대라면 누구나 느꼈을 것으로, 각성과 정화의 폭풍에서 유래한다고 보아야 한다. 자유와 승리의 경험은, 참주시대 말에 태어난 아이스퀼로스가 솔론의 정의 신앙을 새로운 질서와 묶을 수 있었던 강한 끈이었다. 국가는 그의 문학이 우연히 만난 공연장 이상의 이상적 공간이었다. 옛 비극의 인물들은 수사학적으로 말하는 것이 아니라 정치적으로 말하고 있다는 아리스토텔레스의 보고는 옳다. 실로 웅장한 마무리를 연출하는『자비로운 여신들』의 끝에서 아테네 민중에 대한 열렬한 축복과 영원한 신적 질서에 대한 간절한 기도를 올릴 때, 아이스퀼로스는 그의 비극이 가진 진정한 정치적 성격을 보여준다. 정치적 성격에서 비극의 교육적 성격이 마련되었는바 이것은 동시에 도덕적이고 종교적이고 인간적 성격이기도 하다. 왜냐하면 이런 모든 것을 국가는 새롭고 위대한 방식으로 아우르기 때문이다. 아이스퀼로스가 교육적 성격에서 핀다로스와 유사하지만, 아테네 시인은 테베 시인과 방법에서 매우 큰 차이를 보인다. 핀다로스는 귀족세계와 그 아름다움이 전통에 충실한 정신에서 부활하길 염원했다. 반면 아이스퀼로스의 비극은 자유정신에 입각한 영웅적 인간의 창조였다. 핀다로스에서 플라톤에 이르는 길, 다시 말해 혈통귀족주의에서 정신적·교육적 귀족주의로 이어지는 길은 매우 가깝고 필연적인 것으로 보였다. 하지만 이 길은 아이스퀼로스를 거쳐야만 했다.

다시 한 번 아티카 민중을 수호한 선량한 정령은, 아티카 민중을 위해 솔론의 시대에 그러했던 것처럼 아티카가 세계사에 편입되기 시작하는 시대에도, 더욱 빛나게 강철을 담금질할 시인을 보내주었다. 국가와 정신은 완벽한 통일을 이루었고 이는 이때 탄생한 인간형에 고전적 일회성을 부여했다. 둘의 통일은 결코 흔한 일이 아니기 때문이다. 정신이 국가를 선도했는지, 국가가 정신을 선도했는지는 말하기 힘들다. 하지만 국가를 국가기관이 아닌, 전부를 아우르는 아테네 시민의 투쟁으로 이해하는 한, 후자가 개연성이 훨씬 높아 보인다. 이때 아테네 시민은 모든 도덕적 역량을 최대한 투입하여 수백 년간의 혼돈을 끝내고 정치적 조화를 실현하고자 했다. 국가 경험은 마침내 솔론이 말한 권력, 모든 인간 노력을 하나로 묶어내는 힘이 되었다. 새로운 국가에 생명을 부여한 정의 이념의 신앙은 페르시아 승전에서 신적 축복과 확증을 얻은 것으로 보였다. 이때 비로소 아테네 민중 고유의 진정한 문화가 자라났다.

단번에 모든 것이 사라졌다. 엄청난 속도의 외적·물질적 진보가 있었던 몇십 년을 거치며 아티카 본성에 달라붙었던 유약하고 과도한 세련과 과잉된 사치가 사라졌다. 이오니아풍의 화려한 복식은 사라지고 도리아풍의 단순한 남성복이 자리를 대신했고, 지난 몇십 년간 조형예술의 인간상에서 보였던바 이오니아 문화이념과 미적 기준에 따른 전통적 침묵의 미소는 사라지고 심각하고 어두운 진지함이 들어섰다. 다음 세대, 그러니까 소포클레스 세대에 이르러 비로소 양극단 사이에 균형이 생기고 고전적 조화가 만들어졌다. 귀족문화도 아테네 민중에게 부여할 수 없었던 것, 그리고 높은 수준의 외래문화만으로도 할 수 없었던 것을 이제 이루어낸 것은 그들의 역사적 운명이었다. 승리의 경건하고 뜨거운 마음은, 자신을 민중의 일부라고 생각한 위대한 시인의 문학을 통해 민족 전체에 심어졌고, 감사와 감격으로 하나가 되는 가운데 출생과 교육에 따라 생긴 차별은 극복되었다. 아테네인들이 자부하던 위대함은, 그것이 역사적 기억이든 정신적 자산이든, 이제 최종적으로 한 계급이 아닌 민족 전체에 귀속되었다. 과거의 모든 위대함은 빛을 잃었고 이제 위대함은 민족 전체의 자산이 되었다. 국가체제나 선거제도가 아니라, 승리가 5세기 아티카 민중문화의 창조자였다. 이런 기반 위에—고풍적 귀족문화가 아니라—페리클레스의 아테네가 세워졌다. 소포클레스, 에우리피데스, 소크라테스는 평범한 시민의 아들들이었다. 소포클레스는 수공업자 집안 출신이었고 에우리피데스의 부모는 작은 농장을 경영했다. 소크라테스의 부친은 조금 떨어진 교외의 우직한 석공이었다. 아이스킬로스 시대에는 아직 중요한 국가기구였던 아레오파고스 의회의 철폐 이후 민중지배가 점차 팽창하고 과격화되면서, 귀족사회와 귀족문화의 반발도 이후 다시 느껴질 정도로 점차 강해졌고 더욱 폐쇄적으로 변했다. 하지만 크리티아스 시대를 살라미스 시대로 옮겨놓아서는 안 된다. 테미스토클레스와 아리스테이데스와 키몬의 시대에 아직 민중과 귀족은 위대한 공통 과업을 위해 단결했는바 도시의 재건, 도시성곽의 건설, 델로스 동맹의 확립, 아시아 지역에서 전쟁 종료 등의 과업을 이루어냈다. 이런 몇십 년 동안 아테네는 비극이라는 새로운 문학형식을 도전하게 되었는바 여기서는 무언가 비상(飛上)과 도약의 기운과 함께, 아이스킬로스적 정신의 특징인 체념과 겸손과 경외가 발견된다.

비극에서 희랍문학은 모든 인간적인 것을 아우르는 거대한 통일성을 회복했고 이로써 비극은 호메로스 서사시에 비견하게 되었다. 그사이의 수백 년 동안 수없이 많은 문학이 만들어졌지만, 풍부한 소재, 형상화 능력, 창작 규모에서 서사시가 도달했던 수준에 이른 것은 오직 비극뿐이다. 비극은 그야말로 희랍민족이 가진 문학적 천재성의 부활이다. 장소만 이오니아에서 아테네로 옮겨졌을 뿐이다. 비극과 서사시는, 낮은 봉우리들로 중단 없이 이어져 내린 거대한 산맥의 양 끝에 우뚝 솟은 두 산봉우리라 하겠다.

서사시 이후, 다시 말해 희랍문학의 정점 이후 희랍문학의 발전과정을, 만약 인간교육을 이끈 도도한 역사적 역량의 발전적 구성과 발현으로 생각한다면, 부활이란 단어는 여기서 특별한 의미를 가진다. 호메로스 이후 문학의 곳곳에서 우리는 순수사유의 표출이—그것이 만인을 향한 규범적 권고든 개성의 사적 표현이든—증가함을 목격한다. 이런 문학형식들의 대부분은 서사시에서 유래한 것이지만, 서사시와의 분리과정에서, 서사시에서 작품 내용의 구성을 보증하던 신화는, 예를 들어 튀르타이오스와 칼리노스, 아르킬로스와 세모니데스, 솔론과 테오그니스, 대부분 서정시인과 밈네르모스에서 확인되듯이 완전히 지워졌다. 다시 말해 신화는 시인의 탈신화적 사유과정에서, 예를 들어 헤시오도스의 『일들과 날들』 또는 서정시인들과 핀다로스에서 보이듯, 신화적 예화의 단편적 형태로 축소되었다. 이런 문학의 가장 큰 부분은 순수 권고였고 보편적 가르침과 조언으로 구성되었다. 다른 부분은 반성적 내용이었다. 또한 서사시에서 신화영웅의 업적을 다루던 칭송은 이제 오늘의 현세적 인간들—이는 순수감정을 표현하는 서정시의 대상이기도 하다—을 노래하게 되었다. 이렇게 호메로스 이후 문학이 점차 더 넓고 더 강력하게 현재의 (사회적인 동시에 사적인) 정신적 삶을 표현하게 되었다고 할 때, 이것은 오로지, 근본적으로 신들의 찬가와 함께 서사시의 유일한 대상이었던 영웅 이야기의 포기를 통해 가능했다.

반면, 서사시의 이념 내용을 작금의 현실세계에 적용하고 이를 통해 삶의 직접적 해석자이자 선구자로서 문학의 역할을 확대하려는 상당한 노력이 있었지만, 호메로스 이후 시대에도 여전히 신화는 문학적 형상화의 고갈되지 않는 원천으로서 그 중요성을 유지했다. 한편으로 신화는 단지 이념적 요소로 사용되어, 시인은 현재의 일과 신화적 선례와 연결하여 현재를 드높이고 이를 통해 좀 더 숭고한 현실성의 영역을 만들어냈다. 이는 앞서 서정시의 신화적 선례 준용에서 보았던 것과 비슷한 것이다. 다른 한편 신화는, 시대의 변화와 관심의 전환으로 말미암아 아주 상이한 관심들이 나타나고 이에 상응하여 표현형식도 완전히 달라졌지만, 그래도 여전히 그 자체로 이야기의 대상이었다. 소위 연작 서사시를 짓는 서사시 시인들은 여전히 트로이아 서사시 연작에 대한 순수 소재적 관심을 강하게 보여주었다. 서사시 편찬자들은 『일리아스』와 『오뒷세이아』의 예술적·정신적 위대함에 대한 이해는 부족했는데, 그저 한 사건의 앞뒤 일을 알고자 하는 사람들의 요구에 충실했다. 기계적 서사시 문체의 이런 서사시들은—이것들은 벌써 호메로스의 후대 창작 부분들에서 다수 확인된다—역사 수요에 따라 만들어진 것들이다. 신화적 기억에 담긴 과거 전체를 실제의 역사로 간주했기 때문에 이런 역사성은 불가피했다. 흉내 내는 사람들이 나타날 정도로 유명했던 시인 헤시오도스의 목록시는 귀족들의 필요를 충족시켰는바 이들은 귀족가문의 뿌리를 신들이나 영웅들에 연결하고자 했고, 이에 따라 또한 계속해서 신화의 역사화가 진행되었다. 이제 신화는 현재의 전사(前史)가 되었다. 서사시의 이런 두 종류는 6세기와 7세기 탈신화 문학과 공존했다. 현실적 의미를 놓고 탈신화 문학에 경쟁상대가 되지 못했지만, 서사시는 나름대로 현실의 요구를 충족했고, 이를 위해 호메로스와 신화는 이제 현실생활 전체의 배경이 되었다. 이들 서사시는 말하자면 이 시대의 학식이었고, (계보학적 의도에서든 아니든) 신화 소재를 다룬 이오니아 산문은 그 계승자라 할 수 있다. 아쿠실라오스, 페레퀴데스, 헤카타이오스의 작품들이 그것이다. 문학형식은 사실 이미 오래전부터 부차적인 문제였고 근본적으로 구습(舊習)일 뿐이었다. 산문 '역사물들'은 오늘날 남은 단편들을 통해 보건대 훨씬 신선하고 현대적이다. 이들 산문은 제 나름의 서사 기법을 통해 소재에 대한 관심을 되살려내고자 했다.

서사시 형식의 산문적 해체는 신화의 발전적 소재화와 역사화를 특히 선명하게 보여준다. 반면, 희랍 서부지역의 시킬리아에서 생겨난 합창시 문학에서는 영웅신화의 새로운 예술적 형상화, 서사시 형식의 서정시적 전환이 있었다. 하지만 이때 주안점은 신화를 새롭게 사실로 수용함이 아니었다. 히메라의 스테시코로스는 밀레토스의 헤카타이오스처럼 신화에 냉정하고 합리적인 비판을 가했다. 서사시가 신화 자체를 목적으로 삼은 것과 달리, 합창시의 핀다로스에게 신화는 목적이 아닌 단지 작곡과 합창공연을 위한 이상적 소재였을 뿐이다. 언어와 박자와 화음이 형상화의 힘으로 작용했지만, 언어는 그 가운데 가장 작은 부분이었다. 언어는 추종자였고, 음악은 인도자로 주요 관심을 이끌었다. 이는 신화가 수많은 서정적 주요 감정요소들로 해체되는 과정이며, 목적인 음악에 따라 이들 감정요소가 비약적이고 발전적으로 담시적 서사로 다시 결합하는 과정이다. 오늘날 독자는 음악 없는 합창시를 읽을 때 공허함과 미완성의 기이한 인상을 받는다. 사포 같은 단순한 서정시에서 서사적 신화 사용도 다만 감정을 깨우기 위한 것일 뿐이다. 이때 신화는 예술적 감정의 토대일 뿐이며, 분명 이것이 신화의 유일한 효과다. 이런 형식의 신화에 접근하는 데 우리는 상당한 어려움을 느낀다. 이런 문학류의 이뷔코스에서 우리가 보았던 신화는 완전히 속 빈 껍데기로 오로지 위대한 명성 때문에 관심을 받았을 뿐이다.

운문과 산문에서 신화의 자기 주장이—기원전 6세기 도기화(陶器畵)에서 그 예술적 적용의 분명한 유사 사례가 발견된다—있었지만, 신화는 어디에서도 더는 시대를 움직이는 위대한 이념의 선구자가 아니었다. 물론 신화가 완전히 소재로 전락하지 않고 여전히 이념적 기능을 수행한다지만, 이제 이념적 기능은 다만 관습적·장식적인 것에 지나지 않았다. 실질적·정신적 운동은 신화가 아니라, 순수 사상적 형식에서 시작되었다. 여기서부터 이후의 발전이 시작되었다고 볼 수 있는바 세계관의 실질 내용은 점점 더 운문에서 해체되어, 새롭게 등장한 철학적·역사적 이오니아 산문으로 이행했다. 마침내 6세기의 모든 사상적·반성적 사유형식들은 권고 혹은 탐사의 산문적 '논변(λόγοι)'으로 전환되어, 탁월함, 운명, 법률, 국가 등의 논변이 진행되었다. 이는 이후 실질적으로 지식교사 교육을 선도했다.

하지만 희랍본토 사람들은, 이런 이오니아 정신의 길로 접어들기에는 아직 멀리에 있었다. 아테네 사람들이 실제로 이런 길을 걷는 일은 단 한 번도 일어나지 않았다. 아테네 내부적으로 문학은 아직 그렇게까지 합리화되지 않았고 이런 이행을 당연한 일로 받아들이지도 않았다. 기원전 6세기 희랍본토에서 문학은 삶의 이념적 지표라는 새롭고 위대한 사명을 이제 갓 얻고 있었고 이는 이오니아에서 이미 잊힌 것이었다. 평화롭고 경건한 아티카 민족을 역사 속으로 던져넣고 민족의 영혼을 흔들어 깨운 엄청난 충격은 분명 이오니아 과학과 합리성 못지않게 '철학적'이었다. 하지만 새롭게 등장한 이 세계관은 오로지 종교적인 영적 상징의 숭고한 문학을 통해서만 세상에 등장했다. 전통질서와 전래신앙이 흔들리면서 불안한 영혼, 불확실해진 기원전 6세기에 새로 깨어난 미지의 영혼은 새로운 규범과 생활형식을 열심히 찾아다녔는바 솔론의 땅은 세상 어디보다 넓고 깊게 이를 찾았다. 섬세한 영적 감수성은 세상 어디에서도 찾아볼 수 없을 정도로 긴밀하게 아테네 땅에서 풋풋한 청년의 지칠 줄 모르는 활력, 정신적 성향의 다양성과 어우러졌다. 이런 토양에서 비극이라는 놀라운 결실을 보았다. 비극은 희랍정신의 모든 뿌리로부터 자양분을 빨아올렸지만, 무엇보다 강력한 주요 뿌리는 모든 문학의 하부토양, 희랍민족의 모든 숭고한 삶, 다시 말해 신화에 내리고 있었다. 가장 강력한 힘을 영웅적인 것에서 계속해서 길어 올리는 것처럼 보이던 시대, 이오니아 문학이 보여준 것처럼 반성적 인식과 고양된 감성의 시대에 이런 뿌리들에서 내면화된 새로운 영웅정신이 움텄고 이는 신화에, 그리고 신화 속에 형상화된 존재에 직접적 친밀감을 느꼈다. 새로운 영웅정신은 신화체계에 다시 숨을 불어넣었고 신화체계에 다시 언어를 돌려주었고 신화체계로 하여금 희생물의 피를 마시게 했다. 이것이 아니었다면 신화 부활의 기적을 설명할 수 없다.

고전문헌학자들이 행한 최근의 시도들은 비극의 역사적 유래와 본질 규정의 문제에 답을 하지 않았다. 그들은 독창적 신문학을 어떤 형식사(形式史)적·순수문학적 방식으로 설명하여, 디오뉘소스 찬가를 지으면서 어떤 천재 시인이 옛 영웅신화를 내용으로 다룸으로써 디튀람보스가 "진지한 형식을 취한 것"이라고 믿었고, 이렇게 이 문제가 표면화되었다. 그들을 따르면, 아티카 비극은 아티카 시민 합창대가 부른 극화된 영웅신화에 지나지 않았다. 서양 문명세계의 중세문학에는 극화된 성인전(聖人傳)들이 넘쳐나지만, 고대의 비극 전범들이 알려지고 그것이 가능해질 때까지, 이 성인전들 가운데 어떤 것도 비극으로 발전하지 않았다. 만약 영웅신화가 한 단계 높이 신화를 낳은 영웅정신으로 승화되지 못했다면, 또 이를 통해 영웅신화가 새로운 예술적·창조적 힘을 얻지 못했다면, 극화된 희랍영웅전으로부터 어쩌면 겨우 단명한 새로운 합창극 형식이 만들어졌을지도 모르며, 이는 우리의 관심을 얻을 수 없는, 발전 가능성이 없는 그런 형식이었을 것이다. 우리는 비극의 초기 형태를 유감스럽게 정확히 알지 못하며, 따라서 다만 비극의 극성기(極盛期)를 기준으로 판단해야 한다. 아이스퀼로스의 완성형을 보건대, 비극은 새로운 세계관과 인간관에 따른 신화 부활이다. 새로운 세계관과 인간관은 솔론을 통해 솔론 이래로 아티카 정신에서 깨어났고 아이스퀼로스에서 그 종교적·윤리적 문제의식은 최고의 긴장에 이르렀다.

비극의 완벽한 탄생역사를 제시하는 것은 완벽성 자체도 그렇지만 우리의 목표가 아니다. 비극의 탄생사가 문제가 될 때, 비극문학류의 최초 발전은 비극적 이념 문제와 연관되어 있다. 매우 다각적인 정신적 산물은 아주 다양한 시각들로 고찰될 수 있다. 우리가 설명하고자 하는 것은 다만 비극을, 이 시기에 형성된 새로운 인간형의 정신적 객관화로 평가하는 것이며, 또 희랍정신의 영원불멸할 업적에서 뿜어져 나오는 교육적 힘의 진가를 살펴보는 것이다. 희랍비극들 가운데 전해지는 작품들의 규모로 볼 때, 만약 특별히 비극만을 다루는 책을 쓰려는 것이 아니라면, 서사시에서나 플라톤에서도 마찬가지로 적당한 거리를 두고 비극을 살펴야 한다. 이런 시각에서 비극을 다루는 것은 물론 필연적 요구다. 예술과 종교와 철학이 불가분 하나로 통일된 인류문명의 가장 고귀한 표현이 비극이라는 생각에서 출발하는 고찰만이 비극을 보는 정당한 방법이기 때문이다. 이 시대의 표현물들을 연구하는 자에게 기쁨을 제공하는 것은 바로 이런 통일성이며, 철학 혹은 종교 혹은 문학의 단순한 역사보다 우리가 비극 연구를 선호하는 것은 바로 이런 통일성 때문이다. 반면 인류문명사가 완전히 혹은 상당히 다른 길을 따라 제각각 이런 정신형식들로 발전한 시대는—이런 편협함에 어떤 심오한 역사적 조건이 있었을 수도 있지만—필연적으로 편협하다. 비극은 희랍인들에 의해 비로소 거의 도달할 수 없는 정신 수준과 사명의 높이에 이르러, 대지를 떠나 올림포스산으로 돌아가기 전에 마지막으로, 문학의 모든 자산과 능력을 사치스러운 정도로 화려하게 보여주려는 듯 보였다.

아티카 비극은 일백 년간 흔들리지 않는 패권을 누렸는바 그것은 역사적으로나 운명적으로 아티카 도시국가의 지상 권력이 성장하고 번영하고 몰락한 과정과 일치한다. 아티카 도시국가에서 비극은 민중 압도적 크기로 성장했고 이는 희극에 반영되어 있다. 아티카 도시국가의 지배력은 궁극적으로 희랍세계에서 비극의 공감대 크기를 결정했고 이는 아티카 제국에 의한 아티카 언어의 확산에 힘입은 바 크다 하겠다. 정리하면, 비극은 성장하는 아테네에 내적 발판과 성장동력을 제공했고 최고 정점의 아테네를 미화했고 결정적으로 아테네의 정신적·도덕적 타락을—이것을 아테네 몰락의 원인으로 지목한 투퀴디데스의 판단은 정확했다—도왔다. 순수예술적인 혹은 심리학적인 관점에서, 아이스퀼로스부터 소포클레스를 거쳐 에우리피데스에 이르는—여기서 거장들의 작품활동에 자극받은 여타 비극작가들은 고려하지 않는다—비극 발전을 전혀 다르게 평가해야 하겠지만, 심오한 의미에서의 인류문명사는 이런 비극 발전과정의 의미를, 후대를 생각했던 것은 아니지만, 시대적 양심의 반영인 동시대의 희극에 고스란히 담아놓았다. 동시대인들의 감수성이 비극의 본질과 효과를 보는 시각은 결코 예술적 관점이 아니었다. 비극은 동시대인들에게 공동체 전체의 정신을 좌지우지하는 강력한 여왕이었다. 우리의 역사적 사유는 비극의 거장들을 겨우 민족정신의 창조자 내지 기껏해야 대표자쯤으로 여기지만, 우리가 어떻게 여기든 바뀌지 않는 사실인바 아테네 민주국가에서 계속 바뀌는 정치지도자의 헌법적 책임 이상으로 막중하고 강력한 책임을 쥐고 있던 것은 시인-지도자들이었다. 이렇게 볼 때, 자유주의적 사유에서 보면 참을 수 없는 어리석은 행동이지만, 플라톤적 이상국가가 문학의 자유에 개입하는 행위도 이해할 수 있게 된다. 하지만 비극시인의 이런 책임 이해는, 페이시스트라토스 시대의 순수 향유적 문학관을 돌이켜 생각해보면, 본원적인 것은 아니다. 이는 아이스퀼로스의 비극을 통해 비로소 형성되었다. 아리스토파네스가 플라톤적 검열을 모르던 시대의 국가에서 문학이 맡아야 할 참된 사명을 환기할 수 있는 유일한 존재로 아이스퀼로스를 저승에서 불러내려 했던 것도 이런 배경에서였다.

국가가 디오뉘소스 축제를 주관하면서, 비극은 더욱 친민중적 사업이 되었다. 아티카 축제 공연은, 독일 시인들과 극장장들이 허사로 끝나긴 했지만 독일 고전기에 그렇게 열심히 만들고자 노력했던 국립극장의 원형이다. 디오뉘소스 숭배의식의 한 부분인 극 공연은 숭배의식과 내용적 연관성을 가지지 않았다. 디오뉘소스 신화는 무대 위에 오르지 않았다. 디오뉘소스 신에게 방자하게 구는 트라키아 왕 뤼쿠르고스를 다룬 호메로스 신화를 공연한 아이스퀼로스의 『뤼쿠르고스왕』이나, 한참 뒤에 에우리피데스가 펜테우스왕의 이야기를 다룬 『박코스의 여신도들』이 있을 뿐이다. 본래의 디오뉘소스 충동은 오히려 익살스러운 희극풍의 사튀로스 극에 더 잘 어울린다. 사튀로스 극은 디오뉘소스 축제 공연의 가장 오랜 극 형태로 계속 살아남아 민중의 요구에 따라 비극 삼부작의 부속 공연이 되었다. 비극에서 진정 디오뉘소스적인 것은 연극적 환희였다. 연극적 환희는 무대 위에 등장한 인간들의 고통을 생생한 현실로 공감하는 관중을 향한 도발의 결과였다. 이런 환희는 오히려, 합창대를 구성하여 공연을 준비하는 일년 내내 맡은 역할에 몰입했던 시민들에게 더욱 의미가 컸다. 합창대 노래는 옛 희랍의 고등학교로서, 문학으로 가르침을 전하려는 교사들이 생겨나기 훨씬 이전부터 그러했다. 합창대 노래의 효과는 순전히 이론적 교설보다 훨씬 깊은 곳까지 미쳤다. 합창 지휘자(*chorodidaskalia*)라는 역할은 그 명칭에서 분명하게 학교와 가르침을 연상시킨다. 엄숙함과 진기함 때문에, 국가와 시민 전체의 참여 때문에, 시인이 이날을 위해 손수 창작한 새로운 합창대 노래를 준비하는 꼬박 일 년의 긴장과 진지한 열정 때문에, 마지막으로 일등상을 놓고 벌이는 다수 시인의 경쟁 때문에, 이런 비극 공연들은 도시생활의 정점을 의미했다. 디오뉘소스 경배를 위해 이른 새벽 축제에 운집한 사람들의 들뜬 영혼과 정신과 감각은, 새로운 예술인바 기이하게 진지한 연극이 전하는 인상을 기쁘게 만끽하고 받아들일 준비가 되어 있었다. 둥근 합창대석이 마련된 말끔한 마당 주변에 설치된 단순한 나무 걸상의 관람석에 앉아, 시인을 마주한 사람들은 아직 문자에 질린 독자는 아니었다. 시인은 영혼 인도의 예술이 가진 힘, 청중을 일순간에 감동케 하는 힘을 느꼈고, 이는 호메로스의 노래를 공연하던 소리꾼들이 과거에 할 수 없던 일이었다. 비극시인들은 정치적 거물이 되었다. 아이스퀼로스보다 연장의 동시대인 프뤼니코스가, 아테네인들이 전혀 책임 없다고 느끼지 못하던 당시 사건, 페르시아인들의 밀레토스 함락을 비극으로 공연하고 민중들이 이에 눈물을 쏟았을 때, 이는 국가적 사안이 되었다.

신화적 비극의 영향은 적지 않았는바 그 영혼 인도력은 역겨운 현실과의 연관성에서 유래하지 않는다. 비극은 속물적 삶의 조용하고 아늑한 안정을, 전대미문의 과감하고 숭고한 사건을 전달하는 문학적 언어 상상을 통해 흔들어놓는다. 여기서 박자 맞춘 합창대의 춤과 노래는 최고조의 역동적 상승을 동반한 긴장감을 불러일으켰다. 비극은 일상언어의 의식적 기피를 통해 청중을 현실을 넘어선 좀 더 높은 진실의 세계로 이끈다. 이 언어는 인간을 '필멸의 존재' 혹은 '하루살이'라고 칭하는데, 이는 단순히 상투적 문체 때문만은 아니다. 새로운 영웅숭배의 생동적 호흡이 이런 언어와 영상에 활기를 불어넣은 것이다. 손자 세대의 시인은 시인의 혼령에게 청하며 이렇게 말한다. "희랍인들 가운데 최초로 숭고한 언어의 탑을 쌓은 분이여!"[5] 장엄한 비극의 '언어 과장'과 대담함은, 평범한 일상언어에 비추어 그렇게 보이기도 하지만, 사실 아이스퀼로스의 위대한 정신에는 적합한 표현이라고 느껴진다. 이런 언어의 숨 막히는 위력은 우리에게 전해지지 않는 음악과 율동을 어느 정도 보상할 수 있다. 여기에 영상의 효과도 힘을 보탠다. 하지만 극의 재구성은 한가한 호기심일지 모르며, 오늘날 독자의 상상 속에서 희랍비극의 문체를 왜곡할 폐쇄적 극장 모습을 걷어내는 효과가 고작이다. 이를 위해서라면, 오늘날에도 여전히 희랍예술이 만들어내는 비극 가면의 황홀한 표정을 보는 것만으로도 충분하다. 후대의 극예술과 다른 희랍비극의 본질적 차이는 비극 가면에서 확인된다. 비극은 보통의 현실과 커다란 차이를 보이며, 따라서 비극 언어를 모방적으로 현실생활에 적용하는 순간, 바로 이때가 희랍인들의 섬세한 문체감각이 느끼기에 무진장한 희극이 시작된다. 비극의 모든 것은 과장된 인물과 엄숙 경건한 관중이 만든 공간으로 전이(轉移)된다.

감각과 감정을 압도하는 직접 효과를 느끼며 동시에 청중은, 전체를 관통하여 생명을 불어넣는 비극 내적 힘의 발현을 인지한다. 인간운명 전체를 극화된 짧고 세찬 순간에 집약하는 것은 관중의 눈과 귀에, 서사시와 비교해서 순간적 체험 강도의 엄청난 증폭을 의미한다. 운명 반전을 향한 첨예한 비극 사건 구성은 처음부터 디오뉘소스적 환희의 체험을 목표로 삼았다. 이와 달리 서사시는 그저 신화를 이야기함을 목적으로 했고 서사

---

5) 아리스토파네스 『개구리』 1004행.

시의 최종 발전 단계에 이르러 『일리아스』와 『오뒷세이아』에서 보이는 비극적 결말에 이르렀다. 가장 오래된 비극은, 이름이 말해주듯이, 디오뉘소스의 염소 합창대에서 유래한다. 어떤 시인이 주신 찬가의 환희에서 예술 생산적 창작혼을 발견했고, 이 창작혼은 옛 시킬리아 합창시에서처럼 신화의 서정적 응축을 통해 극적 현실을 실현하며, 합창대를 배우라는 제3의 자아로 전환했다. 그렇게 합창대는 서정시적 화자에서 배우로 변신하고, 동시에 이제껏 다만 고통을 전달하고 공감하던 화자에서 고통의 담지자가 된다. 삶의 구체적 모방이라는 본격적 상연은 가장 오래된 형태의 비극에 속한 일이 아니었다. 합창대는 이에 전혀 적합하지 않았고, 오히려 중요한 것은 아마도 합창대를, 일어난 사건 때문에 발생하는 서정시적 감정변화를 춤과 노래로 최대한 완벽하게 표현할 도구로 훈련하는 일이었다. 시인은 합창대의 제한된 표현 가능성을 최대한 활용하기 위해, 여러 번에 걸쳐 급격한 운명 반전을 통해 서정적 표현 계기의 최대한 대조적이고 다양한 단계를 설정한다. 예를 들어 아이스퀼로스의 초기작 『탄원하는 여인들』에서 다나오스의 딸들로 구성된 합창대는 시종일관 극의 진정한 배우였다. 여기서 우리는 합창대에 왜 합창대 지휘자를 덧붙이게 되었는지를 이해하게 된다. 합창대 지휘자의 유일한 임무는 그의 등장과 보고, 때로 그 나름의 설명 혹은 행동을 통해, 합창대가 느끼는 서정시적 감정의 극적 변화와 기복을 불러일으키는 것이었다. 이렇게 합창대는 "즐거움에서 고통으로, 고통에서 즐거움으로 격하게 요동치는 변화를" 체험한다. 춤은 합창대가 느끼는 기쁨, 희망, 감사의 표현이며, 고통과 좌절은 합창대의 기도를 통해 표현되는바 이 기도는 이미 개인적 서정시, 다시 말해 충격받은 내면에서 울려 나오는 소리를 담아낸 모든 옛 문학의 반성에서 보았던 것들이다.

극 전개 없이 전적으로 감정뿐이었던 이런 초창기 비극에서 이미 "공감"

의 힘을 통해, 청중이 고통받는 합창대와의 공감을 통해 모두의 이목은 인간 삶에 이런 충격을 주기 위해 신들이 보낸 운명에 집중된다. 운명(Tyche 혹은 Moira)의 문제는 당시 이오니아 서정시를 통해 인간 의식에 가까이 다가왔는바 이런 문제가 없었다면 "신화적 내용을 다루는 주신 찬가"로부터 진정한 의미의 비극은 절대 만들어지지 않았을 것이다. 주신 찬가의 순수 서정시적 형태는 감정표현의 방법으로 신화의 몇몇 극적 순간만을 형상화했는데, 오늘날 우리에게 몇몇 예들을 통해 새롭게 알려졌다. 여기서부터 아이스퀼로스까지는 아직도 커다란 발걸음을 내딛어야 했다. 분명 여기에 덧붙여 중요한 것은 배우의 추가였는데, 그 결과 합창대는 이제 목적이 되지 않았고 배우는 처음에 합창대의 보조 동반자였다가 마침내 극 전개의 주요 행위자가 되었다. 하지만 기술적 진보는, 일차적으로 늘 인간이 겪는 고통을 표현한 극 사건에 신적 권능의 섭리가 작용한다는 심오한 생각을 좀 더 웅장하고 완벽하게 표현할 방법을 찾아낸 것에 있었다.

이런 생각이 침투함으로써 새로운 극은 비로소 실질적으로 '비극적'이 되었다. 이때 비극의 보편적 개념 규정은 불필요하며, 최소한 초창기 시인들에게 이는 매우 어려운 일이다. 그래서 '비극적'이라는 개념을 완성된 문학류로서의 비극에서 끌어낸다면, 그러니까 비극에서 비극적인 것이 무엇이냐고 사람들이 모두 수긍할 만한 의미를 묻는다면, 대답은 위대한 비극 시인마다 다를 수밖에 없고 일반적 개념정의는 혼란만 가중시킬 것이다. 그보다는 차라리 이 문제를 정신사적으로 대답해야 한다. 노래하고 춤추는 합창대의 환희를 통해 인간의 고통을 드러내 보여주는 일, 여러 명의 배우가 등장하여 자체적으로 완결된 인간운명의 흐름을 보여주는 일은, 신들이 보낸 인간 고통의 비밀을 묻던 종교적 탐구에 대해 내적으로 상당히 진척을 이룬 시대에 그런 탐구의 구심점이 되었다. 일찍이 솔론이 뇌우에 비유했던 운명 폭발의 경험은, 인간으로 하여금 영혼의 모든 힘을 저항에 쏟아붓도록 만들었고 운명 경험자가 느낀 공포와 연민의 직접적인 심리학적 결과에 맞서는 마지막 보루로 삶의 유의미성을 믿도록 촉구했다. 인간운명의 경험이라는 특별한 종교성은—아이스퀼로스는 이를 사건 기술에서 수용했고 관객들로 하여금 이를 깨닫게 했다—우리가 비극에서 '비극적인 것'이라고 부를 수 있는 그런 것이다. 우리는 극적인 것 혹은 비극적인 것의 본질에 대해 모든 근대 개념을 완전히 배제해야 하며, 우리가 만약 아이스퀼로스의 비극을 이해하고자 한다면, 우리의 모든 시선을 종교성에 집중해야 한다.

비극의 신화 재현은 감성에 호소하는 데 그치지 않는바 근본적인 것에 이른다. 신화 재현은 신화 이야기에서 공감의 극 전개를 만들어내는 외적 극화에 머물지 않고 정신적인 것을, 인물들의 이해를 추구한다. 이는 일반적으로, 전승 이야기를 현재의 정신적 상황에 비추어 완전히 새롭게 이해하는 일이었다. 아이스퀼로스의 후계자들, 특히 에우리피데스가 이 점에서 더욱더 진일보하여 마침내 신화 비극을 시민 비극으로 만들었을 때, 이런 발전의 단초는 이미 처음부터 내재했던 바다. 이미 아이스퀼로스도 그저 극 전개의 공허한 얼개만으로 존재하는 신화 속 인물 허깨비들을 시인이 품은 영상에 따라 형상화했다. 『탄원하는 여인들』의 펠라스고스왕은, 민회 결정에 따라 자신의 행동을 정하는, 빠른 판단이 요구될 때도 민회에 호소하는 당대 정치가였다. 『결박된 프로메테우스』의 제우스는 헤르모디오스와 아리스토게이톤의 동시대인들이 보았던 당대 참주들의 원형이었다. 아이스퀼로스의 아가멤논은 매우 비호메로스적 인물로, 넘치는 권력과 행운을 누린 승자가 빠질지도 모르는 인간적 교만에 커다란 두려움을 느끼던 시대, 델포이 종교와 계율의 시대를 살아가는 시대의 진정한 아들이었다.

그의 아가멤논은, 과잉이 교만을 낳고 교만이 파멸을 낳는다는 솔론의 믿음을 전적으로 신봉하는 인물이었다. 솔론의 믿음에 따르면 그런 인간은 미망을 피하지 못한다. 그의 프로메테우스는 질투심 강하고 의심 많은 젊은 참주에 의해 쫓겨난 최초의 조언자로 이해될 수 있다. 과거 참주는 폭력으로 얻은 신생 권력의 강화를 위해 그에게 조언을 구했지만 이제 참주는 더는 그와 권력을 나누려 하지 않고, 반면 프로메테우스는 고통받는 인류의 구원이라는 비밀 계획을 실현하기 위해 권력을 독단적으로 사용하려 한다. 아이스퀼로스는 정치가의 모습을 그가 만든 프로메테우스 인물상에 섞어 넣었는가 하면 그와 동시에 지식교사를 융합시켰다. 프로메테우스를 거듭 호칭할 때 이 단어가 사용되었는데, 당시 지식교사(sophistes)라는 단어에는 아직 존경의 뜻이 있었다. 전해지지 않는 비극에서 묘사된 팔라메데스 또한 지식교사였다. 두 인물은 강한 자부심을 느끼며, 그들이 인간을 이롭게 하려고 발명한 기술들을 열거했다. 프로메테우스는 미지의 먼 나라에 대한 최신의 지리정보를 가지고 있었고, 이는 아이스퀼로스 당대에는 아직 기이하고 신비한 지식이었고, 이를 청중의 환상은 지칠 줄 모르고 받아들였다. 『결박된 프로메테우스』와 『해방된 프로메테우스』에서 나라들과 강들과 민족들의 길고 긴 나열은 시인이 덧붙이는 장식이면서 동시에, 등장인물의 전지(全知)함을 보여준다.

우리는 이렇게 비극의 등장인물들에서 확인된 것을 다시 비극의 연설 부분 구성에서도 입증할 준비가 되었다. 이미 앞서 언급한 것처럼, 지식교사 프로메테우스의 지리학적 연설은 전적으로 이를 연설할 등장인물의 형상화를 목적으로 한다. 또 이와 유사하게, 『결박된 프로메테우스』에서 노령의 오케아노스가 제우스의 우월한 힘에 저항하지 말고 몸을 낮추라고 말할 때, 고통받는 친구를 위한 현명한 지혜는 상당 부분 상투적으로 쓰이는 오랜 격언에 해당한다. 『테바이를 공격한 일곱 장수』에서 우리는 현대적 장군이 병사들에게 명령을 하달하는 것을 듣게 된다. 『자비로운 여신들』에서 모친 살해의 오레스테스에 대한 아레오파고스 재판은 아티카 살인 법정의 매우 중요한 역사적 증거로 사용될 수 있는데, 이 재판은 전적으로 아티카 살인 법정과 이념을 다투고 있기 때문이다. 또 마지막 장면의 승리 송가는 국가 제례의식과 그때 사용된 기도문을 모범으로 삼았다. 매우 광범위한 이런 신화 현대화는 후기 서사시나 서정시에서 전혀—이 시인들도 그들의 목적에 따라 신화전승을 변경하긴 했지만—나타나지 않는다. 하지만 아이스퀼로스도 불필요하게 전승신화가 전하는 본래의 내용을 변경한 것은 아니었다. 과거 단순히 이름뿐이었던 인물을 구체적 등장인물로 바꿀 때, 그는 신화를 이념에 종속시킬 수밖에 없었고, 이로써 등장인물의 내면 구조가 만들어졌다.

  등장인물과 연설에 해당하는 것은 또 크게 보면 비극 전체의 구조에도 해당한다. 여기서 구조의 형상화는 앞서와 마찬가지로, 시인이 중요시하고 작품 소재에서 발견한 세계관을 따른다. 이는 아마도 진부한 주장처럼 들릴지 모르지만, 실은 그렇지 않다. 비극이 나타나기 전까지, 신화를 단지 이념의 표현수단으로 여기고, 이런 목적에 얼마나 부합하는가를 기준으로 하여 합당한 신화들을 선별했던 문학은 없었다. 임의의 신화 한 토막을 얼마든지 극화할 수 있고 그렇게 비극이 만들어지는 것은 아니었다. 아리스토텔레스의 보고에 의하면, 비극형식의 발전에서 엄청난 규모의 신화 이야기들 가운데 몇 안 되는 소재만이 비극시인들을 유혹했고 이 몇 안 되는 소재를 거의 모든 비극시인이 다루었다.[6) 오이디푸스와 테베 왕가의

6) 아리스토텔레스 『시학』 1453a19.

신화, 아트레우스 가문의 운명—아리스토텔레스는 몇 개의 신화를 더 언급했다—등은 본성상 장차 있을 형상화의 핵심을 품고 있었고 이 신화들은 가능태로서의 비극이었다. 서사시는 이 신화들을 신화 자체를 전달하기 위해 이야기했고 전체를 관통하고 이해하는 데 중요한 이념이 드러나는 『일리아스』 후대 부분들에서조차 이념적 유효성은 서사시의 여러 부분에서 일관되게 실현되지 않았다. 서정시에서는—서정시가 신화를 다룬 경우에 한해—대상의 서정시적 계기를 부각하는 것이 핵심이었다. 비극에서야 비로소 인간운명이라는 이념, 반전과 파국을 통해 성쇠를 반복하는 인간운명의 변전이, 비극이 단단히 뿌리내린 형성 원리가 되었다.

벨커는, 아이스퀼로스가 비극을 하나씩이 아니라 삼부작 형태로 주로 창작했음을 보여주고자 한 첫 번째 학자다. 비극 삼부작을 묶어 공연하는 관례는, 삼부작 형식이 없어질 때까지 그대로 유지되었다. 사람들이 삼부작 형식을 형식규범으로 여겼기 때문에 삼부작이 만들어졌는지, 아니면 국가가 요구하는 세 개의 비극을 아이스퀼로스가 기회로 삼아 하나의 연결된 소재로 묶어냈는지는 알 수 없다. 어떤 경우든 분명한 것은, 그가 삼부작 형식의 대작에 이르게 된 내적 이유가 무엇인가다. 시인도 공유하던 솔론의 믿음에 따르면 인간사의 가장 힘든 문제 중 하나는 아버지에서 자식들에게로 이어지는 대물림이며, 이에 죄 없는 후손이 선대의 죄를 짊어져야 한다는 것이었다. 여러 세대를 거쳐 내려가는 이런 운명을 시인은 오레스테스 삼부작에서, 아르고스 왕가 비극에서, 테베 왕가 비극에서 통일된 삼부작으로 다루려고 시도했다. 이런 삼부작 형식은, 개별 영웅의 운명이 여러 단계를 거쳐 변전하는 비극에도 적용 가능했던바 『결박된 프로메테우스』와 『해방된 프로메테우스』와 『불의 운반자 프로메테우스』가 그 예라 하겠다.

삼부작 형식은 아이스퀼로스 문학을 이해하는 출발점으로 삼을 만하다. 삼부작 형식이 보여주고자 한 것은 개인이 아니라 운명이기 때문인바 이때 운명의 담지자가 개인일 필연성은 없고 개인이 속한 가문 전체일 수도 있다. 아이스퀼로스 비극에서 인간은 아직 문제가 되지 않았고 운명의 담지자일 뿐이었고 문제는 운명이었다. 첫 시행부터 아이스퀼로스 비극의 분위기는 비가 쏟아질 것처럼 어두운 집안 전체를 괴롭히는 정령에 짓눌려 있었다. 아이스퀼로스는 세계문학사의 모든 극작가를 통틀어 비극적 발단을 찾아내는 데 최고 장인이었다. 『탄원하는 여인들』, 『페르시아인들』, 『테바이를 공격한 일곱 장수』, 『아가멤논』에서 청중들은 극이 시작하자마자, 저항할 수 없는 힘을 휘두르며 주변을 맴도는 운명의 마력에 압도된다. 극 전개의 주인공은 인간들이 아니라 초인간적인 신들이다. 신들은 오레스테스 삼부작의 마지막 비극에서처럼 극 진행을 인간에게서 빼앗고 신들이 직접 끝까지 극을 이끌어간다. 하지만 신들은 늘 사람들 눈에 보이지 않게 존재하며 그러면서도 분명하게 느껴진다. 이런 생각을 비극적 영감이 떠오르는 올림피아의 박공 구조물에 연결하지 않을 수 없다. 신성은 권력의 정점에 서서 인간들의 싸움을 굽어보고 있고, 만물은 신의 뜻에 따라 이루어진다.

신과 운명을 계속 끌어들이는 데서 시인의 손이 분명히 드러난다. 신화의 시인은 그것을 발견하지 못했다. 무슨 일이 일어나든 그것은 시인에게 변신론(辯神論)에서 논의되는 전지전능의 문제였고, 이는 솔론이 후대 서사시와 그의 서정시를 연결하여 발전시킨 문제였다. 신적 지배라는 숨겨진 섭리를 찾아내기 위해 솔론의 정신은 멈추지 않았다. 솔론의 주요 관심은 인간 자신의 잘못과 불행을 연결하는 인과고리였다. 이런 문제는 솔론의 엘레기[7]에서 처음 언급되며, 이는 다시 아이스퀼로스의 비극을 채우고 있다. 서사시는 미망(Ate) 개념을 가지고, 불행의 인간적 원인과 신적 원인을 여전히 하나로 이해했다. 인간 잘못은 인간을 타락으로 이끄는바 이는 신적 힘, 누구도 맞서 싸울 수 없는 불가항력이다. 이것이 헬레나로 하여금 남편과 집을 버리고 파리스와 함께 도망치게 했다. 이것이 아킬레우스의 마음과 이성을 사납게 만들었고, 그는 상처 입은 명예를 회복시켜주려고 찾아온 사신들의 뜻을 거절하고, 늙은 스승의 훈계마저 듣지 않는다. 인간 자의식의 성장은, 신적 원리의 영향력에 맞서 인간적 지식과 욕망의 발전적 독립과정에서 완성된다. 이로써 인간운명에서 인간이 차지하는 비중은 증가하며, 마침내 인간은 운명을 자기 것으로 생각하기에 이른다.

호메로스 서사시의 후대 부분에서, 그러니까 『오뒷세이아』 제1권에서 이미 시인은 인간 불행에서 인간 지분과 신적 지분을 구분하려고 했다. 여기서 시인은 세계 통치자가 모든 불행의 책임에서 벗어나 있고 인간이 현명한 생각을 거부하며 불행으로 달려들었다고 말한다. 솔론은 그의 장대한 정의 신앙을 통해 이런 생각을 발전시켰다. 솔론에게 정의는 세계를 지배하는 내재적·신적 원리다. 이를 범하면 인간의 어떤 단죄와 무관하게 필연적으로 처벌받아야 한다. 이러한 인식이 최초로 인간 의식에 떠오르면서, 인간은 불행의 책임을 대부분 떠맡게 되었다. 그리고 그만큼 세계 정의의 감시자로서 신의 윤리적 숭고함이 확대되었다. 하지만 인간 중에 누가 신의 길을 제대로 이해할 수 있는가? 우리는 이런저런 경우에 신적 섭리를 이해할 수 있다고 믿는다. 하지만 신은 어리석고 사악한 자에게 성공을 허락하고, 정의로운 사람의 진실한 노력을 아무리 최선을 다해 생각하고 계

---

7) 솔론 단편 1 Diehl. 본서의 237쪽을 보라.

획을 세워도 좌절시킨다. 이런 "불가해한 불운"을 세상에서 없앨 수는 없는바 이는 호메로스가 말한 옛 미망의 지울 수 없는 흔적이며, 인간이 자초하는 불행과 함께 여전히 유효한 원리로 남아 있다. 미망은 인간의 경험에 비추어, 흔히 행운이라고 불리는 것이 인간을 오만으로 이끌어 행운이 갑자기 아주 깊은 고통으로 바뀌는 일과 매우 밀접한 연관을 가지고 있다. 아무리 크더라도 늘 현재 가진 것의 두 배를 욕심내 버릇하는 욕망의 충족 불가능성에는 신적 위험이 도사리고 있다. 행운과 소유는 결코 한 소유자에게 머물지 않고 본성상 계속해서 수혜자를 바꾼다. 인간에게 고통스러운 이런 인식은, 신적 세계질서를 확신한 솔론에게서 가장 확고한 지지를 얻어낸다. 믿음이라기보다 인식에 가까운 이런 확신을 염두에 둘 때만 아이스퀼로스를 제대로 이해할 수 있다.

아이스퀼로스 비극이 이런 뿌리에서 직접 성장했음을 보여주는 것은 가장 단순한 것으로 『페르시아인들』 등의 비극이다. 여기서 주목할 점은 이 비극이 삼부작에 속하지 않는다는 사실이다. 이것은 우리에게 이점인데, 비극이 완결된 통일성의 아주 좁은 공간에서 펼쳐지기 때문이다. 또 『페르시아인들』은 신화 소재를 다루지 않는 특별한 경우다. 시인은 자신이 직접 겪은 역사사건을 비극으로 형상화했다. 이는 우리에게, 시인이 비극의 의미와 관련하여 소재에서 중요시했던 것이 무엇인가를 살펴볼 기회가 된다. 『페르시아인들』은 다름 아닌 극화된 역사다. 그렇다고 승자의 환희에 취해서 만든 싸구려 애국주의적 작품도 아니다. 인간한계와 절제의 깊은 인식에서 아이스퀼로스는 이제 그의 경건한 청중이 된 승리자 시민들에게, 페르시아인들의 무모함과 신들의 처벌―신들은 필승을 확신하는 강자를 박살 내고 추락시킨다―이라는 소름 끼치는 세계사적 사건을 보여준다. 역사는 여기서 비극적 신화가 된다. 역사가 비장함을 갖추게 되었기 때문이며, 또한 인간 몰락이 신적 섭리를 아주 분명하게 드러내고 있기 때문이다.

누군가는 왜 비극시인들이 역사적 소재를 많이 다루지 않았는지를 물을지 모른다. 이유는 단순하다. 일반적으로 역사는 희극과 비극을 만드는 데 필요한 조건을 충족하지 못하기 때문이다. 『페르시아인들』은, 사건 자체의 외적인 극적 현실성은 시인에게 부차적인 문제였음을 보여준다. 사건을 겪는 영혼에 미치는 운명의 작용이 시인이 주목한 전부였다. 이런 의미에서 아이스퀼로스는 여기서 역사가 아니라 신화를 마주한 것이다. 하지만 고통의 체험도 그 자체만으로 중요시된 것은 아니었다. 『페르시아인들』은 시인이 알고 있던 가장 단순한 형식이지만, 아이스퀼로스 비극의 원형이다. 고통은 인식을 담고 있다. 이것은 아주 오래된 민중의 지혜다. 서사시는 아직 이 지혜를 시적 중심 동기로 여기지 않았다. 아이스퀼로스에서 이 지혜는 좀 더 크고 중심적인 의미를 획득했다. 예를 들어 델포이 신의 "너 자신을 알라."라는 중간 단계도 있었다. 이는 필멸의 인간이 가진 인식 한계를 드러내는 말로 아폴로 신앙에 따라 핀다로스는 이런 지혜를 거듭해서 가르쳤다. 아이스퀼로스도 이런 사상을 중요하게 생각했고 『페르시아인들』에서 이를 크게 부각했다. 물론 '프로네인(φρονεῖν)', 다시 말해 고통을 통해 얻은 비극적 깨달음의 개념을 만들어낸 것은 아이스퀼로스가 아니다. 그는 『페르시아인들』에서 나름대로 이런 지혜의 구체적 사례를 창조하여, 저승에서 불려 나온 지혜로운 왕 다레이오스가 왕국을 물려받은 상속자 크세르크세스에게 허황한 희망을 품게 했고 결국 그를 망쳐놓고 말았다고 말하게 한다. 존경스러운 다레이오스의 혼령이 예언한 대로, 희랍 전장에서 죽어 산더미처럼 쌓인 주검은 미래세대를 일깨우는 침묵의 경고다. 오만은 인간에게 결코 이로운 것이 되지 못한다. "일단 교만의 꽃이 만발하고 미망의 이삭이 패고, 그것이 익으면 눈물 겨운 수확이 시작되기 때문이다. 그대들은 이런 행동의 이런 결과를 보고, 아테네와 헬라스를 기억하여, 차후에는 누구도 자신의 분복(分福)을 업신여기고 남의 것을 탐하다가 자신의 큰 복마저 엎지르지 않게 하시오. 제우스께서는 지나치게 오만불손한 마음의 응징자이시며 준엄한 심판이시기 때문이오."[8]

대부분을 소유한 자들이 다시 그 두 배를 얻기 위해 손을 뻗친다는 솔론의 사상이 여기서도 이어진다. 하지만 솔론에서는 다만 한계를 모르는 인간 욕망의 충족 불가능성에 대한 반성적 고찰이었던 것이, 아이스퀼로스에서는 신적 유혹과 인간적 미망—미망은 인간을 불가항력의 몰락으로 이끈다—의 경험과 고통으로 발전한다. 솔론과 마찬가지로 아이스퀼로스도 신을 경건하고 정의로운 존재로 보았고 신의 영원한 질서는 불가침의 영역이다. 아이스퀼로스는, 미망 때문에 신의 법정에 서게 될 인간의 비극을 표현할 충격적인 목소리를 찾아낸다. 이미 『페르시아인들』의 초입에서 합창대가 호흡을 맞추어, 출전한 페르시아 병사들의 힘과 화려함을 흠모하는 자랑스러운 목소리로 노래할 때, 섬뜩한 미망의 그림자가 드리운다. "하지만 어떤 인간이 신의 교묘한 기만에서 벗어날 수 있으리? … 미망은 처음에 달콤하게 여겨지지만, 일단 그 덫에 걸려들면 인간이 안전하게 거기서 벗어날 길은 없노라." "어둠에 싸인 마음"은 "두려움에 찢어진다."[9] 한번 걸리면 벗어날 수 없는 미망의 덫은 『결박된 프로메테우스』의 결말에서도 언급된다. 이는 신들의 전령 헤르메스가 오케아노스의 딸들에게 책임을 미루며 경고하여 하는 말이다. 오케아노스의 딸들은 신들에게 버림받은 자를 동정하여 흔들림 없이 그를 지지하지만, 몰락을 인식하면서도 자발적

---

8) 『페르시아인들』 819행 이하.
9) 『페르시아인들』 93행 이하.

으로 순식간에 구렁텅이에 빠져들게 될 것이다.[10] 『테바이를 공격한 일곱 장수』에서 합창대는 아버지 오이디푸스의 저주에 휩쓸려, 일대일로 맞붙어 성문 앞에서 한날한시에 서로를 죽인 형제를 한탄하며 끔찍한 미래를 본다. "마침내 온 집안이 파멸을 얻어맞았고, 저주가 새된 목소리로 승리의 환성을 지른다. 그분들이 싸우던 성문 위에는 미망의 여신을 위한 승리의 기념비가 서 있구나. 그제야 두 분을 제압한 악령이 휴식을 취하는구나."[11]

아이스퀼로스의 운명 이념은 본보기 제시와 무관하다. 미망의 활동을 상상력으로 풀어내는 섬뜩한 영상의 언어가 이를 말해준다. 이전의 누구도 미망의 신성을 이렇게 감각적으로 체험하고 묘사하지 못했다. 여기서 인식의 도덕적 힘을 굳건히 믿는 사람도 분명히 알아야 하는 것은, 미망의 여신은 계속 미망으로 남아 있으리라는 점이다. 미망의 여신이 호메로스가 말하는 것처럼 인간들의 머리를 밟고 다니든, 아니면 헤라클레이토스가 가르친 것처럼 인간의 성품이 그 운명이든 이는 달라지지 않는다.[12] 아이스퀼로스의 비극에서 우리가 인물이라고 부르는 존재는 본질이 아니었다. 정의로운 세계질서의 빈틈없는 섭리를 믿는 굳건한 믿음, 세계질서를 범하도록 인간을 꾀어 결국 인간을 부활의 필연적 제물로 삼는 미망이라는 신성의 잔혹함과 속임수에 흔들리는 마음, 이 둘의 대립과 긴장에 아이스퀼로스의 운명 이념 전부가 포함되어 있다. 솔론은 사회적 탐욕이라는 불의에서 출발하여, 기필코 처벌이 있으리라는 기대를 늘 가지고 처벌이 어디에서 오는가를 탐구했다. 아이스퀼로스는 인간 삶의 우연이 가져오는 놀

---

10) 『결박된 프로메테우스』 1071행 이하. 솔론의 『국태민안 엘레기』(Sitz. Berl. Akad., 1926, 75쪽 이하).

11) 『테바이를 공격한 일곱 장수』 952행 이하.

12) 『일리아스』 19권 93행 이하. 헤라클레이토스 단편 119 DK(=125 정암).

라운 비극 체험에서 출발하지만, 내적 확신은 신적 정의의 신념을 입증할 충분한 근거를 찾는 탐구로 그를 이끌었다. 이런 강조점의 이동을 과도하게 평가하기보다, 솔론과 아이스퀼로스의 일치점을 보아야 한다. 한쪽에서는 고요하고 명상적으로 서술되고, 다른 한쪽에서는 아주 극적이고 강력하고 압도적으로 서술되었을 뿐 같은 믿음이 이야기되고 있다.

아이스퀼로스의 신념이 가진 주요 긴장이 다른 비극작품들에서 좀 더 강하게 드러난다. 『페르시아인들』에서 인간 오만에 대한 신적 처벌 사상은 상당히 단순하고 직선적으로 전개된다. 주요 긴장이 가장 분명하게 나타나는 작품은 우리가 그것을 발견할 수 있는 한에서 그의 대삼부작들이다. 현존하는 가장 오래된 작품인 『탄원하는 여인들』은 이에 해당하지 않는바 삼부작의 첫 작품만 남아 있고 나머지 두 작품은 소실되었기 때문이다. 온전하게 남아 있는 오레스테스 삼부작 이외에 랍다코스 집안을 다룬 삼부작도 이에 해당할 수 있다. 다행히도 삼부작의 마지막 작품인 『테바이를 공격한 일곱 장수』가 남아 있기 때문이다.

오레스테스 삼부작에서 시인의 창조적 언어 상상력과 조어 기술뿐만 아니라, 종교적·윤리적 주요 긴장은 정점에 이르렀다. 시인이 역사상 유례없이 강력하고 남성적인 작품을 사망 직전의 말년에 완성했다는 것은 가히 불가사의한 일이다. 다음으로 눈에 띄는 것은 첫 작품과 이어지는 나머지 두 작품의 불가분성이다. 작품들을 따로 떼어 상연하는 것은 엄밀히 말해 일종의 야만행위이며, 『자비로운 여신들』은 말할 것도 없이 오로지 삼부작 전체의 대단원일 때만 존재 의미가 있다. 『탄원하는 여인들』과 마찬가지로 『아가멤논』은 자기 완결적 작품이 아니며, 전적으로 다음 작품으로 나아가는 단계다. 아트레우스 집안을 짓누르는 가문의 저주는 연속된 저주극 삼부작을 만들어내며, 삼부작의 각 작품은 각 세대를 보여주는데, 예를 들어 오레스테스는 마지막 작품에서, 아가멤논은 첫 작품에서 중심인물로 묘사된다. 여기서 저주 자체가 문제의 중심이 아니라, 핵심에 놓여 있는 것은, 첫 작품이 전체의 배경을 제시한 이후, 아폴로가 오레스테스에게 생모에 대한 피의 복수를 완수하도록 요구함으로써 오레스테스가 원하지 않으면서도 벗어날 수 없는 죄악에 휘말린다는 것, 특수하고 특별한 이율배반을 가진 비극적 문제였다. 삼부작의 마지막 작품은 인간 지혜로는 도저히 풀 수 없는 이런 매듭을 신적 자비의 기적을 통한 해결을 다룬다. 모친 살해자의 무죄 선고와 함께 피의 복수라는 전통, 옛 귀족지배의 끔찍한 잔재는 일소되며, 정의의 유일무이한 보호자로 새로운 법치국가가 도입된다.

오레스테스의 죄는 그의 성격과 전혀 무관했고 시인도 그런 성격의 인물을 의도하지 않았다. 오레스테스는 단지 피의 복수라는 의무를 짊어진 불행한 아들이었고 성년이 된 순간 그를 기다리고 있는 것은 대물림된 저주스런 과업이었다. 이로 말미암아 목숨은 아직 붙어 있었지만 삶은 이미 파괴될 터인데도, 부단히 과업에서 벗어나고자 하는 오레스테스를 옴짝달싹할 수 없이 붙들어 과업을 감행하도록 델포이의 신은 계속 부추기고 재촉한다. 여기서 오레스테스는 벗어날 수 없는 운명의 담지자로 등장한다. 문제제기자 아이스퀼로스의 면모를 이보다 완벽하게 보여주는 작품은 없다. 정의를 보호하는 신적 힘들의 충돌이 묘사된다. 살아 있는 인간은, 이런 신적 힘들이 파괴적으로 서로 충돌하는 현장일 뿐이다. 모친 살해자의 최종 무죄방면은 극의 끝에서 빛을 잃고, 서로 갈등하는 옛 신들과 새로운 신들이 맺는 보편적 화해, 국가를 다스리는 새로운 정의질서의 수립, 복수의 여신들이 엄숙한 음악 속에서 자비로운 여신으로 변신하는 행복한 결말을 노래하는 합창이 빛을 발한다.

아비들의 죄를 죄 없는 자식들이 갚을 수밖에 없다는 솔론의 사상을, 테베 왕가의 비극을 다룬 삼부작의 마지막 『테바이를 공격한 일곱 장수』가 완결적으로 표현한다. 이 작품이 어떤 점에서 오레스테스 삼부작보다 더 어두운 비극인 이유는 형제 살해의 결말 때문만은 아니다. 에테오클레스와 폴뤼네이케스는 랍다코스의 집안을 짓누르는 가문 저주의 희생물이 된다. 아이스퀼로스는 가문 저주의 출발을 윗대의 죄악에서 찾는다. 분명 시인의 경건한 감정은, 전해지는 마지막 작품의 묘사를 보면, 이런 배경 없이 이런 사건은 불가능하다고 생각했을지 모른다. 하지만 『테바이를 공격한 일곱 장수』가 표현한 것은, 경건한 윤리성이 요구하는 대로 빈틈없는 신적 형벌의 무자비한 집행과 다른 것이었다. 이 작품의 강조점은, 옛 죄악이 낳은 무자비한 인과성이 여기서, 만약 좋은 운을 타고났다면 타고난 탁월함으로 훌륭한 통치자와 영웅이 되었을지도 모르는 인간, 처음 보는 순간 동정을 금할 수 없는 인간을 몰락으로 끌고 간다는 사실이다. 도시의 수호자 에테오클레스는 점점 더 의식적으로 묘사되는 반면, 폴뤼네이케스는 그림자로 남는다. 개인적 탁월함과 초개인적 운명이 여기서 더없이 굉장한 긴장 속에 대립한다. 이 작품은 간단명료하고 단순한 죄와 벌의 논리를 가진 『페르시아인들』과 아주 극명한 외적 대비를 이룬다. 윗대의 잘못이 이어진 세 번째 고리는 이제 닻줄로서 자손의 엄청난 고통이 가하는 무게를 지탱하지 못할 것처럼 보인다. 『자비로운 여신들』에서 마지막 화해 장면의 내적 의미는 『테바이를 공격한 일곱 장수』의 마지막 불화 장면을 절실히 느낄수록 더욱 커진다.

『테바이를 공격한 일곱 장수』의 이율배반에는 대담함이 있다. 신적 정의라는 전제조건들을 절대적으로 따르는 가운데—우리는 시인의 뜻에 따라 신적 정의의 섭리를 개별 인물들에 비추어 판단해서는 안 되며, 전체를 조망하는 가운데 짐작할 수 있다―아이스퀼로스는 여기서 청중에게, 벗어날 수 없는 운명이 보여주는 인간적으로 끔찍한 인상을 다른 무엇보다 특별히 부각했다. 운명은 그 과업을 냉혹한 결말까지 수행하며, 에테오클레스 같은 영웅은 운명에 침착하고 대범하게 맞선다. 이 비극의 새롭고 놀라운 것은 비극적 의식이며, 아이스퀼로스는 가문의 마지막 후손이 이런 비극적 의식 속에 피할 수 없는 죽음을 맞이하게 했다. 이런 의식을 통해 시인은, 더없이 뛰어난 탁월성을 비극적 순간에야 비로소 보여주는 인물을 창조한다. 에테오클레스는 죽게 될 것이다. 하지만 죽음에 이르렀을 때 그는 정복과 굴종의 위험에 처한 조국을 구하게 될 것이다. 그의 죽음이라는 고통스러운 소식 가운데 우리는 해방의 환호성을 듣지 않을 수 없다. 아이스퀼로스는 평생을 두고 싸운 운명 문제를 해결할 인식에 이른다. 죽음에 처한 바로 그 순간 고통받던 인간을 드높이는 비극적 위대함이 드러난다는 사실을 깨닫는다. 고통받는 인간이 삶을 운명에 바치며 전체를 구원하는 바로 그 순간, 아무리 경건한 뜻에서일지라도 도저히 받아들일 수 없었던바 진정한 탁월함의 죽음을 우리는 수긍하게 된다.

　『페르시아인들』 혹은 『탄원하는 여인들』과 같은 낡은 유형의 비극과 달리 『테바이를 공격한 일곱 장수』에서 획기적인 것은, 우리가 가지고 있는 작품에 한하여 볼 때 여기서 처음으로 영웅이 극 전개의 중심에 위치한다는 점이다. 초기 비극들에서는 합창대가 주요 인물이었고 극 전개의 주체였다. 『테바이를 공격한 일곱 장수』의 합창대는 『탄원하는 여인들』의 다나오스 딸들과 달리 개성을 띠지 않고 다만 비극의 분위기를 완성하는 탄원과 비극 공포의 전통적 요소였을 뿐이다. 그것은 단지 도시의 포위공격 때문에 공황 상태에 빠져 아이들과 허둥대고 있는 여인들뿐이다. 질겁한 여인들을 배경으로 하여, 영웅이 남성적 태도의 우월하고 진지하고 신중한 힘을 과시하며 나타난다. 희랍비극이 본래 행동보다 고통을 표현한다고 할 때, 에테오클레스는 마지막 숨을 내쉴 때까지 행동으로써 고통을 표현하고 있던 것이다.

『결박된 프로메테우스』에서도—이 하나에만 국한된 것이 아니라 삼부작 전체에 걸쳐—개별 인물이 무대 전면에 등장한다. 물론 우리는 오늘날 전해지는 단 하나의 작품을 놓고 이렇게 판단하는 것이다.『결박된 프로메테우스』는 천재의 비극이다. 에테오클레스는 영웅으로 죽었지만, 비극의 원천은 그의 권력이나 전쟁도, 그의 성격도 아니다. 그것은 외부에서 온다. 반면 프로메테우스의 고통과 잘못은 그에게서, 그의 성격과 행동에서 유래한다. "나는 의도적으로, 그래 의도적으로 잘못했고, 이를 부인하지 않는다. 인간들을 도와줌으로써 나는 고난을 자초했다."[13] 따라서『결박된 프로메테우스』는 현재 남아 있는 비극작품들과 전혀 다른 차원에 속한다. 그럼에도 그의 비극성은 개별 존재로서 개인에 있지 않다. 그것은 다만 그가 가진 창조적 정신의 비극이다. 프로메테우스는 아이스퀼로스라는 시인 영혼의 자유 창작물이다. 헤시오도스에게 프로메테우스는 단순히 불을 훔친 잘못으로 제우스의 형벌을 받는 범법자였다. 실제로 아이스퀼로스는 이후 수백 년 동안 제대로 평가받지 못하는 놀라운 그의 상상력을 동원하여, 프로메테우스라는 인물에게서 영원한 인간 상징을 발견했는바 프로메테우스는 고통받는 인간에게 불을 가져다준 자였다. 불이라는 신적 힘은 아이스퀼로스에게 인간문명의 상징이었다. 프로메테우스는 문화창조의 정신이며, 인식을 통해 세계를 꿰뚫는 정신이며, 세계와 세계의 힘을 그의 목적과 의지에 맞추어 조직하는 정신이며, 세계의 보고(寶庫)를 열어 불안하

---

13)『결박된 프로메테우스』266행.

게 흔들리는 삶을 살아가는 인간들을 안정된 토대 위에 세우려는 정신이다. 신들의 전령과 종들은 그를 바위에 묶으면서 조롱하고, 힘의 전령은 프로메테우스를 지식교사, 발명의 대가라고 부른다. 이오니아 철학자들과 계몽주의자들이 만든 승승장구하는 발전이라는 문명발생 이론에서—다섯 세대 신화와 세계 몰락이라는 농부 헤시오도스의 비관론과 정반대 이론—아이스퀼로스는 그의 정신 영웅과 면모를 묘사하기 위한 색채를 가져왔다. 프로메테우스는 창조적 상상력과 발명의 힘으로 날갯짓하며, 고통받는 인간들에 대한 사랑에서 생명을 얻고 있다.

『결박된 프로메테우스』에서 고통은 인류의 종적 특징이 되었다. 하루살이의 어둠 속 동굴에 프로메테우스는 문화의 빛줄기를 드리운다. 이런 행동으로 비웃음거리가 되어 바위에 못 박힌 신을 통해 아이스퀼로스가 인류운명을 표현했음의 증거를 요구한다면, 그것은 프로메테우스가 인류와 함께 수천 배로 가중된 고통을 당하고 있음이다. 여기서 시인이 의도적으로 비유를 끌어들였다고 주장해보고 싶지 않은 사람은 없을 것이다. 희랍 비극의 신화인물들에게 고유한 것이면서 동시에 신화인물들을 언젠가 어디선가 살았던 어떤 인간처럼 보이게 하는 요소인 개인의 한계가 프로메테우스에서는 다른 예들처럼 잘 드러나지 않는다. 수많은 세월 프로메테우스는 인간의 대표자로 여겨져 왔고, 인간은 그 현장을 보면서 자신이 바위에 못 박혔다고 느꼈고, 종종 무기력한 증오로 가득 찬 그의 절규에 공감했다. 아이스퀼로스가 프로메테우스를 무엇보다 생명력 넘치는 극적 인물로 그리려고 했을 때, 불을 훔치는 사건을 재해석하려는 기본 개념에는 이미 처음부터 철학적 요소, 인간정신이 영겁의 세월로도 결코 전부 길어낼 수 없는 위대하고 심오한 인간이념이 들어 있었다. 투쟁 속에 고통받는 영웅이라는 상징을 만들어냄으로써 모든 인간 창조물 가운데 가장 탁월하게 인간 고유의 비극성을 표현한 것은 희랍문명의 공로다. 이 상징과 무관하게, 세상의 죄 때문에 고통을 당한 '이 사람(ecce homo)'은 다른 정신에서 유래하는 새로운 상징이며, 이 또한 인류의 상징으로 영원한 유효성을 가질 것이다. 희랍 비극작품들 가운데『결박된 프로메테우스』가, 민족과 무관하게 모든 시인과 철학자가 사랑하는 작품이 된 것은 이런 이유다. 인류 정신 속에 프로메테우스의 불꽃이 꺼지지 않는 동안 프로메테우스는 영원히 인류의 상징으로 남을 것이다.

이런 아이스퀼로스 창작의 영원한 위대함은 절대로 어떤 신적 계보의 비밀이 아니라─삼부작의 소실된 두 번째 작품에서 이 비밀이 폭로되면서 프로메테우스에게 공개적 위협과 잠재적 위협이 암시된다─프로메테우스라는 인물이 보여주는─이를 비극적으로 가장 잘 표현한 계기는 당연히『결박된 프로메테우스』다─정신의 영웅적 과감성이다.『해방된 프로메테우스』는 이런 그림을 완성하기 위한 보강이었음이 틀림없다는 주장은, 우리가 이 작품에 대해 확정해 말할 수 있는 것이 없는 이상, 받아들여야 할 것이다.『결박된 프로메테우스』에서 폭압적 독재권력으로 묘사되는 신화적 제우스가『해방된 프로메테우스』에서 아이스퀼로스적 신앙의 제우스로, 예를 들어『아가멤논』과『탄원하는 여인들』에서 칭송받은 것처럼 영원한 지혜와 정의를 상징하는 제우스로 변모하는지, 변모한다면 어떻게 변모하는지는 알 수 없다. 우리는 시인 자신이 프로메테우스라는 인물을 어떻게 생각했는지 알고자 한다. 분명 아이스퀼로스의 생각에 따르면 프로메테우스의 과오는 신들의 재산을 침해한 절도가 아니라, 아이스퀼로스가 생각한 이런 절도행위의 정신적·상징적 의미에 상응하여, 놀라운 선물을 인간에게 주려는 프로메테우스의 선행이 가진 심각한 비극적 결함에 있었다.

자고로 계몽은 인간에게 적대적인 내외부의 힘을 제압하는 인식과 기술의 승리다. 이런 믿음에 아이스퀼로스는『결박된 프로메테우스』에서 이론을 제기하지 않았다. 우리가 듣는 것은 다만, 어둠에서 진보와 도덕의 빛으로 인류를 이끌어 인류가 이를 누릴 수 있게 도운 자신의 선행을 자랑하는 영웅의 이야기이며, 오케아노스의 딸들로 구성된 합창대가, 비록 그의 행동에 동의하지는 않지만, 그래도 프로메테우스의 신적 창조력을 조심스럽게 경탄하는 노래다. 프로메테우스가 인간을 위한 발명품들을 우리가 그의 생각에 전적으로 동의하지 않을 정도로 자랑하게 한 것을 보면, 시인 자신도 이런 희망적 자부심과 프로메테우스의 위대한 천재성에 기꺼이 동의했음이 분명하다. 하지만 아이스퀼로스는 인간 창조자와 문명 건설자의 운명이 궁극적으로 찬란한 영광을 얻으리라고 생각하지 않았다. 창조정신의 독립성과 완고함은 한계를 모른다고 합창대는 거듭해서 이야기한다. 프로메테우스는 자신을 형제 티탄족과 구분했고 그들 일의 무망함을 알았다. 왜냐하면 그들은 오로지 노골적 폭력만을 인정하여 정신적 능력이 세계를 지배하리라는 점을 들으려 하지 않았기 때문이다.(프로메테우스는 올림포스의 새로운 질서가 타르타로스로 추락한 티탄족을 압도할 것임을 알았다.) 하지만 세계 통치자가 부여한 운명 때문에 고통받는 인간을 억지로라도 구하려는 프로메테우스의 과도한 인류애는, 또 창조 본능의 오만하고 지나친 분출은 그가 티탄족의 한 명임을 말해주고 있다. 이런 그의 정신은 제아무리 숭고하다 해도, 형제들의 폭력 이상으로 티탄 본성에 훨씬 더 가깝다. 『해방된 프로메테우스』초반부를 보여주는 단편에서 제우스는 티탄족 형제들의 족쇄를 풀어주고 그들과 화해한다. 그들이 프로메테우스가 묶여 고통받고 있는 곳을 방문했을 때, 그는 그들이 알고 있던 것보다 훨씬 더 끔찍한 형벌을 당하고 있었다. 여기서 다시 한 번 우리는 이 장면의 상징성을 간파하지 않을 수 없고, 하지만 나머지가 전해지지 않기 때문에 이 상징의 전모를 파악할 수도 없다. 다만『결박된 프로메테우스』의 합창대가 외치는 경건과 겸손은 우리에게 한 가지 암시를 제공한다.[14] "하지만 그대가 온갖 불운한 고통에 찢기는 것을 보니, 나는 마음이 오싹해요. 프로메테우스 님, 이는 그대가 제우스를 두려워하지 않고 제멋대로 인간들을 과분하게 존중한 탓이에요. 자, 친구여, 말씀해보세요. 그대의 호의가 얼마나 보답받지 못했는지! 그대를 위한 구원은 어디 있고 하루살이들로부터는 어떤 도움이 있었는지요? 그대는 보지 못했나요. 허약하고 꿈같은 무기력이 인간들의 눈먼 종족의 발을 묶고 있음을? 인간들의 계획이 제우스의 질서를 벗어나는 일은 결코 없을 거예요."

이렇게 티탄족 문화 창조자의 비극은 합창대를 공포와 연민을 통해 비극적 인식으로 이끌었다. 합창대는 이어지는 대화에서 이렇게 말한다.[15] "그대의 잔혹한 운명을 보고 내 그것을 알았어요. 프로메테우스 님." 이 자리는 아이스퀼로스가 생각한 비극효과와 관련하여 매우 중요한 자리다. 합창대가 말한 생각은, 관객이 나름대로 느꼈던 생각과 다르지 않다. 합창대와 관객의 이런 융합은 아이스퀼로스의 합창대 예술에 나타난 새로운 발전 단계라 하겠다.『탄원하는 여인들』에서 다나오스의 딸들로 구성된 합창대는 유일한 배우이며, 사실상 그 외의 누구도 주인공이라 할 수 없다. 이것이 합창대의 본래 성격임을 최초로 프리드리히 니체가 누구보다 분명하고 단호하게, 천재적이면서도 동시에 많은 문제를 안고 있는 초기작『비극의 탄생』에서 언급했다. 하지만 이런 발견을 일반화할 필요는 없다. 합창대 대신 한 개인이 운명의 담지자가 되었을 때, 합창대는 주인공에게 밀

14)『결박된 프로메테우스』539행 이하.
15)『결박된 프로메테우스』553행 이하.

려니게 되었다. 이제 점차 합창대는 "이상적 관객"으로 바뀌었다. 물론 극 전개에 참여하려는 합창대의 시도는 상당 기간 계속되었다. 희랍비극에서 합창대가 오케스트라에 서서, 사건의 비극적 체험을 합창을 통해 공감하고 이를 객관적으로 바라본다는 점은, 비극이 교육적 힘을 제공하는 가장 강력한 원천이다. 『결박된 프로메테우스』의 합창대는 전적으로 공포와 연민이며, 이를 통해 비극효과를 실현한다. 아리스토텔레스에게 비극효과를 정의하는 데 이보다 나은 표본은 없었을 것이다. 합창대는 프로메테우스의 고통에 융화되어 비극 결말에서는 신들의 경고를 무릅쓰고 프로메테우스에 대한 무한한 연민으로 저승의 나락으로 함께 떨어지지만, 그럼에도 합창대는 합창대를 감각에서 성찰로, 비극적 격정에서 비극적 인식으로 이끈 합창곡을 부르는 가운데 자신을 정화한다. 합창대는 이로써 비극이 의도했던 최고 목표에 도달한다.

『결박된 프로메테우스』의 합창대가 말하는바 고통을 통해서만 거기에 이르게 되는 최고의 깨달음이 있음은, 아이스퀼로스의 비극종교가 시작된 근원이다. 그의 모든 작품은 이런 위대한 정신적 일관성에 기초한다. 이런 일관된 흐름은 『결박된 프로메테우스』에서 거슬러 『페르시아인들』에 이르는데, 여기서 다레이오스의 유령은 이런 생각을 발설한다. 다시 여기서 『탄원하는 여인들』의 고통스러운 기도에 나타난 심오한 생각으로 이어지는데, 여기서 다나오스의 딸들은 곤란에 처해 제우스가 제시한 이해할 수 없는 길을 이해하려 고전한다. 이는 다시 오레스테스 삼부작으로 이어지는데, 여기서 『아가멤논』의 엄숙한 기도에서 시인의 개인적 믿음이 숭고한 형태로 표현된다.[16] 평생 커다란 의심 속에 갈등하면서도 품어왔던 믿음, 고

---

16) 『아가멤논』 160행 이하.

통이 가져올 궁극적 축복이라는 감동적 믿음은, 진정한 개혁자의 의지와 심오함을 표현하는 불멸의 힘을 가지고 있다. 이는 예언자적, 아니 그 이상이다. "제우스, 그분께서 어떤 분이시든"으로 시작하는 합창에서, 존재의 영원한 비밀을 감춘 마지막 문 앞에서 합창대는 기도하고, 오로지 고통 속에서만 그 뜻을 짐작할 수 있는 신은 "인간들을 지혜로 이끄시되, 법을 제시한다. 고통을 통해 지혜에 이르리라. 마음은 잠 못 이루고 과오의 기억으로 고통스러워하며, 원치 않는 자들에게도 분별이 생겨난다. 이는 분명 저 두려운 키잡이의 자리에 앉아 힘을 행사하시는 신들께서 내려주신 은총이라네." 이런 인식을 통해 비로소, "의심의 짐을 덜어내고자 애쓰던" 우리의 비극시인은 다시 마음의 평화를 얻는다. 이런 맥락에서, 티탄족이라는 원초적 자연과 오만방자하게 행동하는 힘을 제압한 승자로서 제우스를 칭송하던 신화는 이제 순수상징이 되고, 여기에서 시인은 평온을 얻는다. 질서는 모든 위법행위에 맞서 거듭 일어서며 마침내 혼돈을 극복한다. 우리가 이를 이해하든 못하든, 이것이 고통의 의미다.

경건한 마음은 내적으로 고통의 압박 가운데 이렇게 신적 승리의 아름다움을 체험한다. 마치 하늘의 독수리처럼 온 마음으로 승리의 함성, 생명을 가진 모든 것이 정복자 제우스를 연호하는 것을 온전히 느낄 수 있는 자만이 이를 진정으로 이해할 수 있다. 이것이야말로 『결박된 프로메테우스』에서 제우스가 세운 질서의 의미인바, 인간은 이를 결코 넘어설 엄두조차 낼 수 없고 티탄이 만든 인간문명도 결국 제우스의 질서에 따라야 한다. 여기에 더없이 심오한 의미가 있는바 이는 시인의 말년에 만들어진 오레스테스 삼부작의 결말에서 국가적 질서의 모습이 제시되고 이런 질서 가운데 모든 갈등이 화해되어 영원한 안식을 취하게 된다는 사실을 가장 의미 있게 설명하는 방법일 것이다. 이런 질서에 편입됨으로써, 비극이 창조한 비극적 인간이라는 새로운 인물은 존재와의 숨겨진 화해를 드러내며, 영웅적으로 고양된 인내와 생명력 가운데 좀 더 높은 단계의 인간문명에 이른다.

소포클레스의 비극적 인간

아티카 비극을 교육적 권능으로 여긴다면, 소포클레스와 아이스퀼로스를 함께 다루어야 한다. 소포클레스는 선배 시인을 계승한다는 의식을 가지고 있었고, 아이스퀼로스를 아테네 비극의 정신적 지주이자 존경스러운 영웅으로 생각하던 당대의 여론은 소포클레스에게 후임 자리를 승인했다. 이런 관점은 실로 문학 본질에 대한 희랍적 이해에 깊이 뿌리내리고 있는바 그들은 문학을 기본적으로 일회적 개별로 보지 않았고, 다른 사람에게 전수되어 전수자에게도 여전히 완전한 척도로 작동하는 자율적 생산적 예술형식으로 이해했다. 이것은, 예를 들어 비극 창작에서 확인할 수 있는데, 세상에 등장하여 모두를 압도하는 지위를 확보한 비극은 동시대 및 후대의 정신을 위해 더없이 숭고한 도전에 온 힘을 쏟아야 한다는 것을 무언가 사명으로 받아들였다.

희랍인들의 모든 문학 생산에 내재하는 이런 도전정신이 더욱 고조된 것은 예술이 공공생활의 중심으로 정신적·국가적 당대 질서의 표현으로 자리 잡은 것에 비례하며, 도전정신은 극예술에서 분명 절정에 이르렀다. 이것이 아류 혹은 삼류 시인들이 디오뉘소스 축제 경합에 앞다투어 무섭게 쇄도한 사실을 설명하는 유일한 길이다. 시대를 뛰어넘어 작품이 전해지는 극소수 대가들이 당시 얼마나 많은 추종자 무리에 둘러싸여 있었는지를 들을 때마다 오늘날 우리는 늘 새롭게 경탄하게 된다. 국가는 사실 주최와 시상을 통해 이런 경합을 (부추긴 것은 아니고) 다만 착실하게 유도했을 뿐이다. 물론 이것 자체가 독려인 셈이었다. 여기서 간과할 수 없는 것은, 해마다 이어지는 이런 도전과 비교는―모든 예술에서, 특히 희랍예술에서 장인에게 요구되는 절대 수준과는 별개로―정신적·사회적 측면에서도 계속해서 새로운 예술형식에 통제로 작용했다는 점인데, 이는 예술의 자유를 침해하지 않으면서, 위대한 유산의 사소한 침해나 비극효과의 깊이와 강도에 나타나는 사소한 상실에도 민감하게 반응하도록 대중의 판단을 늘 각성시켰다.

이는 아테네의 위대한 비극시인 삼인방처럼 서로 완전히 다르고 어느 관점에서도 서로 비교 불가능한 대가들을 비교하는 일에, 비록 무제한은 아니지만, 정당성을 부여한다. 세부적으로 소포클레스와 에우리피데스를 아이스퀼로스의 후계자로 해석하는 것은 늘―바보짓이 아니라면―부당한 일로 여겨졌다. 그럴 경우 이들에게 어울리지 않으며 이들 시대에 적합하지 않은 척도를 이들에게 강요하게 된다. 모름지기 훌륭한 후계자란 독자적 활동의 역량을 갖추었을 때 흔들림 없이 자기의 길을 걸어가는 사람이다. 희랍사람들이야말로 늘 창시자라는 명성 이외에 완성자라는 명예를 추구하는 데 타고난 사람들이었고, 좀 더 높은 수준으로 인정받기를 원했고, 한 예술 분야에서 선구적 창작이 아닌 가장 완벽한 창작을 최고의 독창성으로 간주했다.[1] 하지만 예술가가 자기 역량을 선대의 전승형식에 기대어 발전시킨다고 할 때, 그는 전승형식을 받아들이고 이를 기준 삼아 자기 작품이 전승형식의 가치를 유지했는지, 떨어뜨렸는지 아니면 높였는지 등을 판단하지 않을 수 없다. 희랍비극의 발전은 단순히 아이스퀼로스에서 소포클레스로, 다시 소포클레스에서 에우리피데스로 이어지지 않는다는 사실은 명백하다. 어떤 의미에서 소포클레스만큼이나 에우리피데스도 아이스퀼로스의 직접적 후계자라고 할 수 있다. 실제 그는 소포클레스보다 먼저 세상을 떠났다. 두 사람은 전혀 다른 생각으로 선배 대가의 작품을 발전시켰다. 그리고 지난 세대의 연구가 강조했는바 에우리피데스와 아이스퀼로스의 유사성이 이들과 소포클레스의 유사성보다 크다는 것은 근거가 없지 않다. 아리스토파네스와 그의 동시대 여론이 에우리피데스를 소포클레스의 비극이 아니라 아이스퀼로스의 비극을 망친 자라고 비판한 것도 부당하지 않다. 에우리피데스는 다시 아이스퀼로스의 비극을 끌어들여 그 영향범위를 실로 축소하지 않고 확장했다. 그의 성취는 위기의 시대정신에 활로를 개척했다는 점이며, 아이스퀼로스의 종교적·도덕적 회의(懷疑)를 새로운 문제의식으로 대체했다는 것이다. 문제를 중시한다는 점에서 아이스퀼로스와 에우리피데스는 극명한 차이에도 불구하고 큰 유사성을 가진다.

이렇게 보면 소포클레스는 발전 경로에서 거의 벗어나 비켜 서 있는 것처럼 보인다. 두 위대한 동료 예술가의 격정적 내면성과 사적 체험은 소포클레스에서 사라졌다고 생각하고, 예술적 형식 엄수와 선명한 객관성을 근거로 소포클레스를 비극의 정점으로 파악한 고전주의의 경탄을 사람들은 오늘날 역사적인 것으로 치부하고, 이런 선입견은 진작 극복되었다고

---

1) 이소크라테스 『축하연설』 10.

생각한다. 이와 거의 동시에 과학 애호와 이에 따른 현대적·심리학적 유행은, 오랫동안 무시된 것인바 초기 아티카 비극의 아직은 조야하지만 그래도 정신적으로는 심오한 상고성, 그리고 후기 아티카 비극의 세련된 주관주의에 관심을 두게 되었다. 마침내 이런 변화된 인식에 따라 소포클레스의 위치가 좀 더 명확히 규정될 필요가 있었을 때, 사람들은 소포클레스의 성공 비밀을 예전과 다른 영역에서 찾아야 했고, 그래서 순수한 연출기법에서 비결을 찾아냈다. 그의 연출은 아이스퀼로스의 주도로 소포클레스의 청년기에 전개된 무대기술의 발전과 더불어 성장했고 확신에 차서 무대효과를 지상명령으로 간주했다는 것이다.[2] 그런데 이것이 소포클레스의 전체에서 중요하더라도 그저 한 부분이면 모를까, 만약 그 이상이라면 정당하게 묻지 않을 수 없다. 어떻게 소포클레스가 고전주의자들뿐 아니라 이미 고대세계도 인정한 완성자의 지위를 가지게 되었는가? 이는 단순히 미학적 관점이 아닌 희랍 교육역사의 관점에서 문학을 볼 때 특히 중요한 물음이다.

분명 소포클레스는 종교적 고지(告知)에서 아이스퀼로스에 뒤진다. 소포클레스 본인은 고요하고 깊은 신앙심을 품고 있었지만, 그의 작품은 이런 신앙심을 전면으로 불러내 표현하지 않았다. 에우리피데스의―전통적 의미에서―불신앙이 오히려 소포클레스의 굳건하면서도 드러나지 않는 신앙보다 훨씬 더 깊은 신앙고백처럼 보일 정도다. 이 문제로부터 소포클레스의 본모습을 정확히 파악할 수 없음은 최근의 학적 검토도 인정하는 바

---

2) Tycho von Wilamowitz-Moellendorff의 저서 『소포클레스의 연출기법』(Berlin, 1917)은 이런 연구 방향에서 최근 10년 동안 최고의 성과를 기록했는데, 동시에 이런 연구 방향이 도달할 수 있는 한계 또한 명확하게 보여주었다.

다. 그도 아이스퀼로스 비극을 발전시킨 사람이었고 아이스퀼로스 비극의 사상 내용을 물려받은 상속자였다. 실로 우리는 그의 무대효과에서 시작해야 한다. 하지만 이것 전체는 영리하고 탁월한 그의 연출기법을 이해한다고 해서 파악되는 것은 아니다. 소포클레스는 전반적으로 의식적 개선과 세련화 작업을 맡은 두 번째 세대의 대표주자로서 기술적으로는 옛 아이스퀼로스를 능가했다는 주장은 거의 자명한 사실로 받아들여질지도 모른다. 하지만 다음과 같은 사실, 오늘날의 달라진 취향을 실제로도 충족하면서 아이스퀼로스와 에우리피데스의 작품을 오늘날의 무대에 정착시키려는 합리적 시도들은 다소간 전문가적 청중을 상대로 한 개별 실험 수준을 넘어서지 못했다는 사실, 그리고 소포클레스가 고전주의적 선입견 때문이 아니라 명실상부하게 오늘날 유일하게 우리 극장의 상연목록에 계속해서 등장하는 유일한 희랍 비극시인이라는 사실은 어떻게 설명될 수 있을까? 아이스퀼로스의 비극은 비극 내에서 압도적 지위를 가지는 합창대의—합창대가 노래와 춤은 추지 않고 계속해서 대사를 던지는—비연극적 고착화를 오늘날의 무대에서마저 여전히 사상과 언어의 내적 충격을 통해 극복할 수는 없을 것이다. 또 에우리피데스의 비극 대화가 오늘날처럼 격동의 시대에 당대와 유사한 반향을 불러일으켰지만, 시민사회의 유행만큼 쉽게 변하는 것이 무엇이겠는가? 에우리피데스와 비교 불가능한 입센 혹은 졸라도 오늘날 우리에게서 얼마나 멀리 떨어져 있는가를 생각한다면, 에우리피데스의 당대 인기가 얼마나 강력했을지를 이해하기에는, 우리가 극복할 수 없는 한계에 갇혀 있음을 알게 될 것이다.

오늘날 우리에게 잊히지 않는 강렬한 인상을 남겼고 소포클레스의 불멸성을 세계문학사에 각인시킨 부분은 그가 창조한 등장인물들이다. 희랍 비극시인들의 창조물들 가운데 무대와 무관하게, 등장한 극의 맥락을 떠나서도 사람들의 상상 속에 살아 있는 창조물은 무엇이냐고 묻는다면, 소포클레스는 월등한 차이로 선두일 것이다. 인물 자체의 탈문맥적 생명력은 사실 사람들이 소포클레스를 흠잡아 말하던바 그저 아름답게만 만들어진 무대 전개와 무대 행동의 일시적 효과만으로는 절대 얻어질 수 없다. 이런 피와 살을 가진 사실적 인간상들, 강력한 열정과 섬세한 감각, 불굴의 영웅적 위대함과 진정한 인간성을 보태어 우리와 닮았으면서도 범접할 수 없는 숭고함과 고귀함이 부여된 인물들을 창조해낸 소포클레스의 태평스러울 만큼 단순하고 자연스러운 지혜의 비밀을 아마도 오늘날 우리로서는 도저히 풀 수 없을지 모른다. 소포클레스의 인물에는 억지스러운 궤변이나 인위적 과대과장이 없다. 후대인들은 기념비적 성과를 헛되이 과도한 것, 터무니없는 것, 효과적인 것에서 찾아내려 했다. 소포클레스의 기념비적 성과는 억지스럽지 않은 자연 비율에서 나타난다. 진정한 기념비적 성과는 언제나 단순하고 명쾌하다. 그 비결은 모든 비본질과 우연을 제거하고, 이를 통해 범속한 눈에 보이지 않던 내적 원리가 분명히 드러나기 때문이다. 소포클레스의 인물은 아이스퀼로스의 인물처럼 불쑥 땅에서 쏟아난 땅딸막한 진흙형상의 인물과 달랐다. 아이스퀼로스의 인물은 소포클레스의 인물에 비해 경직되어, 아니 마비되어 보였고, 운동성이 보이는 경우에는 균형감각이 모자라 에우리피데스의 인물들과 흡사했다. 우리는 에우리피데스의 주인공들을 '인물'이라고 부르고 싶지 않은데, 분장과 대사 등 공연의 2차원을 넘어 현실적·육체적 존재로 응축되지 못하기 때문이다. 선구자와 후계자의 중간에 위치한 소포클레스는 타고난 인물창조자였다. 그는 그가 창조한 인물군상들을 마치 일도 아닌 양 주변에 세워놓았다. 좀더 정확하게 말하자면 그들이 그를 에워싸고 있었다. 몽상적 변덕과 자의성만큼 진정한 인물창조와 멀리 떨어진 것도 없다. 모든 인물은 필연성에서 태어난다. 전형이라는 공허한 보편성에서도 아니며, 개별 인물의 일회적 특수성에서도 아니며, 오로지 비본질적인 것을 배척하는 실체 자체에서 태어난다.

사람들은 종종 문학과 조형예술을 비교했고, 비극시인 삼인방을 조형예술의 각 발전 단계와 연결하곤 했다. 이런 비교는 모두 가벼운 장난처럼 행해졌고, 현학적일수록 더욱 그러했다. 우리도 앞서 올림피아 박공 조각의 중심 신성을 상고기 비극의 중심인 제우스 혹은 운명의 신과 상징적으로 비교했는데, 이런 비교는 순수 관념적 비교였을 뿐 시인이 창조한 인물의 조형성을 함축하지는 않았다. 그런데 우리는 소포클레스가 나머지 비극작가들과 공유하지 않는 부분을 설명하기 위해, 비극시인을 조형예술 발전에 대비하는 것을 애초 배제하는 한에서, 소포클레스를 비극의 조각가라고 부르고자 한다. 비극의 인물만큼이나 조형예술의 형상도 비교 불가능한 최종 원리들의 인식에 달렸고 정신 존재의 특수 원리들을 만지고 볼 수 있는 물체의 공간구조와 비교할 수 없는 법이다. 하지만 이 시대의 조형예술이 인간형상을 통해 내적 품성을 표현하는 데 궁극적 목표를 둔 것이 옳다면, 소포클레스 비극이 최초로 발견한 내면세계의 서광은 조형예술의 형상을 황홀하게 비춘다 할 수 있을 것이다. 이를 가장 명확하게 볼 수 있는 것은, 아티카 무덤에 세워진 동시대의 조각들에 깃든 인간성의 광채다. 이 조각들은 소포클레스 작품의 풍부한 표현과 성격에 비하면 아류라고 하겠으나, 조각들의 침묵 가운데 시인의 작품은 빛을 발한다. 그리하여 양자가 표현하는 내적 인간존재를 목격한 우리는 문학과 조형예술이 하나의 정신에서 영감을 얻었음을 깨닫는다. 이 정신은 고통과 죽음에 맞서 두려움 없고 명랑한 영원한 인간형상을 건설했고 이로써 진정하고 참된 종교적 확신을 고백했다.

아티카 정신의 영원한 기념비로 완숙기에 나타나는 것은 페이디아스의 조형예술과 함께 소포클레스의 비극이 있다. 양자는 똑같이 페리클레스 시대의 예술을 대표한다. 돌이켜보면 비극의 발전 초기는 전체적으로 이를 종착점으로 한다. 아이스퀼로스와 소포클레스를 그런 관계라고 말할 수 있지만, 소포클레스와 에우리피데스 혹은 기원전 4세기까지 이어진 비극의 후계자들을 그런 관계로 볼 수는 없다. 이들 모두는 끝물이었고, 에우리피데스의 성과와 전망은 문학을 넘어 철학의 새로운 왕국을 향하고 있었다. 따라서 소포클레스를 우리는 비극의 역사적 발전이 정점에 이르렀다는 의미에서 '고전적'이라고 부를 수 있고 아리스토텔레스가 말하려 했을지도 모르는바 그를 통해 비극은 '본성'에 도달했다. 하지만 그가 '고전'인 것은 전무후무한 무엇 때문인데, 이것은 고전이라는 표현에 단순히 문학 장르의 완성자라는 것 이상의 존엄을 부여한다. 그것은 희랍문명의 정신활동에서 그가 차지하는 위치인바 우리는 지금 이런 정신활동의 표현물로 문학을 먼저 고찰하고 있다. 인간교육의 객관화 과정으로서 희랍문학 발전은 소포클레스에서 정점에 도달한다. 여기서 비로소 우리가 앞서 소포클레스 비극의 인물에 관해 주장했던 바가 완전히 이해될 수 있으며 크게 확대될 수 있다. 소포클레스 인물의 탁월성은 단순히 외형적인 것에서 머물지 않고 인간성의 좀 더 깊은 지층에 이르며, 거기서 미학적인 것과 윤리 도덕적인 것이 상호 침투하고 상호 규정한다. 물론 이런 현상은, 옛 희랍문학의 검토에서 우리가 얻은 인식을 따르면, 희랍예술에서는 드문 일이 아니다. 하지만 소포클레스 비극에서 형식과 규범이 독특하게 하나로 통일되며, 소포클레스의 인물에서는, 아니 시인 본인이 직접 짧고 적확하게 언급한 대로 이상적 인물에서는 더욱 그러하다. 이는 에우리피데스가 보여준 일상세계의 인간과 달랐다.[3] 인간 조각가 소포클레스는 인간교육 역사에서 희랍시인으로는 유일무이 완전히 새로운 존재이며, 그의 예술에서 역사상 최초로 인간교육의 각성이 있었다. 이는 호메로스의 교육효과나 아이스퀼로스의 교육의지와 전혀 다른 것이었다. 이는 '교육', 다시 말해 훈육된 인간존재 자체를 최고 이상으로 삼는 인간사회의 존재를 전제하는데, 이런 인간사회는 운명의 의미를 놓고 힘겨운 내적 갈등을 벌인 한 세대가 지난 이후, 아이스퀼로스가 벌인 존재 깊이의 투쟁 이후, 마지막으로 인간성 자체가 존재의 중심에 놓인 이후에 비로소 가능했다. 소포클레스의 인물창조 기술은 의도적으로 인간 함양의 이념에서 영감을 찾았고, 이런 이념은 페리클레스 시대의 문화와 사회가 이룩한 산물이었다. 소포클레스는 이런 새로운 인간 함양을 그 본질의 깊이에서 이해했고―그도 이를 받아들였음이 분명한데―비극을 인간화했고 창작자의 모방할 수 없는 정신은 이를 인간교육의 영원한 표본으로 부각했다. 이를, 훨씬 덜 예술적인 시대 조건에서지만 단편적 예로『토르콰토 타소의 삶과 예술』에서 괴테가 벌인 형식투쟁처럼, 교육예술이라고 명할 수 있을지도 모른다. 다만 이는 우리에게 '교육(Bildung)'이 온갖 의미연관을 통해 단순화의 위험을 벗어난다는 것을 전제조건으로 하는데, 이런 위험에서 우리는 결코 벗어날 수 없을 것이다. 예를 들어 우리는 문학비평에서 유행하는 '교육체험'과 '원초체험' 등의 구분을 버려야 하는데, 그래야만 의도된 인간교육의 원초적 창조와 체험인 희랍교육의 고유성을 이해할 수 있고, 위대한 시인의 상상력에 날개를 달아준 희랍교육의 힘을 이해할 수 있다. 이런 의미에서 문학과 교육의 창조적 만남은 세계사의 일회적 사건이었다.

　페르시아 전쟁에서 힘겹게 쟁취한 민중과 국가의 통일은―그 위에는 아

---

3)　아리스토텔레스『시학』25, 1460b34.

이스퀼로스 비극의 정신적 우주가 드리워져 있다―우리가 앞서 이야기했던바 아테네에서 귀족문화와 민중생활의 갈등을 중재할 신교육의 토대가 되었다. 페리클레스의 국가와 문화 토대 위에 성장한 세대가 누렸을 행복을 소포클레스의 삶은 특히 구체적으로 보여준다. 이는 널리 알려진 사실이지만, 삶의 외적 궤적을 따라 개인적 구체성을 밝히는 세밀한 연구가 밝혀낼 수 있는 것보다 훨씬 더 중요하다. 미소년 소포클레스가 살라미스 승전을 축하하는 윤무에 동참했고, 이때 아이스퀼로스가 해전에 참전했다는 것은 단순한 전설에 불과하지만, 그래도 여기서 소년의 삶이 전쟁의 폭풍이 지나간 바로 그 순간 시작되었다는 점은 의미심장한 부분이다. 소포클레스는 아티카 민중의 너무 빨리 순식간에 지나가 버릴 정오의 가파른 정점에 서 있었던 셈이다. 소포클레스의 작품을 살라미스 승전의 아침과 함께 밝아온 다시없이 맑은 날의 명랑성(εὐδία)과 고요(γαλήνη)가 감싸고 있다. 그는 아리스토파네스가 모국을 파멸에서 구하고자 아이스퀼로스의 영혼을 불러내기 직전에 눈을 감는다. 그는 아테네의 몰락을 보지 못했다. 그가 세상을 떠난 것은, 다시 한 번 커다란 희망에 부푼 마지막 승전을 아테네가 아르기누사이 전투에서 거둔 직후였다. 그의 사망 직후 아리스토파네스가 언급한 것처럼, 그는 그가 땅 위에 발을 딛고 살 때 누리던 자아와 세계의 조화를 땅속에서도 똑같이 누렸다. 운명이 그에게 허락한 시대의 혜택이 이런 행복 중에 얼마나 지분을 차지하는지, 더불어 시인 본의의 타고난 유복한 본성은 얼마나 지분을 가지는지, 또 의식적 기술, 저 고요한 비밀의 지혜가―이에 대한 무력감과 몰이해를 천재적 행동은 때로 폄하의 당혹스러운 몸짓으로 드러내길 즐긴다―끼친 영향은 얼마나 되는지를 말하기는 어렵다. 진정한 교육은 오로지 이런 세 가지 영향의 통일로 얻은 결과이며, 이는 사실 더없이 심오한 비밀이며 또 그렇게 남을 것이다.

교육의 불가사의는 교육을 실행하는 것은 말할 것도 없이 설명하는 것조차 불가능하다는 점이다. 우리가 할 수 있는 일은 단지 여기에 교육이 있다고 말하는 것뿐이다.

만약 우리가 페리클레스 시대의 아테네에 관해 다른 것들을 알지 못했다면, 우리는 소포클레스의 삶과 인물을 토대로, 인간을 향한 의식적 교육의 시작이 소포클레스 시대라고 결론 내렸을지도 모른다. 당시 사람들은 자랑스러운 품행을 생각했고 이런 모습을 '도회적(ἀστεῖος)'이라는 새로 만들어진 단어로 불렀다. 20년 후 이것은 널리 모든 아티카 산문 작가, 크세노폰과 연설가들과 플라톤에게 유포되었고 아리스토텔레스는 타인과의 의연하고 정중한 교류, 개인의 의젓하고 점잖은 태도를 가리키는 '도회적 품행'을 분석하고 묘사했다. 이는 페리클레스 시대의 아티카 사회를 전제로 한다. 이런 섬세한 아티카 교육이—이는 학교 선생들의 '교육'과는 정면으로 배치된다—보여준 우아함을 설명하는 가장 탁월한 예는, 소포클레스의 동시대, 키오스의 이온이 들려주는 재미난 이야기다.[4] 이는 소포클레스 생전에 있었던 실제 사건으로, 그는 페리클레스의 동료 장군으로 어느 이오니아 소도시에서 귀한 손님으로 대접을 받았다. 소포클레스는 잔치에서 지역의 문학교사와 동석했다. 문학교사는 유식함을 뽐내려는 생각에서 옛 시인의 아름다운 시구를 인용하며 현학적으로 비판하여 "사랑의 빛이 붉은 뺨에 어린다"에 보이는 시적 색채화를 꼬집었다. 소포클레스의 사교적 노련함과 인간적 기품이 그를 궁지에서 구해낼 수 있었는데, 그는 상상력이 부족한 사실주의자에게 일반적인 동의를 보내면서 짐짓 자신은 매우 아름다운 직업이라 할 문학해설에 대해서는 완전히 무지하다고 말하

---

4) 아테나이오스, XIII 603e.

고, 문학보다는 의무 복무 장군직을 훨씬 더 잘 알고 있다는 구체적 증거로, 방금 자신에게 포도주가 가득한 술잔을 건네준 매력적인 미소년을 유혹할 "전략"을 펼쳐 보였다고 한다. 이 일화는 인간 소포클레스를 반드시 포함하여야 할 당시 아티카 사회를 이해하는 데 놓칠 수 없는 특징을 보여준다. 이 실제 사건은 라테란 박물관의 소포클레스 조각상에 깃든 정신과 태도에 부합하는 시인의 모습을 보여주는데, 우리는 이를 조각가 크레실라스가 만든 페리클레스 조각상과 비교할 수 있다. 거기에는 위대한 정치가도 없고, 투구에도 불구하고 장군도 없다. 아이스퀼로스가 후세에게 항상 마라톤 참전용사이자 참된 아테네 시민이었다면, 조각상과 일화 속의 소포클레스와 페리클레스는 그들의 시대가 표방한 정신에 부합하는바 최고 귀족의 이념, '선하고 아름다움'의 아티카 개념을 표현하고 있다.

이런 모습은 인간적 바름과 떳떳함을 계속해서 의식하는 세심하고 맑은 태도인데, 이는 표현의 극한 절제와 완벽 성숙에 이르러 새로운 내적 자유로 인지된다. 여기에는 일체의 부자연스러움과 억지스러움이 없고 가벼움과 경쾌함은 모두가 인정하고 경탄하는 바이며, 몇 년 후 이소크라테스가 기술한 바를 보면 아무나 함부로 모방할 수 없는 것이다. 이런 태도는 오직 아테네에만 존재했다. 아이스퀼로스가 보여준 표현과 감각의 과도함은 자연스러운 균형과 비율을 벗어나 있었는데, 우리가 감상할 수 있는바 후자가 파르테논 신전 박공의 조형예술과 소포클레스가 창조한 인물들의 언어에서 기적처럼 나타난다. 이런 공개된 비밀의 진실은 파악할 수 없으나, 그렇다고 순전히 형식적인 것만도 아니다. 이런 현상이 조형예술과 문학에 동시에 나타났다는 것은 매우 이례적 사건으로, 무언가 초개인적인 것, 시대의 중요 대표자들에게 공통으로 작용한 결과임이 틀림없다. 이것은 마침내 평화를 찾은, 마침내 자기 자신과의 화합을 찾은 존재가 뿜어내는 빛이며, 이것은 아리스토파네스의 훌륭한 표현에 따르면 죽음도 건드릴 수 없는 것으로 이에 힘입어 소포클레스는 저승에서나 이승에서나 늘 '느긋할(εὔκολος)' 수 있다.[5] 이것을 쉽게 무시할 수도 있고, 순전히 미학적으로 단순히 아름다운 윤곽선이거나 순전히 심리학적으로 단순히 조화로운 성격으로 해석할 수도 있는데, 이는 본질과 징후를 혼동한 것이다. 소포클레스가, 아이스퀼로스가 성공하지 못한 중간 어조의 장인이 된 것은 우연한 개인 성품에 근거하지 않는다. 형식 자체는 곧바로 적합한 표현, 다시 말해 존재와 그 형이상학적 의미의 표출일 수 없다. 이런 존재의 본질과 의미를 묻는 물음에 소포클레스는 아이스퀼로스처럼 세계관과 변신론이 아니라 그의 언어형식, 그의 인간형상으로 대답했다. 삶의 혼돈과 불안 가운데 모든 확고한 형식이 붕괴하는 순간, 구원자 소포클레스에게 손을 내밀어 소포클레스 시구의 작용으로 내적 균형을 다시 회복하려 시도하지 않는 자는 결코 이것을 이해할 수 없다. 그의 시구에서 소리와 박자를 통해 감지되는 것은 절도(節度)인바 이는 소포클레스에게 존재의 원리이며, 사물 자체에 내재하는 정의(正義)의 경건한 존중을 의미하며, 정의에 주목한다는 것은 성숙을 가리킨다. 소포클레스 비극 합창대가 모든 악행의 근원은 과도(過度)함이라고 거듭해서 말한 것도 공연한 소리가 아니다. 소포클레스의 문학과 페이디아스의 조형예술이 가진 예정조화는 절도(節度) 인식의 종교적 구속에 깊이 뿌리내리고 있다. 우리가 생각하는바 당시 팽배한 이런 의식은 모든 희랍적 본질에 자리한, 형이상학적으로 정당화된 절제(sophrosyne)의 명백한 표현이었기에, 소포클레스가 절도를 찬미할 때 이에 희랍세계의 곳곳에서 다양한 목소리의 반향이 들려왔다. 사실 이런 사

5)　아리스토파네스 『개구리』 82행.

상은 결코 새로운 것은 아니었다. 참신성은 한 사상의 역사적 영향력과 절대적 의미에서 결정적 요소가 아니다. 중요한 것은 오로지 사상이 품고 내뿜는 깊이와 영향력이다. 절도(節度)를 최고 가치로 파악하는 희랍사유의 발전에서 소포클레스는 상상봉처럼 모두를 굽어보고 있다. 발전의 산줄기는 소포클레스를 최종목표로 했고 그에게 이르러 우주와 세상의 주재자에 부합하는 고전문학 형식을 발견한다.

당대 의식세계에서 인간교육과 절도(節度)의 깊은 연관성은 다른 방향에서도 증명된다. 일반적으로 우리는 희랍 고전기 예술감각의 본질을 고전기 작품들에서 찾아내도록 배웠고 고전기 작품들은 어떤 경우든 가장 훌륭한 증인이 된다. 하지만 인간정신의 매우 다양하고 다의적인 창조물들에서 보이는 최종적이고 거의 불가해한 형상화 경향을 이해하고자 할 때, 우리의 올바른 연구 방향을 보증하기 위해 동시대의 증언들을 정당하게 요구할 수 있다. 소포클레스 본인의 진술 두 개가 전해진다. 물론 이 진술들의 역사적 보증은 결국 다시금 오로지 그의 문학을 접한 우리의 직관적 인상과의 일치에 달려 있다. 두 개 중 하나는 앞서 인용한 진술인데, 여기서 소포클레스의 인물은 에우리피데스의 사실주의와 달리 이상적 인물로 규정된다. 다른 진술에서 시인 소포클레스는 그의 시적 창작을 아이스퀼로스의 창작과 구별했는데, 아이스퀼로스는 올바름의 의식은 없이 올바름을 말했지만, 그는 이런 의식을 본질로 생각했다는 것이다.[6] 두 개의 진술을 종합해보면, 둘은 각별한 규범의식을 전제한다. 이에 따라 시인 소포클레스는 인물을 형상화하고 "마땅히 그래야 하는 바"에 따라 인간을 묘사했다. 하지만 인간의 이상적 규범의식 자체는 곧 시작될 지식교사 시대의 특

---

6) 아테나이오스, I 22 a~b.

이성이다. 인간 덕에 대한 물음은 교육 문제의 측면에서 매우 심각하게 받아들여졌다. 인간이 "마땅히 그래야 하는 바"는 시대의 큰 문제였고 지식 교사들 모두가 진력하던 목표였다. 이때까지 오직 문학만이 인간 삶의 가치를 정당화하고 있었다. 문학은 새로운 교육의지에 영향을 받지 않을 수 없었다. 아이스퀼로스 혹은 솔론이 문학을 신과 운명과 벌이는 내적 투쟁의 무대로 삼아 문학에 막강한 영향력을 부여했을 때, 소포클레스는 당시의 교육의지에 따라 인간을 향해 선회했고 규범성을 인간형상의 서술에 적용했다. 이런 발전의 분명한 시작은 이미 후기 아이스퀼로스에게 발견된다. 그는 비극성을 높이기 위해 운명을 에테오클레스, 프로메테우스, 아가멤논, 오레스테스 등의 인물들과 대립시켰는데, 이들 인물에게 이념성의 강력한 계기가 부여되었다. 이것을 이어받아 소포클레스는 그의 주인공들을 당시 최고의 교육자들이 생각한 최고 덕목들의 주체로 그렸다. 이때 중점이 문학에 있는지 교육이념에 있는지를 판단하기는 쉽지 않으나, 이는 소포클레스 문학 등의 경우에서 문제가 되지 않는다. 중요한 것은 문학과 인간교육 이념이 의식적으로 같은 목표를 지향하고 있다는 사실이다.

소포클레스의 인물들은 미적 감각에서 탄생했는데, 그 출발점은 이제까지 전례가 없던 '영혼 부여'였다. 이로써 탁월함의 새로운 이상이 출현했고 이때 처음으로 '영혼'을 의식적으로 모든 인간교육의 출발점으로 삼았다. 이 단어는 기원전 5세기 내내 새로운 울림과 확대된 중요성을 가졌고 소크라테스에 이르러 비로소 전체적으로 영향력이 확대되었다. '영혼'은 이제 객관적으로 인간의 중심으로 인식되었다. 모든 인간행동과 태도는 영혼에서 출발한다. 조형예술은 이미 오래전에 인간 신체의 비율을 발견했고 이를 더없이 열정적인 연구대상으로 삼았다. 조형예술은 신체 '조화'에서, 철학 사유가 진작부터 만물에 내재한다고 확신했던 우주원리를 재발견했다.

희랍인은 이제 우주에서 영혼으로 나아갔다. 영혼은 내적 혼돈으로 체험되는 무엇이 아니라, 아직 질서 이념에 따라 파악되지 않은 마지막 존재영역으로 실은 법칙과 질서에 종속된 무엇이었다. 신체처럼 분명 영혼도 고유한 흐름과 조화를 가진다. 이제 영혼구조의 사상이 선보였는데, 이를 누군가는 시모니데스에서 최초로 아주 명시적으로 언급되었음을 입증하려고 시도했다. 시모니데스는 덕을 "팔이나 다리에, 그리고 이성에 정사각형의 무결점"이라고 설명했다.[7] 이는 체육경합의 단련에 적용되던 신체적 이상(理想)과 흡사하게 영혼을 존재형식으로 표현한 최초 조명이다. 물론, 플라톤을 따르면[8] 지식교사 프로타고라스에게 역사적 권리가 있는 교육이론까지 아직은 갈 길이 멀었다. 프로타고라스의 교육이론에서 교육사상은 내적 논리를 가지고 전개되었고 문학적 표상에서 출발하여 교육원리로 발전한다. 프로타고라스는 영혼의 진정 좋은 '흐름'과 '조화'에 이르는 교육을 언급하는데, 영혼의 올바른 조화와 흐름은 이런 규범을 형상화한 문학작품의 접촉을 통해 형성된다는 것이다. 그의 이론도 영혼교육의 이상(理想)을 신체적 관점에서 고찰하기는 하지만, 이는 시모니데스처럼 체육경합의 탁월함보다는 오히려 조형예술과 예술적 교육행위의 관점이다. 이런 구상적 영역에서 '좋은 흐름'과 '좋은 조화'의 규범 개념도 유래한다. 교육이념이 조형예술에서 유래한 것은 오로지 당시가 고전기였기 때문에 가능한 일이었다. 소포클레스의 인물 이상도 이것을 모범으로 삼았음은 부정할 수 없다. 교육과 문학과 조형예술은 고전기에 이르러 매우 긴밀한 영향을 주고받았다. 이들 가운데 하나를 나머지와 분리하여 생각할 수 없다. 교육과

---

7) 시모니데스 단편 4D, 2행.
8) 플라톤『프로타고라스』326b.

문학은 인물창조를 향한 조형예술의 충동을 모범으로 삼았고, 조형예술과 같은 방향으로 인간형상(ἰδέα)을 추구했다. 조형예술도 나름대로 교육과 문학을 통해 영혼을 향해 다가갔다. 전체적으로 세 분야의 공통 관심인바 인간의 숭고한 가치가 드러났다. 아티카 정신의 이런 인간 중심적 전회는 '인문주의' 탄생을 의미하는데, 이때 인문주의는 희랍인들이 '박애'라고 부르는 인간애의 사회적·감정적 의미가 아니라 참된 인간본성을 향한 숙고를 의미한다. 이때의 특별한 의미는 여성도 최초로 남성만큼이나 인간의 온전한 대표자로 등장한다는 것이다. 안티고네, 엘렉트라, 데이아네이라, 테크메사, 이오카스테 등 소포클레스의 많은 여성 인물은—클뤼타임네스트라, 이스메네, 크뤼소테미스 등 여성 조연들은 제외하고—소포클레스가 그리는 인간이상(理想)의 폭과 넓이를 아주 극명하게 보여준다. 여성의 발견은 비극의 본래 대상인 인간을 발견함으로써 얻은 필연적 결과다.

이런 관점에서 아이스퀼로스에서 소포클레스에 이르는 비극예술의 변화가 이해된다. 외형적으로 확인되는 것은, 선배 비극시인에게는 규범이었던 삼부작 형식이 후배 시인에서는 사라졌다는 점이다. 삼부작은 행위 인물 중심의 단편으로 나뉘었다. 아이스퀼로스는 연관된 운명 흐름의 서사시적 사건 전체를—이는 때로 여러 세대에 걸친 고통의 연쇄로만 표현된다—극으로 각색하기 위해 삼부작을 고집했다. 그의 시선은 운명의 전체 경과를 응시했다. 이런 전체를 볼 때만—개별 운명의 믿음과 도덕감정이 찾고자 했던—신적 주재의 정의로운 균형이 드러나기 때문이다. 이로써 인물들은 우리가 사건에 개입하는 출발점임에도 종속적 지위를 부여받고 시인은 계속 세계를 다스리는 좀 더 높은 존재의 역할을 스스로 맡지 않을 수 없었다. 하지만 솔론에서 테오그니스와 아이스퀼로스까지 종교 사유를 지배하던 변신(辯神)의 요구가 소포클레스에서 후퇴한다. 그에게 비극은 고통의 불가피함과 절망이었고, 인간의 관점에서 운명의 필연적 응시였다. 여기서 그렇다고 아이스퀼로스의 종교적 세계관이 없어진 것은 아니고, 다만 강조점이 종교에 있지 않을 뿐이다. 이것이 특히 두드러진 예는 『안티고네』 같은 소포클레스 초기작이며, 그의 이런 세계관이 극명하게 드러난다.

아이스퀼로스는 여러 세대에 걸쳐 파괴적 결과를 가져온 랍다코스 가문의 과오와 저주를 테베 삼부작에서 추적했는바 이는 소포클레스에서도 궁극적 원인으로 작동한다. 여기서 안티고네는, 아이스퀼로스의 『테바이를 공격한 일곱 장수』에서 에테오클레스와 폴뤼네이케스가 그랬던 것처럼 가문의 마지막 희생자였다. 소포클레스는 안티고네나 그녀의 상대 인물 크레온이 그들의 완고한 행동으로 그들의 운명을 스스로 재촉하도록 만들었다. 또 합창대는 쉴새없이 절도(節度)의 위반을 언급하며, 두 주인공이 그들의 불행에 일부 책임이 있음을 천명한다. 따라서 아이스퀼로스는 이를 운명 옹호의 계기로 삼겠지만, 소포클레스는 모든 조명을 비극적 인물에 집중한다. 사람들은 비극적 인물이 그의 과오 때문에 그렇게 되었다고 느낀다. 사람들은 운명에 주목하지 않고 운명을 독자적 문제로 보지 않고 거기서 벗어나며, 운명은 여하튼 고통받는 인물에 달렸고 외적 요인으로 강제된 것은 아니라고 생각한다. 안티고네는 천성이 고통의 길을 걷게 생겼고 '선택받은' 인물이라고 말할 수 있는데, 의도된 고통은 새로운 귀족성의 본질을 나타낸다. 고통받기 위해 선택된 존재라는 사실은 서막의 첫 부분 중 안티고네와 동생의 대화에서 곧 드러난다. 이스메네는 언니가 스스로 선택한 몰락 앞에서 소녀의 유약함으로 망설인다. 하지만 언니에 대한 사랑은 분명 변함이 없고 이는 그녀가 크레온 앞에서 스스로 죄를 뒤집어쓰고 유죄를 판결받은 언니와 죽음을 함께하려는 절망 어린 소망을 통해 증명된다. 그럼에도 이스메네는 비극적 인물이 아니다. 그녀의 역할은 안티고네의 완고함을 드러나 보이게 하는 것이며, 안티고네가 이 순간 고통을 함께하려는 이스메네의 애정 어린 마음가짐을 거절한 것도 이런 심오한 이유 때문임을 우리는 받아들인다. 아이스퀼로스가『테바이를 공격한 일곱 장수』에서 에테오클레스의 비극성을 높이기 위해, 자기 잘못은 없이 가문의 운명에 휩쓸려가는 그를 영웅적으로 치장했다면, 안티고네는 귀족가문의 모든 덕목을 압도한다.

주인공들의 이런 고통은 합창대의 첫 번째 노래를 통해 일반적 배경의 전면에 등장한다. 합창대는 찬가를 불러 모든 기술의 창조자인 인간의 위대함을 칭송한다. 인간정신의 힘은 자연의 폭력적 위력을 제압했고 가장 탁월한 인간재능은 법을 세워 국가를 이룩한 것이다. 이렇게 소포클레스의 동시대인인 지식교사 프로타고라스는 인간문명과 사회의 출현을 설명하는 이론을 제시했다.[9] 자연스러운 인간문명 발전사의 초입을 가득 채운 프로메테우스적 진보의 환희를 우리는 소포클레스 합창대의 당당한 율동에서도 느낄 수 있다. 하지만 소포클레스에게 특징적인 비극적 역설처럼, 합창대가 법과 국가를 칭송하고 범법자를 엄하게 다스려 모든 인간 공동체에서 추방하는 순간, 안티고네가 결박되어 끌려온다. 왕은 조국을 배반하고 침범하고 사망한 폴뤼네이케스의 장례식을 금지하고 이를 어긴 범법자의 사형을 선언했고, 안티고네는 아주 단순한 형제 의무라는 불문법을 이행하려는 의도로, 국법을 무자비하게 실행하려는 왕의 포고령에 맞섰다. 이 순간 청중의 마음에 인간 모습은 전혀 다른 빛으로 등장하며, 자부심이 넘치던 합창대의 노래는 인간의 무력함과 덧없음을 깨닫는 비극적 각

---

9) 플라톤『프로타고라스』332a의 프로타고라스도 문명 출현의 신화에서 명시적으로 기술문명과 국가와 법률이 등장하는 상위문명을 구분한다.

성 앞에 무색해진다.

인륜성의 두 원리인 국가와 가족의 비극적 갈등을 『안티고네』에서 발견한 것은 헤겔의 심오한 사상이다. 하지만 국가관의 원칙적 엄격성을 근거로 우리가 과도한 강경에도 불구하고 오히려 왕에 동조하거나, 아니면 국가 개입에 항거하는 안티고네의 불복종과 고통에서 가족애의 영원한 법을 진정한 혁명 의지라고 강력하게 옹호하지만, 두 주인공의 이념적 대립을 쉽게 파악할 수 있었던 지식교사 시대의 시인에게 이런 일반 쟁점은 사실 관심이 아니었다. 그 밖에 오만함과 과도함과 불합리함 등으로 이야기되는 것들은 오히려 주변 문제일 뿐 아이스퀼로스처럼 중심 문제가 되지 못했다. 주인공들이 휘말린 비극적 고통은 언제나 비극 영웅을 통해 직접 판명되는바 비극 영웅이 당한 부당한 처사가 아니라, 주인공의 고귀한 본성 때문에 신들이 끌어들이는 운명의 불가피성에서 확인된다. 이런 미망(Ate)의 불합리성은—이미 솔론의 정의감을 동요하게 했고 역사 이래 모두를 고민하게 했다—소포클레스에게 비극적 문제가 아니라 비극적 전제였다. 아이스퀼로스는 이 문제를 해결하려 했지만, 소포클레스는 미망을 기정사실로 전제했다. 옛 희랍 서정시가 초기부터 한탄했던바 벗어날 수 없는 신적 시련에 대한 소포클레스의 입장은, 따라서 단순히 수동적인 것은 아니었다. 출구 없는 불행이 닥쳤을 때 인간은 그의 탁월함을 버려야 한다고 말한 시모니데스의 비관과 절망에 소포클레스는 전혀 공감할 수 없었다. 위대한 고통이 인간적 숭고함으로 상승한다는 믿음은 소포클레스의 현실 긍정이었고 그가 보기에 인간정신이 풀지 못할 스핑크스의 수수께끼는 현실세계에 존재하지 않는다. 고통, 다시 말해 현세적 행복의 완전한 부정 혹은 사회적·물리적 존재의 완전한 부정에 이르러서야 비로소 비극적 인간은 소포클레스가 보기에 참된 인간적 위대함에 도달한다.

소포클레스의 인물은 고통 가운데 놀라울 정도로 정교한 악기가 되고, 이 악기를 통해 시인은 "슬퍼하라"의 비극적 음악 전부를 들려줄 수 있다. 악기를 연주하기 위해 소포클레스는 극적 상상력의 도구를 총동원한다. 아이스킬로스 비극과 비교하여 우리는 소포클레스 비극에서 극적 효과의 놀라운 증대를 발견한다. 이렇게 말하는 이유가, 소포클레스가 고풍스러운 합창대를 대신하여 사실주의적 셰익스피어 희곡처럼 사건 자체에 집중했기 때문은 아니다. 오이디푸스의 극 행동이 발산하는 힘, 아주 거친 자연주의를 지향하는 힘이 이런 오해를 불러일으켰을 수 있고 이런 오해가 오히려 오늘날 무대에서 소포클레스가 계속 각색되고 공연되는 데 기여했을지도 모른다. 하지만 이런 관점에서는 소포클레스가 설계한 놀라운 연극 구조물을 완전히 이해할 수 없다. 이것은 물리적 사건의 외적 인과성이 아니라, 좀 더 깊은 예술적 논리에 따른다. 극적으로 대비된 등장에 따라 주요 등장인물의 내적 본성을 들여다볼 시각이 사방에서 열린다. 이에 대한 고전적인 예가 엘렉트라다. 시인의 창작 저력은 과감한 기교들로써 엘렉트라로 하여금 완전한 절망에 이르기까지 내적 감정 변화의 전체 과정을 체험하게 한다. 하지만 그렇게 격하게 오가는 감정의 추를 따라가면서도 시인은 완벽한 균형을 유지한다. 이런 기술의 정점을 보여주는 장면은 엘렉트라와 오레스테스의 발견 장면인데, 귀향한 구원자의 의도적 은폐가 하나씩 벗겨지는 진행을 통해 엘렉트라의 고통은 지옥과 천당의 모든 단계를 질주한다. 소포클레스의 비극은 줄거리의 조화로운 전개 가운데 내적 변화를 보이는 영혼 격동을 보여주는 극이다. 그 원천은 등장인물이며, 극은 거듭해서 궁극적·최종적 중심인 등장인물로 회귀한다. 소포클레스의 관점에서 줄거리 전체는 다만 운명을 실현하고 그렇게 자신을 실현하는 고통받는 인간의 본질 전개일 뿐이다.

소포클레스에게도 비극은 최고 지혜의 도구였지만, 그에게 최고 지혜는 아이스퀼로스가 영혼의 안식을 찾은 '현명함($\phi\rho o\nu\epsilon\hat{\iota}\nu$)'이 아니었다. 그에게 최고 지혜는 인간의 비극적 자기 인식이었는바 이는 델포이 신탁 '너 자신을 알라.($\gamma\nu\hat{\omega}\theta\iota\ \sigma\epsilon\alpha\upsilon\tau\acute{o}\nu$)'를 심화한 지혜, 인간능력과 현세 행복이 허무한 그림자라는 것의 통찰이다. 하지만 이런 자기 인식에는 고통받는 인간이 보여준 극기와 불멸하는 위대함도 포함된다. 소포클레스의 등장인물이 겪는 고통은 그 존재의 본질이다. 하나 되어 풀 수 없는 인간과 운명의 뒤엉킴을 시인이 더없이 감동적이고 신비롭게 표현한 것은 소포클레스가 창조한 인물들 가운데 가장 위대한 인물, 그 인물에 대한 사랑 때문에 시인이 말년에 다시 무대로 끌어낸 인물에서다. 눈멀고 늙은 추방자 오이디푸스는 고향을 떠나, 딸 안티고네의 손을 잡고 문전걸식으로 세상을 떠돈다. 안티고네는 시인이 사랑하여 놓지 않았던 인물 가운데 하나다. 소포클레스 비극의 본질적 특징은 시인이 그가 창조한 인물에 대해 가지는 공감이다. 오이디푸스는 어떻게 되었을까 하는 생각이 그를 떠나지 않았다. 온 세상의 고통을 모조리 짊어진 것처럼 보이는 오이디푸스는 애초 고통받는 인간을 나타내는 거의 상징적 인물이었다. 일찍이 인생의 절정에서 소포클레스는 능력을 한껏 과시하여, 파멸의 폭풍에 맞선 오이디푸스를 창조했다. 오이디푸스가 자신을 저주하며 절망하여 자기 손으로 시력을 완전히 없애버리고 모든 삶이 송두리째 사라져버리길 희망하는 순간, 시인은 그를 관객 앞에 세웠다. 그리고 비극적 인물 자체가 완성되는 순간, 시인은 『엘렉트라』에서와 마찬가지로 운명의 실타래를 단칼에 끊어버린다.

따라서 소포클레스가 사망 직전 오이디푸스 소재를 다시 한 번 다루었다는 것은 더욱 의미심장하다. 두 번째 오이디푸스에서 문제의 종결을 기대했다면 실망할지도 모른다. 노쇠한 오이디푸스가 거듭해서 언급하는바 자신은 알지 못한 채 그런 일들을 저질렀다는 격정적 자기 변명을 그런 식으로 해석한다면, 이는 소포클레스를 에우리피데스 방식으로 잘못 해석하는 것이다. 오이디푸스의 운명은 무죄판결을 받은 것도 유죄판결을 받은 것도 아니다. 시인은 인간 고통을 좀 더 높은 지점에서 바라보고 있는 듯하다. 이는 쉴 곳 없는 늙은 유랑자가 생을 마감하기 직전에 이루어진 마지막 만남이었다. 그의 고결한 본성은 불행과 노령에도 불구하고 그대로였고, 여전히 격렬한 힘을 보여준다. 이런 자의식에서, 그에게 평생의 길동무로서 마지막 순간까지 곁을 떠나지 않던 고통을 이겨낼 힘을 얻는다. 이런 가혹한 그림은 감상적 공감의 여지를 주지 않는다. 하지만 이런 고통은 오이디푸스를 고결하게 정화한다. 합창대는 오이디푸스의 두려움에 공감하며, 나아가 그의 고귀함을 느낀다. 아테네 왕은 늙고 눈먼 거지를 성심껏 존귀한 손님처럼 대접한다. 오이디푸스는 신탁에 따라 아티카 땅에서 마지막 안식처를 찾아야 한다. 그의 죽음 자체는 신비에 싸여 은폐된다. 그는 인도자 없이 숲으로 걸어 들어갔고 이후 누구도 다시는 그를 보지 못했다. 신이 오이디푸스를 이끈 고난의 길처럼 불가사의하기는 마지막 안식처에서 그를 기다리던 속죄의 기적도 마찬가지다. "아버지를 넘어뜨린 신들께서 지금은 아버지를 일으켜 세우시는 것이죠." 이런 구원의 신비를 목격하는 것은 필멸자에게 허락되지 않는다. 이는 오로지 고통을 통해 신성에 이른 자에게만 허락된다. 고통의 봉헌이 그를 신성에 가까운 존재로 만들었다. 어떻게 그렇게 되는지는 알 수 없지만, 아무튼 고통의 봉헌은 그를 세속과 분리한다. 이제 오이디푸스는 시인이 사랑했던 고향 도시의 한 구석, 밤꾀꼬리가 노래하는 숲, 콜로노스의 언덕에서 안식을 얻는다. 누구도 그의 무덤에 발을 들여놓지 않고 축복은 그의 무덤에서 아티카 땅 전체로 퍼진다.

지식교사들

[**교육역사적 현상으로서 지식교사들**] 소포클레스 시대에 들어 헤아릴 수 없을 만큼 많은 영향을 후대에 미친 최초의 정신적 변화 발전이 있었다. 이는 앞서 다룬 협의의 인간교육 '파이데이아'의 시작이었다. 이 시대에 들어 비로소 '파이데이아'라는 단어는 인간의 최고 탁월성과 연결되고, 이후 기원전 4세기와 헬레니즘 시대와 황제기를 거치며 점차 의미와 중요성이 확장된다. 아이스퀼로스까지만 해도[1] 단순히 '양육'을 의미하던 이 단어는 이제 '선하고 아름다움'의 정신적·육체적 이상(理想)을 뜻하게 되었고 이때 최초로 사람들은 의식적으로 본격적 정신교육을 포함했다. 이소크라테스와 플라톤, 그리고 이들의 시대에는 새로운 포괄적 교육이념이 확고히 자리 잡는다.

물론 탁월성은 애초 교육 문제와 밀접한 연관이 있었다. 인간 탁월성의

---

1) 아이스퀼로스 『테바이를 공격한 일곱 장수』 18행.

이념이 사회 전체의 변화 발전에 따라 역사과정을 거치는 것처럼, 이념의 실현방법도 변화를 겪었다. 일반적으로 사유는 분명 '어떤 교육방법을 택할 때 이런 이념에 도달할 수 있는가?'라는 물음에 이르렀을 것이다. 근본적으로 당연한 이 물음은—이 물음이 아니었다면 역사상 유례가 없는 희랍적 인간교육 이념도 없었을 것이다—상고기의 귀족적 탁월성에서 법치국가의 정치이념까지 단계별로 추적 가능한 모든 역사발전 단계를 전제한다. 탁월성의 정립과 전수형식은 귀족훈육, 헤시오도스의 농부, 도시국가의 시민 등 경우마다 다를 수밖에 없었다. 물론 도시국가의 경우는 존재하는 교육이념과 형식이 발견될 때에 한한 것인데, 왜냐하면 사실 스파르타 이외의 다른 어느 희랍지역에서도 유사한 교육제도가 발견되지 않기 때문이다. 스파르타는 튀르타이오스 시대 이래로 독특한 시민교육 체계로 '훈육(agoge)'을 발전시켰다. 다른 지역에서『오뒷세이아』나 테오그니스나 핀다로스가 제시하는 바의 옛 귀족교육과 유사한 것이거나 이를 대체할 수 있는 것이 국가적으로 시행된 사례가 없고, 오히려 교육의 사적 발의가 점차 확대되었다.

귀족사회와 비교하여 새로운 시민 도시국가의 커다란 약점은, 인간과 시민의 새로운 이념과 함께, 원칙적으로 귀족 인간관을 넘어섰다고 믿어지던 이런 교육목표에 이르기 위한 의식적 교육방법을 아직 제시하지 못했다는 점이다. 아들이 아버지의 수공업이나 생업을 물려받을 경우 대물림되던 직업기술 교육은, 귀족의 '선하고 아름다움(καλὸς κἀγαθός)'이 함축하며 이상적 전인교육과 연관된 정신적·육체적 종합교육을 대체할 수 없었다. 도시국가의 인간을 목표로 하는 새로운 교육의 요청은 진작 제시되었음이 틀림없다. 이때 새로운 도시국가도 역시 전례를 따를 수밖에 없었다. 새로운 도시국가는 귀족혈통에 단단히 고착된 옛 귀족교육의 전례를 따라 새로운 탁월성을 실현하려고 시도했다. 예를 들어 도시국가 아테네는 아테네 출신의 모든 자유시민을 국가 공동체의 의식적 일원으로 만들고 공동체 전체의 안녕에 봉사하도록 양육했다. 이는 사실 혈통 공동체의 확대개념이었는바 옛 귀족혈통을 출신 공동체가 대신하게 되었다. 이것 말고 다른 어떤 것도 문제가 되지 않았다. 당시 개성이 왕성해지기 시작했지만, 출신 공동체 말고 다른 것을 교육의 토대로 삼는다는 것은 엄두도 못 낼 일이었다. 이것이 모든 인간교육의 최고 원리임을 입증하는 대표 사례는 희랍적 인간교육이다. 당면 목표는, 신적 혈통을 물려받은 자들만이 탁월성에 접근할 수 있다고 믿던 옛 귀족 특권교육을 극복하는 일이었다. 당시 점차 세력을 넓혀가던 논리적·이성적 사유 입장에서 이는 어렵지 않은 일이었다. 당면 목표에 이르는 유일한 길처럼 보였던 것은 의식적 정신교육이었다. 새로운 시대는 무한한 정신능력을 믿는 쪽으로 경도되어 있었기 때문이다. '박식한 자들'에 대한 핀다로스의 의기양양한 조롱도 이를 막지 못했다. 도시국가적 탁월성은, 대중의 국가 개입이 멈출 수 없는 대세이고 잘못된 흐름도 아니라면, 이제 귀족혈통에 좌우될 수 없었고 그래서도 안 될 일이었다. 현대적 도시국가가 귀족의 신체적 탁월성을 체력단련을 통해 수용했는바 부정할 수 없는 귀족계급의 지도자 능력을 수용하여 의식적 교육을 통해 정신적 경로로 이를 재생산하는 것이 어찌 불가능한 일이었겠는가?

역사의 필연성에 따라 기원전 5세기의 도시국가는 기원전 5세기와 다음 세기에 뚜렷한 인상을 남긴 커다란 교육운동의 출발점이 되었고 서양 교육사상의 뿌리가 되었다. 기원전 5세기의 도시국가는 희랍인들이 그렇게 생각했던 것처럼 철저하게 '도시국가 교육적'이었다. 도시국가의 가장 긴요한 생활필요로부터, 당대의 강력한 새로운 정신적 힘인 '지식'을 인간교육의 계기로 파악하고 이를 목표로 제시하는 교육이념이 나타났다. 이 문제들이 돌출된 아티카 도시국가의 민주주의 국가체제 자체를 우리가 긍정하느냐 마느냐는 중요하지 않다. 희랍정신이 당시 발전 단계에서 숙고해내고 후대에 남긴 영원한 이 문제들은 민주주의의 동기이며 특징인바 대중의 정치활동이 관철됨으로써 필연적·역사적 전제를 갖추었음은 의심의 여지가 없다. 우리에게도 이 문제들은 같은 발전과정에서 다시 현실적 문제로 등장했다. 도시국가적 인간의 교육, 지도자 양성, 자유와 권위의 문제 등은 오로지 이런 정신발전 단계에서 나타나며, 오로지 이 단계에서 절박함과 숙명적 중요성을 가진다. 이 문제들은 원시적·역사적 존재형식과 무관하며, 아직 인간정신의 개성화를 알지 못하던 종족생활 혹은 부족생활과도 무관하다. 기원전 5세기의 국가형태에서 등장한 이 문제들은 그렇다고 희랍 민주주의 국가의 영향권에만 국한된 문제도 아닌, 모든 도시국가의 문제였다. 이를 증명하는 것은, 위대한 희랍 교육자들과 철학자들의 사유가 민주주의적 맥락에서 출발하여 민주주의에서 얻은 경험을 바탕으로 이내 주어진 국가형태를 과감하게 폐기하는, 유사한 상황에서 무한히 유용한 해결책을 제시했다는 것이다.

우리가 지금 고찰하는 교육운동 과정은 옛 귀족문화로부터 뻗어 나가 마침내 반대쪽 끝의 플라톤과 이소크라테스와 크세노폰에서 다시 귀족전통과 탁월성 이념으로 회귀하며 그 정신적 토대의 부활로 이어지지만, 5세기 초엽과 중엽은 아직 거기에 이르지 못했다. 이 시기에는 우선 반대로 옛 세계관의 편협함을 타파함이 과제였다. 옛 세계관은 혈통특권의 신화적 전제였는바 혈통특권은 이를 정신적 특권과 도덕적 힘, 지혜(σοφία)와 정의(δικαιοσύνη)로 받아들이는 영역에서만 정당하고 참이라고 인정될 수 있었다. 크세노파네스는 처음부터 탁월성에 "정신"을 삽입함이 정치와 연관됨을 강하게 드러냈고, 또 그것이 국가 전체의 올바른 통치와 안녕에 토대가 됨을 보여주었다. 헤라클레이토스에게도, 다른 의미에서이지만, 법은 "지식"에 안착했고 지식은 법의 근원이 되었다. 이런 신적 앎의 현세적 담지자는 도시국가에서 특별한 지위를 누리거나 도시국가와 대립한다. 물론 '국가와 정신'이라는 새로운 문제의 출현─이것은 지식교사들이 등장하는 배경이 된다─을 나타내는 이런 대표 사례들은 매우 분명하게, 옛 혈통귀족과 그들 권리가 정신에 의해 철폐되고 옛 긴장관계를 대신하는 새로운 긴장관계가 만들어졌음을 말해준다. 그것은 강력한 정신적 개성이 공동체에 대해 가지는 긴장관계였고 모든 사상가는 이 문제를 손에서 놓지 못하고 도시국가의 몰락 시점까지 씨름했다. 페리클레스의 경우는 개인이나 공동체 모두에게 다행스러운 해결책을 찾은 사례였다.

'지식교사(sophistes)'들과 같은 강력한 교육운동을 아마도 선구적인 정신적 개인주의의 등장과 그 불온한 자의식이 추동하지는 않은 듯하다. 지식을 덕의 토대로 삼자는 주장은 처음 '지식교사들'에 의해 확대되고 이런 주장이 여론이 되었을 때, 대중은 아직 시민의 지평 확대와 개인의 정신교육을 요구할 기미조차 없었다. 이런 요구가 점차 분명해진 것은 아테네가 경제 무역정치의 국제적 사건에 개입하기 시작한 페르시아 전쟁 이후였다. 아테네의 승전은 한 사람의 정신적 탁월성 덕분이었다. 물론 승전 이후 아테네는 오래 참지 못하고 그를 축출했는데, 그의 권력이 상고기의 "평등" 사상과 부합하지 않았고 그도 노골적 독재자로 보였기 때문이었다. 이때 민주주의 국가질서의 유지는 점점 더 분명하게 지도자의 올바른 인성에 달렸다는 설명 논리가 등장했다. 정치 실천의 엄격한 통제 이상의 무언가를 추구하고 국가에 대한 대중의 실질 지배로 나아갈 때마다 민주주의는 그와 모순된 방향으로 움직인다는 이런 사실이야말로 민주주의가 가진 문제중의 문제였다.

지식교사들이 주도한 교육운동의 목표는 사실 애초 대중교육이 아니라 지도자 교육이었다. 이것은 근본적으로 귀족을 논하는 옛 문제에 새로운 형식을 부여한 것뿐이었다. 분명 단순 시민까지 모두에게 기본교육의 소양을 획득할 그렇게 많은 기회가 아테네만큼, 일체의 국가적 교육 관여 없이 주어지는 곳은 어디에도 없었다. 지식교사들은 애초부터 오로지 소수 정예를 지향했다. 지식교사들을 찾는 것도 오직 정치가 교육을 받아 도시국가의 지도자가 되고 싶은 자들이었다. 그렇게 되려는 자는 시대적 요구를 충족하기 위해 아리스테이데스처럼 모든 시민에게 요구되는바 정의라는 옛 정치이념만을 충족하는 것으로 부족했다. 정치가는 법률을 따라야할 뿐만 아니라 법률로써 국가를 통치해야 하므로, 정치 인생을 통해 쌓은 필수불가결의 경험 이외에 인간 만사의 보편적 통찰이 필요했다. 하지만 정치가의 이런 주요 요건은 후천적으로 획득되지 않는다. 투퀴디데스가 테미스토클레스의 남다른 장점이라고 찬탄했던 추진력과 침착함과 예측력은 타고난 재능이었다.[2] 반면 재치 있고 설득력 있는 연설 재능은 교육될수 있다. 연설능력은 호메로스 서사시에서 의회를 구성하던 귀족원로들이 가진 통치자 본연의 덕목이었고 이어지는 시대에도 계속해서 이런 지위를 유지했다. 헤시오도스는 연설능력이 무사 여신들이 왕에게 수여한 힘이며, 이를 통해 왕이 부드러운 구속으로 매번 회의를 이끈다고 보았다.[3] 이때 벌써 언변은 무사 여신들이 시인에게 내린 신적 영감과 동등한 지위에 배치되었다. 여기서 우선시되는 것은 입증하고 판단하는 언어를 구사하는

---

2) 투퀴디데스『펠로폰네소스 전쟁사』I 138, 3.
3) 헤시오도스『신들의 계보』96행.

재판관의 능력이었다. 민회와 언론의 자유를 보장하는 민주주의 국가에서 연설능력은 필수불가결의 조건이었고, 그야말로 정치인이 손에 쥔 키였다. 고전기에는 정치인을 연설가라고 불렀다. 언어는 후대의 언어처럼 순수 형식이 아닌 실질을 함축했다. 모든 공공연설의 유일한 내용이 국가 혹은 국가적 사안이라는 점은 당시 너무도 당연했다.

모든 정치지도자 교육은 바로 이것과 관련하여 수립되었음이 분명하다. 교육은 내적 필연성에 따라 연설가 양성이 되었는데, 이때 희랍어 '로고스(logos)'와 그 의미만큼이나 다양한 '형식과 실질'의 혼화를 생각할 수 있다. 이로부터 납득할 만한 해명이 주어지는바 지식교사 직업이 생겨나고 공공연하게 돈을 받고 '덕'(사람들은 과거 이렇게 번역했다.)을 가르친다고 선전했던 정황이다. 희랍개념 '탁월성(arete)'의 이런 잘못된 현대 이해는 본질에서, 동시대인들이나 본인들도 그들 직업을 그렇게 부른 '지식교사(sophistes)'의 주장을 우리가 어리석고 오만하게 해석한 것에서 기인한다. 이런 바보 같은 오해는, 우리가 고전기의 탁월성이 정치적 탁월성이며 그 중심은 연설가의 능력과 지식이며 기원전 5세기는 이런 능력을 결정적인 것으로 보았음을 이해하는 순간 곧 사라진다. 이런 오해는 우리처럼 지식교사들을 애초 플라톤의 회의적 시각에서 짚어보는 경우 생길 수밖에 없다. '덕은 가르칠 수 있는가?'에 대한 소크라테스의 의심은 플라톤에게 모든 철학적 인식의 출발점이었다. 하지만 이는 역사적으로 부당한 처사이며, 처음부터 철학적 자각의 이후 단계에서 발견된 문제들을 가지고 접근하는 것은, 인간교육 역사에서 매우 중요한 시기의 모든 실질적인 이해를 저해한다. 정신사적으로 지식교사들은 소크라테스와 플라톤만큼이나 필연적 현상이었고, 후자는 전자가 없었다면 존재할 수 없었다.

정치적 탁월성을 가르친다는 과감한 시도는 국가 본질의 근본적 구조변화가 있었다는 직접적 징표다. 아티카 도시국가가 국제정치의 큰 무대로 진출하면서 겪은 엄청난 혁명을 투퀴디데스는 놀랍고 날카로운 시각으로 묘사했다. 정적인 옛 도시국가에서 페리클레스 제국주의의 역동적 국가로의 전환은 매우 강한 대립, 내외 모든 세력의 경쟁을 수반했다. 정치교육의 이성 중심화는, 어느 때보다 업적과 성공을 높이 사는 생활 전반적 이성 중심화의 특수 사례일 뿐이다. 이것은 인간 성격의 평가에도 영향을 미치지 않을 수 없었다. '스스로 드러나는' 도덕성은 어느새, 이제 모든 영역에서 빛을 발하는 '지성'의 배후로 물러났다. 지식과 이성의 강조는—크세노파네스가 새로운 인간형의 외로운 선구자로서 지식과 이성을 표방한 것은 채 반세기도 지나지 않았다—이제 널리 일반화되었고 특히 상업 분야와 정치영역에서 두드러졌다. 이제 인간 탁월성의 이상(理想)이 정신적 탁월성과 지적 탁월성(διανοητικαὶ ἀρεταί)에 속하는 모든 가치를 포함하는 시대가 되었는바 이를 나중에 아리스토텔레스의 윤리학은 인간의 도덕적 가치들과 통합하려 했다. 이는 지식교사들의 시대에 아직 먼 훗날의 일이었다. 인간의 지적 측면은 이때 처음 전면에 등장했고, 지식교사들이 맡고자 한 교육자의 과업들도 여기서 생겨났다. 탁월성이 가르쳐질 수 있다는 지식교사들의 믿음은 이렇게 설명될 수 있다. 이런 교육적 전제를 가진 지식교사들도 어떤 면에서는 이를 전적으로 부인한 소크라테스만큼이나 옳았다. 다만 양자는 너무나 다른 생각을 했을 뿐이다.

지식교사들이 표방한 교육목적은 정신교육이었고 여기에는 무수히 많은 교육수단과 교육방법이 있었다. 이런 다양성은 정신교육의 단일 관점에서 도출될 수 있는데, 이는 최대한 다양한 관점에서 정신개념을 검토함으로써 가능하다. 정신은 일단 대상 세계 수용적, 따라서 사태 종속적 인간 기관이었다. 하지만 모든 객관 내용을 배제하더라도(이것은 이 시대의 새로운 견해였다.) 정신은 공허한 무엇이 아니었다. 정신의 고유한 내적 구조가 드디어 제대로 주목받게 되었다. 이것이 형식원리로서의 정신이었다. 이런 두 관점에 상응하여 지식교사들에게 정신교육은 근본적으로 다른 둘로 나타난다. 하나는 백과사전적 지식 사태의 전수였고, 다른 하나는 다양한 영역에서 형식적 정신교육이었다. 두 교육방법의 대립을 분명 정신교육이라는 상위개념만이 하나로 묶을 수 있다. 가르침의 두 종류는 오늘날까지 교육원리로서 유지되는데, 물론 한쪽의 완승과 관철이 아니라 대체로 절충형식으로 그러하다. 이미 지식교사들에서도 크게 다르지 않았다. 지식교사마다 개인적으로 두 방법을 절충했지만, 둘이 근본적으로 다르다는 점은 달라지지 않았다. 순수 형식교육 외에도 지식교사들은 다른 진화된 형식교육을 알고 있었고, 이는 정신의 구조와 언어가 아니라 영혼 전체의 힘을 다루는 것이었다. 이런 교육의 대표자는 프로타고라스였다. 그의 교육에서는 문법과 수사학과 변증술 이외에 무엇보다 문학과 문학의 영혼교육적 힘을 높이 평가했다. 지식교사들의 이런 세 번째 교육은 도덕적이고 윤리적인 것에 뿌리를 두고 있었다.[4] 세 번째 교육이 형식교육이나 백과사전적 교육과 구분되는 점은, 인간을 추상적으로 접근하지 않고 공동체 구성원으로 본다는 것이다. 따라서 이 교육은 인간을 가치 세계와 단단히 고정하며, 정신교육을 인간 탁월성 전체의 부분으로 수용한다. 이 교육형식도 정신교육이다. 여기서 정신은 '순수 지적·형식적'도 '지적·사태적'도 아닌 '사회 규정적'으로 파악된다.

---

4) 플라톤 『프로타고라스』 325e 이하. 프로타고라스와 그의 정치적·윤리적 교육이 엘리스 출신의 히피아스가 보여준 수학적·백과사전적 교육과 대립하는 것을 플라톤은 『프로타고라스』 318e 이하에서 날카롭게 보여주었다.

만약 지식교사들의 참신성과 공통점을—그들마다 사안 평가는 천차만별이었지만 그래도 이것이 공통이기 때문에—수사학 교육이념, 다시 말해 '말 잘하기(εὖ λέγειν)'라고 주장한다면 이는 지나치게 피상적이다. 고르기아스처럼 순수 수사학자로서 다른 것은 전혀 가르치지 않는 지식교사들도 있었기 때문이다.[5] 오히려 모든 지식교사의 공통점은 그들이 정치적 탁월성을 가르쳤다는 점,[6] 그리고 무엇이 되었든 정신교육의 증대를 통해 이에 도달하려 했다는 점이다. 우리를 계속해서 놀라게 하는 것은 지식교사들이 세상에 내놓은 새롭고 영원한 교육지식의 풍부함이다. 지식교사들은 정신교육의 창시자며, 정신교육을 지향하는 교육예술의 창시자다. 동시에 분명한 것은, 형식과 내용에서 출발하여 정치지도자 교육을 인륜과 국가의 문제로 심화시킨 그들의 새로운 교육이 대체로 어중간한 위치에 고착될 위험에 처했다는 점이다. 지식교사들의 존립근거가 진리 자체를 탐구하는 철저한 철학 사유와 진정한 탐구에 있지 않았기 때문이다. 이 점을 빌미로 다음 세대의 플라톤과 아리스토텔레스는 지식교사들의 교육체계 전체를 뿌리째 흔들었다.

우리에게 떠오르는 물음은 희랍철학과 과학의 역사에서 지식교사들의 위치다. 이들을 철학발전의 유기적 일부로 간주하는 것은 전통적이며 너무나 당연한 일이고 우리도 희랍철학사를 다룰 때 그렇게 하지만, 이들의 위치는 새삼 놀랍게도 늘 불명료했다. 우리는 플라톤을 따를 수 없다. 지식교사들과의 거듭된 그의 논쟁은 지식교사들이 탁월성의 교사를 자처했기

---

5) H. Gomperz 『지식교사와 수사학(Sophistik und Rhetorik)』(Leipzig, 1912)을 보라. '말 잘하기(εὖ λέγειν)'라는 교육이념이 기원전 5세기의 철학에 비추어 다루어졌다.
6) 플라톤 『프로타고라스』 318e 이하, 『메논』 91a 이하.

때문이었다. 다시 말해 지식교사들의 학문이 아니라, 그들의 삶과 실천 부분 때문이었다. 유일한 예외는 플라톤의 『테아이테토스』에서 프로타고라스의 인식론 비판이다.[7] 실제로 여기에서 지식교사와 철학의 연결이 발견된다. 하지만 그것도 지식교사들 가운데 한 명의 대표자에 국한된 일이고 연결고리는 매우 빈약하다. 아리스토텔레스의 『형이상학』에 제시된 철학사는 지식교사들을 배제한다. 최근의 철학사 기술들은 종종 지식교사들을 철학적 주관주의 혹은 상대주의의 창시자로 보곤 하지만, 프로타고라스에서 발견되는 단초의 이런 일반화는 옳지 못하다. 아낙시만드로스와 파르메니데스와 헤라클레이토스 등의 사상가들과 나란히 탁월성의 교사들을 배치하는 것은 솔직히 역사적 관점이 초래한 왜곡이다.

이오니아 '탐구(historia)'의 순수 추동력이 인간 사상 혹은 실제적 교육 사상이 아니었음은 밀레토스의 우주론에서 확인된다. 물론 우리는 밀레토스의 우주관찰이 한 걸음씩 인간 문제에 접근해갔고, 이는 점차 거부할 수 없는 흐름으로 전면에 등장했음을 보았다. 인간 탁월성을 신과 세계의 이성적 인식에서 찾으려는 크세노파네스의 과감한 시도는 벌써 이것을 교육 이념과 연결했다. 그리고 한순간 자연철학은 문학으로의 변모를 통해 민족의 교육과 삶에 대해 정신적 지배권을 획득하는 것처럼 보였다. 하지만 크세노파네스는 일회적 현상으로 그쳤다. 인간의 본성과 방법과 가치에 대한 물음이 일단 제기된 이래로 물론 철학은 계속 이 물음에 매달렸다. 고독한 사상의 위대한 헤라클레이토스도 인간을 통일법칙이 지배하는 전체 우주의 일부로 귀속하기를 원했다. 헤라클레이토스는 자연철학자가 아니었다. 밀레토스학파의 기원전 5세기 후계자들은—이들의 자연탐구는 더

---

7) 플라톤 『테아이테토스』 152a.

욱 전문과학의 성격을 가지게 되는데—인간을 완전히 그들의 사상에서 배제했다. 혹 철학적 깊이를 가진 자들의 경우 각자 그들 나름대로 인간 문제를 받아들였다. 클라조메나이의 아낙사고라스는 당대의 인간 중심적 경향을 우주론에 수용했고, 질서와 통제의 힘으로서 정신을 세계의 시작에 놓았지만, 그 밖의 모든 것에서 빠짐없이 기계론적 자연관을 관철시켰다. 그는 자연과 정신의 통합에 이르지 못했다. 아크라가스의 엠페도클레스는 켄타우로스적 철학자였다. 그의 이오니아적 자연학은 오르페우스 구원종교와 기이하게 통합된 두 가지 모습의 영혼을 가지고 있었다. 구원종교는, 영원히 생성소멸하는 자연의 구원받지 못할 창조물이자 노리개인 인간을 신비의 길로 안내하여, 인간이 운명적으로 얽매여 있는 원소들의 불행한 순환으로부터 영혼의 근원적·신적 순수 상태로 이끈다. 이렇게 다른 방식으로 사상가들은 각자, 우주원리의 우세에 맞서 점차 자기 권리를 요구하고 나선 인간영혼 세계에 독자성을 부여했다. 그리하여 데모크리토스와 같은 엄격한 자연철학자조차 인간 문제와 윤리세계를 더는 버려둘 수 없었다. 그는 스승이 제공한 일부 놀랄 만한 해결책을 택하지 않았고, 오히려 자연철학과 윤리적 교육지혜를 말끔하게 구분했고, 윤리적 교육지혜에 이론학이 아닌 잠언투의 전통형식을 부여했다. 여기에는 옛 속담의 전승 문학과 현대적 연구자의 자연과학적·이성적 정신이 혼재한다. 이는 인간과 삶이 제시한 철학 문제의 중요성이 점차 커지고 있다는 매우 의미 있는 징후였다. 그렇지만 지식교사들의 교육사상은 그 원천을 여기에 두지 않는다.

철학이 인간에 관심을 두고 점점 더 가까이 관심 대상에 다가갔다는 사실은 지식교사의 출현이 역사의 필연임을 입증하는 새로운 증거다. 물론 지식교사들이 충족시킨 요구란 학문적·이론적 요구가 아닌 철저히 실제적 요구였다. 또 이것은, 이오니아 자연철학이 오랫동안 뿌리를 내릴 .수 없었던 아테네에서 지식교사들이 그처럼 큰 영향을 미친 깊은 이유이기도 하다. 삶과 유리된 학문을 이해할 수 없었던 지식교사들은 호메로스와 헤시오도스, 솔론과 테오그니스, 시모니데스와 핀다로스 등 시인들의 교육 전통을 계승했다. 희랍 교육역사에서 시인들의 이름으로 이어진 계보에 지식교사들을 집어넣어야만 비로소 지식교사들의 역사적 위치가 분명해진다. 문학은 진작에 문학적 인간이상(理想)을 선포했고, 시모니데스와 테오그니스와 핀다로스는 이제 탁월성과 그 교육 가능성의 문제를 문학에서 논의했다. 문학은 이제 교육의 다양한 목소리와 요구가 충돌하는 현장이었다. 시모니데스는 근본적으로 이미 전형적 지식교사였다.[8] 지식교사들은 마지막 걸음을 뗐을 뿐이다. 지식교사들은 교육요소가 아주 강하게 드러나는 여러 종류의 잠언투 운문문학을 새롭게 산문화했고 이를 가르쳤다. 그리하여 그들은 의식적으로 형식에서나 사상에서 운문문학과 경쟁했다. 동시에 문학적 교육내용의 이런 산문화는 궁극적 이성 중심화의 징표였다. 문학의 교육 소명을 물려받은 상속자로서 지식교사들은 문학에도 관심을 기울였다. 그들은 위대한 시인들의 최초 주해자였고, 가르침을 위대한 시인들과 연관시키기를 선호했다. 하지만 우리가 생각하는 작품 해석을 그들에게서 기대해서는 안 된다. 그들은 시간적 거리를 무시하고 시인들과 직접 마주했으며 시인들을 거리낌 없이 현실에 끌어들였다. 플라톤의 『프로타고라스』는 흥미롭게 이를 실천한 예다. 지식교사 시대의 특징인 바 냉정한 목적의식을 다른 어느 것보다 분명하고 적절하게 보여준 것은 그들의 교육적 문학 이해였다. 지식교사들에게 호메로스는 전차 제작에

---

8) 이런 주장은 이미 플라톤의 『프로타고라스』 339a에 등장한다.

서 전술에 이르는 모든 인간지식의 백과사전이었고, 지혜로운 삶의 지혜를 찾을 수 있는 보고였다.[9] 서사시와 비극의 영웅교육은 철저하게 실용적으로 수용되었다.

그렇지만 지식교사들은 단순히 모방자는 아니었다. 그들은 다양한 방면에서 새로운 문제를 제시했다. 그들은 윤리적·국가적 사안에 대해 당시의 합리적 사유와 자연철학자들에게서 배웠고, 그리하여 다면적인 교육환경을 창출했다. 물론 이런 선명한 의식과 샘솟는 생명력과 민감한 확장성을 가진 그들을 페이시스트라토스 시대는 아직 이해하지 못했다. 이런 새로운 유형에 크세노파네스의 정신적 자신감이 없지 않았는바 기괴한 자긍심에서 편협한 허영심에 이르는 다양한 모습으로 나타나는 이런 태도를 플라톤은 계속해서 비꼬아 모방하고 조롱했다. 이 모든 것은 자유분방하게 떠돌던 세계시민이었던 르네상스 시대의 작가들을 떠올리게 하는데, 지식교사들도 그렇게 세계를 주유했다. 지식의 모든 분과를 경험하고 모든 수공 기술을 섭렵하여, 그가 걸친 옷이나 장신구 모두는 그가 직접 만들지 않은 것이 없었을 정도로 엘리스의 히피아스는 완벽한 만능박사(*uomo universale*)였다.[10] 다른 지식교사들도 마찬가지지만, 문헌학자와 연설가, 교육자와 문학가의 이런 찬연한 혼화를 어떤 한 전통 개념으로 묶는 것은 불가능하다. 그들의 가르침 때문만이 아니라 신세대 유형의 완전한 정신적·심리학적 매력 때문에 지식교사들은 희랍 지성의 최고 유명인사였고, 활약하던 각 도시의 부자들과 실력자들에게 환영받던 귀빈이었다. 이 점에

---

9) 플라톤의 『국가』 598e가 보여주는 지식교사들의 호메로스 해석 유형은 분명 어떤 선례가 있었다.
10) 플라톤 『소(小) 히피아스』 368b.

서 지식교사들은 기원전 6세기 말 참주들의 궁전과 부자 귀족들의 저택을 찾았던 방랑시인들의 진정한 후계자였다. 그들의 존립은 오로지 지적 성취에 달려 있었다. 끊임없는 방랑으로 인해 그들은 시민의 확고한 지위를 확보할 수는 없었다. 이런 자유로운 삶이 당시 희랍 땅에서 가능했음은 매우 이례적인바 이는, 그렇게 자주 공동체를 지향하는 교육과 최고 시민의 탁월성 교육을 표방했으면서도, 내적으로는 개인주의를 핵심으로 한 완전히 새로운 교육이 등장했다는 분명한 증표다. 지식교사들은 사실 당시 전반적으로 개인주의로 기울어지던 시대의 제일가는 개인주의자였다. 이런 의미에서 동시대인들은 실제 그들을 시대정신의 진정한 대표자로 바라보았다. 교육이 사람을 길러냈다는 점은 이 시대의 특징이다. 교육은 마치 시장의 상품처럼 "수입되었고" 거래되었다. 플라톤의 이런 냉소적 비유[11]는 일면 정당성을 가지는바 우리는 이를 지식교사들과 그들 성품에 대한 도덕적 비판으로 해석해야 할 뿐만 아니라, 나아가 정신적 성향의 비판으로 읽어야 한다. '지식사회학'과 관련하여 지식교사들은 엄청난 보고(寶庫)이며 지금까지 한 번도 사용되지 않은 자본이다.

전체적으로, 이 새로운 인물들의 등장은 교육사적으로 제일 중요한 사건이었다. 그들을 통해 인간교육은 교육이라는 의식적 이념과 이론으로 세상에 등장했고 합리적 존립근거를 가지게 되었다. 이런 의미에서 그들은 분명 인문주의 발전의 중요한 한 단계를 나타낸다. 물론 인문주의의 진정한 최고 형식은 지식교사들과의 투쟁을 통해 비로소 나타나며 지식교사들을 극복하는 과정에서 발견된다. 잠정적 미완성의 그늘은 내내 지식교사들에게 드리운다. 지식교사 교육은 학문 운동이 아니라, 이오니아의 옛 자

---

11) 플라톤 『프로타고라스』 313c.

연철학과 '탐구(*historia*)' 등 과학을 향한 침공이었다. 전혀 다른 방향에서 일어난 일상적 관심, 특히 경제적·국가적 토대 변화 때문에 촉발된 교육적·사회적 문제들의 침공이었다. 그래서 지식교사 교육은 초기에, 오늘날 옛 과학세계를 침범하는 교육학과 사회학과 언론학의 범람에서 보는 것처럼 과학 배타적이었다. 하지만 지식교사 교육이 호메로스 이래로 무엇보다 문학을 중심으로 이루어진 옛 교육전통을 새로운 합리주의 시대의 언어형식과 사유형태로 전환했다는 점에서, 그리고 교육개념을 이론적으로 의식했다는 점에서, 그들의 운동은 이오니아 과학영역을 윤리적·사회적으로 확장한 것이며, 자연탐구과학을 다루면서도 이를 넘어서는 그들은 실질적 정치윤리 철학의 개척자라 하겠다.[12] 지식교사들의 업적이 가장 오랫동안 남아 있던 영역은 형식 분야였다. 하지만 곧 그들의 수사학은, 수사학에서 분리된 학문요소가 독자적 권리를 주장하게 되면서, 무시무시한 적수와 강력한 경쟁자를 만나게 될 것이다. 지식교사의 교육은 그 다양성 속에 다음 세기에 나타날 교육투쟁의 씨앗을 감추고 있었다. 그것은 바로 철학과 수사학이 벌인 교육투쟁이었다.

[교육학과 교육이념의 기원] 지식교사들은 교육학의 창시자라고 불렸다. 사실 그들이 교육학의 기초를 놓았고 크게 보면 오늘날에도 여전히 지식교육은 같은 길을 걷고 있다. 하지만 오늘날에도 아직 해결되지 않은 것은, 교육학이 학문인가 기술인가의 물음이다. 지식교사들은 그들의 교수법과 교수이론을 학문이 아닌 기술이라고 불렀다. 우리는 플라톤에게 프

---

12) 지식교사들의 실용주의 경향과 대립하는 옛 철학자들과 현자들의 현실 외면적 경향을 플라톤의 『소(小) 히피아스』 281c가 다루고 있다.

로타고라스에 관해 자세한 것을 배운다. 플라톤은 프로타고라스의 공적 활동을 우스꽝스럽게 과장했지만, 주요 부분에서 분명 실제 모습을 보여 준다. 지식교사 프로타고라스는 그의 직업을 '정치술(politike techne)'이라고 명명했는데, 정치적 탁월성을 가르치기 때문이었다.[13] 교육의 기술화는, 전수 가능한 전문기술을 다루는 합목적적으로 설계되고 이론적으로 정립된 몇몇 분과로 삶 전체를 쪼개려는 시대의 보편적 열정에서 비롯된 특수 사례일 뿐이다. 수학과 의학과 체육학과 음악론과 연극술 등의 전문가들과 전문서적들도 전해진다. 폴뤼클레이토스와 같은 조형예술가들도 이론적 전문서를 집필하기 시작했다.

무엇보다 지식교사들은 그들의 기술을 기술의 꽃이라고 여겼다. 플라톤이 프로타고라스의 입을 통해 개진한 문명 탄생신화[14]에서 지식교사 기술의 본질과 위치를 설명하기 위해 프로타고라스는 문명의 두 단계를 구분한다. 둘은 분명 시간상으로 구분되는 역사 단계는 아니며, 둘의 병렬은 다만 지식교사가 가르치는 고급 교육의 의미와 필연성을 신화적으로 설명하는 도식일 뿐이다. 첫 단계는 기술문명의 단계다. 프로타고라스는 이를 아이스퀼로스에 따라 인간이 불과 함께 받은 프로메테우스의 선물이라고 불렀다. 이런 선물에도 불구하고 만약 제우스가 인간들에게 정의의 선물을 하사하여 인간이 국가와 공동체를 건설할 힘을 가지지 않았다면, 인간에게 처참한 몰락의 형벌이 내려져 인간은 무시무시한 전쟁으로 서로를 살육했을지도 모른다. 프로타고라스가 이런 이야기 흐름을 아이스퀼로스의 프로메테우스 삼부작 가운데 소실된 부분에서 빌려왔는지, 아니면 서로

---

13) 플라톤 『프로타고라스』 319a.
14) 플라톤 『프로타고라스』 320d.

잡아먹는 짐승들과 인간을 구분하는 징표로 제우스의 선물인바 정의를 최초로 언급한 헤시오도스[15]에게서 가져왔는지는 불분명하다. 나머지 진전된 이야기 부분들은 프로타고라스의 독창적 기여다. 프로메테우스의 선물은 기술적 앎으로 전문가들에게만 수여되었다. 반면 제우스는 정의와 법의 관념을 인간 모두에게 선물했는데, 그렇지 않았다면 국가는 존립할 수 없었다. 하지만 나아가 법과 국가의 수립을 위한 좀 더 높은 통찰이 존재하는데, 그것은 지식교사들의 정치적 기술이 가르치는 것이다. 이것은 프로타고라스에게 진정한 교육인바 인간 공동체와 문명 전체의 토대인 정신적 유대를 의미한다.

모든 지식교사가 그들 직업에 대해 이렇게까지 대단한 생각을 했던 것은 아니다. 평균적으로 그저 사람에게 지식을 전달하는 직업 정도로 생각했다. 지식교사 교육 전체에 대해 적절한 평가를 위해서, 최고의 대표 지식교사에서 시작할 필요가 있다. 프로타고라스가 인간교육을 삶 전체의 중심에 놓았음은 그의 교육이 분명하게 '인문주의'를 정신적 목표로 삼았음을 말해준다. 이것은 실로 인간교육을 기술영역 전체보다, 그러니까 오늘날의 언어로 문명보다 상위에 놓았음을 의미한다. 기술지식과 능력을 본연의 교육과 근본적으로 나누고 분명하게 구분함은 인문주의의 토대가 되었다. 전문기술을 무턱대고 오늘날의 직업(Beruf)과 등치하지 않도록 주의해야 하는데, 우리의 직업은 어원적으로 기독교적 개념으로 희랍어 '기술(techne)'보다 포괄적인 개념이다.[16] 우리의 직업은 프로타고라스가 인간교육의 목표로 잡은 정치가 직업도 포함하지만, 반면 희랍에서 정치가 직업

---

15) 헤시오도스 『일들과 날들』 276행.
16) Karl Holl, *Die Geschichte des Worts Berufs*, Sitz. Berl. Akad. 1924, XXIX.

을 기술이라고 부르는 것은 무척 과감한 일이었다. 정치가가 행사하는 학습된 능력과 획득된 지식을 지칭할 단어가 희랍어에는 달리 없었다는 것이 그 근거다. 프로타고라스가 그의 정치가 기술을 협의의 기술직업과 구분하고 그의 정치가 기술을 포괄적이고 보편적인 것으로 소개하려고 애썼음은 매우 분명하다. 그는 같은 이유에서 그의 '보편교육' 사상을 여타 지식교사들의 교육, 단순 지식교육과도 아주 엄격하게 대립시켰다. 그의 생각에 의하면 "이런 교육이 젊은이들을 망가뜨린" 주범이었다. 젊은이들이 단순한 수공업적 기술에서 벗어나려고 지식교사들을 찾을 때, 지식교사들은 젊은이들의 뜻에 반하여 그들을 다시 기술지식으로 이끈다.[17] 진실로 '보편적인' 것은 프로타고라스가 보기에 오로지 **정치**교육뿐이었다.

프로타고라스는 그의 '보편' 인간교육이라는 개념 이해를 통해 희랍교육 역사의 발전 전체를 요약했을 뿐이다.[18] 도덕적인 것과 정치적인 것은 진정한 인간교육의 토대다. 한참 후에야 비로소 새로운 순수 미학적 유형의 인문주의가 추가되고 혹은 이것이 기존 인문주의를 대체한다. 희랍문명 고전기에 기본적으로 모든 고등교육은 국가와 공동체의 이념에 구속된다. 우리는 인문주의라는 단어를 역사적 선례를 지시하는 막연한 표현이 아닌, 지식교사 교육이 희랍정신의 역사발전에 뿌리내린 인간교육 이념의 발로임을 표현하기 위해 아주 진지하고 신중하게 사용한다. 오늘날 무엇보다 인문주의 개념은 우리 교육을 의식적으로 고대의 교육과 연결한다. 이것은 단순히 우리의 보편 인간교육 이념이 고대의 교육에서 역사적으로 기

---

17) 플라톤 『프로타고라스』 318e. 프로타고라스는 특히 히피아스를 염두에 두고 수학과 천문학, 지리학과 음악(여기서는 음악론)을 '기술($\tau\acute{\epsilon}\chi\nu\alpha\iota$)'에 포함한다.

18) 본서의 189쪽 이하를 보라.

원하기 때문이다. 이런 의미에서 인문주의는 기본적으로 희랍인의 발명품이다. 인간정신에 대해 희랍 인문주의의 영원한 중요성에 비추어 다만 우리의 교육과 고대의 교육을 역사적으로 연결하는 것도 필연적이고 긴요한 일이다.

한편, 여기서 처음부터 분명히 해야 할 것은 인문주의가—본질은 항구불변이지만—성장하고 발전하며 프로타고라스의 유형에서 정체되지 않는다는 점이다. 이소크라테스와 플라톤은 지식교사들의 교육사상을 수용했고 각자는 거기에 나름의 변형을 가했다. 이런 변용에서 무엇보다 특징적인 것은, 프로타고라스의 인문주의 유형에 대해 많은 것을 말해주는 '인간은 만물의 척도'라는 다의적 명제를 플라톤이 말년에 마지막 대화편 『법률』에서 '만물의 척도는 신'이라고 변형했다는 사실이다.[19] 여기서 우리는, 프로타고라스가 신에 관해 신이 존재한다고도 존재하지 않는다고도 말할 수 없다고 말했다는 것을 상기해야 한다.[20] 동시에 지식교사 교육에 대한 플라톤의 이런 비판과 관련하여 신랄하지만 우리는 묻지 않을 수 없다. 종교적 회의주의와 무관심, 도덕의 인식론적 상대주의는—이에 대항하여 플라톤은 평생 지식교사들의 격정적 반대자로 살며 투쟁했다—인문주의의 본질인가? 답은 각자의 주장과 견해에 따라 제시될 것이 아니며, 오직 역사에 의해 객관적으로 제시되어야 한다. 우리는 앞으로 이 문제를 계속 새롭게 다룰 것이며, 종교와 철학을 지키기 위한 교육과 문명의 투쟁을 확인할 것이다. 이 투쟁은 고대 말 기독교 수용과 함께 세계사적 전환점을 맞이한다.

19) 플라톤 『법률』 716c. 프로타고라스 단편 1 Diels를 보라.
20) 프로타고라스 단편 4 Diels.

여기서는 그저 예비적으로 언급할 수 있을 뿐이다. 지식교사 이전의 옛 희랍교육은 오늘날 같은 문명과 종교의 분리를 전혀 알지 못했고 희랍교육은 온전히 종교적인 것에 뿌리를 내리고 있었다. 불화는 지식교사들의 시대에 비로소 드러나기 시작했고 이때는 동시에 의식적 교육이념이 만들어지던 시대였다. 프로타고라스에서 발견되는 전통 생활규범의 상대화, 종교 신비의 불가해성에 대한 인식 포기 등이 인간교육의 숭고한 이념과 통합된 것은 결코 우연이 아니었다. 의식적 인문주의는 아마도 희랍의 장구한 교육전통 가운데 다만, 그간의 최고 교육가치들이 의문시되기 시작한 역사적 순간에 등장했다. 실제 이때 의식적 인문주의는 우선 분명하게 '단순한' 인간존재라는 협소한 토대로 회귀한다. 출발점이 될 규범을 요구하기 마련인 교육은 유효한 규범내용이 인간사회에서 사라지고 흩어져버리는 순간 인간형식에 매달린다. 이때 교육은 형식적으로 바뀐다. 이런 상황은 역사에서 여러 번 반복되며 그럴 때마다 늘 인문주의는 좁게 정의되곤 한다. 그렇지만 이때 인문주의는 자신을 넘어 앞뒤로 나아가려고 한다는 것도 사실이다. 뒤로는, 역사 전통의 종교적·인륜적 힘이 충만하던 때를 본래의 진정한 '정신'으로 삼아 지금까지의 추상화로 공허해진 합리주의적 정신개념을 극복하려 한다. 앞으로는, 종교적·철학적 문제로서 존재개념으로 나아가려 하는바 존재개념은 여린 뿌리처럼 인간적인 것을 감싸며 인간이 뿌리내릴 수 있는 비옥한 토양을 제공했다. 교육 일반의 이런 근본문제를 어떻게 받아들이느냐는 지식교사들의 의의를 판단하는 데 결정적이다. 역사적으로 말해 모든 것은 다음의 문제를 명백히 밝히는 것에 달렸다. 플라톤은 역사상 최초의 인문주의, 지식교사들의 인문주의를 끝장낸 사람인가 아니면 완결 지은 사람인가? 이런 역사적 물음에 대한 입장 표명은 신앙고백과 다르지 않다. 오로지 역사적으로만 생각해보면 이 문제는 이미 오래전에 사실상 판결이 내려졌다. 지식교사들이 천명한 인간교육의 이념은 전도유망했을 뿐 완결된 최종 성과는 아니었다. 그들의 교육이념은 형식 의식을 통해 감히 평가할 수 없는 실천적·교육적 영향을 미쳤고 그것은 오늘날까지도 유효하다. 하지만 매우 강력한 요구와 함께 등장한 교육이념은 그만큼 더 철학과 종교의 단단한 토대를 요구한다. 기본적으로 플라톤 철학이 새로운 형태를 부여한 호메로스에서 비극에 이르는 옛 희랍교육의 종교적 정신이 바로 그것이다. 이렇게 플라톤은 지식교사들의 교육이념을 극복하면서 지식교사들 이전으로 회귀한다.

지식교사들에서 결정적인 것은 의식적 교육사상 자체다. 호메로스에서 아티카 시대까지 희랍정신이 걸어온 길을 뒤돌아보면, 이들의 교육사상은 갑작스러운 돌출이 아닌 역사발전 전체의 성숙에 따른 필연적 산물이다. 교육사상은 희랍의 모든 문학창작과 모든 사유 노동이 인간형상의 규범적 특징을 찾으려 애쓴 지속적 노력의 표현이다. 이는 본질상 교육자적 노력으로, 특히 여기 기술된 것처럼 숭고한 의미의 교육이념을 의식함에서 매우 철학적이었던 민족이 보여준 노력이다. 지식교사들이 희랍정신의 모든 초기 창작물을 이런 교육이념과 결합하고 이를 기존 교육내용으로 인정한 것은 너무나 자연스러운 일이다. 시인들의 창작물이 가지는 교육적 힘은 희랍민족에게 이미 오래전부터 상식이었다. 따라서 의식적 교육행위(παιδεύειν)의 대상이 유년기(παῖς)뿐 아니라 매우 두드러지게 청소년기까지 확대되었을 때, 그리고 매우 뚜렷하게 인간교육 과정에서 연령제한이 확정될 수 없다는 생각이 분명해졌을 때, 문학작품이 교육의 정수로 통합된 것은 필연적이었다. 이제 갑작스럽게 성인 대상의 인간교육도 등장했다. 애초 교육과정 자체만을 지시하던 인간교육의 개념이 객관적·내용적으로 의미 영역을 확장했는바 인간교육(*paideia*)은 우리의 '빌둥(*Bildung*)'

혹은 라티움어의 '쿨투라(*cultura*)'에 정확하게 일치하게 되었다. 교육**과정**에서 교육**결과**로, 다시 교육**내용**으로 확장되고 마침내, 민족 성원 혹은 특정 사회계층의 개별 인간이 진입하게 된 교육**세계** 전체를 의미하기에 이르렀다. 이런 교육세계의 역사적 구축은 교육이념의 의식화 과정에서 정점에 이른다. 따라서 희랍인들이 그들 전통의 모든 원숙한 형식과 모든 정신적 창조, 그 자산과 내용 전체를, 인간교육 개념이 궁극적 정수에 도달한 기원전 4세기 이래로—우리는 이를 '빌둥(*Bildung*)' 혹은 라티움어에서 온 외래어 '쿨투르(*Kultur*)'라고 한다—인간교육(*paideia*)이라고 명한 것은 아주 자연스럽고 당연한 일로 보인다.

이런 관점에서 지식교사들은 중대사건이었다. 그들은 교육의식의 창시자들이었고, 이런 교육을 통해 희랍정신은 '목표(*telos*)'에 이르렀으며 희랍 고유의 형식과 지향에 대한 내적 확신을 획득했다. 지식교사들이 교육개념과 교육의식의 관철에 기여했다는 중요한 사실에 비추어, 그들이 아직은 그 궁극적 형식을 제공하지 않았다는 것은 오히려 무시될 수 있다. 기존 존재형식의 해체시대를 맞아 민족이 역사를 통해 전수한 인간교육의 커다란 과업을 그들 자신과 동시대인들에게 일깨움으로써 지식교사들은, 그들 민족의 모든 발전과정이 굳게 지향했으며 그곳에서 삶의 모든 의식적 구축이 시작되어야 마땅했던 지점에 이르렀다. 의식함은 절정이지만, 흔히 황혼의 절정이기 마련이다. 이것은 지식교사라는 중대사건의 다른 측면이다. 지식교사들에서 플라톤과 아리스토텔레스에 이르는 시기가 희랍정신 발전의 지속적인 상승기였다는 주장에 어떤 설명도 불필요하다고 할 때, 그렇지만 여기서 헤겔의 말이 정확히 들어맞는바 미네르바의 부엉이는 황혼에 비로소 날개를 펴기 시작했다. 지식교사들을 통해 최초로 선포된 희랍정신의 세계지배는 청춘의 희생으로 얻어졌다. 니체와 바흐오펜이 희랍정신의 절정기를 '합리성(ratio)'의 각성 이전으로, 예를 들어 신화시대, 호메로스 시대 혹은 신화시대로 옮기려고 했던 것도 이해할 수 있다. 하지만 이런 상고기의 낭만주의적 절대화는 어불성설이다. 민족정신의 발전은 개인정신처럼 부정될 수 없는 내적 법칙에 따르며, 이런 발전을 역사적으로 몸소 겪은 자에게 남은 흔적은 이중적일 수밖에 없다. 한편으로 정신발전에 뒤따르는 상실을 고통스러워하면서도, 다른 한편으로 발전의 흐름을 거부하려 들지 않는다. 발전을 전제할 때만 과거를 자유롭게 경탄할 생각을 가지게 되고 칭송할 능력을 갖추게 된다는 점을 우리는 너무나 잘 알고 있기 때문이다. 이것은 어쩔 수 없는 우리의 처지다. 우리는 이런 문명의 끝자락에 서 있고, 여러 측면에서 지식교사 교육에서 출발할 때 비로소 사실 우리 자신에 도달한다. 지식교사 교육은 핀다로스나 아이스퀼로스가 아니라 '우리'에게 더 가깝다. 그래서 더욱 우리는 핀다로스와 아이스퀼로스를 필요로 한다. 지식교사들에 이르러 우리는 교육의 역사적 구축이 거쳐온 초기 단계들이 공허한 것이 아님을 받아들인다. 초기 단계들이 이런 교육에 함께 담겨 있음을 받아들일 때만 새로운 단계를 이해하는 것도 가능한 법이다.

우리는 지식교사들에 관해 구체적으로 아는 것이 너무도 없어, 주요 인물들의 가르침과 목표에 대해 개별적 그림을 그릴 수 없다. 지식교사들이 차별성에 역점을 두었다는 특징을 플라톤은 『프로타고라스』에서 이들을 비교하며 제시했지만, 사실 그들이 명예욕 때문에 바랐던 것만큼 그렇게까지 그들 서로가 다르지는 않았다. 정보 부족 이유는 지식교사들이 그들 사후에도 살아남을 만한 저작물들을 남기지 못했기 때문이다. 저술에도 남달랐던 프로타고라스의 글들조차 고대 후기에 이르러 단편적으로만 읽혔고 당시 사실 거의 전부 잊힌 것이나 다름없었다.[21] 지식교사들의 좀 더 학적인 저작들 몇몇은 수십 년 동안 살아남은 예도 있지만, 일반적으로 그들은 학자가 아니었으며 그들의 목표는 다만 사람들에게 영향력을 행사하는 것이었다. 그들의 수사학적 '과시(*epideixi*)'는, 투퀴디데스의 말을 빌리자면 인류의 영원한 자산이 아니었는바 잠깐의 청취를 위한 반짝 연설에 지나지 않았다. 또 지식교사들의 중심적 교육활동은 주로 살아 있는 인간을 상대로 했을 뿐이며, 오히려 자연스러운 일인바 문학적 저술은 아니었다. 이런 점에서 소크라테스는 그들을 능가하며 아무것도 저술하지 않았다. 우리 판단에, 그들의 교육실천을 더는 알 수 없다는 것은 무엇과도 비교할 수 없는 손실이다. 손실과 비교하면 단편적으로 알려진 그들의 생애와 견해는 미미하며 근본적으로 이것들은 그다지 중요한 것들도 아니다. 우리가 파악할 수 있는 것은 단지 그들 교육의 이론적 토대에 관한 것들뿐이다. 우선 실질적으로 중요한 것은 교육이념의 의식과 연관된 교육과정의 의식화다. 교육과정의 의식화는 교육활동에 주어진 전제들의 통찰을, 특히 인간의 분석을 전제한다. 이것은 기본적으로 물론 단순하다. 오늘날의 심리학에 견주어 이것은, 오늘날의 화학에 견주어 지식교사들의 자연학 이론만큼이나 단순하다. 그럼에도 사태 본질에서 보건대, 오늘날의 심리학은 아직도 지식교사들의 교육이론보다 진보한 것이 없다. 그것은 엠페도클레스나 아낙시메네스에 비교하여 오늘날의 화학도 마찬가지다. 이런 이유에서 우리는 지식교사들의 교육학이 가진 최초의 원리적 견해들을 오늘날에도 여전히 기쁘게 살펴볼 수 있다.

귀족교육과 도시국가적·민주주의적 교육이 벌인 한 세기 이전의 옛 갈

---

21) 프로타고라스의 저술 '존재에 관하여'에서 보존된 사례에 관한 중요한 정보는 포르퓌리오스다. 프로타고라스 단편 2 Diels를 보라.

등과 연관하여—우리는 이를 테오그니스와 핀다로스에서 보았다—지식교사 교육은 모든 교육의 전제조건들을, '인간이 되어감'에서 의식적 교육이 미치는 영향과 "본성"의 문제를 검토했다. 이 문제에 호응하여 당시의 문헌들에 보이는 관련 사항들을 일일이 열거하는 것은 무의미한 일일지 모른다. 이것들은 지식교사들이 이런 문제의식을 어디든지 가지고 갔음을 증명할 것이다. 어휘는 바뀌었지만, 문제는 어디서나 같았다. 본성(φύσις)은 모든 교육이 근거로 삼아야 할 토대라는 인식에 이르렀다. 교육적 구축은 학습내용을 제2의 천성으로 만드는 학습(μάθησις)과 가르침(διδασκαλία), 그리고 훈련(ἄσκησις)으로 진행된다.[22] 여기서 옛날에 대립하던 관점, 그러니까 귀족적 인간교육의 관점과 합리주의적 관점의 종합이 귀족적 혈통 윤리의 철저한 부정을 전제로 시도되었다.

신적 혈통을 대신하여 이제 전적으로 개인적인 우연성과 다중성 가운데 매우 넓은 외연의 인간본성이라는 보편개념이 대두했다. 엄청난 파장을 동반한 이런 진보는, 하지만 당시 새롭게 등장한 성장 분야였던 의학의 도움이 있었기에 가능했다. 오랫동안 원시적 처치술에 머물며 민간치료의 다양한 미신과 주문과 뒤섞여 있던 의학은, 이오니아에서 등장한 자연탐구와 엄격한 경험과학의 성장이 영향을 미치기 시작하면서, 그리고 의사들이 자연과학적 관찰을 인체와 생리에 적용하면서 성장했다. 이런 과학적 의료영역에서 인간본성이라는 개념이 나타났고 덕분에 우리는 지식교사들과 그 동시대인들에서 이 개념을 자주 만나게 된다.[23] '본성(physis)'이라는 개념은 우주 만물 천체에서 개별자에게, 인간에게 전용되며, 여기서 본성은 개

---

22) 프로타고라스의 '위대한 연설'에서 나온 단편 3 Diels를 보라.
23) 히포크라테스의 의학 문헌에 보이는 인간본성이라는 개념에 대한 연구가 시급히 요구된다.

별적 색채를 띤다. 인간은 그 본성이 명하는 어떤 법칙에 종속되며, 건강하든지 병약하든지 생활방식에서 올바른 것을 만나고자 한다면 본성의 인식에서 출발해야 한다. 우선 특정 상태의 물질적 유기체로 이해되고 그렇게 취급되는 의학적 개념으로서 인간본성은 이후 지식교사들의 교육이론에 근간이 되는 확대 개념으로서의 인간본성으로 발전한다. 이에 따르면 지식교사들은 인간을 영혼과 육체로 이루어진 전체 혹은 특히 인간의 내적 성향이라고 이해했다. 당시 역사가 투퀴디데스도 인간본성의 개념을 비슷한 의미로 사용했는데, 다만 그는 그가 다루는 대상에 적합하게 인간의 사회적·윤리적 본성을 중시했다. 인간본성의 이념은 초기 이해를 보면 결코 자명한 무엇으로 받아들여지지 않았다. 이는 희랍정신이 터를 마련한 기초 작업이었고, 이를 통해 비로소 본격적인 교육이론이 가능하게 되었다.

'본성'이란 단어에 포함된 깊은 종교적 문제들을 지식교사들은 발전시키지 않았다. 인간본성은 일반적으로 교육 가능하며 선한 쪽으로 이끌 수 있다는 어떤 낙관적 믿음이 지식교사들의 전제였고, 불행하거나 악한 성향은 예외적 경우였다. 이것은 잘 알려졌다시피 기독교 측에서 계속해서 제기하던 인문주의 비판 지점이었다. 교육적 낙관주의는 이 문제에 대해 희랍정신이 제시한 궁극적 대답은 아니었다. 만약 희랍인들이 인간교육의 이상이 아니라 보편적 원죄의식에서 출발했다면, 그들은 결코 교육학과 교육이념에 도달하지 못했을지도 모른다. 희랍인들이 교육을 큰 문젯거리로 의식했음을 이해하기 위해서라면, 『일리아스』의 포이닉스를, 핀다로스를, 플라톤을 떠올리기만 하면 될 일이다. 이런 회의를 품었던 부류가 특히 귀족이었음은 당연하다. 핀다로스와 플라톤은 계몽된 대중교육이라는 민주주의적 환상에 전혀 참여하지 않았다. 평민 소크라테스는 귀족들의 교육적 회의를 다시 일깨웠다. 플라톤이 『제7서한』에서 언급한 깊은 체념을 상기해야 한다. 플라톤은 인간 대중에게 미칠 수 있는 인식의 영향력이 매우 협소함에 대하여, 그리고 그가 다수를 위한 복된 전령이 아니라 주변 소수를 위할 수밖에 없는 이유에 대하여 언급했다.[24] 하지만 동시에 기억해야 할 것은, 그럼에도 희랍정신 귀족인 이 사내가 동시에 모든 의식적 고등인간 교육의 출발점이라는 사실이다. 나중에 보게 될 것인바 교육 가능성의 진지한 회의와 멈출 수 없는 교육의지 사이에서 벌어진 이런 내적 갈등 가운데 희랍정신의 영원한 위대함과 비옥함이 자리한다. 이런 양극단 사이에 기독교적 원죄의식과 문화비관주의는 물론이려니와 지식교사들의 교육낙관주의가 놓여 있다. 지식교사들의 공헌을 바르게 이해하기 위해서라면 더욱 그들의 낙관주의가 탄생한 배경을 시대상황 속에서 이해하는 것이 당연하다. 이들에 대한 평가에 비판이 빠질 수 없는 것은 바로 지식교사들의 목표와 성과가 우리 시대에도 똑같이 요구되기 때문이다.

당시 정치상황이 지식교사들의 교육낙관주의를 낳았음을 가장 분명하게 파악하고 이를 가장 흥미진진하게 기술한 사람은, 그들의 대단한 비판자 플라톤이었다. 언제나 플라톤의 『프로타고라스』는 우리가 물을 길어 올려야 하는 원천이다. 이 대화편은 지식교사들의 교육실천과 사상세계를 하나의 큰 역사 단위로 고찰하며, 그 사회적·정치적 전제조건들을 적나라하게 드러낸다. 이 조건들은 당시 지식교사들이 마주한 교육상황이 역사적으로 반복되는 곳에서라면 어디서나 같았다. 지식교사 각각이 창안자로서 자랑하던 교육방법들에 나타난 개별적 차이는 플라톤에게는 다만 조롱의 대상에 지나지 않았다. 압데라의 프로타고라스, 엘리스의 히피아스, 케오스의 프로디코스 등의 인물들이 한꺼번에 등장한다. 그들은 모두 동시

---

24) 플라톤 『제7서한』 341d.

에 부유한 아테네 시민 칼리아스의 집에 손님으로 와 있었고, 손님을 맞은 집은 정신적 유명인들의 숙소가 되었다. 이때 모든 차이에도 불구하고 지식교사들의 뚜렷한 정신적 동질성이 드러난다.

이들 가운데 제일 유명한 프로타고라스는, 소크라테스가 추천하는 학구파 귀족자제에게 정치적 덕목을 가르치겠다고 자청하여, 소크라테스의 회의적 반론을 반박하고 인간의 사회적 교육 가능성에 대한 그의 확신을 입증하려고 했다.[25] 그는 현실의 사회상황에서 출발한다. 모든 인간은 특별한 재능이 요구되는 어떤 기술에 대해 그의 무능력을 솔직히 시인한다. 이는 부끄러운 일이 아니기 때문이다. 하지만 법률 위반을 공개적으로 행하는 사람은 없고 적어도 행동의 합법적 외양은 챙긴다. 이를 중단하고 자신의 불법행위를 솔직히 시인한다면, 사람들은 그를 진솔한 것이 아니라 미쳤다고 생각할 것이다. 모든 사람은 정의감과 분별력을 가질 수 있다고 전제하기 때문이다. 정치적 탁월함의 습득 가능성은 공적 승인과 처벌에 대한 지배적 사회체제의 결과이기도 하다. 누구도 타인의 결여에 분노하지 않는데, 벗어날 수 없는 태생적 결여는 칭송과 처벌의 대상이 아니기 때문이다. 인간사회가 칭송하고 처벌하는 것은, 의식적 노력과 학습을 통해 도달할 수 있는 선행이 문제가 되는 영역에서다. 따라서 법률이 처벌하는 인간의 잘못은 사회 근간의 체제 전체가 온전한 한에서 교육을 통해 회피 가능한 것이어야 한다. 프로타고라스는 처벌의 의미도 같은 방식으로 도출한다. 잘못을 저질렀기 때문에 보복 차원에서 처벌한다고 본 옛 희랍의 인과적 이해와 달리, 프로타고라스는 처벌이 불법행위자의 개선과 다른 이들의 근절을 목적으로 하는 수단으로 시행되어야 한다는 명백히 매우 근

---

25) 플라톤 『프로타고라스』 323a 이하.

대적인 이론을 지지한다.[26] 처벌의 이런 교육학적 이해는 인간교육의 가능성을 전제한다. 시민적 덕목은 국가의 토대이며, 이것이 없으면 어떤 공동체도 존립할 수 없다. 덕목이 부재한 사람은 개선될 때까지 교육되고 처벌되고 질책받아야 한다. 하지만 개선의 여지가 없는 사람은 공동체로부터 배제되거나 죽음에 처해져야 한다. 따라서 사법기관뿐만 아니라 국가 전체는 프로타고라스가 보기에 철두철미 교육적 권력이다. 이것은, 좀 더 정확하게, 프로타고라스가 아테네에서 실현되었다고 보았던 근대적 법치국가였다. 법치국가의 정치적 정신은 이런 교육 논리적 처벌 개념에서 유래하고 거기서 정당성을 추구한다.

국가 사법·입법체계의 이런 교육적 이해는 본래 국가가 시민교육에 체계적으로 영향력을 행사함을 전제로 한다. 이런 교육은 사실 앞서 언급한 것처럼 스파르타를 제외하고 희랍 땅 어디에도 미비했다. 비록 프로타고라스의 관점은 국가주도의 권장에 훨씬 가깝긴 하지만, 그럼에도 주목할 만한 것은 본래 지식교사들이 국가주도 교육을 지지하지 않았음이다. 이런 미비점을 메운 것은 지식교사 본인들이었다. 이들은 사적 계약을 통해 교육을 제공했다. 프로타고라스는 이미 개인의 삶이 출생부터 교육적 영향 아래에 놓여 있음을 입증한다. 유모와 부모와 선생은 어린아이의 교육에서 경쟁하며 아이를 가르쳐 무엇이 옳은지 그른지, 추한지 어여쁜지를 보여준다. 그들은 휘고 굽은 나뭇가지처럼 아이를 위협과 매질로써 바로잡으려 시도한다. 그리고 아이는 학교에 다니고 질서를 배우고 읽기와 쓰기, 그리고 악기연주의 지식을 획득한다.

이런 단계를 지나면 선생은 아이에게 훌륭한 시인들의 작품을 보여주고

---

26) 플라톤 『프로타고라스』 324a~b.

이를 배우고 외우도록 가르친다. 시인들의 작품은 많은 경구, 그리고 아이들이 모범으로 삼아 모방해야 할 위대한 사람들을 칭송하는 이야기로 가득하다. 그와 함께 음악교육을 통해 아이는 절제를 배우며 악한 장난을 버리게 된다. 이어 서정시인들의 공부가 뒤따르는데 이들의 작품은 작곡된 음악 형태로 공연된다. 서정시는 젊은이의 영혼에 박자와 선율을 가르치고 젊은이를 순치한다. 인간 삶은 아름다운 박자와 올바른 조화가 필요하기 때문이다. 이런 박자와 조화는 바르게 교육된 인간의 모든 언어와 행동에 나타난다. 나아가 젊은이를 체육관에도 보내 체육교사에게 맡기며 육체를 단련하도록 한다. 육체는 탁월한 정신의 올바른 시종인데, 인간이 육체적 허약함 때문에 삶을 포기하는 일은 없어야 하기 때문이다. 프로타고라스가 인간교육의 근본조건과 단계를 듣고 있는 특별 청중들을 특히 염두에 두고, 부유한 집안은 가난한 계급보다 아이들을 오랫동안 교육한다는 점을 언급한다. 부자의 자식들은 좀 더 이른 나이에 교육에 입문하여 좀 더 늦은 나이에 교육을 마친다. 이로써 프로타고라스, 모든 인간은 자식들에게 세심한 교육을 어떻게든 최대한 제공하려고 한다는 점, 이를 보건대 인간의 교육 가능성은 전 세계의 '보편 통념(communis opinio)'이라는 점, 실제로 교육은 모두에게 주저할 것 없이 시행되어야 한다는 점을 증명하려고 했다.

　새로운 교육개념에서 특징적인 것은, 프로타고라스가 학교 졸업과 함께 교육이 끝난다고 생각하지 않았다는 것이다. 그가 보기에 교육은 오히려 어떤 의미에서 학교 졸업과 함께 본격적으로 시작된다. 국가법률을 정치적 덕목의 선생이라고 생각한 프로타고라스의 이론은 다시 당시 지배적 국가관을 반영한다. 본격적 시민교육은 학교를 떠난 젊은이가 국가생활에 진입하여 법률을 배우고 전례와 모범(παράδειγμα)에 따라 살아감으로써 시작된다. 여기서 옛 귀족교육이 현대적 시민교육으로 변모했음을 알 수 있다. 전례와 모범의 사상은 호메로스 이래로 귀족교육을 지배했다. 개인적 전례와 모범에서 피교육자는 규범을 생생하게 관찰하고 이를 따라 행동한다. 규범이 이상적 인물을 통해 체현되었음을 발견한 경이로운 시선은 모방 충동을 느낀다. 모방(μίμησις)이라는 개인적 요소는 법률에서 사라진다. 물론 프로타고라스가 발전시킨 강등된 교육체계에서도 모방이 완전히 소거되지는 않았지만, 그럼에도 뒤로 밀린 것은 분명하다. 모방은 문학의 순수 내용적 기초 가르침에 달려 있고, 우리가 보는바 형식, 정신의 박자와 선율이 아니라 도덕규칙과 역사 사례를 지향한다. 한편 법률을 최고 시민교사로 보는 견해에서 전례와 모범의 규범적 요소는 확립되고 강화된다. 왜냐하면 법률이야말로 현행 규범의 가장 보편적이고 가장 유효한 표현이기 때문이다. 법률에 따른 삶을 프로타고라스는 비유적으로 글쓰기의 기초적 교육과 비교했다. 글쓰기에서 아이들은 기준선을 따라 쓰는 법을 배워야 한다. 옛 위대한 입법자들의 발명품인 법률도 이런 글쓰기 기준선과 같다. 프로타고라스는 교육과정을 나무를 곧게 펴는 일에 비유했다. 법률 언어에서 기준선을 벗어난 이를 기준선으로 돌려보내는 처벌을 '교정(euthyne)'이라고 부를 때 지식교사들의 견해에 따르면 여기에도 법률의 교육적 기능이 드러난다.

아테네 국가에서 법률은 당시 핀다로스에서 인용한 것처럼 "왕"일 뿐만 아니라 시민의 상급학교이기도 하다. 이런 생각은 오늘날의 감성과 거리가 있다. 우리에게 법률은 더는 존귀한 원로 입법자의 발명품이 아니라 찰나의 창작물일 따름인데, 아테네에서도 이제 곧 그렇게 될 것이고 법률 전문가들조차 더는 전모를 알 수 없는 무엇이 될 것이다. 하지만 오늘날은 전혀 상상할 수조차 없는 일인데, 자유와 망명의 문이 열렸던 순간 감옥에

간힌 소크라테스에게 법률이 살아 있는 인물처럼 등장하여 유혹의 순간에도 법률에 충실하라고 그에게 경고한다. 법률은 그를 평생 양육하고 보호한 존재이고 생존의 토대와 근거이기 때문이다. 프로타고라스가 법률을 교사라고 말할 때 우리는 플라톤『크리톤』의 이 장면을 떠올린다.[27] 프로타고라스는 다만 당대 법치국가 정신을 표현했을 뿐이다. 여기서 물론 프로타고라스가 명시적으로 아테네 상황을 자주 언급하지도 않았고 아티카 국가와 체제가 이런 인간이해와 연관되었다고 주장하지도 않았지만, 우리는 프로타고라스의 교육이론과 아티카 국가의 친연성을 발견한다. 프로타고라스가 이런 생각을 했는지 혹은 플라톤이 천재적이고 예술적인 자유 상상을 펼쳐 프로타고라스의 가르침을『프로타고라스』에 나름대로 적어서 넣은 것인지를 우리는 더는 판단할 수 없다. 다만 분명한 것은, 지식교사들의 교육이 사실적 정치상황을 모방한 기술이었다는 플라톤의 생각이 평생 변함없었다는 점이다.

플라톤의 프로타고라스가 꺼내놓은 모든 것은 교육 가능성의 질문을 향한다. 이런 질문을 지식교사들은 국가와 공동체의 전제들, 정치적·도덕적 상식(common sense)에서 끌어낼 뿐만 아니라 훨씬 더 넓은 문맥에도 관련시킨다. 인간본성의 조형 가능성 문제는 본성과 기술의 일반적 관계에 속하는 특수 사례다. 교육이론의 이런 측면에서 매우 유익한 것은 플루타르코스가 르네상스 인문주의의 토대를 놓은 청년교육론 저작에서—이 책은 수없이 거듭해서 출판되었으며 그 사상적 내용을 근대 교육학은 남김없이 빨아들였다—제시한 설명이다. 책의 서문[28]에서 저자는, 우리도 원래 주목

---

27) 플라톤『크리톤』50a. 플라톤『프로타고라스』326c.
28) 플루타르코스「자유민의 자식은 어떻게 교육해야 하는가?」2a 이하.

했던바 옛 교육문헌들을 보았고 사용했노라 고백하고 있다. 그가 옛 문헌들을 참고한 것은 여기 한 가지 사안에만 국한하지 않고, 이어지는 부분에서 모든 교육의 세 가지 요소로서 본성과 기술과 연습을 다룰 때도 해당한다. 플루타르코스가 옛 교육이론의 토대 위에 서 있다는 것은 이론의 여지없이 분명하다.

우리에게 매우 고마운 것은 플루타르코스가 소피스트의 '교육학적 삼위일체'로 알려진 것과 함께 이와 밀접히 연관된 일련의 교육사상을 전해주고 있다는 점인데, 이를 통해 우리는 지식교사들의 교육 이상이 끼친 역사적 파급효과를 정확히 파악할 수 있다. 플루타르코스가 참고한 출처가 무엇인지는, 교육 삼요소의 관계를 설명하는 농부의 예가 말해준다. 농부는 의식된 인간기술을 통해 자연을 가공하는 기본적 예다. 올바른 농사를 위해서 우선 좋은 토지가, 이어 농사일에 조예가 깊은 농부가, 이어 좋은 종자가 필요하다. 교육에서 토지는 인간의 본성이며, 농부는 교육자며, 씨앗은 구어로 전달되는 교의와 지침이다. 삼요소가 모두 갖추어질 때 특별한 성과가 뒤따른다. 모자란 자질의 본성일지라도 인식과 숙달을 통해 제대로 된 돌봄을 받는다면 애초의 부족은 부분적으로 상쇄될 수 있고, 반대로 충분히 갖춘 본성도 돌봄을 받지 못하면 망가지기 마련이다. 이런 경험은 교육기술이 불가결의 요소임을 확인해준다. 본성에서 가꾸어진 것은 마침내 본성보다 강력한 힘을 가진다. 좋은 토지도 제대로 돌보지 않으면 불모지가 되어 최초 본성이 탁월할수록 더욱 열악한 땅이 되고 만다. 부족한 토지라도 올바르게 끊임없이 가꾸어지면 마침내 대단한 수확을 가져다준다. 농업생산의 다른 한쪽인 과수재배도 마찬가지다. 육체단련과 동물조련의 예도 마찬가지로 본성의 조형 가능성을 증명한다. 조형 가능성이 제일 큰 적기에 노력을 투여해야만 하는데 인간의 경우는 어릴 때다. 이때 본성은 아직 유연하며 배운 것은 아직 어렵지 않게 영혼에 스며들고 영혼에 각인된다.

하지만 불행하게도 이런 사상전개의 초기와 후기를 정확하게 구분하기는 이제 더는 쉽지 않다. 플루타르코스는 지식교사 이후의 철학을 지식교사들의 가르침과 결합했음이 분명하다. 조형 가능성($\epsilon\check{v}\pi\lambda\alpha\sigma\tau\sigma\nu$)의 표상은 아마도 플라톤에서 유래하는 것 같다.[29] 그리고 기술이 본성의 부족을 상쇄한다는 아름다운 사상은 아리스토텔레스로 환원된다.[30] 물론 양자가 지식교사들의 선례를 받아들이지 않았다고 전제하는 경우겠지만 말이다. 반면 농사라는 명확한 예는 교육적 삼위일체 이론과 함께 유기적으로 조직된 것을 볼 때 지식교사의 교육론을 전제함이 분명하다. 이것이 플루타르코스에 의해 진작에 사용되었고, 이런 이유에서도 다른 옛 문헌을 출처로 보아야 한다. 플루타르코스가 이것을 라티움어로 번역하면서 인간교육을 '아그리쿨투라(*agricultura*)'에 비유하는 일이 서양 사유에 도입되었고, 이에 상응하는 신조어 '영혼 경작(*cultura animi*)'이 만들어졌다. 인간교육은 '영혼 경작'이었다. 이 개념에는 그 뿌리가 된 토지경작의 비유가 뚜렷하게 남아 있다. 이런 생각은 후대 인문주의의 교육론에서도 부활했고 '교육 문명 민족'이라는 사유가 출현한 이래 인간교육의 이념이 누리는 중요 지위에 함께 참여한다.

지식교사들이 교육개념의 창시자라는 사실은 지식교사들을 최초의 인

---

29) 플라톤 『국가』 377b.

30) 아리스토텔레스가 이런 사상을 발전시킨 『프로트렙티코스』는 전해지지 않지만, 이런 사상을 다룬 일부는 신플라톤주의자 얌블리코스가 남긴 같은 제목의 책에 인용된다. 졸저 *Aristoteles. Grundlegung einer Geschichte seiner Entwicklung*(Berlin, 1923) 75쪽 이하를 보라.

문주의자로 규정한 우리의 평가와 부합한다. 물론 당시 그들은 이런 비유가 인간교육이라는 단순한 개념을 넘어서 나중에는 교양을 가리키는 최고 상징이 된다는 것을 전혀 생각도 못했다. 하지만 교육문명 사상의 이런 승리는 충분한 내적 근거를 가지는데, 이런 풍부한 비유 속에서 희랍 교육사상의 새로운 보편타당한 토대가 드러나기 때문이다. 희랍 교육사상은 의식적 인간정신을 통한 본성 개량과 개선의 보편적 법칙을 가장 훌륭하게 적용한 사례라고 할 수 있다. 여기서 분명해지는 것은 교육철학과 문명철학의 결합─지식교사들, 특히 프로타고라스에 관한 전승에서 확인된다─내적 필연성을 가진다. 프로타고라스에게 인간교육 이상(理想)은, 원시자연을 인간이 제압한다는 원초적 시원에서 인간정신의 자기 교육이라는 최고 경지에 이르는 모든 것을 포함한 넓은 의미의 문명에서 보건대, 문명의 정점이다. 교육현상의 이런 심오하고 거대한 토대 위에 다시 존재의 보편과 총체를 지향하는 희랍정신의 본성이 드러난다. 이것이 없었다면 문명이념은 물론 인간교육도 이런 조형적 형태를 갖추고 세상에 나타나지 못했을지 모른다.

이제 좀 더 심오한 교육철학의 입론이 매우 중요한데, 토지경작의 비유는 교육방법에 적용하기에 다만 매우 제한적 가치를 가진다. 학습을 통해 영혼에 전달된 지식과 영혼의 관계는 대지에 뿌려진 종자와 대지의 관계와 다르다. 교육은 교육자가 임의로 개입하여 교육수단을 통해 조장하고 촉진할 수 있는 과정으로서 저절로 자라나는 단순한 성장과정이 아니다. 우리는 앞서 체육단련을 통한 인간 신체단련의 모범을 생각했는데, 이런 오랜 경험은 새로운 영혼교육을 위한 가장 근접한 예를 제공했다. 살아 있는 신체의 단련을 조형예술의 시각에서 일종의 조형행위라고 생각했던 것처럼, 프로타고라스에게 교육은 영혼조형으로 생각되었고 교육수단은 조형의 동력이었다. 지식교사들이 조형 혹은 성형이라는 특정 개념을 이미 교육과정에 적용했는지는 확실하지 않다. 하지만 기본적으로 그들의 교육사상도 이와 다르지 않다. 따라서 어쩌면 플라톤이 최초로 '조형하다(πλάττειν)'라는 단어를 사용한 사실은 그리 중요하지 않을 수 있다. 프로타고라스가 문학적이고 음악적인 박자와 화음의 각인을 통해 영혼을 율동적이고 조화롭게 만들고자 했을 때, 이는 이미 조형사상에 근거하고 있었다. 프로타고라스는 이 부분에서 자신의 가르침이 아니라, 모든 아테네 시민이 다소간에 받은 바 있으며 당시 운영된 사립학교들에서 제공하던 가르침을 묘사한다. 이 가르침을 토대로 같은 의미로 지식교사들의 가르침도 구축되었고, 특히 지식교사 교육의 핵심 요소가 되는 형식 훈련에서 그러했다고 추측해볼 수 있다. 문법학, 수사학과 변증술의 언급이 지식교사들 이전에서는 없었으므로 이것들은 지식교사들의 창조라고 보아야 한다. 이들 새로운 기술은 분명 정신조형의 원리에 대한 방법론적 표현으로 언어형식과 연설형식과 사유형식에서 시작되었다. 이런 교육학적 행위는 인간정신의 위대한 발견 가운데 하나다. 인간정신은 이를 통해 정신활동의 이런 세 영역에 숨겨진 정신구조의 원리를 처음으로 의식하기에 이르렀다.

지식교사들의 이런 위대한 업적에 대해 우리의 지식은 유감스럽게도 매우 빈틈이 많다. 그들의 문법학 저술들은 소실되었고, 다만 소요학파와 알렉산드리아 학자 등 후대의 학자들은 이를 토대로 자신들의 이론을 발전시켰다. 플라톤의 희화화 덕분에 우리는 케오스의 프로디코스가 쓴 동의어론을 엿볼 수 있고, 프로타고라스가 쓴 어휘 유형 분류론에 관해, 그리고 자모와 음절의 중요성을 논한 히피아스의 학설에 관해 들을 수 있다.[31]

31) 몇몇 증언들은 수집되어 있다. Diels 『소크라테스 이전 철학자들의 단편』, 프로디코스 A 13

지식교사들의 수사학도 마찬가지로 소실되었다. 애초 그들의 교과서는 대중을 염두에 둔 것은 아니었다. 이런 유형의 마지막은 아낙시메네스의 수사학인데 이는 대부분 물려받은 개념들을 동원했기에 지식교사들의 수사학을 아직도 어느 정도 보여준다. 지식교사들의 논박술을 우리는 아직 좀 더 많이 알고 있다. 프로타고라스의 『반박론(antilogoi)』은 대표적 저작이지만 소실되었다. 도리아 방언의 무명 지식교사가 기원전 5세기에 쓴 논고 『이렇게도 저렇게도 논변(δισσοὶ λόγοι)』은 프로타고라스의 주목할 만한 방법론, 같은 사안을 한번은 옹호하고 한번은 비판하는 "두 방향으로"의 논법에 대한 인상을 담고 있다. 논리학은 플라톤 학교에서 처음 도입되었다. 플라톤의 『에우튀데모스』가 희화적으로 제시하는바 저급한 몇몇 지식교사들의 요술 같은 논박술은—논박술의 억지에 맞서 플라톤의 진중한 철학은 투쟁했다—새로운 논쟁술이 처음부터 언쟁의 무기로 고안되었음을 보여준다. 논쟁술은 논리학이라는 학적 이론보다 수사학에 가까웠다.

지식교사들의 형식교육이 가진 의미를 우리는 거의 모든 직접적 전승의 결여 때문에 무엇보다 동시대와 후세에 미친 커다란 영향에서 파악해야 한다. 이들의 교육 덕분에 동시대인들은 연설의 구성과 논증에 관련하여, 그리고 사실관계의 단순한 진술에서 아주 강력한 감정들(연주자가 건반을 파악하듯 연설가라면 반드시 알아야 하는 감정 어조 전체)의 자극에 이르는 사유 발전의 모든 다른 형식과 관련하여 전대미문의 인식과 독보적인 기술을 가지게 되었다. 이로써 '정신훈련'이 등장했는데 이를 오늘날 연설가와 작가의 언어에서 찾아보기 어렵다. 우리는 당시 아티카 연설들에게서 실제로 논리(logos)가 격투를 위해 웃옷을 벗어 던졌다는 느낌을 받는다. 잘 구

이하, 프로타고라스 A 24~28, 히피아스 A 11~12.

성된 논증의 팽팽함과 유연함은 매우 훌륭한 몸매를 뽐내는 달리기 선수의 잘 훈련된 근육질 육체를 떠오르게 한다. 법정논쟁은 경합(agon)이라고 불렸고, 경합은 희랍적 감수성에 따르면 항상 법적 형식으로 대결하는 쌍방의 결투였다. 최근 연구가 밝혀낸바 지식교사 시대의 초기 희랍 법정수사학에서 증인과 고문과 맹세 등으로 법정논쟁을 펼치는 과거의 입증방식을 대신하여 점차 새로운 수사학의 논리구성적 입증방식이 확대되었다.[32] 나아가 역사가 투퀴디데스 등 진지한 진리 탐험가들도 지식교사들의 형식적 기술로부터 문장 구성, 문법적 어휘 사용, "맞춤법(orthoepeia)" 등 수사학의 세부 사항까지 모든 것에 능숙했음을 보여준다. 수사학은 고대 후기의 선도적 교육학문으로 발전한다. 수사학은 희랍민족의 형식적 성향에 매우 잘 부합했고 결과적으로 그들에게 불운을 가져다주었다. 왜냐하면 수사학이 마치 덩굴식물처럼 나머지 모두를 덮어버렸기 때문이다. 하지만 이런 사실이 새로운 발명품의 교육적 의미를 판단하는 데 영향을 미쳐서는 안 된다. 문법학과 변증술과 연합하여 수사학은 서양의 형식교육의 토대를 형성했다. 이것들은 고대 후기 이래로 소위 삼학(三學, trivium)이 되었고, 삼학은 다시 사과(四科)와 함께 일곱 개의 학예(學藝)로 통합되었다. 이 것들은 학교교육 형태로서 찬란한 고대세계의 문화와 예술보다 오래 살아남았다. 프랑스의 고등학교 상급반에서 오늘날에도 여전히 사용되는, 중세 수도원 학교에서 유래하는 "학예(disciplinae)"라는 이름은 지식교사 교육이 중단 없이 면면히 전승되었음을 상징한다.

지식교사들은 당시 아직 세 개의 형식학문을 후대의 일곱 학예 체계처

---

32) F. Solmsen, *Antiphonstudien*(Neue Philologische Untersuchungen 8권, W. Jaeger 편집) 7쪽 이하를 보라.

럼 산수, 기하학, 음악, 천문학과 한데 묶지는 않았다. 사실 일곱이라는 수는 전혀 중요하지 않았다. 희랍인들의 소위 '학문(*mathemata*)'을―이는 피타고라스학파 이래로 화음이론과 천문 탐구를 포함했다―그들의 고등교육에 포괄한 것, 다시 말해 삼학(三學)과 사과(四科)를 연결하는 핵심은 실제로 지식교사들의 업적이다.[33] 다만 실제적 음악교육은 이미 지식교사 이전에 널리 행해졌고, 프로타고라스가 기술한 지배적 교육방식도 이를 전제한다. 음악 수업은 키타라 연주자들이 주관했다. 거기에 지식교사들은 피타고라스학파의 화음이론을 덧붙였다. 만대의 초석이 된 일은 수학교육을 도입한 것이다. 소위 피타고라스학파의 활동영역에서 수학은 학적 탐구의 대상이었다. 지식교사 히피아스를 통해 최초로 수학의 대체 불가능한 교육적 가치가 인정되었고, 안티폰이나 후대의 브뤼손 등 지식교사들은 연구하고 가르치며 수학 문제를 다루었다. 이후 수학은 고등교육에서 다시는 밀려나지 않았다.

희랍의 고등교육 체계는 지식교사들이 구축한 그대로 오늘날 문명세계 전체를 지배한다. 고등교육은 일반적으로 널리 전파되었고, 특히 거기에 희랍어 선지식이 필수적이지 않았기 때문이다. 하지만 결코 잊어서 안 되는 것은, 우리가 우리 인문교육의 뿌리가 된다고 생각하는 도덕적·정치적 보편교육의 이념뿐만 아니라, 인문교육과 경쟁하거나 대립하던 소위 실업교육도 희랍인들이 만들었으며 그들로부터 유래한다는 사실이다. 오늘날 우리가 좁은 의미에서 인문교육이라고 부르는 것은 고전문학이 기록된 고전어 지식 없이는 불가능한 것이었지만, 전반적으로 비희랍어의 토양에서, 특히 정신적으로 매우 큰 희랍의 영향을 받은 로마에서 비로소 성장할 수

---

33) 히피아스 단편 A 11~12 Diels.

있었다. 희랍어와 라티움어의 이중언어에 기초한 교육은 전적으로 르네상스 인문주의의 창조물이다. 고대 후기의 문명에 보이는 그 이전 단계들은 아직도 많은 연구가 필요하다.

어떤 의미에서 지식교사들이 수학교육을 도입했는지를 우리는 알지 못한다. 지식교사 교육의 이런 측면을 공개적으로 비판하는 입장에서 내세우는 주요 논거는 수학의 실생활 무용론이다. 널리 알려진 것처럼 플라톤은 교육계획에서 수학을 철학의 예과(豫科)로 요구했다.[34] 지식교사들은 이런 생각과 더없이 거리가 멀었음이 분명하다. 또 지식교사들을 수학교육의 설립자라고 부르는 것이 정당한지도 확실하지 않다. 지식교사들의 수사학을 배운 제자 이소크라테스는 처음 몇 년은 반대했으나 결국 수학의 가치를 인정하고, 광범위하게는 아니지만, 이성의 형식교육 수단으로 수학을 받아들였다.[35] 지식교사 교육에서 수학(*mathemata*)은 실용요소였고, 문법과 수사학과 변증술은 형식요소였다. 학과의 이런 양분에 상응하여 일곱 학예를 후대에도 삼학(三學)과 사과(四科)로 나누었다. 양분된 두 분야의 교육과제도 달랐음은 분명 오랫동안 모두가 알고 있었다. 두 분야의 통합 노력은 이미 조화사상과 연관되며 혹은 히피아스의 보편성 이상과 이어지는바 단순히 둘을 더하는 방식은 아니었다.[36] 수학(*mathemata*)교육이—당시 그다지 수학적이지 않던 천문학도 여기에 포함되었는데—단순히 형식적 정신훈련으로 추구되었을 가능성은 자체적으로 매우 낮다. 당

---

34) 플라톤 『국가』 536d.
35) 이소크라테스 『재산 맞교환 연설』 265, 『범아테네 축제 연설』 26.
36) 플라톤 『대 히피아스』 285b는 다만 히피아스가 가진 지식의 백과사전적 다양성만을 말해준다. 『소 히피아스』 368b는 만물학의 의식적 노력을 말해주는데, 히피아스는 모든 수공예를 배우겠다는 명예욕을 가지고 있었다.

시 수학의 비실용성은 지식교사들의 눈에 수학의 교육가치를 부정하는 결정적 논거가 될 수 없었다. 지식교사들은 수학과 천문학을 이론적 가치 때문에 높이 평가했음이 분명하다. 지식교사 자신들도 대부분 생산적 연구자는 아니었고 히피아스는 더욱 그러했다. 순수 이론의 정신교육적 가치는 이때 최초로 인정되었다. 이런 학과들을 통해 계발된 능력은, 문법과 수사학과 변증술이 일깨운 기술적·실용적 능력과 구분되었다. 분석과 구성의 사유능력 일반은 수학 인식의 예비 단계를 통해 강화된다. 이런 효과의 이론적 검토는 지식교사 중 누구에게도 발견되지 않는다. 플라톤과 아리스토텔레스에서 비로소 순수학문의 교육적 의미가 완전히 인식되었다. 하지만 올바른 것을 꿰뚫어본 지식교사들의 통찰은 후대의 교육역사가 이를 바르게 평가한 것처럼, 우리도 제대로 된 평가를 해야 할 만큼 충분한 가치를 가진다.

학문적·이론적 교육의 도입과 함께 제기되었음이 분명한 질문은, 어느 정도까지 이런 교육을 진행해야 하는가였다. 당시 학문적 교육이 언급되는 것이라면 어디서나, 예를 들어 투퀴디데스, 플라톤, 이소크라테스, 아리스토텔레스에서 우리는 이 질문의 반영을 발견한다. 이 질문을 제기한 사람들이 이론가만은 아니었는데, 우리는 이 질문에서 저항의 목소리를 분명히 인지할 수 있다. 시간과 노력을 빼앗는 것처럼 보인 낯선 공부를 통해 순수 정신적이고 비실용적인 연구를 확대하려는 새로운 교육은 저항과 마주했다. 과거에 이런 정신적 태도는 다만 예외적 현상으로 몇몇 학문적 기인들에게서나 볼 수 있었고, 사람들은 시민생활과 일상적 관심에서 벗어난 이들에게 이들의 독창성에 주목하여 반은 조롱조로, 반은 경탄조로 어느 정도 인정과 호의적 관용을 보여주었다. 하지만 이제 새로운 학문이 참된 고등교육을 외치며 기존의 교육을 지배하거나 대체하겠다고 주장하는 순간 상황이 달라졌다.

저항은 생업에 종사하는 민중에게서 크지 않았다. 새로운 교육은 애초 민중을 배제했는데, 새로운 교육은 비실용적이고 고비용인 나머지 오로지 상류층을 염두에 두었다. 상류층만이 비판에 가담할 수 있었는데, 그때까지 고등교육을 장악하고 확고한 척도를 제시하던 계층으로, 민주주의 시대에서도 여전히 크게 변하지 않은 채 선하고 아름다움의 귀족적 인물상을 제시하고 있었다. 페리클레스처럼 정치적 지도자들이나, 아테네 최고 부자 칼리아스처럼 사회적 영향력을 가진 인물들은 새로운 학문에 대한 열정적 지지의 모범이었고 많은 상류층 인사는 아들들에게 지식교사들의 수업을 듣도록 했다. 하지만 '지혜(σοφία)'가 귀족적 인간형에 대해 숨기고 있던 위험성을 사람들은 모르지 않았다. 사람들은 교육받은 자식들이 지식교사가 되는 것을 원하지 않았다. 몇몇 재능이 높은 학생들은 스승들과 함께 이 도시에서 저 도시로 옮겨 다녔고 배움을 통해 생계를 마련하려고 했지만, 지식교사들의 강연에 참석했던 아테네 귀족 청년은 이들을 본받아야 할 모범으로 여기지 않았고, 오히려 강연에서 그는 모두 시민계급 출신의 지식교사들이 보여주는 신분 차이만을 절감했고 이들이 그에게 줄 수 있는 감화의 한계를 의식했을 뿐이다.[37] 페리클레스의 추모 연설에서 투퀴디데스는 국가로 하여금 새로운 지적 활동에 대해 유보적 입장을 선포했다. 다시 말해 국가는 이런 정신을 매우 높게 평가하는 한편 경계의 제한 조건을 덧붙였는바 "우리가 철학을 공부함(φιλοσοφοῦμεν)"은 "유약해지지 않은 한에서(ἄνευ μαλακίας)"이다. 그는 유약함이 없는 정신교육을

---

37) 플라톤 『프로타고라스』 312a와 315a.

주장했다.[38)]

번성하는 학문의 엄격한 제한적 향유를 지시하는 이 문구는 우리가 기원전 5세기 후반 아테네 지배계층의 태도를 아는 데 매우 유익한 정보를 담고 있다. 이 문구는 플라톤의 『고르기아스』에서 '소크라테스'(여기서는 전적으로 플라톤 자신이다.)와 아테네 귀족 칼리클레스가 벌인 논쟁을 떠올리게 한다. 국사를 맡은 귀족 남성의 교육에서 순수 탐구의 가치를 두고 논쟁이 벌어진다.[39)] 칼리클레스는 평생직업으로서의 학문을 거부한다. 학문은 성년에 이른 위기의 젊은이들이 어리석은 행동을 삼가고 이성을 훈련하는 데 유익하고 유용하다. 이런 지적 관심을 일찍이 배우지 못한 사람은 결코 진정한 자유인일 수 없다. 하지만 반대로 이런 협소한 환경에서 평생을 보내는 사람은 결코 완전한 성인일 수 없으며 유년기의 성장 단계에서 정체되고 만다. 학문을 배워야 할 한계 연령을 칼리클레스는 다음과 같이 못 박았다. "교육을 위해" 학문을 익혀야 하는바 학문은 단순히 통과의례일 뿐이다. 칼리클레스는 그가 속한 사회계급의 전형이었다. 플라톤의 입장은 여기서 우리에게 중요하지 않다. 칼리클레스와 마찬가지로 아테네 귀족세계 전체와 시민사회는 그들의 젊은이들이 보여주는 새로운 정신적 열광에 다소 회의적이었다. 자제와 절제의 정도는 개인마다 달랐다. 희극을 다루면서 여기에 대해 다시 논의하고자 한다. 희극은 이에 대해 우리가 가진 제일 중요한 증언이다.

칼리클레스 본인도, 그가 내뱉는 모든 말이 누설하는 것처럼, 지식교사들의 학생이었다. 하지만 정치가로서 그는 나중에는 이런 교육의 단계를

---

38) 투퀴디데스 II 40, 1.
39) 플라톤 『고르기아스』 484c.

정치가 경력 전체의 아래에 두었다. 그는 에우리피데스를 인용하는데, 에우리피데스의 작품은 당시 모든 시대적 문제의 거울이었다. 그의 작품『안티오페』는 행동가와 이론 몽상가로 당대 대립적 인간형을 양분하여 무대에 올렸고, 과감한 역동적인 삶을 살아가는 남자가 성격상 그와 전혀 닮지 않은 동생에게 말한 것은 칼리클레스가 소크라테스에게 한 말과 흡사하다. 이 비극이 상고기 로마 시인 엔니우스에게 전형이 되었음은 의미심장한 일인바 엔니우스에서 젊은 주인공 네오프톨레무스, 아킬레우스의 아들은 이렇게 말한다. "철학을 하되 조금만.(*philosophari sed paucis.*)"[40] 철두철미 실용적이고 정치적인 로마 정신이 희랍철학과 학문에 대해 보여준 태도가 이 한 구절 속에 마치 역사법칙처럼 간명하게 표현되었다는 것은 오래전에 알려졌었다. 하지만 이런 '로마 구호'는 우리 같은 친희랍 연구자들의 시각에서 보면 애초 희랍사람들의 입에서 나온 말이다. 이 구호는 다만 지식교사들과 에우리피데스 시대의 아티카 귀족사회가 새로운 학문과 철학에 대해 가진 태도를 번역하여 횡령한 것에 불과하다. 여기에서 희랍인들은 로마인들이 늘 그랬던 것과 같은 정도로 순수 이론의 정신에 대한 반감을 드러낸다. 탐구의 활동은 "오로지 교육을 위해"[41]이며 교육이 필연적인 한에서일 뿐이다. 이 표어는 페리클레스 교육을 상징하는데, 페리클레스 교육은 철저하게 실용적이고 정치적이었다. 토대는 희랍의 패권을 지향하던 아테네 제국이었다. 플라톤이 제국의 몰락 이후 "철학적인 삶"을 이상으로 천명했을 때에도, 그는 이런 삶을 국가수립의 실용적 가치를 목

---

40) J. Vahlen, *Ennianae Poesis Reliquiae*, 191쪽. 나는 여기서 키케로가 표어로서 인용한 행태를 따른다.
41) 플라톤『고르기아스』485a와『프로타고라스』312b.

표로 제시함으로써 정당화했다.[42] 이소크라테스가 순수학문의 문제에 대해 말하는 이상도 이와 다르지 않았다. 위대한 아티카인들의 시대가 끝났을 때 비로소 이오니아 과학이 알렉산드리아에서 부활했다. 아티카 정신과 그 친척 이오니아 정신의 이런 대립에 가교역할을 한 것은 지식교사들이었다. 이들은 아테네인들에게 아테네 국가의 위대하고 복잡한 과업을 위해 없어서는 안 될 정신의 요소들을 전달하여, 이오니아 학문이 아티카 교육에 이바지하는 데 일조하도록 운명 지어져 있었다.

 [국가위기와 교육] 지식교사들의 교육이념은 희랍국가가 도달한 내면적 역사의 정점을 의미한다. 국가는 이미 수백 년 동안 시민생활의 형태를 규정했고 국가의 신적 질서는 모든 종류의 문학을 통해 칭송되었지만, 국가의 직접 교육체계를 그렇게까지 포괄적으로 기술하고 정당화한 적은 이제껏 없었다. 지식교사 교육은 실질적·정치적 필요에 상응했을 뿐만 아니라, 나아가 국가를 의식적으로 모든 교육의 이상적 척도와 목표로 삼았고, 프로타고라스 이론에서 국가는 전적으로 모든 교육적 힘의 원천으로서, 실로 모든 법률과 사회조직을 교육정신에 따라 완성하는 유일한 거대 교육조직처럼 나타난다. 투퀴디데스의 추모 연설에 요약된 페리클레스 국가관의 핵심도 마찬가지로 국가를 교육자로 천명하는 데서 드러나며, 이에 따르면 이런 교육 임무는 아테네 국가에서 모범적으로 완수되었다. 따라서 지식교사들의 사상이 벌써 현실정치 속으로 파고들어 국가를 장악했다. 이런 사실관계를 달리 해석할 여지는 없다. 페리클레스와 투퀴디데스

---

42) *Über Ursprung und Kreislauf des philosophischen Lebensideals*, Sitz. Berl. Akad. 1928, 394~397쪽을 보라.

는 다른 부분에서도 지식교사들의 정신에 깊이 젖어 있었고, 이 부분에서도 그들은 분명 창안자가 아닌 수용자였다. 교육자 국가의 개념은 투퀴디데스가 이를 다른 새로운 생각과 통합했을 때 중요성을 획득한다. 새로운 국가의 본질은 권력 지향에 있다는 것이다. 고전기의 국가는 권력과 교육이라는 두 기둥에 매여 있었고 국가가 오로지 국가를 위해 시민을 교육한다 하더라도, 둘 사이에는 반드시 긴장이 발생하기 마련이다. 국가적 목적을 위해 개인 삶을 희생하도록 권고할 때 전제는 목적이 전체와 부분의 합리적 행복에 부합한다는 것이다. 이때 행복은 반드시 객관적 척도에 따라 측량될 수 있어야 한다. 희랍인들에게 오래전부터 정의(dike)의 척도가 있었다. 정의 위에 국가의 태평과 행복이 세워진다. 프로타고라스에게 국가를 위한 교육은 또한 정의를 위한 교육을 의미했다. 바로 이 점에서 국가 위기가 발생했고 국가위기가 동시에 아주 심각한 교육위기로 이어졌는바 이때가 마침 지식교사 시대였다. 흔히 그러하듯 만약 지식교사들에게 이런 변화의 책임을 모두 전가한다면, 이는 지식교사들의 영향을 과도하게 평가한 것이다. 그들의 가르침에서 위기가 단지 매우 두드러지게 나타났을 뿐이다. 그들의 가르침이 시대의 모든 문제를 가장 투명하게 반영했고, 또 교육이 기존 권위의 모든 동요에 매우 민감해야 했기 때문이다.

법치 이념을 국가에 도입한 솔론이 느꼈을 도덕적 열정은 페리클레스의 시대에도 여전히 아테네에 살아 있었다. 아테네의 드높은 자긍심은 세상의 정의를 지키는 수호자와 불의를 겪은 자들을 보호하는 피난처의 역할을 자처했다. 하지만 민주주의 도입 이후에도 국헌과 법률을 수호하는 옛 투쟁은 전혀 멈추지 않았고, 다만 새로운 시대는 투쟁에, 경건 우직한 선조들은 상상할 수조차 없던 파괴력과 위험성을 가진 새로운 무기를 동원했다. 물론 당시 자신을 관철할 힘을 가진 지배적 사상이 있었는데, 페르시아 전쟁 승리 이래로 점차 확대되던 민주주의 이념이었다. 이에 따르면 수적 우세에 모든 결정과 모든 정의가 달려 있었다. 내전의 유혈투쟁과 계속된 위협 속에서도 민주주의는 착실히 확대되었고 알크마이온 가문 출신의 최고 귀족이었던 페리클레스가 오랜 세월 거의 확고하게 장악했던 통치권도 이런 민중권리의 새로운 확대라는 대가를 치렀기에 가능했다. 하지만 공식적으로 민주주의를 취한 아테네에서 정치적으로 거세된 귀족집단은—혹은 반대파에서 그렇게 이름 붙인 과두정—소멸한 적이 없다.

민주주의가 대외적으로 유력한 인사들의 주도 아래 승승장구하고 페리클레스 한 사람의 손이 고삐를 거의 장악하던 동안 귀족 일부는 진심으로 충성을 보였고, 일부는 적어도 친민중적인 척이라도 하거나 입에 발린 소리라도 할 수밖에 없었다. 이런 기술은 곧 아테네에서 놀라울 정도로 크게 번성했고 때로 기괴한 형태를 띠었다. 하지만 계속 성장하던 아테네 패권의 생존이 걸린 최후의 시험 무대였던 펠로폰네소스 전쟁에서 페리클레스 사망 이후 아테네 패권은 붕괴했고, 이로써 아테네도 흔들렸고 마침내 극렬한 내부 권력투쟁이 시작되었다. 양 당파는 지식교사들이 제공한 새로운 수사학과 논쟁술의 온갖 무기를 권력투쟁에 동원했다. 지식교사들이 정치 견해에 따라 필연적으로 어느 한쪽 당파를 지지할 수밖에 없었다고 말할 수는 없다. 하지만 여전히 프로타고라스에게 전적으로 현존 민주주의가 모든 교육적 노력이 지향하는 "국가"를 의미했지만, 우리는 이제 그 반대 상황을 목격하는데, 민중의 적들은 지식교사들의 교육을 통해 사용법을 익힌 무기를 휘두르고 있었다. 애초 국가에 대항하기 위해 만들어진 것은 아니었지만, 무기는 국가에 치명적 위해를 가했다. 내부 권력투쟁에서 중요 역할을 한 것은 수사학 기술만이 아니었고 나아가 무엇보다 지식교사들의 일반적 사상, 정의와 법률에 관한 사상도 마찬가지였다. 이런 기술들 때문에 권력투쟁은 단순한 당파 갈등에서, 기존질서의 원칙적 근간을 파괴하는 이념적 최후 격전으로 발전했다.

예전 세대들에게 법치국가는 굉장한 성과였다. 정의(*Dike*)는 강력한 여신으로 누구도 여신이 세운 질서의 신성한 토대를 함부로 침탈할 수 없었다. 대지의 법은 여신의 정의에 뿌리를 두었다. 이것은 희랍의 보편사상이었다. 정의의 여신은 옛 권위적 국가형태가 새로운 합리적 질서의 법치국가로 이행할 때에도 달라지지 않았고, 다만 사람들이 신성으로 모시는 내용만이 바뀌었을 뿐이다. 여신은 인간적 이성과 정의라는 특징들을 수용했다. 하지만 새로운 법의 권위는 과거와 다름없이 신법(神法)과의 합치에 근거하거나, 새로운 시대의 철학적 사유를 빌려 표현하자면 자연과의 일치에 근거한다. 자연은 철학적 사유에서 신적인 것들의 총체였다. 자연에도 인간세계의 최고 규범이라고 여겨지는 정의와 법률이 지배한다. 이런 생각이 우주 개념의 근원이었다.[43] 하지만 기원전 5세기를 지나는 동안 이런 자연표상은 다시 한 번 변모한다. 헤라클레이토스가 보기에 우주는 대립과 모순의 끝없는 투쟁을 통해 거듭해서 새로 만들어진다. "투쟁은 만물의 아버지다." 점차 오로지 투쟁만이 남는다. 세계는 힘들의 기계적 상호작용 가운데 발생하는 압도와 우세의 우연적 산물이다.

언뜻 결정이 쉽지 않은 문제는, 이런 자연관이 먼저 있었고 나중에 이를 인간세계에 전용한 것인지, 아니면 인간이 우주의 영원한 법칙이라고 믿는 것이 단지 인간 삶에 대한 '자연주의적' 관점의 변형과 투영일 뿐인가다. 지식교사 시대에 새로운 관점과 옛 관점은 서로 바짝 붙어 있었다. 에우리

---

43) 본서의 261쪽을 보라. 혹은 *Die griesche Staatsethik im Zeitalter des Plato*(Berlin, 1924)를 참고하라.

피데스는『포이니케 여인들』에서 민주주의의 기본원리인 평등을 칭송하며, 평등이 자연의 운행 가운데 수백 가지 사례를 찾을 수 있는 법칙이고 인간도 이를 어길 수 없다고 말한다.[44] 하지만 동시에 민주주의적 이해에 따른 평등개념을 비판하는 이들이 있고 이들은 자연은 참으로 기계적 "평등(isonomia)"을 전혀 알지 못하고 자연에서 오로지 강자가 지배한다는 것을 증명한다. 두 입장을 보면, 존재와 영원한 질서의 그림이 전적으로 인간적 시각에서 만들어진 것이고, 각각의 배타적 관점에 따라 자연이 완전히 다르게 해석된다는 것이 분명하다. 소위 민주주의적 자연관과 세계상, 그리고 귀족주의적 자연관과 세계상은 동시에 존재한다. 새로운 세계상은, 기하학적 평등을 숭모하지 않고 인간 상호의 자연적 불평등을 강변하며, 여기서 출발하여 법률적·정치적 사유 전체를 발전시킨 사람들이 증가했음을 알려준다. 그들은 조상들이 그러했던 것처럼 그들 견해의 근거를 신적 질서에 두었고, 심지어 최신 자연과학 혹은 철학의 인식을 그들 편으로 끌어들여 우쭐했다.

이 원리의 영원한 체화는 플라톤『고르기아스』의 칼리클레스다.[45] 그는 지식교사들의 영민한 학생이었다. 그의 견해가 지식교사들에서 왔음은 플라톤『국가』1권이 증명하는데, 강자의 정의를 옹호하는 사람으로 지식교사이자 연설가인 트라쉬마코스가 등장한다.[46] 일반화는 모두 당연히 역사적 형상의 왜곡일지 모른다. 플라톤이 공격한 두 적수의 자연주의에 반하는 다른 유형의 지식교사를 제시하는 것은 어렵지 않은 일로, 그러니까 전

---

44) 에우리피데스『포이니케 여인들』535행 이하.『탄원하는 여인들』399~408행 참조.
45) 플라톤『고르기아스』482c 이하. 특히 483d.
46) 플라톤『국가』338c.

승 도덕률을 가르치길 좋아하며 오로지 교훈적 운문의 도덕규칙을 산문으로 옮기는 것에만 종사한 지식교사 유형도 있다. 하지만 칼리클레스 유형은 매우 흥미로운 유형이고, 플라톤의 묘사를 보면 매우 강력한 유형이기도 하다. 아테네 귀족사회에 분명 그런 권력 지향형들이 있었고, 플라톤은 어린 시절부터 주변의 이런 인물들을 익히 알고 있었다. 우리는 반동세력의 파렴치한 지도자였고 후에 '참주'가 되는 크리티아스를 떠올릴 것인데, 플라톤은 그에게서 혹은 그의 동지들에게서 아마도 가공의 인물 칼리클레스를 위한 어떤 인물 특징들을 가져왔을 것이다. 플라톤이 칼리클레스에게 보여준 온갖 근본적 거부감에서 감지되는 것은 플라톤의 묘사에 묻어나는 내적 공감인바 이는 자기 마음속에 들어 있던 이런 적을 몰아내어야 했던 사람 혹은 지금도 여전히 몰아내려고 하는 사람만이 가질 수 있다. 『제7서한』에서 플라톤은 크리티아스의 주변 인물들이 자신을—크리티아스의 친척이라는 이유로만은 아니지만—타고난 전사와 동지라고 생각했고 자신도 얼마 동안은 실제로 그들의 노선을 지지했다고 적고 있다.

프로타고라스의 정신, 다시 말해 "정의"의 전승이념에 따른 교육을 칼리클레스는 격정적으로 공격하는데, 동시에 우리는 그의 격정에서 모든 가치의 완전한 전복을 느끼게 된다. 아테네 국가와 시민들에게 최고 정의라고 할 것이 그에게는 불의의 절정을 의미했다.[47] "우리는 우리 자신들 가운데서 가장 훌륭하고 가장 강한 자들을 빚어내는 과정에, 사자들을 그렇게 하듯이, 그들을 어릴 때부터 붙잡아 동등한 몫을 가져야 하며 그게 훌륭한 것이고 정의로운 것이라는 말로 주문과 마법을 걸어 노예로 만들지요. 하지만 충분히 강한 본성을 지닌 사람이 태어나면 그는 이 모든 것을 떨쳐내

---

47) 플라톤 『고르기아스』 483e 이하.(김인곤 역, 2014, 인용자 수정)

고 부서트리며 벗어날 것이라고 저는 믿습니다. 그는 자연에 반하는 우리의 기록, 마술, 주문, 법들을 모두 짓밟고 들고일어나 이제 노예는 자신이 우리의 주인임을 드러냅니다. 그리고 거기서 자연의 정의가 빛을 발합니다." 이런 관점에서 법은 인위적 억압이고, 조직된 약자의 관습이고, 약자들의 자연적 주인인 강자를 결박하고 약자들의 의지대로 강자를 강제하기 위해 만든 것이다. 자연의 법은 인간의 법에 날카롭게 대립한다. 인간적 판단에 따라 평등의 국가가 정의와 법이라고 부르는 것은 순전히 자의적 결정일 뿐이다. 법에 복종해야 하느냐는 칼리클레스에게 순전히 권력의 문제였다. 법률이 명하는 정의 개념이 가진 내적·윤리적 권위는 칼리클레스에게 완전히 무의미하다. 아테네 귀족의 입에서 이는 혁명의 공개적 선포였다. 실제로 기원전 403년 아테네의 패전 이후 아테네 제국에는 이런 생각이 팽배했다.

여기서 읽은 증언에 보이는 이런 정신적 흐름의 영향에 관해 명확히 말할 필요가 있다. 우리 시대의 관점에서 우리는 이를 즉각적으로 완전히 이해할 수는 없다. 왜냐하면 칼리클레스와 같은 국가관은 필연적으로 모든 경우에 자기 권위를 스스로 깎아버리겠지만, 정치생활에서 단순 우세가 결정적이라는 일관된 견해는 오늘날의 사적 영역 개념에서 개인윤리적 행동의 무정부주의 선언을 의미하지 않을 것이기 때문이다. 오늘날 우리 의식에서 정치와 도덕은, 정당한지 부당한지는 둘째 치고, 완전히 따로 분리된 영역이 되어버렸고, 두 영역의 행동규칙이 즉각적으로 서로 같을 수는 없다. 이런 분열을 화해시키려는 이론적 시도들이 있었지만, 우리 윤리는 기독교에서 유래하고 우리 정치는 고대국가에서 유래하며, 양자는 서로 다른 윤리적 뿌리를 가진다는 역사적 사실을 바꾸지는 못했다. 수천 년의 관례로 비준된 이런 이중장부를—이를 현대 철학은 심지어 탁월함으로 이해해야 했다—희랍인들은 전혀 알지 못했다. 우리가 국가윤리에서 언제나 우선 개인윤리와의 대립을 생각하고 많은 사람이 머릿속으로 국가윤리에 인용부호를 붙이기를 매우 선호하지만, 고전기의 희랍인들에게, 그러니까 도시국가 문화의 시기 전체에 걸쳐 국가윤리라는 단어는 거의 동어반복이었다. 왜냐하면 희랍인들에게 국가는 모든 윤리규범의 유일한 원천이었기 때문이다. 국가윤리 이외에, 다시 말해 인간이 살아가는 공동체의 법규 이외에 다른 윤리가 있다고는 생각할 수 없었다. 국가윤리와 분리된 개인윤리는 희랍인들에게 상상조차 불가능한 일이었다. 우리는 개인 양심이라는 우리의 개념을 여기서 완전히 버려야 한다. 이것 역시 희랍 토양에서 태어났지만, 그것은 상당히 늦은 후대의 일이었다.[48] 기원전 5세기의 희랍인들에게는 오로지 두 가지 가능성만이 있었다. 첫째는 국가법률이 인간 삶의 최고 심급으로 존재의 신적 질서에 조화되는 경우로, 인간과 시민은 하나이고 전자는 후자에 통합된다. 둘째는 국가생활의 규범이 자연 혹은 신성규범에 모순되는 경우로, 따라서 인간은 그런 국가법률을 인정할 수 없고 그의 실존은 정치 공동체에서 떨어져 나와, 만약 자연의 영원한 상위질서가 다른 확고한 사상적 발판을 새로 제공하지 않는다면 끝없이 추락한다.

국가질서와 우주질서의 불화에서 헬레니즘 시대의 세계시민으로 곧장 이어진다. 법률비판에서 출발하여 이런 결론을 끌어낸 사람들이 지식교사들 가운데 없지 않았다. 그들은 최초의 세계시민이었다. 이들은 표면상 프로타고라스와 전혀 다른 유형이었다. 플라톤은 프로타고라스를 엘리스의 히피아스, 최초의 보편주의자와 대립시킨다.[49] 플라톤은 히피아스에게 다

---

48) Fr. Zucker, *Syneidesis-Conscientia*(Jena, 1928)를 보라.
49) 플라톤『프로타고라스』337c 이하.(강성훈, 2011. 인용자 수정)

음과 같이 이야기하게 한다. "이 자리에 계신 여러분, 나는 여러분이 모두 친척이며 친지이고 동료 시민이라고 생각합니다. 법이 아니라 자연에 따라 그렇습니다. 닮은 것은 닮은 것과 본성상 친척 간인 반면, 법률은 사람들을 지배하는 참주여서 많은 것을 자연에 어긋나게 억압하지요." 여기서 법률(nomos)과 자연(physis)의 대립은 칼리클레스가 말했던 것과 같았지만, 법률비판의 방향과 결과는 완전히 정반대였다. 히피아스와 칼리클레스는 모두 지배적 평등개념의 비판에서 시작하는데, 평등개념은 당시 정의의 전통적 이해의 핵심이었기 때문이다. 하지만 칼리클레스는 민주주의의 평등 이상과 자연의 인간 불평등을 대비하는 데 반해, 지식교사이자 사상가였던 히피아스는 정반대로 민주주의의 평등개념이 너무 좁게 한정되었다고 비판했다. 그가 보기에 민주주의는 평등개념을 오로지 같은 권리와 같은 혈통을 가진 자국 자유시민에게만 적용했기 때문이다. 히피아스는 평등과 친연성을 인간 모습을 가진 모두에게 확장하려고 했다. 비슷한 방식으로 아테네의 지식교사 안티폰도 그의 계몽서 『진리에 관하여』에서 이야기했다. 이 책의 상당 부분이 얼마 전 세상에 모습을 보였다.[50] "우리는 모든 면에서 모두 같은 본성을 가진다. 이방인들이나 희랍인들이나." 역사적으로 굳어진 민족적 차이를 지양하는 이런 주장은 소박한 자연주의와 합리주의적 관점에서, 칼리클레스의 불평등 강변에 대한 매우 인상적인 대립이다. 안티폰은 계속해서 이렇게 말한다. "이를 확인할 수 있는 것은 모든 인간의 자연적 욕구들에서입니다. 인간들은 자연적 요구들을 모두 같은 방식으로 충족합니다. 이들에 관하여 이방인들과 희랍인들 사이에는 어떤 차이도 존재하지 않습니다. 우리는 모두 같은 공기를 입과 코로 숨 쉬고

---

50) Oxyrh. Pap. XI n. 1364(Hunt 편집). Diels, Vorsokr. II 2, B. col 2, 10 이하를 보라.

모두 손으로 식사합니다." 이런 범세계적 평등이념은 희랍 민주주의와 전혀 다른 것으로 실제로 칼리클레스의 비판에 대해 가장 신랄한 반론이었다. 안티폰의 주장은 일관성 있게 사회적 차이도 민족적 차이처럼 없애버린다. "우리는 귀족 집안의 인물들을 존경하고 추앙한다. 귀족 집안 태생이 아닌 인물들을 우리는 존경하지도 추앙하지도 않는다. 이렇게 우리는 이민족들의 구성들처럼 우리 자신과 마주한다."

　추상적 평등화를 주장하는 안티폰과 히피아스의 이론은 현실정치에서 당시 도시국가에 얼마 동안은 아주 큰 위험이 되지 않았다. 이 이론은 대중의 호응을 구하지도 얻지도 못했고 기껏해야 정치적으로 대부분 칼리클레스와 비슷한 생각을 가졌던 계몽적 소수를 향했기 때문이다. 하지만 역사적으로 수립된 질서에 대해 간접적 위협은 되었고, 이런 사유의 노골적 자연주의는 모든 것에 그 척도를 적용하여 현존 규범의 권위를 파괴했다. 이런 자연주의적 사유의 가장 오래된 흔적은 심지어 호메로스 서사시까지 거슬러 올라가며 희랍인들은 이런 사유를 오래전부터 가까이하고 있었다. 전체를 지향하는 희랍 고유의 시선은 인간사유와 행동에 매우 다양한 영향을 미쳤다. 그들의 눈은 개인의 개별 성향에 따라 전체 속에서 전혀 다른 것을 보았다. 한쪽은 고귀한 사내의 힘이 절대적으로 발휘되는 영웅적 행위로 이것이 실현되었다고 보았고, 다른 한쪽은 세상 만물이 '온전히 자연적으로' 진행된다고 생각했다. 한쪽은 방패를 버리기보다 영웅적으로 죽기를 택했다. 다른 한쪽은 방패를 내팽개치고 나중에 새로운 것을 샀는데 목숨이 더 중요했기 때문이다. 현대적 국가는 훈련과 극기를 매우 강력하게 요구했고 국가 수호신은 이를 신성시했다. 하지만 인간행동의 현대적 분석은 사물을 오로지 인과적으로 물리적으로만 고찰했고 인간이 자연적으로 원하고 피하는 것과 법률이 인간에게 피하거나 원하도록 요구하는 것의 지속적인 갈등을 제시했다. 안티폰은 말한다. "법률적 요구의 다수는 자연에 반한다."⁵¹⁾ 다른 곳에서는 법률을 "자연의 억압"이라고 말한다. 이런 생각은 계속해서 정의 개념, 옛 법치국가의 이상을 파괴하는 결과는 낳는다. "사람들은 시민이 구성원이 되는 국가의 법률을 위배하지 않는 것을 정의라고 생각한다." 이미 이런 언어적 표현에서 사람들은 법률 규범성의 상대화를 짐작할 수 있다고 믿었다. 모든 도시, 모든 국가에는 서로 다른 법이 적용된다. 한곳에 살고 싶으면 거기의 법에 따라야 하며, 이는 다른 곳에서도 마찬가지다. 법에 절대적 의무는 존재하지 않는다. 따라서 법률은 전적으로 외적인 것으로 파악되어야 하며, 절대 인간 내면에 각인된 성향이 아니라 인간이 범하지 말아야 할 한계일 뿐이다. 내적 구속이 사라지고, 정의가 다만 처벌의 손해를 피하기 위한 태도의 외적 준법에 불과하다면, 타인들 앞에서 외형을 꾸밀 이유가 없고 지켜보는 사람이 없을 때조차 준법을 고집한다는 것은 어려운 일이다. 이것이 바로 안티폰이 법률적 규범과 자연의 규범을 구분하는 지점이다. 자연의 규범을 지키지 않는다면 증인이 없어도 처벌받지 않을 수 없다. 여기서는 "외형"뿐 아니라 "진리"를 돌아보아야 한다는 것이 바로 지식교사 안티폰이 책의 제목을 통해 분명하게 시사하는 바이다. 따라서 그의 목적은 법률이라는 인공적 규범을 상대화하고 자연의 규범을 참된 규범으로 제시하는 데 있었다.

여기서 생각할 것은 동시대의 희랍 민주주의에서 점차 증가한 입법이다. 민주주의는 모든 것을 법률적으로 확립하고자 했고, 하지만 계속해서 내적 모순에 휘말려 기존 법률을 변경하거나 새로운 입법을 위해 기존 법률을 철폐해야 했다. 아리스토텔레스 『정치학』의 언급을 생각하게 되는데,

---

51) 단편 A col. 2, 26과 col. 4, 5.

국가에는 지속해서 유지된 나쁜 법이 좋은 법일 수 있었던 법을 지속해서 변경하는 것보다 유익하다.[52] 법률의 대량 생산과 이를 둘러싼 당파싸움, 온갖 우연과 인간적 불완전으로 점철된 처참한 상흔은 상대주의의 길을 열었음이 분명하다. 안티폰 이론의 법률 혐오는 동시대의 여론을 반영하는 바 우리는 아리스토파네스의 희극에서 대중의 솔직한 찬동 속에 난타당한 인물, 최근의 민회결정을 팔아보겠다는 법률 장수를 상기한다.[53] 이뿐만 아니라 자연주의도 당대의 지배적 여론을 반영한다. 다수의 확고한 민주주의자는 다름 아닌 사람들이 그들 살고 싶은 대로 살 수 있는 국가를 이상(理想)으로 삼았다. 페리클레스도 아테네 국가정체의 특징을 논하며 그렇게 생각했다. 그는 마치 아테네에서 법률에 대한 엄격한 경외심 때문에 누구도 즐거움을 누리는 타인을 방해하지 않으며 모두가 이에 대해 불쾌한 표정을 짓지 않는 것처럼 말한다.[54] 공적 삶의 엄격함과 사적 삶의 관용이 이렇게 잘 균형을 찾았음에, 실제로 양자가 페리클레스의 입을 통해 이야기되고 그것이 매우 인간적이긴 하지만, 모두가 동의한 것도 아니었다. 안티폰이 모든 인간행동의 유일한 자연적 규범은 이득이라고 말하고 궁극적으로 즐거운 것 혹은 쾌락을 부르는 것이라고 말했을 때,[55] 이런 솔직한 토로는 아마도 숨겨진 다수의 동료 시민을 대변하고 있었다. 플라톤이 이 논점에 대해 나중에 비판을 가한 것은 새로 건설되는 국가의 확고한 토대를 마련하기 위해서였다. 모든 지식교사가 이렇게 솔직하고 철저하게 쾌락주의와 자연주의를 주장한 것은 아니었다. 프로타고라스는 그렇게 할 수

52) 아리스토텔레스 『정치학』 1268b 27 이하.
53) 아리스토파네스 『새』 1038행.
54) 투퀴디데스 II 37, 2.
55) 단편 A col. 4, 9 이하.

없었다. 왜냐하면 소크라테스가 플라톤 대화편에서 그를 빙판으로 데리고 가려고 할 때 그는 아주 명확하게 그런 견해를 대변하기를 거부했기 때문이다. 소크라테스의 노련한 대화술이 마침내 입증에 성공한 것은 겨우, 존경할 만한 지식교사가 앞에서 쾌락주의를 거부하고 뒤에서 몰래 받아들이기 위해 뒷문을 열어놓았음을 우연히 포착한 것이었다.[56)]

이런 절충은 여하튼 시대의 좀 더 훌륭한 유형에 나타난 특징이었다. 안티폰은 여기에 속하지 못했다. 대신 그의 자연주의는 논리적 일관성이라는 장점을 가졌다. "보는 사람이 있을 때와 없을 때"라는 그의 구분은 실제로 동시대 윤리의 기본 문제였다. 시대는 윤리적 행위의 새로운 내적 근거를 발견할 만큼 성숙해 있었다. 오로지 그런 시대만이 법률의 효력에 새로운 힘을 부여할 수 있었다. 법률 복종이라는 단순 개념은 최초로 법치국가가 등장했던 초기에 사실 위대한 해방적 업적이었지만, 이제 좀 더 내면적 윤리의식을 표현하기에는 충분하지 않았다. 이 개념은 법윤리에서 모든 행동을 표면화할 우려가 있고 모두를 단순히 사회적 위선으로 이끌 위험이 있었다. 이미 아이스퀼로스는 참된 지혜와 정의를 언급했는데 이때 청중들은 이 말에 아리스테이데스를 바라보았다. "그는 훌륭한 사람으로 보이기보다 훌륭한 사람이길 원한다."[57)] 생각 있는 인사들은 이런 위험이 무엇을 의미하는지 잘 알고 있었다. 하지만 정의의 일반적 개념은 올바르고 합법적인 행동 이외의 다른 것일 수 없었고, 늘 대중에게 법을 준수하는 주요 동기는 다만 처벌의 두려움이었다. 법률의 내적 가치를 지탱하는 마지막

---

56) 플라톤 『프로타고라스』 358a 이하.
57) 아이스퀼로스 『테바이를 공격한 일곱 장수』 592행. 빌라모비츠의 판본을 보라. *Aristoteles und Athen* I 160.

기둥은 종교였다. 하지만 종교에 대해서도 자연주의의 비판은 거침이 없었다. 미래의 참주 크리티아스는 『시쉬포스』라는 극을 공공 무대에 올려, 신들은 법률 준수를 독려하려고 국가지도자들이 조작한 간교한 창작물이라고 주장했다.[58] 지켜보는 사람이 없으면 법률을 무시하는 것을 방지하기 위해 국가지도자들은 눈에 보이지 않으나 언제나 지켜보고 있으며 인간 행동의 모든 것을 알고 있는 증인인 신들을 만들었고 백성이 신들의 경외심으로 법률에 복종하게 했다. 여기에서 사람들은 왜 플라톤이 『국가』에서 반지 낀 사람을 눈에 안 보이게 만드는 귀게스의 반지 이야기를 지어냈는지 이해할 수 있다.[59] 플라톤은 진실로 내면적 정의에 따라 정의롭게 행동하는 사람과 오로지 외형적으로만 법률에 따르는 사람을 구분했고 후자의 유일한 동기는 사회적 체면에 대한 고려였다. 이는 안티폰과 크리티아스가 제기한 문제로서 플라톤은 이렇게 문제를 풀어보려고 노력했다. 이것은 데모크리토스가 그의 윤리학에 옛 희랍 개념인 '수치심(*aidos*)'을 끌어들인 것과 다르지 않았는데, 그는 수치심에 새로운 의미를 부여하여 법률 앞에서의 수치심—이런 수치심을 지식교사들은 안티폰과 크리티아스와 칼리클레스의 비판을 무기로 완전히 제거했다—을 대신하여 인간이 자기 자신에 대해 가지는 수치심이라는 놀라운 개념을 제안했다.[60]

이런 새로운 구축에 대해 히피아스와 안티폰과 칼리클레스의 생각은 거리가 멀었다. 종교적 혹은 윤리적 양심이라는 마지막 물음을 둘러싼 실제 결투를 우리는 그들에게서 발견하지 못했다. 지식교사들이 인간과 국가와

---

58) 크리티아스 단편 25 Diels.
59) 플라톤 『국가』 359d.
60) 데모크리토스 단편 264 Diels.

세계에 대해 품은 생각에는 형이상학적 논거라는 진지함과 깊이가 결여되어, 아티카 국가형태를 만든 세대가 발견한 지식교사들이나, 다음 세대가 철학에서 다시 만난 지식교사들은 그러했다. 이런 측면에서만 그들의 성과를 찾는 것은 불공정한 일일지 모른다. 지식교사들의 공적은 앞서 언급한 것처럼 놀라운 형식교육 기술의 독창성에 있다. 그들의 약점은 그들 교육의 내적 실질을 채워줄 정신적·윤리적 실체의 결함에서 유래한다. 하지만 이런 결함은 당대 모두가 공유하던 것으로 기술의 찬연함과 국가의 막강함에도 이런 심각한 상황을 가릴 수 없었다. 따라서 바로 그렇게 개인주의적인 세대가 교육의 의식적 요구를 여태까지 유례가 없던 절박함으로 보여주었으며 이를 천재적 능력으로 실현한 것은 너무나 당연한 일이었다. 하지만 예전 어느 시대보다 그들 자신에게 교육적 힘이 부족하다는 것을 그들이 어느 날 자각하게 된 것 또한 필연적이었다. 왜냐하면 그들에게는 그들 재능의 풍요에도 불구하고 이런 천명에 제일 중요한 것, 목표의 내면적 확신이 없었기 때문이다.

에우리피데스와 그 시대

시대의 위기를 에우리피데스의 비극에서 비로소 아주 또렷이 볼 수 있다. 우리는 에우리피데스를 소포클레스와 구분하는데 이는 지식교사 교육 때문이다. 우리에게 전해지는 대개 후기에 속하는 에우리피데스의 비극작품들을 보면, 그는 사람들이 흔히 그렇게 부르듯 '희랍 계몽주의의 시인'이기 때문이다. 에우리피데스의 작품들은 지식교사들의 철학과 수사학 기술로 가득하다. 에우리피데스가 많은 영향을 받은 것은 사실이지만, 지식교사의 영향은 에우리피데스 사상의 제한적 일면일 뿐이다. 이와 똑같은 정도로 정당성을 가지는 주장을 할 수 있는바 지식교사들도 에우리피데스 문학이 펼쳐놓은 정신적 배경에 비추어볼 때야 비로소 온전히 이해될 수 있다. 지식교사 교육은 양면성을 보인다. 한쪽은 소포클레스를, 다른 한쪽은 에우리피데스를 향한다. 지식교사들은 인간영혼의 조화로운 계발이라는 이상(理想)을 소포클레스와 공유하는데, 이는 소포클레스 예술의 조형적 원리에 가깝다. 또 지식교사 교육에 보이는 원리적·윤리적 근거의 모호성과 불확실성은 지식교사 교육의 기원이 에우리피데스 문학에 나타나는 분열과 갈등의 세계임을 드러낸다. 두 비극시인, 두 시인의 중간에서 양쪽을 바라보는 지식교사들, 이들 모두가 대표하는 것은 아테네의 한 시대이며, 다른 두 시대가 아니다. 약 15살 정도의 나이 차이를 가진 두 비극시인은 아무리 급변하는 시대일지라도 세대차이를 논할 만큼 떨어져 있지 않다. 그들로 하여금 같은 시대를 그렇게 다른 방식으로 그들 작품에 각인하도록 결정한 것은 그들의 성격이었다. 소포클레스는 시대의 가파른 정점을 걷고 있었고, 에우리피데스는 시대가 파괴할 교육비극의 계시자로 활동했다. 시대는 그의 정신사적 위치를 규정했고, 그의 문학을 오로지 시대적 표현으로 파악하지 않을 수 없는 시대적 구속성을 그에게 부여했다.

에우리피데스 비극이 반영하고 대응하던 당시 사회를 여기서 이야기할 수는 없다. 역사적 전거, 특히 문학적 전거는 이 시기 들어 드디어 풍부해졌고 이를 토대로 우리가 기획할 수 있는 세태 묘사는 따로 책 한 권을 써야 할 정도이고 언젠가는 반드시 써야 할 것이다. 일상의 사소한 궁핍에서 예술과 철학과 정치의 숭고한 성취에 이르기까지 당시 인간 삶 전체가 우리 눈앞에 다채롭게 펼쳐진다. 첫 번째 인상은 엄청난 풍요, 그리고 역사적으로 다시없을 물질적·창조적 생명력이었다. 희랍 삶이 페르시아 전쟁 이후에 아직 혈통으로 나뉘어 있었고, 그 대표자들을 중심으로 어느 정도 유지되던 정신적 균형은 페리클레스 시대 이래로 흔들렸다. 아테네의 우세는 점차 더욱 노골화되었다. 여러 혈통으로 다양하게 나뉜 희랍인들은—희랍인이란 공통 이름을 얻은 것도 아주 나중이다—역사상 국가적으로나 경제적으로나 정신적으로 아테네와 같은 집중을 경험해본 적이 없다. 아크로폴리스에 우뚝 솟은 파르테논 신전의 기념비적 건축은 그들 국가와 민족혼의 신격화로 더욱더 분명한 지위를 확보한 아테네 여신의 명예를 오늘날까지도 드높이고 있다. 이 국가의 운명은 여전히 마라톤과 살라미스 승전의—그날의 참전 세대는 대부분 이미 오래전에 세상을 떠났지만—지속적인 축복을 누리고 있었다. 참전 세대의 위업은 계속 되새김되며 후손들의 공명심을 더욱 부추겼다. 이것을 깃발 삼아 지금 세대는 아테네 제국패권과 무역패권을 끝없이 확장하는 놀라운 성공을 거두며, 끈질긴 인내와 굽힐 줄 모르는 야망과 현명한 안목을 가지고 물려받은 유산을 민족국가와 그 제해권의 비약적 발전을 위해 활용했다. 물론 아테네의 역사적 사명에 대한 희랍 전체의 인정은 헤로도토스가 언급한 것처럼 무한정 보장된 것은 아니었고, 따라서 헤로도토스는 나머지 희랍세계가 그런 요구를 들으려 하지 않았기 때문에 그만큼 더 열심히 페리클레스 정부의 역사적 요구를 지지할 수밖에 없었다. 헤로도토스가 글을 쓰던 시절, 그러니까 펠로폰네소스와 아티카 전쟁의 커다란 화염이 희랍세계 전체를 덮치기 얼마 전, 부정할 수 없는 위대한 역사는 이미 아테네 제국주의라는 패권 정치를 위해 빈번히 크게 남용되는 이념으로 변질되어 있었다. 이는 의식적으로든 아니든 아직은 자유로운 나머지 희랍세계에 대해 아테네 지배를 옹호하는 태도를 함축했다.

페리클레스 세대와 그 상속자들에게 맡겨진 과업은 아이스퀼로스 세대와 비교 불가능할 정도로 비상(飛上)의 종교적 추진력이 크게 떨어졌다. 사람들은 정당하게 자신들이 테미스토클레스의 계승자에 좀 더 가깝다고 느꼈고 전쟁영웅 시대는 이미 현저히 현대적인 얼굴을 하고 있었다. 새로운 시대의 목표를 추종하면서도 현실주의적 냉정함을 유지했고 위대한 아테네를 위해 재산과 목숨을 기꺼이 희생했던 공동체 구성원들 역시 특이한 격정, 냉정한 이해타산과 헌신적인 공동체 의식이 뒤엉킨 복잡한 격정을 느꼈다. 국가는 전체가 성장하고 번영할 때만 개인도 성공한다는 확신을 시민 모두에게 불어넣었다. 이로써 국가는 본성적 이기주의를 정치적 행동의 강력한 동기 중 하나로 만들었다. 국가가 이기심에 기댈 수 있는 것은 오직 눈앞의 이익이 희생자의 의식을 지배하는 경우다. 전쟁의 경우 이런 입장은 심각한 위험을 초래하는데, 전쟁이 길게 늘어질수록, 그리고 바랄 만한 물질적 이득이 적어질수록 위험은 더욱 심각해진다. 개인영역에서 고도의 공적 영역에까지 이어진 계산과 평가 등 이해타산의 확대는 에우리피데스 시대의 특징이다. 하지만 외형적 품위라는 곤란한 전통가치는, 실질적 동기가 단순히 이익 혹은 쾌락이었지만, 선의의 외관을 견지할 것을 요구했다. 따라서 지식교사들이 "법에 따라"와 "본성에 따라"를 구분한 것은 우연이 아니라 이런 시대를 따른 일이었다. 자기 이득의 감지를 위해 현실에서 능력에 따라 이를 구분하도록 사람들을 자극하는 데 따로 이론과 철학적 사색이 필요하지는 않았다. 이상-자연의 분열은 인위적 이중성을 견지한 채 사적 윤리는 물론 공적 윤리를 지배했고, 점차 깊어지던 비정한 패권정치의 국가는 물론 아주 사소한 상거래의 개인까지 시대 전체를 관통했다. 시대가 모든 사업을 외형적으로 대규모로 추진할수록, 더욱 편리하고 의식적으로 엄격하게 개개인이 자기 사업과 공공사업을 구분할수록, 이런 화려함의 대가로 더욱 유감스럽게도 거짓과 위선은 엄청나게 확장되었다. 외형적 성공을 위해 무엇이든 해야 한다는 전대미문의 투입을 조장하는 내면적 가치의 의심도 크게 증가했다.

수십 년 지속된 전쟁은 모든 근간의 파괴로 이어질 사유의 종말을 크게 재촉했다. 아테네 국가의 비극을 기록한 역사가 투퀴디데스는 아테네 권력의 몰락을 오로지 내적 와해의 결과로 보았다. 이 순간 우리의 흥미를 끄는 것은 펠로폰네소스 전쟁이라는 정치적 사건이 아니다. 이런 측면은 나중에 투퀴디데스를 다루면서 다시 살펴보고자 한다. 여기서 관심은, 점차 표면으로 드러나고 더욱더 급격하게 진행된 사회 공동체의 붕괴에 대한 위대한 역사가의 진단이다.[1] 이런 순수 의학적·객관적 진단은, 펠로폰네소스 전쟁 첫해에 아테네 민족의 육체적 건강과 저항력을 무너뜨린 아테네 역병의 유명한 묘사와 기묘한 짝을 이룬다. 투퀴디데스는 민족의 도덕적 해체과정을 묘사하며 우리의 공감을 끌어올리려 당파싸움의 참상을 보여주었는데, 이때 그는 이런 참상을 일회적이 아닌 언제나 반복되는 사건이라고 전제했다. 인간본성은 변함이 없기 때문이다. 우리는 그의 묘사를 최대한 그의 언어로 옮겨보고자 한다. 평시에 이성은 쉽게 청중을 설득한다. 사람들은 강압과 위협에 내몰리지 않았기 때문이다. 하지만 전쟁은 생활 여건을 극단적으로 위축시키며 대중들을 압박하여 주어진 상황을 받아들이도록 가르친다. 전쟁이 가져온 격변 속에서 언제나 사상 전향, 음모와 보복이 이어지고 지난 혁명과 시련의 기억은 새로운 혁명의 성격을 더욱 첨예하게 만든다.

이러한 맥락에서 투퀴디데스는 현행 가치 전체의 파탄을 말한다. 이는 심지어 언어에서 완전한 어의변화로 감지된다. 고래로 최고 가치를 표현하던 단어들은 추락하여 일상언어에서 사고와 행동의 경멸적 지시에 사용되었고 이제까지 비난을 표현하던 언어들은 출세하여 칭송의 수식어로 상승했다. 이제 쓸데없는 무모함은 진정 충성스러운 용맹을, 신중한 대비는 미사여구로 감추어진 비겁을 의미했다. 사려 깊음은 태만의 단순한 핑계가 되었고 용의주도한 생각은 무기력과 무위도식이 되었다. 비상식적 가혹함을 사람들은 진정 사내다움의 징표로 여겼고 충분한 숙고를 직무태만으로 간주했다. 크게 고함치고 막말하는 사람일수록 더욱 신뢰할 만한 사람

---

1) 투퀴디데스 III 82.

으로 간주되었고, 이와 반대되는 사람은 의심을 받았다. 교묘한 간계를 정치적 지혜로 생각했고, 간계의 간파를 더욱 큰 지혜로 여겼다. 간계가 필요하지 않을 수 있도록 철저히 준비하는 사람은 단결심이 부족하고 적 앞에서 떠는 비겁자가 되었다. 혈통은 당파성에 비해 보잘것없는 연대의 끈이었고, 반면 당파의 동지는 무모한 만행까지 서슴지 않았다. 이런 당파는 흔히 현행법을 어기며 상호협력하고, 기존 법률 전체에 반하여 자기 권력의 확대와 개인적 치부에 열중했기 때문이다. 자기 당파의 단합을 다지는 맹세조차 맹세의 신성함이 아니라 공범의식으로 지탱되었다. 이제 더는 인간적 신뢰의 불꽃을 어디에서도 찾아볼 수 없었다. 서로 갈등하는 당파들이 전력 고갈 혹은 잠깐의 불리함 때문에 협정을 맺고 맹세할 수밖에 없을 때, 모두는 이것이 다만 쇠약의 징후임을 알았고 누구도 이런 협정을 신뢰하지 않았다. 마음을 놓고 방어를 소홀히 한 틈을 노려 힘을 비축한 적들이 음모로써 더욱 확실히 반격하기 위해 맹세를 악용함을 모두가 알고 있었다. 민주당파든 귀족당파든 그 지도자들은 당파를 대변하여 늘 호언장담했지만, 실은 그들 자신도 당파가 지향하는 숭고한 목표는 알지 못했다. 권력욕과 재산욕과 명예욕은 유일한 행위 동기였다. 옛 정치이념을 소환하여 외치긴 했지만 그것은 이제 한낱 정치구호에 지나지 않았다.

사회 공동체의 붕괴는 다만 인간 내면적 타락의 외적 표현이었다. 전쟁의 시련도 내적으로 건강한 민족에게는, 개인의 가치 개념이 무너진 민족의 경우와 다른 영향을 미친다. 당시 아테네의 미학적·지적 교육은 다른 어느 곳보다 높은 수준이었다. 여러 세대를 거쳐 아티카의 내적 발전이 차분하고 꾸준하게 이루어졌고 오래전부터 공적 관심의 중심이던 정신적인 것들에 대한 일반적 공감이 소박함을 그대로 유지했는바 이를 위해 애초부터 더없이 유리한 조건들이 주어져 있었다. 복잡다기한 삶과 더불어, 그렇지 않아도 특별히 지적이고 섬세한 민족에게 모든 아름다움에 대한 아주 예리한 감각이 깨어났고 이성 능력을 과시하는 자유분방한 놀이의 끝없는 즐거움이 알려졌다. 당시 평범한 아테네 시민들을 향해 극작가들이 보여준 지적 능력의 요구는 매번 오늘날 우리에게 믿어지지 않는 경이를 선사한다. 이런 모습을 의심할 근거는 없고, 예를 들어 우리는 동시대의 희극에서도 이런 모습을 본다. 디오뉘소스 극장에 앉은 소시민 디카이오폴리스는 싸온 양파를 먹고 해 뜨기 전부터 근심 어린 표정으로 혼잣말로 중얼거리며, 아무도 누군지 모르는 냉정하고 터무니없는 신예 극작가의 새로 각색된 합창대 노래에 귀를 기울이는데, 그의 심장은 요동치며 아이스퀼로스의 고색창연한 합창대를 그리워한다. 또 극장의 신은 그가 아르기누사이 해전에서 이끌었다고 떠벌리는 전투함 뱃전에 거만하게 앉아 책을 읽는데, 손에는 에우리피데스 비극 『안드로메다』의 단행본이 들려 있고, 그는 최근 생을 마친 시인을 그리워한다. 이런 디오뉘소스의 모습은 관중들의 높은 수준을 체화한 것이다. 격정적인 숭배자 무리는 격렬한 공개적 비판에 시달리는 시인에 열광하며, 극장에서 공연되지 않을 때조차도 시인의 작품을 진심을 다해 열심히 읽었다.

　문학적 희화화 장면의 기지 넘치는 익살을, 그 장면이 희극무대를 스쳐 지나가는 짧은 순간, 잽싸게 포착하고 유쾌하게 즐기기 위해서는 이를 알아보는 적지 않은 수의 사람들이 필요하다. 이것은 에우리피데스의 거지왕 텔레포스네, 이것은 이거네, 저것은 저거네라고 알아볼 사람들 말이다. 아리스토파네스 『개구리』에서 아이스퀼로스와 에우리피데스가 벌이는 경합은 이런 희화화에 대해 지칠 줄 모르는 관심을 전제한다. 이 희극은 두 비극시인의 많은 무대 서막 등을 이미 모두 아는 것으로 전제하고 이를 다수 인용하여 여러 사회계층의 수천 관중들 앞에서 공연한다. 물론 몇몇 단순한 관중들은 어쩌면 세부 묘사를 알아보지 못했을 수 있지만, 그래도 우리에게 의미심장하고 매우 놀라운 사실은, 이렇게 길게 이어진 경합과 비교에서 흥미를 잃거나 웃음의 순간을 놓치지 않을 솔직담백하고 예리한 문체감을 대중에게 기대했다는 것이다. 이것이 이런 종류의 시도로 유일한 것이라면 이런 능력과 감각의 존재를 의심할 수도 있겠으나, 희극무대에서 가장 사랑받는 수법으로 희화화를 끊임없이 사용했음을 볼 때 그럴 의심의 여지는 없다. 오늘날의 극장에서 이런 비슷한 것을 상상할 수 있을까? 분명 당시 이미 대중 자산의 교육과 정신적 상류층의 교육에 구분이 있었고, 사람들은 비극과 희극에서 정신적 상류층을 향한 것과 대중을 향한 것이 확연히 구분된다고 믿었다. 하지만 기원전 5세기 중반 이후와 4세기의 아테네가 보여주는바 철저하게 학교가 아닌 생활을 통한 교육의 범위와 대중성은 놀라운 수준이다. 이는 아마도 쉽게 전체를 일별할 만큼 협소한 공간에서 교육과 공동체 생활이 서로 아주 완벽하게 상호 침투된 도시국가에서만 가능한 일이다.

단순한 농촌 삶과 광장과 민회와 극장을 중심으로 하는 도시 삶의 구분은 동시에 완벽하게는 아니지만 '촌스러운(ἀγροῖκον)'이란 개념과 '도시적인(ἀστεῖον)'이란 개념의 대비를 낳았다. 후자는 이후 '교육받은'과 유사한 뜻을 지녔다. 새로운 도시적 시민교육과 대체로 농촌 중심의 토지소유 귀족교육의 완벽한 대조는 이때 등장한다. 그 밖에 도시에는 새로운 시민사회의 완전 남성 중심 모임인 향연들이 수없이 개최되었다. 음주와 잡담과 단순 향락의 현장이 아닌 진지한 정신적 삶의 용광로로서 문학 향연이 점차 널리 유행했음을 분명히 확인할 수 있는데, 귀족시대 이래 이때 사교 모임의 대단한 변화가 진행되었다. 이런 변화의 토대는 시민사회를 대상으로 한 새로운 교육이었다. 이를 보여주는 것은 5세기 후반의 술자리 엘레기와 희극작품들인데, 권주가는 시대의 문제를 가득 담고 있었으며 일반적 주지주의 흐름에 전적으로 동참했다. 전통 교육과 지식교사적 문학교육의 필사적 대결은 에우리피데스 시대의 향연에서도 여전했고, 이 시대를 교육역사의 신기원을 이룩한 시대로 분명하게 각인시켰다. 늘 에우리피데스는 새로운 교육의 전사들에게 구심점이 된 대표자였다.

전혀 다른 여러 역사적·창조적 역량들의 모순적 다양성에서 당시 아테네의 정신적 삶이 성장했다. 특히 국가수립과 문화전통과 법률전통에 여전히 깊이 뿌리를 내린 전통의 힘에 맞서, 이때 처음으로 전례 없는 자유를 지향하는 개인적 계몽충동과 교육충동이 사회계층에서 폭넓게 등장했다. 이는 일찍이 이오니아에서도 없었던 일이다. 늘 같은 궤도를 벗어나지 않던 시민사회에서 해방된 개별 시인과 철학자가 개인적 돌출행동과 무모함을 보였던 곳과 달리, 모든 전통을 향한 비판의 씨앗이 뿌려지고 정신적 관점에서 모든 개인이 철저하게 사유와 발언의 자유를 주장하고 민주주의가 민회에 참석한 시민 모두에게 이를 허용하는 도시, 이렇게 불안한 아테네의 분위기는 엄청난 의미를 가진다. 이것은 고대국가의 성격, 심지어 민주주의적 고대국가의 성격에 비추어서도 뭔가 대단히 낯설고 불안한 모습이었다. 그리고 이런 새로운, 국가적으로 인정되지 않은 개인주의적 발언과 사유의 자유는 국가를 보루로 삼은 보수주의 세력과 심각한 적대적 충돌을 여러 차례 일으켰다. 예를 들어 아낙사고라스에게 유죄를 내린 신성모독 재판, 또는 계몽성에 따른 반국가적 성격의 지식교사들을 탄핵하는 몇몇 분쟁들이 발생했다. 하지만 대개 민주주의 정체는 모든 지적 활동에 관대했고 심지어 시민들의 새로운 자유에 자부심을 가지기도 했다. 우리가 상기해야 하는바 플라톤에게 민주주의 정체 비판의 예시를 제공하고 그의 시각에서 지식과 도덕의 혼란과 몰락이라고 정의한 민주주의가 이때의, 그리고 다음 세대의 아티카 민주주의라는 점이다. 영향력 있는 몇몇 정치가들은 청년을 타락시키는 지식교사들에 대한 증오를 노골적으로 표현했지만 이런 증오는 개인적 감정의 한계를 벗어나지 않았다.[2] 자연철학자 아낙사고라스의 경우, 고발은 동시에 그의 후견인이자 지지자였던 페리클레스를 향한 것이기도 했다. 사실 오랜 세월 아테네 국가의 운명을 결정한 사내가 철학적 계몽사상을 공개적으로 지지한 일은 신조류의 정신적 자유가 깃들일 굳건한 보루가 정치권력 영역에 마련되었음을 의미했다. 당시 세상 어디에도, 그리고 희랍 어디에도 그렇지 않았던 이런 분명한 정신 우대는 모든 지적 인사들을 아테네로 불러들였다. 참주 페이시스트라토스 때의 일들이 훨씬 더 큰 규모로 자발적으로 이때 다시 일어나고 있었다. 이방의 정신은 거류민 신분으로 영주권을 취득했다. 하지만 이때 아테네로 유입된 사람들은―물론 몇 명은 있었지만―시인들이 아니었다. 음악의 경우, 이제 아테네는 이론의 여지가 없이 선두주자였기 때문이다. 결정적이고 새로운 특징은 이번에는 철학자들, 모든 종류의 학자와 지식인이 대세였다는 것이다.

다른 모두를 월등히 앞선 이오니아 클라조메나이의 아낙사고라스, 그의 학생 아테네의 아르케라오스 외에도 우리는 이때 옛 이오니아 자연철학의 마지막 대표주자들을 발견하는데, 예를 들어 전혀 미미하다고 할 수 없는 아폴로니아의 디오게네스다. 그를 본보기로 삼아 아리스토파네스는 『구름』에서 소크라테스의 모습을 만들었다. 아낙사고라스가 최초로 세계창조를 우연이 아닌 합리적 이성의 원리에 따라 설명한 것처럼, 디오게네스도 옛 물활론을 합리적이고 현대적인 목적론적 자연관과 연결했다. 사모스의

2) 플라톤 『메논』 91c.

히폰은, 아리스토텔레스가 그를 낮은 등급의 철학자라고 평가했지만, 희극시인 크라티노스의『전견자(全見者)』에서 비판의 대상자로 선정되어 명예를 회복한다. 헤라클레이토스주의자 크라튈로스에게 청년 플라톤은 상당 기간 배웠다. 수학자이자 천문학자인 메톤과 에욱테몬은 기원전 432년 국가적 책력 정비사업과 연관된 이름들인데, 전자는 아테네에서 유명했던 사람으로 아리스토파네스의『새』에 등장하는 모습처럼 아테네 사람들에게는 관념적 학자의 화신이었다. 아리스토파네스는 희화화 작업에서 밀레토스의 히포다모스가 가진 몇몇 특징을 취한 것으로 보인다.

히포다모스는 도시건축 혁신가로서 피레우스 항구를 정방형의 기하학적 이상에 따라 새롭게 설계했고, 더불어 아리스토텔레스도『정치학』에서 언급한 합리주의적 정방형의 이상국가를 표방한 인물이다. 그는 메톤과 에욱테몬과 함께 시대를 대표하는 전형인바 합리주의가 삶을 어떻게 장악하기 시작했는지를 보여주는 인물이다. 또 소크라테스가 배운 음악이론가 다몬도 여기에 속한다. 지식교사들의 방문과 이별이 매번 사건으로 받아들여지고 아테네 지식인들에게 뜨거운 열기를 불러왔음을 플라톤은『프로타고라스』에서 우월감의 발로인 놀라운 반어적 표현으로 묘사했다. 지식교사의 계몽운동을 철저하게 극복했다고 믿던 다음 세대의 이런 우월감을 잊어야만 우리는 지식교사들에 대해 앞세대가 느꼈던 경이감을 정확히 이해할 수 있다. 플라톤은 엘레아의 파르메니데스와 제논도 아테네를 찾아 강연했다고 생각했다. 다른 많은 것들처럼 대화편의 설정은 문학적 창작일 수 있지만 적어도 상상조차 할 수 없는 일은 아닌바 실로 일말의 진실을 반영한다. 아테네에 거주하지 않거나 가끔 아테네를 방문한 이들을 사람들은 언급하지 않았다. 이에 대한 가장 주목할 만한 증거는 데모크리토스의 반어적 진술이다.[3] "내가 아테네에 갔는데, 거기서 나를 알아보는 사람은 없었다." 아테네의 명성은 당시 이미 흔히 이런 식이었고―역사는 나중에야 비로소 그들에게 적절한 자리를 제공해주었음이 분명하다―하루짜리 대가들이 속출했다. 반면 압데라가 아니라 세계 전체가 고향인 데모크리토스 같은 위대한 고독자들의 숫자는 줄어들었다. 학문적 중심 아테네의 매력을 떨쳐버릴 수 있었던 것은 오직 순수 연구자뿐이었음은 어쩌면 너무나 당연한 일이었다. 장차 희랍민족의 교육에서 정상에 서게 될 학문적 거인들도 다음 한 세기 동안은 이제 오로지 아테네에서만 태어났다.

시대를 증언하는 위대한 아테네인들, 투퀴디데스와 소크라테스와 에우리피데스 같은 이들은 그들 민족사에서 실로 대단한 위치를 점하며, 그래서 지금 우리가 다루는 그들 이후의 활동 전체가 마치 결정적 전투에 앞서 펼쳐진 단순한 전초전처럼 보일 정도다. 이들에게 이런 위치를 부여한 것은 무엇일까? 이들을 통해 합리적 정신은―그 맹아가 공기 중에 널리 퍼져 있었다―정치와 종교, 도덕과 문학에서 큰 교육권력을 장악했다. 합리성을 획득한 국가는 몰락의 순간에도 여전히 그 본질을 영원히 남길 최후의 정신적 행위를 투퀴디데스의 역사적 자기 고백을 통해 수행했다. 이로써 역사가는 두 동료 시민보다 굳게 그의 시대에 갇혀버렸다. 그의 심오한 깨달음은 다음 세대의 희랍인들이 아니라 오늘의 우리에게 더 큰 의미를 가지는바 그가 말한 역사 회귀는 그가 생각했던 것만큼 그렇게 금방 닥쳐오지 않았기 때문이다. 국가와 그 운명을 이해하려는 투퀴디데스의 노력을 보면서 여기서 아테네 제국의 몰락과 함께 정신적으로 파국을 맞은 시대의 고찰을 끝내려고 한다. 소크라테스는 이미 위대한 아테네인들이 그때까지 그랬던 것만큼 그렇게 국가에 기대지 않았고, 인간과 인생 일반의 문제에

3) 데모크리토스 단편 116 Diels.

천착했다. 그는 시대를 관류하는 문제, 불안한 시대적 양심을 전적으로 새로운 물음과 주변의 탐색을 통해 깊숙이 흔들어놓았다. 소크라테스는 그의 시대와 분리될 수 없을 것처럼 보이지만, 실은 이미 철학이 교육의 본격적 주체로 비약하던 새 시대의 시작에 속했다. 에우리피데스는 말(語)의 옛 의미에서 위대한 희랍시인들의 마지막이다. 그도 비극이 탄생했던 영역과 전혀 다른 곳에 이미 한 발을 내딛고 있었다. 고대세계는 그를 무대 위의 철학자라고 불렀다. 그는 실로 두 세계에 속한다. 우리는 그를 과거세계에 귀속시키는데, 사실 과거세계의 종결자라는 사명을 맡은 그의 작품 속에서 과거세계는 다시 한 번 더없이 아름다운 유혹적 광채로 빛났다. 이때 다시 문학은, 비록 문학을 그 지위에서 몰아낼 새로운 정신을 위해 길을 개척하는 짧은 순간이었지만, 과거의 옛 선도적 지위를 회복했다. 이것이 바로 역사가 사랑하는 큰 역설 가운데 하나다.

소포클레스와 다른 유형의 비극을 위한 자리가 마련되었다. 그사이 아이스킬로스 비극의 옛 문제들을 새로운 의미에서 다시 한 번 다룰 만한 능력 있는 세대가 등장했기 때문이다. 다른 지향성을 가진 소포클레스의 창작 역량 때문에 한동안 뒷전으로 밀렸던 문제들은 이제 에우리피데스에서 다시 열정적으로 권리를 주장했다. 신에 대한 인간의 비극적 소송을 재개할 시점이 도래한 것으로 보였다. 비로소 널리 퍼지기 시작한 새로운 사상의 자유가 깨어나면서 때가 찾아왔고, 이때 소포클레스는 전성기를 지나고 있었다. 조심스러운 경건함의 조상들에게는 너울 속에 숨겨져 있던 삶의 신비를 냉철한 관찰자의 눈으로 주시하면서, 새로운 비판 척도로 옛 문제들을 살피던 시인은 분명 이제까지의 모든 것을 다시 써야 한다고 분명 느꼈을 것이다. 초기의 두 비극시인이 생명의 호흡을 불어넣어 모든 고급문학의 원천이 되었던 신화는 에우리피데스에게 늘 상속된 형상세계를 의미했다. 에우리피데스는 과감한 혁신 시도에도 불구하고 이런 상속된 행로를 벗어나려는 생각은 추호도 없었다. 그에게 이탈을 기대한다는 것은 옛 희랍문학의 심오한 본질을 이해하지 못했음을 뜻한다. 옛 희랍문학은 신화에 매여 있고 신화와 생사를 같이했다. 하지만 에우리피데스의 사유와 창작은 이런 고래의 문학영역에만 머물지 않았다.

그의 시대가 발견한 삶의 현실이 신화와 시인 사이로 비집고 들어왔다. 역사적·합리적 세대가 신화를 대하는 태도와 관련하여 바로 이 세대가 진리 추구와 신화 추방을 동일시했던 역사가 투퀴디데스를 낳았다는 사실은 상징적이다. 자연과학과 의학을 탄생시킨 것이 바로 이 세대의 정신이었다. 자기가 경험한 현실을 형상화하려는 의지는 에우리피데스의 작품들에서 처음으로 자의식에 따른 원초적 예술 충동으로 나타난다. 시인은 신화를 자신에게 상속된 형식으로 생각했고 자신이 발견한 새로운 현실을 이 그릇 안에 부어 넣었다. 아이스퀼로스는 주변의 표상과 의지에 따라 신화를 조형하지 않는가? 이와 똑같은 요구에 따라 소포클레스는 영웅을 인간화하지 않는가? 오래전 사망한 세계의 허깨비 같은 육신에 시인 자신의 생명과 피를 과감하게 수혈하는 마지막 세대의 비극을 통해서 유일하게, 오래전 사라진 것처럼 보이던 신화가 후대 신화에서 놀랍게 부활한 것이 아닌가?

그렇지만 기존 문체에 매우 충실한 신화적 비극을 들고 비극 경연 참가자 대열에 합류했을 때, 에우리피데스는 그의 실험이 신화 형상들의 진보적 현대화 경향에 따른 약간의 변화일 뿐임을 관중들에게 설득하는 데 실패했다. 그는 자기 행동이 혁명적 만용이었음을 의식했어야 했다. 동시대 청중들은 그에게서 정신적 충격 내지 격정적 거부감을 느끼며 그를 외면했다. 분명 희랍적 의식은 미학적·전통적 이상세계와 가상세계로 신화를 평면화하는 것을 오히려 더 쉽게 묵인했고 이는 기원전 6세기의 공연 합창시와 후대 신화에서 이미 상당히 발견되는 반면, 희랍 감성에 우리 개념의 세속화로 보이는 일상현실 범주로의 동화를 신화에서 용인하지 않았다. 새로운 시대의 자연주의적 현실 탐닉과 이를 통해 신화의 이질화와 무용화를 막으려는 예술적 시도의 가장 뚜렷한 특징은, 가상을 배제하고 관찰된 현실에 적용할 수 있도록 신화적 척도를 수정했다는 점이다. 이런 전대미문의 수술을 에우리피데스는 무심한 냉정함이 아니라 강한 예술가 개성의 격정적 투입을 통해 수행했다. 이는 지지는 고사하고 수십 년간 실패와 절망만을 그에게 안긴 대중에 굴하지 않고 진력한 시인의 완강한 끈기 때문에 가능했다.

여기서 우리는 에우리피데스의 작품 전체를 일일이 검토하거나 예술형식 자체를 분석할 필요는 없다. 우리가 주목할 것은 새로운 예술의 문체 창조력이다. 이때 우리는 전통에 종속된 부분은 생략한다. 물론 이런 요소의 세심한 검토는 예술형식 발전의 꼼꼼하고 세밀한 이해를 위해 생략 불가능한 전제조건이지만 이것이 이미 충족되었다고 판단해야 하며, 따라서 이제 우리는 내용의 세부적 일치로부터 지배적 형식 경향을 추출해낼 수 있다. 희랍의 생생한 문학이 전체적으로 그러한 것처럼 에우리피데스의 형식은 특정 내용에서 유기적으로 성장했다. 형식은 내용과 분리될 수 없었고 종종 어휘와 문장구조의 언어적 형상화에 이르기까지 형식은 내용에 종속되었다. 새로운 내용은 신화를 변화시켰을 뿐만 아니라 이와 더불어 시적 언어의 성격과 전승된 기존 비극형식도 바꾸어놓았다. 하지만 이를 에우리피데스는 임의로 해체하지 않았으며, 오히려 굳어버린 형식주의의 경직성에 따라 이를 더욱 공고히 하려는 경향을 보인다. 에우리피데스 비극의 새로운 문체 창조력은 시민적 사실주의와 수사학과 철학에 있었다. 이 문체 개혁은 정신사적으로 무엇과도 비교할 수 없을 정도로 넓은 파급효과를 가져왔는바 이를 통해 후기 희랍을 장차 지배할 중요 교육권력들이 자신을 세상에 알렸다. 시인의 비극 장면마다 미래의 권력들이 드러난다. 그들이 작동하는 특정 교육환경과 사회를 전제로 시인의 창작은 이루어졌고, 또 반대로 이런 문학창작은 새로 나타날 인간형식의 본격적 출현을 도왔다. 시인은 새로운 인간이 자기 정당화를 위해 예전 어느 때보다 절실히 원하던 인간본성의 이상적 모범을 제시했다.

에우리피데스 시대의 **시민 계급화**는 우리 시대의 무산 계급화를 의미한다. 또 선대의 비극 영웅을 대신하여 몰락한 거지를 무대에 올렸을 때 무산 계급화도 슬쩍 엿보인다. 고급문학의 이런 탈권위주의를 공격하는 반대자들이 나타났다. 선배들의 예술에 시간적으로나 내적으로 아직 가장 근접해 있던 『메데이아』의 여기저기에 이미 이런 변화가 감지된다. 개인의 정치적·정신적 자유가 확대되면서 인간사회와 이를 지탱하는 사회 조건들의 문제를 더욱 뚜렷하게 볼 수 있었다. 인위적 구속들 속에 억압받는다고 느끼던 자아는 이제 인간권리를 외쳤다. 자아는 숙고 등 이성적 도구를 가지고 억압의 감소와 탈출을 시도했다. 결혼생활이 논의 대상이었다. 수 세기 동안 '촉수 금지'로 여겨지던 남녀관계가 대중 앞에 드러났다. 이는 자연만물이 그러하듯 투쟁의 문제였다. 세계지배는 강자의 권리가 아닌가? 시인은 메데이아를 버린 이아손의 신화에서 동시대의 고통을 발견한다. 그리고 그는 애초 신화가 알지 못했던 문제들을 신화에 밀어 넣었으며 신화는 문제들을 대단한 조형술로 생생하게 살려냈다.

당시 아테네 여인들은 메데이아가 아니었다. 이런 역할을 맡기에 아테네 여인들은 지나치게 눌려 주눅 들었거나 지나치게 세련되었다. 자식들을 살해하여 남편의 배신을 복수하는 여인, 눈을 굴리는 야만족 여성을 수용하여 시인은 여성의 본성 토대를 희랍적 관습의 방해 없이 드러낸다. 천성적으로 훌륭한 남편은 아니지만 그래도 일반적 희랍 감성에 비추어 흠잡을 데 없는 영웅이었던 이아손은 이제 비열한 기회주의자가 된다. 그에게 중요한 것은 열정이 아니라 냉정한 계산이었다. 신화의 자식 살해범이 비극적 인물로 용납될 수 있도록 이아손은 그런 사람이어야 했다. 시인은 메데이아에게 전적으로 공감한다. 이는 부분적으로 여인들의 통탄할 만한 운명에 공감했기 때문인데, 시인은 위업과 명성으로 평가받는 남성 영웅의 빛에 가린 신화적 관점에서만 여인들의 운명을 바라보지는 않았다. 가장 큰 이유는 메데이아를 통해 시민적 결혼비극의 여성 주인공을 창조하려는 시인의 의도다. 이런 결혼비극은 물론 그처럼 극단적 형태는 아니지만 당시 아테네 사회에서 드물지 않았다. 시민적 결혼비극의 발명자는 에우리피데스다. 남성적 무한 이기주의와 여성적 무한 욕망의 충돌을 표현한 『메데이아』는 당대를 반영하는 진정한 비극이다. 따라서 양측도 바로 그 시민적 방식으로 논쟁하고 논박하고 추론한다. 이아손은 현명함과 관용을 요청하며, 메데이아는 여인의 사회적 지위를 논하여 외간 남자를 엄청난 지참금으로 구매했으면서도 결혼에 묶일 수밖에 없는 여성적 헌신에 뒤따르는 필연적 모욕에 관해 철학적 사색을 펼친다. 그리고 메데이아는 출산이 전쟁보다 훨씬 더 위험한 일이며 영웅 업적보다 용감한 일임을 천명한다.

우리의 감정은 이 비극에 대해 이중적이지만, 이 비극은 의심의 여지없이 선구적이었으며 대단히 풍부한 새로움을 보여주는 비극이었다. 초로의 작품에서 에우리피데스는 신화 소재를 시민적 문제에 꿰어 넣는 것에 만족하지 않았으며 비극을 때로 희극에 아주 가깝게 가져갔다. 『오레스테스』에서—이 주제에 관해 아이스퀼로스나 소포클레스만을 생각해서는 안 된다—오랜 시간 떨어져 지내다가 다시 만난 부부 메넬라오스와 헬레네가 이제 방금 여행에서 돌아온 바로 그 순간, 모친을 살해하고 그로 인해 신경증에 시달리던 오레스테스는 민중에게 폭력재판의 위협을 받는 절체절명의 위기에 처했다. 오레스테스는 작은아버지에게 도움을 청한다. 메넬라오스는 돈주머니를 꺼내준다. 하지만 그는 조카와 조카딸 엘렉트라를 돕다가 오랜 노고 끝에 간신히 되찾은 행복을 위험에 빠뜨리는 것은 아닌지 두려워한다. 심지어 메넬라오스의 장인이자 오레스테스의 외할아버지, 살해된 클뤼타임네스트라의 아버지 튄다레오스까지 등장하여 복수를 열망하기 때문이다. 튄다레오스는 가정 비극을 완성한다. 논쟁에 불붙은 민중은 적절한 절차 없이 오레스테스와 엘렉트라에게 사형을 선고한다. 그때 충직한 퓔라데스가 등장하여 오레스테스에게, 메넬라오스의 처신을 복수하기 위해 유명한 헬레네를 살해하겠다고 맹세한다. 당연히 복수는 실패한다. 신들은 그들이 동정하는 헬레네를 제때에 구출했다. 그녀를 대신하여 그녀의 딸 헤르미오네가 죽음을 당하고 집이 불태워질 판이다. 하지만 기계장치의 신으로 아폴로가 극단적 상황을 저지하고 비극은 행복하게 마감된다. 두려워하던 메넬라오스는 헬레네를 되찾았고 두 쌍이 만들어져 오레스테스와 헤르미오네, 엘렉트라와 퓔라데스는 각각 결혼을 약속한다. 당시의 세련된 취향은 특히 문학 장르의 혼성, 문장 장르 간의 섬세한 교차를 즐겼다. 시민비극이 기괴한 희비극으로 이행한 예로 『오레스테스』는 시인이자 정치가였던 동시대인 크리티아스의 주장을 떠오르게 한다. 어린 소녀는 소년처럼 보일 때 매력적이고, 어린 소년은 소녀처럼 보일 때 매력적이라고 크리티아스는 말했다. 에우리피데스 비극에서 비영웅적 주인공들의 장광설은, 의도적인 것은 아니겠지만, 희극의 경계에 이르며 이미 당시 희극시인들에게는 넘쳐나는 웃음의 원천이 되었다. 신화의 본원적 내용에 비추어 이런 시민적 모습은 문체 감각의 입장에서 무언가 낯선 모습을 드러냈다. 냉정한 계산과 논쟁적 합리주의, 계몽과 회의와 교훈을 향한 실제적 충동, 노골적 감상주의 등이 그것이다.

수사학의 침윤은 문학에 심각한 결과를 남긴 내적 변화였다. 이런 변화는 수사학으로의 완전한 문학 해체를 초래했다. 고대 후기의 수사학 이론에서 문학은 수사학의 하위, 수사학의 특수 사례로 간주되었다. 희랍문학은 누구보다 먼저 이미 오래전부터 수사학적 요소를 발굴했다. 에우리피데스 시대에 비로소 그 활용법이 새로운 예술 산문에 적용되었다. 산문이 수단을 운문에서 가져온 것처럼 이후 산문기법은 운문에 거꾸로 적용되었다. 비극 언어가 일상생활 언어에 근접한 것은 신화의 시민적 전환과 같은 맥락이다. 동시에 비극의 대화와 연설은 훈련된 법정 연설로부터 숙련된 논증이라는 새로운 능력을 배웠다. 이는 에우리피데스의 단순한 어휘와 문체보다 훨씬 분명하게 에우리피데스가 수사학의 제자였음을 드러낸다. 당시 아테네인들을 매혹한 법정 투쟁에 맞선 비극의 치열한 경쟁의식이 전반적으로 감지된다. 이제 비극의 절정과 중심은 무대 위의 논쟁 부분으로 점차 이동한다.

비록 우리가 수사학의 초기에 대해 아는 것은 얼마 없지만, 얼마 남지 않은 전승으로도 충분히 에우리피데스의 문학적 연설과 수사학의 관계는 또렷이 파악된다. 신화인물들에 관한 연설은 수사학 학교의 고정 종목이었다. 예를 들어 고르기아스의 팔라메데스 변호연설과 헬레네 칭송연설이 있다. 다른 유명한 지식교사들의 이름으로 남은 유사한 과시연설도 여러 편 학습용 사례로 남아 있다. 심판관들 앞에서 아이아스와 오뒷세우스가 벌이는 연설경합은 안티스테네스가 지었다고 하며, 오뒷세우스가 팔라메데스를 고발하는 연설은 알키다마스가 지었다고 한다. 과감한 주제일수록 지식교사들이 가르친바 약한 논변을 강하게 만드는 까다로운 기술의 숙련도를 평가하는 데 오히려 적합했다. 이런 수사학적 기술연습과 재능 연습을 우리는 에우리피데스의 『트로이아의 여인들』에서 헤쿠바가 탄핵한 헬레네의 변론 장면에서 재발견한다.[4] 또 『히폴뤼토스』에서 유모의 일장연설에서도 볼 수 있는데, 유모는 파이드라에게 유부녀가 남편이 아닌 다른 남자에게 사랑을 느끼게 되었을 때 이를 따르는 것이 불의가 아님을 입증한다.[5] 이는 비양심적 말재간으로 동시대인들에게 경탄과 혐오를 동시에 유발하고자 의도된 고난이도의 변론이었다. 하지만 이것은 단순한 형식적 숙련만으로는 가능하지 않다.

　지식교사들의 수사학은 피고의 주관적 입장을 가능한 모든 설득수단으로 대변하는 데서 정당성을 확보했다. 동시대의 법정 연설과 에우리피데스의 비극 주인공 연설이 공유하는 공통 근거는, 이 시기 개인주의의 확대에 따라 죄책과 책임의 옛 희랍적 개념이 겪은 지속적 변화였다. 옛 죄책 관념은 객관적인바 인간은 부지불식간에 자기 의지와 무관하게 저주와 오염을 덮어쓸 수 있다. 저주의 정령은 신적 힘으로 인간을 덮치고 인간은 파괴적 행위결과에 버려진다. 아이스퀼로스와 소포클레스는 이런 옛 종교관으로 충만했지만, 또 이를 완화하려고도 시도했다. 그들은 저주를 입은 인간이 이런 운명에 좀 더 능동적으로 참여했음을 보이려고 했다. 그럼에도 그들은 '미망(Ate)'이라는 객관적 개념을 침해하지는 않았다. 주인공들은 저주의 관점에서 보면 '유죄'였지만 우리의 주관적 사유에서 보면 '무죄'였다. 아이스퀼로스와 소포클레스가 생각한 비극성은 죄 없는 자의 고통이 아니었다. 이것은 에우리피데스의 비극성이었고, 이는 인간 주관성의 관점을

---

4)　에우리피데스 『트로이아의 여인들』 895행 이하.
5)　에우리피데스 『히폴뤼토스』 433행 이하.

철저히 견지하던 시대가 찾은 비극 개념이었다. 말년의 소포클레스는 『콜로노스의 오이디푸스』에서 주인공을 몰아내려는 피난처의 주민들에 대항하여 주인공에게 변론할 기회를 제공하는데, 주인공은 정당한 무죄 입증을 위해 끔찍한 죄악(부친살해와 근친상간)이 무지 상태의 행동임을 주장한다. 이것은 소포클레스가 에우리피데스에게 배운 것인데, 그럼에도 소포클레스가 생각한 비극 개념의 심오한 본질은 전혀 영향을 받지 않았다. 반면 에우리피데스에게 이 문제는 전체적으로 결정적 요소였고 에우리피데스 비극에서 격정적으로 분노하는 주인공의 주관적 무죄의식은 운명의 끔찍한 불의에 항거하는 다중적인 격노의 고발로 표현된다. 페리클레스 시대에 이르러 형사소송과 법정 변론에서 법률적 판단의 주관화는 때때로 유죄와 무죄의 경계를 완전히 무너뜨릴 지경에 이르렀음을 우리는 알고 있다. 예를 들어 당시 다수는 격정에 빠져 저지른 행동들을 자유의사에 따른 행동으로 보지 않았다. 이 문제는 비극의 영역에도 크게 영향을 미쳤고 에우리피데스의 헬레네는 간통행위를 애욕의 강제 때문에 저지른 행위로 설명한다.[6] 이것도 예술의 수사학화 문제에 속하지만, 그렇다고 단순히 형식의 문제만은 아니었다.

마지막으로 **철학** 관련을 보자. 모든 희랍시인은 철학과 신화와 종교의 미분화(未分化)라는 의미에서 진정한 철학자였다. 에우리피데스의 주인공들과 합창대가 경구(警句)를 입에 올릴 때 이 정도는 문학 외적 혼입이 아니었다. 하지만 실로 그에게는 그 이상이 있었다. 초기 희랍시인들에게는 아직 미지의 영역이던 철학이 그사이 독립적인 정신(νοῦς)으로 부상했고, 이성적 사유가 존재의 모든 영역을 장악했다. 문학에서 벗어난 철학은 이

---

6) 에우리피데스 『트로이아의 여인들』 948행 이하.

제 방향을 틀어 철학을 공격하기 시작했고 철학의 복종을 요구했다. 거듭하여 이런 날카로운 지적 강조가 에우리피데스의 인물로부터 우리 귀에 들려온다. 이와 명확히 구분되는 것은 아이스퀼로스의—물론 그도 더없이 강력한 회의주의에 맞서 투쟁하고 있었다—사상적 무게에 드리워진 깊은 종교적 명암이다. 지적 강조는 에우리피데스의 작품에서 받는 첫 번째 순수 감각적 인상이다. 에우리피데스의 인물들이 숨 쉬는 정신적 환경의 대기는 섬세하고 건조했다. 아이스퀼로스의 강력한 생명력에 비추어 다만 약점이었던 예민한 정신성은 이제, 새로운 주관적 공감 능력을 유지하고 자극하기 위해 끝없는 대화를 요구하는 비극의 정신적 매체가 되었다. 나아가 합리적 추론은 에우리피데스의 인물들에게 절대적 필수품이었다. 내면적 구조의 이런 본질적 변화를 확인한 것에 비하자면, 시인이 등장인물의 발언에 어디까지 책임질 수 있는지의 문제는 부차적이다. 이미 플라톤은『법률』에서 항상 제기되는 이 문제에 맞서 시인을 옹호하여, 시인은 마치 흘러든 물을 토해내는 샘과 같다고 일갈했다. 시인은 현실을 반영하여 등장인물들에게 아주 모순된 견해들을 부여하지만, 이들 가운데 어느 것이 옳은지를 시인 본인도 알지 못한다.[7] 따라서 이런 방법으로 시인의 '세계관'을 추론하는 일은 영원히 불가능하긴 하지만, 그럼에도 에우리피데스의 주지주의적 인물들은 그 정신적 태도에서 가족적 동질성을 보여주기 때문에 시인 본인의 정신적 성향을 상당 부분 증언해주는 강력한 증인이다.

에우리피데스가 당대 및 과거 사상가들로부터 개별적으로 자연과 인간 삶에 관해 수용한 충고와 자극의 계몽적 성격은 아주 큰 다양성을 보인다. 하지만 아낙사고라스에게서 온 것은 무엇인지, 아폴로니아의 디오게네스

---

7) 플라톤『법률』719c.

에게서 온 것은 무엇인지, 에우리피데스가 여기저기에서 추종한 것은 누구인지를 묻는 것은 부차적 문제다. 도대체 확고한 세계관과 같은 무엇이 에우리피데스에게 있었을까? 있었더라도 그것은 프로테우스를 닮은 그의 정신을 얼마나 붙들었을까? 잠정적이었을 것이다. 에우리피데스는 모든 것을 할 수 있었고, 경건하건 경솔하건 일찍이 인간 머리에 떠올랐던 어떤 생각이건 그에게 낯설지 않았고, 계몽 비극에 매이지 않을 수 있었다. 물론 그는 위기의 헤카베로 하여금 하늘에 이렇게 기도하게 했다.[8]

> 대지를 지탱하면서 대지에 군림하는 분이여,
>
> 그대가 뉘시든, 우리가 안다고도 할 수 없는 분이여,
>
> 제우스여, 자연의 필연이건 인간의 이성이건,
>
> 내 그대에게 기도 드리나이다. 소리 없는 길을 거닐며
>
> 그대는 인간사를 정의에 따라 인도하기 때문입니다.

여기서 탄원자는 옛 신들을 더는 믿지 않는다. 존재의 영원한 근거에 관해 철학적 깐깐이들이 자리를 차지했고 깊은 시련과 혼란에도 의미 지향의 인간적 요구를 포기할 수 없었던 탄원자의 고통스러운 가슴은, 마치 세계 공간 어느 곳에 기도를 들어줄 곳이나 있는 것처럼, 기도하며 은신처를 구한다. 이로부터 에우리피데스가 우주 만물의 운행이 정의를 향한다고 믿는 우주 종교를 가지고 있었다고 추론할 사람이 있을까? 오히려 그의 성격을 증언하는 수많은 대사는 비슷한, 아니 오히려 훨씬 강력한 단호함으로 정반대를 말하고 있다. 따라서 더없이 분명한 것은 그에게서 우주

---

8) 에우리피데스 『트로이아의 여인들』 884행 이하.(천병희 역을 따름, 인용자 수정)

질서와 윤리법칙이 회복 불가능한 부조화에 이르렀다는 것이다. 비록 본인은 기회가 있을 때마다 우주 종교적 사상을 표방했지만, 그렇다고 이를 그가 의식적으로 가르치려 했다는 뜻은 아니다. 헤카베의 이 부분에서 극단적 불협화음이 들린다. 신들에 대한 격렬한 고발에 이어지는 이 부분에서 에우리피데스는 마침내 모든 것의 무난한 결말을 유도한다. 다른 곳에서 무신론의 설교자가 아니었던 것처럼 여기서 그는 전승 신앙의 옹호자가 아니다. 그의 비극 인물들이 신들에 대해 보여주었던 가차 없는 비판은 비극 사건 전체의 지속적 동기였지만, 그럼에도 언제나 부차적인 것에 머물렀다. 에우리피데스의 비판은 호메로스와 헤시오도스의 신화에 대해 부정적이던 크세노파네스에서 플라톤에 이르는 비판 노선을 따르고 있다. 그런데 역설적이게도 신화를 비현실적·비윤리적이라고 부정하는 두 철학자의 비판 노선은 에우리피데스에서 신화의 비극적 연출에 계속해서 허상 파괴적으로 혼입된다. 그는 신들의 실재와 존엄을 부정하면서 동시에 신들을 다시 현실적 힘과 작용으로 연출한다. 이는 비극효과의 독특한 이중성을 부여하는데, 그리하여 비극은 진지하고 심오함과 장난스러운 가벼움 사이를 어른거린다.

비판은 신들만이 아니었다. 희랍적 사유가 신화를 이상적 모범의 세계로 보는 한 그는 신화 전체를 비판했다. 자족의 옛 도리아적 남성상을 파괴하는 것이 『헤라클레스』의 의도는 아니었을지라도, 『트로이아의 여인들』에서 그는 일리온 정복자들의 명예를 더욱더 철저히 어둠 속에 밀어 넣었고, 민족 자존심인 영웅주의가 가진 잔인한 권력욕과 파괴 의지를 폭로했다. 하지만 동시에 『포이니케 여인들』에서 에우리피데스는 내적 비극에 처한 인간 영웅의 신적인 권력의지를 테오클레스를 통해 인상적으로 구현했다. 그리고 민족시인으로서 그는 『탄원하는 여인들』과 『안드로마케』에서 경향적인 평화주의자와는 전혀 다른 모습을 보여준다. 따라서 에우리피데스의 비극을 당대의 모든 지향이 격돌하던 광장이었다고 부르는 것도 틀린 말은 아니다. 당대의 의식이 모든 것을 의심하고 모든 것에 의문을 제기했음을 무엇보다 강력하게 입증할 증거는, 삶 전체와 전승 전체가 논의와 철학의 대상으로 해체되었으며 이에 왕에서 하인에 이르는 모든 연령과 모든 신분이 참여했다는 사실이다.

에우리피데스의 비판적 반성은 교훈적이 아니다. 이는 다만 지배적 세계질서에 대해 비극 주인공의 철저히 주관적인 입장 표명이다. 자연주의적·수사학적·합리주의적 경향 등 비극 문체의 새로운 변화 속에서 주관적인 것은 놀랍도록 크게 부각되어 문학과 사유를 주도했다. 일찍이 이오니아-아이올리아 서정시를 통해 처음 정점에 이르렀다가 이후 비극문학의 출현과 정치적 관심 전환으로 인해 약해졌던 주관성은 에우리피데스와 더불어 힘을 되찾아 이제 비극으로 흘러들었다. 에우리피데스는 초기부터 비극에서 중요했던 서정시적 요소를 계속 발전시켰고, 다만 부분적으로 합창대에서 주인공으로 이를 이양했다. 서정시적 요소가 바로 개인적 격정의 전달자였다. 주인공의 영창(詠唱)은 비극의 주요 부분이 되었고 이는 비극의 점증하는 **서정시화**를 보여주는 징후다. 에우리피데스 비극의 현대적 음악 부분을 희극이 지속적으로 비난했다는 사실은, 이 부분의 상실과 함께 중요한 것이 우리에게 사라졌음을 증명한다. 이때 표출되는 기초적 감정의 확대는 시인 에우리피데스의 활동에서 반성적 사유만큼이나 큰 비중을 차지한다. 두 요소는 모두 주관적 내면성의 발현이며, 지속적 상호 교차와 간섭을 통해 드러난 주관적 내면성의 완전한 표상이다.

에우리피데스는 위대한 서정시인 가운데 한 명이다. 오로지 노래를 통해서 그는 이성으로 해결 불가능한 불협화음을 해결하고 조화를 이끌어냈다. 물론 주인공의 영창은 시간이 갈수록 의도적으로 조작되었으며 심지어 부분적으로 공허한 감정을 표출하기도 했다. 하지만 현실의 서정시적 목소리를 포착하는 데 누구도 에우리피데스를 따라올 수 없었다. 예를 들어 히폴뤼토스의 수줍은 청년 영혼을 처녀신 아르테미스와 연결시키는 『히폴뤼토스』의 장면에서 히폴뤼토스는 여신상에 화관을 씌워주며 광신적이면서도 여린 내면적 결속을 노래한다. 또 『이온』에서 파르나소스산 위로 솟아오르는 매일의 태양이 하루의 첫 햇살을 비출 때 수년 동안 변함없는 일과였던 봉헌의식을 수행하는 이온은 델포이 아폴로 신전의 관리인으로서 경건한 예배를 시작하며 아침 노래를 부른다. 또 슬픔 가득한 고통스러운 영혼이 깊은 산속의 외딴곳으로 뛰어들어 느끼는―파이드라가 느꼈던―기쁨과 슬픔은 이미 고전기 인간의 경험 한계를 뛰어넘는다. 또 디오뉘소스적 광기의 원초적 폭발이 드러나는 말년 작품 『박코스의 여인들』의 장면들에서 아직도 건장한 시인의 서정시적 힘이 절정에 이른다. 이들은 우리의 고대전승을 통틀어 이런 낯선 방종과 환희가 표현된 유일하고 진정한 내적 표출 장면이고, 또 우리 시대에도 여전히 디오뉘소스적 광기에 빠진 영혼을 압도하는 신의 능력을 실감하게 하는 소름끼치는 장면이다.

에우리피데스의 이런 새로운 서정시적 예술은 낯선 영혼 상태의 매우 섬세하고 아주 비밀스러운 모든 동요를 비정상의 영역까지 따라가는 공감이성의 아직 숨겨진 심오함에서, 그러니까 사람이건 사물이건 혹은 장소건 개인적인 것의 말로 표현할 수 없는 자극이 일으킨 섬세한 공명에서 유래한다. 『메데이아』의 합창[9]에서 도시 아테네가 내뿜는 독특한 감각적·지적 기운과 냄새가 몇 줄 안 되는 시구로 포착된다. 신화적 기억에 깊이 뿌

---

9) 에우리피데스 『메데이아』 824행 이하.

리내린 아테네의 역사적 위엄, 거기에서 살아가는 삶을 품은 고요함과 평온함, 사람들이 호흡하는 빛의 순수함, 인간을 양육하는 정신의 창공, 이곳에서 정숙한 무사 여신들은 먼저 금발을 한 화합의 여신을 키워낸다. 케피소스 강물을 길어 올리며 아프로디테 여신은 부드러운 공기를 대지 위로 불어넣으며 장미를 머리에 쓰고 지혜의 조수인 에로스들, 탁월한 인간적 업적의 공동 참여자들을 보낸다. 이 시행들을 여기서 언급하지 않을 수 없는 것은, 이 시행들이 쏟아내는 아테네 문명세계의 고귀한 감정과 정신적 생명력 때문이다. 이때는 여기서 칭송된 잘 간직된 평온에 갑작스러운 종말을 고하고, 문명을 다시 국가와 민족의 공동 운명 속으로 몰아넣은 펠로폰네소스 전쟁의 발발을 몇 주 앞둔, 미래를 향해 의미심장한 시점이었다.

에우리피데스는 최초의 심리학자였다. 그는 새로운 의미에서 영혼의 발견자였고 인간감정과 격정이라는 불안하고 동요된 세계의 탐구자였다. 그는 인간감정과 격정을 있는 그대로의 모습으로 혹은 지적 능력과 상충하는 모습 속에서 표현하려고 노력했다. 그는 영혼 병리학의 창시자다. 이런 문학은 인간이 영혼 관련 사항들에 드리운 장막을 걷어내고 영혼의 미로 속으로 고찰의 등불을 밝히고 걸어 들어가, 모든 신적 고통과 광기 속에 작동하는 필연적이고 합법칙적인 "인간본성"의 운동을 발견할 수 있게 된 시대에나 가능한 문학이었다. 에우리피데스 심리학의 탄생은 주관적 세계의 발견과, 차츰 지배영역을 넓혀가던 자연과학적·합리적 현실인식의 조우에서 비롯되었다. 이런 문학활동은 과학탐구 없이 생각할 수 없었다. 최초로 모든 광증을 동반한 정신병이 사실적으로 적나라하게 무대에 올려졌다. 에우리피데스는 천재에게는 모든 것이 허락된다고 믿었고, 망설임 없이 그는 비극의 완전히 새로운 가능성을 개척했다. 그는 본능적 삶에서 유래하는 인간영혼의 질병을 운명 결정의 힘이라고 주장한다. 『메데이아』와

『히폴뤼토스』에서 성적 욕망의 질병, 미충족의 성적 욕망이 일으킨 비극적 효과가 폭로된다. 반면 『헤쿠바』에서 지나치게 큰 고통이 성격에 미치는 악영향이 묘사되고, 여기서 그는 고귀한 부인이 모든 것을 잃고 두려운 야수로 바뀌는 과정을 추적한다.

주관적 반성과 감정의 이런 문학세계에서 확정된 절대적 준거점은 사라진다. 지배적 세계질서와 신화적 표상들에 대한 에우리피데스의 비판이 하나의 명확한 세계관에 따른 것은 아니라는 점은 이미 앞서 언급했다. 주인공의 행동과 판단에 드리운 체념은 깊은 회의에서 유래한다. 이때 세계 운행의 종교적 정당화는 더는 존재하지 않는다. 에우리피데스의 개별 인간이 보여주는 과도한 행복추구와 과민한 정의추구는 이 세계에서 결코 멈추지 않는다. 프로타고라스 방식대로 인간을 만물의 최종 척도로 삼지 않는 존재 이해를 이제 더는 받아들이려 하지 않으며 따를 수도 없다. 그리하여 인간이 자유를 더없이 강력하게 주장하는 순간 그의 완벽한 부자유를 깨닫는다는 역설에 이른다. "세상에 자유로운 사람은 아무도 없구나. 사람은 돈의 노예가 아니면 필연의 노예고, 여론 또는 사람이 만든 법들이 인생을 제 뜻대로 꾸려가지 못하도록 막고 있으니 말이오."[10] 이는 늙은 헤쿠바가 도시의 정복자, 희랍인들의 왕 아가멤논에게 전하는 말이다. 왕은 여인의 간청에 호의를 베풀고자 했으나 병사들의 들끓는 분노가 두려워 이를 감히 실행하지 못한다. 헤쿠바는 고통의 육화였다. 아가멤논은 외친다. "아아, 어떤 여인이 이렇듯 불운할까?" 여인은 대답한다. "그런 여인은 아무도 없어요. 불운의 여신이라면 몰라도."[11]

10) 에우리피데스 『헤쿠바』 864행 이하.(천병희 역)
11) 에우리피데스 『헤쿠바』 785행 이하.(천병희 역)

운명의 불길한 힘은 복 받은 신들의 자리를 대신한다. 신들의 현실이 에우리피데스에게서 사라지는 만큼 운명의 끔찍한 현실은 에우리피데스의 감정에 다가온다. 그렇게 운명은 아주 자연스럽게 새로운 신성(神聖)의 모습을 갖추고 마침내 희랍사유를 지배하며 옛 종교를 조금씩 밀어낸다. 운명의 본질은 다의적이고 모호하고 변덕스럽다. 운명은 매일 다른 모습을 한다. 오늘 운명의 노여움을 본 사람도 내일은 다시 일어날 수 있다. 운명은 변덕스럽고 예측 불가능하다.[12] 또 에우리피데스의 몇몇 비극에서 운명은 모든 것을 좌지우지하는 힘으로 등장하며 인간은 운명의 놀음에 놀아난다. 이는 인간 부자유와 유약(柔弱)의 필연적 보충물이다. 인간의 유일한 자유는 운명의 처사를 태연하게 바라볼 역설적 자유뿐이다. 『이온』에서, 『타우리스의 이피게니아』에서, 『헬레네』에서 그러했다. 이 작품들의 창작이 시간적으로 연속된 것은 우연이 아니다. 시인은 이 몇 년 동안 각별한 애정을 가지고 이 문제에 집중했고 이에 따라 소재를 선택했다. 그는 복잡하게 얽힌 음모 속에 줄거리를 구축했고 우리로 하여금 인간의 간계와 영리함이 운명의 쏜살같은 돌진에 맞서 펼치는 대결을 아슬아슬한 내적 긴장 속에 바라보게 했다. 『이온』은 이런 종류의 비극을 대표하는 가장 순수한 사례다. 여기서 우리의 눈은 분명하게 운명의 지배에 끊임없이 끌려다닌다. 마지막 순간 운명은 영원한 변화의 여신으로 이름 불린다. 주인공은 의도하지 않던 심각한 잘못에서 벗어난 것, 알지 못하던 놀라운 그의 재능을 발견한 것, 그가 헤어졌던 어머니와 행복하게 재회한 것을 운명의 여신에게 감사한다. 시인은 기적적 사건의 주목할 만한 즐거움을 알게 된 것이다. 모든 인간 행불행의 역설이 점차 또렷해진다. 따라서 비극적 장면들

12) *Hermes* 48(1913) 442쪽 이하를 보라.

사이에 희극적 장면의 삽입이 점차 잦아진다. 메난드로스의 희극은 이런 경향의 속편이다.

끝없는 생산력, 불안한 추구와 실험, 끝까지 자신을 극복해가는 능력은 에우리피데스 창작의 특징이다. 말년에 이르러 그는 다시 옛 문체의 비극으로 회귀한다. 『포이니케 여인들』에서 에우리피데스는 형식과 구도에서 아이스퀼로스풍이 강하게 느껴지는 운명극을 만들어, 과도하다 싶을 정도로 웅장한 사건과 인물이 가득 채워진 공포와 전율의 흐릿한 대화면을 보여주었다. 말년에 완성된 유작 『박코스의 여인들』에서 사람들은 독단적 이성의 계몽주의에서 종교적 체험과 신비적 도취세계로 도망하려는 의식적 시도, 에우리피데스의 자기 발견을 읽어내려고 한다. 여기서도 과도하게 사람들은 개인적 고백을 찾으려 했다. 디오뉘소스적 환희 체험의 서정시적·비극적 표현은 이미 그 자체로 에우리피데스에게 더없이 고마운 대상이었다. 사로잡힌 사람들의 원시적 힘과 본능을 끌어내는 이런 종교적 집단 암시와, 국가와 시민사회의 합리적 질서가 적대적으로 충돌한다는 이념에서 심리학자 에우리피데스는 불멸의 영향력과 유효성을 가진 비극적 문제를 이끌어냈다. 하지만 그는 노년에 이르러 안전한 "항구"에 이르지 못했다. 그는 종교 문제의 멈출 수 없는 천착 가운데 삶을 마쳤다. 비판적 합리주의의 시인보다 인간영혼 속의 비합리성을 이런 관점에서 깊이 있게 파고든 사람은 없다. 하지만 그렇기 때문에 그가 살아간 세계는 비종교적이었다. 자기 자신과 세계에 대한 폭넓은 이해와 회의적 인식에서 벗어나, 노년에 이르러 이성의 한계를 넘어선 종교적 진리의 겸허한 신앙이 주는 행복을 칭송하게 된 것은 오히려 에우리피데스가 종교적 진리를 가지고 있지 않기 때문은 아닌가? 종교에 대한 지식의 이런 태도가 원칙이 되는 시대는 아직 오지 않았다. 하지만 모든 특징은 이미 『박코스의 여인들』에 예언적으로 선취되어 있다. 신비적인 것의 승리, 이성에 맞선 종교의 승리, 희랍 고전기에 화해된 종교와 국가의 연합을 대신하는 개인과 종교의 동맹, 모든 단순한 법률윤리의 한계를 벗어난 개별 영혼의 직접적·해방적 신접(神接) 체험 등이 보인다.

에우리피데스는 특별한 예술세계의 창시자였다. 이 세계는 그의 시민권과 일치하지 않았고 그에게 그를 위한 독자적인 삶을 제공했다. 고전기 아테네에서 예술의 전통적 지위, 위대한 선배들이 보여준 교육자의 역할을 그는 더는 수행할 수 없었다. 아니, 적어도 그는 이를 다른 방식으로 수행했다. 교육자 의식이 그에게 완전히 결여되었다고 할 수는 없다. 하지만 이는 통일적 질서의 정신적 구축 가운데 기능하기보다, 오히려 공적 영역과 정신적 삶에서 부딪히는 개별적 문제들에 대해 계속해서 반복적이고 격정적 관심 표출 가운데 드러났다. 주로 전통의 부정과 문제의 발견에서 정화기능을 발휘하는 이런 현실비판 때문에 그는 현실적으로 고립되었음에 틀림없다. 그는 희극이 그에게 부여한 이런 모습으로 동시대인들에게 남았다. 이런 인상은,『메데이아』에서 시인이 열광적으로 칭송한 아티카 문화와 정신의 독특한 사회환경 속에 살았다는 느낌과 모순되지 않는다. 하지만 그가 고향에서 멀리 떨어진 마케도니아에서 생을 마감했다는 사실은 상징적이다. 이는 아이스퀼로스가 시킬리아 여행 도중 삶을 마감한 것과 다른 의미를 가진다. 에우리피데스의 세계는 서재였고, 아테네 사람들은 소포클레스와 달리 그를 장군으로 뽑지 않았다. 고요 속에서, 배우이자 동료였던 케피소폰의 엄중한 보호 속에 성가신 외부의 방문을 완강하게 거부하며 책과 공부 속에 깊이 침잠했다. 몸은 여기 있었지만, 언제나 정신은 멀리 다른 곳에 머물렀다. 때로 지상으로 돌아왔을 때 그는 희극에서 방문자를 "하루살이여."라고 불렀다. 에우리피데스의 초상은 당시 조각가들이 전형적으로 철학자의 머리에 사용하곤 하던 특징인바 아무렇게나 헝클어뜨린 머리카락이 이마를 덮은 모습을 하고 있다. 사랑과 지혜를 에우리피데스는 여러 번 긴밀하게 연결했다. 이를 사람들은 에우리피데스 본인의 모습이라고 생각했다. "사랑은 시인을 만든다. 비록 전에는 시와 무관한 자일이자도."라는 구절을 보면 이는 분명하다.[13] 삶에서는 불행했지만 작품에서는 완벽하게 행복한 모습으로 등장하는 시인들도 있다. 소포클레스는 삶에서도 예술이 뿜어내는 조화를 성취한 시인이다. 에우리피데스의 경우, 문학의 부조화 이면에 시인의 개인적 부조화가 존재함이 분명하다. 그는 이런 점에서도 현대적 개별성의 전형이다. 그는 개별성을 당대의 모든 정치가와 지식교사보다 더욱 분명하고 철저하게 실현했다. 오로지 그만이 시대의 비밀스러운 내적 고통, 전대미문의 정신적 자유가 가져온 위험한 자산을 만끽할 줄 알았다. 협소한 사회적·개인적 관계 속에 부딪혀 상처를 입으면서도 그는 힘차게 날개를 펼쳤다. 세계는 그의 것이었고 독특한 방식으로 그에게서 핀다로스의 귀족정서가 다시 기지개를 폈다. "독수리의 비상에 창공은 활짝 열려 있다."[14] 그는 핀다로스처럼 높이 비상하여 정신의 창공을 만끽했을 뿐만 아니라, 전혀 새로운 격정적 동경으로 무엇보다 한계 너머 멀리까지 비행을 즐겼다. 그에게 온갖 제약으로 가득한 대지는 필요하지 않았다.

에우리피데스의 예술에는 놀라울 정도로 미래가 선취되어 있었다. 우리는 그의 새로운 문체 창조력 속에 다음 세대의 교육 동력들이 작동하고 있음을 앞서 지적했다. 그것은 (정치적 의미보다 사회적 의미에서) 시민사회와

13) 에우리피데스 단편 663 N.
14) 에우리피데스 단편 1047 N.

수사학과 철학이었다. 이들은 신화로 침투하여 입김을 내뿜었는바 이는 신화에 치명적 영향을 남겼다. 신화는 이제 더는 희랍정신을 지탱하는 몸통일 수 없었고, 처음부터 그때까지 그러했지만 이제 더는 모든 새로운 삶의 내용을 담아내는 불멸의 형식일 수 없었다. 에우리피데스의 적들은 이를 감지했고 이를 저지했지만, 그는 오로지 민족사의 위대한 역사적 운명을 철저하게 완수했다. 이런 통찰에 비추어 칼 오트프리트 뮐러의 희랍문학사 이래로 지대한 영향을 미친 낭만주의적 감상, 신화에 대한 에우리피데스의 범죄라는 생각은 폐기되어야 한다. 뿌리까지 흔들린 국가와 고전문학의 기틀 위에 헬레니즘의 새로운 인간형이 등장한다. 아테네 극장에서 에우리피데스가 맛본 좌절은 미래세대에 남긴 그의 엄청난 영향에서 보상받았다. 미래세대에게 에우리피데스는 비극작가의 전형이었고, 미래세대가 세운 화려하게 장식된 석재 극장을 우리는 오늘날에도 여전히 헬레니즘 문화영역에서 경탄해 마지않는바 그들이 이를 세운 가장 큰 이유는 에우리피데스였다.

아리스토파네스의 희극

　기원전 5세기의 마지막 30년 동안 전개된 문화를 기술할 때 우리가 보기에 매우 이례적이지만 매우 매력적이었던 아티카 희극을 빼놓을 수 없다. 고대세계가 희극을 "삶의 거울"이라고 부를 때 그들은 인간의 영원불변한 본성, 인간의 유약함을 염두에 두었다. 동시에 희극은 당대 역사의 가장 완벽한 모사이며, 이는 다른 어떤 예술 혹은 문학도 희극과 견줄 수 없다. 아테네인들의 외적 행위와 활동만을 공부하려 한다면 당연히 도기화(陶器畵)를 통해서도 못지않게 배울 수 있다. 하지만 시민 삶의 이야기와 다채로운 화집이 우리에게 전해주는 감각적 매력과 명료성은, 더없이 탁월한 현존 구희극(舊喜劇)의 기원이 되는 정신적 약동의 차원에 닿지 못한다. 희극의 대체 불가능한 가치 가운데 하나는 희극 속에서 우리가 국가와 철학이념과 문학작품들을 정신의 생동성 속에서 파악 수 있다는 점인데, 그리하여 이들을 시대상황 내에서 직접적 영향을 주고받는 역동성 가운데 경험할 수 있다는 점이다. 희극을 통해 볼 수 있는 시기에 한해서 정신적 삶의 형성과정을 현재 진행형의 사회현상으로 고찰할 수 있는 반면, 그 밖에는 다만 완결된 완성형의 창조적 작품 속에 결정체로 이미 굳어버린 것만을 보게 된다. 여기서 분명해지는 것은, 재구성 방식으로 목적에 이르려는 호고적 교육역사는 제아무리 고대보다 풍부한 사실적 전승들이 남아 있을지라도 근본적으로 가망 없는 기획이라는 것이다. 문학만이 시대의 삶으로부터 직접적으로 시대의 생활상을 감각적 색채와 형태 그대로 전달하며, 동시에 거기에서 우리는 불멸의 인간적 핵심을 포착할 수 있다. 따라서 진실로 매우 자연스러운 일인바 우리가 마주한 역설은, 우리가 우리에게 아주 가까운 과거의 어느 역사시대보다 더 생생하게 손에 잡힐 듯 더 가깝게 아티카 희극의 시대를 볼 수 있다는 점이다.

당시 다양한 재능의 놀랄 정도로 많은 개인들을 자극했던 희랍희극의 예술적 힘은 이제 한편으로 사라진 세계의 관조를 위한 원천이 될 수 있고, 다른 한편 희랍문학 천재성의 아주 대담하고 독창적인 표출로 이해될 수 있다. 희랍희극은 여느 문학과 달리 현재의 현실성에 몰입했다. 이는 시대사적으로 우리에게 매력적인 대상인바 희극의 유일한 목표는 사멸하는 존재들을 묘사하는 가운데 영원한 인간성의 어떤 측면을—고상한 문학 장르인 서사시와 비극이 쉽게 간과해버린 것을—드러내 표현하는 데 있었다. 다음 세대에 출현하는 시학은 이미 희극과 비극의 근원적 대립을 동일한 근원적 모방 본성의 상호보완적 표현결과로 해석한다. 시학에 따르면, 영웅 서사시를 계승하는 모든 고급문학처럼 비극은 위대한 인간과 탁월한 업적과 운명을 모방하려는 고귀한 본성이 보이는 경향과 연관된다. 희극의 시작을 시학은 범속한 본성의 거부할 수 없는 본능이라고 설명한다.[1] 이렇게 말할 수 있다. 희극은 추한 것과 비난받을 만한 것과 경멸스러운 것을 모방 대상으로 삼기를 선호하는 현실적 관찰과 판단의 민중이 가진 충동에서 시작한다. 거부감을 일으킬 정도로 추하고 천한 민중 선동가를 심술궂은 비웃음의 희생물로 만든 『일리아스』의 테르시테스 장면은 서사시가 담고 있는 많은 비극 가운데 몇 안 되는 희극의 하나인바 진정한 민중 장면이다. 희극은 민중의 본능에 충실하며, 아레스와 아프로디테가 강제로 끌려나온 신들의 소극(笑劇)에서 올림포스 신들도 즐겁게 웃는 민중적 관람자가 된다.

웃음의 주체일 뿐만 아니라 웃음의 대상으로서 숭고한 신들도 이렇게 분명히 희극적으로 웃을 수 있다는 점은, 모든 인간 혹은 인류와 닮은 존재에게 영웅적 격정과 근엄한 위신의 추구와 더불어 웃음의 능력과 필요가 존재한다고 희랍인들이 느꼈음을 입증한다. 희랍철학자들은 이후 인간을 웃을 수 있는 유일한 동물로 정의했으며[2]—대부분 사람들은 인간을 말하는 혹은 생각하는 동물로 규정하지만—이와 더불어 웃음을 정신적 사유의 표현으로서 사유와 언어의 동급으로 상정했다. 만약 호메로스의 웃음을 웃는 신들로부터 이런 철학적 인간이념까지의 연관성을 살핀다면, 희극의 저급한 원천에 근거하여 이런 문학 장르와 그 정신적 동기의 저급함을 추론하는 것은 올바르지 않은 일이다. 아티카 문화가 인간성의 영역과 깊이를 더없이 분명히 드러낸 것은, 다른 무엇보다 비극과 희극의 구분과 통일(아티카 연극은 이를 완수했다.)에서다. 이를 처음 언급한 사람은 플라톤인데, 그는 소크라테스로 하여금 『향연』의 끝에서 '참된 시인은 비극시인인 동시에 희극시인이어야 한다.'[3]고 말하게 했다. 그리고 플라톤 본인이 『파

---

1) 아리스토텔레스 『시학』 1448a1과 b24.
2) 아리스토텔레스 『동물 부분론』 III 10, 673a8, 28.
3) 플라톤 『향연』 223d.

이돈』과 『향연』을 나란히 저술하여 이를 직접 실현했다. 이런 실현은 전적으로 아티카 문화에 기초한다. 아티카 문화는 극장에 비극과 희극을 마주 세웠으며―플라톤의 말처럼―인간 삶 전체를 비극이자 동시에 희극으로 보도록 가르쳤다.[4] 바로 이런 총체적 인간은 고전기의 아티카 문화 완성이 보여주는 특징이다.

오늘날 아리스토파네스 희극이라는 놀라운 기적을 이해하고자 한다면, 희극이 독창적이지만 아직은 거칠고 조야한 시민희극에서 탄생했다는 발전사적 선입견을 버려야 한다. 다시 종교적 연원에서 출발하여 구희극을 열광적으로 솟구친 디오뉘소스적 환희의 폭발로 이해해야 한다. 하지만 희극예술에 깃든 자연의 생산력을 이해하지 못하는 미학적 합리주의를 극복하고자 한다면 필연적으로 영혼의 근원을 천착해야 한다. 디오뉘소스의 근원적 힘이 아리스토파네스 희극을 통해 도달한 문명의 순수 경지를 파악하고자 한다면 우리는 한 걸음 앞으로 나아가야 한다.

아티카 민족의 본성적·토착적 뿌리로부터 최고 정신 형식이 직접적으로 어떻게 발전했는가를 보여줄 구체적 실례로서 희극 발전사만한 것은 없다. 희극의 시작은 아직 밝혀지지 않았다. 이와 대조적으로 디튀람보스 합창대의 노래와 춤이라는 가장 원시적 형태로부터 소포클레스 예술이라는 정점에 이르기까지 비극 발전사가 동시대인들의 의식 속에 선명하게 자리 잡았다. 그 이유는 기술적인 것만이 아니다. 비극 장르는 애초부터 매우 심각한 공적 관심의 중심에 서 있었기 때문이다. 비극은 늘 더없이 높은 사상을 전달하는 매체였다. 시골 디오뉘소스 축제의 얼큰하게 취해 저속하고 음란한 남근 찬가를 부르는 '행렬(komos)'은 "문학"이라는 정신적

---

4) 플라톤 『필레보스』 50b.

창조의 공간에 도저히 낄 여지가 없었다. 우리가 아리스토파네스 희극에서 확인할 수 있는 것처럼, 아주 오래된 디오뉘소스 축제 관행에서 유래하는 아주 잡다한 요소들은 모두 문학적으로 발전한 희극에 융합되었다. '희극' 명칭의 뿌리인 '행렬' 이외에 합창대 이탈을 뜻하는 '탈거(脫去, *parabasis*)'는 청중을 향해―원래는 주변에 둘러서서 경악하는 민중을 향해―외설적인 개인적 농담을 질펀하게 늘어놓는 요소인데, 옛날 방식대로 때로는 손가락으로 특정 관객을 지목하기도 한다. 배우의 남근 의상, 개구리와 말벌과 새 등의 동물 가면을 쓴 합창대 분장은 아주 오래된 전승이다. 이를 입증할 증거는, 개인적 의도는 약하고 전통이 강하게 살아 있는 초기 희극시인들에게 이미 이런 요소가 등장한다는 점이다.

아티카 희극은 형식요소들의 예술적 융해에서 아티카 정신 본연의 특징을 보여주고, 춤과 합창과 운문 대사 등의 예술적 병합에서 비극구조와 밀접한 연관성을 드러낸다. 이런 융해를 통해 희극은 구성적 풍부함과 내적 긴장감을 확보했다. 이 때문에 희랍민족의 다른 계통들이 아티카 희극과 독립적으로 훨씬 오래전에 만들어낸 유사 창작물들은―예를 들어 도리아계의 시킬리아에서 성장한 에피카르모스의 희극이나 소포론의 광대극―아티카 희극을 따라오지 못했다. 희극의 연극적 발전에 가장 크게 기여한 요소는 마찬가지로 디오뉘소스적 환경에서 등장한 이오니아의 얌보스 운율이었다. 이 운율은 이미 200년 전에 아르킬로코스를 통해 문학적 형식으로 순화되었다. 희극에 적용된 얌보스 삼음보의 자유로운 운율구성은 그 뿌리가 문학적으로 순화된 얌보스가 아니라 직접적으로 같은 이름을 가진 민속적이고 아마도 즉흥적이고 고래로부터 비방에 쓰인 얌보스 운율임을 말해준다. 이로써 희극시인의 두 번째 세대는 아르킬로코스 비방시의 엄격한 시행 구성이 아닌, 도시국가의 고관대작들에게 과감하게 덤

벼드는 개인적·의도적 공격의 고급 기술을 습득한다.

　이런 요소들은 희극이 정치적으로 기능하고 국가의 위임을 받은 부유한 시민들이 명예직으로 희극공연의 후원을 맡으면서, 그리고 이를 통해 희극공연이 중요한 국가행사가 되고 비극과의 경쟁이 불붙기 시작하면서 비로소 중요한 의미를 가지게 되었다. 물론 희극 '합창대'가 외관상 비극 합창대와 비견되는 지위로 비약한 것은 아니지만, 희극시인들은 분명 고급연극을 모범으로 삼으려 했음이 분명하다. 비극에서 가져온 몇몇 형식들이 이런 변화를 증명할 뿐만 아니라, 더욱 큰 증거는 희극이 연극적 줄거리의 완결을 추구했다는 점이다. 물론 희극은 아직도 새로운 형식적 완결성과 어울리지 않는 아무렇게나 자란 익살 소재들로 여전히 과장되어 있었다. 희극도 비극의 영향으로 비로소 '주인공'이란 것을 도입했고, 서정시적 형식요소들도 마찬가지로 비극의 영향이다. 발전의 절정에서 희극은 비극으로부터 마침내 최종적 도야를 위한 영감을 획득했는바 비극의 교육적 소명을 받아들였다. 이는 희극 본질에 대한 아리스토파네스의 생각 전체를 관통하는 것으로 아리스토파네스 희극은 예술적으로나 정신적으로나 동시대 비극과 대등한 창조물이라는 지위를 굳혔다.

　보았듯이 이것이 바로 아티카 구희극의 대표자들 중에서 아리스토파네스에게 절대적 지위와 특별한 위치를 역사가 허락한 이유라고 생각해야 한다. 그리하여 아리스토파네스의 경우는 원작들이 그래도 우리에게 전해지며 그 작품 수도 상대적으로 많은 편이다. 알렉산드리아 문헌학자들이 탁월하다고 평가한 희극 삼대시인 크라티노스와 에우폴리스와 아리스토파네스 가운데 유일하게 아리스토파네스만이 살아남은 것은 단순히 눈먼 우연의 소산이라고 볼 수 없다. 희극 삼대시인은 분명 비극 삼대시인을 모방하려는 문헌학자들의 견해일 뿐이며, 헬레니즘 시대에 한정해서라도 이들 희극시인의 실제적·사실적 인기를 반영한 것은 아니다. 최근의 필사본 발굴은 이를 이론의 여지없이 증명한다. 플라톤은『향연』에서 아리스토파네스를 희극 전체의 최고 대표로 뽑았는데 이는 옳았다. 절대적 희극 천재 크라티노스, 다양한 연출의 발명가 크라테스 등 뛰어난 시인들을 거느릴 때조차 희극은 본성상 고급문화 전파의 사명과 거리가 멀었다. 희극은 오로지 청중에게 웃음을 주는 것을 목표했고, 가장 사랑받던 희극시인들조차 노년에 이르러 광대의 운명이 그러하듯 기본적 자질인 웃음과 재치가 고갈되면 무참하게 조롱을 받았다. 특히 빌라모비츠는 '희극이 인간을 도덕적으로 훈련했다.'는 명제에 굉장히 격렬하게 반대했다. 실제로 희극은 도덕적 훈련은 고사하고 무언가를 가르친다는 것 일체와 무관해 보인다. 하지만 이런 반대의 논변은 충분하지 않으며 우리가 고찰하는 시기의 희극에 보이는 실질적 발전에도 부합하지 않는다.

늙은 주정뱅이 크라티노스는—아리스토파네스는『기사』의 탈거 장면에서 그에게 신속한 연극계 은퇴와 남은 평생 영빈관의 술대접을 제안했다[5]—국가적으로 미움받는 인물을 가차 없이 웃음거리로 만드는 일을 주특기로 삼았던 것으로 보인다. 정치풍자로까지 격상되긴 했지만 이것이 옛 얌보스 운율의 본모습이다. 에우폴리스와 아리스토파네스는 젊은 세대의 빛나는 희극작가로 쌍벽을 이루었으며 처음에는 친구로서 공동작품을 쓰기도 했으나 끝내 지독한 앙숙이 되어 서로를 표절자라고 비난했다. 클레온과 휘페르볼로스에게 인신공격을 가할 때의 둘은 크라티노스의 후계자였다. 하지만 처음부터 아리스토파네스는 그가 좀 더 높은 수준의 예술을 대표한다고 생각했다. 그의 현존 작품 가운데 가장 오래된『아카르나이 구역

---

5) 아리스토파네스『기사』535행 이하.

민들』의 정치풍자는 매우 독창적인 공상적 줄거리로 구성되었다. 이 작품에서 일반적인 감각적 저속함은 정치적 유토피아라는 재치 넘치는 상징과 결합했고 여기에 다시 에우리피데스의 희극적·문학적 모방이 극을 풍성하게 했다. 디오뉘소스 야간 축제의 두 기본 요소인 기괴한 몽상과 강력한 현실의 결합은 매우 독특한 현실적이면서도 비현실적인 공간을 만들어내는데 이 공간은 희극문학의 고급 형식이 탄생하는 필수조건이었다. 하지만 역설적이게도 『아카르나이 구역민들』에서 이미 아리스토파네스는 메가라 소극(笑劇)에서 무감각한 대중의 웃음을 자극하기 위해 사용하던 졸렬한 드잡이 장면을 슬쩍 끼워 넣었는데, 이는 희극시인들이 계속해서 피난처로 삼는 그런 장면이었다. 아리스토파네스는 당연히 대중에게 무언가를 제공해야 했고 옛 희극의 필수 소품들을 적시에 활용할 줄 알았다. 관객들의 대머리를 조롱하는 진부한 웃음, 음란 무희의 상스러운 춤 동작, 화자가 농담의 썰렁함을 지우기 위해 사용하는 남근 모양 가죽 등이 그것들이다. 『기사』의 온화하고 솔직한 평가[6]에 따르면, 옛 크라테스가 단순한 아티카 음식에 길들여진 싸구려 입을 닦으며 내뱉던 농담들이 아마도 이런 종류였을 것이다. 『구름』에서 아리스토파네스는 선배들이 사용한 수단들(물론 이것만은 아니지만)을 극복했다고 생각하며 얼마나 그가 그의 예술과 그의 언어를 신뢰하는지 크게 공개적으로 말한다.[7] 그는 매년 새로운 '생각'을 보여주려 했고 이로써 새로운 희극문학의 예술적 창조능력을 옛 희극은 물론 주어진 소재만을 사용하는 비극에 견주어 부각시키려 했다. 독창성과 참신함은 매년 거대한 극 경합이 펼쳐지는 거대한 경쟁에서 점점 더

6) 아리스토파네스 『기사』 539행 이하.
7) 아리스토파네스 『구름』 537행 이하.

중요성을 가졌다. 인기와 매력은 아리스토파네스가 정치적 거물 클레온을 공격한 정치적 비방처럼 보기 드문 대담성을 통해 확대될 수도 있었다. 이런 돌격을 통해 희극시인은 모두의 주목을 끌어들일 수 있었는데, 그것은 마치 출세하려는 젊은 정치인이 커다란 정치적 추문의 고발을 맡으면서 정치무대에 첫선을 보일 때와 같았다. 이것은 오로지 용기에 속하는 일이며, 아리스토파네스는 동료 희극시인들이 해마다 똑같이 이제는 위협이 되지 않는 정치선동가 휘페르볼로스와 그의 모친을 공격하는 것과 달리 단 한 번이나마 정치 거물 클레온의 "배를 걷어찬"[8] 것을 자랑스러운 일이라고 믿었다.

이 모든 것이 인간 도덕성의 개선을 위한 것으로 보이지 않는다. 희극의 정신적 변신은 다른 연원을 가진다. 그것은 희극의 비판 소명에 대한 이해가 점진적으로 변화되었기 때문이다.

아르킬로코스의 얌보스는 부분적으로 그의 성향도 그러했지만 상당 부분 이오니아 도시국가의 무제약적인 자유 가운데 비판자 역할을 자임했다. 본래적이면서 좀 더 세련된 의미에서 비판자 개념은 사실 얌보스의 후계자인 아티카 희극에 더 잘 어울린다. 아티카 희극도 몇몇 개인에 대한 이런저런 악의 없는 비방에서 발전했다. 희극이 진정한 본성에 도달한 것은 정치라는 공적 경기장에 들어가면서부터다. 절정기의 희극에서 볼 수 있는 것처럼 희극은 민주주의 언론자유의 진정한 산물이다. 왕정의 헬레니즘 시대에 활약한 문학사가들은 정치희극의 성장과 몰락이 아티카 도시국가의 성쇠와 정확히 일치한다는 것을 벌써 알고 있었다. 플라톤의 표현[9]을 따르

---

8) 아리스토파네스 『구름』 549행 이하.
9) 플라톤 『국가』 563e.

면 자유의 과잉에서 부자유의 과잉으로 몰락한 이후 희극은 적어도 고대 세계 어디에서도 다시 번성하지 못했다. 하지만 희극을 다만 민주주의 자유정신의 정수로만 보는 것은 충분하지 않다. 희극은 과잉된 자유가 말하자면 스스로 만들어낸 해독제였다. 자유는 더 큰 자유를 생산했고 언론자유(parrhesia)를 아주 자유로운 국가에서도 금기시되던 문제와 권위에까지 확대했다.

희극은 자기 임무가 모든 공적 비판의 집결지가 되는 것임을 점점 더 분명히 깨달았다. 희극은 오늘날의 좁은 의미에서 '정치 사안'에 대해 입장을 밝히는 것에 만족하지 않고, 본원적·희랍적 의미에서 정치 전반을 포괄했다. 희극은 모두에게 영향을 미치는 모든 사안에 목소리를 높였다. 희극은 옳다고 생각하면 개인이나 이런저런 정치행위뿐 아니라 국가업무 전체 혹은 민족적 특성과 결점을 공격했다. 희극은 시민정신을 조정했고 교육과 철학과 문학과 음악에까지 손을 뻗었다. 이로써 최초로 희극권력은 전적으로 민족교육의 표현이자 민족 내적 건강성의 척도로 여겨졌다. 희극권력은 극장에 운집한 아테네 시민들 앞에서 심판받았다. 이때 자유 이념과 나눌 수 없는 책임사상이—국가적으로 '청문(euthyna)' 제도의 도입은 이에 기여했다—공공복지에 기여하거나 기여할, 말하자면 초개인적·정신적 권력에 부과되었다. 이렇게 자유를 요청했던 민주주의는 내적 필연성에 따라 정신의 자유에 한계를 부과했다.

그렇지만 다른 한편 한계 설정이 관청이 아닌 공적 여론투쟁의 문제였다는 것은 아테네 도시국가의 본질과 연관된다. 희극은 아테네의 검열기관이었다. 자주 궤도를 벗어난 아리스토파네스의 농담이 보여주는 명랑한 가면 뒤에 감추어진 무서운 진지함은 이 때문이다. 플라톤은 언젠가 희극의 기본요소로서 이웃의 무해한 약점과 자기기만에 대한 심술궂은 비방이라고 정의했다.[10] 아마도 이런 정의는 플라톤 시절의 희극과 더 잘 어울린다. 이와 달리 아리스토파네스 희극의 웃음은 『개구리』의 예를 보면 비극적인 것에 닿아 있다. 이에 관해서는 나중에 다시 언급할 것이다. 전쟁의 혼란스러운 시대에도 불구하고 정치 문제와 함께 교육 문제는 희극에서 굉장히 넓은 영역을 차지하는 문제였고 경우에 따라 전체를 지배하는 문제였다는 사실은 동시대인들의 의식 속에 희극의 놀라운 중요성을 입증한다. 교육을 둘러싼 투쟁에 나타난 격한 열정과 그 원인을 우리가 보는 것은 전적으로 희극에서다. 희극은 이런 투쟁에서 웃음의 힘을 빌려 주도권을 장악하려 했고, 그 과정에서 희극 자체가 당대의 최고 교육권력이 되었다. 이는 공적 생활의 세 영역, 그러니까 정치와 교육과 예술에서 확인될 것이다. 여기서 아리스토파네스의 작품 전체를 분석하지 않고 다만 세 영역의 각각에 가장 큰 연관성을 가진 작품을 검토한다.

아리스토파네스 초기작들에 두드러지는 정치풍자는 우리가 보는 것처럼 초기작들에서는 주요 목표가 아니었다. 종종 초기작들에서 자유와 방종이 잘 구분되지 않았다. 이는 아티카 민주주의에서조차 거듭해서 국가권력과의 갈등을 낳았다. 희극의 본원적 권리였던 실명 비방을 몇몇 개인의 경우 저지하려는 공권력의 시도가 반복적으로 발생했다. 하지만 금지령은 오래가지 않았다. 금지령은 민중들의 지지를 받지 못했고, 현대적 법치국가 정신도 원시적·사회적 감정의 이런 잔여물을 몰아낼 수 없었다. 정치지도자의 희화화는 아리스토파네스가 『구름』에서 소크라테스를 그릴 때와 거의 동일한 예술적 솔직함만으로 행해졌을 뿐인데도, 관련 인사들로 하여금 자기 변명을 위해 그들의 권력을 휘두르도록 유혹하는데 이는 무

10) 플라톤 『필레보스』 49c.

엇보다 인간적이라고 보아야 한다. 반면 소크라테스처럼 사인(私人)은 플라톤의 증언에 따르면 희극을 통해 확대된 민중여론에 속수무책으로 당해야 했다. 심지어 페리클레스처럼 위대한 인물까지 크라티노스의 비방은 멈추지 않았다. 그는 페리클레스에게 『트라키아의 여인들』에서 '해총(海蔥) 머리의 제우스'라는 별호를 부여하는데, 이는 흔히 투구 속에 감추어진 그의 기이한 머리통을 놀린 것이다. 그러면서도 이런 무해한 농담은 조롱받는 사람을 "천둥 번개를 던지는 제우스", "헬라스 전체를 뒤집어엎은 존재"로 놓는 내면적 존경심을 드러낸다.

아리스토파네스가 클레온에게 행한 정치적 공격은 이와 전혀 다른 종류였다. 그의 비방은 소탈하고 솔직한 비방이 아니었다. 그는 공격 상대에게 애증 어린 별명을 붙이지 않았다. 그의 공격은 원칙적이었다. 크라티노스는 페리클레스의 월등함을 실감했고 얌전한 어릿광대로 처신했다. 대인과 소인을 서투르게 뒤섞거나 어색한 것을 격의 없이 붙이거나 하는 것 등은 아티카 풍자의 양식이 아니었다. 아티카 풍자는 늘 분명한 거리를 유지했다. 클레온에 대한 아리스토파네스의 비판은 아래를 향한 공격이었고, 클레온에 맞추어 자세를 낮추어야 했다. 페리클레스의 갑작스러운 불행한 사망 이후 벌어진 이런 추락은 너무 갑작스럽게 닥쳐와, 사람들은 클레온이 국가 전체의 현황을 보여주는 징후라고 미처 생각하지 못했다. 놀라울 정도로 고상하고 탁월한 통치에 익숙했던 사람들은 평민적 성향으로 국가 전체를 물들이는 평범한 무두장이에게 급격하게 반감을 표했다.

중요 사안을 다루는 민회에서 비판이 침묵한 것은 시민적 용기의 결여 때문이 아니었다. 그것은 잘 훈련된 평범한 정치가 클레온의 다툴 여지없는 업무능력과 모든 것을 압도하는 추진력의 승리였다. 하지만 클레온도 그 자신뿐 아니라 아테네와 민족 전체를 부끄럽게 만들 약점을 드러냈다.

이제 막 성인이 된 젊은 아리스토파네스가 지금은 전해지지 않는 겨우 두 번째 작품『바뷜론 사람들』에서 민중의 절대적 지지를 받은 인물 클레온을 공격하여, 무자비한 우방정책을 이런 국가정책의 대표자 장본인이 있는 자리에서 공개적으로 비난한 것은 사실 무도한 행동이었다. 이 정책에 대한 가장 뛰어난 주석은 투퀴디데스에서 클레온이 뮈틸레네의 반란을 계기로 우방정책의 올바른 방법에 관해 행한 연설이다.[11] 아리스토파네스는 뮈틸레네인들을 답차(踏車)에 묶인 노예로 묘사했다. 그 결과 클레온은 아리스토파네스를 정치사범으로 고발했다.『기사들』은 시인의 변론이었다. 아리스토파네스는 클레온의 정치적 반대파에 기댔다. 이들은 소수였지만 굉장한 영향력을 가진 반동적 기사당파였고, 침략전쟁 때문에 갑자기 부각된 기병대 소속으로 클레온의 정적들이었다. 기사들로 구성된 합창대는 국가적으로 확대되는 천민화에 반대하는 고귀함과 정신성의 저항을 상징했다.

우리는 이런 종류의 비판이 희극역사의 신기원을 연 혁신이었다는 점을 이해해야 한다. 이는 크라티노스의 정치적 공중제비와 전혀 다른 종류로 크라티노스가 『오뒷세이아』를 희화화한 광대에 불과하다면, 아리스토파네스는 지식교사들과 에우리피데스를 잇는 문명 투사였다. 혁신은 달라진 지적 분위기 때문이었다. 놀라운 재능을 가진 시인의 등장으로 정신이 희극을 장악한 바로 그 순간 정신은 국가로부터 추방되었다. 페리클레스에 의해 정치와 새로운 정신문화 사이에 유지되던 균형, 페리클레스가 그의 인간됨을 통해 명확히 실현했던 균형은 이제 파괴되었다. 만약 이런 사태가 회복 불가능하다면 남은 것은 다만 문화의 국가적 소멸이었다. 하지만

---

11) 투퀴디데스 III 37 이하.

정신은 그사이 정치적으로도 독립적 권력이 되어 있었다. 정신은 알렉산드리아 시대처럼 개별적 개인 학자에 의해 대표되는 것이 아니라, 청중의 귀를 때리는 살아 있는 문학의 외침을 통해 영향을 미쳤다. 아리스토파네스의 투쟁은 국가에 대항한 것이 아니라, 국가를 지키기 위해 잠깐의 권력자에 대항한 것이었다. 희극창작은 조직적 정치행위가 아니었고 시인은 특정 개인의 집권을 위해 협력하려고 하지 않았다. 하지만 시인은 격노한 분위기를 누그러뜨리고 무지한 야만의 참을 수 없는 과잉을 제어하는 데 기여할 수 있었다. 아리스토파네스는『바빌론 사람들』과『아카르나이 구역민들』에서와 달리『기사들』에서 특정 정책에 반대하거나 지지하지 않았다. 다만 그는 민중과 지도자를 욕하고 그들 상호관계가 아테네 국가와 아테네의 위대한 과거에 어울리지 않는다고 조롱했다.

그는 민중과 대중 선동가의 관계에 기괴한 비유를 제시했다. 비유의 전형적 특징인 창백함과 무미건조함을 찾아볼 수 없는 그의 비유는 비가시적인 것을 가시적인 것으로 표현했다. 관객은 국가의 넓고 추상적인 차원이 아닌 시민 가계의 협소한 공간을 발견하는데 여기서 도저히 용납할 수 없는 일들이 횡행한다. 늘 불만이 가득하고 잘 듣지 못하며 무엇보다 계속 속임을 당하는 늙은 가부장 데모스는 당시 아티카 민주주의를 지배하던 다원체제를 상징한다. 그는 새로 들여온 야만적이고 잔인한 팔라고니아 출신 노예에게 아무 생각 없이 휘둘린다. 다른 늙은 노예들의 좋은 시절은 지나가 버렸다. 팔라고니아 노예는 두려운 클레온을 상징하고, 불행한 운명을 한탄하는 다른 두 노예는 니키아스와 데모스테네스를 상징할 것이다. 이 희극의 주인공은 클레온이 아니라 그의 상대역 순대장수였다. 한층 더 형편없는 비천함을 보여주는 순대장수는 별다른 의식이나 거리낌 없이 만인을 능가하는 파렴치한 언사를 보여준다. 주인 데모스에게 둘 중에 누가 더 큰 은인인지를 겨루면서 클레온은 순대장수에게 무릎을 꿇었다. 순대장수는 노인을 위해 민회용 방석과 신발 한 컬레와 따뜻한 속옷을 가져왔기 때문이다. 클레온은 비극적으로 패배한다. 합창대는 승자에게 환호를 보내며 그에게 사례를 요구한다. 그들이 그를 좀 더 높은 관직에 올리기 위해 상당한 도움을 주었기 때문이다. 바로 다음 장면은 축제 분위기를 연출한다. 승자는 상징적이게도 첫 번째 조치로서 늙은 주인 데모스의 회춘을 공약한다. 그는 데모스를 커다란 순대 가마에 넣고 찌는 마법에 가까운 절차를 마친 후 새로 태어난 데모스를 화관으로 장식하여 환호하는 관객들 앞에 데리고 나온다. 데모스는 이제 다시 예전처럼, 밀티아데스와 해방전쟁의 영광스러운 시절과 같은 모습을 하고 있다. 활기 넘치는, 제비꽃 화관을 쓴, 찬가에 둘러싸인 늙은 아테네인은 예스러운 담백한 옷과 예스러운 머리 모양을 한 전통 복색이었다. 사람들은 그를 헬라스의 왕이라고 연호했다. 그는 내면적으로도 정화되고 변화되어 후회하며 지난날의 잘못과 부끄러움을 고백한다. 데모스를 유혹하던 클레온은 이제 그를 무찌른 순대장수가 팔았던 노새 똥을 넣은 개고기 순대를 파는 길거리 장수가 되는 형벌을 받아야 한다.

회춘한 아테네의 신격화는 이로써 정점에 이르고 신적 정의는 실현된다. 현실정치에서 도저히 해결 불가능한 일은 클레온의 부덕함을 더 지독한 부덕함으로 추방하는 일이었으나, 시인의 상상 속에서 이는 전혀 문제가 되지 않았다. 순대장수가 실제로 페리클레스의 후계자로서 무두장이보다 훌륭한 대안이 될 수 있을지를 청중들 가운데 누구도 묻지 않았다. 아리스토파네스는 정치가들이 새로 태어난 국가를 어떻게 건설해갈지의 문제를 정치가들에게 맡겨둘 수 있었다. 그는 다만 민중과 지도자에게 거울을 들어 보여줄 뿐, 이들을 바꿀 수 있으리라는 희망은 버렸다. 희극적 영웅, 모든 인간적 약점과 불완전함을 집약한 반(反)영웅적 영웅의 전형은 클레온이었다. 클레온을 순대장수와 맞붙인 것은 재치 넘치는 착상이었다. 순대장수에 비해 우리의 영웅은 너무나 뒤처져 있었고 아무리 발버둥을 쳐도 도저히 따라잡을 수 없는 이상적 존재였다. 클레온의 초상이 보이는 무분별함과 달리 데모스는 사려 깊고 사랑스러운 기품 속에서 약점을 드러내고 동시에 약점은 더욱 커진다. 아리스토파네스가 먼 옛날을 돌이킬 가능성을 믿었다고 생각한다면 이보다 시인을 격노하게 할 오해는 없을 것이다. 아리스토파네스에게 '먼 옛날'이라는 이상은 더없이 아쉬운 그리움과 아주 순수한 조국애의 대상이었다. 『시와 진실』에서 괴테는 문학에 등장하는 이런 회상적 반성을 잘 묘사했다. "한 민족의 역사를 재기 넘치는 방식으로 다시 기억해낼 때 일반적인 즐거움이 생겨난다. 그들은 조상들의 장점에 즐거워하며 이미 오래전에 극복된 것으로 믿는 결점에 미소 짓는다." 우리가 현실과 동화를 놀라운 솜씨로 섞어놓은 문학적 상상력의 마술 문학을 단순히 정치적 훈계로 보지 않을수록, 아리스토파네스의 목소리는 청중의 귀에 더욱더 깊은 뜻을 남긴다.

　사라져간 순간에 바쳐진, 한순간에 모든 힘을 쏟아붓는 문학 장르가 지난 한 세기 동안 어느 때보다 강력하게 그 불멸성을 보여준 것은 어떻게 된 일인가? 독일에서 아리스토파네스의 정치희극이 관심을 끈 것은 정치생활의 성장 때문이었지만, 우리의 정치생활이 기원전 5세기 말의 아테네에서 볼 수 있는 문제에 예리하게 촉각을 곤두세운 것은 지난 최근 십 년간의 일이다. 문제의 근간은 다르지 않았다. 공동체와 개인, 대중과 지식인, 부자와 빈자, 자유와 의무, 전통과 계몽 등 양극의 대립이 과거나 오늘날이나 문제의 중심에 있다. 하지만 여기에 다른 하나가 더 있다. 정치에 내적으로는 열심히 관여하면서도 아리스토파네스 희극은 정치를 내려다

보았고, 매일의 사건을 하루살이의 일처럼 받아들이는 정신적 자유를 누렸다. 시인이 묘사한 것 모두에는 '인간적인 너무도 인간적인'이라는 불멸의 제목을 붙일 수 있었다. 만약 이런 내적 거리가 없었다면 시인의 묘사는 생겨나지 않았을 수도 있다. 그리하여 더더욱 아리스토파네스 희극의 일회적 현실은 상상 혹은 비유 속의 영원히 참된 더 높은 현실성 속으로 용해된다. 이를 더없이 잘 보여준 예는 『새』라는 작품이다. 여기에서 아리스토파네스 희극은 근심 없는 명랑함 가운데 현실에 대한 갑갑한 마음에서 벗어나 이상국가를 마음껏 만들어낸다. '구름뻐꾹나라'는 세상 근심이 사라지고, 모든 것이 자유롭게 날아다니고, 오로지 인간의 어리석음과 흠결들이 남아서 누구에게도 해를 입히지 않으며 활보할 수 있는, 그리하여 가장 아름다운 것인바 그것 없이는 아무도 천국에서라도 살지 않을 불멸의 웃음이 넘치는 그런 곳이다.

정치적인 것 이외에도 아리스토파네스는 **교육비판**을 일찍이 도입했는데 이것은 그의 첫 작품 『잔치꾼들』과 함께 진작 시작되었다. 이 작품의 주제는 옛 교육과 새 교육의 갈등으로 『구름』에서 다시 한 번 다루어진다. 이 주제는 그 밖에도 희극에서 다양한 반향을 불러일으켰다. 비판의 표면적 출발점은 새로운 교육의 대표자들이 노출한 외형적 허식의 어리석음과 불편함이었는데 이것이 아테네인들의 조롱 충동을 자극했다. 이렇게 노출된 인간 약점들은 벌써 진부해진 옛 희극 자산 목록의 인간 부조리들을 유쾌한 방식으로 풍성하게 했다. 이처럼 에우폴리스의 『아첨꾼들』은 부잣집들을 전전하는 지식교사들의 걸식생활을 조롱했었다. 지식교사들과 부유층의 관계는 아리스토파네스 희극 『튀김냄비잡이들(Tagenistai)』에서도 중점적으로 다루어진 것으로 보이는데, 이때 지식교사 프로디코스는 우스갯거리가 되었다. 이런 희극적 동기는 플라톤의 『프로타고라스』에서 활용된다. 이때 시인은 우리가 그에게서 보는 것처럼 지식교사 교육의 본질에 더 깊이 몰두하는데, 이는 분명 앞서의 희극들에서 언급되지 않았던 것이다. 물론 『잔치꾼들』에서도 아리스토파네스는 소년에게 미치는 지식교사 교육의 부정적 영향을 묘사함으로써 이 문제에 상당히 깊이 다가섰다. 시골에 사는 아티카 시민은 두 아들 가운데 한 명은 옛 방식에 따라 집에서 교육했고, 다른 한 명은 도시로 보내 새로운 교육의 장점을 누릴 수 있도록 했다. 그는 완전히 딴사람이 되어 돌아왔는데 도덕적으로 타락하여 시골 삶에 쓸모없이 변해버렸다. 고등교육이 시골에서 무슨 소용이 있겠는가. 아버지는 이제 아들이 더는 알카이오스와 아나크레온 등 옛 시인들의 노래를 부르지 못하게 된 것을 고통스럽게 바라보아야 했다. 아들은 호메로스의 고풍스러운 단어들 대신 이제 솔론의 법률문구 주해들만을 이해했는데, 법률가 교육이 모두에게 유행이기 때문이었다. 연설가 트라쉬마코스의 이름이 단어 용례를 두고 싸우는 장면에서 등장한다. 이런 문법적 현학은 옛 유형의 아테네인에게 특히나 거슬리는 일이었다. 전반적으로 이 작품은 천진난만한 조롱의 한계를 지나치게 넘어서지는 않은 것으로 보인다.

하지만 몇 년 후에 쓰인 『구름』은, 시인 자신도 만족하지 않은 첫 번째 시도인 『잔치꾼들』에서 새로운 지적 흐름에 대해 이미 얼마나 깊은 내적 반감과 혐오를 가지고 있었는지를 보여준다. 시인은 이제 현대적 철학교육을 대변하는 희극 영웅의 숙명을 타고난 듯 보이는 표본을 발견했다. 그것은 석수와 산모의 아들, 알로페케 구의 소크라테스였는데, 그는 간혹 아테네를 찾아오는 지식교사들에 비해 무대에 올리기에 큰 장점을 가진 도시 전체에 잘 알려진 괴짜였기 때문이다. 실레노스를 닮은 얼굴과 들창코와 튀어나온 입술과 딱부리 눈의 타고난 모습이 풍기는 분위기는 희극 가면에 아주 잘 맞았고, 기괴함을 증폭시키기에 안성맞춤이었다. 아리스토파네스는 소크라테스를 희생물 삼아, 그가 분명 하나로 분류했던 유형의 특징, 그러니까 지식교사들과 연설가들과 자연철학자들 혹은 당시 이름대로 천문학자들의 모든 특징을 소크라테스 한 명에게 집적했다. 아리스토파네스는 소크라테스를—실제로 소크라테스는 거의 온종일 시장에서 배회하면서 지냈다—비현실적으로 치장하여 비밀스러운 철학자 숙소에서 지내는 것으로 그렸는데, 여기서 소크라테스는 마당에서 그네를 탄 채로 공중에 매달려 목을 빼들고 "태양을 관찰했고" 그의 제자들은 땅바닥에 누워 창백한 얼굴을 모래밭에 처박고 지하세계를 탐구했다. 사람들은 흔히 철학사적 관점에서 『구름』을 읽었으며 기껏해야 소크라테스를 면책하곤 했다. 극한의 법은 극한의 불법이다. 희극의 익살맞은 소크라테스를 엄격한 역사적 정의의 법정에 세우는 것은 온당치 못한 일이다. 이런 풍자가 스승의 죽음에 대해 미친 치명적 악영향을 알았던 플라톤은 단 한 차례도 이를 엄격하게 평가하지 않았다. 플라톤은 『향연』에서 현자의 미화된 초상을 아리스토파네스의 초상과 통합했고 이 대화편에서 아리스토파네스에게 대단히 중요한 역할을 부여했지만, 그렇다고 이것이 소크라테스의 체면을 손상시킨다고 생각하지 않았다. 희극의 소크라테스는 플라톤과 기타 소크라테스주의자들이 생각하는 도덕적 촉구의 주인공이 아니었다. 소크라테스가 그런 사람인 줄은 알았지만 아리스토파네스는 그를 그런 사람으로 묘사할 수 없었다. 아리스토파네스의 소크라테스는 민중에게 낯선 계몽주의자이면서 자연과학에 종사하는 무신론자였다. 불손하고 터무니없는 학자라는 전형적·희극적 인물은 다만 소크라테스로부터 가져온 일부 특징을 가지고 만들어진 것에 불과했다.

플라톤의 소크라테스 초상에 비추어 아리스토파네스의 왜곡은 진지한 것은 아니었다. 진정한 웃음은 숨겨진 유사성의 발견에 근거하는데, 여기서 우리는 어떤 관련성도 발견할 수 없다. 아리스토파네스에게 소크라테스 대화의 내용과 형식은 중요하지 않았다. 플라톤이 밝혀놓은 소크라테스와 지식교사들의 주요 차이점들을 희극작가는 무시했는데, 모든 것을 분석한다는 점, 합리성에 근거한 의심, 입증을 요하지 않는 신성함과 존엄함을 인정하지 않는다는 점 등의 유형적 유사성 때문이었다. 심지어 소크라테스의 개념 추구는 지식교사들을 능가하는 것으로 보였다. 우리는 섬세한 구분을 아리스토파네스에게 요구해서는 안 된다. 그는 유행하던 합리주의를 그 형태와 무관하게 전부 파괴적이라고 느꼈던 것이다. 많은 사람이 새로운 교육의 불편한 부수현상을 비판하고자 했다. 아리스토파네스에서 최초로 새로운 교육은 시대의 정신 전체를 사로잡은 커다란 위험으로 등장한다. 아리스토파네스는—이런 냉정한 시각으로 고찰되는 것을 허락하지 않는—과거의 정신적 유산 전체를 해체하려는 시선들과 동시대에 살았다. 물론 누군가 아리스토파네스에게 개인적으로 옛 신들에 대한 어떤 '내적 입장'을 가지고 있냐고 물었다면 그는 당황했을지도 모른다. 하지만 희극작가로서 그는 천문학 지식교사들이 천공(天空)을 신적이라고 말하는 것을 비웃었다. 그는 대담하게, 소크라테스가 우주의 근본 재료를 만들어낸 소용돌이에 혹은 떠다니는 무형의 공기 형성물에—이것은 철학자들의 사상적 신기루와 닮은 절망적 유사성을 보인다—기도하는 모습을 그려냈다. 하나의 체계가 다른 체계를 무너뜨리는 아주 대담한 자연철학적 사변이 등장한 이래로 이백 년이 지나자, 세상은 온통 인간사유의 결과에 대해 회의적 분위기로 가득했고, 무지한 대중에 대해 계몽적 합리성 교육이 보여준 불손한 확신을 그대로 믿지 않았다. 유일하게 신뢰할 만한 결과로 확인된 것은 오용이었다. 새로운 지식을 배운 학생들은 이를 실생활에서 아주 자주 거리낌 없이 언어 곡해에 오용했다. 그리하여 아리스토파네스의 착안은 지식교사의 수사학이 구분하는 '정당한 말'과 '부당한 말'을 비유적 인물로 무대에 세워 '부당한 말'이 '정당한 말'에 승리하는 새로운 교육의 우스꽝스러운 풍경을 제시하는 데 있었다.

서막의 전초전에서 양자가 서로에게 일반적 험담을 내뱉었을 때 합창대는 양자에게 옛 교육과 새 교육을 놓고 찬반토론을 펼쳐보라고 제안한다. 한쪽이 다른 한쪽보다 탁월하다고 믿는 추상적인 몇몇 수단과 방법이 열거되는 것이 아니라, '정당한 말'은 옛 교육이 인간적 유형임을 구체적으로 묘사한다. 왜냐하면 교육은 단순히 이론적 사변이 아니라 교육에 의해 창조된 완결된 인간 유형을 통해서만 입증될 수 있기 때문이다. 정당한 말이 아직 번영을 누리고 정숙한 행동이 추구되던 때, 어떤 아이도 작은 불손한 말투조차 보이지 않았다. 학교에 갈 때면 아이들 모두는 길에서 질서를 지켜 걸었고, 보리쌀처럼 눈발이 날릴 때조차도 외투를 걸치지 않았다. 당시에는 모두가 엄격한 옛 노래를 선조들의 선율에 맞추어 부르는 법을 배웠다. 당시 만일 최신 유행의 음악가들처럼 화려하고 장식적인 선율로 노래를 불렀다면 체벌을 각오해야 했을지도 모른다. 이것이 바로 마라톤 전투 세대의 교육방식이었다. 하지만 지금은 아이들을 외투에 감싸 유약하게 양육한다. 요즘 젊은이들이 범아테네 축제에서 전쟁 군무를 추면서 서투르고 미숙하게 방패를 든 모습을 보면 누구나 분노하지 않을 수 없다. '정당한 말'은 젊은이에게 만약 자기와 자기의 교육을 받는다면 이렇게 약속한바 젊은이는 시장이나 목욕탕을 피할 것이고, 수치스러운 일을 삼갈 것이고, 누군가 비방하면 분노할 것이고, 연장자들 앞에서 기립할 것이고 가까이 다가오면 자리를 양보할 것이고, 신을 공경할 것이고, 경외의 신상(神像)을 모독하지 않을 것이고, 무희들과 놀아나지 않을 것이고, 아버지의 말에 토를 달지 않을 것이다. 대신 젊은이는 몸에 기름을 바르고 활기차게 체육관에서 몸을 단련할 것이고, 광장에서 날카롭고 신랄한 연설을 행하지 않을 것이고, 또는 사소한 것을 소모적으로 다투며 법정으로 끌려가지도 않을 것이다. 젊은이는 아카데미아의 올리브 나무 아래서 갈대관을 쓰고 말쑥하고 깔끔한 친구들과 달리기 시합을 벌이며, 인동초와 백양나무 이파리 냄새를 풍기며, 유쾌한 여가를 보내며, 버즘나무와 느릅나무가 서로 속삭일 때 봄을 만끽할 것이다. 합창대는 이런 교육이 지배적이던 아름다운 옛날을 살았던 사람들의 행복을 칭송한다. 합창대는 '정당한 말'의 연설에서 풍겨오는 절제의 달콤한 꽃향기를 즐긴다.

이제 '정당한 말'에 맞서 '부당한 말'은 분노로 거의 폭발 직전이며, 변증술을 사용하여 모든 것을 혼란에 빠뜨리길 열망한다. '부당한 말'은 그 불길한 이름 때문에 유명한데, 이런 이름을 얻은 것은 법정에서 법률에 이의를 제기하는 기술을 최초로 찾아냈기 때문이다. 악한 쪽을 대변하고 악한 쪽의 승리를 이끄는 능력은 천금으로도 바꿀 수 없는 것이었다. 문답의 새로 유행하는 형식에 따라 '부당한 말'은 상대를 논파한다. 이때 부당한 말은 최신 수사학의 수법대로 철저하게 신화적 예화라는 고귀한 증명수단을 교묘하게 사용한다. 서사시의 연설가들은 신화적 예화들을 이상적 전범으로 삼았으며 상고기 문학들도 이런 관례를 따랐다. 지식교사 교육은 이를 준용하여 모든 현행 법률의 자연주의적 해체와 상대화를 위해 끌어다 쓸 수 있는 신화적 예화들을 모았다. 예전 법정 변론방식은 사안의 합법성을 보여주는 것에서 출발한 반면, 이제 사람들은 법률과 관습 자체를 공격하고 결점들을 입증하려 했다. '부당한 말'은 온수 목욕이 사람을 유약하게 만든다는 주장을 반박하기 위해 민족영웅 헤라클레스를 끌어들인다. 아테네 여신은 일찍이 헤라클레스의 건강을 위해 테르모필라이 온천을 땅에서 솟아오르게 했다. '부당한 말'은 광장 배회를 칭송하고 옛 교육의 대표자들을 비방하는 연설을 칭찬하기 위해 뛰어난 말솜씨의 네스토르와 호메로스의 영웅들을 증인으로 불러냈다. '정당한 말'도 절제가 언제, 누구에게 도대체 유익한 적이 있는가라는 신랄한 질문을 받아 같은 수단을 동원한다. '정당한 말'은 펠레우스를 예화로 제시한다. 신들은 펠레우스가 매우 큰 위험에 처하여 보여준 용기를 포상하기 위해 그에게 그를 지켜줄 기적의 칼을 보냈다. 하지만 이런 "시샘을 불러일으키는 선물"에도 '부당한 말'은 전혀 감명받지 못한다. 비열함이 얼마나 더 유익한지를 설명하기 위해 '부당한 말'은 잠깐이지만 신화세계를 벗어나 최근의 경험 사례를 끌어들여야 했는데, "억수로 많은 재능을 가진" 대중 선동가 '호언장담'이 타고난 본성 덕분에 엄청나게 벌었다는 예였다. 논쟁 상대편도 물러서지 않았다. 신들은 펠레우스에게 훨씬 더 큰 보상을 주었는바 그는 여신 테티스를 아내로 맞이했다. '부당한 말'도 이에 지지 않았다. 남편이 여신을 즐겁게 해주지 못하자 여신은 곧 남편을 떠나버렸다. 이어 '부당한 말'은 새 교육과 옛 교육의 다툼 대상이 된 젊은이를 향해 절제를 선택할 경우 이는 모든 삶의 즐거움을 포기한다는 뜻이므로 잘 생각해보고 결정하라고 부탁한다. 덧붙여 젊은이에게 말하길, 만약 "본성의 필연성" 때문에 언젠가 실수를 범하고 자기를 방어할 수 없게 되었을 때 아무도 그를 지켜주지 않을 것이라고 한다. "만약 당신이 나와 좋은 관계를 유지한다면 당신은 본성에서 자유롭게 벗어나 뛰고 웃으며 아무것도 창피하게 생각하지 않게 될 것이다. 만약 당신이 간통으로 고발당하면 죄를 부정하고, 욕정과 여인들을 거부할 수 없었던 제우스를 증인으로 세워라. 어떻게 필멸의 인간이 당신의 신보다 강할 수 있겠는가?" 이런 증명방식은 에우리피데스에서 헬레나 혹은 『휘폴뤼토스』의 유모가 취한 방식이었다. 이런 증명법의 정점은 부당한 말이 느슨한 도덕을 칭송하며 대중에게 웃음을 유발하고, 높이 칭송되어야 할 민족의 대다수가 취하는 삶은 악덕이라고 할 수 없음을 설명할 때였다.

옛 교육 이상의 이런 비판으로부터도 새 교육의 유형이 직관적으로 충분히 드러난다. 이 유형은 지식교사 교육관의 충실한 증언으로 평가되어서는 안 되지만, 동시대인들에게 그렇게 혹은 그와 유사하게 보였다. 과장이 없지 않았을 것이고 과장은 그렇게 일반화하려는 충동을 낳았다. 옛 교육과 새 교육의 투쟁에서 시인은 어느 편이었을까? 아리스토파네스를 어느 한편으로 명시적으로 구분하는 것은 잘못일 수 있다. 시인 자신이 이미 새 교육의 수혜자였고, 그가 마음으로 따랐지만 그럼에도 그를 조롱하고 야유했던 '좋았던 옛날'로 그의 희극을 분류한다는 것은 상상하기 어려운 일이다. 그리움의 영상을 깨우는 새봄의 마력처럼『기사』의 마지막 장면에서 옛 영광을 되찾은 민중의 회춘 마법에는 가벼운 웃음과 애잔함이 흐른다. 옛 인간교육의 맹세는 과거 회귀의 촉구는 결코 아니다. 아리스토파네스는 독단적이고 강고한 반동은 아니었다. 하지만 시대의 맹렬한 급류에 휩쓸려 소중한 옛날이 사라져가는 것을 지켜보는 심정은, 특히나 옛것만큼 대등한 새것이 아직 확고하게 마련되지 않은 상황에서, 변화와 이행의 시대를 맞아 크게 흔들렸으며 미래를 바라보는 정신에는 두려움이 가득했다. 오늘날과 같은 의미에서 변화의 역사적 인식이라는 것은 아직 존재하지 않았으며 발전과 '진보'의 일반적 믿음은 더더욱 없었다. 따라서 현실역사의 체험은 이를 다만 그간 매우 신뢰받던 전승가치의 확고한 존립을 파괴하는 소란으로 받아들였다.

옛 교육의 이상형은 새 교육의 허구성을 제시할 숙제를 받았다. 옛 교육의 이상(理想)을 변주하던 악의 없고 유쾌한 웃음은 새 교육을 묘사하면서 신랄한 풍자로 변모된다. 새 교육은 건강하고 반듯한 옛 교육의 완벽한 전도(顚倒)였다. 이런 부정적 비판에 진지한 교육사상이 담겨 있는바 고스란히 작품에 반영되었다. 고도화된 지식 중심의 새로운 능력이 보여주는 도덕적 무감각, 규범에 얽매이지 않는 모습은 여기서 특히 두드러진다. 새 교육의 이런 측면이 소크라테스가 주인공인 희극에서 조롱받았다는 사실은 우리에게 역설적으로 보인다. 희극구성에서, 적어도 우리에게 전해진 희극형식에서 '부당한 말'과 '정당한 말'의 논쟁은 여기에 참여하지 않는 소크라테스와 무관하다. 하지만 『개구리』의 마지막 장면은 시인이 소크라테스를 새로운 정신의 전형, 점잔 빼는 천박한 궤변으로 시간을 죽이고 음악과 비극예술의 대체 불가능한 가치들을 조롱하고 깔보는 인물로 보았음을 증명한다.[12] 이런 가치들에서 삶의 이념적 내용과 최고 교육이 유래함을 감사하던 시인의 본능은 이런 가치들이 위협받는 것을 목격한 때에 확고한 마음으로 합리성에서 최고 강점을 자랑하는 새 교육을 거부한다. 이런 반감은 개인적인 것 이상이었는바 시대적 흐름을 반영하는 역사적 의미를 가진다.

이런 합리성의 정신은 벌써 문학영역마저 침범했다. 소크라테스와 합리주의적 계몽에 맞서 비극을 방어하는 아리스토파네스에게 에우리피데스는 내부의 적이었다. 에우리피데스에 의해 새로운 정신 조류의 침입이 고급문학에까지 닿았다. 따라서 아리스토파네스의 교육투쟁은 비극을 위한 투쟁에서 정점에 이른다. 여기서도 우리는 새 교육을 놓고 벌인 투쟁에서처럼 아리스토파네스의 끈질긴 면모를 발견한다. 에우리피데스 비판은 그의 문학적 창작 전체에 해당하며, 비판은 최종적으로 거의 박해 수준에 이른다. 아리스토파네스에게 정치적 입장은 다만 순간적 관심사였을 뿐이다. 클레온에 대한 공격 혹은 평화협정의 지지조차도—아리스토파네스가 이에 최

---

12) 아리스토파네스 『개구리』 1491행 이하.

우선의 중요성을 두었음에도—불과 몇 년 동안 지속된 관심사였다. 이런 문제들은 계속해서 옆으로 밀렸으며 중점이 문명비판으로 옮겨간 것처럼 보인다. 아무튼 문명비판도 더없이 뜨거운 주제였으며 공론화될 만한 문제였다. 아마도 정치희극의 침묵은 펠로폰네소스 전쟁의 막바지에 상황이 절망적으로 전개되었기 때문일 것이다. 공공의 의견교환에 주어지는 무제약적 자유는 국가적 여력을 전제하는데, 당시 아테네는 여력이 없었다. 고조되는 정치위기는 사적 영역과 모임으로의 도피를 낳았다. 아테네의 패망을 목전에 두고 연이어 에우리피데스와 소포클레스가 사망했다. 비극무대는 황폐화되었다. 역사적 단절이 명확히 눈에 들어왔다. 비극의 멜레토스, 주신찬가의 키네시아스, 희극의 사뷔리온 등 불행한 후계자들은 타계한 위대한 두 시인의 조언을 얻기 위해 하계로 파견된 사신으로 몇 년 뒤에 쓰인 아리스토파네스의 희극『게뤼타데스』에 등장한다. 이렇게 자조의 시대가 다가왔다. 두 비극시인의 죽음과 아테네 패망 사이의 짧은 기간 동안 쓰인『개구리』의 분위기는 달라졌고 더욱 절망적이었다. 국가위기가 더욱 커질수록, 모든 이들의 가슴을 짓누르는 강압이 견딜 수 없을 정도로 강해질수록 사람들은 더욱 간절하게 정신적 휴양과 위로를 원하기 마련이다. 이제 아테네 민족에게 비극의 의미가 더욱 분명해졌다. 희극만이 모두를 대신하여 이를 말할 수 있었다. 희극에 그런 능력이 주어진 것은, 비극정신과 크게 대립각을 세운 희극정신이 이런 더할 수 없는 차이 덕분에 얻은 객관성 때문이었다. 그리고 희극이라는 이름에 부합하는 대표 시인은 단 한 명이었다. 몇 년 사이에 희극은 높은 망루에 올라, 비극이 맡았던 국가적 경고자의 역할을 넘겨받았으며 시민들의 마음을 격려했다. 이때가 희극의 가장 위대한 순간이었다.

아리스토파네스는『개구리』에서 소포클레스와 에우리피데스와 함께 사망한 비극의 망령을 불러낸다. 거친 당파싸움으로 갈라선 정신들을 무엇보다 강하게 단결시킬 것은 이런 추억이었다. 비극의 부활은 그 자체로 정치행위였다. 디오뉘소스는 직접 저승으로 내려가 에우리피데스를 데려오려 했다. 이것이 청중의 가장 뜨거운 바람임을 사망한 에우리피데스의 가장 강력한 적이었던 아리스토파네스마저 인정하지 않을 수 없었다. 디오뉘소스 신은 크고 작은 희극적 약점들을 가진 청중의 상징적 체화다. 하지만 이런 일반적 연모를 계기로 아리스토파네스는 에우리피데스 예술과 포괄적 논쟁을 벌일 마지막 기회를 얻는다. 아리스토파네스는 지금까지 대부분 부차적인 것에 지나지 않던 비방을 벗어나—지금 이 순간 부적합한 것일 수 있었다—문제 전체를 포괄하는 근본적인 것에 천착했다. 아리스토파네스는 분명 위대한 예술가로서 그런 대우를 요구한 에우리피데스만을 놓고 평가하지 않았고, 나아가 그를 시대의 척도로도 인정하지 않았다. 에우리피데스는 이제 비극의 윤리적·종교적 가치를 대변하는 최고 대표자 아이스퀼로스와 비교되었다. 『개구리』의 구성에서 단순하지만 가장 효과적인 대립은 『구름』의 옛 교육과 새 교육의 대립과 비슷하게 옛 비극과 새 비극의 경합을 만들어낸다. 『구름』의 경합이 줄거리 전개에서 결정적인 의미를 가지지 못한 반면, 『개구리』에서 경합은 극 전체를 떠받친다. 지하세계의 사건은 희극에서 가장 애용되는 동기였는데, 지하세계의 사건 전개에서 『개구리』는 에우폴리스의 『지역구들』을 닮아 있다. 에우폴리스는 쇠락한 아테네를 돕기 위해 옛 아테네의 정치가들과 장군들을 저승에서 소환한다. 이런 생각을 시인 경합에 연결함으로써 아리스토파네스는 놀라운 반전을 준비하는바 사랑하는 에우리피데스를 데리러 저승으로 내려간 디오뉘소스는 아이스퀼로스가 경합에서 승리하자 젊은 경쟁상대를 대신하여 조국을 구할 시인으로 늙은 시인을 마지막에 이승으로 데리고 돌아온다.

아리스토파네스 작품의 예술적 평가는 우리의 과제가 아니다. 우리는 그의 작품을 기원전 5세기 정치 공동체 생활에서 비극의 지위에 관해 알려주는 가장 강력한 증언으로 받아들인다. 따라서『개구리』의 경합 가운데 우리에게 중요한 부분은 아이스퀼로스가 자화자찬하는 에우리피데스에게 이렇게 묻는 부분이다. "그대는 무엇 때문에 시인이 경탄의 대상이 되는지 말해보시오."[13] 이어지는 오히려 미학적인 비판은 서막과 합창 등 기타 비극요소들의 구성과 관련하여 세세히 희극적으로 전개되고, 이때 여기에 충만한 활력과 기지 덕분에 구체성과 명료성이 넘치는 비판을 포함한 전체가 진정한 색채를 비로소 뿜어내게 된다. 우리는 이 비판 부분을 지금은 직접 다룰 수 없기 때문에 추후로 미루어야 한다. 이 비판은 작품 전체의 무엇보다 제일 중요한 희극적 효과를 고려한 것으로, 미학적 비판은 진정한 문학의 윤리적 의미를 놓고 벌인 앞서의 논쟁에 대해 균형점을 제공하는데, 계속해서 비극적 진지함으로 진행되어온 논쟁이 시급하게 이를 필요로 했던 것이다. 시인의 본질과 소명에 대한 동시대의 고백은 우리에게 매우 중요하다. 이 시기에 창작에 종사한 사람들의 직접적 언명이 전혀 전해지지 않기 때문이다. 아리스토파네스가 아이스퀼로스와 에우리피데스의 입을 통해 전달한 시인의 본질 이해는 이미 동시대의 지식교사 이론의 인지를 통해 널리 유포되었고, 이런저런 표현이 지식교사 이론 덕분이었다는 점을 고려하더라도, 이런 진술은 우리에게 우리가 비극작품들에서 얻은 인상을 확인해주는 신뢰할 만한 확증이라는 대체 불가능한 값어치를 가진다.

"그대는 무엇 때문에 시인이 경탄의 대상이 되는지 말해보시오." 에우리피데스의 대답은, 비록 그가 선택한 어휘들은 그에게 어울리는 해석을 허

---

13)『개구리』1008행.

락하지만, 아이스퀼로스의 대답과 일치한다. '시인의 탁월성과 타인을 가르치는 능력 때문에, 그리고 우리가 도시국가들에서 인간을 좀 더 훌륭하게 만들기 때문이다.' '만약 당신이 그렇게 하지 못하고 비극이 바르고 고귀한 사람을 데려다 악당을 만든다면, 그렇다면 당신에게는 어떤 일이 합당하겠는가?' 디오뉘소스가 끼어든다. '죽음이다. 물어보지 마시오.' 이어 아이스퀼로스는 우스꽝스러운 희극적 격정을 가지고, 자신이 에우리피데스에게 인계한 사람들이 얼마나 점잖은 사람들이고 얼마나 용감한 사람들인지를 설명한다. 그들은 적을 물리치는 것 말고 다른 어떤 욕망도 모르던 사람들이었다. 처음부터 시인들은 이런 소명을 실천했다. 시인들 가운데 고귀한 자들은 인간들을 치유했다. 오르페우스는 종교의식을 가르쳤고 피의 살인에 대한 기피를 알려주었다. 무사이오스는 병든 자들의 치유법과 신탁을, 헤시오도스는 농지 경작과 수확 시기와 파종을 가르쳤다. 신과 같은 호메로스는 영웅의 전쟁과 용기와 무장을 가르침으로써 명예와 명성을 얻었다. 호메로스를 모범으로 삼아 아이스퀼로스는 많은 진정한 영웅들, 사자의 심장을 가진 파트로클로스와 테우크로스와 같은 인물들을 빚어냈다. 그는 시민에게 나팔소리를 듣자마자 이들 모범에 따라 행동하도록 권고했다. "하지만 나는 파이드라나 스테네보이아 같은 잡년들은 만들어내지 않았소. 아무도 내가 사랑에 빠진 여인을 만들어냈다고 말할 수는 없을 것이오." 아리스토파네스의 놀라운 희극적 객관성은 종종 격정의 이런 가벼운 전환을 통해 흔들릴 것 같았던 균형을 회복시킨다. 이어 에우리피데스는 자신이 여인 비극들의 소재를 얻은 것은 신화를 통해서라고 대답한다. 하지만 아이스퀼로스는 시인이 추한 것을 숨기고 이를 내놓고 공연하고 가르치지 말아야 한다고 촉구한다. "왜냐하면 아이들에게 올바른 길을 가르치는 교사가 있다면 어른들에게 똑같이 하는 사람은 우리 시인들이니 말이오. 따라서 우리는 항상 고귀한 것만을 말해야 하오.” 에우리피데스는 아이스퀼로스의 산만큼 웅장한 어휘들에 이런 고귀함의 부재를 비난했다. 이런 어휘들은 더는 인간적이지 않다는 것이다. 하지만 상대방은 위대한 사상과 신념을 내면에 품은 사람은 반드시 그런 유사한 단어들을 산출해야 하며, 이런 웅장한 언어들은 축제 복장처럼 반신(半神)들에 속한다는 점을 설명한다. “당신이 그것을 망쳐놓은 것이오. 당신은 왕들을 가지고 넝마를 입은 거지를 만들었고, 부유한 아테네인들을 그렇게 돌아다니면서 불평하게 만들었다. 그들은 전함을 무장시키는 데 국가가 그들에게 요구하는 만큼의 돈을 내놓으려 하지 않는다. 당신이 그들에게 잡담과 수다를 가르쳤다. 체육관은 텅텅 비었다 ⋯ 선원들은 상관들에게 대들게 되었다.” 이로써 우리는 다른 모든 열등한 것에 대해서와 마찬가지로 에우리피데스가 책임져야 할 개탄스러운 정치현실의 한가운데 서 있게 되었다.

이렇게 부정적으로 포장된 칭송의 과장된 희극성은 문장 하나하나를 글자 그대로 받아들이는 고전 문헌학자들로 채워진 객석이 아니라, 에우리피데스를 신으로 여기는 아테네 대중으로 채워진 객석에서 이런 논쟁이 벌어졌음을 상기할 때 비로소 실현된다. 드러나지 않는 점증 가운데 아주 섬세한 비판이 일그러진 희화로 이어지고 다시 희화는 더욱 거칠어지면서 희극적 괴물로 이어져, 마침내 대중의 ‘신’은 불행한 시대가 낳은 모든 병폐의 화신이 된다. 이에 대해 아리스토파네스는 애국주의적 탈거(脫去) 장면을 통해 격려와 위로의 경고를 던진다. 재치 넘치는 놀이의 뒤에, 모든 시행마다 강력하게 표출되는바 국가의 운명에 대한 고통스러운 근심이 자리하고 있다. 참된 비극과 거짓된 비극을 이야기할 때도 늘 국가를 염두에 두고 있었다. 아리스토파네스는 실제로 에우리피데스가 괴물이 아닌 불멸의 예술가임을 아주 잘 알고 있었고, 아리스토파네스 자신이 그의 예술적 역량에서 엄청난 부채를 지고 있었고 감정적으로도 아이스퀼로스의 이상보다 에우리피데스에게 훨씬 근접해 있었다. 하지만 에우리피데스의 새로운 비극은 국가를 위해, 예전 아이스퀼로스가 당대의 시민들에게 제공했던 것, 그리하여 현재의 급박한 위기에서 조국을 구할 수 있는 것을 제공할 수 없었다. 따라서 디오뉘소스는 결국 아이스퀼로스를 선택한다. 지하세계의 왕은 비극시인이 태양 빛의 세계로 돌아가는 것을 허락하며 이렇게 말한다.[14] "잘 가시오. 아이스퀼로스! 가서 그대의 훌륭한 생각들로 우리 도시를 구하고 지각없는 자들을 혼내주시오. 그곳엔 그런 자들이 많기 때문이오." 비극이 지금 희극이 감히 보여주는 이런 태도와 이런 언어를 보여줄 수 있었던 것도 벌써 한참 전의 일이다. 비극은 이미 오래전부터 아주 심오한 문제를 가지고 인간 내면으로 침잠했다. 반면 희극은 대중을 숨 쉬는 공기로 삼아 대중을 통해 살아가고 있었다. 하지만 공동체 전체의 정신적 운명이 대중을 그렇게 격앙시켰던 적도 없었을 것이고, 고전 비극의 상실에 고통스러워할 때만큼 이를 심각한 정치적 사건으로 느꼈던 적도 없었을 것이다. 이 순간 다시 한 번 국가 미래와 정신 운명의 긴밀한 결합을 강조하고 대중 전체에 대한 창조적 정신의 책임감을 강조함으로써 희극은 그 교육적 소명의 정점에 도달한다.

---

14) 『개구리』 1500행.

정치 사상가 투퀴디데스

    투퀴디데스는 희랍역사 서술의 시작은 아니다. 따라서 투퀴디데스를 이해하기 위해 필연적으로 해야 할 첫걸음은 역사의식이 그 이전에 어떤 단계에 도달해 있었는지를 파악하는 것이다. 분명한 것인바 투퀴디데스 이전에 그와 비교할 만한 것이 전혀 없었고, 마찬가지로 그 이후에도 역사서술은 그와 전혀 다른 길을 걷는다. 역사서술이란 그때그때 지배적인 정신흐름의 형식과 척도를 받아들이기 마련이다. 하지만 그에게 이전 단계와 연관성이 하나도 없는 것은 아니다. 최초의 역사(ίστορίη)는 어휘에서 드러나는 것처럼 이오니아를, 최초 자연탐구의 시대를 향한다. 실로 희랍에서 역사는 늘 자연탐구를 포함했고 자연탐구가 애초 그 본래 내용이었다. 헤카타이오스는 최초의 위대한 자연철학자들처럼 이오니아의 문명 중심인 밀레토스 출신으로, 우리에게 최초로 "탐구"의 대상을 자연에서 매우 특이하게도 사람 사는 지구로 돌렸는데, 지구는 이제까지 기껏 우주의 일부로 취급되었고 가장 일반적인 지표면 분할에서나 다루어졌다. 그의 지역학과 민족학은 구성과 경험의 놀라운 혼합으로 합리주의적 신화비판과 계보학이 통합되었음이 분명하다. 그의 탐구는 자체적으로 그의 탐구를 이해하는 데 필수적인 정신사적 맥락에서 옛 신화를 비판적으로, 합리적으로 해체하는 과정 가운데 일부로 볼 수 있다. 그의 탐구는 역사서술의 필연적 전 단계로, 역사서술도 비판적 태도로 대지에 사는 민족들의 전승을 경험적으로 확증할 수 있는 한에서 종합하고 결합했다.

이런 다음 걸음을 내딛은 것은 헤로도토스였다. 그도 헤카타이오스처럼 민족학과 지역학의 통합을 그대로 유지하면서도 중점은 인간들에게 두었다. 그는 당시의 문명세계였던 중동지역과 이집트와 소아시아와 희랍세계를 여행했으며 온갖 종류의 진기한 풍습과 생활방식과 유서 깊은 민족들의 놀라운 지혜를 찾아다니며 탐문하고 칭송했고 그들 궁전과 신전의 화려함을 묘사했고 그들 왕조의 역사나 많은 중요하고 놀라운 인물들의 사연을 이야기했고, 그리하여 그들에게서 신의 섭리와 변화무쌍한 인간 성쇠를 볼 수 있게 했다.

그의 내적 통일성은 이런 상고기적 화려한 다양성을 수용하는데, 이에 희랍인들과 크로이소스왕이 이끄는 이웃 뤼디아인들 사이에 벌어진 확인 가능한 최초 격돌로부터 페르시아 전쟁까지의 동양과 서양의 대결이라는 커다란 주제가 중심이 되었다. 호메로스적 이야기 욕망과 이야기 기술을 가진 헤로도토스는 선대가 서사시의 시행을 즐기듯 즐길 수 있는 다만 겉보기에 단순하고 소박한 산문으로, 책의 서문에 목표로 삼는다고 적시한 바 희랍과 이웃 이방인들의 행적과 명성을 전달한다. 헤카타이오스의 합리적 비판으로 사망한 서사시가 마치 다시 살아난 듯, 이때 계몽된 자연철학과 지식교사의 시대에 영웅 서사시라는 오랜 뿌리로부터 새로운 것이 돋아났다. 여기에는 과학자의 경험적 이성이 소리꾼의 칭송 문학과 혼화되었고 모든 관찰과 수집이 인간과 민족의 운명을 기술하는 가운데 배치되었다. 이는 소아시아 희랍인들의 풍요롭고 다양하게 혼합된 문명이 이룩한 성과였다. 그들은 영웅시대를 지나온 이래로, 최근 몇십 년 민족의 운명이 살라미스와 플라타이아이에서 뜻하지 않게 얻은 도약과 승리 속으로 빨려 들어감으로써 다시 한 번 강력한 역사의 숨결을 느끼고 있었고, 궁극적으로 그들의 체념과 회의주의 속에서 흔들리지 않았다.

투퀴디데스는 정치사의 창시자다. 헤로도토스의 작품은 페르시아 전쟁이 정점이지만, 정치사라는 개념을 적용할 수는 없다. 물론 정치사는 비정치적 정신에서도 기술될 수 있다. 할리카르나소스 출신의 헤로도토스는 고요한 고향 도시에서 정치생활을 배우지 못했고, 페르시아 전쟁 이후의 아테네에서 처음으로 정치생활의 파도가 그에게 닥쳤을 때, 그는 물론 매우 놀라긴 했지만 안전한 강둑에 멀찍이 떨어져 이를 바라보기만 했다. 투퀴디데스는 전적으로 페리클레스 아테네의 삶에 뿌리내리고 있었는데, 이 삶의 일용할 양식은 정치였다. 솔론이 기원전 6세기 사회갈등의 혼란 속에서 군건한 국가관의 토대를 놓았던 날들부터―이오니아의 동포와 다른 아테네 시민의 국가관에 대해 우리는 처음부터 크게 경탄했다―모든 유력 인사의 국가 참여는 여기서 정치 경험의 축적과 확고한 정치사상의 성숙을 도왔다. 우리는 이런 성숙을 우선 위대한 아티카 시인들의 간혹 반짝이는 사회적 통찰에서 확인할 수 있다. 또 얼마 전 참주로부터 해방되고, 페르시아 전쟁을 거치고, 살라미스 해전 이래 테미스토클레스의 패권정치 가운데 아티카 '제국'으로 변모할 때까지 내내 유지된 단결된 아테네 공동체의 정치적 도약에서도 성숙은 확인된다.

이런 창조과정에서 아테네가 보여준 정치적 사유와 의지의 놀라운 집중은 투퀴디데스의 작품에서 합당한 정신적 표현을 발견했다. 인간적인, 그리고 신적인 모든 것을 유유히 관찰하며 지상의 알려진 모든 지역을 포괄한 헤로도토스의 국가 민족박람회가 보여준 세계지평에 비교했을 때, 투퀴디데스의 시야는 매우 협소하다. 투퀴디데스는 희랍 도시국가의 영향범위를 벗어나지 않았다. 하지만 이런 매우 좁게 한정된 대상을 얼마나 커다란 문제의식에서 다루고 얼마나 강한 집중도를 보여주며 관찰하고 경험했는가! 이 문제의 핵심이 국가였음은 당시 아테네에서 이미 대체로 분명하다. 이해하기 어려운 것은, 정치 문제 자체가 분명하게 좀 더 깊이 있는 역사적 고찰을 요구했다는 점이다. 헤로도토스 방식의 민족사가 저절로 정치사로 발전했을 리는 없다. 배타적이고 목적 지향적으로 현재를 지향하던 아테네는 갑자기 운명의 반전에 이르렀고, 이 순간 깨어난 정치적 사유는 역사의식을 찾을 수밖에 없었다. 물론 당연히 이제까지와는 다른 새로운 의미와 내용의 역사의식이었고, 이는 아테네의 국가적 발전이 봉착한 커다란 위기의 필연성에 대한 자의식이었다. 역사서술이 정치적으로 변한 것이 아니라, 정치적 사유가 역사적으로 변모했다는 것이 투퀴디데스 작품에 기록된 정신적 사건의 본질이다.

이렇게 본다면 요즈음 사람들이 말하는 역사가 투퀴디데스의 성장은 불가능한 생각이다. 역사가의 개념과 본질이 그와 그의 시대에 오늘날 역사학처럼 이미 확정되었음은 너무도 명백하다. 투퀴디데스는 몇몇 여담에서 단편적으로 그의 관심을 끄는 과거 문제들을 다루었지만, 대개 펠로폰네소스 전쟁에만, 그러니까 그가 직접 겪었던 동시대 역사에만 집중한다. 그가 직접 우리가 읽는 첫 문장에서만 자기 자신에 관해 언급하는데, 그는 전쟁의 시작과 함께 역사저술을 시작했는데, 그것은 사건의 위중함을 확신했기 때문이었다. 그가 어디에서 역사서술을 배웠을까? 그의 상고사 지식은 어디에 근거하는가? 이렇게 물으면 사람들은 이렇게 전제한다. 앞서 그는 과거사 연구에 종사했고, 전쟁발발로 연구가 중단되자 곧이어 전쟁이 대단한 연구소재가 된다는 것을 인지했고, 그래서 그는 이리로 돌아서지 않을 수 없었다. 그는 중단할 수밖에 없었던 과거 연구의 소재를 전쟁사의 학술적 여담에 삽입했는데, 이제까지의 연구를 그대로 버리지 않기 위해서였다. 이런 가정은 정치사의 창시자보다 오히려 오늘날의 학자에게 어울릴 법하다. 그는 현직 정치가였으며 아테네 전함의 함장으로 참전했으며 당대 정치 문제 이외의 다른 것에 전혀 관심이 없었다. 전쟁은 그를 역사가로 만들었고 그가 본 것은 다른 어디에서도 배울 방법이 없는 것이었고, 특히 투퀴디데스가 직접 언급한바 정확한 인식 가능성이 현저히 낮은 것으로 판단했던 전혀 다른 유의 과거에 관해 배울 방법은 더더욱 없었다. 따라서 그는 우리가 흔히 역사가라고 생각하는 것과는 전혀 다른 유의 역사가다. 때때로 그가 과거사의 문제를 다룰 때, 이 과정에서 입증된 비판적 판단을 아무리 높이 평가할지라도, 이것은 그에게 다만 부업이었고 혹은 현재 때문에 과거가 중요해질 때만 이런 관점에서 과거사를 다루었다.

이에 대한 대표적인 예는 제1권 초입의 소위 고고학 부분이다. 이 부분은 무엇보다 투퀴디데스가 이야기할 현재와 비교할 때 과거는 사소했음을 입증할 목적으로 쓰였다. 기본적으로 과거에 관해 우리가 아는 것이 없어서 오로지 추론해보는 한에서 과거는 사소하다는 것이다. 그럼에도 그의 과거 고찰은 개략적일수록 더욱 분명하게 우리에게 투퀴디데스가 역사에 적용하는 척도를 보여줄 수 있다. 또 그가 보기에 당시 중요하게 생각되던 것의 판단기준도 드러낼 수 있다.

그에게 희랍민족의 과거는 역사에 기록된 가장 위대하고 유명한 업적조차 무의미했다. 왜냐하면 당시의 삶은 전체 구조적으로 언급할 만한 권력

형성과 국가조직에 기여할 수 없었기 때문이다. 현대적 의미의 무역이나 왕래는 전무했다. 끊임없이 이리저리 움직이던 민족이동의 물결을 따라 정착지로부터 서로를 밀어내고 누구도 진정한 의미의 정주에 이르지 못했기 때문에, 기술과 무관하게 견고한 사회관계의 첫 번째 조건인바 안전보장은 존재할 수 없었다. 경제적으로 매우 유리한 토지는 투퀴디데스에 의하면 본성상 지독한 쟁탈전의 대상이 되었고 거주민들은 자주 교체되었다. 이런 상황에서 합리적인 농업문화나 자본축적은 가능하지 않았고 후대의 다른 문명권 같은 거대도시들이 존재하지 않았다. 투퀴디데스가 옛 전승 전체를 어떻게 배제했는지를 보는 것은 매우 유익하다. 그의 물음에 아무런 답을 주지 않는다는 이유로 옛 전승을 배제하고 그 대신 그가 만든 가설적 체계를 배치했다. 이는 문명 단계와 경제형태의 합법칙적 연관성을 분명하게 관찰한 결과에 근거하는 귀납추론으로 얻어진 것이었다. 정신적으로 이런 상고사는 인간문명 시작에 관한 지식교사들의 재구성과 유사한 것인데, 다만 지식교사들과는 전혀 다른 관점을 취하고 있다. 그의 상고사는 투퀴디데스 당대의 정치가적, 다시 말해 순수 권력 지향적 시각에서 본 과거사였다. 그는 문화와 기술 및 경제도 오로지 그것들이 현실 권력 변화의 필연적 전제조건일 때만 주목했다. 투퀴디데스에 따르면 여기에 무엇보다 거대자본들의 형성과 거대한 영토의 제국들이 속했는데, 이것들이 거대한 해양패권의 기반이었다. 또한 이때 분명하게 현재 상황의 영향을 확인할 수 있다. 아테네의 제국주의는 지난 역사를 평가하는 기준을 제공했는데, 상고사의 경우 매우 적게 작용했다.

관점의 선택만큼이나 투퀴디데스의 상고사는 이런 원칙의 실천에서도 독자적이다. 호메로스는 편견 없이 냉정하게 패권정치가의 시각에서 평가되었다. 아가멤논 왕국은 투퀴디데스에게 거대 권력 형성의 희랍 최초 문헌증거였다. 아가멤논 왕국 또한 바다로 확대되었다는 점, 그리고 아가멤논 왕국은 따라서 필연적으로 대규모 해군력에 의존할 수밖에 없다는 점은 무자비한 통찰력에 의해 심각하게 과잉 해석된 호메로스 시구 한 줄로부터 유추되었다. 제일 큰 관심을 끈 것은 일리아스의 전함 목록이었는데, 일리온을 상대로 참전한 희랍 연합군 각각에 대한 상세한 기록을 그 외의 시인 전승들에는 매우 회의적이던 투퀴디데스도 믿으려 했다. 당시의 군사력이 미미했다는 그의 생각을 확증할 증거였기 때문이다. 그는 또한 전함에 사용된 조선 기술의 원시성을 같은 곳에서 끌어냈다. 트로이아 전쟁은 희랍역사상 최초의 대규모 공동 해양원정이었다. 그전에는 다만 크레타의 미노스왕이 가진 제해권만이 존재했고, 그의 제해권으로 인해 당시 반야만 상태로 육지 여기저기 흩어져 살던 희랍들의 해적행위가 정리되었다. 투퀴디데스는 동시대의 아티카 해군이 하던 것처럼 당시에는 미노스의 해군이 엄격한 해양경찰의 역할을 했다고 생각했다. 자본의 성장, 함대의 성립, 해양권력의 수립이라는 그의 평가기준에서 희랍역사는 페르시아 전쟁 시대까지 그렇게 전개되었다. 투퀴디데스는 함선 건조라는 기술적 발전을 역사적 전환점으로 기록했고, 반면 역사 전승의 거대한 정신적 내용은 그에게 거의 무가치했다. 페르시아 전쟁의 승리로 아테네 도시국가는 역사상 최초로 패권국가로 등장했다. 도서지역의 희랍인들과 소아시아의 희랍 도시들이 아티카 동맹에 가입하면서 희랍 도시국가들의 세계에, 지금까지 우세하던 스파르타에 맞설 견제세력이 형성되었다. 이후의 역사는 두 개의 패권국들이 간헐적 충돌과 지속적 갈등으로 부딪히던 군비경쟁의 역사였다. 이제 최후의 결정전이 시작되었고, 그리하여 권력을 두고 벌였던 이전의 모든 투쟁은 마치 어린아이들의 장난처럼 보일 정도였다.

많은 경탄을 자아낸 이런 상고사에서 역사가 투퀴디데스의 본질이 완전히는 아니지만 그래도 간과할 수 없는 투명성을 가지고 표현되었다.[1] 대체로 경제발전 흐름과 패권정치 흐름에 집중되어 그려진 과거사 영상은 동시대의 희랍인들에 대한 투퀴디데스의 입장을 반영한다. 오로지 이런 이유에서 나는 상고사로부터 시작했고 상고사가 책의 시작이기 때문이 아니었다. 펠로폰네소스 전쟁 설명 부분에서 동일한 원리들이 더욱 세밀하게 확인되며 오히려 간과되기가 쉽지 않았다. 훨씬 큰 규모로 설명되기 때문인데, 반면 여기서 원리들이 거의 추상적으로 제시되며 최소한의 소재들만으로 설명되기 때문이다. 동시대 현실정치의 구호들이 상고사에서 거의 틀에 박힌 규칙성을 가지고 반복되며, 이것은 희랍역사상 가장 큰 권력확장과 권력위기를 다룬다는 의식을 펠로폰네소스 전쟁 부분에서 투퀴디데스가 가졌다는 인상을 독자들에게 심어준다.

대상이 현재적인 것일수록, 대상에 대해 투퀴디데스의 관심이 생생할수록 그만큼 객관적 시각을 갖는다는 것은 그에게 어려운 일이었다. 그의 시대를 두 개의 적대적 진영으로 갈라놓은 거대한 사건에 대해 객관적 시각을 가지려는 내적 노력에서 역사가로서 투퀴디데스의 **목표**를 파악할 수 있다. 정치가였던 그가 만약 정치가가 아니었다면, 이런 객관성 추구는 놀랄 일도 대단한 일도 아니었을지 모른다. 상고기의 사건들에 대해 시인들이 남긴 장식적 보고들과 달리 그가 할 수 있는 한 정확하게 순수 비당파적 진실만을 전달하겠다는 생각 자체는 정치적이 아닌 과학적 신념에서

---

1) 나는 W. Schadewaldt, *Die Geschichteschreibung des Thuchydidies*(Berlin, 1929)와 의견을 달리한다. 그는 Ed. Schwartz, *Das Geschichtwerk des Thuchydides*(Bonn, 1919)와 함께 투퀴디데스의 상고사 부분을 초기 저술이라고 여기며, 여기에서 지식교사들의 관점, 초기 투퀴디데스의 정신 유형을 찾아내려고 했다. 이에 관해 더욱 자세한 내용은 다른 곳에서 다루겠다.

유래한다. 이는 이오니아 자연탐구에서 나타난다. 하지만 이런 생각을 무시간적 자연에서 열정과 당파성에 의해 좌우되는 정치투쟁의 현장으로 이입한 것은 투퀴디데스의 해방적 위업이었다. 그의 동시대인 에우리피데스도 이런 두 영역이 커다란 심연에 의해 둘로 갈라져 있음을 알았다.[2] "역사"가 평화롭게 "불변의" 대상을 파고들 수 있는 경우는 오로지 자연사밖에 없다. 정치현실의 문턱에 발을 들여놓은 사람은 증오와 투쟁에 휩싸이게 된다. 투퀴디데스가 "역사"를 정치세계에 이입했을 때 그는 진리탐구에 새로운 의미를 부여했다. 우리는 이런 행보를 전적으로, 인식은 본래 행동을 위한 것이라고 이해하는 희랍 고유의 행동 이해에서 파악해야 한다. 이런 실천적 목표는 이오니아 자연철학자들이 보여준 비편향적 "이론"의 진리탐구와 구분된다. 아티카 사람 치고 올바른 행동의 수행 말고 다른 목표를 가진 과학이 존재한다고 믿는 사람은 없었다. 이것은 투퀴디데스와 플라톤이 이오니아 과학계와 구분되는 큰 차이점으로, 두 세계는 그 밖에도 많은 차이를 보인다. 흔히 역사가들을 두고 사람들이 오로지 눈만을 가졌다고 할 때처럼, 투퀴디데스의 객관성이 태생적 열정 부족 때문에 예정되어 있었다는 주장은 어불성설이다. 단순한 열정에서 벗어날 힘을 투퀴디데스에게 허락했던 것을, 투퀴디데스가 자신이 추구하는 객관적 인식의 장점이라고 제시했던 것을 우리는 그의 직접 진술로써 들을 수 있다. 그는 여기서 저술의 목표를 좀 더 상세하게 규정했다. "내가 기술한 역사에는 설화가 없어서 듣기에 재미가 없을 것으로 보인다. 하지만 과거사에 관해, 그리고 인간의 본성에 따라 언젠가는 비슷한 형태로 반복될 미래사에 관해 명확한 진실을 알고 싶어 하는 사람은 내 역사기술을 유용하게 여길 것

2) 에우리피데스 단편 910N.

이다. 이 책은 대중의 취미에 영합하여 일회용 들을 거리로 쓴 것이 아니라 영구 장서용으로 쓴 것이기 때문이다."

인간본성이 동일하기 때문에 인간과 민족의 운명이 반복된다는 생각은 투퀴디데스가 여러 차례 언급했다. 이런 생각은 오늘날 우리가 일반적으로 역사의식이라고 부르는 것과 정반대되는 생각이다. 이런 역사의식에 따르면 역사에서 반복은 없다. 역사적 사건은 철저하게 개별적이다. 개인 생애에서도 반복은 존재하지 않는다. 하지만 헤시오도스가 전하는 옛 격언에 따르면[3] 인간은 경험을 하고 나쁜 경험을 통해 더욱 현명해진다. 희랍사유는 과거부터 이런 인식을 추구했고 보편성을 지향했다. 인간과 민족의 운명은 반복된다는 투퀴디데스의 공리는, 따라서 현대적·일면적 의미의 역사인식이 출현한 시점을 알려주지 않는다. 비록 일부 이를 가지고 있었지만, 그럼에도 그의 역사는 단순히 일회적 사건의 단순 기록을 넘어, 기이한 것과 다른 것의 단순한 언급을 넘어 그것 안에서 파악되는 보편적이고 항구적인 법칙의 인식을 추구했다. 바로 이런 정신적 태도는 투퀴디데스의 역사서술에 영구불멸의 매력을 부여한다. 이것은 정치가로서 그에게 중요한 부분이다. 신중한 계획적인 행동은 오로지 인간 삶에서 동일한 주변 조건에서 동일한 원인에 따른 동일한 결과가 나타날 때만 가능하다. 이를 만들어주는 것은 경험이며, 아주 제한적 영역에 국한되는 것이겠지만, 경험을 통해 미래에 대해 어느 정도 예측도 가능하다.

이런 진술로 일찍이 솔론에서도 희랍인들의 정치적 사유가 시작되었다.[4] 당시 중점은 반사회적 침해로 인해 특정한 병적 변이들을 겪게 되

---

3) 헤시오도스 『일들과 날들』 218행.
4) 이 책의 234쪽을 보라.

는 국가 유기체의 내적 생명과정을 인식하는 데 있었다. 솔론은 이런 변이들 가운데 종교적으로 신적 정의에 따른 처벌을 발견했다. 물론 솔론의 견해에 따르면 사회 유기체는 반사회적 행동의 유해한 결과들을 직접적으로 내적 반응을 통해 경험한다. 아테네가 패권국가로 성장한 이래 국가 내적 영역에 정치적 경험의 새로운 엄청난 영역이 보태어졌다. 그것은 국가와 국가의 관계, 우리가 흔히 외교정치라고 부르는 것이다. 그 첫 번째 위대한 대표자는 테미스토클레스였는데, 투퀴디데스는 새로운 유형의 그를 주목할 만한 문장들로 규정했다.[5] 이런 규정 속에서도 예측과 판단의 선명함이 중요한 위치를 차지했는데, 이것들이 바로 투퀴디데스가 그의 말에 따르면 미래세대를 위해 그의 책을 통해 교육시키고자 했던 것이다. 이렇게 작품 전체에 걸쳐 동일한 생각을 계속 반복함으로써 분명하게 각인시키는 것은, 그가 이런 생각을 매우 진지하게 목표로 삼았다는 점이다. 이런 목표설정에서 다만 지식교사들의 계몽활동이 초래한 시대적 표층만을 보는 것은 큰 잘못이며, 그에게서 순수 역사가라는 초상을 떼어내기 위해서 이런 단편적 견해를 버려야 한다. 투퀴디데스 정신의 진정한 위대함은 정치 인식을 위한 그의 분투에 있다. 어떤 윤리관 혹은 역사철학 혹은 종교관이 아닌 정치 인식 속에 투퀴디데스는 사건의 본질을 파악했다. 정치는 그에게 고유한 내적 법칙성을 가지는 하나의 세계였다. 사건들을 개별적이 아닌 전체 흐름과의 연관성 속에서 고찰할 때 비로소 우리는 세계를 인지한다. 정치적 사건의 본질과 법칙에 주목한 심오한 역사관에서 투퀴디데스는 여타 고대의 역사가들을 능가한다. 이것은—동일한 정신 유형의 상이한 창조물을 언급하자면 페이디아스의 조각과 플라톤의 이데아를 산

5) 투퀴디데스 I 138, 3.

출한—위대한 시대의 아테네인만이 할 수 있는 일이었다. 정치사적 인식이라는 투퀴디데스의 개념을 규정할 제일 좋은 방법은 프랜시스 베이컨의 『새로운 학문 도구(novum organon)』에 나오는 유명한 문장을 인용하는 것이다. 여기서 베이컨은 스콜라 철학에 대립하는 새로운 학문적 이상을 제시했다. "인간의 앎과 힘은 일치한다. 원인의 무지는 결과를 산출하지 못했기 때문이다. 자연은 오로지 복종을 통해 극복된다. 그러니까 사유에서 원인인 것이 실천에서는 규칙이 된다."

투퀴디데스의 국가 사유가 솔론의 정치적·종교적 사유세계와 다르고, 지식교사 혹은 플라톤의 정치철학과 다른 특징은 그에게 '이 이야기는 가르친다.'라는 일반적 교훈의 부재다. 구체적 사건 자체에서 직접적으로 정치적 필연성이 파악된다. 이것이 가능한 것은 오로지 투퀴디데스가 아주 독특한 사건을 다루었기 때문인데, 이 사건은 정치현실과 원인의 작용방식이 유례없이 밀접한 연관성 가운데 벌어졌다. 투퀴디데스의 역사 개념을 검토 없이 임의의 시대에 적용하는 것은 감히 생각조차 할 수 없는 일이다. 이것은 흡사 어떤 임의의 시대를 잡아 그 시대가 아티카 비극 혹은 플라톤 철학을 만들어내리라 기대하는 것과 같다. 비록 중요한 사건이긴 했지만 단순 사실관계의 서술로는 정치 사상가의 의도를 만족시키지 못했을 것이다. 정치 사상가로서 그는 정신성과 보편성에 닿는 특별한 가능성을 요구했다. 수많은 연설의 삽입은 특히 투퀴디데스에게 특징적인 서술방식의 하나다. 연설들은 무엇보다 정치가 투퀴디데스의 생각을 전달하는 확성기였다. 역사가의 기본원칙을 선언할 때, 외적 사건들뿐만 아니라 정치지도자들의 연설도 확실히 기록되어야 한다는 것도 자명한 것처럼 보였다. 하지만 연설은 그대로 기록되지 않았고, 따라서 독자는 사실 기술과 마찬가지로 정확성의 척도를 제시해서는 안 된다. 투퀴디데스는 다만 연설의 개괄적·전체적 의미만을 기록하고자 했고, 사안별로 그가 보기에 그때 그때의 상황이 연설자에게 그렇게 하도록 요구했음직한 것을 연설하게 했다.[6] 이는 매우 의미심장한 장치였는바 역사가의 정확성 추구 때문이 아니라 사건을 가장 최근의 정치적 동기까지 조목조목 파헤칠 필요성 때문에 고안되었다.

하지만 이것은 글자 그대로 실현 불가능한 도전이었다. 사람들이 실제로 발언하려던 것을 기록하는 것은 전혀 불가능하다. 그것은 종종 다만 겉모습이기 때문이다. 그렇다면 그들의 속마음을 드러내야 할 것이겠지만, 이 또한 불가능한 일이다. 하지만 투퀴디데스는 무엇보다 각 당파들의 주요 이념을 사실 그대로 인식할 수도 전달할 수도 있다고 믿었고, 그래서 그렇게 했다. 그는 인간들로 하여금 민회의 공개연설에서 혹은 멜로스 회담처럼 비공개연설에서 아주 내밀한 의도와 근거를 발언하게 했고, 그래서 그의 생각에 각 당파가 당파적 입장에서 말해야 하는 것을 말하게 했다. 그렇게 투퀴디데스는 독자들에게 때로 스파르타인으로, 때로 코린토스인으로, 때로 아테네 사람 혹은 쉬라쿠사이 사람으로, 때로 페리클레스 입장에서 혹은 알키비아데스 입장에서 발언했다. 이런 수사기법의 전범은 외형적으로 서사시일 수 있고 약간은 헤로도토스도 전범일 수 있다. 하지만 투퀴디데스는 이런 기법을 대범하게 활용했고, 그래서 희랍문명의 정신적 정점에서 발발하여 근저까지 들추어내는 토론을 동반했던 전쟁을 우리가 일차적으로 정신적 갈등으로, 이차적으로 군사적 행위로 이해하는 것은 이것 때문이다. 투퀴디데스가 기록한 연설에서 당시 실제적 언급의 흔적을 찾는 일은—이런 시도를 사람들은 했는데—페이디아스가 조각한 신상(神

---

6) 투퀴디데스 I 22. 1.

像)들의 본이 된 특정 인물을 찾아내려는 것과 마찬가지로 가망 없는 작업이다. 물론 투퀴디데스도 사건의 실체를 파악하려고 시도했겠지만, 그가 기록한 연설들의 일부는 사실 존재조차 하지 않으며 대부분은 행해졌던 것과 전혀 다르다. 그가 나름대로 사안과 상황을 파악하여 그때마다 '요구되는 바(τὰ δέοντα)'를 말했다고 자신했을 때, 그 출발점은 이런 갈등상황의 모든 관점이 저마다 확고부동한 내적 논리를 가진다는 확신이었고, 또 사태를 좀 더 높은 곳에서 조망하는 사람은 논리를 적절하게 발전시킬 수 있다는 확신이었다. 이것이 바로 모든 주관성에도 불구하고 투퀴디데스적 의미의 객관적 진리다. 이런 객관성은 역사가의 모습을 한 정치가를 적절하게 평가했을 때만 이해될 수 있다. 투퀴디데스는 이런 생각의 이상적 구성물을 기록하기 위한 언어로서 문체를 창조했다. 이 문체는 모든 연설에 동일하게 당대의 생활 희랍어를 멀리 벗어난 언어로써 우리가 느끼기에 과도하게 인위적으로, 개념적으로 형성된 대립으로 가득 채워져 있다. 그의 사상에 버금가는 난해한―지식교사들의 현대적 수사학에 보이는 비유적 문체에는 매우 이상해 보이는―언어의 문체는 사상가 투퀴디데스의 직접적 표현이었다. 그는 난해함과 심오함에 있어 가장 위대한 희랍철학자들과 앞뒤를 다툰다.

투퀴디데스의 원칙 고지에 담긴 정치적 사유의 가장 큰 예들 가운데 하나를 우리는 전쟁원인을 고찰하는 책의 첫 부분에서 볼 수 있다. 헤로도토스는 에우로파와 아시아의 갈등 원인에서 시작했다. 헤로도토스는 원인을 전전 부채로부터 파악했다. 당연히 이런 문제는 펠로폰네소스 전쟁 기간에도 각 진영의 충돌을 가열시켰다. 커다란 전화(戰火)의 모든 세부적 발생과정을 수백 번 설명하고 나서, 양편이 책임을 상대편에게 서로 전가하는 갈등상황은 해소될 전망이 없었을 때, 투퀴디데스는 문제를 새로운 방식으로 접근했다.[7] 그는 먼저 전쟁을 촉발한 갈등 근거들과 전쟁의 "참된 원인"을 구분했고, 곧바로 그가 말하는 것에 따르면 "참된 원인"은 끊임없이 성장하여 마침내 스파르타에 위협이 된 아테네의 성장이라고 보았다. 투퀴디데스가 원인을 나타내는 말로 사용한 희랍어 "프로파시스(πρόφασις)"는 의학 용어에서 차용한 것이다. 의학은 우선 질병의 참된 원인과 단순 증상을 과학적으로 구분한다. 인간 관련 자연과학적 사유방식을 전쟁 발생 문제에 적용한 것은 순수 형식적 행위는 아니다. 이는 문제를 법적·도덕적 영역과 분리하고 완전히 객관화함을 의미한다. 정치는 이로써 자연처럼 작동하는 독립적인 인과성의 영역으로 규정된다. 대립적 힘들의 드러나지 않는 갈등은 투퀴디데스에 따르면 궁극적으로 희랍적 정치현실의 드러낸 위기로 이어진다. 객관적 원인의 인식에는 해방적인 요소가 있는데, 원인을 아는 사람은 양편의 증오와 갈등, 책임과 면책의 곤란한 물음에서 벗어나기 때문이다. 물론 동시에 이런 인식은 억압적인 요소도 있는데, 지금까지 도덕적 판단에 따른 자유의지의 행위에 종속시킬 수 있다고 보이던 문제들이 이제 필연적인 멈출 수 없는 오랜 과정의 결과로 보이기 때문이다.

이런 과정을 투퀴디데스는 전쟁발발 이전의 첫 단계, 페르시아 전쟁 이후 50년 동안 진행된 아테네의 세력 확장에서 찾았다. 이 유명한 여담 부분은 전쟁의 직접적인 전사(前史)에 삽입된다.[8] 투퀴디데스가 이런 여담 형식을 취한 것은 그것이 작품 전체의 시간 틀을 벗어나지 않을 수 없었기 때문이다. 하지만 아테네 패권 역사의 간단한 요약은 그가 직접 말한 것처럼 나름대로의 목적도 있었는바 최근 변화 발전의 제일 중요한 부분을 이전에 한번 누구도 적절히 서술하지 않았기 때문이다. 나아가 여담 부분 등

---

7) 투퀴디데스 I 23, 6.
8) 투퀴디데스 I 89~118.

투퀴디데스가 전쟁의 참된 원인이라고 말한 모두는 나중에야 비로소 전사(前史) 부분에 추가된 것이 아닐까, 또 전사(前史)는 오로지 전쟁발발 직전의 외교적·군사적 사건들에 국한되어 있지 않았을까 하는 인상을 준다. 이런 인상은 구성의 특이한 형식 때문이며, 나아가 투퀴디데스가 전쟁발발을 최초의 원고에서 이미 설명한 반면 아테네 패권 성장의 여담에 기원전 404년의 성벽 철거가 벌써 언급되어 있기에 적어도 지금과 같은 형태의 여담 부분은 전쟁의 종식 이후 쓰인 것이라는 추정 때문이다. 전쟁의 참된 원인에 관한 여담에 담긴 주장은 분명 평생의 숙고를 통해 얻은 결론이며, 따라서 후기 투퀴디데스에 속한다. 초기 투퀴디데스가 단순한 사실에 훨씬 더 많이 매달렸다면, 후기에 이르러 우리의 정치 사상가는 점점 더 자유롭고 대담하게 사실로부터 내적 연관성과 필연성에 따른 전체에 주목했다. 오늘날 전해진 형태의 작품이 미친 영향은 본질적으로, 작품이 대단히 엄청난 단 하나의 정치적 명제, 참된 원인의 주장 속에서 처음부터 분명하게 표현된 명제를 주장하고 있기 때문이다.

만약 '참된 역사가'는 투퀴디데스가 생각한 오래된 숨겨진 필연성에 따른 참된 원인을 처음부터 아주 분명하게 알고 있어야 한다고 주장한다면, 이것은 비역사적 선결문제 해결의 오류일지 모른다. 이와 놀랍도록 유사한 것은 레오폴드 랑케의 프로이센 역사다. 1870년 이후의 제2판 작업에서 랑케는 프로이센 국가의 발전이 가진 역사적 중요성을 새로운 시각에서 발견했다. 랑케의 말에 따르면, 그때가 돼서야 비로소 넓은 안목의 보편적 사상을 얻게 되었다. 그래서 그는 제2판 서문에서 동료들에게 사과해야 한다고 믿었는바 단순한 사실 확정이 아니라 역사의 정치적 해석이 문제의 핵심이었기 때문이다. 이런 새로운 보편적 사상은 무엇보다 프로이센 국가의 탄생에 관해 완전히 일신되고 크게 확장되고 심화된 서술에 영향을 미쳤다. 꼭 이와 같이 투퀴디데스는 전쟁종식 이후에 전쟁발발에 관해 다루는 첫 부분을 새롭게 구성했다.

역사가는 아테네 패권을 전쟁의 참된 원인으로 인지한 이후 아테네 패권의 문제를 내적으로도 파악하려고 노력했다. 그의 전쟁 전사(前史) 서술에서 주목해야 하는 것은 아테네 패권의 **외형적** 발전에 관한 여담을 다만 흥미진진하게 기술된 스파르타 회합 묘사의 부록으로 첨가했다는 점이다. 이 회합에서 스파르타인들은 동맹자들의 뜨거운 요청에 따라 전쟁을 결정한다. 물론 선전포고는 이후의 펠로폰네소스 동맹 전체 회합을 통해 결정되지만, 투퀴디데스는 불과 몇 안 되는 동맹들이 아테네에 대해 불만을 토로하며 참석한 앞서의 비공식적 회합이 전쟁을 결정하는 데 훨씬 중요한 비중을 가짐을 올바르게 인식했다. 연속된 네 개의 연설은—이는 작품의 다른 어디에서도 그렇게 배치된 사례가 없다—회합의 중요성을 외형적으로도 분명히 보여준다.[9] 투퀴디데스에 따르면, 회합의 주요 내용을 구성하는 동맹들의 불평과 이유가 스파르타인들에게 전쟁 결심을 하는 결정적 계기는 아니었는데, 그것은 희랍 땅에서 아테네라는 압도적 패권의 점차적 확장에 대한 두려움 때문이었다. 실제의 회합은 그렇게까지 노골적이지는 않았겠지만, 투퀴디데스는 회합의 전면에 부각되었던 법률적 문제를 강력하게 뒤로 밀쳐두었고, 회합에서 행해진 모든 연설 가운데 코린토스인들의 마지막 연설 하나만을 기록했다. 코린토스는 아테네의 지독한 앙숙이었는데, 희랍 제2의 상업권력으로 자연스럽게 아테네의 경쟁자로 대결을 펼치고 있었다. 크레타인들은 아테네인들에게 증오의 칼날을 세웠다. 그리하여 투퀴디데스는 크레타로 하여금 미온적인 스파르타를 자극하기 위해 결

9) 투퀴디데스 I 66~88.

단력과 확장욕의 아테네와 비교하는 술책을 부리게 만들었다. 우리는 여기서 아티카의 민족성이 숭상되는 것을 목격하는데, 어떤 아테네 연설가도 조국의 칭송에 이처럼 감명 깊은 연설을 한 적이 없을 정도였다. 투퀴디데스가 자유롭게 창작한 페리클레스의 추모연설도 정작—추모연설에서 코린토스 연설의 상당 부분을 가져왔다—따라올 수 없을 정도였다.[10] 실제로 코린토스인들이 스파르타에서 행했던 연설이 아니라 실질적으로 자유롭게 투퀴디데스가 지어낸 창작물이라는 점은 의심의 여지가 없다. 원수지간의 한쪽을 다른 한쪽 앞에서 칭송하는 이런 연설은 수사학적 의미에서도 최고의 작가적 역량을 나타내지만,[11] 역사가로서 이는 선동의 기록이라는 직접적 목적 이외에 다른 좀 더 깊은 목적도 충족시킨다. 이것은 아테네 패권 성장의 **심리학적 토대**에 대한 유일무이한 분석이다. 스파르타의 둔함과 무감각, 구식의 정직함과 편협한 완고함이라는 대조적 배경을 두고 아테네의 기질이 설명되는데, 이 설명에 코린토스인들의 질투와 증오와 감탄이 뒤엉켜 있다. 끊임없는 행동 욕망, 계획과 실천에서 보여준 높은 추진력, 실수로 좌절하지 않고 더 큰 능력을 발휘하도록 어떤 상황에서도 적응하는 유연한 융통성을 갖춘 아테네 민족의 힘은 모든 것을 새롭게 바꾸며 세력을 계속 확장해간다. 여기에 언급된 모든 것은 아테네인들에 대한 도덕적 인정이 아니라, 다만 역동적 영혼에 대한 묘사이고 지난 반세기 동안의 성공에 대한 설명이다.

투퀴디데스는 아테네 패권에 대한 이런 심리학적 설명에 이어 과감한

---

10) 여기서 세부적으로 제시할 수는 없으나, 이는 코린토스 연설의 창작 시점과 관련하여 중요하다.
11) 플라톤 『메넥세노스』 235d.

구성으로 두 번째의 유사한 고찰을 제시한다. 아테네 사절이 스파르타 민회에 참석하여 행한 것으로 제시된 연설이 그것인데, 이 연설의 외적 동기는—특별히 불러 들어보기 위해 개최된 민회로의 장면 전환은 당연히 필요했다—독자에게 상당히 불명료한데 아마도 불명료했어야 할지 모른다. 연설과 반박연설은 무대가 아니라 대중 앞에서 행해졌고 전체적으로 엄청난 효과를 발휘했다. 심리학적 분석에 맞서 아테네인은 아테네의 초창기부터 현재까지 추적하며 아테네 패권 성장의 **역사적 분석**을 제시한다. 하지만 이런 역사적 분석은 곧 이어지는 여담의 언급에서처럼 아테네 확장의 외적 과정을 열거한 단순 나열이 아니라, 패권국에 이르도록 아테네를 몰아붙인 계기들의 논리적·내적 발전과정을 제시한다. 따라서 우리가 보는 것처럼 투퀴디데스는 동일 목표를 향하는 세 가지 문제 성찰을 나란히 배치했다. 아테네의 패권확장을 역사적 필연성이라고 주장한 아테네인의 연설은 투퀴디데스의 정신만이 장악할 수 있는 대범한 변명이 된다. 아테네의 패망 직후 쓰라린 정치적 경험의 정점에서 얻을 수 있는 투퀴디데스 본인의 사상이다. 이를 그는 무명의 아테네 연설가로 하여금 전쟁발발 이전에 때 이른 예언처럼 말해지도록 설정했다. 아테네 패권의 뿌리는 투퀴디데스가 보기에 희랍민족의 국가적 존립과 자유를 위해 싸웠던 아테네의 결코 부정될 수 없는 역사적 공헌, 마라톤과 살라미스의 승리에 기여한 결정적 역할에 있었다. 패권국에 이른 것은 처음에는 동맹국들의 뜻이었지만, 이후 대대로 이어진 우두머리 지휘에서 밀려난 스파르타가 이를 질투했고, 이에 두려움을 느낀 아테네는 일단 얻은 패권을 지속적으로 강화할 수밖에 없었고, 동맹국들의 이탈을 점차 경직되어가는 중앙집권적 통제로 방지할 수밖에 없었다. 이로써 애초 자유로운 동맹국들이 점차 아테네의 신하국으로 전락하고 말았다. 두려움이라는 동기에 보태어 명예욕과 이기주의가 보조적 역할을 맡았다.

이것이 인간본성의 돌이킬 수 없는 법칙에 따라 아테네 패권이 그럴 수밖에 없었던 발전과정이다. 우월함과 자의에 맞서는 정의의 문제라고 생각하는 스파르타가 아테네를 무찌르고 지배권을 물려받는 데 성공했다고 할 때, 희랍의 지지가 곧 급변하는 것을 보면서 스파르타는, 권력이 그 정치적 형태와 방법과 결과가 아니라 주체만을 교체할 뿐임을 실감하게 될 것이다. 전쟁의 첫날에 여론은 아테네를 독재자의 화신으로, 스파르타를 자유의 방패로 간주했다. 투퀴디데스는 이를 사안의 본성상 극히 자연스러운 일로 간주했지만, 그렇다고 역사가 두 나라에 부여한 이런 역할이 영원한 도덕적 성격이라고 보지 않았다. 그것은 다만 권력을 차지하는 순간 서로 바뀌게 될, 그래서 언젠가 관객들을 경악하게 만들 그런 역할이었다. 아테네의 몰락 이후 희랍이 스파르타의 독재하에 놓일 것이라고 이 순간 위대한 경험은 분명히 말하고 있다.[12]

물론 당시 사람들이 일반적으로 모든 권력에 내재된 정치적 합법칙성에 관한 이런 사상에 무지했었음을 보여주는 사람은 투퀴디데스의 계승자 크세노폰이다. 소박한 경건함의 크세노폰에게 스파르타 패권의 몰락은 물론 아테네 패권의 몰락은 인간 오만의 신적 응징을 의미했다. 이런 둘의 차이는 투퀴디데스의 지적 능력을 비로소 올바르게 평가하도록 우리를 가르친다. 전쟁을 유발했던 사건의 내적 필연성을 통찰함으로써 비로소 투퀴디데스는 그가 추구하던 객관성의 완벽한 정점에 도달했다. 이것은 스파르타에 대한 판단에서나 아테네에 대한 판단에서나 마찬가지다. 투퀴디데스

---

12) 투퀴디데스 I 77, 6. 이 부분은 오로지 전쟁종식 이후에 쓰일 수 있는 부분으로 파우사니아스의 전례를 염두에 두고 분명 뤼산드로스의 패권정치를 언급하는 것으로 보인다.

의 눈에 아테네를 패권으로 이끈 길이 필연적이었던 것처럼, 우리는 역사가의 언어를 반대편에 똑같은 무게로 올려놓아야 하는바 아테네 패권에 대한 두려움 때문에 스파르타는 "어쩔 수 없이" 전쟁을 수행했다.[13] 표현의 우연한 부정확성 때문에 사람들은 투퀴디데스의 다른 어떤 자리처럼 이 자리에 대해서도 언급이 없었다. 투퀴디데스가 수년간의 수상한 평화 이후 다시 시작된 전쟁에 대해서도 이 단어를 사용했음은 보는 것처럼 주목받지 못했다. 적들은 적의를 숨긴 상당 기간이 지나가 "어쩔 수 없이" 전쟁을 공개적으로 재개했다. 투퀴디데스가 이것을 언급한 곳은 소위 두 번째 서문인데, 여기서 그는 전반부 전쟁의 종식 이후, 후반부 전쟁을 포함하여 전반부와 후반부를 묶어 커다란 하나의 전쟁으로 보자는 선구자적인 생각을 주장한다. 이런 생각은 원인론에서 역설된 전쟁의 어쩔 수 없는 필연성에 대한 관념과 커다란 맥을 같이한다. 두 생각은 공히 그가 발전시킨 정치적 통찰의 마지막 국면에 속한다.

단일 전쟁론의 문제와 함께 우리는 이미 전쟁원인의 문제로 들어섰다. 투퀴디데스의 서술은 정치이념을 가지고 사실관계를 일관되게 집약적으로 관통한다. 희랍비극이 후대의 극들과 갈라지는 지점은 합창대인데 합창대의 정신적 약동이 사건을 끊임없이 반성하고 의미를 파악해내려 했던 것처럼, 투퀴디데스의 역사서술이 후대 계승자들의 정치사와 달라지는 지점은 사건 원인을 찾아내려는 정신적 처리과정이었는데, 이는 길게 늘어지는 추론과정으로 제시된 것이 아니라, 주로 연설을 통해 정신적 사건으로 전환되어 공감하는 독자에게 생생하게 전달되었다. 연설은 지식의 고갈되지 않는 원천으로 정치사상의 풍부함은 추산조차 불가능할 정도다. 연설은 부

---

13) 투퀴디데스 I 23, 6., V 25, 3.

분적으로 경구 형식으로, 부분적으로 연역적 추론 혹은 엄밀한 구분으로 이루어졌다. 자주 사용된 방법은 동일한 주제에 대한 두세 개 연설의 병립이며, 이는 지식교사들에 의해 대조법이라고 불린 것이다. 투퀴디데스는 전쟁 의결을 두고 격돌하는 스파르타 정책의 양대 흐름을 각각 평화를 원하여 결정을 주저하는 왕 아르키다모스와 전쟁을 주장하는 행정관 스테네라이다스가 대표하여 연설하게 했다. 비슷하게 아테네에서 시킬리아 원정 직전 니키아스와 알키비아데스의 연설이 있었는데, 이들은 공동으로 원정 사령관직을 맡기로 했으나, 정치적으로는 전쟁에 대해 양극단을 대표했다. 뮈틸레네의 함락과 관련하여 투퀴디데스는 아티카 동맹정책의 양대 흐름, 강경파와 온건파가 연설 대결을 벌일 기회를 제공한다. 클레온과 디오도토스는 아테네 민회에서 각각의 시각을 발전시켰으며 전쟁기간 동맹국들에 대한 올바른 대우라는 문제 때문에 야기된 엄청난 어려움의 해법을 제시한다. 불행한 플라타이아 함락 직후, 체면을 차리기 위해 세상 사람들에게 법정 변론의 볼거리를 제공한—이 재판에서 고발자의 동맹국들이 재판관을 맡았다—스파르타 사령관 앞에서 행한 플라타이아 사람들과 테베 사람들의 연설은 전쟁과 정의의 타협 불가능성을 보여준다.

투퀴디데스의 작품은 정치적 이상과 현실의 관계 문제, 정치적 구호의 문제에 대해 기여한 바가 크다. 자유와 정의의 변호인을 자처한 스파르타는 그들의 원칙에 따라 때로 도덕적 위선을 보이지 않을 수 없었지만, 전반적으로 그들의 이익을 아름다운 정치구호를 동원하여 워낙 잘 감추었기 때문에 어디까지가 구호이고 어디까지가 실질인지를 그들은 전혀 의식할 필요가 없었다. 아테네인들에게 이것은 쉽지 않은 일이었기에, 그들에게 주어진 것은 정직이라는 도피처였다. 때로 잔인하게 작동할 수도 있는 정직은, 하지만 때로 '해방자'라는 도덕적 구호보다—해방자들은 내적으로 신을 가진 더없이 사랑스러운 대표자로 브라시다스를 내세웠다―더욱더 호의적이었다.

　강대국들의 전쟁에서 약소 도시국가들의 중립 문제는 정의나 현실정치 등의 다양한 시각에서 멜로스 연설과 카마리나 연설을 통해 서술된다. 이 익대립으로 갈라진 개별 도시국가들이 외세침입이라는 공통의 위기 앞에 민족적 단합을 이루어야 한다는 문제는 시킬리아 사람들의 예를 통해 분명해졌는바 이들은 외부 침략자에 대한 공포와 시킬리아 강대 도시국가들의 패권에 대한 걱정 사이에서 결정하지 못한 채 우왕좌왕하면서 근본적으로는 이런 공포와 걱정이 동시에 해소되길 희망하고 있었다. 협상에 의한 평화나 승리에 의한 평화의 문제는 퓔로스에서 스파르타의 패전 이후 제기되는데, 스파르타는 패전 이후 갑자기 평화를 맺기를 원했고, 반면 오랜 전쟁에 지친 아테네는 협상제안 일체를 즉시 거부했다. 전쟁의 심리학적 문제들은 군사적 문제인 한에서 야전 사령관의 연설에서 다루어지고, 정치적 문제인 한에서 몇몇 정치지도자의 연설에서 다루어진다. 아테네의 전쟁 피로와 비관주의는 따라서 페리클레스의 연설에서 다루어진다. 그 밖에 엄청난 정치적 결과를 예기하는 원초적 사건들, 예를 들어 모든 규율을 파괴하고 헤아릴 수 없는 피해를 야기한 아테네 역병이 묘사된다. 그리고 역병 사건과 분명한 유사성을 가진 케르퀴라 반란의 만행들은 지나치게 오랜 전쟁과 무자비한 당파 갈등에서 비롯된 사회의 도덕적 파괴와 사회적 가치의 전복을 상세히 다룰 기회를 제공했다. 역병과의 유사성을 더욱 두드러지게 하는 것은 투퀴디데스의 태도인데, 그는 사건들을 절대 도덕적으로 접근하지 않았고, 앞서 전쟁원인에 대해 의사처럼 날카롭게 진단하던 때와 비슷한 모습으로 대했다. 도덕적 타락은 그가 보기에 전쟁 병증의 설명에 기여했다. 이런 대략적 조망으로도 투퀴디데스가 전쟁이 감추고 있던 정치 문제의 전체 영역을 일별했음을 알기에 충분하다. 그는 이런 문제들을 설명하는 계기들을 세심하게 선택했고 언제나 철저하게 사건 자체만으로 설명한 것은 아니었다. 동류의 사건이라도 전혀 다르게 다루어졌다. 잔혹한 희생과 전쟁의 공포를 한번은 의식적으로 전면에 부각하는가 하면, 다른 한번은 전쟁의 이런 측면을 몇몇 사례들로 설명하기에 충분할 경우라면 훨씬 더 끔찍하더라도 차분히 열거하는 데 그쳤다.

전쟁원인 분석에서만큼 본격적 전쟁 경과보고에서도 앞서 언급된 개별 문제의 상당수에서도 그랬던 것처럼 권력 문제가 중심에 있다. 단순한 권력자의 시각에서 문제를 보지 않았음은 투퀴디데스와 같은 심오한 통찰의 정치사상가에게 지당한 일이다. 투퀴디데스는 분명하게 권력 문제를 권력욕으로 환원되지 않는 인간 삶 전체에 귀속시킨다. 주목할 만한 것은, 권력 관점의 가장 개방적이고 냉혹한 신봉자 아테네인들이 제국 내적으로 최고 규범으로 정의를 인정하고, 오리엔트의 폭정이 아닌 그들의 현대적 법치국가에 자부심을 가졌다는 사실인데, 이것은 심지어 아테네인이 스파르타인들 앞에서 외교적 측면의 아티카 제국주의를 옹호하는 연설에 등장했다. 국가 내부의 권력투쟁이 '만인에 대한 만인의 투쟁'으로 변질된 것을 투퀴디데스는 정치적 중증 질병이라고 생각했다. 국가와 국가의 관계는 달랐다. 어떤 협정들이 있었다 하더라도 마지막 결단의 순간에 작동하는 것은 정의가 아니라 권력이다. 양자가 어느 정도 비슷한 경우 사람들은 이를 전쟁이라고 부르지만, 한쪽이 월등한 강자인 경우라면 그것은 폭력이다. 투퀴디데스는 후자의 경우를 중립적 약소국 멜로스에게 해양제국 아테네가 행한 폭력을 예로 들어 설명했다. 그 자체로는 사소한 사건이었지만 희랍의 대중 여론은 백 년 뒤까지도 이 사건을 잊지 않았고 아테네에 대한 증오를 키웠다. 이 사건 때문에 전쟁 동안 아테네에 대한 동정심은

그나마 얼마 남지 않았던 것까지 완전히 사라졌다.[14]

  이것은 투퀴디데스가 사건의 사실적 의미와 독립적으로 사건에 담긴 보편적 문제를 찾아내고 이를 정치적 사유의 걸작으로 만든 고전적 사례다. 그는 책의 다른 곳에서 보이지 않던 지식교사의 논쟁적 대화형식을 취하는데, 여기서 주장에 주장을 이어가며 질문과 답변의 사상투쟁으로 맞붙은 쌍방은 폭력과 정의의 치열한 투쟁이라는 영원한 필연성을 영구히 보존한다. 투퀴디데스가 마치 멜로스 민회 의사당 안에서 진행된 대화인 것처럼 그리고 있지만, 실제로 두 원리의 이상적 논쟁을 대담하고 자유롭게 꾸며냈음을 의심하는 사람은 없다. 용감한 멜로스 사람들은 곧 그들이 정의에 기댈 수 없음을 깨달았다. 아테네인들은 정치적 이익만을 판단기준으로 삼기 때문이다. 그래서 멜로스 사람들은 우월함의 행사에도 한계를 두는 것이 아테네인들에게도 이득임을 설득하려고 노력한다. 왜냐하면 그토록 막강한 권력도 언젠가 인간적 정의에 기대야 할 날이 올 수도 있기 때문이다. 하지만 아테네인들은 이에 위축되지 않고 합병은 이익의 피할 수 없는 명령이며, 완강하게 중립을 고집하는 작은 섬을 인정할 경우 세상 사람들은 이를 아테네의 유약함으로 해석할 것이 분명하기 때문에, 멜로스를 파괴시킬 의도는 없지만 어쩔 수 없다고 설명한다. 아테네인들은 멜로스 사람들에게 어울리지 않는 영웅놀이를 삼가라고 경고한다. 현대적 패권국의 권력논리에 맞서 기사도 정신은 권리를 주장하지 못했다. 아테네인들은 또 쓸데없이 신을 믿지도 스파르타를 믿지도 말라고 경고한다. 신이 언제나 강자의 편임을 자연은 세상 도처에서 보여준다. 스파르타도 사람들이 '창피한 일'이라고 부르겠지만 그것이 그들에게 이익이지 않는 한 외

---

14) 투퀴디데스 V 85~115.

면할 것이다.

자연법칙에 따른 강자의 정의를 옹호하고, 신(神)을 정의의 수호자가 아닌 세속적 폭력과 강자의 수호자로서 변신시키면서 아테네 권력 관점의 자연주의는 철학적 세계관으로 심화된다. 이렇게 아테네인들은 약자들이 승리의 희망으로 기대는 종교와 도덕과의 모순을 해소하려고 노력했다. 투퀴디데스는 아테네 패권정치가 여기서 최종적 귀결과 의식의 정점에 이르렀음을 보여준다. 투퀴디데스가 이런 논쟁의 결론을 제공하려고도 제공할 수도 없었음은 그가 취한 대화형식의 본질에서 확인된다. 지식교사 논쟁 형식의 장점은 문제해결이 아니라 한 문제의 양면성을 논쟁을 통해 인식하는 데 있기 때문이다. 하지만 그의 전반적 태도에 비추어 그가 여기서 도덕주의의 가면을 쓰는 것은 불가능했다. 새로운 측면은 당연히 순수 권력논리를 사실 그대로 노정시켰다는 점이다. 이는 옛 희랍철학자들이 알지 못했던 5세기의 정치적 경험에서 비롯된다. 그가 권력논리를 강자의 자연법칙 혹은 자연법으로서 현행 윤리($\tau\grave{o}$ $\nu\acute{o}\mu\omega$ $\delta\acute{\iota}\kappa\alpha\iota\sigma\nu$)에 맞세웠을 때, 이것은 다른 합법칙성의 영역인 권력원리가 전승법률(nomos)과 갈라졌다는 것을 의미한다. 이때 권력원리는 전승법률을 지양하지도 않고 전승법률에 종속되지도 않는다. 우리는 정치 사상가에 의해 당대의 국가 개념에서 발견된 이런 문제를 플라톤의 철학자 관점에서 고찰해서는 안 되며, 투퀴디데스가 국가의 권력추구를 "선의 이데아"라는 척도에서 평가했어야 했다고 주장해서도 안 된다. 멜로스 회담 등 그의 이념적 최고 업적에서 투퀴디데스는 지식교사들의 학생이었고, 역사 현실의 기술에 이론적 이율배반을 적용함으로써 매우 모순적이고 긴장된 현실 그림을 만들어냈고, 플라톤의 막다름(aporia)이 이미 여기에 담겨 있었다.

이제 우리는 전쟁 동안 아테네 패권정치의 사실적 발전과정을 살피고자 한다. 세부적인 변화양상을 쫓는 것은 무의미하며, 우리는 결정적 순간을 집어내고자 한다. 아테네 패권정치가 극성기에 이른 순간으로 기원전 415년 시킬리아 원정이다. 시킬리아 원정은 두말할 것 없이 투퀴디데스에게 역사서술의 정점이고 정치 사유의 발화점이다. 첫 장부터 투퀴디데스는 시킬리아 원정을 준비했다. 강력한 케르퀴라 해군을 아테네에 전쟁 전에 합병한 일은 케르퀴라를 장악한 자가 시킬리아로 이어지는 항로를 지배할 것이라는 생각이 정치적으로 아테네인들에게 권고한 바였다.[15] 시킬리아에 대한 아테네의 첫 번째 간섭은 소규모 함대로 시도되어 의미 없어 보였지만, 투퀴디데스는 아테네 간섭 직후(기원전 424년) 겔라에서 개최된 회합에서 쉬라쿠사이의 위대한 정치가 헤르모크라테스로 하여금 시킬리아 도시국가들의 분쟁들을 일소하고 장차 있을 아테네의 공격을 대비하여 쉬라쿠사이의 영도 아래 단합하자고 연설하게 했다. 헤르모크라테스가 제시한 근거들은 나중에 시킬리아 전쟁 중 카마리나에서 그가 제시하는 것들과 같았다.[16] 투퀴디데스는 의심의 여지 없이 이런 예비 단계를, 전쟁종식 후에 비로소 시킬리아 원전을 기록하면서 작품 속에 삽입했다. 투퀴디데스에게 헤르모크라테스는 앞을 내다볼 줄 아는 몇 안 되는 시킬리아 정치가 중 하나였다. 위기는 올 수밖에 없기 때문에 멀리서 다가오고 있음을 그는 보았다. 아테네인들은 패권을 시킬리아까지 확장하지 않을 수 없게 될 것이며 시킬리아 도시국가들이 아테네인들을 불러들이는 셈이니 누구도 아테네인들을 비난할 수 없음을 그는 알았다. 헤르모크라테스의 이런 예측이 보여주는 바는 아테네 밖에서도 사람들이 현실정치에 입각해서 생각하

---

15) 투퀴디데스 I 36, 2.
16) 투퀴디데스 IV 59와 VI 76.

는 법을 알고 있었다는 점이다. 쉬라쿠사이 사람 헤르모크라테스는 아테네 원정의 매력을 아테네 입장에서 정확하게 보았다. 하지만 아테네가 이런 목표를 단지 논의해볼 만하다고 생각하기까지도 아직 많은 일들이 일어나야 했다.

실제로 이런 목표를 고려하여 논의가 벌어진 시점은 아테네에 뜻밖의 행운이었던 니키아스의 평화 이후였다. 원기를 회복하기 무섭게 아테네 민중은 셀리누스와 전쟁하던 세게스타의 부탁을 받아들여 시킬리아에 개입하기로 결정했다. 투퀴디데스의 책 전체에서 가장 극적인 순간인바 알키비아데스는 냉정한 합리적 평화주의자 니키아스의 경고에도 불구하고 시킬리아 정복과 희랍 전체에 대한 패권장악이라는 현기증 나는 정복계획을 민회에서 설명한다. 아테네 패권 같은 권력의 확장은 "합리적 제어"의 대상일 수 없고 권력을 가진 자는 계속적 확장으로써만 권력을 유지할 수 있고 정지는 곧 파멸의 위험을 의미한다고 역설한다.[17] 우리는 전쟁발발 시점에 아테네 패권의 무한 확장에 관해 언급된 모든 것을 상기해야 하며, 나아가 아테네 민족성과 멈출 줄 모르며 무엇에도 위축되지 않는 그들의 모험정신을 떠올려야 한다. 알키비아데스를 통해 놀라운 방식으로 이런 민족성은 체현되었다. 이는 사생활에서 오만하고 고압적인 태도로 사람들의 미움을 사고 있었음에도 그가 가진 막강한 대중적 영향력을 설명해준다. 국가를 그런 위험한 모험에서 무사히 구해낼 수 있었을지도 모를 지도자가 사람들의 미움과 시기를 불러일으키는 성격의 인물이라는 사실, 얽히고설킨 이런 복잡한 상황을 투퀴디데스는 아테네 패망의 주요 원인 가운데 하나로 뽑았다. 알키비아데스가 수립한 시킬리아 원정계획의 성공적 마

17) 투퀴디데스 VI 18, 3.

무리는, 원정의 정신적 주도자이며 통솔자를 원정 시작 직전에 추방해버림으로써 아테네에 불가능한 일이 되었다. 독자는 이렇게 아테네의 온힘을 쏟은 노력이 오히려 함대와 군대와 사령관을 몰락시키고 국가의 근저까지 흔들어 최종적 파국을 결정하지는 않았지만, 결국 운명적·위협적 반전을 가져왔음을 알게 된다.

사람들은 시킬리아 원정 묘사를 한 편의 비극이라고 부른다. 물론 이것은 분명 비극을 대체하려고 의식적으로 문학의 영향력에 도전하며 독자들의 연민과 공포를 자극하려 했던 헬레니즘 시대의 후대 역사서술이 취한 미학적 관점과 무관한 일이었다. 좀 더 큰 공정한 주장일 수 있는 바는, 투퀴디데스 본인이 대중의 낙관적 원정 의지를 가리켜 "오만(hybris)"이라고 한 번 말했고 이때 분명히 시킬리아 원정 등의 무모함을 염두에 두었다는 점이다.[18] 하지만 이 경우에도 그의 관심은 도덕적 혹은 종교적 측면보다 정치 문제였다. 어떤 경우에도 그가 시킬리아 원정 실패를 아테네 패권정치에 대한 하늘의 심판 등으로 보았다고 말할 수 없다. 권력은 그 자체로 악하다는 생각에서 투퀴디데스는 어느 누구보다 멀리 떨어져 있었다. 그의 관점에서 시킬리아 원정은 어떤 범죄보다 극악했다. 그것은 정치적 실패, 정확하게는 실패의 연속이었다. 정치가 투퀴디데스는 오만함의 경향(다시 말해 사실적 근거 없이 허망한 계획을 수립하는 일)이 대중심리의 영원한 본질이라고 보았다. 지도자의 업무는 대중을 올바르게 이끄는 것이다. 투퀴디데스는 시킬리아 원정의 결과 혹은 전체 전쟁의 결과를 보면서 어두운 역사적 필연성을 생각하지는 않았다. 여기서 절대적·역사적 사유를 생각해볼 수 있는데, 이런 사유는 어떤 필연성도 인정하지 않고 단순 우연의 불

18) 투퀴디데스 II 65, 9.

편한 장난 혹은 판단착오의 결과를 용납하지 않는다. 헤겔은 날카로운 언어로, 뒤늦게야 비로소 어떤 점에서 실수가 있었고 당연히 더 잘될 수도 있었음을 깨닫는 엉터리 역사학자들을 거부했다. 헤겔은 이렇게 말했을 것이다. '펠로폰네소스 전쟁의 불행한 결과는 개별 실수 때문이 아니라 감추어진 역사적 필연성 때문이다. 알키비아데스 세대는 지도자나 대중이나 할 것 없이 모두에게 어느 정도 유행하고 심화되던 개인주의 때문에 내적으로나 외적으로나 전쟁이라는 어려운 과제를 감당할 수 없었다.' 투퀴디데스는 생각이 달랐다. 정치가로서 투퀴디데스에게 펠로폰네소스 전쟁은 그의 사유에 주어진 특정 과제였다. 과제를 해결하면서 그는 멀리 떨어진 비판적 조망대에서 세밀하게 살펴본 결과, 치명적 실수들이 상당수 저질러졌음을 알게 되었다. 투퀴디데스가 보기에 '사후판정'은 존재하며 사후판정의 부정은 정치 일반의 부정이다. 사후판정의 어려움은 더 많이 안다는 단순한 느낌을 척도로 삼을 것이 아니라, 저 위대한 정치가를 판단의 척도로 삼을 수 있을 때 경감된다. 아테네가 전쟁을 결정하는 데 책임이 있는 위대한 정치가, 투퀴디데스의 강한 확신에 따르면 전쟁을 승리로 이끌 수도 있었던 위대한 정치가는 페리클레스였다.

투퀴디데스가 보기에, 전쟁의 결과가 어느 정도 정치적 지도자에게 달려 있는지를—투퀴디데스가 보기에 군사적 지도자는 정치적 지도자에 한참 미치지 못한다—보여주는 것은 제2권의 유명한 장면이다.[19] 전쟁과 역병에 지친 민중을 격려하고 앞으로도 견뎌내도록 힘을 북돋는 페리클레스 연설 이후, 향후 사건들을 염두에 두고 투퀴디데스는 위대한 지도자를 다른 후대의 아테네 정치가들과 대비한다. 페리클레스는 전쟁 시와 평화 시

---

19) 투퀴디데스 II 65.

에 맨 앞에 서서 국가를 확고하게 지켰고 극단적 양극의 가느다란 경계선 위에서 균형 있게 국가를 이끌었다. 펠로폰네소스 전쟁이 아테네에 부과한 과업을 올바로 파악한 사람은 페리클레스뿐이었다. 그의 정치는 대규모 국가사업을 펼치지 않는 것, 함대를 정비하는 것, 전쟁에 의한 영토확장을 시도하지 않는 것, 국가를 불필요한 위험으로 위태롭게 하지 않는 것이었다. 투퀴디데스가 신랄하게 지적한바 페리클레스의 후계자들은 정반대의 정책을 펼쳤다. 그들은 개인적 명예욕과 개인적 치부를 위해 전쟁과 전혀 무관한 대규모 사업을 기획했다. 사업이 성공할 경우 그들은 명성을 얻겠지만, 실패할 경우 국가적 전쟁 방어력만 약화될 뿐이었다. 이것은 분명 알키비아데스를 가리킨다. 합리적이고 청렴한 니키아스가 시킬리아 원정을 두고 설전을 벌일 때 알키비아데스를 꼭 그렇게 규정했다. 이 설전은 독자들에게 올바른 통찰과 고귀한 성격의 소유 이상이 필요하다는 것도 말해주는데, 만약 그럴 수 있었다면 니키아스는 투퀴디데스의 따뜻한 공감이 묘사한 것처럼 분명 뛰어난 지도자가 되었을 것이다. 진실로 투퀴디데스가 보기에 알키비아데스는 지도자라는 말의 본래 의미에서 월등한 자질을 갖추고 있었다. 비록 알키비아데스가 민중을 위험한 길로 유혹했고 사리사욕을 채우는 것 말고 한 일이 없었지만, 그럼에도 그는—투퀴디데스가 일촉즉발의 내전 위기에서 알키비아데스가 보여준 공헌을 굉장히 높게 평가하는 부분에서 말한 것처럼—민중을 "한 손에 거머쥘 수 있는" 그런 사람이었다.[20]

페리클레스의 성격 분석에서도 민중을 감화시키고 "끌려가지 않고 끌고

---

20) VIII 86, 5. "κατεχειν δῆμον"은 국내 정치와 관련하여 솔론이 제시한 정치지도자의 이상이다. 솔론의 단편 24와 단편 25를 보라.

가는" 페리클레스의 능력이 부각되었다.[21] 그가 알키비아데스와 여타 모든 정치가를 압도하는 요인은 돈에 좌우되지 않는 매수 불가능한 정치가라는 점이었다. 이것은 민중에게 진실을 이야기할 뿐 민중의 뜻에 맞장구치지 않을 수 있는 힘을 그에게 허락했다. 페리클레스는 늘 고삐를 쥐고 있었다. 대중이 상궤를 벗어나려 한다면 그는 대중을 환기시키고 흔들어 깨울 줄 알았고, 반대로 기운을 잃고 풀이 죽으면 격려할 줄도 알았다. 페리클레스 치하의 아테네는 "명목상으로 민주주의, 실질적으로 제일인자의 군림" 상태, 다시 말해 월등한 정치적 탁월함의 독재 상태였다. 이런 지도자를 아테네는 페리클레스 사망 이후 다시는 얻지 못했다. 누구나 페리클레스처럼 제일인자가 되고자 했으나, 누구도 잠시라도 그런 영향력에 이르지 못했고 대중의 욕망을 추종하거나 아부해야 했다. 민주주의 국가형태에서도 민중의 영향력과 본능을 차단하고 제왕적으로 국가를 이끌 줄 아는 그런 사람의 부재로 인해 투퀴디데스에 따르면 시킬리아 원정이 실패했다. 물론 사실 페리클레스는 그의 방어전략에 정면으로 배치되는 그런 원정을 착수했을 리 없겠지만 말이다. 아테네 역량은 쉬라쿠사이를 격파하기에 충분했고, 이에 대한 알키비아데스의 평가는 틀리지 않았다. 만약 국가 내부의 당파 의식이 뛰어난 지도자를 추락시키지 않는다면 상황은 달라졌을 것이다. 아테네는 시킬리아 원정의 실패 이후에도 10년 동안 내부적 갈등과 반목을 통해 국가 방어역량을 유지하지 못할 정도로 약화되었다. 페리클레스의 지도력이 있었다면 아테네는—이것이 역사가 페리클레스의 탐구가 도달한 핵심이다—승전했을 것이고 그것도 아주 쉽게 그랬을 것이다.

21) 투퀴디데스 II 65, 8.

투퀴디데스가 후대의 정치가들과 비교함으로써 아주 분명하게 드러낸 페리클레스의 그림은 어떤 뛰어난 인물의 초상 그 이상을 의미한다. 모든 정치가에게 동일한 과제가 주어졌다. 그것은 국가 존립이 걸린 아주 힘겨운 전쟁에서 국가를 이끄는 일이었고, 오로지 페리클레스만이 과제를 완수했다. 투퀴디데스는 희극이 적어도 희화화에서 하는 것처럼 인물의 우연적·인간적 개성을 인물의 초상에 부여하는 데 전혀 관심이 없었다. 투퀴디데스의 페리클레스는 진정한 정치가와 지도자의 모범적 형상이었고, 엄격히 정치가적 본질에 해당하는 특징에 국한되었다. 전쟁의 막바지에서 이것이 특히 선명하게 부각된다면, 투퀴디데스의 역사책에 마지막으로 등장한 이후 한참 뒤에야 페리클레스를 종합적으로 평가한다는 것은, 역사가 본인도 이런 과정을 거쳐 그런 평가에 도달했음을 의미한다. 투퀴디데스의 페리클레스는 큰 것을 보기 위해 멀리 떨어져 볼 때의 모습이다. 투퀴디데스가 페리클레스의 것이라고 본 전쟁계획이 모든 점에서 이미 페리클레스가 그렇게 계획한 것인지, 혹은 예를 들어 전쟁 동안 지배력 확대의 억제정책이 후대의 정반대 정책을 본 투퀴디데스가 페리클레스의 실제 입장을 그렇게 해석한 결과인지는 결정하기 어렵다. 하지만 아주 분명한 것은, 정치적 지혜를 거의 독점한 페리클레스의 모습이 후계자들과 달리 그가 하지 않은 일을 가지고 규정된 것으로 전쟁종식 후 투퀴디데스의 회고적 관점에서 재구성되었다는 점이다. 이는 그가 돈을 받지 않았고 사익을 추구하지 않았다는 더욱 놀라운 칭송에서도 확인된다. 투퀴디데스는 페리클레스로 하여금 이미 전쟁발발 시점의 연설에서 다음의 공리를 주장하게 했다. '합병 불가!' '스스로 자초한 불필요한 위험부담 절대 불가!' 하지만 여기서 이미 전쟁종식 시점에서 과거를 돌아보는 후기 투퀴디데스의 목소리가 미약하나마 들린다. 투퀴디데스는 또 페리클레스로 하여금 이런 말로 그 근거를 제시하게 했다. '나는 우리 적들의 공격보다 우리 자신의 실수를 더 두려워한다.' 궁극적으로 확고한 내치(內治)를 통해 외교적 문제를 공고히 하려는 성향은 알키비아데스의 불안한 내치와 대비된다. 알키비아데스가 본인은 물론 아테네도 대단한 외교적 성공의 길로 들어섰다고 생각하던 중요 시점에 발생한 알키비아데스의 추방은, 주로 외적 관계에서 내적 정책을 고찰하는 투퀴디데스에게 솔론식 내치가 전쟁의 성공에도 압도적으로 중요함을 깨닫게 했다.

진정한 정치인으로서 페리클레스의 이런 초상은—그의 최종적 성격규정에서 우리는 이런 초상을 얻었다—페리클레스의 연설에도 나타난다. 그것은 전쟁 관련 정책을 보여주는 첫 번째 연설과, 아주 심각한 위기에도 민중을 장악하는 지도자의 모습을 보여주는 마지막 연설이었다.[22] 두 연설들과 최종적 초상의 밀접한 연관성에 비추어 페리클레스의 초상, 그리고 연설들도 모두, 세 번째이자 가장 위대한 연설인 장례연설에 대해—전쟁 첫 해에 사망한 아테네인들의 장례식에서 행해졌다—일반적으로 받아들여지는 것처럼, 후기 투퀴디데스의 통일적 창작이라는 가정은 수긍할 만하다.[23]

장례연설은 투퀴디데스의 다른 어떤 연설보다 역사가의 자유창작에 훨씬 가깝다. 사람들은 투퀴디데스의 이 장례연설이 옛 아테네의 영광을 기린다고 해석했는바 죽음만이 전사자들의 뜻을 있는 그대로 드러내는 힘을 가졌다는 의미에서 이런 해석도 정당하다. 전사자들을 기리는 아테네 전통적 장례연설은 흔히 전사자들의 용기를 조명하곤 했다. 투퀴디데스는

22) 투퀴디데스 II 60~64.
23) 투퀴디데스 II 35~46.

이를 뒤로 미루고 아테네 도시국가 전체의 이상을 전면에 부각시킨다. 그는 이를 다른 누구도 아닌 페리클레스로 하여금 연설하게 했다. 페리클레스만이, 아테네 도시국가의 수호신이 아테네 정신의 포고자에게 요구하는 최고 수준에 이른 유일한 정치가였기 때문이다. 투퀴디데스 시대에 이르러 정치는 권력과 성공의 사냥에 뛰어든 야심가들과 대가들의 정령이 되어가고 있었다. 반면 투퀴디데스가 보기에 페리클레스의 위대함은 그가 국가와 인간의 이상을 가슴에 품고 이상의 실현을 정치적 목표로 삼았다는 점이다. 재현은 창작에 비할 수 없다. 투퀴디데스는 창작을 통해 어려운 과제를 해결했다. 그는 예식연설의 사소한 세부들을 치워버리고 현대적 도시국가 아테네가 행사한 패권정치의 어마어마한 냉정함을 사실적으로 보여주었고, 동시에 이를 정신적으로나 실질적으로나 형용할 수 없이 풍성한 아테네의 인간적 내용과 통합하는 데 성공했다.

국가의 새로운 발전에 주목한 투퀴디데스가 이때 공동체 건설의 복잡함을 주목했음이 분명하다. 단순한 시대에 만들어져 오늘날까지 유지된 조상들의 정치이념, 그러니까 솔론의 국태민안과 클레이스테네스의 평등이념에서는 생각지도 못했던 복잡함이었다. 지금까지 이런 존재형식을 표현하기에 적합한 언어는 어디에도 없었다. 하지만 투퀴디데스의 눈은―국가와 국가의 관계 역동성을 필연적 대립물의 투쟁으로 고찰하는 데 익숙했던 그는 마찬가지의 놀라운 통찰력으로―사회 내적 구조를 지배하는 보이지 않는 원리로서 이런 대립물들을 아테네의 삶에서 발견했다. 독창적이고 유례를 찾아볼 수 없고 다른 도시국가들이 모방하는 아테네 국가정체를 이렇게 파악하는 것으로 입증은 충분했다. 생각 가능한 최고의 국가형태로서 혼합정체라고 후대에 이름 붙여지는 철학적 이론은 이때 투퀴디데스에 의해 선취되었다. 아테네 "민주정"은 투퀴디데스에게 외형적·기계적 평등의 실현을 의미하지 않았다. 일부는 평등을 정의의 정점이라고 열렬히 지지했고 일부는 정의의 훼손이라고 비난했다. 이는 참된 의미의 통치자로서 "첫 번째 인물"로 페리클레스의 지위를 정의한 것에서 드러난다. 아테네는 페리클레스의 통치하에서 "명목상으로만 민주주의"였다고 "첫 번째 인물"의 입을 통해 장례연설에서 표현됨으로써 그의 생각은 일반적 표현 형식을 얻었다. '아테네에서 만인은 법률적으로 평등하지만, 정치현실에서 탁월함을 갖춘 귀족이 지배한다.' 이것은 원칙적으로 월등히 탁월한 개인의 경우 제일인자로서 그를 인정함을 함축한다. 이런 생각은 한편으로 개인의 정치참여를 공동체 전체를 위한 가치로서 승인한다. 하지만 이는 투키디데스의 저작에서 클레온처럼 급진적 선동정치가를 통해 확인되는바 거대하고 통치하기 어려운 제국을 통치할 능력이 민중 자체에게 없다는 사실도 똑같이 승인한다. "자유와 평등"의 국가, 다시 말해 대중의 국가에서 첨예화된 문제, 탁월한 개인과 정치적 공동체의 관계 문제를 투키디데스가 보기에 페리클레스가 통치하던 시기의 아테네는 성공적으로 해결했다.

역사가 가르치는 것은, 이런 문제해결 방식은 천재적 지도자의 존재에 달렸지만 이런 인물은 다른 정치형태와 마찬가지로 민주정체에서도 거의 불가능에 가깝다는 것이었고, 또 지도자 부재의 위기에 대해 민주정체도 아무런 안전장치를 마련하지 못한다는 것이었다. 다른 한편 아테네 정치형태는 페리클레스와 같은 지도자를 통해, 개개 시민의 진취적 정신이—개인이 자랑스럽게 생각하는 것들을—실현되고 정치적 추진력으로 작동할 수 있을 모든 가능성을 제공했다. 다음 세기의 독재정은 민주주의적 국가형태가 페리클레스에게 제공했던 해결방법과 구분되는 새로운 해결방법과 해결책을 발견하지 못했기에 실패했다. 쉬라쿠사이의 디오뉘시오스가 통치한 참주정은 시민들을 실질적으로 국가로 끌어들이고, 각 개인으로 하여금―페리클레스가 권장했던 것처럼―사적 직업과 국가적 의무의 영역으로 삶을 분할하도록 하는 데 성공하지 못했다. 이는 국가의 삶에 대한 능동적 관심과 자발적 성찰이라는 어떤 규범이 없었기 때문이었다.

국가정체는 희랍에서 오늘날 우리가 국헌이라고 부르는 개념을 포함할 뿐만 아니라 국가정체가 규정하는 한에서 도시국가의 삶 전체를 포함한다. 비록 시민의 모든 일상생활을 규율하는 스파르타 방식대로는 아니지만 아테네의 국가정체에서 국가의 영향은 보편정신으로서 모든 인간적 생활영역에 깊이 침투했다. 현대 희랍어의 "폴리테우마(politeuma)"는 '문화'에 해당하는 의미를 가지는바 이는 국가와 개인의 고대적 통일이 남긴 최후의 흔적이라고 하겠다. 따라서 페리클레스가 그린 아테네 국가정체의 모습은 경제, 윤리, 문화, 교육 등 사적 생활과 공적 생활의 총체적 내용을 포함한다. 이런 완전한 구체성 속에서 파악될 때 비로소 투퀴디데스의 권력 지향적 국가철학은 온전한 색채와 형태를 가진다. 페리클레스가 품었던 국가정체의 모습에 그의 국가철학은 뿌리내리고 있다. 이런 생생한 내용이 없다면 그의 국가철학은 불완전했을 것이다. 역사가가 말한 권력은 결코 단순히 영혼 없는 기계적 탐욕이 아니었다. 모든 문학적·예술적·철학적·윤리적 표현들에 각인된 아티카 정신의 종합적 성격에 따라 페리클레스의 국가창조는 의식적으로, 군영 국가의 엄격한 스파르타 공동체와 개인의 자유로운 경제적·정신적 활동이라는 이오니아 원리를 구성적으로 종합했다. 투퀴디데스는 국가라는 새로운 건축물을 더는 안정된 건축물, 옛 희랍의 국태민안 이념에 따른 법적 체제로 보지 않았다. 국헌과 정치적 구조물이자 경제적·정신적 담지자로서 국가는 헤라클레이토스가 말하는 근본적이고 필연적인 대립물들의 조화였다. 대립물들의 긴장과 균형 속에서 국가는 존재를 이어간다. 자급자족과 전 세계적 생산물의 소비, 노동과 휴식, 업무와 휴가, 정신과 풍속, 숙고와 실행 등 팽팽한 긴장의 대립물들은 페리클레스가 그린 국가에서 이상적으로 균형 잡힌 협력을 유지한다.

아테네의 위대한 지도자는 아주 강한 어조로 아테네인들의 정신을 환기시켜, 운명의 순간 아테네인들의 정신을 최고 가치의 완전한 깨달음으로 채웠고, 그들이 가치를 위해 싸우고 도시국가를 열렬히 사랑하는 "연인"이 되도록 독려했다. 하지만 이런 규범적 성격은 오로지 아테네인들을 위한 것만은 아니었다. 투퀴디데스는 외교적 관점에서는 물론 정신적 관점에서 아테네의 역사적 영향을 살폈다. 그는 아테네가 내부적으로뿐 아니라 주변세계와 생산적·정신적 긴장을 유지한다고 보았다. "모든 것을 종합해볼 때 우리 도시국가를 희랍문명의 학교($\tau\hat{\eta}\varsigma$ Ἑλλάδος παίδευειν)라고 나는 부릅니다."[24] 아테네의 정신적 패권에 대해 위대한 역사가가 가질 법한 이런 인식과 더불어 그의 역동적 관점에 최초로 아테네 교육이 멀리 후대에 미칠 역사적 영향이라는 사실과 관련 문제가 나타났다. 페리클레스 시대에 새로운 높이와 폭을 가지게 된 희랍 교육사상은 최고의 역사적 삶과 내용으로 채워졌다. 희랍 교육사상은, 민족과 국가가 정신적으로 조형된 삶 속에서 외부로 뻗어 나가며 그 힘으로 타 민족과 타 국가를 빨아들이는 가장 숭고한 힘의 총체가 되었다. 인간교육의 이념 말고 희랍세계에서 아테네가 보여준 정치적 권력의지를 정당화해줄 근거는 달리 없을 것인데, 특히 아테네의 외적 좌절 이후에 더욱 그러했다. 그리고 인간교육의 이념에서 아티카 정신은 영원한 존속이라는 위안을 얻었다.

---

24) 투퀴디데스 II 41, 1.

지은이

베르너 예거 (Werner Jaeger, 1888~1961)

20세기를 대표하는 독일의 고전문헌학자로서 제3 인문주의 운동을 주도했다. 바젤 대학과 베를린 대학에서 고전문헌학 교수를 역임했다. 26살의 베르너 예거는 1914년, 일찍이 프리드리히 니체가 역임했던 바젤 대학의 고전문헌학 교수직에 취임했으며, 이어 독일 고전문헌학계의 대부인 빌라모비츠 묄렌도르프의 후계자로 1921년 베를린 대학의 고전문헌학 교수직을 물려받았다. 나치의 폭정을 피해 미국으로 망명하여 하버드 대학의 서양고전문학 연구소 소장으로 미국 고전문헌학 발전에 크게 기여했다.

제1차 세계대전 전후의 문화적 교육적 현실에 대한 비판에서 출발하여 베르너 예거는 교육개혁과 고전교육의 부활이라는 기치 아래 제3 인문주의 운동을 이끌었다. 1933년 이후 고전교육을 통한 인문주의 운동이 나치 교육정책의 이념과 부합하지 않았고, 나치 교육부와 충돌하면서 독일을 떠나게 된다. 수많은 연구 저서들 가운데『파이데이아 : 희랍적 인간의 조형』은 서구 문명의 토대가 된 희랍의 교육이념을 다룬 역작이다. 이 책에서 그는 희랍 문화사 전체를 희랍인들의 교육이념 아래 재조명했는바, 특히 플라톤의『국가』가 논의의 중심에 서 있다. 그에게 '파이데이아 paideia'는 호메로스 이래의 서양 교육을 총칭하는 개념이며, 교육은 바람직한 사회와 건전한 공동체를 건설하는 토대이다.

옮긴이

김남우

연세대학교 철학과를 졸업하고 서울대학교 서양고전학협동과정에서 희랍 서정시를 공부했다. 독일 마인츠 대학에서 로마 서정시를 공부했고, 서울대학교에서 호라티우스의 서정시 연구로 박사학위를 받았다. 정암학당의 키케로전집 번역분과에서 키케로를 번역하고 있다. 서울대학교 등에서 희랍 로마 문학을 가르친다. 주요 역서로『고대 그리스 서정시』(아르킬로코스, 사포 외),『설득의 정치』(키케로),『투스쿨룸 대화』(키케로),『아이네이스』(베르길리우스),『카르페 디엠』(호라티우스),『시학』(호라티우스),『세네카의 대화: 인생에 관하여』(세네카, 공역),『격언집』(에라스무스),『우신예찬』(에라스무스),『유토피아』(토머스 모어),『비극의 탄생』(니체),『몸젠의 로마사』(테오도르 몸젠, 공역),『초기 희랍의 문학과 철학』(헤르만 프랭켈, 공역) 등이 있다.

파이데이아 ❶

— 희랍적 인간의 조형

1판 1쇄 펴냄 | 2019년 5월 30일
1판 2쇄 펴냄 | 2019년 12월 10일

지은이 | 베르너 예거
옮긴이 | 김남우
펴낸이 | 김정호
펴낸곳 | 아카넷

출판등록 2000년 1월 24일(제406-2000-000012호)
10881 경기도 파주시 회동길 445-3
전화 | 031-955-9510(편집) · 031-955-9514(주문)
팩스 | 031-955-9519
책임편집 | 이하심
www.acanet.co.kr

ⓒ 김남우, 2019

Printed in Seoul, Korea.

ISBN 978-89-5733-628-1 94160
ISBN 978-89-5733-627-4 (세트)

이 도서의 국립중앙도서관 출판시도서목록(CIP)은
서지정보유통지원시스템 홈페이지(http://seoji.nl.go.kr)와
국가자료공공목록시스템(http://www.nl.go.kr/kolisnet)에서 이용하실 수 있습니다.
(CIP 제어번호: CIP2019010894)